本书由中央高校建设世界一流大学（学科）和特色发展引导专项资金资助

# 2022
## 中国乡村振兴发展报告

许 涛 主编

# Review of
# Village Investigation

上海财经大学出版社

图书在版编目(CIP)数据

2022中国乡村振兴发展报告/许涛主编. —上海：上海财经大学出版社,2023.5
ISBN 978-7-5642-4135-3/F·4135

Ⅰ.①2… Ⅱ.①许… Ⅲ.①农村-社会主义建设-研究报告-中国-2022 Ⅳ.①F320.3

中国国家版本馆CIP数据核字(2023)第048435号

责任编辑 李嘉毅
封面设计 诸绍阳(学) 贺加贝

2022中国乡村振兴发展报告

著　作　者：许涛　主编
出版发行：上海财经大学出版社有限公司
地　　址：上海市中山北一路369号(邮编200083)
网　　址：http://www.sufep.com
经　　销：全国新华书店
印刷装订：上海颛辉印刷厂有限公司
开　　本：787mm×1092mm　1/16
印　　张：30.25(插页：2)
字　　数：662千字
版　　次：2023年5月第1版
印　　次：2023年5月第1次印刷
定　　价：98.00元

# 编委会

## 主 编

许 涛

## 编 委
（以姓氏笔画排序）

| 王 体 | 王 玲 | 许 庆 | 刘兵勇 |
| 刘 凯 | 朱鸣雄 | 何志强 | 沈亦骏 |
| 罗山鸿 | 周 巧 | 周 燕 | 金晓茜 |
| 杨培雷 | 郝 云 | 赵 蔚 | 秦文佳 |
| 倪志兴 | 黄 莎 | 韩明辉 | 褚 华 |

# 目 录

| 页码 | 内容 |
|---|---|
| 001 | 序 |
| 001 | 浅析农业产供销一体化对农民收入提高的带动作用<br>——基于胶东地区的实践与思考　　　刘睿卓　石乃琛　王言文<br>指导老师：许　庆 |
| 019 | 农民工返乡对农村本地人收入和就业的影响研究　　赵文铖　唐　筠　刘　迪<br>指导老师：盖庆恩 |
| 033 | 新农保对农村老年人农业劳动参与的影响<br>——基于上海财经大学"千村调查"数据研究　　关蕊蕊　顾文涵　张栩豪<br>指导老师：王常伟 |
| 046 | 集体经济发展与农民共同富裕：模式、影响与机制研究　　王美知　苏芳芳<br>指导老师：盖庆恩 |
| 061 | 农村教育选择问题的影响因素的实证研究与思考　　陈纪程　刘怡伶　黄子益<br>指导老师：韩　潇 |
| 079 | 扶贫政策能助力农业机械化吗<br>——基于"千村调查"数据的分析　　孙翰澂　徐　晴　徐嘉怡<br>指导老师：汪　峰 |
| 102 | 我国农村生态环境治理的现状、困境与完善<br>——基于2021年"千村调查"数据　　刘林琳<br>指导老师：胡　苑 |
| 115 | 不同人口特征的劳动力对工资和基础教育水平的异质性反应　　郭凤娟　袁航宇<br>指导老师：张　元 |
| 132 | 乡村振兴视角下的乡村发展综合评价体系构建与研究<br>——基于福建省八村的调研数据　　王艺凝　刘文晗　任厚谕<br>指导老师：曹东勃 |

| 页码 | 标题 | 作者 |
|---|---|---|
| 154 | 政府补贴助力乡村振兴模式的比较 | 徐恩泽　李曜旻　王宇扬<br>指导老师：林立国 |
| 167 | "新冠"疫情下乡村旅游业发展阻滞问题研究<br>——基于2020年上海财经大学"千村调查"数据 | 吴慧婷　陈嘉怡<br>指导老师：姚少杰 |
| 182 | 我国农村留守儿童比例及其影响因素研究<br>——基于2019年"千村调查"的实证分析 | 武潇乐　徐梓婷　周　游<br>指导老师：张　淼 |
| 201 | 我国不同地区农村养老保障状况及其影响因素分析 | 王骏昊　刘代宇　刘铮铮<br>指导老师：董程栋 |
| 230 | 农业生产的利润空间与农村劳动力转移的关联效应研究<br>——基于2021年"千村调查"数据 | 王菁菁　马梦雨　黄俊榕<br>指导老师：田　博 |
| 242 | 长三角一体化视域下的农业政策评价<br>——基于因子分析和聚类分析 | 唐　畅　王亚鸿　林慧琦<br>指导老师：井然哲 |
| 264 | 西北少数民族地区脱贫攻坚和乡村振兴有效衔接的研究<br>——基于2021年"千村调查"数据的实证分析 | 吾木尔古力·提列吾　杨佳睿　加德拉·乌克塔布尔<br>指导老师：姚黎明 |
| 279 | "互联网+"推动"三农"问题解决的实证分析 | 李铭哲　庞　波　张嘉臣<br>指导老师：吴纯杰 |
| 294 | 基于层次分析法的白果树村产业发展方向研究 | 周炜琦　陈俊杰<br>指导老师：孟　真 |
| 312 | 乡村振兴战略下针对农业领域反垄断问题的探究<br>——基于2021年"千村调查"数据 | 李　冉　谭　妍<br>指导老师：袁　波 |
| 330 | 人口老龄化背景下我国农村养老服务的供需研究 | 吴羽亭　许茗钰<br>指导老师：戴大荣 |
| 349 | 产业视角下对青年返乡创业的研究与思考 | 蒋培贝　郜　宇　朱瑾毓<br>指导老师：魏　玮 |

| | | |
|---|---|---|
| 371 | 对东北乡村直播电商的发展潜力评估与发展路径分析 | |
| | ——以乡村文化为导向发展 | 袁思祺 田 唱 田 媛 |
| | | 指导老师：王淞昕 |
| 387 | 电商经济对中国乡村收入和产业结构变化的影响 | |
| | ——基于上海财经大学"千村调查"数据 | 肖荇灵 施嘉谊 闫 馨 |
| | | 指导老师：陈 焱 |
| 407 | 农村宅基地利用现状、判决思路与路径优化 | 周 晟 余辉杰 |
| | | 指导老师：陈志峰 |
| 422 | "互联网＋"背景下电商经济助力乡村振兴的研究 | |
| | ——基于义乌、崇明、淮安2021年"千村调查"数据 | 叶欢欣 刘逸睿 康佳乐 |
| | | 指导老师：黄子彬 |
| 439 | 探索"数商兴农"工程促进新时代农村产业经济高质量发展的着力点与创新点 | |
| | ——以河北平乡县为例 | 李佳菁 丁竹韵 高 歌 |
| | | 指导老师：周 杰 |
| 456 | 资金支持视角下我国农村互助养老发展路径的分析 | 陈 凯 刘夏函 马振博 |
| | | 指导老师：朱 枫 |

# 序

著名社会活动家费孝通先生在《乡土中国》序言中指出:"我们的民族确是和泥土分不开了""从泥土里长出光荣的历史""靠种地谋生的人才明白泥土的珍贵,在乡下,土是他们的命根",乡村承载着人们的乡愁,作为中华文明的基本载体,积淀着中华民族五千多年来最深沉的精神追求。正如习近平总书记所说:"留得住绿水青山,记得住乡愁。什么是乡愁?乡愁就是你离开这个地方会想念的。"上海财经大学贯彻习近平总书记"把马克思主义基本原理同中国具体实际相结合、同中华优秀传统文化相结合"的要求,组织开展大型社会实践项目——千村调查,让莘莘学子更好地了解广袤壮美的国土、悠久深厚的中华文化和勤劳善良的人民,利用暑假深入传统与现代交织、富裕与落后共存的乡村之中虚心向老百姓学习,亲身感受老百姓的所思所想、所乐所盼,学会用专业的视野和理性的思辨为乡村振兴荐良言、献善策、惠民生、谋幸福;同时也让身处书斋中的学子在跋山涉水、走村串户的行走中见证和感受党的"三农"政策在新时代中国乡村取得的巨大成就,把读懂中国农村、致敬中华优秀文化、厚植爱国情怀、增强使命担当的论文写在祖国大地上。

### 走千村、访万户、读中国,居繁华之都思乡村之远

15 年来,学校组织学生走千村、访万户、读中国,参加"千村调查",深入超过 16 万户农村家庭,撰写调研报告万余篇。学子们尽管身处上海繁华都市,但记住了美丽乡愁;尽管身在象牙塔,但记住了中华民族生存和繁衍之根。现在,"千村调查"已经成为我校师生的一种文化自觉和价值追求,其在人才培养中的作用和意义日益显现。"千村调查"自 2008 年创立以来,累计组织学生两万余人次,搭建起大学生"厚德博学、经济匡时、学以致用、经世济国"的田野思政大课堂,成为新时代大学生思想政治教育的优秀品牌和推进一流人才培养的重要载体。为优化这一实践课堂育人和育才的功能,2019 年学校第八次党代会继续推进"千村调查"内涵发展,旨在进一步深化科学研究、社会实践、国情教育、劳动教育、学科建设"五位一体"人才培养体系,提升学生科学研究的能力,拓宽学生服务社会的渠

道，教育引导学生自觉担当乡村振兴和民族复兴的重任。"千村调查"经过多年的连续建设，于2014年荣获国家级教学成果二等奖，于2019年入选首批全国高校思政工作精品项目，于2020年入选国家一流本科社会实践课程。

### 行田间、走地头、进农家，在祖国大地育时代新人

"千村调查"项目以实践育人和文化育人为切入点，聚焦乡村振兴。学生们通过入户调查、农户访谈、农田劳动，亲身感知中国农民的淳朴、善良、勤劳和热忱，亲身感受中国农村的山山水水既是"乡愁"，也是孕育中华文明的"根"。通过参加"千村调查"，城市里的孩子收获了农村生活的体验，农村里的孩子加深了对祖辈和父母的了解。王巍瑾同学说："炎热酷暑下田野地头、跋山涉水的实地考察使我看到了改革开放特别是新时代中国农村的变迁和党的'三农'政策取得的伟大成就，进一步坚定了'四个自信'，要把报国之志化成发奋成才、报效祖国的实际行动，用奋斗书写青春最靓丽的篇章。"许多参加"千村调查"的学生表示，通过考察农村传统习俗、搜集整理乡规民约、参访历史名人故居、考察中华文化历史遗址等，亲身感受到中华优秀传统文化的积淀和中华民族最深沉的精神追求，它们代表着中华民族独特的精神标识，是凝聚人心、催人奋进的强大力量。2021年上海大学生年度人物吴胜男同学说："我通过参加'千村调查'，行走于都市与古镇，接续于田野和村庄，以服务长三角一体化发展国家战略为起点，将学术研究成果转化为党和政府决策咨询的重要依据，撰写的多篇内参专报获得国家领导人肯定性批示。"参加"千村调查"的学生中，有1 038人赴西部省市就业，73人参加研究生支教团，46人成为西部计划志愿者。

### 主题式、项目制、连续性，用经济知识写民生文章

"千村调查"项目紧扣"三农"问题主题，有"主题式、项目制、连续性"的特征，学生、家长、社会各界和媒体均给予了积极评价。学校构建了校党委书记亲自挂帅、校分管领导直接推动、相关职能部门积极参与的举校机制，不断完善首席专家制、教育培训机制、学术诚信约束机制、安全保障机制、制度激励机制、大数据管理机制、成果转化机制，以保证项目的顺利进行。15年来，围绕"农民发展状况""农村医疗卫生保障""农民收入状况""粮食安全""农村文化状况""农村劳动力城乡转移状况""农村养老问题""农村基础金融服务""农村创业现状""农村互联网应用状况""农村生态文明建设状况""乡村教育""乡村产业振兴"等主题，组织两万余名学生走访万余村庄、十多万户农户，回收调研问卷十多万份，采集和积累了极其宝贵的第一手资料，形成了高质量的千村数据库。15年来，师生起草了研究专报近百篇，在《管理世界》《经济研究》《中国社会科学》等期刊发表学术论文超过120篇，出版专著16部，促进"千村调查"成果助力农村经济发展，形成的系列专著和专报多次受到国家领导人和相关部委的关注。2019年12月27日教育部原部长陈宝生参观"千村

调查"展示馆,充分肯定"千村调查"开展十几年来取得的成果,认为该项目特色鲜明,发挥了育人实效。

**数字化、实践性、学术型,赓续"千村调查"育人品牌**

2022年夏,受"新冠"疫情影响,学生无法入村入户进行实践调研,为了赓续"千村调查"育人品牌,学校首次采取"数字千村"的形式开展年度调查,即立足2014—2021年"千村调查"数据库,组织师生进行数据挖掘分析,撰写研究报告。2022年7月,学校组织学生立项申请,经专家评审,形成442个研究小组,1203名学生参加,其中以本科生为主体。按照"数字千村"计划,2022年7月中旬,通过线上课堂,学校邀请专业教师对学生进行18课时科研培训,培训内容包括理论前沿专题、研究方法与报告撰写、学术规范等,使学生能够掌握基本的学术规范和研究方法。在研究过程中,广大专业教师积极参与指导学生;同时,各学院结合自身学科特点,组织博士生全程参与指导学生,提升学生学术水平,从而提升研究报告质量。2022年9月,各研究小组基本完成研究任务,经专家评审,合格及以上的论文有349篇,本书从其中遴选了27篇优秀论文出版。

编　者

2023年2月

# 浅析农业产供销一体化对农民收入提高的带动作用

## ——基于胶东地区的实践与思考

刘睿卓[①]　石乃琛[②]　王言文[③]

指导老师：许　庆[④]

**摘　要**：在"乡村振兴"新战略下，农业产供销一体化作为实现农业振兴、农民致富的重要一招而受到国家和众多企业的重视。此次调研，我们通过线上访谈、资料整理、"千村调查"数据分析等方法，对胶东地区当下的农业产供销一体化模式进行综合展现与深入剖析，介绍其"龙头企业引领"和"数字化赋能"两大方面，进而说明农业产供销一体化对农民收入提高具有实际带动作用，为其他地区的农业产供销一体化建设提供参考。

**关键词**：产供销一体化　胶东　交易成本　龙头企业　数字赋能　农民收入

## 一、引　言

近年来，随着互联网数字经济的发展和小康社会的全面建成，中国的农业农村面貌已发生了质变。面对建设全国统一大市场的新任务和实现共同富裕的新目标，将农业生产、流通、销售紧密联结，并积极响应数字乡村发展战略、赋能产供销一体化建设成为新的工作重点。产供销一体化建设与全国统一大市场建设、乡村振兴等宏观发展战略相辅相成，是解决好中国"三农"问题的重要一招。

在国家政策方面，产供销一体化建设有着宏观政策的方向性指导。2021年，供销合作总社等四部门联合出台的《关于开展生产、供销、信用"三位一体"综合合作试点的指导意见》指出，通过生产合作、供销合作、信用合作有机融合，打造综合服务功能完备的新型合作经济体系，进一步丰富统分结合双层经营体制中"统"的内涵，促进小农户与现代农业发展有机衔接，推动乡村振兴战略实施，实现农业强、农村美、农民富。

在产供销一体化规划过程中，国家正着力解决农产品供销与生产对接的难题。财政

---

[①]　刘睿卓，上海财经大学经济学院经济学专业2021级本科生。
[②]　石乃琛，上海财经大学经济学院经济学专业2021级本科生。
[③]　王言文，上海财经大学经济学院经济学专业2021级本科生。
[④]　许庆，上海财经大学财经研究所。

部、商务部发布的《关于进一步加强农产品供应链体系建设的通知》提出,要强化产供销对接长效机制,重点面向乡村振兴重点帮扶县,支持农产品批发市场、连锁超市、生鲜电商等各类农产品流通企业,进一步做大农产品销售专区、专档,拓宽农产品销售渠道。

在落实产供销一体化的过程中,国家充分重视当地龙头企业的引领力量。2021年9月发布的《农业农村部 国家市场监督管理总局 中华全国供销合作总社关于促进茶产业健康发展的指导意见》指出,要推广"龙头企业＋基地＋合作社"等经营模式,完善产业链上中下游联结机制,形成"链主"企业带动,育种育苗、生产基地、仓储设施、加工流通等各环节经营主体有机衔接、分工协作、协调配合的全产业链发展格局。

与此同时,国家也将农业数字化视为重要突破口。2021年中共中央的"十四五"规划等文件提出,推进产业数字化转型,加快产业园区数字化改造。加快发展智慧农业,推进农业生产经营与管理服务的数字化改造,推动重要农产品全产业链大数据建设。

由此可见,当下政策主要聚焦通过技术手段与组织方式的创新,激发产供销各链条相关主体的积极性,推动产供销全链条紧密结合。基于此,本文以胶东地区如山东土地集团等具有代表性的龙头企业作为研究情境,以农业产供销一体化模式作为对象进行深入调研。本文分为四个部分:首先,对"千村调查"数据进行分析,展现胶东农业农村现状;接着,对胶东地区农业产供销一体化的突出特点与关键内容进行深入剖析;然后,分析农业产供销一体化对农民收入的带动作用;最后,提出建议,为其他地区的实践提供借鉴。

## 二、相关文献梳理与理论基础

### (一)相关文献梳理

产供销一体化政策开始于2014年中共中央、国务院发布的《关于全面深化农村改革加快推进农业现代化的若干意见》中关于构建新型农业经营体系、开展供销合作综合改革试点的相关要求(霍红和赵思琪,2017)。农业产供销一体化模式,是以农业龙头企业为核心,以专业合作社为桥梁,并以规模化生产作为整个流程基础的一种新型经营模式(李海伟和顾文斐,2016)。

已有文献认为推行产供销一体化有其必要性,主要因为农业面临供给端交易成本过高和小农户无法适应市场这两个发展难题。如唐翠英(2011)、许馨苓(2018)等认为,前者主要体现在农户生产规模小且分散、产供销各经营主体对接成本高、农产品流通环节多等方面;后者主要体现在农户获得市场信息难度大、销售渠道信息不对称、农产品产销错位等方面。

因此,农业产供销一体化的意义主要集中在降低交易成本和解决"小农户、大市场"这两个方面的问题。如黄仕盛(2021)等认为,农产品产供销一体化是其有效策略,原因包括:(1)农产品各链条涉及主体过多,产供销一体化有利于实现各主体之间低成本的利益协调;(2)农产品具有新鲜易腐、季节性等特点,产供销一体化有助于农户及时把握市场动态,调整生产以对接市场需求。

关于如何落实产供销一体化,学者们也提出了相关建议。首先,要加强和整合产前农资服务与产后农产品运输加工销售服务,以降低农民和服务提供者的合作成本(叶良均,2014);其次,牛若峰(1997)、王邵军和盖希娟(2010)等认为,产业链利益共同体的形成是保障产供销一体化长期推行的必要条件,各主体须共担风险、共享利润,而龙头企业具有组织这个利益共同体的条件;再次,孙晶晶(2016)等认为,营销合作社应当搭建农产品运输供求信息平台,搜集并发布市场信息,提高流通组织化程度,将农户小生产集合为规模化生产等;最后,一些学者注意到农业数字化对产供销一体化的推动作用,他们建议推动农产品全产业链大数据建设,构建农产品质量追溯体系,推动农产品服务精准化等(初文红等,2022)。

总之,已有的研究总体符合中央各部委的相关政策方向,对产供销一体化发展的必要性与重要性认识清晰,相关的建议设想也具有一定的可行性。但已有研究也存在一定的局限性:首先,对产供销一体化模式的已有研究大多聚焦"合作社+农户"等方式,而对"龙头企业+基地+合作社"的模式介绍得不多,对此模式的研究具有提升空间;其次,在数字赋能产供销一体化方面,已有文献缺少对产供销全环节数字赋能具体机制的描述,或者只研究了在生产或流通的某一个环节的数字化;最后,已有研究对农业产供销一体化带动农民收入提高的具体因素分析得较少,大多只是用"增加农民收入"等话语简略叙述,而这两者的内在联系值得详细探讨。

(二)理论基础

农业产供销一体化的理论基础主要是交易成本理论。交易成本概念由科斯提出,是指为了促成交易所花费的成本。威廉姆森进一步认为,交易的不确定性、交易频率、某要素的专用性都会影响交易成本的大小。

由于产供销各环节存在众多经营主体、农业要素专用性强、农产品具有多样性等特征,因此在传统的农产品生产交易的许多环节存在交易成本:在生产环节,存在企业与农民对接的成本、企业与合作社等资源持有者建立合同关系的成本、企业(机构)之间合作的成本等;在流通环节,存在各流通渠道的对接成本、物流信息的搜寻成本等;在市场环节,存在调研市场信息的成本、卖方搜寻买家的成本、与买家进行关于价格和购买量谈判的成本等。在各环节经营主体对接的过程中,又有监督双方的合同是否得到执行的成本,其中一方违约的成本等。这些成本降低了农产品交易的效率,压缩了利润空间。

产供销一体化的基本逻辑:产供销各链条经营主体为了更高的经济效益,以龙头企业为核心推动各链条主体建立长期共赢的合作关系,减少中间单独对接环节,对市场动态快速做出反应,从而降低各环节交易成本,提升整体经营效率。

## 三、调研基本情况

(一)以"千村调查"数据为主要视角下的胶东农村

我们通过对"千村调查"中的有效且相关数据进行分析,并结合官方数据,发现胶东农村具有如下七个特点:

1. 胶东农村的主导产业仍然是农业

胶东地区受访村落中有70%仍然以农业为主要产业,剩余的30%则以服务业(销售业)、制造业以及其他产业作为本村产值最高的产业(如图1所示)。这一数据说明,虽然城市现代化节奏加快、第三产业成为国民经济的主要支柱产业,但是在胶东的广大乡村中,农业仍然是立村之本。农业处于主导地位的事实表明,胶东实行农业产供销一体化具有坚实的产业基础与深厚的发展潜力。

2. 胶东农业的机械化发展程度较高

2020年胶东地区农业机械总动力超过3 095万千瓦,共计拥有各型拖拉机超过94万台、拖拉机配套农具超过164万部、谷物联合收割机超过6万台(如表1所示)。多数村民认可农业农村生产的机械化程度,超过60%的村落机械化程度高达90%,仅有不到10%的村落机械化程度低于70%(仍然相当依赖人力)(如图2所示)。这充分反映了胶东农村的机械化水平很高,但在企业或农业大户推行规模化生产的过程中,将现有丰富而分散的农业机械化资源集中起来仍需要花费较大的交易成本。

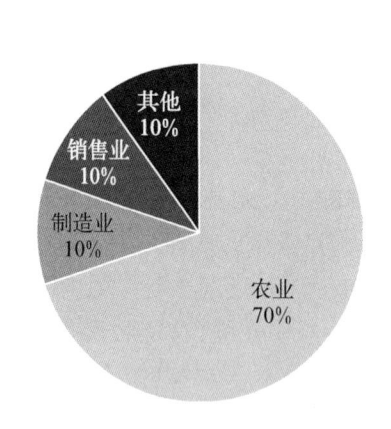

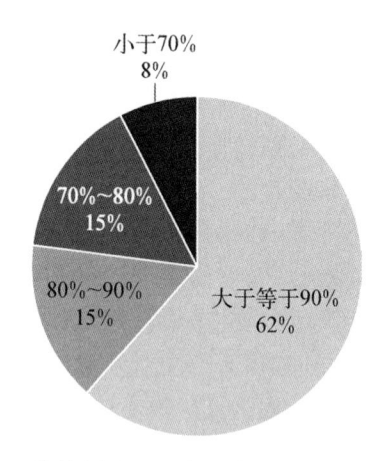

资料来源:2019年"千村调查"数据。

**图1　产值最高产业对应的村落比例**　**图2　胶东地区农业机械化率对应的村落比例**

**表1　2020年胶东地区农业机械使用量**

| 地　区 | 农业机械总动力(千瓦) | 拖拉机及配套机械 ||| 谷物联合收割机 ||
|---|---|---|---|---|---|---|
| | | 拖拉机 || 拖拉机配套农具 | | |
| | | (台) | (千瓦) | (部) | (台) | (千瓦) |
| 青岛 | 7 547 661 | 214 845 | 3 789 730 | 444 595 | 17 786 | 1 071 090 |
| 烟台 | 7 877 969 | 284 077 | 3 304 353 | 359 161 | 9 883 | 504 794 |
| 潍坊 | 10 484 558 | 178 195 | 3 786 315 | 284 010 | 27 142 | 1 703 404 |
| 威海 | 5 063 141 | 270 239 | 2 552 769 | 564 415 | 5 466 | 209 270 |

资料来源:山东统计年鉴(2021)。

### 3. 胶东地区不同作物的生产效率有较大不同

胶东地区的主粮作物年亩产基本低于 3 000 千克；而对于经济作物的生产，有相当一部分村户年亩产突破 3 000 千克（如图 3 所示）。在主粮种类上，胶东地区以小麦、玉米两种作物为主；经济作物则包括苹果、花生、大葱及各类蔬菜。总体来看，胶东地区的经济作物亩产数量优势明显，这意味着产供销一体化的推行可以使企业或合作社低成本地集中大量农产品，通过发挥规模效益来促进交易成本的下降。

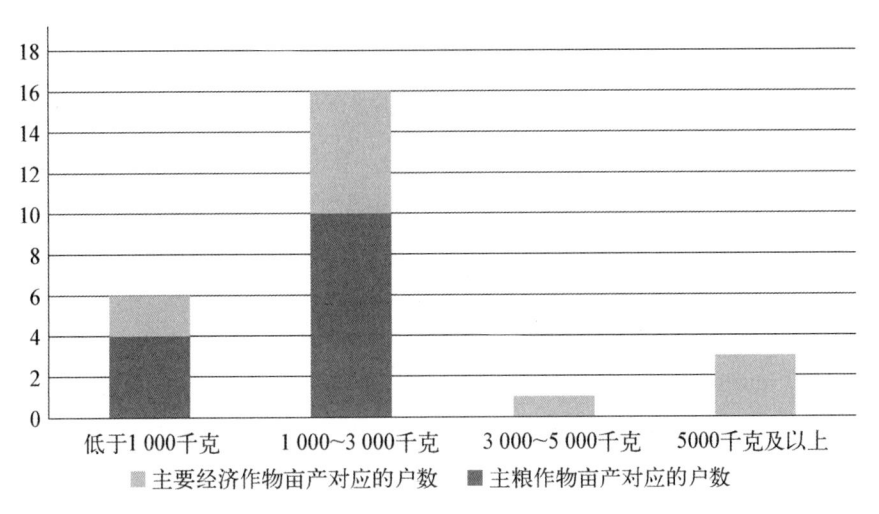

资料来源：2019 年"千村调查"数据。

**图 3　胶东地区作物生产情况**

### 4. 胶东农村农业基础设施较完善

在 13 个受访村落中，只有 3 个村落对所在村落的水利建设不满意（评价为"差"或"非常差"），大多数村落对当地水利设施相当满意（评价为"非常好"或"好"）。水利设施对农业生产具有基础性的作用，这就说明当地农村在涉及农业生产的基础设施建设方面总体表现上佳。

### 5. 胶东农村老龄化严重，农村人口整体呈现较稳定的结构

取自最新的农业普查数据，胶东农村老龄人口平均占比为 45% 左右，属于严重老龄化，与"千村调查"数据比例基本吻合；青壮年人口占比为 43% 左右，未来预备劳动力储量较充足（如表 2 所示）。因老龄化而摆荒的土地可流转至龙头企业与种植大户，为基地化规模生产提供基础；大量青壮年人口满足了龙头企业全产业链各环节对人才和劳动力的需求。这样的人口结构有利于农业产供销一体化建设的推进。

**表 2　2016 年胶东农业农村人口年龄结构**

| 地　区 | 35 岁及以下（%） | 36～54 岁（%） | 55 岁及以上（%） |
|---|---|---|---|
| 青　岛 | 10.4 | 48.8 | 40.8 |
| 烟　台 | 9.1 | 42.3 | 48.6 |

续　表

| 地　区 | 35 岁及以下(%) | 36～54 岁(%) | 55 岁及以上(%) |
|---|---|---|---|
| 潍　坊 | 15.5 | 47.1 | 37.4 |
| 威　海 | 5.3 | 36.5 | 58.2 |

资料来源：各市第三次农业普查公报(调查于 2016 年，公布于 2018 年)。

**6. 胶东新型农业经营主体发展繁荣**

胶东四市(青岛、烟台、潍坊和威海)的农业生产经营单位平均数量约为 1.4 万家，其中农业生产或服务合作社数量最多(如表 3 所示)。在龙头企业方面，2016 年烟台是全国拥有国家级农业产业化龙头企业(共计 13 家)最多的地级行政单位，拥有省级以上农业产业化龙头企业 72 家，拥有农业上市企业 13 家，占山东全省一半以上[1]；2019 年，潍坊拥有市级以上农业龙头企业共 836 家(其中，国家级 12 家、省级 95 家、市级 729 家)[2]，威海拥有国家级农业产业化龙头企业 11 家、省级农业产业化龙头企业 61 家[3]；至 2022 年 7 月"青岛品牌日"活动举办时，青岛拥有市级以上农业产业化龙头企业 333 家，培育出全省最多的名特优新农产品。[4] 胶东组织化程度较高的农业生产和密切的企业合作，使各主体产生降低交易成本的需求的同时，为推行产供销一体化提供了组织基础。

表 3　　　　　　　　　　　　2016 年胶东农业生产经营单位数量　　　　　　　　单位：万家

| 地　区 | 农业生产经营单位 | 合作社[5]数量 |
|---|---|---|
| 青　岛 | 1.01 | 0.46 |
| 烟　台 | 1.92 | — |
| 潍　坊 | 1.80 | 0.85 |
| 威　海 | 0.77 | 0.23 |

资料来源：各市第三次农业普查公报(调查于 2016 年，公布于 2018 年)。

**7. 胶东农民年人均收入增长势头强**

2019 年全国农民平均收入刚刚达到 16 000 元；而接近一半的胶东农民收入处在 12 000 元至 16 000 元这一区间，有 35% 的农村居民获得了 16 000 元以上的收入(如图 4 所示)。根据胶东农村较低的物价水平，这意味着胶东农民基本上能够过上富足的生活。

---

[1]　数据来源于烟台农业农村局网站，2020-12-31。
[2]　数据来源于潍坊政府门户网站，2021-8-25。
[3]　数据来源于威海新闻网，2021-10-28。
[4]　数据来源于《青岛农产品火爆"出圈"共赴品牌之约》，青岛农业农村局公众号，2022-7-17。
[5]　这里的合作社，指的是以农业生产或服务为主的合作社。

当然,我们也应该注意到仍有 18% 的胶东农民仅有 12 000 元以下的收入,这一部分农民的生活水平应予以改进。到了 2020 年,胶东农村年人均收入达到 22 740 元,而当年全国农民年人均收入为 17 000 元左右,胶东农民的年人均收入高于全国平均水平近 30%。

胶东地区的众多特点符合农业产供销一体化的要求,加上当地原本就有的农业生产的自然条件和规模上的优势、耕作传统带来的丰富经验、较多的企业等农业经营主体、较高收入水平带来的广阔市场,使得胶东地区有能力在全国范围内成为农业产供销一体化的"排头兵"。

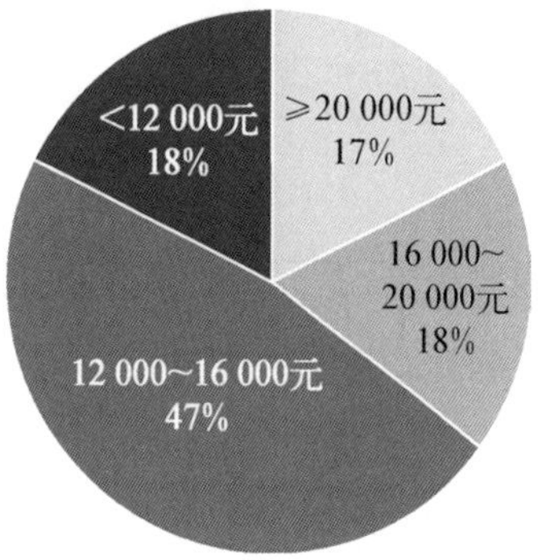

资料来源:2019 年"千村调查"数据。

**图 4 胶东地区农民年人均收入的对应比例**

（二）胶东农业产供销一体化模式基本情况介绍和分析

胶东地区的农业产供销一体化展现了鲜明的"龙头企业+基地+合作社"模式。龙头企业在其中发挥着组织各个主体、整合各类资源、联通各条链条的核心作用；基地分为产学研基地和生产基地两大部分,是研发农业科技、转化应用科研成果、开展具体生产经营的落实地；合作社是农业产供销一体化生产经营的基础支撑,是土地、人力、设备等资源的基础来源,成为具体生产操作、提供资源要素、土地流转对接的基本单元。胶东地区"龙头企业+基地+合作社"的一体化模式体现在两大方面：以龙头企业为农业产供销一体化的核心引领、以数字化赋能为农业产供销一体化的重要抓手。

1. 以龙头企业为农业产供销一体化的核心引领

农业产供销一体化的核心在于龙头企业的引领,以农业合作社作为龙头企业与农户对接的桥梁（如图 5 所示）。交易成本得到有效控制,"小农户、大市场"问题得到一定程度的解决。

首先,龙头企业通过组建产供销一体化联盟,形成与各环节主体的利益联结,将各环节主体与其他主体的外部联系转化为联盟内部的合作协调,降低了交易的不确定性和监督成本。

接着,龙头企业顺势构建要素平台,各环节主体各尽所长、互相补充,防止因各环节主体拥有的要素专用性带来的资源对接成本过高；同时,龙头企业在收到生产、物流、市场等信息反馈后在信息要素平台内共享,减少各环节主体单独付出的信息搜索成本。

然后,龙头企业将各类平台功能整合,建立基地以落实生产与研究活动,促进各环节主体相互熟悉、协同配合,使合作关系长期稳定,降低合作的变更频率,减少额外的谈判成本。

最后,龙头企业开辟多元化销售渠道,以合作订单保底,解决小农户市场销售难度大的问题；与销售平台对接,以获取市场信息、组织调研,解决小农户搜寻市场信息成本高的问题；建立地方特色品牌,增强农产品市场竞争力。

下文将围绕龙头企业利益联结、平台构建、基地管理、市场与品牌运营四个方面予以说明。

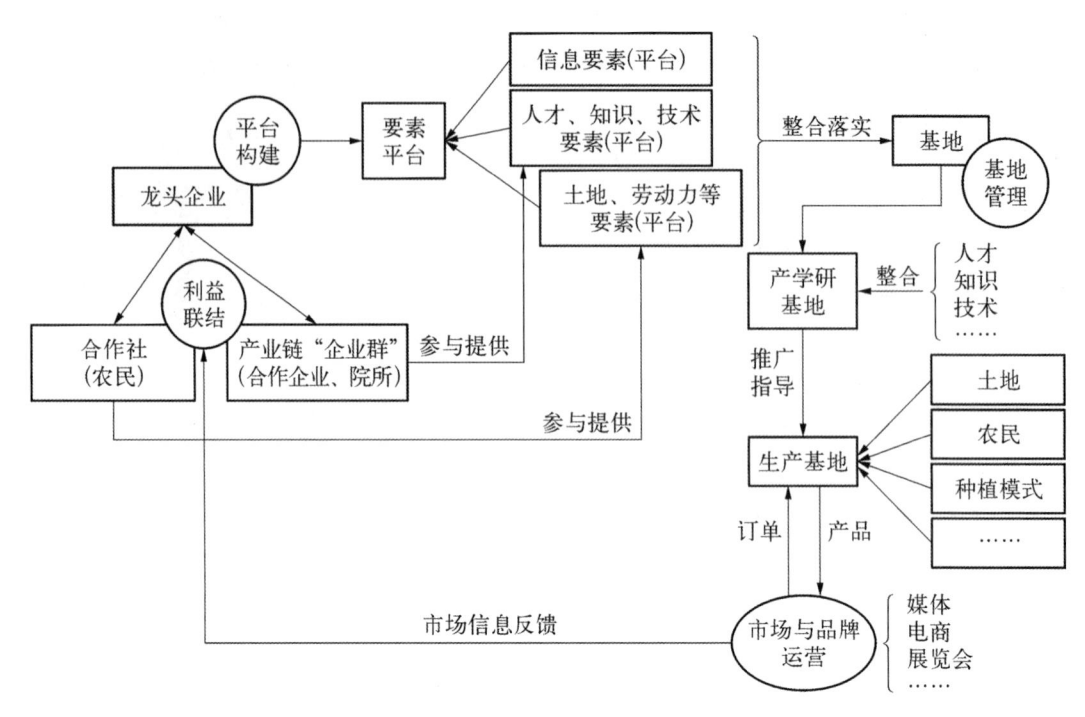

**图 5　龙头企业引领农业产供销一体化模式**

**（1）利益联结**

龙头企业通过自身巨大的平台优势与资源信息整合能力，与多元主体建立合作关系，将不同主体紧密团结在以龙头企业为引领的利益共同体中。龙头企业因此组建产供销一体化联盟（如图6所示），各主体便能以低交易成本进行内部合作，在整体利益扩大的同时，各自利益得到维护，实现互利共赢。

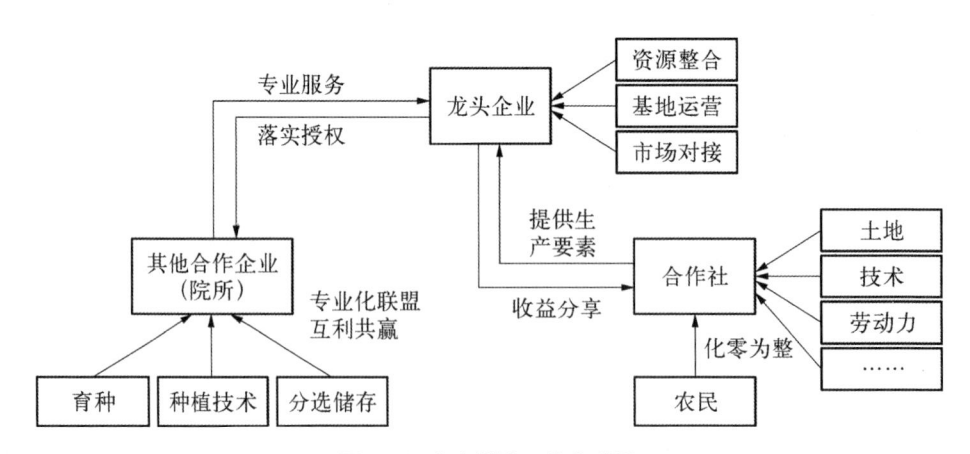

**图 6　组建产供销一体化联盟**

① 龙头企业与合作社（农民）

龙头企业与合作社建立起紧密的利益联结关系。胶东地区合作社数量多、分布广，经营大量农业资源,是人力、技术、土地等资源最基础的来源。虽说农民是具体生产的参与个体和基点,但由于农民个体分布过于分散且知识结构老化等,龙头企业直接与农民交流签约面临极高的交易成本。

当合作社被整合进供应链后,为获得所需生产要素所付出的交易成本大大降低。通过当地合作社把松散的农民集合起来后,企业与合作社进行合同的磋商并建立相应规则,使合作社能够组织本地资源与企业进行对接。如用地方面,因为胶东地区农村的多数年轻人外出打工,老龄化严重,一些土地难以耕种,且农民认为农业收益过低而存在撂荒的情况,所以农民会将土地上交合作社,相当于用土地入股,合作社就会将土地流转给企业进行规模化经营,这样,企业就会与本地拥有土地、闲置人力、技术、机械等不同资源的合作社主动进行合作。又因为合作社认为龙头企业有强大的抗风险能力并依托当地政府,所以合作社相信企业大平台的信用,也有意愿与龙头企业长期合作。就这样,高度组织化与长久性的合作降低了交易成本。龙头企业有合作社作为坚实根基,可以组织基层的人力、物力资源开展农业基地的规模化生产,各种专业合作社也因此成为龙头企业组建的产供销一体化联盟中的重要主体。

合作社和以此为依托的农民也因与龙头企业合作而获益。在龙头企业与合作社确立了关于用工、用地等的合同关系后,往往是在龙头企业资金回流前就需要给合作社和农户支付报酬。因此企业会与银行合作,通过银行贷款的方式先给农户支付工资和土地租金(或土地入股的股金分红),合作社也会得到租金分成与服务费。之后银行不用再向农户回收资金,而是在放款前用龙头企业的订单做质押,等企业资金回流后还贷。所以生产经营过程的风险高度集中于龙头企业,合作社和农户不用再像以前那样承受独立分散生产与销售的风险,同时获得了更高的收入。

② 龙头企业与产业链上的其他企业(院所)

产供销一体化联盟中的第二个重要主体是"企业群"。龙头企业通过吸引各链条领军的专业化企业或院所,建立专业化企业集群,降低交易成本。以苹果产业为例,龙头企业与国际知名育种研发企业合作引进国际热门品种、改良国内品种以适应市场对高品质水果的需求,并与国内相关科研院所合作建立专家平台,为病虫害诊断、测土配方提供智力支持等,如此,龙头企业便在各链条上与国内外专业企业(院所)整合,将品种研发权、果苗种植权、仓储运输权等各链条权利授予相关企业(院所),只有经过授权的企业(院所)才能参与产供销一体化的体系,而接受授权的企业(院所)也要达到向龙头企业承诺的指标,且接受其监督。相关企业(院所)权责分明,统一向龙头企业负责,不必再承担各自对接时产生的不确定性与相互监督的成本。

(2) 平台构建

龙头企业与各主体建立利益联结关系后,顺势构建各种类型的要素平台,如土地要素平台、技术创新平台、管理要素平台等。平台使各主体能充分发挥自身的专业化技能和专用性资源的优势,各主体也不必像以前独立合作那样付出资源对接成本。例如,龙头企业构建的最有代表性的人才知识要素融合平台是院士平台。龙头企业与中国教授协会合作,打造由省级院士和国内知名专家组成的专家智囊团,为产供销一体化发展提供技术支撑与人才保障。其主要服务有以下三个方面:一是提供智力支持,如数字化赋能、种植模式改进、市场定位与品牌建设等全链条业务;二是培育专业人才,专家会为基地农户、毕业生等群体提供专项培训;三是促进科技交流与成果转化。专家具有广泛的关系群体,为龙头企业与院校科技交流、组织专家进行实地调研提供方便;另外,专家群体会根据科研成果寻找项目衔接点,将成果落实到具体项目。

(3) 基地管理

龙头企业完成了建立产供销一体化联盟的利益联结环节,构建了各种要素平台,以各种要素平台为基础,就可以通过搭建产学研基地和生产基地进行落实。龙头企业通过基地管理,将各方主体优势协同转化为具体成果,在配合中不断交换意见、磨合关系,化解关于合作方向的分歧,促进合作的长期稳定。

① 产学研基地

产学研基地主要进行品种研发、种苗试验、方案制定等工作,是新研究成果的孕育基地,也是连接研究成果与投入生产基地进行大规模生产的过渡基地。以苹果产业为例,产学研基地里容纳了不同类型的人才团队,有的如上文所述,在基地生产前进行土壤监测、农机管理或在平时的具体生产过程中提供指导服务(如院士平台);也有的研发或引进高品质种苗、建立种苗标准、制定生产基地建设与管理方案。如苹果苗,基地引入矮砧脱毒苗木,专家研究发现砧木与接穗同时脱毒可一次性解决苹果重大病毒风险;一般单杆苗木在第四年有大产出,而通过增加一定数量的果树侧枝,在第二年和第三年即可收获,使总产量大幅增加;基地根据威海的海洋性季风气候、土质疏松等自然条件,决定在威海苹果基地种植维纳斯黄金苹果,并在威海各地采点进行土壤筛选,发现荣成市某镇一块地的土壤磷、钙等微量元素含量丰富,因此开始种苗试验,据试验结果设定种苗标准,再依此设定生产基地建设、苗木栽种、采摘等方案;龙头企业对方案进行审核决策后,还会与相关团队交换意见,平稳推动之后生产基地的规模化生产。

② 生产基地

在产学研基地的各种方案确定后,龙头企业便开始生产基地的建设、生产、管理。生产基地采用先进的种植模式,运用标准化的先进技术进行生产,通过数字化智慧农业系统进行管理,以市场为导向调整种植结构与品种,实现基地生产标准化、农事活动数据化、单元管理规范化、产品结构市场化。

仍以上文苹果产业为例,基地采取矮砧密植种植模式,即在砧木上先嫁接具有矮化效应的中间砧木,再嫁接苹果苗木。苹果苗木是矮化的多分枝种苗,以行距3~4米、株距0.8~1米进行密植,一亩种植190棵左右,并在每10米处立一个水泥柱对苹果树进行立架培育,之后在水泥柱之间横拉3道铁丝以构建防风、防鸟、防侧弯的多功能苹果网。

矮砧密植模式下的苹果树矮、种植密度大,便于苹果生产的精准化与机械化。基地以自动化机械设备生产为主,在机械使用、采摘等需要人工的环节,龙头企业与合作社对接来雇用农户,并对农户进行矮砧密植技术和基地通App使用的培训。

基地被划分为几个生产单元,每个生产单元都装有光热气水土的传感器、虫害测报仪等云终端,对数据进行实时采集并上传至生产云,生产云经过分析后将指令下达给农户,农户按照指令和方案进行精准化的农事活动,传感器将农事活动结束后的新数据再次反馈给生产云,生产云对农户的落实情况进行评分,以此将每个生产单元内的生产责任落实到相关农户。

矮砧密植种植模式也是"订单农业"柔性生产的具体技术体现。龙头企业根据流通云反馈的销售数据分析不同品种的市场偏好,从而及时更换不同品种的嫁接苗木,第二年即可成熟,龙头企业得以紧跟市场需求,保持长久竞争力。

(4) 市场与品牌运营

在市场运营方面,龙头企业拓宽并巩固销售渠道,采取线上与线下结合、传统渠道与现代渠道结合的方法,解决"小农户、大市场"的一些问题。例如,龙头企业与一些企业集团建立稳定的客户关系,不同的客户企业通过大采购的方式向龙头企业提出个性化需求,生产基地按照订单生产,作为保底收益;龙头企业还邀请电视台记者参观采访,通过广告宣传、直播报道等方式扩大产品的市场知名度;批发商与零售消费者也可以成为龙头企业的会员,龙头企业通过会员销售来进一步降低市场销售风险;除此之外,龙头企业积极推进长三角线上线下一体化营销平台建设,将胶东地区的优质农产品供给与长三角的巨大市场需求对接。众多市场渠道的开拓缓解了"卖农产品难"的问题。

在品牌运营方面,龙头企业以多种方式为地方品牌提供坚实的信用背书,打消人们对农产品质量参差不齐的疑虑,增强农产品的市场竞争力。首先,品牌有完整的产供销体系的数字化呈现。品牌下每一盒农产品都有承载产品全生命周期信息的二维码,为消费者和合作企业的品质溯源提供服务,增强消费者和合作企业对龙头企业品牌的信任。其次,品牌背后有完整的供应链标准。例如,产品和产地环境都有山东拜尔监测公司的质量认证,且具备 SGS 等国际知名的产品认证,被鉴定为绿色食品。再次,龙头企业加强对品牌影响力的打造。一方面,龙头企业积极参与农产品博览会的展示与评选,其中,"鲁坤印象"牌威海黄金苹果获得了第十四届 iFresh 亚洲果蔬产业博览会样品特等奖。另一方面,龙头企业对接线上流量平台与线下推广平台。在线上直播中与小红书、快手等平台流量对接,培养品牌的粉丝群体以促进从流量到销量的转化;在线下设立"一县一品"展厅和超市旗舰店,"鲁味有约"等龙头企业品牌展厅已在浙江运营。最后,龙头企业深度挖掘品牌文化,以此为媒介促进胶东农业文化的推广。龙头企业充分挖掘品牌背后的"乡村振兴"元素和山东悠久的农业文明,使其与党性教育、乡村记忆等主题相融合,加深人们对胶东农业发展的认识,提高品牌的文化软实力。

2. 以数字化赋能为农业产供销一体化的重要抓手

数字化赋能,指的是以大数据技术等数字科技为应用基础,对产供销全产业链的数据进行采集、聚合与分析,充分释放数据对农业全链条的管理决策和经营服务的内在价值,从而将产供销各环节有效衔接,实现生产标准化、流通信息化、销售多元化。

数字化赋能之所以成为产供销一体化推行的重要抓手:首先在于农业数字化可降低

搜寻、处理生产与流通信息的成本,从而推动交易成本的下降。例如,生产信息的及时反馈,可以降低龙头企业监督生产是否符合标准的成本;龙头企业在产品运输出现问题时进行物流溯源,可以降低违约成本;等等。其次在于破除市场信息壁垒,帮助农户适应全国大市场的竞争。龙头企业帮助农户根据产品的销售数据及时调整生产,根据市场调研数据及时适应市场偏好,从而保持长期的市场竞争力。

胶东地区的数字化赋能实践主要体现为"一个中心、五朵云、一个码"项目(如图7所示)。"一个中心"指的是大数据中心,对各个链条和各种资源进行数据采集与汇合,是赋能产供销一体化的数据底层支撑;"五朵云"指的是五个云服务系统,即生产云、服务云、流通云、治理云和监管云,前三个云涉及具体的农作物产供销环节,后两个云是为产供销一体化提供生态环保与调控运行的整体保障,五朵云是数字化在产供销各环节的具体落实;"一个码"指的是产品的身份二维码,是由上述"五朵云"贯穿而成,赋予各种农产品和各环节从业人员统一的数字身份,是农业产供销一体化的终端呈现。

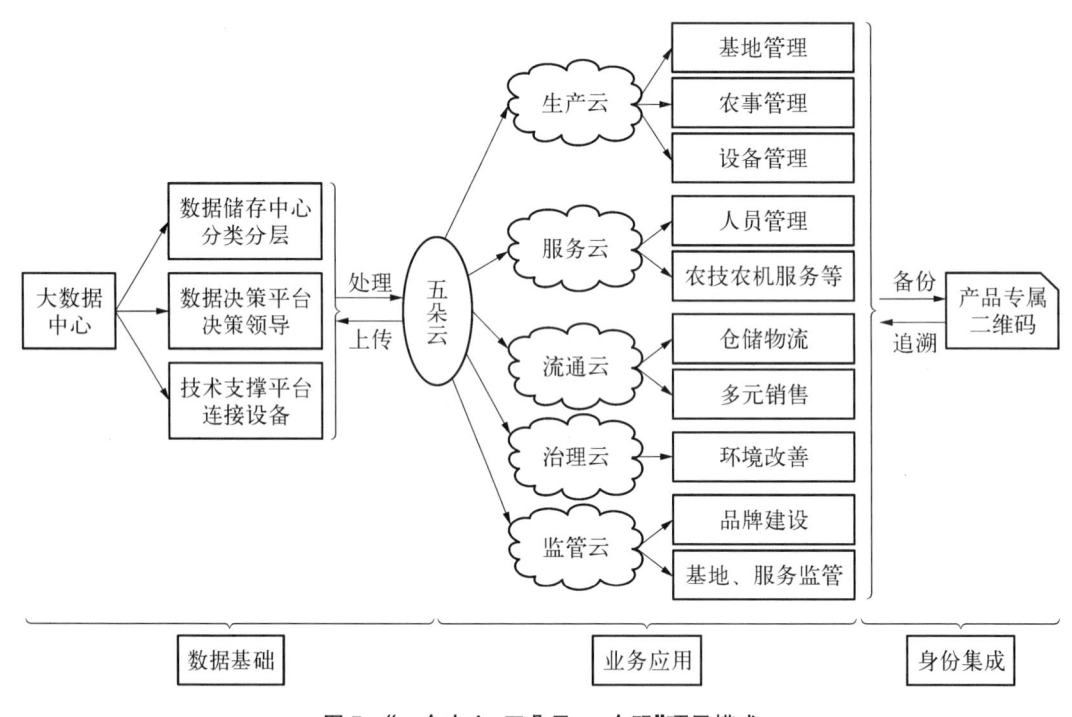

**图7 "一个中心、五朵云、一个码"项目模式**

(1) 一个中心:产供销一体化的数字根基

大数据中心对相关农业资源的种类分布、农产品实时生产情况、自然环境变化等数据进行采集与聚合,形成一个较完整的农产品数据资源体系,使数据成为相关经营主体进行信息共享的底层资产,为之后各个环节云系统的具体落实提供基础支撑。数据储存中心会对采集来的数据进行分步处理与分类标记。企业管理层根据储存中心的数据进行决策,根据市场信息及时调整农作物种植结构、新品种推广的成本收益预测等。

(2) 五朵云：产供销各环节的数字服务系统

通过五个云系统，大数据中心的功用得到实际发挥。如果说大数据中心是数据资源基础，那这五个云系统便属于具体业务应用。五个云系统通过全产业链条的数字化改造，降低了整体交易成本，提高了胶东农业产供销一体化水平。

生产云的功能集中在农作物生产方面，降低农户为达到指标而获取生产信息的成本，实现生产标准化。农户在进入基地前扫码登记，之后在农业生产过程中的各种数据都会被生产云汇总，如工作人员信息、各项农事活动信息、不同地块信息等。农户也可通过App获得专家的标准化生产方案，落实生产方案的过程也会被记录。在农产品成熟并收获后，平台会对方案落实情况进行评价，最终得分统一汇总到产品包装上的二维码中，以方便消费者进行品质溯源，经营者及时收到市场需求信息以进行产品调整与品质管控。

服务云的功能集中在为生产经营的农户提供服务方面，降低农户获取农业服务的难度与成本，实现服务精准化。需要说明的是，生产云的服务与服务云的服务有所不同：生产云的服务，如为农户提供生产方案等，侧重农户生产的具体过程，也就是在农户进行栽培、灌溉等生产的具体操作时加以指导；而服务云的服务侧重为农户提供生产前的准备保障，如农户可以收到学习资料以满足农技培训需求、租用平台的闲置农机、购买原材料等。

流通云的功能集中在农产品的供销方面。一方面，通过信息化物流管理降低龙头企业监督物流和处理违约的成本。生产云关于某一产品的已有数据、产品出入仓库和运输等重要环节产生的新数据，都会在流通云平台上进行及时备份与更新，并集成为一个贴到产品包装上的二维码，龙头企业管理者可通过二维码查询物流与跟踪监督；对流通环节出现的诸如错发漏发、产品破损等问题，企业可以及时发现并将责任切实落实到相关主体。另一方面，线上交易降低了企业和农户获取并处理一手市场交易数据的成本：不同产品不同渠道的销售数据、消费者交易数据通过消费者手机终端上传到流通云平台，通过后台对数据的分层整理与可视化处理，企业能第一时间掌握市场信息，从而对生产和流通环节进行调整。

治理云的功能集中于保障绿色化农业生产，为农产品品质保驾护航。治理云包括土壤改良、农药购买的实名制管理、化肥使用的定量限制、生产废弃物回收等内容。

监管云的功能集中于品牌建设。通过发挥决策监督、展示宣传等多位一体的功能，培育龙头企业信誉，使其维持与其他经营主体的长期合作关系，降低因合作频率变动带来的交易成本。主要运用LED大屏和GIS地图等技术，实现企业对生产、服务、流通、治理的监管；同时，数据信息都会记入电子档案进行保存，为品牌建设提供信息支撑。

(3) 一个码：产供销一体化的数字化集成

"一个码"聚焦于将"五朵云"的功能连接在一起，每一份农产品的生命全过程信息数据都被集成为产品专属的二维码，背后的支撑就在于"一个中心"和"五朵云"为企业、基地、生产农户打造的数字身份体系，从而真正实现了"一物一码"的数字化赋能（如图8所示）。通过这个码，全产业链信息得以打通，产供销一体化得以数字化呈现。

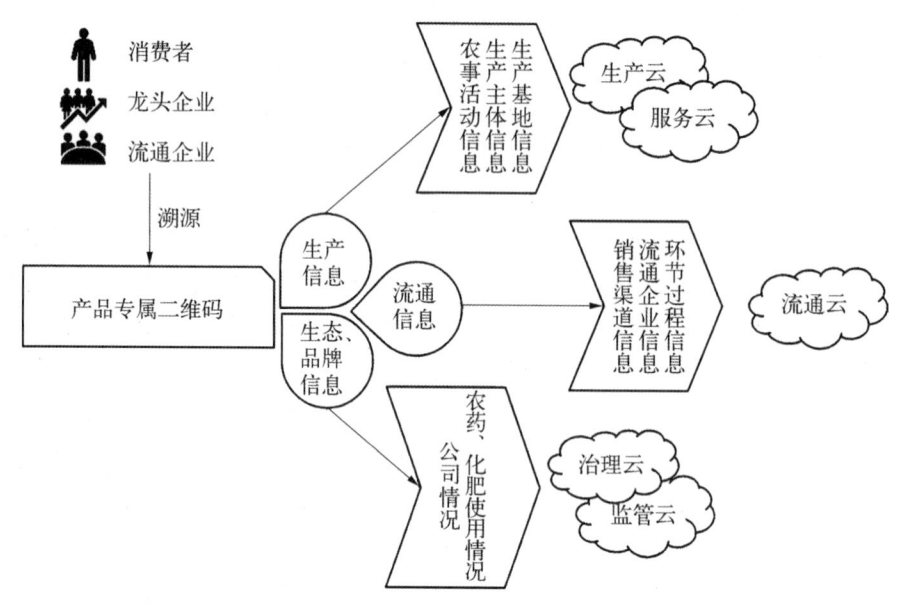

**图 8　"一个码"的信息组成与来源**

不同主体通过"码上溯源"来低成本地实现信息共享,满足自身需求。对消费者来说,它就是农产品的信用背书,消费者可以查询到这箱农产品的"前世今生",充分满足消费者的预期;对龙头企业来说,它就是一个产供销全流程追溯的大闭环,实现低成本农产品全流程品质管控;对其他合作企业来说,确保合同执行的成本大大降低,因为它就是一个互相监督的透明机制,每个流程公开透明,上下游企业自觉按照合同标准行事。

### 四、农业产供销一体化对农民收入带动作用的因素分析

**(一)改进生产模式,提高产品产量和品质**

对多数仍留在农村以农业为主业的胶东农民来说,在农产品上寻求产量和品质的提高是增加收入最直接的举措,也是最容易注意到的方面。从以上介绍可知,胶东产供销一体化实践的生产模式有两个方面提高了农产品的产量和品质:

第一,以生产云为核心进行生产的数字化赋能,促进生产的数据化与精准化。以前农户以独立分散经营为主,生产缺乏弹性且受自然环境的很大影响,无法实时满足不同位置农作物的精准化需求,造成苗木长势的不确定与产量的经常性波动,丰收年能收获接近3 000千克/亩,歉收时不到2 500千克/亩;同时,农产品的个体品质难以得到保证,近1/6的成品会有虫洞、碰压等小伤或黑点,总体品质只能维持在平均水平。而在生产云的数据化生产服务下,农户可按照生产方案进行资源的定量投入,使施肥、灌溉等活动不定期、有弹性、精准化,为每一株作物的生长找到较合适的节点,提高每一苗木个体的产量和品质,从而使总体产量上升10%左右,几乎没有碰压或虫害的问题。

第二,采用先进的种植模式,对农作物种植本身进行基础创新,推动农产品实现质的飞跃。例如2012年前,胶东苹果种植仍以乔砧模式为主,占苹果种植面积的90%。乔砧

模式是在砧木上直接嫁接苹果苗木,未经矮化处理,树冠高大,生长周期长。现在胶东地区逐渐采用更先进的矮砧密植模式。在产量方面,矮砧密植模式具有早丰产、早收获的特点,种植第二年即可结果 800～1 000 千克/亩,第三年即可达 2 000 千克/亩,第五年进入丰产期,产出达 3 600～5 000 千克/亩,且丰产期长达 6～10 年;而传统乔砧模式种植前三年不结果,第四年才达到 350～500 千克/亩,第六年达到矮砧密植模式第三年的水平,第八年进入丰产期,产出达 2 500～4 000 千克/亩,丰产期只有 3 年。总体来看,矮砧密植模式 15 年的总产量相当于乔砧模式 30 年的总产量。果农在丰产期前会有持续的收入增长空间。在品质方面,因矮砧密植模式将苗木矮化,利于通风透光,便于集约化、机械化管理,光热水土资源利用率比乔砧模式高,所以苹果品质更优。例如采用矮砧密植模式种植的维纳斯黄金苹果,糖度可高达 18% 左右,单果重达 230 克,果型端正,果色均匀,可以卖到 10～15 元/个的可观价格。

从以上两个方面提升农产品的产量和品质,为农产品在供销环节实现高经济收益,最终带动农民收入增加打下了基础。

(二)完善流通管理,保障产品经济效益

先进的生产模式产出了高产高质的农产品,但此后还需要经历采后运输、分选包装、冷库仓储、物流直达等多个阶段,农产品的数量和质量都会受到一定程度的损耗。完善的流通管理能使农产品在流通过程中保质保量,使农民最大限度地获得优质农产品应有的收入。在胶东产供销一体化模式中,流通领域从两个方面保障了农产品的经济效益:

第一,以流通云为核心进行流通数字化赋能,推动流通数据透明共享,对流通中的农产品进行实时监督与低成本管理。与龙头企业合作的采购商和物流企业的每一个环节都需要记录在平台上加以存档,流通云也因此成为流通公共信息平台。龙头企业可随时登录流通云平台查询农产品物流情况,若出现农产品运输破损情况,则流通的上下游企业可接入流通云平台进行反馈,龙头企业可及时溯源,找出有问题的环节,并落实相关主体责任。这样,一方面龙头企业可实现对流通整体过程的宏观把控与问题追溯,另一方面供销各环节的企业会相互监督与配合,实现了流通业务信息查询的低成本和农产品在企业间的有效对接。

第二,龙头企业通过建立产供销一体化中的专业化企业集群,有效整合各流通企业资源,实现农产品流通过程的现代化。采摘后 24 小时内分选分级入仓或直接包装发货,专业化企业按照特定的产品标准,通过自动化分选线进行农产品精细化分选,保持产品品质的一致性;通过"气调库"、小隔间冷库进行精细化仓储,精准控温,保持产品品质的稳定性;运用冷藏车全过程冷链运输,保持产品运输衔接的平滑性。

以上两个方面使农产品的数量和品质得到了最大限度的保持,为农产品在销售环节获得较高价格、适销对路打下了基础。

(三)有效对接市场,促进产品价值实现

销售环节是农产品从高产高质转化为高价的关键,决定了农民在农产品上是否能取得更高的收入。有效对接市场既包括有效对接线上线下各销售平台和渠道,也包括有效对接市场信息,及时反馈给各产供环节。胶东产供销一体化模式可以克服传统"小农户、大市场"的产供销错位情况,保持长久的市场竞争力。

在有效对接各销售平台渠道方面,如前文所述,龙头企业积极通过品牌塑造来开拓市场。销售渠道的多样化为龙头企业的基地化生产和从合作社统一收购农产品提供了坚实的市场基础,实现了产品的经济价值。

在有效对接市场信息方面,龙头企业可登录流通云平台,查看不同产品的销售渠道信息、价格信息、销量信息等,通过市场信息反馈,调整农业生产结构与规模。例如苹果产业,不同品种的市场情况具有极大差异。经市场信息反馈,红富士占中国苹果市场销量的60%以上,苹果品质同质化严重,每年存在较大的滞销问题;同时,市场上存在对苹果多样化品种的需求。因此龙头企业主攻苹果新品种,以维纳斯黄金苹果为主,国内品种中以瑞雪、王林为辅,再以国外的爱妃、坎兹等品种调剂。维纳斯黄金苹果在电商平台销售得最多,也是所有品种中销量最大的,而国外品种在电商与零售上销售得较少,以会员销售和企业采购为主。

由此可见,龙头企业能有效获取市场信息反馈生产,并根据多元化销售渠道调整销售结构,尽可能使所有品种的产品都与其对应的市场需求群体适配,从而实现产品本身的价值与品牌溢价收益。龙头企业克服了传统小农面临的市场开拓成本高、难以突破市场信息壁垒和信息不对称等问题,极大地减少了农民的市场销售风险和销售负担,为农民开辟了更大的收入空间和更稳定的农业预期收入。

### (四)推动农民就业,扩大农民收入来源

产供销一体化产生了较大的用人需求,为各类农民开辟了较广的就业空间。在研发模块,品种培育和农技试点增加了科研人才与技术型农民的就业;在生产模块,日常基地管理和季节性用工增加了生产型、服务型农民的就业;在流通模块,仓储管理和冷链物流增加了技能型农民的就业;在市场模块,市场调研需要联动运营的农民,市场销售又需要网上直播与电商运营的农民;等等。农业产供销一体化对农民就业的带动作用表现为,引进一批产学研新农人,培养一批职业化新农民,联动一批各环节"农N代"。农业产供销一体化有效盘活了农村闲置劳动力,增加了农村就业机会,扩大了农民的收入来源。

与农民在产供销一体化各个模块获得不同来源的收入相关,该模式也为农民增加了不同性质的收入。除了农民的农产品收入外,在生产模块,很多农民成为龙头企业的基地农民,获得了稳定的工资性收入;龙头企业对合作社土地进行规模化经营,农民获得了土地租金的财产性收入和合作社的分红收入;专业化程度较高的农民还可以在服务云平台上出租闲置的农机,获得租金收入。例如青岛某公司成立了农业开发建设平台公司,建立6.3万亩高标准农田建设基地,新增总产值达1 100万元,在农民各类工资的加成下,基地农民实现人均每月增收近500元。除此之外,龙头企业将其中几个代表性的生产基地作为"齐鲁样板"向胶东其他地区推广,推广的时候需要职业化的"新农民"对当地农民进行培训,"新农民"因此还可以获得一笔劳务输出的收入。

如此种种,胶东地区产供销一体化对农民收入具有显著的带动作用,帮助农民走上生

活富裕的道路,逐渐推动农民富裕富足与乡村振兴的实现。

## 五、思考与建议

基于对胶东农业产供销一体化模式及其对农民收入带动因素的调研分析,本文提出对其他农村地区推进产供销一体化的思考与建议。

### (一)模块化经营

产供销一体化的关键在于将生产、流通、销售涉及的多个环节紧密结合,这对当地龙头企业的整体经营与产业链引领提出了不小的挑战。为了提高整体经营水平并兼顾各链条经营主体的利益,龙头企业需要将各环节提炼成模块,如调研模块、生产模块、市场模块等,对每一个模块实现各经营主体的分工专业化经营。如此,龙头企业在低交易成本下整合专业化力量、对接各方面资源的同时,对产业链整体有了宏观的把握,促进了各链条的有效衔接。

### (二)集约化生产

有的地区适合种植的作物较多,企业和农户也倾向于同时种植多种作物。这种方式能够分散某种作物销路突然受阻的风险,但广而不精的种植会降低农产品的品质、增加与流通渠道对接的成本。龙头企业可以在充分调研的基础上,以村、乡乃至镇为单位因地制宜地统一种植同一种或两种销路风险对冲的作物,不仅有利于在日常管理中保障农产品的品质符合标准,而且有利于在采摘装箱等环节统一行动,使生产和流通环节可以低交易成本对接。

### (三)差异化发展

农产品能否长期保持市场竞争力是产供销一体化能否实现其本身经济价值的关键。有的地区近年来引入网红经济模式以扩大农产品市场,以致在市场潮流的裹挟下,当地产品的特色逐渐被市场主流偏好所掩盖,农产品日趋同质化。最后,当地缺乏立足于市场的特色产品,在疲于应对不断变化的市场时造成农业收益大幅震荡,反而未能实现增加农民收入的初衷。唯有立足于特色,通过差异化生产、差异化宣传,在市场上差异化地竞争,小农户才能立足并适应市场潮流,最终实现产供销一体化的经济价值,促进农民收入的提高。

**参考文献**

[1] 初文红,孔祥彬,刘英,等.潍坊市智慧农业发展现状及对策[J].现代农业科技,2022(3).

[2] 黄仕盛.新型农业主体的现代农业物流发展研究[J].新农业,2021(1).

[3] 霍红,赵思琪.基于经济学角度的农产品产供销一体化动因[J].江苏农业科学,2017(4).

[4] 蒋芳芳.潍坊智慧农业发展困境与实现路径研究[J].现代交际,2021(19).

[5] 李海伟,顾文斐.供给侧改革背景下农业产供销一体化经营模式研究[J].经济界,2016(4).

[6] 李启秀.智慧农业经济发展现状及问题战略分析[J].农村经济与科技,2021(8).

[7] 刘君,王学伟.山东省智慧农业发展现状问题及对策[J].南方农业,2021(25).

[8] 刘敏."互联网+"农业产、供、销一体化发展模式探索[J].全国流通经济,2020(33).

［9］牛若峰.农业产业一体化经营的理论框架［J］.中国农村经济,1997(5).

［10］阮雯.分析现代农业物流对农业经济增长的影响［J］.农村经济与科技,2021(10).

［11］山东省宏观经济研究院课题组.青岛、烟台、威海、潍坊、莱芜五市新型农业经营主体发展情况调查［J］.山东经济战略研究,2014(10).

［12］孙晶晶.产供销一体化背景下农产品流通模式发展研究［J］.商业经济研究,2016(11).

［13］唐翠英.推进蔬菜的产供销一体化建设——"菜贱伤农,菜贵伤民"问题的反思［J］.商品与质量,2011(7).

［14］王爱红.浅谈农业产业化对农民收入的影响［J］.现代园艺,2018(9).

［15］王邵军、盖希娟.农业现代化背景下特色农业发展探析——以胶东地区为例［J］.网络财富,2010(12).

［16］许馨苓.新型农业经营主体与农业物流系统对接思路研究［J］.农业经济,2018(6).

［17］叶良均.当前我国现代农业建设的若干问题思考［J］.长春理工大学学报(社会科学版),2014(9).

# 农民工返乡对农村本地人收入和就业的影响研究

赵文铖[①] 唐筠[②] 刘迪[③]
指导老师：盖庆恩[④]

**摘 要**：经济增速放缓和"新冠"疫情对农民工外出就业将造成不利影响；同时，在"乡村振兴"背景下，农民工返乡就业机会不断增加，越来越多的农民工选择回到家乡寻求发展。本文基于上海财经大学2021年"千村调查"数据，一方面对农民工返乡状况进行了描述，另一方面探究了农民工返乡后对农村本地人收入和就业的影响。主要研究结果表明，近年来返乡农民工数量逐渐增加，2021年调查村居中外出农民工上一年平均返乡比例为11.48%，当村居外出农民工返乡比例增加时，会显著降低村居内务农的收入，但是对经商收入的影响显著为正；此外，村居外出农民工返乡比例对村居本地人的就业选择尚且没有显著影响。基于上述研究结论，本文提出坚持推进乡村振兴战略为返乡农民工提供更便利的创业环境、充分发挥返乡对村居务工经商的带动作用，以及有效缓解农民工返乡导致村居内就业竞争压力的政策启示，旨在为应对农民工返乡和乡村振兴发展建设提供政策依据。

**关键词**：农民工返乡　收入增长　就业创业

## 一、研究背景和意义

经济增速放缓对农民工外出就业将造成不利影响。从2007年开始，中国经济增速开始下降，2015年GDP增长速度跌至7%以下，2019年GDP增长速度为6.1%，为近三十年来最低水平。中国经济增长速度持续放缓是多重因素作用的结果。2019年中央经济工作会议强调，当前我国正处于发展方式转变、经济结构优化、增长速度换挡的关键时期，结构性、体制性、周期性挑战相互交织，"三期叠加"的影响将持续加剧，经济发展面临的压力也

---

[①] 赵文铖，上海财经大学财经研究所农业经济学专业2020级硕博连读生。
[②] 唐筠，上海财经大学财经研究所农业经济学专业2021级硕士生。
[③] 刘迪，上海财经大学财经研究所区域经济学专业2020级硕博连读生。
[④] 盖庆恩，上海财经大学财经研究所。

将加大。在经济增速放缓的同时,国际环境也发生了变化,贸易逆全球化和贸易保护主义不断涌现。此外,2020年暴发的"新冠"疫情对经济、社会和劳动力市场造成了冲击。上述因素使得中国的就业压力与日俱增。与此同时,长期以来,户籍制度限制和低水平的人力资本使农民工在劳动力市场处于弱势地位,在经济下行周期更容易受到冲击(卢峰等,2015),从而推动了农民工返乡。

中国共产党第十九届中央委员会全体会议提出,要把农业和农村发展作为重点,把乡村建设作为重点,全面推进乡村振兴。为了实现全面的乡村振兴,政府制定了相应政策。首先,如《关于支持农民工等人员返乡创业的意见》的发布,为促进农民工返乡创业创造了良好的条件。其次,要健全农村的体制,以方便外来务工人员回乡,如改善社会保障体系、加强农村地区的社会援助、促进公共服务的协调。最后,改进了土地征用和土地转让制度,有利于返乡农民工灵活从事非农工作。一系列政策的支持促使了不少农民工返乡就业。根据国家统计局的数据,从2019年开始,外出农民工数量的增长速度逐年降低,外出农民工占农民工的比重也在不断降低,越来越多的农民工选择返乡后在本地非农就业(如图1所示)。在这样的宏观经济背景下,若干问题值得思考:农民工返乡现状如何?哪些因素影响农民工返乡就业?农民工返乡后对农村本地人收入和就业的影响如何,是会带动农村本地人就业还是加剧农村内的就业竞争?基于农民工回流的实际行为,本文对农民工返乡的现状和影响进行了研究。

数据来源:2008—2019年《农民工监测调查报告》。

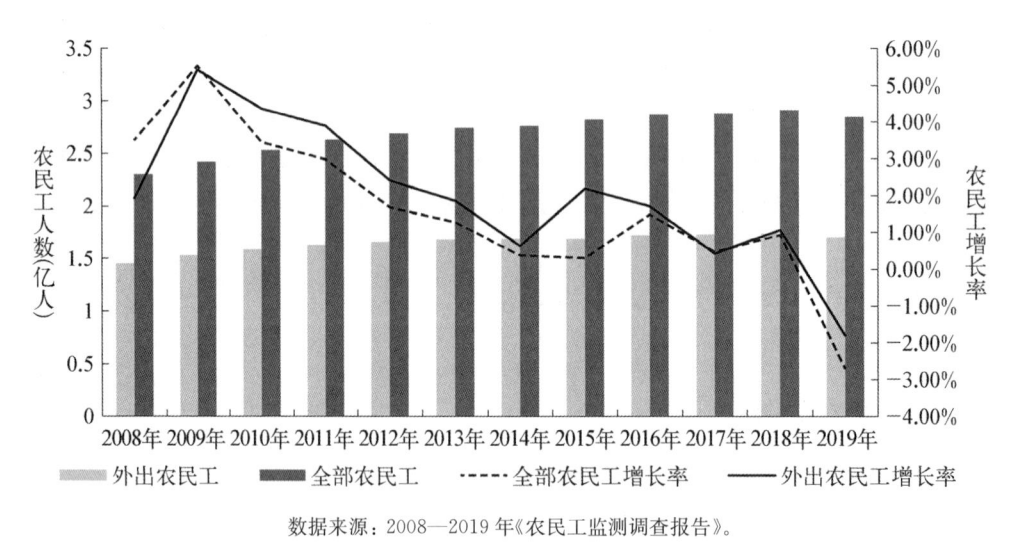

**图1 2008—2019年农民工数量变化趋势**

下文的结构安排如下:第二部分为文献回顾,重点梳理了流动人口返乡后对本地人影响的研究;第三部分介绍了调查数据的来源和研究方法;第四部分对农民工返乡现状进行描述,包括返乡农民工和农村本地人个体特征、村居返乡比例、农民工返乡原因等;第五部分为农民工返乡对农村本地人就业和收入影响的实证结果;第六部分是研究结论和政策建议。

## 二、相关文献梳理

劳动力回流是经济学研究的热门问题。劳动力回流的研究可以分为国内移民向原居住地回流和跨国移民向原国籍国家回流。其中,在中国背景下国内移民向原居住地回流的代表是外出农民工向农村的回流。关于劳动力回流后的影响存在争论,可分为积极影响和消极影响两个方面,具体如下:

劳动力回流所带来的积极影响通常作用在劳动力回流到的地区。跨国移民对原国籍国家社会经济发展的影响研究较为丰富。首先,在投资与创业方面,Dustmann(2003)研究了移民最佳返回迁移时间和他们返回后的就业活动,结果发现,在土耳其回返者中,一半以上的归国移民从事创业活动。Wahba和Zenou(2012)发现归国移民比非移民更有可能成为企业家,归国创业无疑给本国带来了更多的资本积累和就业机会。其次,在人力资本积累方面,移民回国是移民来源国知识积累和获取新技能的一个潜在增长来源(Docquier和Rapoport,2012)。Dos Santos和Postel-Vinay(2003)展示了归国移民如何通过知识扩散对来源国发展中经济产生扩张效应,进而缩小东道国和来源国经济之间的技术差距。此外,Mayr和Peri(2009)研究了临时移民如何通过返回移民和技能升级来提高输出国的教育水平。McCormick和Wahba(2001)发现,近53%受过教育的"海归"发现他们在国外获得的技能有利于他们回国后的工作。最后,在思想观念上,归国移民有可能向本国传达有关政治机构质量的政治思想,提高对政治问责的认识和要求,并增加对政治制度的直接参与。针对以国内移民为代表的外出农民工向农村的回流对农村社会经济发展影响的研究较少,且多基于定性分析。其积极作用主要体现在以下几个方面:第一,农民工的回流使资金回流到农村,解决了农村的资金短缺问题;第二,农民工的回流缓解了农业劳动力的短缺;第三,返乡农民工可以通过创业促进农村工业化,加快农业部门的结构调整;第四,返乡农民工凭借在外的工作经历,提高了参与农村民主的热情和能力,从而促进了农村居民的自治机制和民主政治的质量;第五,返乡农民工将城市文化和城市文明带到农村,客观上促进了农村习俗和价值观的转变,导致城市文化和文明向农村蔓延(石智雷和杨云彦,2009;胡显中,1998;齐小兵,2013)。

跨国移民回流的消极影响集中在返回者在离开一段时间后可能无法轻易地重新融入本国的劳动力市场。回国的移民带回的技能可能与本国经济的需求不匹配。如果"海归"在东道国获得了不可转移的特定技能,就可能造成技能的浪费(Lucas,2005)。也有学者认为大量的劳动力回流会使本国劳动力市场的竞争加剧,从而造成失业以及收入下降的现象。针对农民工回流对农村的负面影响的研究较少,部分认为农民工返乡会加剧人地矛盾,影响社会治安,从而抑制农业生产,阻碍现代化进程(王明杰和戴锦技,2009;杨智勇和李玲,2015)。与关注对农村的影响相比,更多学者关注的是大量农民工回流对城市经济发展的消极影响:一方面,这导致了一些城市的劳动力短缺。农民工的大规模回流导致许多城市的许多行业的劳动力短缺,引发部分城市的用工荒,这反过来减慢了生产速度,直接影响利润率。一些公司在招聘农民工有困难时,不得不引进更多自动化设备,以减少员工数量,从而增加了成本。另一方面,这不利于实现城市化目标。农民工的回流对城市现有的服务体系产生影响,并在一定程度上对城市的经济产生影响,最终影响城市化进程(王彩平等,2013;杨运忠,2010)。

总的来说,虽然关于农民工返乡原因、特征,以及返乡创业的研究较为丰富(白南生和何宇鹏,2002;程名望等,2006;郭晓鸣和周小娟,2013;吴方卫等,2020;叶静怡和李晨乐,2011),但关于农民工返乡后对家乡或城镇社会经济的影响多从定性的角度展开分析,缺乏实证检验。因此,本文基于"千村调查"数据,一方面对当前农民工返乡状况进行描述,另一方面从收入和就业角度识别农民工返乡对农村本地人的影响。通过对流动人口回流行为的深入剖析,认识其动机、行为和影响,以便有针对性地采取相应的对策,从而在中国的城市化进程中起到十分重要的作用,进而在农民工回流基础上,重点发展中小城市和实现乡村振兴。

## 三、数据来源和研究方法

### (一)数据来源

本文使用的数据来自上海财经大学 2021 年的"千村调查"。此调查自 2008 年起已连续进行了 13 年,采用定点调查和返乡调查两种调查方式。定点调查的研究方法和过程如下:超过 30 名教师带领 300 名学生组成的团队,研究中国 22 个省定点调研的 30 个县区,从每个县区选择两个有代表性的乡镇,再从每个入选的行政村庄随机选择 15 个家庭。学生必须在暑假期间回到村居,完成他们的研究。每个返回家乡的学生负责调查一个村居,并随机抽查 10 个家庭。调研问卷包括村居问卷和家户问卷。其中,村居问卷围绕乡村振兴发展战略询问村居的人口信息、粮食安全、产业发展、农村养老和医疗、土地、普惠金融、乡村治理等内容,家户问卷包括农户家庭收入、消费、教育、社会保障、就业、住房、医疗、技能培训、生活满意度等内容。最终样本覆盖全国除港澳台外 31 个省份的 697 个自然村,走访农户 8 310 户。在样本处理的过程中首先剔除了关键变量存在严重缺失的样本,接着将家户问卷中的个体样本限制在 16~65 岁,最终获得有效村居样本 326 个,有效个体样本 3 840 个,其中,返乡农民工 1 246 人、农村本地人 2 594 人。

### (二)研究方法

1. 农民工返乡对本地人收入的影响

建立如下回归方程来探究农民工返乡对本地人收入的影响:

$$\ln(w_{ir}) = \alpha + \beta R_r + \gamma X_{ir} + \varepsilon_{ir}$$

式中:$i$ 是从未外出的农村本地人;$r$ 是村居;$w_{ir}$ 是 $r$ 村居 $i$ 个体的月平均工资;$R_r$ 是 $r$ 村居返乡人口比例,在"千村调查"数据的村居问卷中询问了上一年本村外出务工的农民工中返乡农民工的比例;$X_{ir}$ 是控制变量,包括性别、年龄、学历水平、健康程度以及村居固定效应等。村居返乡人口比例是我们关注的核心解释变量,即一个村庄农民工返乡情况如何影响该地区本地人的收入和就业。然而,村居的工资水平和农民工返乡选择之间存在反因果关系,导致系数存在偏误,即如果一个地区的收入水平较高,就会吸引更多的外出农民工返乡就业。在这种情况下,即使两者之间没有因果关系,我们也将观察到农民工返乡比例和农村本地人收入之间的正相关关系。为了解决这个问题,本文使用了工具变量法。通过数据描述,照料老人是农民工返乡的重要原因,因此选取村居是否有养老机构作为工具变量。当村居养老机构完善时,可以减少农民工返乡。该工具变量与村居农民工返乡比例相关,但与本地人收入水平不相关。

2. 农民工返乡对本地人就业的影响

农村本地人的就业选择包括务农、务工、经商和其他,因此使用多元Logit模型来计算村居农民工返乡比例对当地村居农业人口就业选择的影响,具体模型如下:

$$\ln\left(\frac{\pi_{ij}}{\pi_{ib}}\right)=\ln\left[\frac{P(y_i=j\mid x)}{P(y_i=b\mid x)}\right]=x_i'\beta_j$$

式中:$b$为基准组,选取务农组作为基准组;$J$为职业的类别总数,包括务工、务农、经商和其他四个就业选择;$x_i'$表示个体进行就业决策时面临的个人特征和村居返乡人口比例等影响因素。通过求解$J$个方程,我们可以得到第$j$种就业选择的预测概率和相对于基准组的胜算比:

$$\pi_{ij}=P(y_i=j\mid x)=\frac{\exp(x_i'\beta_j)}{\sum_{m=1}^{J}\exp(x_i'\beta_m)}$$

$$\frac{\pi_{ij}}{\pi_{ib}}=\frac{P(y_i=j\mid x)}{P(y_i=b\mid x)}=\exp(x_i'\beta_j)$$

第一个解释变量的变化引起的概率的相对变化可表示如下:

$$\frac{\exp(x_i'\beta_j+\Delta x_{il}\beta_{jl})}{\exp(x_i'\beta_j)}=\exp(x_i'\beta_j)$$

式中:$\beta_{jl}$为第$j$组系数向量的第$l$个元素。上式表示,在其他解释变量不变时,解释变量$x_{il}$每增加一个单位,选择第$j$种就业相对于选择务农的胜算比变化为$\exp(\beta_{jl})$。

## 四、农民工返乡现状

(一)返乡农民工与本地人的社会经济特征

返乡农民工与农村本地人在社会经济特征的许多方面存在显著差异(如表1所示)。具体来看,返乡农民工与农村本地人相比,男性比例更高,样本中66.85%的返乡农民工为男性,而58.13%的农村本地人为男性。此外,返乡农民工的平均年龄要显著低于农村本地人,其中,返乡农民工的平均年龄为45.30岁,当地农村人口的平均年龄为48.81岁,两者相差3.51岁。从自评健康状况来看,返乡农民工的自评健康状况要优于农村本地人。在受教育程度方面,返乡农民工与农村本地人相比,小学及以下学历的比例更低而初中学历的比例更高,但在高中和大专及以上的学历分布上不存在显著差异。对于月平均工资来说,返乡农民工月平均工资为3 736.35元,而农村本地人为3 360.69元,两者相差375.66元。在职业分布上,返乡农民工务农的比例显著低于农村本地人,分别为33.47%和52.85%,但务工和经商的比例均显著高于农村本地人,其中,返乡农民工和农村本地人务工的比例分别为34.59%和18.50%,经商的比例分别为12.84%和10.33%。

表1　　　　　　　　返乡农民工与农村本地人社会经济特征差异

| 变量 | 返乡农民工 均值 | 返乡农民工 方差 | 农村本地人 均值 | 农村本地人 方差 | 差异 |
| --- | --- | --- | --- | --- | --- |
| 性别(男=1;女=0) | 66.85 | 47.09 | 58.13 | 49.34 | 8.72*** |
| 年龄(岁) | 45.30 | 10.74 | 48.81 | 10.56 | −3.51*** |
| 小学及以下(%) | 23.43 | 42.38 | 30.34 | 45.98 | −6.90*** |
| 初中(%) | 47.67 | 49.97 | 40.40 | 49.08 | 7.27*** |
| 高中(%) | 15.17 | 35.89 | 15.19 | 35.90 | −0.02 |
| 大专及以上(%) | 13.72 | 34.42 | 14.07 | 34.78 | −0.35 |
| 自评健康状况 | 1.71 | 0.80 | 1.83 | 0.84 | −0.12*** |
| 月工资(元) | 3 736.35 | 2 241.36 | 3 360.69 | 2 189.51 | 375.66*** |
| 职业类型:务农(%) | 33.47 | 47.21 | 52.85 | 49.93 | −19.39*** |
| 职业类型:务工(%) | 34.59 | 47.59 | 18.50 | 38.84 | 16.09*** |
| 职业类型:经商(%) | 12.84 | 33.47 | 10.33 | 30.44 | 2.51** |
| 职业类型:其他(%) | 19.10 | 39.33 | 18.31 | 38.68 | 0.79 |
| 观测数(人) | 1 246 | | 2 594 | | |

(二)村居农民工返乡比例分布

表2描述了不同返乡程度的村居的分布情况。该返乡程度指的是村居内上一年外出的农民工在当年的返乡比例,通过调查村居负责人获得该指标。在已有的341个村居样本中,外出农民工返乡的平均比例为11.48%,其中,17.60%的村居外出农民工返乡比例不足1%,返乡比例位于1%~5%的比重最高,占比为32.84%,其次是5%~10%,占比为23.46%。外出农民工返乡比例超过10%的村居占比约为25.80%。

表 2　　　　　　　　　　各村居农民工返乡比例分布

| 返乡比例区间 | 占　比 |
| --- | --- |
| <1% | 17.60% |
| 1%~5% | 32.84% |
| 5%~10% | 23.46% |
| 10%~20% | 13.78% |
| >20% | 12.02% |

（三）农民工返乡的时空变化特征

"千村调查"家户问卷中统计了户主外出务工时间和返乡时间。从返乡农民工外出的时间分布来看，1980年至2021年间外出的农民工数量呈先增加后减少的趋势。从返乡农民工返回的时间分布来看，1980年至2021年间返乡农民工的数量呈逐年增加的趋势，特别是在乡村振兴战略提出后，增加趋势更加明显。鉴于"千村调查"数据相比中国家庭金融调查CHFS 2017年数据，返乡农民工样本量少，因此使用CHFS2017年数据验证返乡农民工外出和返乡的时间分布，结果发现具有相同的趋势（如图2和图3所示）。此外，又

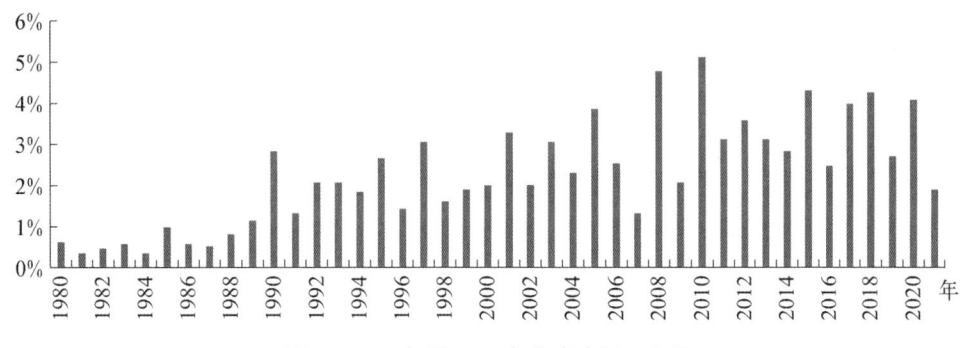

图 2　1980年至2020年外出农民工占比

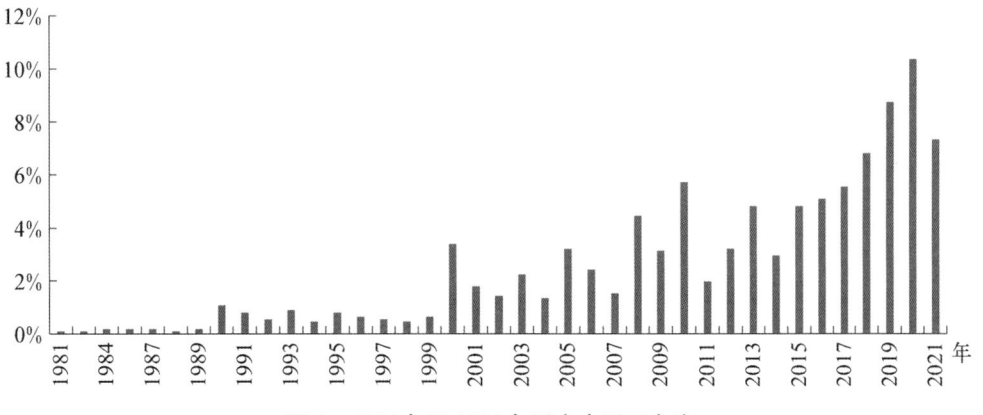

图 3　1981年至2021年返乡农民工占比

使用CHFS2017年数据分析了不同省份省际和省内迁移农民工的数量分布。在CHFS2017年数据的6 120个返乡样本中,省外返乡占据了主要部分,其中,29.31%是省内流动,70.61%是跨省流动。省内流动集中发生在中部和东南沿海地区,省际迁移同样主要迁回中部和东南沿海地区。

（四）农民工返乡原因

"千村调查"数据在村居问卷中向村居负责人询问了本村外出农民工返乡的主要原因（如图4所示）。从原因分布来看,最重要的是附近的地区近几年发展变好（29.53%）,回乡工作机会变多和务农的收入有所提高（24.18%）。因此,在乡村振兴背景下,农村的发展有效地促进了农民工返乡;除此之外,方便子女教育（14.77%）和照料老人（12.98%）,以及"新冠"疫情的影响（9.40%）也是造成农民工返乡的重要原因。

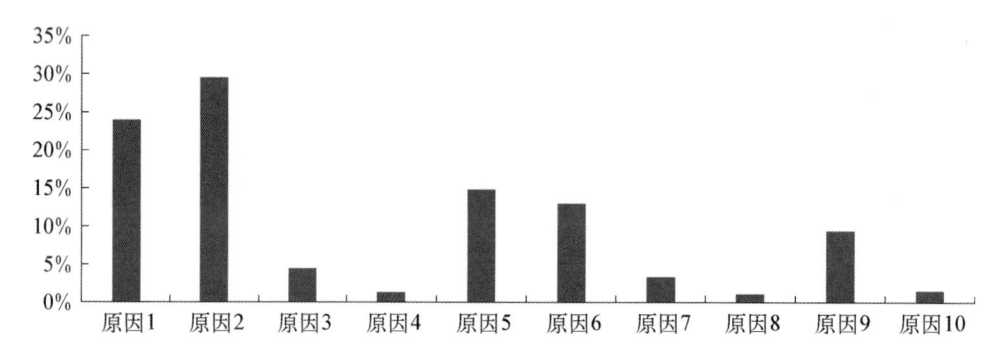

注：原因1为务农收入较高;原因2为近年来周边地区的发展,在家乡工作的机会较多;原因3为生病或残疾;原因4为家乡有医疗、养老等社会保障;原因5为子女教育方便;原因6为照顾老人方便;原因7为生活费用低;原因8为没有户口不方便;原因9为"新冠"疫情影响;原因10为其他方面。

数据来源：2021年上海财经大学"千村调查"数据。

**图4　村居问卷中农民工返乡主要原因分布**

"千村调查"数据在家户问卷中向返乡的农民工询问了返乡的原因（如图5所示）。从原因分布来看,其与村居问卷的原因分布基本一致,结婚（14.89%）和照顾孩子（22.78%）

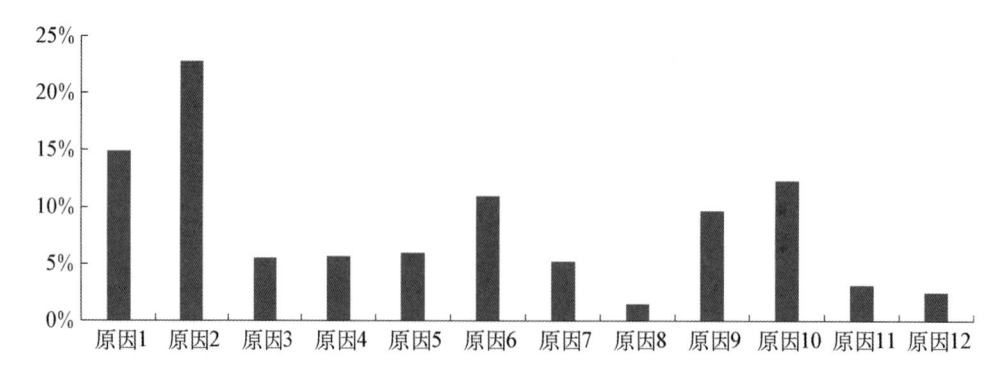

注：原因1为结婚;原因2为生育或照顾孩子;原因3为建房;原因4为配偶团聚;原因5为务农收入提高;原因6为家里的工作机会较多;原因7为生病或残疾;原因8为社会保障,如家里的医疗和养老权利;原因9为孩子的教育机会;原因10为照顾老人的机会;原因11为生活成本低;原因12为其他。

数据来源：2021年上海财经大学"千村调查"数据。

**图5　家户问卷中农民工返乡主要原因分布**

是最重要的返乡原因,其次是回乡工作机会变多(10.95%)、便于照料老人(12.29%)以及便于子女教育(9.86%)。

## 五、实证结果

### (一)农民工返乡对本地人收入的影响

表3报告了农民工返乡对农村本地人收入的影响。使用工具变量法对回归系数和显著性影响较小,表3直接显示了2SLS回归的结果,所选的工具变量经过统计检验,符合外生性假设,拒绝了工具变量识别不足和过度识别以及与内生性变量强相关的原假设。回归(1)是对全样本的影响,回归(2)是对务农群体的影响,回归(3)是对务工群体的影响,回归(4)是对经商群体的影响,回归(5)是对其他工作群体的影响。从总体来看,农民工返乡比例每增加1%,本地农业人口的收入就减少4%。从当前结果来看,农民工返乡会对农村本地人造成不利的影响;然而分不同职业群体来看,农民工返乡的影响具有较强的异质性。首先,对务农群体来说,农民工返乡比例每增加1%,务农群体的收入就显著减少3.4%,原因很可能是农民工返乡后一部分重新务农,进而减少正在务农群体的土地规模,从而降低收入。接着,对从事非农工作的农村本地人来说,返乡农民工的比例每增加1%,务工、经商和其他工作类型的农村本地人收入就分别增加0.6%、7.5%和12.9%,但是上述影响仅对经商的本地人显著,影响途径可能一方面来自返乡农民工在务工的过程中具有更高的生产力水平从而增加了经商群体的收入,另一方面来自返乡农民工通过在城镇务工积累了相关经验进而促进了农村个体经商的发展。

表3　　　　　　　　　农民工返乡对农村本地人收入的影响

| 变量 | (1) lwage | (2) lwage | (3) lwage | (4) lwage | (5) lwage |
| --- | --- | --- | --- | --- | --- |
| 返乡农民工比例 | −0.040* (0.020) | −0.034* (0.020) | 0.006 (0.019) | 0.075*** (0.016) | 0.129 (0.155) |
| 性别 | 0.138*** (0.032) | 0.091* (0.047) | 0.262*** (0.093) | 0.110 (0.243) | 0.048 (0.076) |
| 年龄 | 0.037*** (0.010) | 0.024 (0.016) | 0.048** (0.024) | −0.055 (0.044) | 0.003 (0.028) |
| 年龄平方 | −0.000*** (0.000) | −0.000 (0.000) | −0.001* (0.000) | 0.001 (0.001) | −0.000 (0.000) |
| 学历水平:初中 | 0.120*** (0.040) | 0.109** (0.050) | −0.046 (0.115) | −0.066 (0.201) | 0.362 (0.252) |

续　表

| 变　　量 | (1)<br>lwage | (2)<br>lwage | (3)<br>lwage | (4)<br>lwage | (5)<br>lwage |
|---|---|---|---|---|---|
| 学历水平：高中 | 0.251***<br>(0.049) | 0.276***<br>(0.073) | 0.085<br>(0.136) | 0.027<br>(0.219) | 0.403*<br>(0.243) |
| 学历水平：大专及以上 | 0.400***<br>(0.057) | 0.356***<br>(0.115) | 0.299**<br>(0.130) | 0.034<br>(0.222) | 0.638**<br>(0.270) |
| 健康程度：较好 | −0.072**<br>(0.035) | −0.121**<br>(0.058) | −0.027<br>(0.095) | 0.127<br>(0.140) | 0.055<br>(0.089) |
| 健康程度：一般 | −0.210***<br>(0.047) | −0.283***<br>(0.076) | 0.082<br>(0.150) | −0.453**<br>(0.222) | −0.141<br>(0.112) |
| 健康程度：较差 | −0.253***<br>(0.088) | −0.216*<br>(0.125) | −0.043<br>(0.163) | 0.678**<br>(0.267) | −0.570***<br>(0.218) |
| 截距项 | 7.209***<br>(0.249) | 7.470***<br>(0.393) | 6.946***<br>(0.657) | 8.258***<br>(0.737) | 6.359***<br>(1.347) |
| 村居固定效应 | Yes | Yes | Yes | Yes | Yes |
| 样本数量 | 2 147 | 1 138 | 431 | 218 | 360 |

注：括号内为稳健标准误；\*\*\*表示在1%的显著性水平下显著，\*\*表示在5%的显著性水平下显著，\*表示在10%的显著性水平下显著；学历水平的对照组为小学及以下学历；健康程度的对照组为健康状况非常好。

数据来源：2021年上海财经大学"千村调查"数据。

**（二）农民工返乡对本地人就业的影响**

表4汇报了农民工返乡对农村本地人职业选择的影响。农村本地人所在村居的返乡农民工比例是重点关注的核心解释变量。当该变量的系数为正时，意味着返乡比例的增加会提高农村本地人相对于务农从事务工、经商或其他就业的概率；系数为负则降低了该相对概率。然而村居内农民工返乡比例对村居本地人的不同就业选择没有显著影响。从具体估计系数来看，农民工返乡比例增加会降低本地农业人口相对于务农从事务工和其他工作的概率，但是会提高从事经商的相对概率，即农民工返乡一方面可能会增加村居内非农工作的就业竞争程度，另一方面可能会带动村居内的创业活动。但是上述影响均不显著，原因可能在于就业选择是一个长期的决策过程，短期内大量农民工返乡会对农民工就业机会和就业观念产生一定程度的影响，但农村本地人的就业行为尚未立刻发生变化。

表4　　　　　　　农民工返乡对农村本地人职业选择的影响

| 变　　量 | (1)<br>务工 | (2)<br>经商 | (3)<br>其他 |
| --- | --- | --- | --- |
| 返乡农民工比例 | −0.281<br>(0.279) | 0.067<br>(0.141) | −0.613<br>(0.654) |
| 性别 | 0.143<br>(0.264) | 0.159<br>(0.307) | −0.404<br>(0.285) |
| 年龄 | 0.217**<br>(0.086) | 0.247**<br>(0.124) | −0.082<br>(0.087) |
| 年龄平方 | −0.003***<br>(0.001) | −0.004***<br>(0.001) | 0.001<br>(0.001) |
| 学历水平：初中 | 0.472<br>(0.296) | 1.055***<br>(0.385) | 1.251***<br>(0.349) |
| 学历水平：高中 | 0.819**<br>(0.376) | 1.506***<br>(0.457) | 1.678***<br>(0.442) |
| 学历水平：大专及以上 | 2.458***<br>(0.561) | 1.923***<br>(0.658) | 4.779***<br>(0.568) |
| 健康程度：较好 | −0.771**<br>(0.302) | 0.580<br>(0.423) | −0.205<br>(0.289) |
| 健康程度：一般 | −0.302<br>(0.405) | 1.143**<br>(0.499) | −0.297<br>(0.408) |
| 健康程度：较差 | −0.649<br>(0.695) | 0.382<br>(1.015) | 1.861**<br>(0.725) |
| 村居固定效应 | Yes | Yes | Yes |
| 截距项 | 0.373<br>(3.900) | −5.947**<br>(2.966) | 6.656<br>(6.189) |
| 样本量 | 739 | 458 | 741 |

注：括号内为稳健标准误；\*\*\*表示在1%的显著性水平下显著，\*\*表示在5%的显著性水平下显著，\*表示在10%的显著性水平下显著；学历水平的对照组为小学及以下学历；健康程度的对照组为健康状况非常好。多元Logit模型中的基准职业为务农。

数据来源：2021年上海财经大学"千村调查"数据。

## 六、研究结论和政策启示

### （一）研究结论

本研究基于上海财经大学2021年"千村调查"数据，一方面对农民工返乡状况进行了描述，另一方面探究了农民工返乡后对农村本地人收入和就业的影响。研究结果如下：

第一，从农民工返乡现状来看，近年来返乡农民工数量逐渐增加，2021年调查村居中外出农民工平均返乡比例为11.48%。其中，省际和省内外出农民工返乡主要流向中西部和东南沿海地区。返乡原因主要包括回乡工作机会多了、务农的收入提高了、照料老人和小孩，以及"新冠"疫情影响。进一步发现，与农村本地人相比，返乡农民工受教育程度更高、男性比例更高、年龄更小，返乡后从事非农工作的比例更高、月平均工资也相应更高。

第二，从农民工返乡对农村本地人的影响来看，就收入而言，当村居外出农民工返乡比例增加时，会显著降低农村本地人务农的收入，但是对务工、经商和其他非农工作收入的影响为正；此外，该结果仅对经商收入影响显著。对就业选择来说，当村居外出农民工返乡比例增加时，对农村本地人相对于务农从事务工和其他工作概率的影响为负，但对经商的相对概率影响为正；然而农民工返乡对就业选择的影响均不显著。

（二）政策启示

第一，坚持推进乡村振兴战略，为返乡农民工提供更便利的创业和就业环境。尽管存在一部分农民工因回乡工作机会变多而返乡就业，但基于"千村调查"问卷发现，家乡没有创业环境以及政府政策不到位仍然是阻碍年轻人返乡创业的重要原因（如图6所示）。因此应继续加大对农民工返乡就业和创业的扶持力度，如拓宽融资渠道从而提供金融支持、减轻初创企业的税收负担、出台激励政策以及加大技术扶持力度等，结合村居产业优势因地制宜地实现产业兴旺。

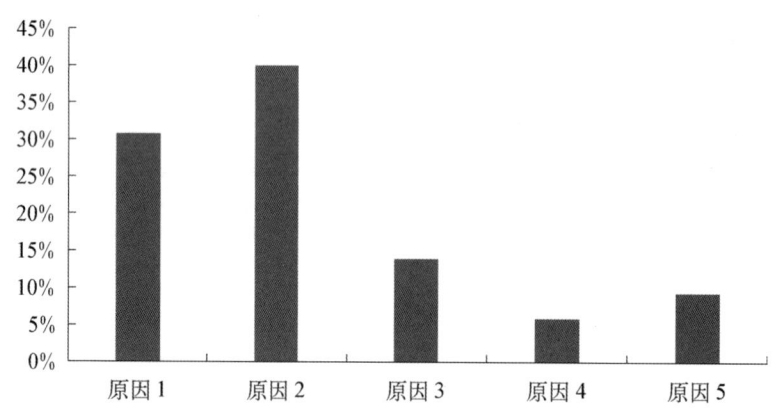

注：原因1为不到位的政府政策；原因2为家乡没有创业环境；原因3为不知道返乡后做什么；原因4为没有专业技能；原因5为城市创业更好，机会更多。
数据来源：2021年上海财经大学"千村调查"数据。

**图6 村居问卷中农民工返乡主要原因分布**

第二，充分发挥返乡对村居务工、经商的带动作用。返乡农民工在城镇所积累的人力资本在农村就业和创业的过程中会具有一定的正外部性，如返乡农民工会带来更具有优势的生产方法或经商思路，进而对农村非农就业生产率产生一定的正向作用。通过实证结果可以发现，返乡比例越高的村居，本地人从事非农工作的收入越高。因此，应充分发挥返乡农民工在"乡村振兴"中的作用。例如，鼓励返乡农民工参与乡村治理，以构建良好的政治生态环境;注重对返乡农民工的培养,促进其先进技术与理念在农村传播。

第三,有效缓解农民工返乡导致的村居内就业竞争。通过回归结果可以发现:从收入上看,大量农民工返乡会显著降低村居本地人务农收入;从就业上看,农民工返乡会降低村居本地人相对务农选择务工的概率。尽管这一结果并不显著,但意味着大量农民工返乡将加剧乡村农业和非农业部门的工作竞争,因此应该深入收集乡村企业的用工需求信息,瞄准市场需求,根据返乡农民工的年龄结构、受教育水平和技能,同时考虑他们的偏好,开展对返乡农民工的定点培训和定岗培训,提高返乡农民工和当地农村居民的职业选择能力。

**参考文献**

[1] 白南生,何宇鹏. 回乡,还是外出?——安徽四川二省农村外出劳动力回流研究[J]. 社会学研究,2002(3):64-78.

[2] 程名望,史清华,徐剑侠. 中国农村劳动力转移动因与障碍的一种解释[J]. 经济研究,2006(4):68-78.

[3] 郭晓鸣,周小娟. 老一代农民工:返乡之后的生存与发展——基于四川省309位返乡老一代农民工的问卷分析[J]. 中国农村经济,2013(10):53-62.

[4] 胡显中. 民工回乡潮及其经济社会意义[J]. 经济纵横,1998(1):19-22.

[5] 卢峰,刘晓光,姜志霄,张杰平. 劳动力市场与中国宏观经济周期:兼谈奥肯定律在中国[J]. 中国社会科学,2015(12):69-89+206.

[6] 齐小兵. 我国回流农民工研究综述[J]. 西部论坛,2013,23(2):28-34.

[7] 石智雷,杨云彦. 金融危机影响下女性农民工回流分析——基于对湖北省的调查[J]. 中国农村经济,2009(9):28-35+92.

[8] 王彩平. 聚焦农民工"返乡潮":原因、影响与对策[J]. 新视野,2013(4):18-20.

[9] 王明杰,戴锦枝. 农民工返乡带来的社会治安问题剖析[J]. 社会科学家,2009(5):48-50+54.

[10] 王西玉,崔传义,赵阳. 打工与回乡:就业转变和农村发展——关于部分进城民工回乡创业的研究[J]. 管理世界,2003(7):99-109+155.

[11] 吴方卫,康姣姣. 中国农村外出劳动力回流与再外出研究[J]. 中国人口科学,2020(3):47-60+127.

[12] 杨运忠. 农民工"返乡潮":规模、归因与对策——基于当前金融危机背景分析[J]. 理论月刊,2010(7):171-173.

[13] 杨智勇,李玲. 论农民工"回流"现象的原因及其消极影响[J]. 当代青年研究,2015(1):94-100.

[14] 叶静怡,李晨乐. 人力资本、非农产业与农民工返乡意愿——基于北京市农民工样本的研究[J]. 经济学动态,2011(9):77-82.

[15] Docquier F, Rapoport H. Globalization, brain drain, and development[J]. Journal of Economic Literature, 2012, 50(3): 681-730.

[16] Dos Santos M D, Postel-Vinay F. Migration as a source of growth: the perspective of a

developing country[J]. Journal of Population Economics, 2003, 16(1): 161-175.

[17] Dustmann C. Return migration, wage differentials, and the optimal migration duration[J]. European Economic Review, 2003, 47(2): 353-369.

[18] Lucas R E B. International migration and economic development: lessons from low-income countries[M]. Edward Elgar Publishing, 2005.

[19] Mayr K, Peri G. Brain drain and brain return: theory and application to Eastern-Western Europe[J]. The BE Journal of Economic Analysis & Policy, 2009, 9(1): 1-52.

[20] McCormick B, Wahba J. Overseas work experience, savings and entrepreneurship amongst return migrants to LDCs[J]. Scottish Journal of Political Economy, 2001, 48(2): 164-178.

[21] Spilimbergo A. Foreign students and democracy[J]. American Economic Review, 2009, 99(1): 528-543.

[22] Wahba J, Zenou Y. Out of sight, out of mind: migration, entrepreneurship and social capital[J]. Regional Science and Urban Economics, 2012, 42(5): 890-903.

# 新农保对农村老年人农业劳动参与的影响
## ——基于上海财经大学"千村调查"数据研究

关蕊蕊[①]　顾文涵[②]　张栩豪[③]

指导老师：王常伟[④]

**摘　要**：本文基于2019年度上海财经大学"千村调查"项目的研究数据，采用OLS、Tobit、CALD方法，系统实证评估了新农保在覆盖率、补贴金额方面对农村老年人农业参与率的影响。研究结果显示：（1）新农保覆盖率的提升与养老金收入的增加将激励更多农村老年人参与农业劳动。（2）新农保覆盖率高对我国东部、中部、西部山区农村老年劳动力的基本农业劳动人口参与率水平具有十分显著的社会正向影响，而其在整个东北地区的影响效果极不显著，其边际效应大体呈现由东至西依次递增的变化趋势。（3）新农保养老金收入对东北地区、西部地区的农村老年人农业劳动参与率影响显著，且边际效应均为正，东部、中部的农村老年人农业劳动参与率则不因新农保养老金收入的变化而显著改变。

**关键词**：新农保　老年人劳动参与　千村调查

## 一、引　言

养老金体系是创建高效可持续的养老服务体系不可或缺的要素之一。近年来，政府部门在推动养老保障改革工作方面已进行了很多积极探索，2009年由国务院开始实施新型农村社会养老保险系统（以下简称"新农保"）制度的先行试点工作，标志着我国农村社会养老保障体系进入了新时代。此后，我国农村养老金覆盖率以空前的速度增长。截至2021年底，新农保参保人数达到13.54亿人。

目前，伴随中国人口老龄化而来的是劳动力总量下降。长期以来支持经济增长的"人口红利"逐渐消失，农村剩余劳动力无止境的供给模式已经停止，"未富先老"正成为我国

---

[①] 关蕊蕊，上海财经大学商学院国际经济与贸易专业2021级本科生。
[②] 顾文涵，上海财经大学会计学院会计学ACCA专业2021级本科生。
[③] 张栩豪，上海财经大学经济学院世界经济专业2020级本科生。
[④] 王常伟，上海财经大学财经研究所。

人口老龄化的阶段性特征。据目前全国老龄委初步预测,到2050年,我国老年人口总量将超过4亿人,老龄化水平将逐步提高到30%以上。在此时代背景下,对农村老年人劳动参与的研究日趋重要。

此外,尽管我国人均GDP已于2019年突破1万美元,但各地区产业结构差异较大,经济发展水平不均。为全面、准确地评估新农保政策对农村劳动力参与率的作用,既需要研究新农保的替代效应和收入效应,又需要关注该政策的地区异质性影响。新农保实施后,是否激励了更多农村老年人参与农业劳动?各地区新农保的覆盖和转移支付对农村老年人农业劳动参与率的影响是否显著?本文将根据2019年度上海财经大学"千村调查"项目的研究数据,探讨上述这些重要问题。

## 二、文献回顾

研究发展中国家公共转移支付体系(养老金)变动对国际劳动力市场供求影响的文献相对较少,而且结论不一。国内有关学者近年来对国内外新农保政策效应实证评估机制的初步研究大致集中于下述两个重点方面:一是有关新农保与新农村家庭代际筹资支持关系和新型农村居民综合养老制度模式关系分析的比较研究问题(陈华帅和曹毅,2013;程令国等,2013;张川川和陈斌开,2014);二是基于新农保体系对中国农村老年劳动力社会保障供给问题的分析研究(黄宏伟等,2014;解垩,2015;张征宇和曹思力,2021)。上述国内外研究在支付养老金对老年人劳动供给的影响方面都未形成相对合理的基本结论,且往往根据地区、分析方法等各种因素的差异而最终得出不尽相同的研究结论。本文尝试将我国农村老年人的劳动供给按地区进行细分,研究新农保对不同地区劳动供给的影响,以识别新农保对农村老年人劳动供给的影响效果。

近年来,学者们陆续进行了关于养老保险对老年人劳动参与率作用的研究。程杰等(2014)研究发现养老保障机制的劳务供求效果突出,社会保险覆盖范围的扩大能够减少劳动参与率和劳务供应时间,其中针对农村劳务供应的降低作用更突出;社会保险工资的收入效果更强,能够鼓励农民减少劳务供应,虽然养老金并不会大幅度降低农村劳动参与率,但农村劳务供应水准会明显降低。汪伟和王文鹏(2021)的研究分析也指出,由于体制外劳动力对老年人工资提供方式存在弹性,因此提高养老保险费率也可以促进体制外劳动力的提早退休,从而降低农村老年人的劳动积极性。如果所有编制内工人都可以灵活采取社会老龄劳动方式或法定退休年龄的提前,增加社会养老保险费率就可以较好地减少社会老龄劳务参加数,提高社会福利。

对新农保是否可以明显减少老年人的劳动参与,学界的看法并不一致。张川川(2015)利用断点回归法、路锦非和吕宣如(2018)运用Probit和Tobit模型分析表明,新农保可以显著收缩乡村中老年人的劳作周期,提高乡村中老年人的幸福感水平;而基于孙泽人等(2020)的研究,新农保对农村老年人劳动时间的缩短作用不具有长期可持续性;解垩(2015)则通过差分-断点分析方法,证实了农村老人的劳务供应决策以及劳务供应持续时间并不受新农保政策的直接影响。

此外，多位学者研究表明，新农保对农村老年人的劳动参与率存在异质性影响。张征宇和曹思力(2021)用工具变量分位数回归模型证明了新农保会抑制本身劳动供给水平较低群体的劳动参与率，但能够促进高劳动供给群体劳动供给的增加。李江一和李涵(2017)通过研究新农保养老金的收入效果发现，新农保显著减少了私人储蓄较充足的老人的农耕劳务参与率，但无法促进养老融资力量较弱的老人提早撤出劳务交易市场，且新农保没有减少非农业劳动参与率。鲁靖和秦杰(2018)的分析认为，新农保对增加乡村非农业劳动提供存在显著的积极作用，即新农保增加了农村老年人的非农参与度和非农劳动力提供成本。路锦非和吕宣如(2018)则认为，领取新农保的农村老年人虽然可以明显降低自己的农产品劳作力，从而显著缩短总体劳作时间，但对乡村务工和非农劳动没有明显影响。在充分考虑时滞效果的前提下，新农保对乡村中老人，尤其是六十周岁以下中老年人的劳动力供应存在明显负向效应，对乡村家庭收入较高人群的劳务供应，负向效应也比较明显(吴海青等，2020)。新农保对农村停止服务的年限有微弱的消极作用，随着年限的提高，养老保险的引致退休作用会减弱。而对于社会福利，由新农保提出的真正的"社会养老服务"对原有"家庭养老"具有相当程度的替换，但当前效果有限(张川川和陈斌开，2014)。

在影响因素层面上，除新农保养老金外，个人特点与家庭特征仍为影响农村老年人劳务参与程度的最主要原因(路锦非和吕宣如，2018)，涉及性别、年龄段、婚姻状况、工作地区、耕地面积大小等各种因素，如男性的劳作时间明显超过女性、受高等教育的老人总劳动时间明显短于未受高等教育的老人、南部乡村老人的总体劳动时间明显长于北部等(孙泽人等，2020)；但个人特点与家庭特征仍是影响乡村老人劳动参与程度的最主要因素。

综上所述，新农保可能降低农村老年人的劳动参与率，也可能对其无影响；即便有影响，作用也不显著，且对老年人劳动参与的减少作用在长期不具备持续性。另外，新农保对老年人劳动参与度的影响存在差异性，劳动参与的相关因子不同，新农保对以此划分的不同老年人群体的作用也具有差异性。过往研究因采用方法及数据的不同，所得结论不一致。本文采用上海财经大学2019年度"千村调查"数据进行分析，从宏观角度构建计量模型，采用最小二乘线性回归(OLS)作为参照，选取归并最小绝对离差法(CLAD)进行估计，综合分析新农保对老年人的劳动参与率是否具有显著影响。

### 三、理论框架与模型设定

经济学中，关于劳动供给的问题可以看作对个体提供劳动的激励问题，其在过去几十年中的研究进展大体可分为静态与动态两个层面。经典的劳动-闲暇模型将个体的劳动供给决策视作在一定的工资率条件下劳动收入与闲暇的权衡，即认为人们会在预算约束下最大化由劳动收入与闲暇决定的效用函数，由此确定最优的工作时数。劳动供给的生命周期理论则将静态的劳动-闲暇模型拓展为动态模型，认为人们实际工资率的生命周期是一个典型的倒U形，故而劳动力参与率随年龄增长呈周期性变化。

综合上述,可以大致总结出新农保对农村老年人劳动参与的影响机制。劳动者的劳动参与率是收入效应(如图1所示)与替代效应(如图2所示)共同作用的结果:一方面,新农保作为一种额外的非劳动收入,放松了个体预算收入约束,将激励农村老年人在获得相同效用的情况下更倾向于缩短劳动时间乃至更早地退出劳动力市场,安享晚年;另一方面,养老金收入将稳定农民收入预期,参保农户除了进行消费或储蓄,也可能选择增加人力资源投资,以期提高单位时间内的劳动报酬,增加就业机会,进而增加行为主体的劳动时间、扩大老年人劳动供给。

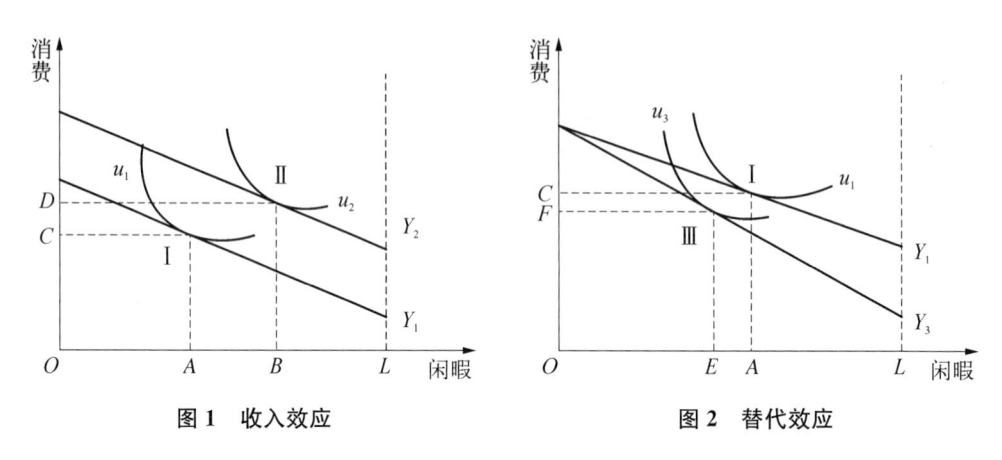

图 1　收入效应　　　　　　　　图 2　替代效应

由此可见,新农保制度的收入效应与替代效应在一定程度上会相互抵消,其最终作用方向取决于养老保障水平、社会经济环境、个人生理条件和工作兴趣偏好等。基于以上分析,可建立农村老年人劳动供给模型,假设个人具有连续凹性且连续可微的效用函数。考虑如下单一老年人的决策情形:

$$\max U(I, l, x) \tag{1}$$

$$\text{s. t.} \begin{cases} T = H + l \\ I = wL + R \end{cases} \tag{2}$$

其中:式(1)为效用函数最大化,式(2)为时间分配函数与个人预算约束函数。$I$、$l$、$x$分别表示个人总收入、闲暇和偏好;$T$为个人可支配的总时间;$H$代表劳动供给时间;$w$表示个人工资率;$R$代表非劳动收入,包括财产性收入、经营性收入、转移性收入等,本文所研究的新农保养老金收入就属于其中的转移性收入。

通过求解式(1)和式(2),农村老年人劳动供给方程可表示如下:

$$H = H(w, R, x) \tag{3}$$

可见,农村老年人的劳动供给行为主要受工资水平、非劳动收入和个人偏好的影响。鉴于中国目前供大于求的结构性失衡,可认为单个老年人在当前劳动力市场竞争中属于工资水平的价格接受者,故此处劳动工资率被视为外生,且为预期不可观测变量。本文主要考察新农保在其中的作用。

基于以上理论分析,为了便于实证分析和处理,我们不再进行理论模型的最优化求解,而将式(3)简单线性化,并从宏观角度构建计量模型:

$$Y_i = \beta_0 + \beta_1 P_{1i} + \beta_2 P_{2i} + \sum \beta_3 X_i^s + \sum \beta_4 X_i^f + \varepsilon_i \qquad (4)$$

其中:$i$ 表示第 $i$ 个样本;$Y_i$ 为被解释变量,表示农村老年人农业劳动参与率;$P_{ki}(k=1,2)$ 为核心解释变量,表示新型农村养老保险,并从养老保障覆盖和养老保障待遇两个方面对新农保进行评估;$X_i^s$、$X_i^f$ 为控制变量,$X_i^s$ 代表个人特征变量,包括年龄、性别等,$X_i^f$ 代表家庭特征变量,涉及人均收入、土地情况等;$\varepsilon_i$ 为随机扰动项,$\varepsilon \sim N(0, \delta^2)$。

由于新农保对农户的影响可能因为各地具体实施办法、经济发展水平以及工作文化等的不同而产生较大差异,从而对实证结果产生较大影响,因此,除了上述提及的个人特征与家庭特征的控制变量,本文在实证模型中另加入地区虚拟变量,即我国东北、东部、中部及西部地区。

估计方法采用最小二乘线性回归(OLS)作为参照系,并使用稳健标准差应对可能的异方差问题。在通过 OLS 估计出回归系数后,本文通过 F 统计量检验 $\beta_1$、$\beta_2$ 是否联合显著,若联合显著,则说明新农保对农村老年人农业劳动参与率有显著影响。

考虑到新农保参保比例为受限被解释变量,且在 0 处明显左归并(如图 3 所示),拟采用删失回归模型(Tobit)(Tobin,1958)进行估计,并采用估计结果有效性较好的最大似然估计(MLE)。模型设定如下:

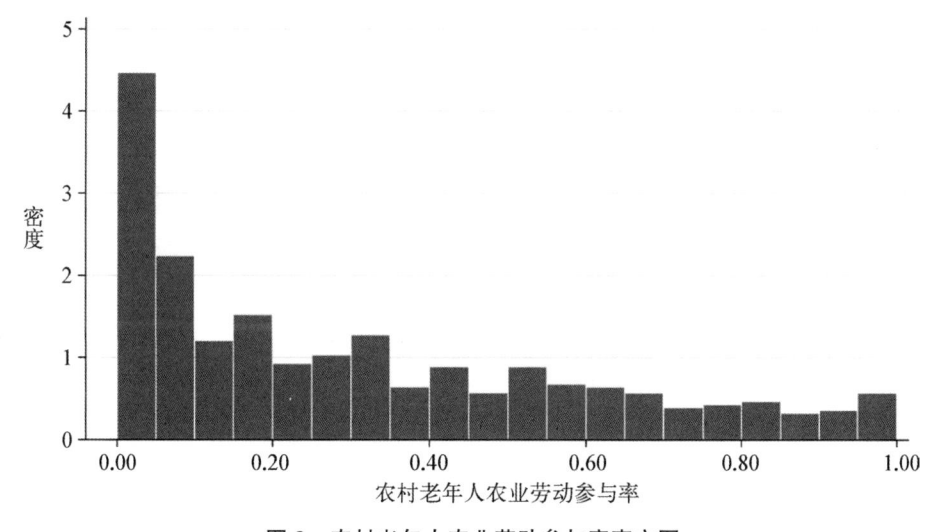

**图 3 农村老年人农业劳动参与率直方图**

$$\begin{aligned} y_i^* &= x_i'\beta + u_i \\ u_i &\sim N(0, \sigma^2) \\ y_i &= \begin{cases} y_i^*, & \text{若 } y_i^* > 0 \\ 0, & \text{若 } y_i^* \leqslant 0 \end{cases} \end{aligned} \qquad (5)$$

其中：$y_i^*$ 为潜在应变量，只在大于 0 时被观测到，此时被解释变量 $y$ 等于 $y_i^*$，而当潜在应变量 $y_i^*$ 小于等于 0 时，被解释变量 $y$ 等于 0；$x_i$ 为自变量向量；$\beta$ 是系数向量；假设随机扰动项 $u_i$ 独立且服从均值为 0、方差为 $\sigma^2$ 的正态分布。

实际求解过程中，Tobit 模型的最大似然估计对随机扰动项的分布要求高、依赖性强，要求随机扰动项满足正态性和同方差性，否则会导致 $\beta$ 与 $\sigma$ 的不一致估计。其中，条件矩检验（Skeels 和 Vella，1999）可实现对随机扰动项的正态检验，并且为避免显著性水平扭曲，辅以参数自助法（Drukker，2002）获得校正的临界值；随机扰动项的同方差性检验则使用替代假设 $H_1: \sigma_i^2 = \exp(z_i'\alpha)$，通过辅助回归构建 LM 统计量来检验 $\alpha = 0$（Cameron 和 Trivedi，2010）。

在使用条件矩检验对随机扰动项进行正态检验时，发现随机扰动项不服从正态分布。故进一步选取更加稳健的归并最小绝对离差法（CLAD）（Powell，1984），即 Tobit 模型的半参数估计。CLAD 模型通过最小化离差绝对值之和来估计系数，仅要求随机扰动项服从 iid，即使在非正态与异方差的情况下也能得到一致估计，CLAD 估计的目标函数如下：

$$\min_{\beta} \sum_{i=1}^{N} | y_i - \max(0, x_i'\beta_0) |$$

$$y_i = \begin{cases} x_i'\beta + \varepsilon_i, & 若 \ x_i'\beta + \varepsilon_i \geq 0 \\ 0, & 若 \ x_i'\beta + \varepsilon_i < 0 \end{cases} \tag{6}$$

## 四、数据与描述性统计

### （一）数据来源

本文所使用的数据来源于 2019 年度上海财经大学"千村调查"项目的研究数据。"千村调查"项目为上海财经大学师生利用暑期开展的大型社会实践和社会调查研究项目，覆盖我国 31 个省、自治区、直辖市，旨在通过专业的社会调查与实地走访，获得有关我国"三农"问题的第一手资料，并形成研究报告供有关部门决策参考。

在该年度调研中，课题组共设计了针对村委会和农户家庭的两份问卷。本文数据均来自村委会问卷，其调查对象为村支书或村委会主任，调查内容涵盖村庄基本信息、乡村教育、乡村振兴等多个板块。在原始数据的基础上，将关键信息缺失值过多的不合格问卷剔除后，共得到有效的村委会问卷 672 份。

根据研究目的，本文主要采用了问卷中新农保实施情况及政策、老年人农业劳动参与的相关数据，并对其进行了如下处理：（1）利用问卷中户籍人口 60 岁以上人数、本村农业劳动力人数及其中 60 岁以上占比等信息，计算得出农村老年人农业劳动参与率；（2）将 2018 年本村农民人均年纯收入、新农保发放的养老金均额进行缩尾处理，以排除极端值的影响，缩尾的比例为 ±1‰；（3）依据现实情况与常识剔除异常值。经过处理后，本文最终得到的有效样本数为 565 个。

## （二）变量选取

### 1. 被解释变量

农村老年人农业劳动参与率（participation）：《中华人民共和国老年人权益保障法》总则第二条显示，"老年人是指六十周岁以上的公民"。新农保制度规定的养老金待遇领取条件为"年满 60 周岁、未享受城镇职工基本养老保险待遇的农村有户籍的老年人"。故本文所称"农村老年人"均为 60 周岁以上且具有农村户籍的老年人口。劳动参与率作为衡量人们参与经济活动状况的指标，可用于了解不同类别的人口群体在劳动力市场上的行为，故将其作为衡量农村老年人劳动参与程度的重要指标。其计算公式如下：

$$劳动参与率 = 经济活动人口（包括就业者和失业者）\div 劳动年龄人口$$

一般情况下，一个村庄劳动人口参与新农保的比例与老年人参与新农保的比例正相关，因此我们将劳动人口参与率作为老年人口参与率的代理变量。实际调查中，我们发现超过 2/3 的农村老年人从事第一产业，出于简化，本文主要研究农村老年人的农业劳动参与率。根据上述公式，该变量可利用问卷中统计所得的户籍人口 60 岁以上人数、本村农业劳动力人数及其中 60 岁以上占比等信息计算得出。

### 2. 核心解释变量

新农保参保比例（coverage）：根据规定，年满 16 周岁（不含在校学生）、未参加城镇职工基本养老保险的农村居民，可以在户籍地自愿参加新农保。对每一个村庄样本，新农保参保比例介于 0 和 1 之间。

取对数后的新农保养老金收入（lnpension）：由问卷中统计的新农保发放的养老金数额均值（元/年）（pension）取对数得到。

### 3. 控制变量

（1）个人特征变量

性别（sex）：本村农业劳动力中的男性占比，介于 0 和 1 之间。

年龄（age）：本村户籍人口中 80 岁以上人数占 60 岁以上人数的比例，介于 0 和 1 之间。

（2）家庭特征变量

取对数后的本村农民人均年纯收入（lnincome）：由问卷中统计的本村农民人均年纯收入（元）（income）取对数得到。

本村现有耕地中参与土地流转的耕地数量（land）：本村现有耕地中参与土地流转的耕地数量（亩）。

（3）地区特征变量

地区（regionn）：根据我国四大经济区域的划分，设置东北地区、东部地区、中部地区、西部地区为哑变量，分别对应 $n=1,2,3,4$，其中东北地区为基准项，若第 $i$ 个村庄样本来自第 $k$ 个地区，则 $province_k=1$，其余的 $province_i(i\neq k)$ 全部取 0。具体分类如下：东北地区包括辽宁省、吉林省、黑龙江省；东部地区包括北京市、天津市、河北省、上海市、江苏省、浙江省、福建省、山东省、广东省、海南省;中部地区包括山西省、安徽省、江西省、河南省、湖北省、湖南省;西部地区包括内蒙古自治区、广西壮族自治区、重庆市、四川省、贵州省、云南省、西藏自治区、陕西省、甘肃省、青海省、宁夏回族自治区、新疆维吾尔自治区。台湾省、香港特别行政区、澳门特别行政区由于缺少样本,故未包含。

(三)变量描述性统计

表1显示,样本中全体农村老年人的农业劳动参与率均值为31%;新农保参保比例均值为66%,距离养老金全覆盖仍有较大提升空间。样本显示,农村老年人劳动参与率与新农保覆盖率的标准差较大,表明两者仍不稳定,由此推断,新农保对农村老年人劳动参与的影响还处于一定的波动调整状态。

表1　　　　　　　　　　　主要变量的统计描述

| 变量 | 均值 | 标准差 | 最小值 | 最大值 |
| --- | --- | --- | --- | --- |
| 被解释变量 | | | | |
| participation | 0.31 | 0.29 | 0.00 | 1.00 |
| 解释变量 | | | | |
| coverage | 0.66 | 0.35 | 0.00 | 1.00 |
| pension | 2 018.16 | 2 753.80 | 0.00 | 15 900.00 |
| sex | 0.49 | 0.19 | 0.00 | 1.00 |
| age | 0.19 | 0.16 | 0.00 | 1.00 |
| income | 15 615.30 | 16 004.61 | 1 000.00 | 100 000.00 |
| land | 1 107.72 | 1 726.97 | 0.00 | 9 600.00 |

对个人特征变量,表1显示性别均值为0.49,表明样本数据中参与农业劳动的男性和女性数量总体持平;年龄均值为0.19,表明样本中80岁以上老年人占60岁以上人数的比例接近1/5,高龄老人占比显著高于2020年中国城乡高龄老人占比13.5%的比例,养老保障压力大。

对家庭特征变量,表1显示人均年收入和现有耕地中参与土地流转的耕地数量标准差均较大,表明两者波动均较大,各地的经济发展水平和土地流转建设程度存在较大差异。

表2显示,分性别看,男性老年人的农业劳动参与率高于女性老年人;分年龄看,随着年龄上升,农业劳动参与率反而上升,这与黄宏伟等(2014)的结论相悖,推测可能是样本数过少、参保率低、60~80岁农村老年人参与非农劳动的比例高于80岁以上农村老年人等原因造成,需进一步调研与分析。另外,从地区特征看,东部地区的农村老年人农业劳

动参与率(25.5%)显著低于其他三个地区,西部地区的农村老年人农业劳动参与率(36.3%)最高,基本呈现从东到西递增的趋势,推测与地区的经济发展水平不同有关,也可能由于东部城镇化与工业化水平高,第一产业占比较低,非农就业机会多,而中西部地区的农村仍以农业劳作为主。

表2 农村老年人农业劳动参与率与新农保参保比例特征

| 分　类 | 农业劳动参与率 | 新农保参保比例 | 养老金均值 |
| --- | --- | --- | --- |
| (1) sex | | | |
| <0.5 | 0.300 | 0.672 | |
| ≥0.5 | 0.314 | 0.660 | |
| (2) age | | | |
| <0.5 | 0.308 | 0.669 | |
| ≥0.5 | 0.316 | 0.582 | |
| (3) regionn | | | |
| 东北地区 | 0.304 | 0.653 | 1 371.389 |
| 东部地区 | 0.255 | 0.620 | 2 387.351 |
| 中部地区 | 0.332 | 0.717 | 1 670.961 |
| 西部地区 | 0.363 | 0.682 | 1 995.076 |

新农保覆盖率也与性别、年龄、地区有一定关系。从性别看,女性老年人的参保比例高于男性老年人;从年龄看,年龄越大,参保比例越低,这可能是由于样本数过少、政策落实力度差异等,需进一步调研与分析;从地区看,中部地区的新农保覆盖率(71.7%)最高,西部地区(68.2%)、东北地区(65.3%)次之,东部地区(62.0%)最低。

此外,不同地区的养老金待遇水平也存在显著差异。东部地区的新农保养老金数额(2 387.351元/年)显著高于其他三个地区,接下来由高到低依次为西部地区(1 995.076元/年)、中部地区(1 670.961元/年)、东北地区(1 371.389元/年),大致反映了不同地区对养老保障制度投入的多少和养老保障建设水平的高低。

## 五、实证结果分析

(一)新农保对农村老年人农业劳动参与率的影响

根据前文计量模型,采用Stata17软件对影响农村老年人农业劳动参与率的因素进行回归分析,估计结果如表3所示,表中后三列从左到右依次为OLS、Tobit、CLAD模型的回归结果。所有模型均 Prob>chi$^2$＝0.00,表明模型从总体上看统计结果显著。核心解释变量和大多数控制变量的系数符号与预期结果一致,可以认为模型能够较可信地解释各因素对农村老年人农业劳动参与率的影响。

表 3　　　　　　　　　　　模型回归估计结果

| 变　量 | (1)<br>OLS | (2)<br>Tobit | (3)<br>CLAD |
|---|---|---|---|
| *main* | | | |
| *coverage* | 0.148***<br>(0.039) | 0.113**<br>(0.051) | 0.182**<br>(0.025) |
| *lnpension* | 0.011*<br>(0.006) | 0.017*<br>(0.009) | 0.012**<br>(0.005) |
| *sex* | 0.185***<br>(0.071) | 0.286***<br>(0.099) | 0.257***<br>(0.048) |
| *age* | 0.056<br>(0.083) | 0.088<br>(0.108) | 0.110**<br>(0.045) |
| *lnincome* | −0.017<br>(0.017) | −0.062***<br>(0.023) | −0.070***<br>(0.010) |
| *land* | −0.000<br>(0.000) | 0.000<br>(0.000) | 0.000<br>(0.000) |
| *region*2 | 0.001<br>(0.061) | 0.074<br>(0.079) | 0.067*<br>(0.038) |
| *region*3 | 0.054<br>(0.061) | 0.118<br>(0.081) | 0.188***<br>(0.038) |
| *region*4 | 0.133**<br>(0.064) | 0.203**<br>(0.080) | 0.149***<br>(0.038) |
| _*cons* | 0.147<br>(0.170) | 0.405*<br>(0.228) | 0.489***<br>(0.104) |
| *sigma_cons* | | 0.289***<br>(0.013) | |

注:括号值表示稳健标准误;*、**、*** 分别表示在10%、5%、1%的置信水平上显著;OLS 估计结果为回归系数,Tobit、CLAD 估计结果为边际效应。

在三个模型中,核心解释变量——新农保参保比例(coverage)与取对数后的新农保养老金收入(lnpension)均在5%的置信水平上显著,且估计得到的边际效应为负,表明在控制个人特征变量、家庭特征变量、地区特征变量的前提下,新农保覆盖率的提升与养老金收入的增加将激励更多农村老年人参与农业劳动。具体而言,从边际效应来看,新农保的覆盖率每提升1个百分点,农村老年人的农业劳动参与率将提升0.182个百分点;新农保养老金收入每增加1%,农村老年人的农业劳动参与率将增加0.00012个百分点。可能的原因在于:(1)目前的新农保养老保障主要是为了保障农村老年人的基本需求,对个体补助的力度仍处于较低水平;(2)新农保的替代效应超过了收入效应,即农村老年人更倾向于增加劳动力投资以获得更高收入,而非退出劳动力市场以获取更多闲暇。

在个人特征变量方面,性别变量(sex)在三个模型中均在1%的置信水平上显著且边际效应为正,表明性别因素对农村老年人的农业劳动参与率有显著影响,男性更倾向于参与农业劳动,推测可能由男性老年人的身体素质优势、女性老年人较多参与非农劳动等所致。

在家庭特征变量方面,耕地土地流转的情况对农村老年人的劳动参与率没有显著影响;而对于Tobit和CLAD模型,农民人均年纯收入的对数(lnincome)均在1%的水平上统计显著,表明随着农民收入的增加,其农业劳动参与率将显著减少。

在地区特征变量方面,三个模型中的地区哑变量均通过了联合显著性检验,表明农村老年人的农业劳动参与率呈现显著的地区差异,推测可能与各地区经济发展水平、农村人口外流程度、农业劳动方式、农村产业结构等因素的差异有关。

(二)地区异质性

基于以上分析,新农保养老金将对农村老年人的农业劳动参与率产生显著的正向激励作用。由于各地存在经济发展水平与新农保养老保障待遇等的客观差异,因此本文将进一步考察该正向激励作用的地区异质性,探究新农保养老金收入对不同地区农村老年人农业劳动参与率的影响差异。

表4显示,新农保覆盖率对东部、中部、西部农村老年人的农业劳动参与率具有显著的正向影响,而在东北地区影响不显著,其边际效应大体呈现由东至西依次递增的变化趋势。新农保养老金收入对东北地区、西部地区的农村老年人农业劳动参与率影响显著,且边际效应均为正,东部、中部的农村老年人农业劳动参与率则不因新农保养老金收入的变化而显著改变。这可能是由于各地区发展水平存在差异,由东向西地区经济发展水平逐渐降低,因此新农保政策作用呈现地区差异,在经济发展水平较低的地区发挥显著作用,一定程度上促进了减贫和共同富裕。

表4　　　　　　新农保对不同地区农村老年人农业劳动参与率影响的边际效应

| 变量 | (1)<br>东北地区 | (2)<br>东部地区 | (3)<br>中部地区 | (4)<br>西部地区 |
| --- | --- | --- | --- | --- |
| coverage | −0.032<br>(0.202) | 0.092**<br>(0.040) | 0.189***<br>(0.061) | 0.319*<br>(0.068) |
| lnpension | 0.031**<br>(0.014) | 0.006<br>(0.008) | 0.001<br>(0.011) | 0.023***<br>(0.008) |

注:括号值表示稳健标准误;*、**、***分别表示在10%、5%、1%的置信水平上显著;采用CLAD模型估计,估计结果为边际效应。

## 六、结论与政策启示

本文借助上海财经大学 2019 年度"千村调查"数据,综合使用了 OLS、Tobit、CLAD 模型对数据进行了分析,探究了新农保对农村老年人劳动参与率的影响,所得结论如下:(1)新农保参保比率平均仅为 66%,说明新农保的覆盖率仍有较大提升空间。不同类型农村老年人的农业劳动参与率不同,具体表现为男性参与率高于女性,年龄较大的老年人参与率高于年龄较小的老年人,东北地区、中部地区、西部地区老年人的参与率显著高于东部地区。(2)根据回归分析结果,在个人特征变量、家庭特征变量、地区特征变量不变的前提下,新农保的参与率越高,养老金收入越多,老年人的劳动参与率越高,这说明新农保能够激励老年人投入劳动,但新农保对老年人福利水平的提升作用仍然有待提高。(3)根据地区异质性分析结果,新农保的养老金收入对东北地区、西部地区农村老年人的农业劳动参与率的正向影响显著,而对东部、中部地区农村老年人的农业劳动参与率没有显著影响。这说明,在东部、中部地区,新农保基本不会影响老年人的福利水平,而在东北地区及西部地区,新农保养老金收入的提高可能意味着更多老年人将参与劳动。

本文研究表明,新农保覆盖率和对农村老年人福利的增进均有一定的提升空间,对此,提出如下建议:

第一,提高新农保的基础养老金,为农村老年人提供基础保障,将物价水平的涨幅考虑进基础养老金的上涨范围内,尽可能提高实际基础养老金。还可以通过降低老年人参与新农保的门槛来增进老年人福利。"千村调查"表明,农村中要求子女参保,老年人才能参与新农保的现象仍然存在,未来可对此政策进行调整。

第二,因地制宜,对不同地区实行不同的养老金政策。本文研究表明,在东部、中部地区,养老金对老年人福利的影响不大;而在东北地区及西部地区,养老金对老年人福利的影响较大。可调整东北地区及西部地区的养老金政策;进一步细分,则可对同性质的省市实施类似的政策,逐步完善新农保。

第三,增加农村老年人的非农业劳动就业机会,尽量减少农村老年人从事高强度的农业劳动,为老年人提供社区管理、公共服务等对体力要求较低的岗位,增加农村老年人的收入来源,提高老年人的福利水平,同时将养老事业推向"老有所用"。

**参考文献**

[1] 蔡昉.人口转变、人口红利与刘易斯转折点[J].经济研究,2010,45(4):4-13.
[2] 陈华帅,曹毅."新农保"使谁受益:老人还是子女?[J].经济研究,2013,48(8):55-67+160.
[3] 程杰.养老保障的劳动供给效应[J].经济研究,2014,49(10):60-73.
[4] 程令国,张晔,刘志彪."新农保"改变了中国农村居民的养老模式吗?[J].经济研究,2013,48(8):42-54.
[5] 黄宏伟,展进涛,陈超."新农保"养老金收入对农村老年人劳动供给的影响[J].中国人口科学,2014(2):106-115+128.
[6] 解垩."新农保"对农村老年人劳动供给及福利的影响[J].财经研究,2015,41(8):39-49.

[7] 李江一, 李涵. 新型农村社会养老保险对老年人劳动参与的影响——来自断点回归的经验证据[J]. 经济学动态, 2017(3): 62-73.

[8] 鲁靖, 秦杰. 新农保对农村老年人劳动供给的影响[J]. 现代经济探讨, 2018(3): 114-122.

[9] 路锦非, 吕宣如. 新农保减少了农村老年人的劳动供给吗?——基于CHARLS数据的实证分析[J]. 学习与实践, 2018(4): 116-127.

[10] 孙泽人, 赵秋成, 肇颖. "新农保"是否真的减少了农村老年人的劳动参与?——基于CHARLS两期截面数据的研究[J]. 商业研究, 2020(10): 117-126.

[11] 汪伟, 王文鹏. 预期寿命、养老保险降费与老年劳动供给: 兼论中国退休政策改革[J]. 管理世界, 2021, 37(9): 119-133+157+134-144.

[12] 吴海青, 锁凌燕, 孙祁祥. 新农保对农村中老年人劳动供给时间的影响——基于年龄与家庭收入的异质性分析[J]. 财经理论与实践, 2020, 41(3): 39-45.

[13] 张川川, John Giles, 赵耀辉. 新型农村社会养老保险政策效果评估: 收入、贫困、消费、主观福利和劳动供给[J]. 经济学(季刊), 2015, 14(1): 203-230.

[14] 张川川, 陈斌开. "社会养老"能否替代"家庭养老"?——来自中国新型农村社会养老保险的证据[J]. 经济研究, 2014, 49(11): 102-115.

[15] 张川川. 养老金收入与农村老年人口的劳动供给——基于断点回归的分析[J]. 世界经济文汇, 2015(6): 76-89.

[16] 张征宇, 曹思力. "新农保"促进还是抑制了劳动供给?——从政策受益比例的角度[J]. 统计研究, 2021, 38(9): 89-100.

[17] Cameron A C, Trivedi P K. Microeconometrics Using Stata[M]. Revised edition. College Station: Stata Press, 2010: 535-538.

[18] Drukker D M. Bootstrapping a conditional moments test for normality after Tobit estimation[J]. The Stata Journal, 2002(2): 125-139.

[19] Powell J L. Least absolute deviations estimation for the censored regression model[J]. Journal of Econometrics, 1984(25): 303-325.

[20] Skeels C L, Vella F. A Monte Carlo investigation of the sampling behavior of conditional moment test in Tobit and Probit Models[J]. Journal of Econometrics, 1999(92): 275-294.

[21] Tobin J. Estimation of relationships for limited dependent variables[J]. Econometrica, 1958(26): 24-36.

# 集体经济发展与农民共同富裕：模式、影响与机制研究

王美知[①]　苏芳芳[②]
指导老师：盖庆恩[③]

**摘　要**：发展村级集体经济是实现农民共同富裕的有效途径，但是现实中作用几何、如何作用的问题未被证明。本文基于上海财经大学2021年"千村调查"的访谈资料和调研数据，在对农村集体经济发展模式梳理、总结的基础上，进一步实证了农村集体经济对农民家庭收入的影响。研究结果表明：农村集体组织发展模式可以总结为村庄经营型、村落建设型、物业经营型和产业发展型四种类型。农村集体经济发展能够提高农村居民收入；农村集体经济对农民收入存在异质性影响，农村集体经济对农民家庭收入的带动作用在经济发达地区较明显，集体参股企业形式的集体经济能够显著增加村内家庭收入；农村集体经济可以通过提高农村集体资本积累水平、促进劳动力配置和优化产业结构来提高本村居民的家庭收入。

**关键词**：共同富裕　农村集体经济　乡村振兴

## 一、引　言

发展壮大农村集体经济是缩小城乡差距、助力乡村振兴、促进农民增收、实现共同富裕的有效途径(孔祥智和高强，2017；陈锡文，2022)。国家出台了一系列政策文件，为发展农村集体经济做出了明确指示。2018年，中共中央国务院印发的《关于实施乡村振兴战略的意见》强调："深入推进农村集体产权制度改革，推动资源变资产、资金变股金、农民变股东，探索农村集体经济新的实现形式和运行机制。"2021年中央一号文件要求"2021年基本完成农村集体产权制度改革阶段性任务，发展壮大新型农村集体经济"。经过多年的改革和发展，到2020年，全国共有53.2万个村集体经济组织，其中具有经营收益的农村集体组织为41.9万个，占比达79%。

---

[①] 王美知，上海财经大学财经研究所农业经济学专业2020级博士生。
[②] 苏芳芳，上海财经大学财经研究所农业经济学专业2021级博士生。
[③] 盖庆恩，上海财经大学财经研究所。

然而,农村集体组织规模在壮大的同时面临诸多发展困境(卢洋,2021)。第一,产权困境。农村集体经济组织成员之间的产权不清晰。成员"资格"指的是出生地还是贡献?不同时期出生的成员资格是否有差异?不同的界定会影响不同农民群体的利益(孔祥智和高强,2017)。第二,经营困境。农村集体经济组织收入中经营性收入占比偏低,补贴收入占比偏高,税费负担重,部分农村集体经济组织收不抵支(徐秀英,2018),区域间发展差异较大(沈秋彤和赵德起,2022;陈锡文,2022)。第三,组织困境。法人治理结构不完善,农村集体经济组织与基层组织的职能关系混乱,而且缺乏发展的内生动力、激励和约束机制(钟桂荔和夏英,2017;仝志辉和陈淑龙,2018)。第四,要素困境。例如,集体建设用地改革滞后,建设用地审批困难,用地及贷款难(谭秋成,2018)。以上农村集体经济组织发展困境的存在将与集体经济增加农户收入、缩小城乡收入差距和助力乡村振兴等目标的实现背道而驰,因此,实践中农村集体经济发展对实现农民共同富裕的作用的大小需要被评估,其间的作用机制有待进一步厘清。

关于农村集体经济与共同富裕的关系,国内学者已经进行了较丰富的研究。一方面,学者们从理论上演绎了农村集体经济与共同富裕的关系。肖华堂等(2022)从生产力和生产关系视角阐释了发展新型农村集体经济与促进共同富裕目标的契合度,认为发展新型农村集体经济可以为实现农村共同富裕创造基本条件。另一方面,有学者利用典型实践案例总结了农村集体经济与共同富裕的作用基础和条件。龚晨(2020)以广西盘古村为例证明发展壮大新型农村集体经济有助于农村脱贫致富。张新文和杜永康(2022)研究总结出政府政策支持、基层组织引领、复合产业建立、治理结构优化及主体利益联结是集体经济引领乡村共同富裕的核心变量和共性特征。除此以外,极少数学者从微观和宏观上评估农村集体经济对共同富裕的现实作用。丁忠兵和苑鹏(2022)研究发现农村集体经济发展对农民收入增加和城乡差距缩小的直接贡献超过1%,而且在不断上升。整体来看,当前已有研究大多局限于理论推理,对农村集体经济发展成效,尤其是村庄或者农户层面影响的实证检验较欠缺,农村集体经济发展带动农民增收的机制也尚未被实证揭示。

基于此,本文对已有研究做出两点补充:一是定量研究农村集体经济对农民共同富裕的影响,能更加直观地评估农村集体经济发挥的作用;二是重点关注农民的收入情况,研究农村内部收入差距,以寻求缩小全国收入差距的途径。本文的估计结果客观准确地评估了农村集体经济发展在实现农民共同富裕中的作用,能为共同富裕的实现路径提供借鉴。

## 二、农村集体经济发展与农民共同富裕的关系:理论与实践

(一)农村集体经济发展与农民共同富裕的关系

1. 发展农村集体经济是农民共同富裕的有效路径之一

农村集体经济是联结农业和市场的桥梁,是自然再生产与经济再生产之间的通道。有效联结两端不仅可以通过价值链的延伸提高农业产出价值,而且可以有效分散和降低农业自然再生产的风险,帮助农民提高农业生产率和收入水平,助益农民更好地适应市场

环境挑战。在"乡村振兴"背景下,农村集体经济承担了更多使命:一方面是发展农业现代化的使命。农业生产的机械化、专业化、市场化和规模化程度越来越高,农业生产对资本投入的依赖程度越来越深,传统小农户农业生产的劣势越来越明显,因此需要农村集体经济组织承担更多的生产经营管理功能(如图1所示)。另一方面是振兴乡村的使命。乡村振兴的抓手是利用和开发村庄现有优势和特色,只有农村集体经济具有对内聚合分散农民、宅基地和土地,对外吸纳市场资金的能力。

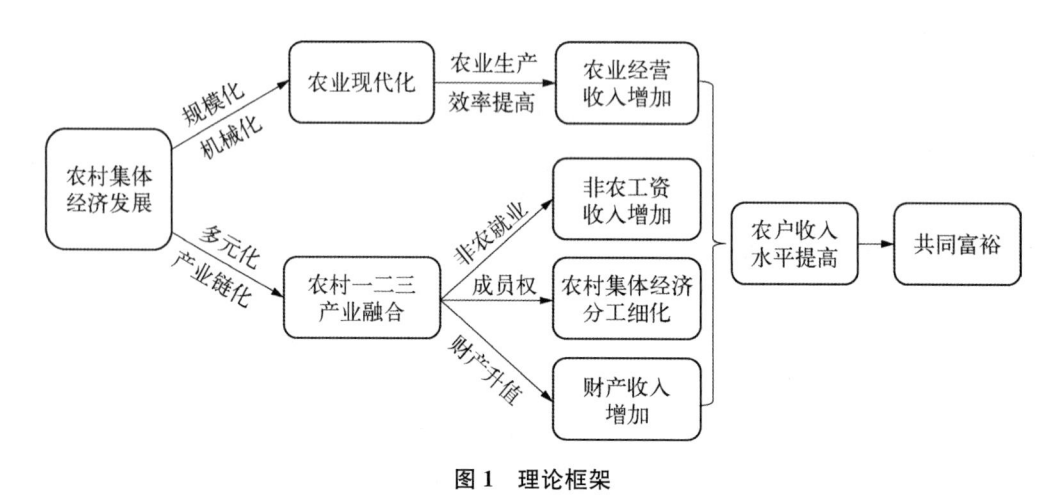

**图1 理论框架**

### 2. 农民共同富裕是实现全民共同富裕的关键

中国的全面共同富裕的难点在于农民的共同富裕。作为人口大国,农业始终是中国发展的基础和根本。虽然创造了"中国以占世界7%的土地养活了世界21%的人口"的奇迹,但是随着农业技术的进步、农业生产力的提高,原本以家庭为单位的生产方式成为限制农业现代化发展的因素,细碎化的农地规模无法应对竞争激烈的大市场,小农户家庭收入处于较低水平。相反,城市工业部门快速发展,城乡贫富差距不断拉大。统计数据显示,2021年中国总人口为14.13亿人,其中城镇常住人口为9.14亿人,占总人口的比重为64.7%,乡村常住人口有近5亿人,中国城镇居民的人均可支配收入是农村居民的2.51倍。[①] 因此,如何提高5亿农民收入,并缩小与城镇居民收入的差距,是实现2035年共同富裕远景目标的关键任务。

### (二)农村集体经济发展模式:以浙江台州市为例

我们通过对2021年7月台州市特色村庄访谈资料的分析,总结出村庄经营型、村落建设型、物业经营型和产业发展型四种农村集体经济发展典型实践模式,具体分析如下:

### 1. 村庄经营模式:上栈头村、后岸村

村庄经营模式是指充分利用村庄自然景观资源,规划建设特色村庄,打造村域景区、农家乐、民宿等乡村旅游项目,把绿水青山变成"金山银山",形成第一产业与第二、第三产

---

① 数据来源:国家统计局. http://data.stats.gov.cn/easyquery.htm? cn=C01.

业融合的"美丽经济",如上栈头村和后岸村。

上栈头村位于台州南部的玉环市,濒临东海;行政村管辖5个自然村,51个村民小组,全村共有360户,户籍人口1 035人;曾是以捕鱼为生的经济薄弱村,2018年通过"村民49%＋村集体51%"的股份结构筹资注册成立了浙江栈头渔村旅游开发有限公司。公司利用所筹资金对村庄进行整体规划,将石屋建筑、古牌坊和栈台船坞等传统建筑修复保留,并建设如"玻璃吊桥""天空之镜""时空隧道"等城市网红游乐项目,打造集文化和休闲于一体的乡村旅游产业。上栈头村现成为远近闻名的"网红打卡村",每年吸引15万人次游客游玩,2020年村庄旅游净收入达到200万元,入股村民获得分红。

上栈头村"傍海"实现了"脱贫",后岸村则因为"依山"实现了富裕。后岸村充分利用山区优势发展特色农家乐、生态康养和乡村民宿产业。后岸村隶属台州市西北的天台县,位于龙山南麓;全村只有一个自然村,由6个村民小组构成,全村有545户农户,一共1 727名村民。后岸村在2011年前以开采石头为生,但很多村民因为恶劣的开采环境患了石肺病。后来在村里外出返乡人员的带领下,后岸村转变思路进行了从"卖石头"到"保生态"的探索,靠着优美的自然风光发展农家乐,村民看到成功案例后纷纷效仿。经过五轮发展,后岸村目前有农家乐超过80家,现在由村办旅游公司统一宣传、统一服务标准、统一内部管理、统一分配客源,并在2021年获批第三批全国乡村旅游重点村。2021年,后岸村全村办有80户农家乐,床位超过2 200张,能满足6 000人同时就餐,村集体经济收入达到528万元,农民人均年收入水平从2011年的6 000元增长到2020年的50 683元,形成了"农村＋公司＋农户"的"后岸模式",是浙江省农家乐发展的样板村。

2. 村落建设模式:沙滩村、张思村

村落建设模式是指以历史文化村落、中心村建设为载体,通过保护和开发乡村历史文化资源、修缮和维护古建筑等途径,打造乡村人文旅游景点,增加村集体和农民经济收入,如沙滩村和张思村。

沙滩村和张思村在古村落的基础上统筹开发,发展民俗文化乡村旅游。沙滩村位于台州市中部的黄岩区,村庄沿溪而建,具有典型的江南水乡特色,已有超过800年的历史。全村有326户村民,户籍人口1 223人。2013年利用美丽乡村和乡村振兴的契机,沙滩村邀请同济大学建筑与城市规划学院杨贵庆对全村进行规划建设。乡村充分利用既有建筑,将废弃的兽医站、粮仓、村公所等建筑改造为旅游集散中心、民宿、茶亭和酒坊。2015年沙滩村注册台州市黄岩区屿头乡沙滩村股份经济合作社管理和经营村庄旅游产业,发展至今,每年累计吸引外来游客30万人,旅游年产值达2 700万元以上。

张思村也主打乡村文化旅游。张思村隶属台州市西北的天台县,由4个自然村、20个村民小组构成,全村共有958户农户,3 200名户籍村民。张思村迄今有超过700年的历史。2009年后村组织将老房子收归村集体进行统一修缮和维护。经过修整,村中有13幢建筑被列为文化保护单位。依托古村落、古建筑、古文化,张思村吸引了大量政府和社会投资,截至2020年,先后吸引了政府投资6 000万元,超过3 000名村民累计投资4 000万元和乡贤陈一平投资1亿元建立了宗渊书院。村庄发扬穿蓑衣、编斗笠、穿草鞋、木雕、舞龙舞狮等民俗工艺，发展农家乐和民宿，现有农家乐和民宿18家，每年接待游客达60万人次。此外，村庄探索土地股份制，建立村级产权流转交易平台，有超过700户入股，2020年村民靠持股分红盈利达60万元。

3. 物业经营模式：后庄村、山前村

物业经营模式是指引导、扶持村集体利用集体所有的非农建设用地或村留用地，兴建标准厂房、专业市场、仓储设施、职工生活服务设施等，通过物业租赁经营等方式，增加村集体收入，如后庄村和山前村。

后庄村和山前村均隶属台州市黄岩区，村庄位于城市郊区。山前村包含2个自然村，全村共有555户村民，户籍人口1 873人。后庄村由3个自然村组成，包含567户村民和2 001人户籍人口。两村依靠黄岩区的模具产业群，扩大集体经济发展租赁零售业。台州市黄岩区是中国的"模具之乡"，区内共有模具行业企业2 200家，从业人员超过50 000人，模具生产总量约占全国的1/10。山前村和后庄村依托周围的制造业，转换思路，将集体留地通过改造扩建成商铺，出租给汽摩城、4S店等小微企业，两村每年分别能从商铺租金中获利300万元和500万元。除此以外，在模具产业的带动下，山前村家家开办私营企业从事塑料日用品、服装鞋帽的加工制造，村小组个体户"抱团"闯市场，年销售收入近5 000万元。2020年，后庄村实现人均收入51 941元，山前村为64 781元。

4. 产业发展模式：方林村、垟根村

产业发展模式是指把加快村级集体经济发展与推进农业两区建设、提升现代农业发展水平相结合，与块状经济发展相结合，在促进产业发展中增加村级集体经济收入，如方林村和垟根村。

方林村位于台州的路桥城区，全村有271户村民，1 028人户籍人口。方林村是从1984年的方林村旧机械设备市场慢慢建起现在的方林集团，培育了方林汽车城、二手车市场、二手设备交易市场等各种产业业态，为村民搭建了创业就业平台。方林村在村干部的推动下，使"资产变股权、农民当股东"，有效激发了农村发展活力、拓宽了农民增收渠道，2021年村民股权收益分配为每股4.9万元。同时，方林村带领村民建立发展共享联盟，通过土地项目合作的方式带动附近5个村庄共同富裕，促进其集体经济每年增收数百万元。

不同于方林村利用资源和市场优势发展第二、第三产业，垟根村则依靠得天独厚的文旦种植条件和悠久的种植历史，延长农业价值链，围绕文旦生产，向前开发文旦种植和采摘体验项目，向后开发文旦故事，发展文旦主题乡村旅游。垟根村位于玉环市清港镇东部，全村包含8个自然村，20个村民小组，有680户农户，2 071人户籍人口，全村耕地面积为2 180亩。垟根村从1983年起开发荒地种植文旦，凭借其独特的土质及温和的气候，垟根村的文旦种植面积从原来的120亩发展至2 200亩，全村95%以上村民靠种植文旦为生。垟根村如今形成了规模化、系统化生产加工创收的特色文旦产业链，创建了"垟根文旦"农产品地理标志性品牌；同时，开展文旦采摘、文旦文创产品开发等乡村旅游项目。垟根村发展模式已实现一定程度上的成功，2020年全村收入合计500万元，2019年实产文旦8 000吨，产值4 000万元，村民年收入6万至30万元。

## 三、农村集体经济发展与农民共同富裕：实证研究

### (一) 数据来源、实证策略和描述性统计

**1. 数据来源**

本文使用的数据来自上海财经大学 2021 年的"千村调查"数据。样本覆盖全国(除港澳台外)31 个省份的 697 个行政村,8 310 户农户。在剔除了关键变量严重缺失的样本后,最终获得 4 500 个有效样本。

**2. 实证策略**

本研究首先通过普通最小二乘法回归检验村居内集体经济发展与家庭收入之间的关系,模型如下:

$$\ln(w_i) = \alpha + \beta \ln(CEI_i) + \gamma X_i + \varepsilon_i$$

式中:$i$ 为家户;$\ln(w_i)$ 是家庭总收入对数;$\ln(CEI_i)$ 是家庭所在村居集体经济总收入对数,如果该家庭所在村居没有集体经济,则集体经济收入记为 0;$X_i$ 为控制变量,包括家庭控制变量和村居控制变量,其中,家庭控制变量包括家庭受访者年龄、受访者学历水平、受访者是否为村内领导、家庭人口数,村居控制变量包括村居是否在城郊和自评经济发展水平,经济发展水平包括下等、中下、中等、中上和上等。

在基准回归后,本研究将进一步探究集体经济对家庭收入影响的异质性,包括区域的异质性、不同集体经济模式影响的异质性,以及村居是否为城郊的异质性。其中,区域划分为东、中、西和东北四个区域,集体经济发展模式包括经济联合社、股份合作社和集体参股的企业三类。

最后,从收入分配、劳动力配置和产业发展三个方面检验集体经济发展对家庭收入的影响机制。第一,集体经济发展到一定程度后会对集体成员分红,从而直接增加了村居内的家庭收入。本研究使用村居是否有分红作为收入分配的代理变量。第二,集体经济发展会影响村居内的劳动力配置,村居内集体经济发展会减少本地农业人口外出务工或者增加外出务工劳动力回流的数量,通常,外出的劳动力人力资本相对较高,其流回村居后会促进集体经济发展,从而提高村居内家庭的收入。本研究使用常住人口和户籍人口之比作为劳动力配置的代理变量。第三,集体经济发展能够吸引企业投资,村居内企业数量增加能增加村居的非农就业机会,从而增加收入。产业发展使用村居内企业数量作为代理变量。

**3. 描述性统计**

(1) 集体经济发展状况

641 个村居中,69.73% 的村居发展了集体经济,30.27% 的村居没有发展集体经济。在有集体经济的村居中,2021 年平均集体经济总收入为 91.89 万元,最高集体经济村居总收入可达 2 667 万元。关于集体经济的形式,42.72% 的村居集体经济形式为经济合作社,40.87% 为股份合作社,4.2% 为集体参股的企业,还有 15% 的村居集体经济的形式为上述

三类的混合。

(2) 变量统计描述

样本中家庭的平均收入为 5.70 万元,家庭平均人口数为 4.29 人。村居集体经济平均收入为 7.02 万元,47.2% 的村居在城郊。从村居的经济发展情况看,2.5% 的村居经济发展水平为下等,17.3% 的村居经济发展水平为中下等,中等水平的村居占比最多为 51.4%,中等以上占 28.7%。从受访者的特征看,受访者平均年龄为 51.35 岁,15% 为村居内领导;32.4% 的受访者学历水平为小学及以下,41.17% 为初中,高中及以上学历的受访者占比为 25.9%(如表 1 所示)。

表 1　　　　　　　　　　主要变量统计描述

| 变　量 | 均　值 | 方　差 | 最小值 | 最大值 |
| --- | --- | --- | --- | --- |
| 家庭收入对数值 | 10.953 | 0.930 | 8.006 | 13.218 |
| 集体经济收入对数值 | 1.951 | 2.083 | −0.511 | 7.347 |
| 家庭人口数 | 4.290 | 1.747 | 1 | 16 |
| 受访者年龄 | 51.349 | 12.46 | 20 | 80 |
| 受访者是否为村居内领导 (1=是,0=否) | 0.150 | 0.357 | 0 | 1 |
| 家庭所在村居是否为城郊(1=是,0=否) | 0.472 | 0.499 | 0 | 1 |
| 受访者受教育程度:小学(1=是,0=否) | 0.324 | 0.468 | 0 | 1 |
| 受访者受教育程度:初中(1=是,0=否) | 0.417 | 0.493 | 0 | 1 |
| 受访者受教育程度:高中(1=是,0=否) | 0.132 | 0.339 | 0 | 1 |
| 受访者受教育程度:大专及以上(1=是,0=否) | 0.127 | 0.333 | 0 | 1 |
| 村居经济发展程度:下等 | 0.025 | 0.157 | 0 | 1 |
| 村居经济发展程度:中下等 | 0.173 | 0.378 | 0 | 1 |
| 村居经济发展程度:中等 | 0.514 | 0.500 | 0 | 1 |
| 村居经济发展程度:中上等 | 0.254 | 0.435 | 0 | 1 |
| 村居经济发展程度:上等 | 0.033 | 0.180 | 0 | 1 |

(二) 基准回归结果

表 2 是农村集体经济发展对家庭年收入影响的基准回归,回归(1)到(4)逐步加入了集体经济对家庭收入影响的控制变量。由表 2 可得,在未加入控制变量时,集体经济收入

的回归系数在1%的水平下显著为正,数值为0.054。在逐步引入控制变量后,系数值仍然高度显著,并逐步降低至0.022,表示农村集体经济收入每增加1%,村居内家庭人均收入增加0.022%。这表明农村经济的发展能够显著地提高村居内居民的收入,但是作用较小,对家庭收入的主要影响仍来自家庭内部特征。例如,从控制变量看,家庭人口数每增加1人,家庭收入增加10.9%;受访者为村干部的家庭收入会较非村干部家庭多10.7%;随着年龄的增长,家庭收入水平先增加后减少;受访者的受教育程度越高,家庭收入越高。除此之外,村居特征也是影响家庭收入的重要因素,城郊农户家庭收入比非城郊农户高9.6%。村居经济发展水平越高,家庭收入也越高。

表2　　　　　　　　农村集体经济对家庭收入的影响:基准回归

| 变量 | (1) 家庭收入 | (2) 家庭收入 | (3) 家庭收入 | (4) 家庭收入 |
| --- | --- | --- | --- | --- |
| 集体经济收入 | 0.054*** (0.007) | 0.030*** (0.007) | 0.024*** (0.007) | 0.022*** (0.007) |
| 家庭人口数 | | | 0.109*** (0.009) | 0.108*** (0.009) |
| 受访者年龄 | | | 0.037*** (0.007) | 0.036*** (0.007) |
| 受访者年龄平方 | | | −0.000*** (0.000) | −0.000*** (0.000) |
| 受访者为村居内领导 (基准为受访者不是村居内领导) | | | 0.107*** (0.035) | 0.099*** (0.035) |
| 受访者受教育程度:初中 (基准为受访者受教育程度:小学) | | | 0.195*** (0.032) | 0.191*** (0.032) |
| 受访者受教育程度:高中 | | | 0.283*** (0.044) | 0.274*** (0.045) |
| 受访者受教育程度:大专及以上 | | | 0.502*** (0.048) | 0.496*** (0.048) |
| 村居经济发展程度:中下等 (基准为村居经济发展程度:下等) | | | | 0.418*** (0.081) |
| 村居经济发展程度:中等 | | | | 0.273*** (0.077) |
| 村居经济发展程度:中上等 | | | | 0.249*** (0.081) |

续 表

| 变　量 | (1)<br>家庭收入 | (2)<br>家庭收入 | (3)<br>家庭收入 | (4)<br>家庭收入 |
| --- | --- | --- | --- | --- |
| 村居经济发展程度：上等 |  |  |  | 0.423***<br>(0.099) |
| 家庭所在村居为城郊<br>（基准为家庭所在村居为非城郊） |  |  |  | 0.096***<br>(0.030) |
| 截距项 | 10.870***<br>(0.019) | 10.241***<br>(0.268) | 9.200***<br>(0.284) | 8.878***<br>(0.294) |
| $N$ | 4 280 | 4 280 | 4 198 | 4 163 |
| adj. $R^2$ | 0.014 | 0.157 | 0.282 | 0.289 |

注：括号内为稳健标准误；\*\*\*表示在1%的显著性水平下显著，\*\*表示在5%的显著性水平下显著，\*表示在10%的显著性水平下显著。

（三）异质性分析

区位因素和不同集体经济发展模式的影响具有异质性（如表3所示）。

表3　　　　　　　　农村集体经济对家庭收入的影响：异质性分析

| 变　量 | (1)<br>家庭收入 | (2)<br>家庭收入 | (3)<br>家庭收入 |
| --- | --- | --- | --- |
| 东部×村集体经济收入 | 0.026**<br>(0.010) |  |  |
| 中部×村集体经济收入 | 0.047***<br>(0.018) |  |  |
| 西部×村集体经济收入 | 0.006<br>(0.011) |  |  |
| 东北×村集体经济收入 | 0.011<br>(0.025) |  |  |
| 非城郊×村集体经济收入 |  | 0.011<br>(0.009) |  |
| 城郊×村集体经济收入 |  | 0.032***<br>(0.008) |  |
| 经济合作社×村集体经济收入 |  |  | 0.008<br>(0.015) |

续 表

| 变　量 | （1）家庭收入 | （2）家庭收入 | （3）家庭收入 |
| --- | --- | --- | --- |
| 股份合作社×村集体经济收入 | | | 0.007<br>(0.015) |
| 集体参股的企业×村集体经济收入 | | | 0.085***<br>(0.024) |
| 家庭人口数 | 0.108***<br>(0.009) | 0.109***<br>(0.009) | 0.118***<br>(0.013) |
| 村居经济发展程度：中下等 | 0.416***<br>(0.082) | 0.439***<br>(0.080) | 0.135<br>(0.148) |
| 村居经济发展程度：中等 | 0.275***<br>(0.077) | 0.287***<br>(0.076) | 0.182<br>(0.143) |
| 村居经济发展程度：中上等 | 0.248***<br>(0.082) | 0.276***<br>(0.080) | 0.106<br>(0.147) |
| 村居经济发展程度：上等 | 0.427***<br>(0.099) | 0.441***<br>(0.098) | 0.323*<br>(0.171) |
| 受访者年龄 | 0.036***<br>(0.007) | 0.036***<br>(0.007) | 0.042***<br>(0.009) |
| 受访者年龄平方 | −0.000***<br>(0.000) | −0.000***<br>(0.000) | −0.001***<br>(0.000) |
| 受访者是否为村居内领导 | 0.102***<br>(0.035) | 0.102***<br>(0.035) | 0.026<br>(0.046) |
| 受访者受教育程度：初中 | 0.194***<br>(0.032) | 0.192***<br>(0.032) | 0.273***<br>(0.045) |
| 受访者受教育程度：高中 | 0.276***<br>(0.045) | 0.275***<br>(0.045) | 0.447***<br>(0.066) |
| 受访者受教育程度：大专及以上 | 0.493***<br>(0.048) | 0.496***<br>(0.048) | 0.608***<br>(0.067) |
| 家庭所在村居是否为城郊 | 0.102***<br>(0.031) | | 0.178***<br>(0.049) |
| 截距项 | 8.865***<br>(0.295) | 8.915***<br>(0.293) | 8.692***<br>(0.364) |
| $N$ | 4 163 | 4 163 | 2 076 |
| adj. $R^2$ | 0.289 | 0.288 | 0.378 |

注：括号内为稳健标准误；\*\*\* 表示在1%的显著性水平下显著，\*\* 表示在5%的显著性水平下显著，\* 表示在10%的显著性水平下显著。

从区域异质性看，集体经济对家庭收入的影响在东部和中部地区显著，在西部和东北地区不显著，说明集体经济对家庭收入的带动作用在经济发达地区作用明显。样本中集体经济发展下的收入水平从高到低依次为东部、中部、东北和西部地区，表明村居内集体经济收入较高时能够更好地带动村民发展从而更多地提高收入。

从是否为城郊的区位异质性看，位于城郊的村居发展集体经济能够显著地提高村居内的家庭收入，而非城郊的村居发展集体经济对家庭收入的影响不显著。当村居靠近城郊时，能够在城市的带动下更加高质量地发展集体经济，如集体经济有更广阔的产品市场、更完备的交通基础设施、更先进的技术，以及更多与城市企业合作的机会等，进而更有效地增加村居家庭收入。

从集体经济发展形式的异质性看，集体参股的企业能够显著增加村内家庭收入，经济合作社和股份合作社形式影响不显著。因此，就目前来看，在集体经济发展过程中，将集体资产入股给盈利能力更强的企业能够更有效地增加村内家庭收入。

（四）稳健性检验

本部分通过替换变量、处理极端样本进行稳健性检验。回归(1)和回归(2)分别将核心解释变量——农村集体经济收入对数替换为村居是否有集体经济组织和农村集体经营性资产总额对数进行回归；回归(3)将因变量——家庭年收入替换为村庄人均收入；回归(4)和回归(5)是对农村集体经济收入和家庭收入低于1%和高于99%的分位样本做出缩尾和截尾处理后进行回归的结果。由表4可得，在进行以上替换和处理后，核心变量对因变量的系数仍然在1%的水平下显著为正，说明本研究关于村居内集体经济的发展能够增加家庭收入的结论稳健。

表 4　　　　　　　　　农村集体经济对家庭收入的影响：稳健性检验

| 变　　量 | 替换核心自变量 | | 替换因变量 | 极端值样本处理 | |
|---|---|---|---|---|---|
| | (1)家庭收入 | (2)家庭收入 | (3)村人均收入 | (4)极端1%分位缩尾处理 | (5)极端1%分位截尾处理 |
| 是否有集体经济 | 0.060** (0.028) | | | | |
| 村集体经营性资产总额 | | 0.065*** (0.006) | | | |
| 村集体经济收入 | | | 0.037*** (0.008) | 0.022*** (0.007) | 0.025*** (0.007) |
| 家庭人口数 | 0.099*** (0.008) | 0.020** (0.009) | 0.004 (0.006) | 0.107*** (0.009) | 0.098*** (0.009) |
| 受访者年龄 | 0.034*** (0.007) | 0.003 (0.009) | 0.014** (0.006) | 0.036*** (0.007) | 0.034*** (0.006) |

续 表

| 变　　量 | 替换核心自变量 | | 替换因变量 | 极端值样本处理 | |
|---|---|---|---|---|---|
| | (1)家庭收入 | (2)家庭收入 | (3)村人均收入 | (4)极端1%分位缩尾处理 | (5)极端1%分位截尾处理 |
| 受访者年龄平方 | −0.000*** (0.000) | −0.000 (0.000) | −0.000** (0.000) | −0.000*** (0.000) | −0.000*** (0.000) |
| 受访者是否为村居内领导（基准为受访者不是村居内领导） | 0.098*** (0.032) | −0.007 (0.037) | −0.036 (0.028) | 0.099*** (0.034) | 0.114*** (0.034) |
| 受访者受教育程度：初中（基准为受访者受教育程度：小学） | 0.200*** (0.031) | −0.047 (0.036) | −0.020 (0.025) | 0.190*** (0.032) | 0.181*** (0.031) |
| 受访者受教育程度：高中 | 0.292*** (0.043) | −0.090* (0.048) | −0.000 (0.036) | 0.273*** (0.044) | 0.247*** (0.043) |
| 受访者受教育程度：大专及以上 | 0.500*** (0.046) | 0.040 (0.066) | 0.172*** (0.047) | 0.494*** (0.048) | 0.461*** (0.047) |
| 村居经济发展程度：中下等（基准为村居经济发展程度：下等） | 0.384*** (0.078) | −0.333*** (0.107) | −0.032 (0.084) | 0.418*** (0.081) | 0.420*** (0.080) |
| 村居经济发展程度：中等 | 0.264*** (0.075) | −0.261** (0.110) | −0.106 (0.085) | 0.272*** (0.076) | 0.270*** (0.076) |
| 村居经济发展程度：中上等 | 0.275*** (0.078) | −0.111 (0.112) | 0.071 (0.088) | 0.248*** (0.081) | 0.241*** (0.080) |
| 村居经济发展程度：上等 | 0.423*** (0.095) | 0.138 (0.162) | −0.073 (0.136) | 0.418*** (0.098) | 0.362*** (0.102) |
| 家庭所在村居为城郊（基准为家庭所在村居为非城郊） | 0.114*** (0.029) | 0.019 (0.054) | 0.201*** (0.031) | 0.094*** (0.030) | 0.086*** (0.030) |
| 截距项 | 8.990*** (0.290) | 9.905*** (0.250) | 8.990*** (0.290) | 8.885*** (0.293) | 8.946*** (0.292) |
| N | 4 578 | 2 233 | 3 883 | 4 163 | 4 031 |
| adj. $R^2$ | 0.282 | 0.348 | 0.348 | 0.291 | 0.280 |

注：括号内为稳健标准误；*** 表示在1%的显著性水平下显著，** 表示在5%的显著性水平下显著，* 表示在10%的显著性水平下显著。

(五)影响机制分析

表5汇报了集体经济影响家庭收入的机制分析结果。从表中可以得出，村居集体经济收入增加可以显著提升村居分红的可能性，提高村居常住和户籍人口比，增加村居内企

业的数量。从中介效应的第二阶段回归来看,引入中介变量后,集体经济收入对家庭收入的影响不再显著,并且常住人口比户籍人口、村居企业数和分红的增加均能显著地促进家庭收入的提高,表明集体经济可以通过提高农村集体资本积累水平、促进劳动力配置和优化产业结构等机制来提高本村居民家庭收入。

表5　　　　　　　　农村集体经济对家庭收入的影响：机制分析

| 变　　量 | （1）<br>分红 | （2）<br>常住和户籍人口比 | （3）<br>村居企业数 | （4）<br>家庭收入 |
| --- | --- | --- | --- | --- |
| 农村集体经济收入 | 0.046***<br>(0.003) | 0.048***<br>(0.004) | 0.117***<br>(0.008) | 0.008<br>(0.007) |
| 常住人口比户籍人口 | | | | 0.119***<br>(0.030) |
| 村居企业数 | | | | 0.063***<br>(0.014) |
| 分红比例 | | | | 0.058**<br>(0.028) |
| 家庭人口数 | | | | 0.108***<br>(0.009) |
| 受访者年龄 | | | | 0.036***<br>(0.007) |
| 受访者年龄平方 | | | | −0.000***<br>(0.000) |
| 受访者是否为村居内领导 | | | | 0.100***<br>(0.035) |
| 受访者受教育程度：初中 | | | | 0.194***<br>(0.032) |
| 受访者受教育程度：高中 | | | | 0.282***<br>(0.045) |
| 受访者受教育程度：大专及以上 | | | | 0.498***<br>(0.048) |
| 村居经济发展程度：中下等 | | | | 0.362***<br>(0.085) |
| 村居经济发展程度：中等 | | | | 0.223***<br>(0.080) |

续 表

| 变　量 | (1)<br>分红 | (2)<br>常住和户籍人口比 | (3)<br>村居企业数 | (4)<br>家庭收入 |
| --- | --- | --- | --- | --- |
| 村居经济发展程度：中上等 | | | | 0.160*<br>(0.085) |
| 村居经济发展程度：上等 | | | | 0.368***<br>(0.102) |
| 家庭所在村居是否为城郊 | | | | 0.078**<br>(0.031) |
| 截距项 | 0.273***<br>(0.010) | 0.796***<br>(0.007) | 0.470***<br>(0.018) | 8.907***<br>(0.295) |
| $N$ | 4 413 | 4 317 | 4 414 | 4 078 |
| adj. $R^2$ | 0.040 | 0.050 | 0.046 | 0.295 |

注：括号内为稳健标准误；***表示在1%的显著性水平下显著，**表示在5%的显著性水平下显著，*表示在10%的显著性水平下显著。

## 四、研究结论和政策建议

### （一）结论

本文基于上海财经大学2021年"千村调查"数据，实证检验了农村集体经济对农民收入的影响，得到以下结论：(1)农村集体经济组织发展模式可以总结为村庄经营型、村落建设型、物业经营型和产业发展型四种。(2)农村集体经济发展能够提高本村居民收入。(3)农村集体经济对农民收入存在异质性影响。农村集体经济对家庭收入的带动作用在东部和中部地区显著；城郊的村居发展集体经济对家庭收入影响显著；集体参股企业形式的集体经济能够显著增加村内家庭收入，而经济合作社和股份合作社形式没有该作用。(4)农村集体经济通过提高农村集体资本积累水平、促进劳动力配置和优化产业结构等机制提高本村居民的家庭收入。

### （二）政策建议

1. 灵活运用集体经济发展模式，更好地发挥集体经济的组织功效

各地既可以借鉴村庄经营型、村落建设型、物业经营型和产业发展型等典型模式发展壮大集体经济，也可以借鉴现有模式的发展经验，大胆创新，因地制宜建立适合本集体经济组织资源特色的农村集体经济发展模式，推动农村集体经济和农业产业的高质量发展。

2. 因村因势施策，既要发挥长处也要补齐短板

对区位好、市场基础好的村庄，要进一步鼓励招商引资项目，实现第一、第二、第三产业联动发展；对交通不便、基础薄弱的村庄，要补齐短板，加强当地交通及信息基础设施建

设。在村居集体经济形式上,要强化利益联结机制,让农民真正参与进来,让农民"唱主角"。

3. 引导高技术人才回流,多措并举发展农村产业

引导高技术人才反哺农村,通过高技术人才将知识技术运用到集体经济组织运行过程中,实现人才集聚与集体经济发展互利共赢。发展农村产业,积极鼓励和引导当地群众发展多元化产业模式,实现农业"接二连三"融合发展,让群众共享农村集体经济发展成果。

**参考文献**

[1] 陈锡文.充分发挥农村集体经济组织在共同富裕中的作用[J].农业经济问题,2022(5):4-9.

[2] 丁忠兵,苑鹏.中国农村集体经济发展对促进共同富裕的贡献研究[J].农村经济,2022(5):1-10.

[3] 龚晨.新型农村集体经济发展与乡村振兴战略实施的关联探析[J].改革与战略,2020,36(1):103-109.

[4] 孔祥智,高强.改革开放以来我国农村集体经济的变迁与当前亟须解决的问题[J].理论探索,2017(1):116-122.

[5] 卢洋.中国农村集体经济实现形式研究[D].四川大学,2021.

[6] 沈秋彤,赵德起.中国农村集体经济高质量发展区域差异研究[J].数量经济技术经济研究,2022,39(2):43-63.

[7] 舒展,罗小燕.新中国70年农村集体经济回顾与展望[J].当代经济研究,2019(11):13-21.

[8] 谭秋成.农村集体经济的特征、存在的问题及改革[J].北京大学学报(哲学社会科学版),2018,55(3):94-103.

[9] 仝志辉,陈淑龙.改革开放40年来农村集体经济的变迁和未来发展[J].中国农业大学学报(社会科学版),2018,35(6):15-23.

[10] 肖华堂,王军,廖祖君.农民农村共同富裕:现实困境与推动路径[J].财经科学,2022(3):58-67.

[11] 徐秀英.村级集体经济发展面临的困境、路径及对策建议——以浙江省杭州市为例[J].财政科学,2018(3):145-152.

[12] 张新文,杜永康.集体经济引领乡村共同富裕的实践样态、经验透视与创新路径——基于江苏"共同富裕 百村实践"的乡村建设经验[J].经济学家,2022(6):88-97.

[13] 钟桂荔,夏英.农村集体资产股份权能改革的关键问题——基于8县(市、区)试点的调研观察[J].农业经济问题,2017,38(6):30-35.

# 农村教育选择问题的影响因素的实证研究与思考

陈纪程[①]　刘怡伶[②]　黄子益[③]

指导老师：韩　潇[④]

**摘　要：**"三农"（农业、农村、农民）问题是关系国计民生的根本性问题。农村教育的问题是"三农"问题的具体化。本文从农村教育人口的流失问题出发，追根溯源，综合实地考察数据，分析了当下农村教育的现状，并搭建了财政补贴、经济收入、师资力量、思想观念、硬件设施作为解释变量的线性回归模型，基于区和村的两种差别的样本空间分别回归，对教育选择做了实证研究，并对系数大小所反映的影响效力做出了解释。就"思想观念"一项可能产生的内生性问题，应用工具变量法予以解决。

**关键词：**农村教育问题　农村人口教育选择　思想观念（教育价值观）

## 一、绪　论

农村教育的问题有其特殊的根源，很难简单地做分析。自新中国成立以来，我国乡村中小学教育经历了从 1951 年学制改革后的快速发展到 20 世纪 90 年代实现"村村有小学，乡乡有初中"宏伟目标的历程。改革开放后，农民工开始大规模进城，随着经济热点的转移与城市化的加深，自 2001 年起，开始"因地制宜调整学校布局，农村小学的教学点适当合并"，一直到 2012 年"撤点并校"被叫停，在这十余年间，乡村中小学建设取得一定成效。但是，城市化进程大大改变了农村人口的受教育观念，随着农村劳动人口的流失和农村民众对教育形势认识的加深，受教育人口逐渐有向城市、县镇聚集的倾向（如图 1 所示）。

从乡村普遍的教育资源占有上看，农村基础设施和师资力量的年际变化情况如图 2 和图 3 所示。

在过去的脱贫攻坚战中，党和国家将农村教育事业发展提高至全新的战略地位，出台

---

[①] 陈纪程，上海财经大学信息管理与工程学院 2020 级本科生。
[②] 刘怡伶，上海财经大学数学学院数学与应用数学 2020 级本科生。
[③] 黄子益，上海财经大学信息管理与工程学院 2020 级本科生。
[④] 韩潇，上海财经大学信息管理与工程学院。

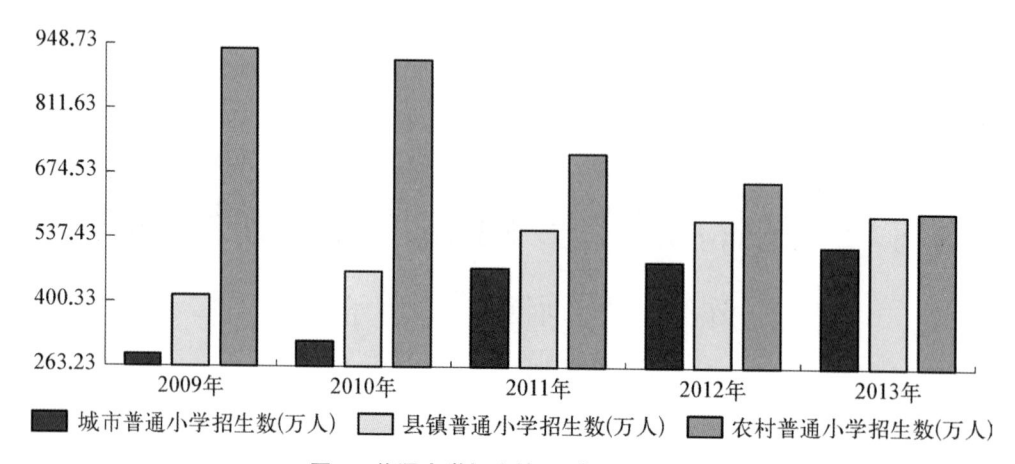

图 1　普通小学招生情况(截至 2013 年)

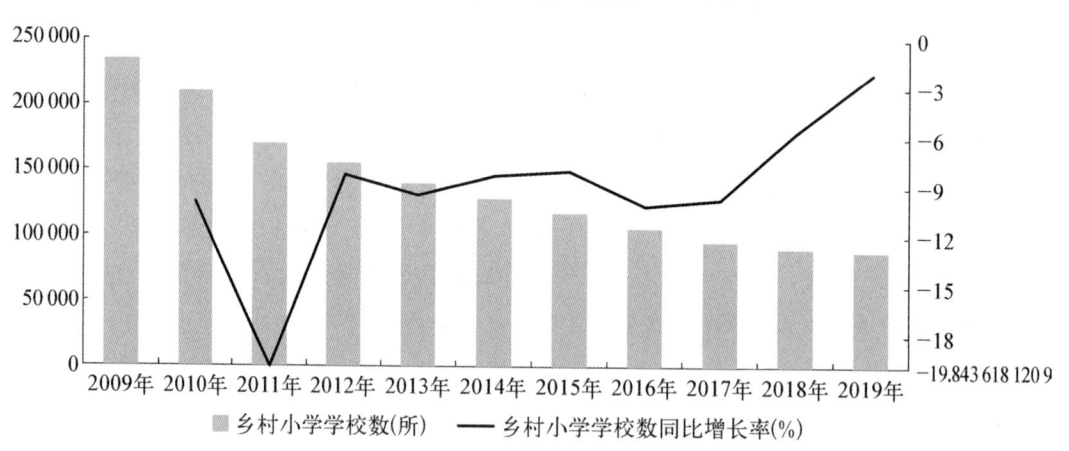

图 2　乡村小学数量的变化(截至 2019 年)

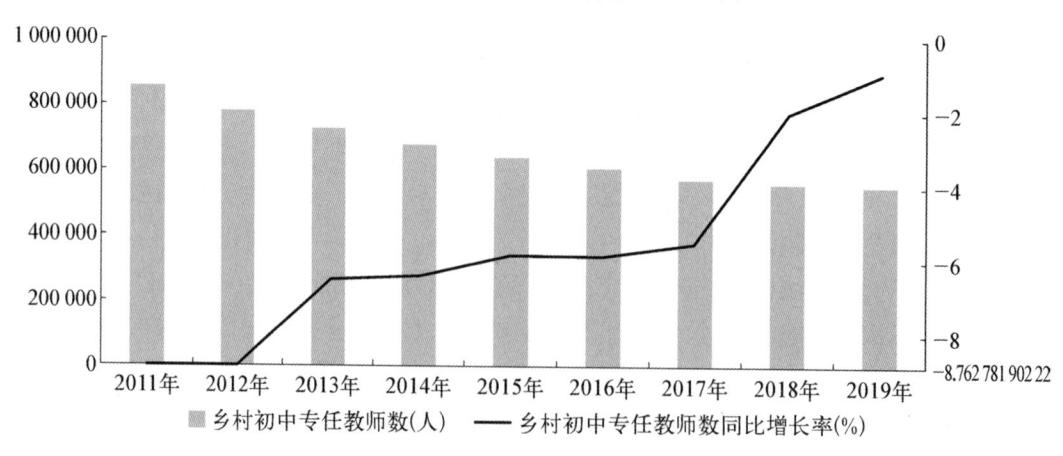

图 3　乡村初中教师数量的变化(截至 2019 年)

一系列有关农村教育的政策,全面推动农村教育实现高质量发展。农村教育高质量发展会对农村经济高质量发展、实施乡村振兴战略、提高农村居民综合素质水平、鼓励科学技术发展与进步以及优化城乡教育结构等方面产生深远影响。但农村教学设施落后、农村教师综合素质偏低、农村家庭受教育意识淡薄等仍然是农村教育事业发展的短板。农村教育事业的发展仍然存在种种问题，而这些问题在一定程度上影响了农村适龄学生的教育选择。所以，深入挖掘乡村振兴战略优势，剖析农村教育事业发展劣势，探寻农村学生教育选择的现实路径具有重要的意义。

## 二、调研区域教育相关因素现状

基于"千村调查2019年中国乡村教育研究"全国共491个乡村、957位受访者的样本数据，统计各村财政补贴、经济收入、硬件设施、思想观念、师资力量这五大因素的基本情况，同时分析这五大因素对农村教育选择偏好问题的影响，以加深教育对助力乡村振兴的理解。本次调研选取的957位受访者具有地理分布上的差异，涵盖全国34个省级行政区，样本代表性较好，因此我们在讨论时，基本认为样本数据能够代表2019年全国范围内的农村现状。以下就与农村教育有关的三个维度——经济收入、师资力量和教育选择（偏好）的调查数据进行统计汇总，其中，教育选择是本次实证分析选择的因变量。

### （一）经济收入

农村经济总收入是农民在当年从事集体和个人家庭经营的收入中，可用于抵偿本年生产开支，并在国家、集体和个人之间进行分配的一切实际收入的总和。经济收入可以说是反映农村建设情况的首要指标，也是实现乡村振兴的核心目标。

图4是对"集体经营收入"问题数据的统计图。可以看出，随着收入等级的提高，对应乡村的频数呈现递增趋势。大多数乡村集体经营收入等级为3、4、5。

图5是对"年内收入"问题数据的统计图。随着收入等级的提高，对应乡村的频数呈现递增趋势。等级为4、5的乡村数量相近，且大多数乡村年内收入等级为3、4、5。

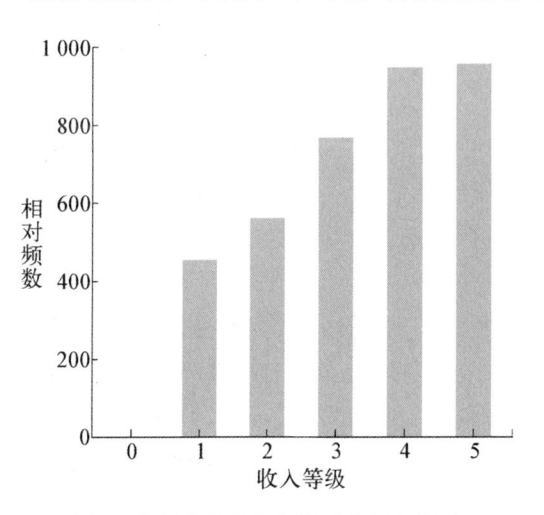

**图4 集体经营收入频数直方图（对村）** 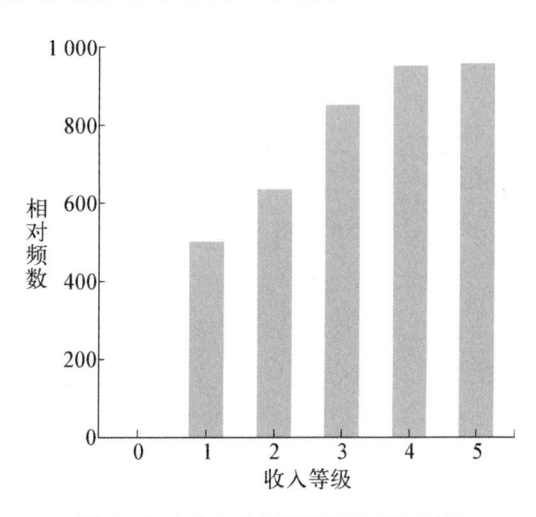　　**图5 年内收入合计频数直方图（对村）**

综合图4和图5，491个乡村的集体经营收入、年内收入在这五个收入等级的频数分布相似，都是阶梯状的结构。该结构体现了经济收入分布呈现随着收入等级提高，对应乡村分布递增的趋势。农村经济收入结构的表现良好。

(二)师资力量

在"千村调查"采集的数据集中,师资力量的表现情况不算乐观。图6为师资力量模块对本村"小学教师在岗人数""教师学历人数(中专、高中及以下)""教师学历人数(大专、大学及以上)"三个问题数据的综合统计图。图中显示,在"教师很少""教师较少""教师较多""教师很多"四个等级中,多数乡村集中在"教师很少"这一等级。其中,"教师学历人数(中专、高中及以下)"在"教师很多"这一等级的分布数量明显多于其他两个问题在此等级的分布数量。

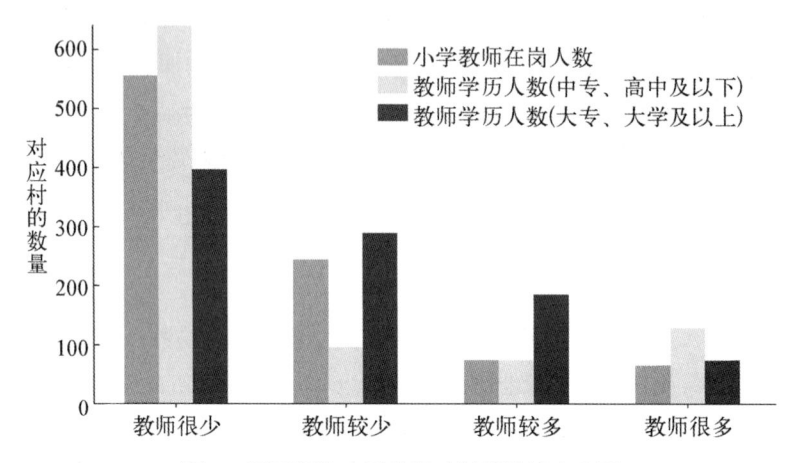

**图6 不同师资水平的行政村数统计直方图**

分别分析三个问题:对"小学教师在岗人数"这一问题,样本数据呈现按照教师人数等级逐级减少(非线性)趋势。中专、高中及以下学历的教师样本分布同样逐渐减少,在"教师很少""教师较少"这两等级间数量减少较为剧烈,在"教师较少""教师较多""教师很多"三等级间减少较为平缓。此外,拥有大学及以上学历的教师人数样本的数量分布呈现梯形递减,减少程度较为均匀。

综上,在样本中,随着师资力量变强,拥有对应师资的村庄数锐减。在这样的大环境下,大学及以上师资力量更难争取;相反,小学教师数较充沛的村落则有较多教师学历为高中及以下水平,说明不能简单地从教师数的绝对数值来看待师资的质量。

(三)教育选择(偏好)

教育选择反映的是农村人口对本地教育的认可度,也是此次研究的目标变量。值得注意的是,在本次数据集中,"教育选择"是一个连续的变化值而非二值选择变量的取值。从2019年"千村调查"的问卷,我们筛选出与"教育选择"相关的三个问题,分别是"本村小学生有( )%在村里""本村初中生有( )%在村里""本村初中毕业后的主要去向:高中,占比( )%"。三个问题分别体现农村适龄学生中的小学生、初中生、高中生选择在本村接受教育的比例,可以反映各乡村小学、初中、高中的教育选择情况。

综合图7至图9,教育选择的现状如下:大多数乡村学生不选择在本村读小学、初中,而是到村外的县、市学习,其中,初中不在本村读的人数比例相对增加;大多数乡村初中毕业生选择进入高中。这些是基本符合预期的。

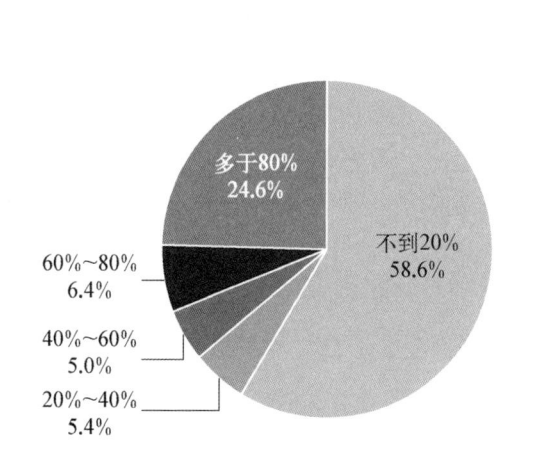

图 7　各乡村小学选择在本村就读的学生比例在受访村中的分布

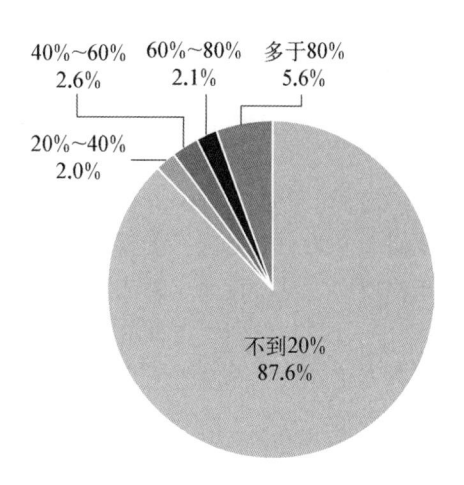

图 8　各乡村初中选择在本村就读的学生比例在受访村中的分布

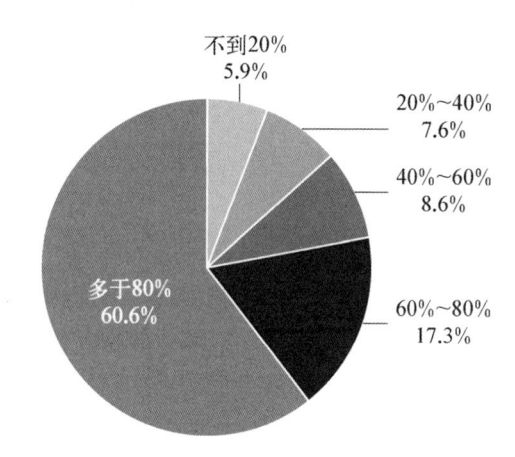

图 9　各乡村初中毕业后选择进入高中的学生比例在受访村中的分布

## 三、农村教育选择问题影响因素的实证分析

### （一）模型选择

我们把农村教育选择，即农村人口趋向本地就学的程度，作为被解释变量 $y$，注意 $y$ 是连续的而非离散的。经过定性分析，选取 5 个解释变量，对应 5 个影响教育选择的维度，分别是财政补贴、经济收入、硬件设施、思想观念、师资力量（对应变量 $x_1$、$x_2$、$x_3$、$x_4$、$x_5$）。建立如下多元线性回归模型：

$$y = \beta_0 + \beta_1 x_1 + \beta_2 x_2 + \beta_3 x_3 + \beta_4 x_4 + \beta_5 x_5 + \varepsilon$$

其中：$\beta_0$ 为线性方程的截距，$\varepsilon$ 为模型拟合的残差。

## (二) 被解释变量

对被解释变量,参考调研区域教育相关因素现状,变量本身作为一级指标,将其分解成多个二级指标,目的是结合先验条件,综合更多同类信息,多层次地描述"教育选择"。

教育选择的二级指标沿用了对数据整体的宏观把握,兼顾了理念层与现实层,反映了各阶段的农村学生接受教育的观念(如表 1 所示)。需要更多解释和剖析的是第三个问题,即"本村初中毕业后的主要去向:高中,占比( )%",它和前两个问题的模式有明显不同。我们考虑的是家庭选择受教育的区域偏好,这里有一对基本的距离指标和理念指标。距离指标指的是受教育地点距离本村镇的远近程度,理念指标是指是否仍在接受教育的系统中。只有在判断理念指标的基础上,我们才可以考虑在本村接受教育的可行性,即考量究竟有多少学生选择就近入学。因而第三个问题实际上考察的是教育选择在初中往高中的过渡中是否发生了断裂。

表 1　　　　　　　　　　　教育选择的二级指标

| 指　　标 | 变 量 说 明 | 变 量 赋 值 | 变量均值和方差 |
| --- | --- | --- | --- |
| 本村小学生有( )%在村里 | 等级:0(含)~20;20(含)~40;40(含)~60;60(含)~80;80(含)~100 | 从低到高等级依次赋值 1~5 | 2.337 513 062<br>2.992 668 005 |
| 本村初中生有( )%在村里 | 等级:0(含)~20;20(含)~40;40(含)~60;60(含)~80;80(含)~100 | 从低到高等级依次赋值 1~5 | 1.377 220 481<br>1.118 937 729 |
| 本村初中毕业后的主要去向:高中,占比( )% | 等级:0(含)~20;20(含)~40;40(含)~60;60(含)~80;80(含)~100 | 从低到高等级依次赋值 1~5 | 4.178 683 386<br>1.511 436 929 |

## (三) 归一化与可比较性

二级指标的引入造成了一个衍生的问题,即不同数量的二级指标描述的解释变量,因为数据赋值大小的差距相对较大,所以线性回归结果的系数丧失了可比较性。针对这一问题,我们提出了适用于变量二级分解的简单归一化方法。

假设:(1)调查问卷各个问题的答案都是在精确度相似的条件下完成采集的,即二级指标对应的各个问题在调查时的完成度近似相等;(2)二级指标采取的变量赋值方法能够将不同问题的回答数据集映射到一个相似的分布区间上。

如果有二级指标满足上述两个条件,我们就称其为一个"因素原子",用 $x_{ij}$ 来表示,其中:$i$ 指向某个一级指标,$j$ 指向某个二级指标。$x_{11}$ 表示财政补贴分解的第一个二级指标,即"村办小学的投资"。对于一个原始的 $x_1$,它的系数为 $\beta_1$,$\beta_1$ 和 $\beta_2$ 不能直接比较,因为它们对应的二级指标数不同。而当二级指标均为"因素原子"时,如果一个一级指标能分解为 $n$ 个二级指标,则从赋值规则体现的关系来看,有:

$$x_i = \sum_{j=1}^{n} x_{ij} = n\bar{x}_i$$

由于 $\bar{x}_i$ 是"因素原子"的平均值,因此它也是一个"因素原子"。我们认为"因素原子"基本如实地体现了客观因素的状况,而没有因为人工变量的加入倍增或减少,因此,有

$$y = \beta_0 + \beta_1 x_1 + \beta_2 x_2 + \beta_3 x_3 + \beta_4 x_4 + \beta_5 x_5 + \varepsilon$$
$$= \beta_0 + n_1 \beta_1 \bar{x}_1 + n_2 \beta_2 \bar{x}_2 + n_3 \beta_3 \bar{x}_3 + n_4 \beta_4 \bar{x}_4 + n_5 \beta_5 \bar{x}_5 + \varepsilon$$

前面说过,$\beta_1$ 和 $\beta_2$ 不能直接比较的原因在于 $x_1$ 和 $x_2$ 的描述程度不同,使用的二级指标数目不同。但将 $x_1$ 转化为 $\bar{x}_1$ 后,系数也乘了 $n_1$,因为"因素原子"是刻画问题最基本的单位,没有经过人工处理的干扰,所以,$n_1\beta_1$ 和 $n_2\beta_2$ 就能够相互比较了。

在默认假设(1)成立的条件下,假设(2)是否成立可以粗略地通过比较 $x_{ij}$ 的数学期望和方差的方法来确定。当我们取这个 $x_{ij}$ 一般服从的分布为正态分布时,$x_{ij}$ 的数学期望就是它的统计平均值。当各个待定的"因素原子"的期望近似相等且方差差距不大时,我们可以认为,这些二级指标被映射到了一个相似的分布区间上。

(四)解释变量综述

我们将解释变量分解为 24 个次级指标,5 个解释变量的二级指标数量分别是 4、6、6、1、7,则对应系数在比较时,应该分别乘以对应的二级指标数量,把比较对象归一化到"因素原子"上。除此之外,虽然赋值的方式略有差别,但二级指标赋值的最大值均不超过 5,最小值为 0(个别特殊值已略去);并且,二级指标的均值不小于 0.15、不超过 2.2,方差均不大于 1.5,可以认为二级指标的分布是大致相似的。

1. 财政补贴

财政补贴模块选取的 4 个问题均与教育投资直接相关(如表 2 所示)。其中,村办小学的投资均值在同等水平横向对比中远低于其他指标,且其方差较小。原始数据中的空值占比大,推测其成因可能有两方面:一是其他问题对这个问题进行了区分,因而默认投资中不含基础设施资金等;二是村办小学的投资不是每年进行的,大部分农村仅在小学设立前引入投资,小学设立后每年的维护资金则相对较少。

表 2　　　　　　　　　　　　　　　财政补贴的二级指标

| 指　标 | 变　量　说　明 | 变量赋值 | 变量均值与方差 |
| --- | --- | --- | --- |
| 村办小学的投资(元) | 金额等级:1 万以下(含);1 万~10 万(含);10 万~100 万(含);100 万~1 000 万(含);1 000 万以上 | 从低到高等级依次赋值 0~4 | 0.183 499 289<br>0.277 850 059 |
| 中央财政投入该小学基础设施资金( )元/年 | 金额等级:1 万以下(含);1 万~10 万(含);10 万~100 万(含);100 万~1 000 万(含);1 000 万以上 | 从低到高等级依次赋值 0~4 | 1.044 067 797<br>0.923 481 758 |

续 表

| 指　标 | 变　量　说　明 | 变量赋值 | 变量均值与方差 |
|---|---|---|---|
| 地方财政投入该小学基础设施资金（　）元/年 | 金额等级：1万以下（含）；1万～10万（含）；10万～100万（含）；100万～1000万（含）；1000万以上 | 从低到高等级依次赋值0～4 | 1.132 653 061<br>0.829 341 941 |
| 该小学获教育公用经费拨款（　）元 | 金额等级：1万以下（含）；1万～10万（含）；10万～100万（含）；100万～1000万（含）；1000万以上 | 从低到高等级依次赋值0～4 | 0.865 051 903<br>1.030 231 918 |

小学教育公用经费拨款的方差相对较高，说明不同村的财政对小学教育公用经费拨款的调整较大，财政补贴的地区差异相对明显。

2. 经济收入

受数据限制，当下采集到的二级指标描述的实际上是村集体的收入水平，采选的问题并不与教育选择本身直接相关，但与教育问题的其他方面有关（如表3所示），原因在于，村集体经济营收情况好，意味着村集体的财政支出乐观，受教育人口面临的形势好，村集体对教育方面的财政投入可能会随之加大。然而，在这几个二级指标中，需要解释的是，农村道路建设虽有利于内外交流和沟通，但其与教育选择不一定呈正向影响关系。而且年内支出越大，并不意味着村集体的财政补贴越大，也可能存在偿还集体债务等行为。当下经济收入指标的设计虽然是基于"经济基础决定上层建筑"的理论，但因为缺少"家庭经济收入"的相关描述，所以不能直接对教育选择产生作用。在整体指标的分解过程中，尽量多纳入一些信息，并且站在乡镇政府的视角，对赋予各项指标正值，总体而言，是差强人意的。

表3　　　　　　　　　　　经济收入的二级指标

| 指　标 | 变　量　说　明 | 变量赋值 | 变量均值和方差 |
|---|---|---|---|
| 集体经营收入（元） | 金额等级：1万以下（含）；1万～10万（含）；10万～100万（含）；100万～1000万（含）；1000万以上 | 从低到高等级依次赋值0～4 | 1.154 652 687<br>1.234 273 896 |
| 出租村集体土地的收入（元） | 金额等级：1万以下（含）；1万～10万（含）；10万～100万（含）；100万～1000万（含）；1000万以上 | 从低到高等级依次赋值0～4 | 0.663 487 738<br>0.931 718 626 |
| 村集体的生产性投资和补贴（元） | 金额等级：1万以下（含）；1万～10万（含）；10万～100万（含）；100万～1000万（含）；1000万以上 | 从低到高等级依次赋值0～4 | 0.429 567 643<br>0.702 500 929 |
| 投资农村道路修建（元） | 金额等级：1万以下（含）；1万～10万（含）；10万～100万（含）；100万～1000万（含）；1000万以上 | 从低到高等级依次赋值0～4 | 0.861 833 105<br>1.106 764 902 |

续 表

| 指 标 | 变 量 说 明 | 变量赋值 | 变量均值和方差 |
|---|---|---|---|
| 年内收入合计(元) | 金额等级：1万以下(含)；1万～10万(含)；10万～100万(含)；100万～1 000万(含)；1 000万以上 | 从低到高等级依次赋值0～4 | 1.479 674 797<br>1.463 679 027 |
| 年内支出合计(元) | 金额等级：1万以下(含)；1万～10万(含)；10万～100万(含)；100万～1 000万(含)；1 000万以上 | 从低到高等级依次赋值0～4 | 1.261 299 435<br>1.399 236 73 |

在取得具体的统计值时，需要注意的是，年内收入的均值高于年内支出的均值。实际上，绝大部分自然村实现了年内收支平衡，净收入非负。

除此之外，经济收入模块的变量统计值有一个隐含的规律，即各变量的方差（除年内收入合计外）总是略高于均值的。这说明我国农村的经济收入地方差异较明显。

3. 师资力量

对应乡村的教育选择问题，师资力量显得尤其重要。在本村师资配置条件较差的情况下，会有更多适龄学生选择到村外接受教育或是辍学打工。

在问题的选取中，我们主要考察了师资的丰富程度，即教师的种类、学历，教师资源的绝对数量即在岗教师人数等，还在一定程度上考虑了小学教师的待遇水平，可以反映部分教师的能力情况和当地对教育的重视程度（如表4所示）。需要反思的是，在对高中以下和大学及以上教师的赋值中，没有体现学历较高人数的相对多寡，如要进一步优化，则可将相对高学历教师人数除以相对低学历教师人数作为一个新的指标。

表4　　　　　　　　　　　师资力量的二级指标

| 指 标 | 变 量 说 明 | 变量赋值 | 变量均值和方差 |
|---|---|---|---|
| 是否有专业的教师 | 是否有专业的体育教师<br>是否有专业的音乐教师 | 是为1,否则为0<br>是为1,否则为0 | 0.713 580 247<br>0.204 383 478<br>0.616 336 634<br>0.236 465 788 |
| 本村小学教师在岗人数（　）人 | 等级：0(含)～20人；20(含)～40人；40(含)～60人；大于60人(含) | 从低到高等级依次赋值1～4 | 1.644 723 093<br>0.833 025 968 |
| 其中有教师编制的（　）人 | 等级：0(含)～10人；10(含)～20人；20(含)～50人；大于50人(含) | 从低到高等级依次赋值1～4 | 2.111 807 732<br>0.914 353 785 |
| 高中、高中以下、中专人数(教师学历) | 将高中(职高、技校)、中专、高中以下三者总人数作为高中及以下人数等级：0(含)～5人；5(含)～10人；10(含)～20人；大于20人(含) | 从低到高等级依次赋值1～4 | 1.687 565 308<br>1.209 594 595 |

续　表

| 指　标 | 变　量　说　明 | 变　量　赋　值 | 变量均值和方差 |
|---|---|---|---|
| 大专、大学及以上 | 将大专、大学及以上总人数作为高中以上人数等级：0(含)～10人；10(含)～20人；20(含)～40人，大于40人(含) | 从低到高等级依次赋值1～4 | 1.941 483 804<br>0.930 745 134 |
| 本村小学教师月平均工资（　）元 | 金额等级：0(含)～2 000；2 000(含)～4 000；大于4 000 | 第一等级赋值1，第二等级赋值2，第三等级赋值4 | 1.005 224 66<br>0.011 466 956 |

就具体统计值的情况而言，有如下几个信息：(1)我国农村地区音乐教师相对体育教师稀缺；(2)农村小学教师月平均工资区域差异较小，处在2 000元到4 000元水平的居多；(3)随着教师职称体系和聘教制度的完善，2019年全国范围大学以上学历的教师明显多于高中及以下学历的教师。

4. 思想观念

思想观念的部分在问卷中只找到一个相对较好的问题，这个问题在一定程度上解释了上面所说的大部分农村在没有建设完备教育系统的情况下，上高中、读大学的观念深入人心。如表5所示，大约有86%的村民认为读大学是孩子接受教育的阶段最高目标。

表5　　　　　　　　　　　　　思想观念的二级指标

| 指　标 | 变　量　说　明 | 变　量　赋　值 | 变量均值和方差 |
|---|---|---|---|
| 村里村民普遍希望孩子 | 读大学，做大生意赚钱，尽早去大城市工作赚钱，其他 | 回答"读大学"为1，其余为0 | 0.864 158 83<br>0.117 388 347 |

5. 硬件设施

在四个"是否"的问题中，横向对比，我们可以直接地观察到的是均值的递减与方差的增大(如表6所示)。这说明，从互联网、体育场(馆)、音乐室到实验仪器的普及程度递减，普及程度越高的设施(设备)在地域间差异越小。

表6　　　　　　　　　　　　　硬件设施的二级指标

| 指　标 | 变　量　说　明 | 变　量　赋　值 | 变量均值和方差 |
|---|---|---|---|
| 是否接入互联网 | 是否接入互联网 | 是为1，否则为0 | 0.911 111 111<br>0.080 987 654 |
| 是否有体育场(馆) | 是否有体育场(馆) | 是为1，否则为0 | 0.827 160 494<br>0.142 966 011 |

续 表

| 指 标 | 变量说明 | 变量赋值 | 变量均值和方差 |
| --- | --- | --- | --- |
| 是否有音乐室 | 是否有音乐室 | 是为1,否则为0 | 0.717 821 782<br>0.202 553 671 |
| 是否有实验仪器 | 是否有实验仪器 | 是为1,否则为0 | 0.665 012 407<br>0.222 770 906 |
| 2018年本村有幼儿园（ ）所 | 等级：0 所；1～2 所；3 所及以上 | 从低到高等级依次赋值0～2 | 0.570 666 667<br>0.359 672 889 |
| 2018年本村有小学（ ）所 | 等级：0 所；1～2 所；3 所及以上 | 从低到高等级依次赋值0～2 | 0.567 243 675<br>0.264 120 099 |
| 2018年本村有初中（ ）所 | 等级：0 所；1～2 所；3 所及以上 | 从低到高等级依次赋值0～2 | 0.150 537 634<br>0.127 876 055 |

从幼儿园到初中,校所建设的均值与方差是同时减少的,这说明对建校这样经济资源投入较大的工程,学校所对应的教育阶段越高,兴办难度越大,各地农村能够支持建校的水平分化越明显。

（五）模型回归结果

将样本空间分为以受访村为单位的和以受访区为单位的进行变量赋值,再分别代入多元线性回归模型中(全部系数均未经过归一化处理),得到的结果如表7至表9所示。

表7　　　　　　　　　　　样本按区进行多元线性回归(有截距)

| 变量 | 参数 | 标准误 | t值 | p值 | 95%置信区间 | |
| --- | --- | --- | --- | --- | --- | --- |
| | | | | | 0.025 | 0.975 |
| 截距 | −0.016 646 5 | 0.275 219 7 | −0.06 | 0.952 | −0.557 416 8 | 0.524 123 7 |
| 财政补贴 | 0.607 064 05 | 0.063 335 6 | 9.585 | 0 | 0.482 617 82 | 0.731 510 2 |
| 经济收入 | −0.178 085 9 | 0.028 612 7 | −6.224 | 0 | −0.234 306 1 | −0.121 865 |
| 师资力量 | 0.415 479 28 | 0.028 384 4 | 14.638 | 0 | 0.359 707 61 | 0.471 250 9 |
| 思想观念 | 4.198 930 996 | 0.325 981 0 | 12.881 | 0 | 3.558 421 56 | 4.839 440 4 |
| 硬件设施 | 0.165 246 33 | 0.055 423 4 | 2.982 | 0.003 | 0.056 346 66 | 0.274 145 9 |

表 8　　　　　　　　　　样本按区进行多元线性回归(无截距)

| 变　量 | 参　数 | 标准误 | t值 | p值 | 95%置信区间 0.025 | 95%置信区间 0.975 |
|---|---|---|---|---|---|---|
| 财政补贴 | 0.607 4 | 0.063 | 9.622 | 0 | 0.483 | 0.731 |
| 经济收入 | −0.178 1 | 0.029 | −6.228 | 0 | −0.234 | −0.122 |
| 师资力量 | 0.415 9 | 0.028 | 14.667 | 0 | 0.36 | 0.472 |
| 思想观念 | 4.201 7 | 0.321 | 13.084 | 0 | 3.571 | 4.833 |
| 硬件设施 | 0.161 | 0.055 | 2.917 | 0.004 | 0.053 | 0.269 |

表 9　　　　　　　　　　样本按受访人(村)进行多元线性回归

| 变　量 | 参　数 | 标准误 | t值 | p值 | 95%置信区间 0.025 | 95%置信区间 0.975 |
|---|---|---|---|---|---|---|
| 截距 | 6.652 030 83 | 0.324 705 5 | 20.486 | 0 | 6.014 808 5 | 7.289 253 0 |
| 财政补贴 | 0.487 071 94 | 0.040 221 1 | 12.11 | 0 | 0.408 139 5 | 0.566 004 3 |
| 经济收入 | −0.042 657 9 | 0.019 657 2 | −2.17 | 0.03 | −0.081 234 | −0.004 081 |
| 师资力量 | 0.048 704 61 | 0.023 936 9 | 2.035 | 0.042 | 0.001 729 2 | 0.095 679 9 |
| 思想观念 | 0.539 895 08 | 0.232 601 1 | 2.321 | 0.02 | 0.083 424 3 | 0.996 365 8 |
| 硬件设施 | −0.011 445 1 | 0.029 316 1 | −0.39 | 0.696 | −0.068 976 | 0.046 086 5 |

（六）结果解释

1. 表 7 至表 9 反映的回归模型情况

对区进行的回归选取了无截距和有截距两种情况。三张表格的各行表示模型所对应的解释变量,各列表示的分别是参数、标准误、T 检验统计量、T 检验的 p 值,以及 95%置信水平下的双侧置信区间。表格中的 p 值一定程度上反映了拒绝域的显著水平。

2. 回归结果的横向对比

对比表 7 和表 9,"硬件设施"的系数由正数变为负数,且对应的 p 值很高,回归结果并不显著。除此之外,表 9 中其他系数在显著水平为 1%时均不显著,实际的显著水平提高到了现在的 5%,效果较表 7 更不理想。综合上述信息,要进一步判断两者的拟合优度,可以借助相关系数 $R^2$ 以及模型的 F 检验结果。其中,$R_7^2=0.965$,$R_9^2=0.151$,$\text{Prob}(F)_7=0$,$\text{Prob}(F)_9=10^{-32}$,也即 $R_7^2>R_9^2$,$\text{Prob}(F)_7<\text{Prob}(F)_9$。表 7 反映的数据对模型的

线性相关性强于表9,而且表7的模型结果更加显著。表9的 $R_9^2=0.151$ 远远小于1,这表明,按村分类的样本空间所对应的回归模型做出相应调整,非线性模型的拟合程度可能更好。因为表7的线性拟合程度优于表9,所以我们在此不讨论表9的回归结果。

按区划分的样本空间的线性拟合程度明显优于按受访者划分的样本空间的线性拟合程度,这一方面是因为数据集中到区进一步消除了空值所附加的扰动,另一方面是因为同一区域的村庄往往有相似的经济收入基础和财政投入规划,这使得综合一些同区村庄的信息后,各维度数据间的内涵关系在更大限度上展示了出来。

3. 对应显著水平下的系数解释

(1) 消除不显著的截距项

在表7中,"截距"是一个接近零且并不显著的回归结果,故在表8的线性回归模型中剔除了截距所导致的模型偏差,其对应的线性回归模型修正如下（$\beta_1$、$\beta_2$、$\beta_3$、$\beta_4$、$\beta_5$ 分别是财政补贴、经济收入、师资力量、思想观念、硬件设施所对应的回归系数）:

$$y = \beta_1 x_1 + \beta_2 x_2 + \beta_3 x_3 + \beta_4 x_4 + \beta_5 x_5 + \varepsilon$$

所得的回归系数和显著性等与表7不计截距时差距很小。

(2) 对应显著水平下的相关性

在表7中,考察剩余的5个解释变量,"财政补贴"在1‰显著水平下与教育选择正相关,"经济收入"在1‰显著水平下与教育选择负相关,"师资力量"在1‰显著水平下与教育选择正相关,"思想观念"在1‰显著水平下与教育选择正相关,"硬件设施"在1‰显著水平下与教育选择正相关;除思想观念的标准误较大外,其余解释变量的标准误均不超过0.10。

尤其要注意"经济收入"的负相关性,这需要从以下三个方面做出解释:

一是数据处理层面:指标的二级分解过多,即数据处理带来了误差。由于数据模式受限,因此选取二级指标较多,解释意义过于分散,像"年收入合计"和"年支出合计"本来是二元对立的指标,被简单化处理后虽然加在一起有"净收入"的经济意义,但"净收入"应当先算出绝对数值再赋值。除此之外,前面也提到过,"投资农村道路修建"这一指标不一定与教育选择有正向的相关性。

二是作用路径层面:集体经济收入本身不像家庭经济收入,能够给教育形式带来直接而快速的影响。这里需要再次强调样本的"经济收入"实际是指集体经济收入。集体经济收入需要见诸教育财政投入才能对教育选择产生影响,作用路径被拉长后,村财政分配和个体与家庭的经济补贴在中间环节均不能知晓。实际上,经济、政治建设先行,文化、教育建设滞后仍然是大多数落后乡村的现状。

三是作用效果层面:集体经济收入的增长可能反而促进受教育人口外流。随着乡村产业振兴的推进,集体经济增长可能使农户的收入维度增广,收入预期更加乐观,消费力增强。收入质量越高,越能促进农户家庭在子女教育方面的消费。这在大量农民异地就学的基础上,极有可能推动受教育人口外流,特别是在有经济实力却没有好学校的农村地区。

（3）归一化后的系数大小比较

未经归一化的系数关系如下：

$$\beta_4 > \beta_1 > \beta_3 > \beta_5 > 0 > \beta_2$$

经过归一化后：

$$\tilde{\beta}_1 = 4\beta_1 = 2.428\,256\,20$$

$$\tilde{\beta}_3 = 6\beta_3 = 2.492\,875\,68$$

$$\tilde{\beta}_4 = \beta_4 = 4.198\,930\,99$$

$$\tilde{\beta}_5 = 7\beta_7 = 1.156\,724\,31$$

实际上有：

$$\tilde{\beta}_4 > \tilde{\beta}_3 > \tilde{\beta}_1 > \tilde{\beta}_5 > 0 > \tilde{\beta}_2$$

除了财政补贴和师资力量的系数大小发生置换外，其余系数的大小顺序不变。这个顺序说明了对教育选择偏向于留在本地，"思想观念""师资力量"或"财政补贴"（两者的系数相当接近）、"硬件设施"的作用效力是依次递减的。

（七）工具变量探究内生性问题

前面已经分析考察了建模和指标分解环节，以最小二乘法得到了回归结果。在表7中，"思想观念"所对应的系数（归一化后仍然是$\beta_4$）是最大的，甚至超过"师资力量"归一化后系数的1.68倍，这种强烈的相关性发生在"思想观念"这种理念难以量化的维度上，其本身就需要多加关注。一个疑问是，只有"思想观念"影响"教育选择"吗？"教育选择"不能影响"思想观念"吗？

这个问题的出发点在于：教育选择和思想观念的形成都是长期的过程，思想观念可能会受上一个时间段内人们的教育选择的影响，村中部分人在把孩子送往更好的地方读书时，或者村中有大量适龄学生出来打工养家糊口时，一般居民出于"不落后"的想法，自发地形成趋同性的风俗和教育观念。因此，"思想观念"和"教育选择"很可能是经过了长期的双向作用的。

我们假设存在解释变量与被解释变量的双向因果问题，即存在内生关系，此时，有$\text{cov}(\varepsilon, x4) \neq 0$，即"思想观念"与模型残差有关。我们选取"留守儿童的家庭比例"（$z$）作为工具变量，如图10所示。

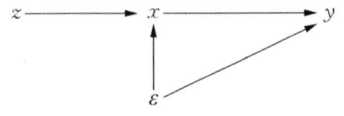

图10 变量之间的关系

工具变量$z$需要满足三个条件：(1)与所替代的随机解释变量高度相关；(2)与随机误差项不相关；(3)与模型中其他解释变量不相关，避免多重共线性。

"留守儿童的家庭比例"（$z$）与"思想观念"（$x$）的相关性在于：留守儿童多是由年长一辈的老人照顾的，他们的思想观念与年轻一辈不同。不过，考虑到这里的思想观念往往是当家作主的人的观念,也就是受教育者的直接监护人的观念,这些在外打工的家长的思想观念恐怕也与留在家里照顾孩子的家长有所不同。故而,虽然当前讨论的是村整体的特征,但考虑到因素的每个因子,即家庭单元,是否为留守家庭对家庭的受教育思想观念的影响是很大的。

对于条件(2)和条件(3),考虑到与随机误差项的无关性,我们做出"工具变量 $z$ 仅能通过 $x$ 影响 $y$"的假设。"留守儿童的家庭比例"与"(教育)财政补贴""硬件设施""师资力量"明显不直接相关,与"(集体)经济收入"可能存在关联性,在此忽略不计。

1. 两阶段最小二乘法解决内生性问题

采取两阶段最小二乘法处理的结果如下:

拟合优度检验—— $R^2=0.9505$,$\mathrm{Prob}(F)_1=0$,模型拟合度较高。

两阶段最小二乘法对原来的线性回归系数做了修正,"经济收入"和"财政补贴"的变化不大,"硬件设施"的系数变得不再显著,类似于表3,"思想观念"在剔除与残差相关的部分后,所得系数也不再显著(如表10所示)。

表10　　　　　　　　　修正后的模型拟合结果(两阶段最小二乘)

| 变量 | 参数 | 标准误 | t值 | p值 |
| --- | --- | --- | --- | --- |
| 截距 | 0.0745 | 0.4663 | 0.1598 | 0.8731 |
| 师资力量 | 0.4555 | 0.1668 | 2.7307 | 0.0065 |
| 硬件设施 | 0.1952 | 0.1522 | 1.2822 | 0.2004 |
| 经济收入 | −0.1726 | 0.0365 | −4.7307 | 0 |
| 财政补贴 | 0.6175 | 0.0755 | 8.1802 | 0 |
| 思想观念 | 3.5724 | 2.6415 | 1.3524 | 0.1769 |

2. 变量内生性检验

在对变量进行内生性检验时,存在假设检验问题:

$$\mathrm{H}_0: x_4 \text{ 是外生变量} \quad \mathrm{H}_1: x_4 \text{ 是内生变量}$$

第一阶段,将"思想观念"对外生变量和工具变量做回归,得到残差 $\varepsilon$。

第二阶段,在原方程中将残差作为一个变量加入,用最小二乘法检验系数及其显著性,如果 $\varepsilon$ 的系数显著异于0,则拒绝原假设,认为"思想观念"是内生的。

得到如下结果:

拟合优度检验—— $R^2=0.951$,$\mathrm{Prob}(F)_1=10^{-313}$,模型拟合度较高。

如表11所示,残差的系数异于0,但其结果并不显著。实际上,残差的95%双侧置信区间为(−4.573,5.858),这意味着残差取负值的概率并不小。因此,不能拒绝原假设。

在这个问题上,我们发现,"思想观念"其实是外生的,也就是说,双向因果的问题基本不影响"思想观念"作为解释变量。

表 11　　　　　　　　　　　内生性检验的回归结果

| 变量 | 参数 | 标准误 | t 值 | p 值 |
| --- | --- | --- | --- | --- |
| 截距 | 0.074 5 | 0.465 | 0.16 | 0.873 |
| 残差 | 0.642 5 | 2.654 | 0.242 | 0.809 |
| 思想观念 | 3.572 4 | 2.634 | 1.356 | 0.176 |
| 财政补贴 | 0.617 5 | 0.075 | 8.204 | 0 |
| 经济收入 | −0.172 6 | 0.036 | −4.744 | 0 |
| 师资力量 | 0.455 5 | 0.166 | 2.739 | 0.006 |
| 硬件设施 | 0.195 2 | 0.152 | 1.286 | 0.199 |

## 四、思考与建议

(一)研究结论

第一,思想观念是对教育选择最强有力的直接影响。

第二,集体经济收入增长在一定程度上不能支持农村受教育人口的回流。

第三,硬件设施对教育选择的影响不显著。

第四,财政补贴对教育选择偏好的支持力与师资力量的支持力大致相当。

(二)以教育价值观为切口

教育价值观的影响是深远的。"思想观念"的内容实际只包含一个问题,即"村里村民普遍希望孩子:1. 读大学;2. 做生意赚大钱;3. 尽早去大城市工作;4. 其他"。只有回答1能够给该村的教育选择偏好带来相对正向的影响。这在一定程度上反映了农村人口对接受教育相对偏颇的态度——重视结果胜过重视过程,这可能就是造成农村人口素质教育短板的原因之一。截至2021年,中国仍有5亿多农村人口,一项调查显示,农户子女异地上学较多,70%以上农户家庭子女在城市上学(这和"千村调查"的教育选择数据基本吻合);同时,学科类补习班和兴趣类特长班整体参与率不高。这样培养出来的人,将来的归属在城市还是在农村?他们的综合能力能够和同期参与兴趣培养的学生相比吗?城市能否接洽越来越拥挤和扁平的人才市场?可以说,单纯地"跳出农门"的农村教育价值观是狭隘的。

(三)基础设施建设的效力范围

扭转教育价值观不是一朝一夕的事。政府能够考量和最先考量的,往往是基础设施层面的东西，在《河南农村基础教育资源需求意愿调查与问题分析》中，提到"有90.38%的人对小学校舍认为'好'和'较好'，这发生在2008年的河南似乎叫人诧异，但调查者这样解释：宽容的农民对这些硬件建设并没有更高的要求，只要学生有所居便很满足"。这就是说，农民对好的教育基础设施是认可的，在笔者所在的陕西省平利县猫儿沟村附近，城关第四小学的体育场就作为半公共的基础设施在使用，晚间，附近的居民可以前往小学体育场锻炼，作为公共设施的补充，教育的财政投入实现了效益最大化。

但仍然要意识到，基础设施的好坏并不是一个做出教育选择的关键决策点。有些不算富裕的农民子弟去哪里上学？举个不恰当的例子：去"衡水"、去"毛坦厂"，但不一定去"上海"、去"北京"。在一个县内，教育强镇未必是经济强镇，一些县内办得较好的高中甚至能与市里的高中相比，下沉到农村则更是如此了。虽然教育选择背后有其家庭经济的微观考量，但从相当多的"教育致贫"案例来看，哪怕是家庭的经济基础不好，教育选择还是能一定程度地超过当下的经济现实，而经济条件稍好的，则往往轻易地把孩子送到城里读书。

（四）财政补贴与师资建设的适时建议

当前受国内国际环境影响，各地普遍面临经济下行压力，财政收支矛盾较大，增加义务教育投入面临困难。增加教育财政补贴的绝对配额还得回到"乡村振兴"的主题上，使基层政府财政更加殷实。但除此之外，有限的财政应当用在哪里？应当直接面向教师，面向教书育人行业的第一线，具体而言，就是以财政补贴刺激师资力量优化：第一，改革现有的教师工资分配模式，提高乡村教师工资收入；第二，强化在职乡村教师继续教育。政策上要实际地向偏远地区的乡村教师倾斜，提供优惠，给予便利。在促进城乡教育资源交流互补的过程中，"教师交流轮岗"也是一种较好的补充手段。

（五）实现教育文化氛围与生产关系的匹配

在乡村振兴的大背景下，必须实现文化氛围与生产关系的适配，阶段性地改造人们的思维方式。要理解和利用好形式和内容上的两个途径：一个是信息媒介，另一个是特色实践教育。两者本质上并不矛盾，要达到内容与形式的协调统一。推进信息化教学，硬件是首要的，但合理地使用信息化平台和技术媒介才是关键。当下很多农村的教育门类，特别是科技实验教育和计算机技术教育，实际上是远远落后于城市的，一部分学校并不是没有设备，也不是没有会实验、懂技术的老师，而是秉承了"多要成绩、少要权责"的观念，使得科教设施彻底成为某种"形式主义"。该如何利用好教育载体呢？关键是要推动课堂内容的普及化和普遍化，推动教学内容的实践化和现实化。在大众广泛地接触智能设备的前提下，推动教学内容外延，以测算讲授数学，以农业讲授生物，以生活讲授艺术，以现象讲授物理，鼓励学生开眼看世界，培养真正意义上的持久学习和永续学习，推动教育可持续化。一个好的起点是，自2022年3月起，教育部正式提出和倡导农村"科技小院"模式。我们认为，农村教育还要实现面向教育者和受教育者的全面开放，可以开设专门的讲坛或讲座，鼓励农民在闲时接受教育，也鼓励农业专家、技术人员和其他从业者在农村的交流平台上分享他们的专业基础知识，传达他们的经验和感悟，从真正意义上打开农村教育的局面。

（六）综述

要加强农村人口对农村教育的信赖程度,离不开经济水平的提高,但集体经济收入的增长要在一定程度上转化为普惠性的建设服务项目,对教育本身而言,除了有阶段、有目的、高效率地增大教育财政补贴和师资力量方面的建设投入,教育部门还要积极引导和支持农村开放教育环境,利用好电子信息媒介,形成特色化、实践化的教学体系。

**参考文献**

[1] 曹晔,高原.农村城镇化与工业化过程中的教育聚集[J].教育发展研究,2004(12):78-80.

[2] 何非.工具变量法及其应用[D].吉林大学,2007.

[3] 江宏,费秀芬,刘理衡.乡村教育师资问题的省思与改进[J].教育理论与实践,2022,42(20):29-32.

[4] 马慧,权丽华.乡村振兴战略下乡村中小学教育现状与发展策略研究[J].和田师范专科学校学报,2022,41(3):43-48.

[5] 马学琳,夏李莹,应望江.普惠金融视角下农民商业保险消费与投资倾向——基于"千村调查"调研样本数据分析[J].西北农林科技大学学报(社会科学版),2021,21(5):85-94.

[6] 裴哲.乡村教育振兴的价值审视、现实困境与实践进路[J].现代教育科学,2022(4):12-18.

[7] 裴哲.乡村教育振兴的价值审视、现实困境与实践进路[J].现代教育科学,2022(4):7.

[8] 秦秋生.基于多元线性回归分析的高校在校大学生人数预测模型构建[J].科技风,2022(22):152-154.

[9] 宋翠平,李宗霖.乡村教育振兴的困境与突破[J].当代教育论坛,2022(4):6.

[10] 王柏杰.地方政府债务与私人投资——基于门槛效应与双向因果关系的实证分析[J].山西财经大学学报,2022,44(6):42-55.

[11] 韦华玲,韦敬楠,曾丽萍.乡村振兴背景下农村师资配置困境及改善路径[J].农村经济与科技,2020,31(3):293-295.

[12] 佚名.教育部财政部人力资源和社会保障部关于推进县(区)域内义务教育学校校长教师交流轮岗的意见[J].基础教育改革动态,2014(20):4-6.

[13] 张东山,杨永芳,张鹏岩.河南农村基础教育资源需求意愿调查与问题分析[J].地域研究与开发,2009,28(3):31-36.

[14]《中国农村教育发展报告2019》发布[N].中国民族报,2019-02-19(003).

[15] 周满生.世界基础教育:面临的挑战、趋势和优先事项——解读联合国教科文组织第47届国际教育大会"主文件"及"公报与建议"[J].教育研究,2004(11):3-8.

# 扶贫政策能助力农业机械化吗

## ——基于"千村调查"数据的分析

孙翰澂[①]  徐 晴[②]  徐嘉怡[③]

指导老师：汪 峰[④]

**摘　要**：在"乡村振兴"的宏观政策背景下，各省份的行业扶贫政策存在一定的差异。本文旨在探索分析行业扶贫政策在瞄准过程中倾向特定省份的作用机制和影响结果。本文先通过归纳分析相关文献与政策并结合数据库找出核心变量和五个重要指标，再通过描述性统计进行初步分析，然后借助 PSM 将变量锁定于机械化率和人均收入增长率，并通过 SCM 分省探究行业扶贫政策对农业机械化水平的影响，最后就人力资源配置、资本自由流动和技术进步等方面提出建议。

**关键词**：乡村振兴　政策倾向　机械化　倾向得分匹配　合成控制法

## 一、引　言

如何消除贫困是发展中国家普遍面临的难题，也是促进社会发展、关系民生福祉的重要问题。既有研究发现，发展中国家有可能面临"中等收入陷阱"，对我国而言，农业农村发展的不充分和存在已久的贫困问题是跨越"中等收入陷阱"时的重大风险。

我国部分地区为应对上述危机，曾对贫困农村采用"一刀切"式的财政补贴政策，致使一些小康县不惜"弃富返贫"以享受贫困县待遇。这种单纯通过要素投入来解决农村贫困问题的做法扭曲了经济规律，会造成资源配置效率低下。因此，如何利用现有的公共资源进行合理有效的配置才是解决农村贫困问题的重中之重。基于此，我们的研究从理论角度而言是极为重要的，从数据角度而言是具有可行性的，从实验方法角度而言是富有特色的，对后续的乡村振兴理论研究和帮扶实践有一定的借鉴意义。

---

① 孙翰澂，上海财经大学统计与管理学院统计实验班 2020 级本科生。
② 徐晴，上海财经大学公共经济与管理学院财政学专业 2020 级本科生。
③ 徐嘉怡，上海财经大学公共经济与管理学院财政学专业 2020 级本科生。
④ 汪峰，中国公共财政研究院。

## 二、文献综述

精准扶贫在实际执行过程中面临诸多挑战。邓维杰(2014)在对四川省的实地调研中发现精准扶贫在执行过程中存在多种排斥现象,导致实际绩效不理想。根据周恩宇和聂开敏(2017)对滇、黔、桂特困区某县的实地调研,发现乡镇作为定点扶贫的执行末端,一方面面临脱贫主体性缺失即人口外流,另一方面处于人事编制不足造成的结构性困境,最终导致定点扶贫项目执行力不足的状况。刘磊(2016)、李雪萍和刘腾龙(2018)则指出,由于涉及项目的资金分配,因此地方官员为了争夺资源以提升业绩而施加的自上而下的行政压力导致对最终贫困户的识别偏差与内卷化。

精准扶贫瞄准的不仅是贫困户,而且包括当地产业。龙永华(2015)通过研究发现,精准扶贫是产业化扶贫的前提,产业化扶贫是精准扶贫的手段,两者的有机融合是创新乡村扶贫模式的最佳途径。

尽管在精准扶贫阶段关于扶贫瞄准实际执行偏差有诸多相关讨论,从资金到技术遇到不小挑战,但我国仍成功完成了这一历史性的阶段目标。2021年2月全国脱贫攻坚总结表彰大会的召开标示着我国如期完成了新时代脱贫攻坚目标任务,同时意味着我国迈入从巩固拓展脱贫攻坚转向乡村振兴的关键转型期。[①]

我国扶贫工作从慈善救济到精准扶贫再到现在的发展特色产业,从脱贫攻坚到乡村振兴,全国扶贫地区的发展方式已由"输血式扶贫"的短期效应向"造血式振兴"的长期稳定转变。[②]但就如王春城和戴翊超(2019)分析的,对资源优势突出的地区,通过推进内生型发展方式即可逐步使当地的生产发展布局走向成熟和高收益;而对资源优势较为匮乏的地区,涂圣伟(2020)强调产业发展的重点需从扶贫到兴旺,并且应做好两个阶段的衔接工作。关于如何有效衔接的讨论方兴未艾。

就目前而言,陈文胜(2019)指出:农业是贫困乡村最核心的产业,城市化、工业化叠加造成人口流失促使"人均一亩三分、户均不过十亩"的小农户成为农村劳作的主要力量。国务院下发的《乡村振兴战略规划(2018—2022年)》明确提出:农机装备是夯实农业生产能力的重要基础。乡村振兴战略为农业机械化发展提供了机遇,而农业机械化发展是产业兴旺、乡村振兴的必经之路。目前我国在积极推进农业机械创新,加强了政策和资金的帮扶力度,2021年全国农作耕种收综合机械化率达72.03%,实现了农业机械化发展从初级走向中级的大跨步。[③]

此外,芦凤英(2022)指出,由于我国地域幅员辽阔,东西部乡村发展水平存在显著差异,东中部乡村发展较西部更为兴旺、产业发展势头更猛,相较而言,西部地区的乡村农业占比较大但农业基础薄弱,且产业发展结构单一,缺乏特色产业的支撑,劳动力大量外流

---

[①] 习近平. 在决战决胜脱贫攻坚座谈会上的讲话[N]. 人民日报,2020-03-07(002).
[②] 郭俊华,卢京宇. 产业兴旺推动乡村振兴的模式选择与路径[J]. 西北大学学报(哲学社会科学版),2021,51(6):42-51.
[③] 肖友,邓仁,苗蕾,朱军涛,胡锡晟,陈琳. 乡村振兴战略背景下发展农业机械化的对策探析[J]. 企业技术开发,2019,38(4):94-96.

使得西部人均收入远低于全国平均水平,因此,人均收入可体现地方发展差异,同时通过观察其增长态势可分析其发展前景。

随着电子商务的迅速发展,电商扶贫逐渐走入人们的视野。邱淑英和纪晓萃(2012)认为电子商务可拓展农产品销售渠道、降低销售成本、提高工作效率、减少农业生产经营活动中的不确定性影响,带来农业产业化的正向促进效应。

《乡村振兴战略规划(2018—2022年)》强调人才振兴是乡村振兴的硬支撑,强调推进大学生"村官"计划,为乡村振兴提供人才支撑。基层管理者作为政策实施的最后一环,是决定资源配置效率的重要因素。张洪振等(2020)通过研究发现,在资源丰富、人口较少和基层管理者受教育程度较高的村庄中,大学生"村官"能发挥较大的经济溢出作用。

综上所述,目前已有大量研究指出,从精准扶贫阶段开始,扶贫的瞄准与识别存在诸多不易,而步入乡村振兴阶段后,问题的关键便转向了助力产业扶贫发展并借此带动农村经济增长,但少有学者分析行业扶贫政策在瞄准过程中倾向特定省份的作用机制和影响结果。有足够的文献体现农业机械化率、人均收入、电子商务、农民返乡、大学生"村官"等因素在扶贫过程中的正向促进作用。本文的创新之处在于运用逆向思维,借助数据从上述因素中由浅入深地选出受扶贫政策倾向影响最为显著的一个,再选取该特定指标和行业扶贫政策倾向的省份,采用合成控制法将合成对照组与处理组曲线进行对比,最终得出行业扶贫倾向政策的执行机制和影响路径。

## 三、政策背景

随着脱贫攻坚工作的全面胜利,农业农村发展取得历史性成就,农村居民可支配收入大幅提升。虽然乡村的整体发展形势向好,但是赵露和陈宁(2018)指出,我国农村的"老三农"问题现状不容忽视。朱冬亮(2020)也发现了一些"新三农"问题:农民的兼业化甚至放弃务农使得地位相较第二和第三产业本就较低的农业更加边缘化;农村产业发展滞后,环境逐渐恶化,人口结构失衡;农民收入增长速度远低于城镇居民,同时,农村人口的老龄化和农村青壮年进城务工愈演愈烈的趋势埋下了农村逐渐无人事农的危机。上述现状也造成了农业粗放化、农村空心化、农民老龄化的问题。计小青等(2022)指出,对一个处于经济转型期的发展中国家而言,保持并促进乡村经济的健康发展具有十分重要的意义。为解决上述问题并持续推进乡村发展,2022年1月4日,中共中央国务院发布了《关于做好2022年全面推进乡村振兴重点工作的意见》,强调要做好"三农"工作,接续全面推进乡村振兴,确保农业稳产增产,农民稳步增收,农村稳定安宁。在坚决守住不发生规模性返贫底线中强调要推动脱贫地区帮扶政策落地见效,细化落实过渡期各项帮扶政策。因此,实地走访询问农民对当地定点帮扶政策和产业的了解程度与认知评价,不仅是考核基层政策落实工作到位与否最客观、最真实的办法,而且有利于对现行政策效果的评估及后续政策的不断完善。

为完善和响应上述以乡村振兴为核心思想的政策,各部门针对农村各方面要素指标推行了具体的政策和指导意见。

(一)机械化方面

农业机械化方面的相关文件列举如表1所示。

表1 "机械化"政策一览

| 日 期 | 机 构 | 名 称 | 内 容 |
| --- | --- | --- | --- |
| 2022年1月 | 农业农村部 | 《"十四五"全国农业机械化发展规划》 | 到2025年,全国农机总动力稳定在11亿千瓦左右,全国农作物耕种收综合机械化率达到75% |
| 2022年2月 | 省发展改革委省农业农村厅 | 《安徽省"十四五"农业农村现代化规划》 | 推进科技强农、机械强农,加强薄弱环节农机装备研发。发展壮大农机装备制造业,推进农业全程机械化 |
| 2022年4月 | 省发展改革委省农业农村厅 | 《贵州省"十四五"现代山地特色高效农业发展规划》 | 实施机械化提升行动。坚持农机农艺融合、机械化数字化融合、农田建设与机械化需求相适应的思路,主攻山地特色农业装备现代化、提升山地特色农业机械化水平 |

在建设现代化农业时,农业机械化是重要的物质基础、标志与发展内容。加快推进农业机械化向全程、全面、高质、高效发展,深入推进农业机械化供给侧结构性改革,推进其专业化、信息化与智能化并不断扩大覆盖范围,实现"农业机械化产业群产业链更加稳固,农机服务总收入持续增长"的目标,不仅可以提高产量,将更多农民群众从农业活动中解放出来,推进农机社会服务体系的建设,而且可以在农业机械的载体实践下,将农艺与农机紧密结合起来,推动农业科技成果的转化应用。

(二)提高农民收入等其他方面

针对提高农民收入,我国实施了多项国家级的全局政策:通过产业振兴增加收入,因为产业兴旺是促进农民增收的重要基础;通过扩大就业增加收入,可以提高占农民收入超四成的工资性收入;深化改革增加收入,可以激活农村大量"沉睡"资源;完善政策增加收入,可以增加农民转移性收入。从以河南省、云南省为代表的地方政策可以看出,地方提高农民收入多围绕"经营性、工资性、财产性和转移性"四个性质的收入来分别进行改善,最终实现各性质收入相辅相成、共同增长的目标。促进农民的持续增收,最直接的影响是缩小城乡收入差距、提高农民生活质量,更深层次上可以挖掘农村市场的巨大潜力,释放农村生产要素活力,为扩大内需提供新的途径。

针对发展农村电商平台,从电子商务的"十三五"规划到"十四五"规划,为推动农村电子商务深入发展,进一步完善农村市场体系,国家层面关于农村电商的政策保持了较好的连续性和稳定性。同时,国家配套出台了农村电商物流政策和数字农业农村发展规划等,为加快通过"互联网+农业"实现乡村振兴提供更全面的保障。

针对返乡创业就业,农村经济研究部部长叶兴庆曾指出,近年来中国实施乡村振兴战略,使得农村新产业、新业态快速发展,乡村吸引力增强,返乡就业创业人员增多,人员流动趋势从以前的从乡村到城市的单向流动,变为城乡双向流动。结合近几年来双向流动的新现状,国家首次明确提出"以人为本,推进以人为核心的城镇化",此举增强了县城对农民的吸引力,使得农民工无须远赴万里至一线城市务工,可以借助县城的一些优势资源,回到自己的乡村或在邻近的县城里创业,实现生活富裕和照顾家人的平衡。

针对人才引进,引进技术与创业人才,可以直接加快当地农民收入的增长速度,从而带动乡村的产业兴旺;引进管理与领导人才,可以有效提高乡村的基层治理水平,为村民的就业创业营造良好的政治与社会环境。由此可见,乡村的基层人才是乡村振兴的中流砥柱,起到至关重要的作用。

## 四、数据与初步分析

### (一)数据来源

本文使用的一部分数据来源于上海财经大学在 2021 年进行的"千村调查"项目,另一部分数据则来源于国家统计局网站。

### (二)对数据的初步处理

此次处理的原则是根据所选问题将数据进行分类管理,直接剔除空白数据和错误数据,同时将数据格式进行标准化,以便接下来的数据分析。筛选完成后,不同问题对应的数据量整理结果如表 2 所示。

表 2　　　　　　　　　　　　筛选前后数据量一览

| 问　　　题 | 原始数据量 | 筛选后数据量 |
| --- | --- | --- |
| 本村是否有国家对口或定点扶贫的行业 | 582 | 551 |
| 本村主要农作物农业生产全过程机械化率 | 654 | 498 |
| 2016—2020 年本村居民人均收入增长率 | 655 | 516 |
| 本村农产品的销售方式 | 654 | 623 |
| 2020 年本村农民返乡比例 | 654 | 388 |
| 本村大学生"村官"人数 | 655 | 234 |
| 2020 年本村人均纯收入 | 655 | 543 |
| 本村常住人口 | 654 | 545 |
| 本村户籍人口中现有 0~6 岁儿童人数 | 654 | 488 |
| 本村 60 岁以上老人数 | 1 054 | 841 |
| 本村小学未毕业人数占比 | 654 | 332 |
| 本村小学学历人数占比 | 654 | 464 |

续 表

| 问　　题 | 原始数据量 | 筛选后数据量 |
|---|---|---|
| 本村初中学历人数占比 | 654 | 464 |
| 本村高中学历人数占比 | 654 | 470 |
| 本村大专学历人数占比 | 654 | 436 |
| 本村大学及以上学历人数占比 | 654 | 394 |

本文在国家统计局官方网站及《中国统计年鉴》中选取 2011—2020 年包括农业机械总动力、各省份 GDP 数值、第一产业占总 GDP 的比例、农村人均收入、农林牧渔业总产值在内的 5 项数据。

(三)数据的描述性统计分析

1. 本村是否有国家对口或定点扶贫的行业

该问题的结果属于名义数据。对全国存在国家对口或定点扶贫行业的乡村占比进行汇总,可以发现,全国所有村庄中,有国家对口或定点扶贫行业的乡村占比为 22%,没有国家对口或定点扶贫行业的乡村占比为 78%。

2020 年是我国脱贫攻坚战的收官之年,22% 的乡村享受了更多定点或对口行业扶贫政策(以下简称"行业扶贫政策")。为了更清晰地反映行业扶贫政策在各省份实施的情况,计算各省份存在国家对口或定点扶贫行业乡村的省内占比,绘制如图 1 所示的条形图。

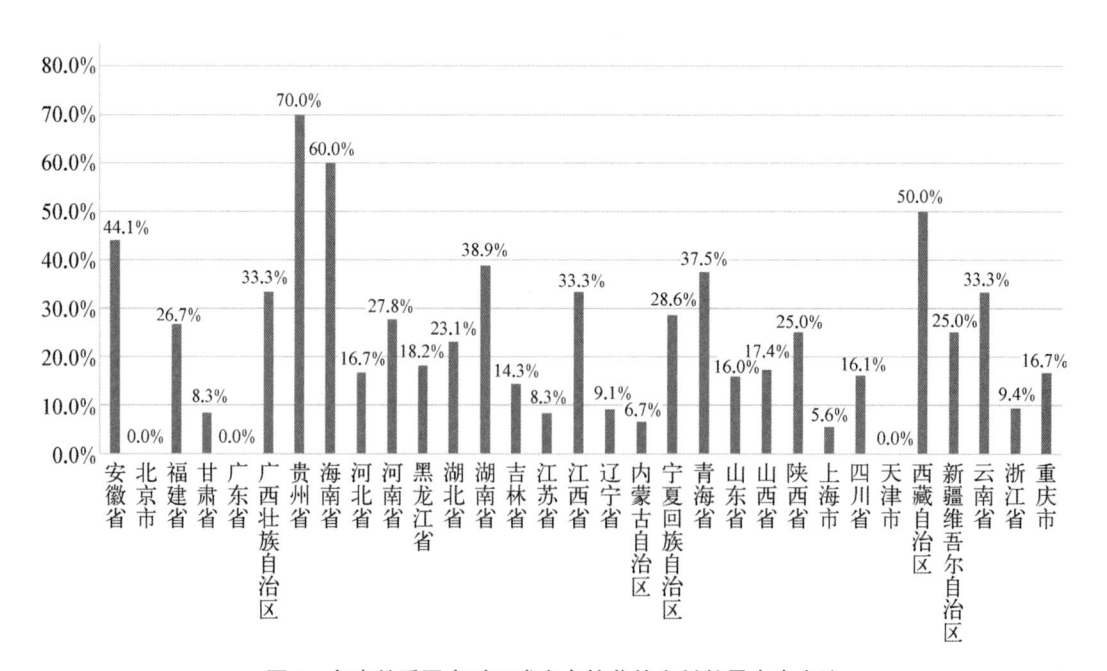

图 1　各省份受国家对口或定点扶贫的乡村数量省内占比

贵州省内存在国家对口或定点扶贫行业的村庄占比达到70%，海南省该指标达到60%，西藏自治区该指标达到50%，这三个省份的该指标值远远超过了其他省份。相比之下，北京、上海、浙江等对口帮扶的乡村比例不过一成。从整体上看，中西部地区相比其余地区更受行业扶贫政策照顾，但仍然有一些中西部地区受行业扶贫政策照顾较少。东部地区如安徽省受行业扶贫政策照顾较多。故并不能直接得出中西部地区受行业扶贫政策照顾较多的结论。为探究行业扶贫政策为什么落地在某些省份，需做进一步研究。

2. 本村主要农作物农业生产全过程机械化率

该问题的结果属于计量数据。计算各省份村庄主要农作物农业生产全过程的平均机械化率（以下简称"平均机械化率"），其中北京市无有效数据，绘制如图2所示的条形图。

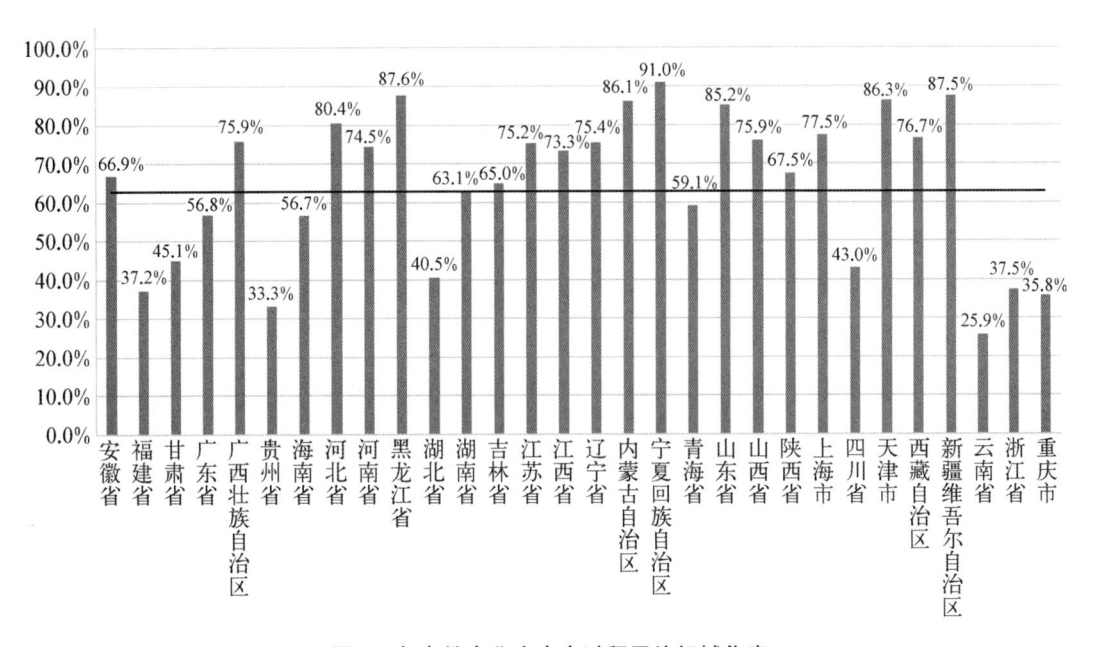

**图2 各省份农业生产全过程平均机械化率**

宁夏回族自治区农业生产全过程平均机械化率高达91%，黑龙江省该指标达到87.6%。而云南省、贵州省、重庆市等省份的农业生产全过程平均机械化率低于全国平均水平（62.8%，由图中水平线表示），结合前述分析，推测这些地区可能会得到更多政策支持，有针对性地影响农业机械化水平。

3. 2016—2020年本村居民人均收入增长率

该问题的结果属于计量数据。计算各省份的人均收入增长率，其中，上海市的人均收入增长率为850.9%，远远超出其他省份该指标的数值，故绘制除上海市外其余各省份该指标的条形图如图3所示。

贵州省人均收入增长率高达86.6%，青海省该指标高达80.4%，西藏自治区该指标也达到了61.8%，这三个地区的村民人均收入在五年中增长势头远超余下各省份。结合前述分析，这三个省份均为行业扶贫政策较为倾向的省份，从而推测行业扶贫政策确实落到了实处，

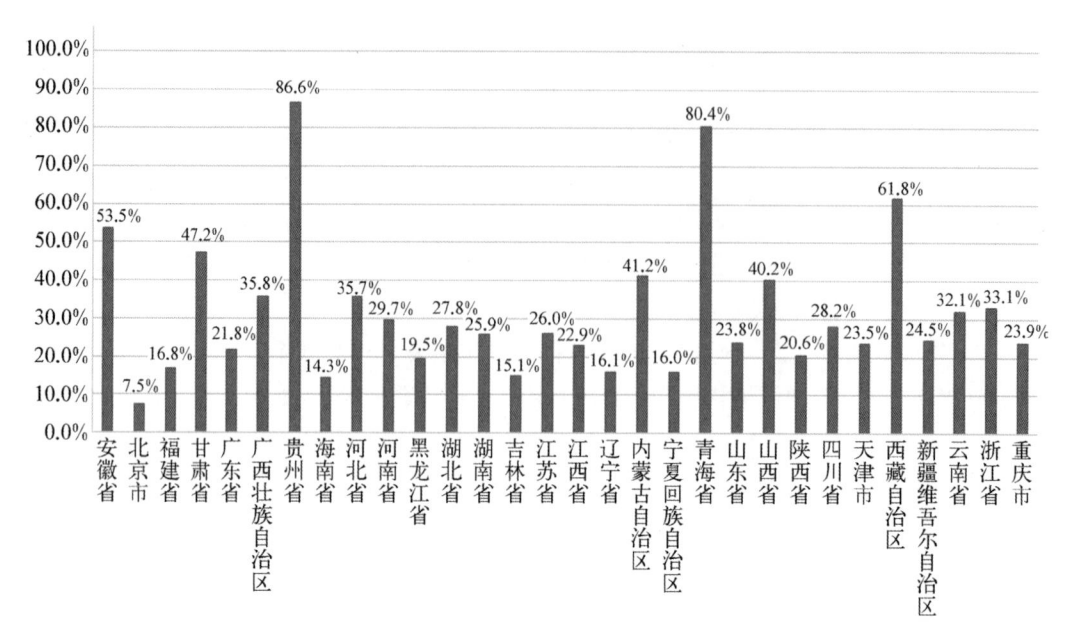

图 3　各省份 2016—2020 年本村居民人均收入增长率

提高了人民的生活水平。但行业扶贫政策瞄准何处、如何提高人均收入，仍需进一步研究。

4. 本村农产品的销售方式

该问题的结果属于名义数据。为了探究电商平台的使用情况，本文对答案包括"网上销售"的结果赋值 1，其余均为 0。计算后发现，全国使用网络销售农产品的乡村占比仅为 17.01%，说明电商平台并未在全国范围内普及。为了更清晰地分省观察电商平台发展情况，绘制各省份使用网络销售农产品的乡村占比条形图如图 4 所示。

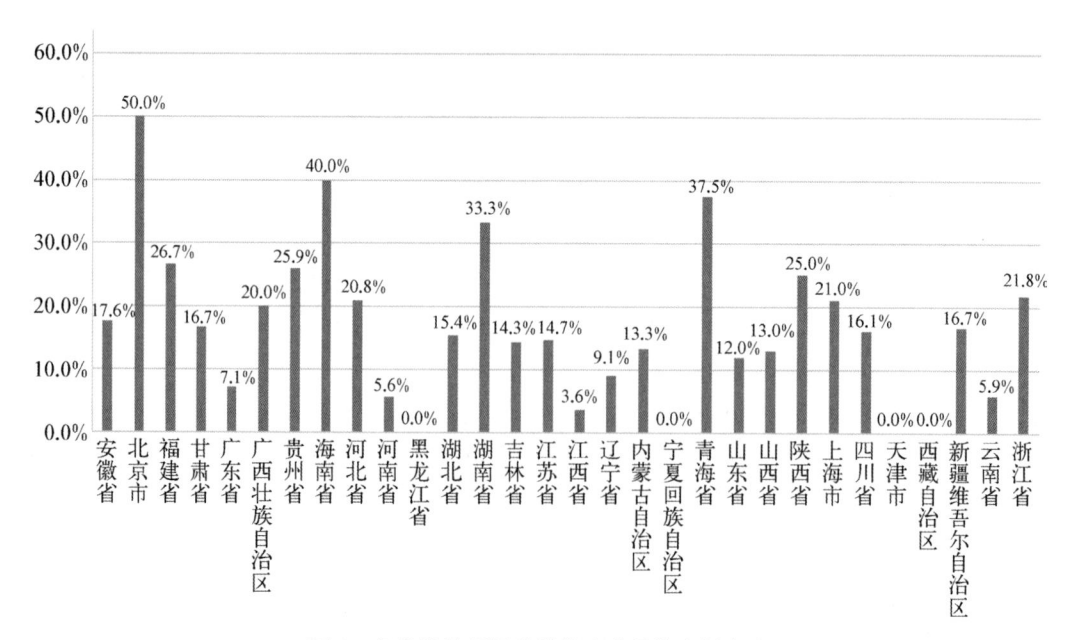

图 4　各省份使用网络销售农产品的乡村占比

北京市仅有 2 个样本,数量较少,参考意义较小。海南省、青海省、湖南省使用网络销售农产品的乡村占比分别为 40%、37.5%、33.3%,位居前三;同时,根据前述分析,这三个省份均是行业扶贫政策略为倾向的省份,行业扶贫政策对这些省份的电商平台发展是否有较为显著的影响,需要采用其他方法深入探究。

5. 2020 年本村农民返乡比例

该问题的结果属于计量数据。分别对每个省份计算返乡比例的平均值(以下简称"平均返乡比例")。其中,宁夏回族自治区平均返乡比例为 95%,远超其余各省份,为了不影响其他省份在柱状图中的表现,仅绘制除宁夏回族自治区外其余省份的平均返乡比例情况条形图如图 5 所示。

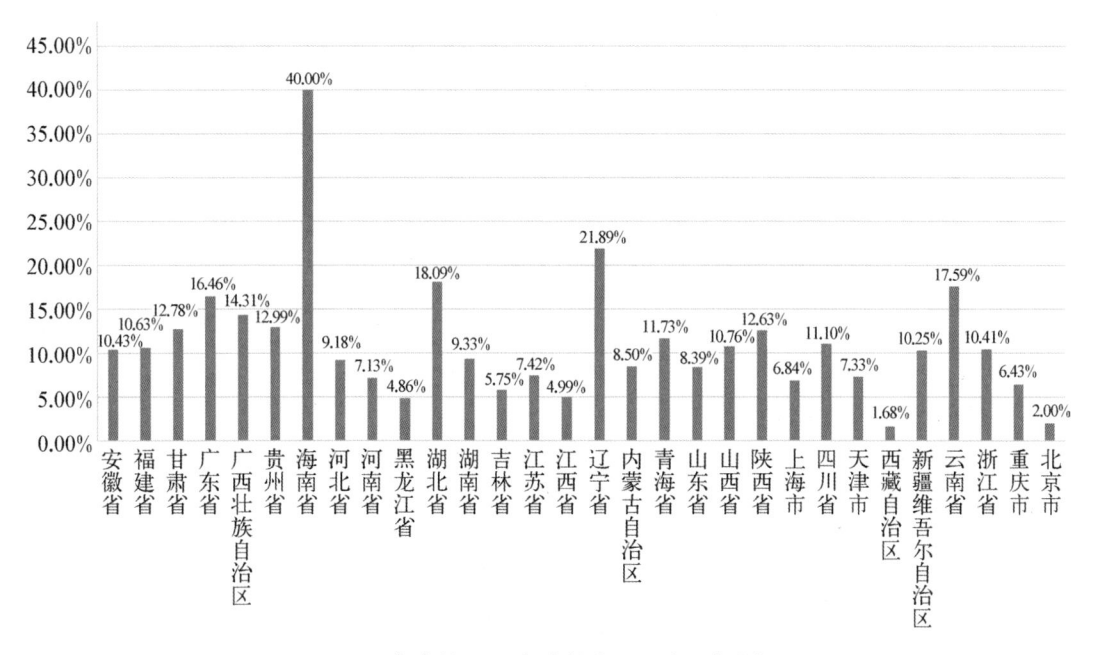

**图 5 各省份 2020 年本村农民平均返乡比例**

绝大多数省份的农民表现出并不高涨的返乡意愿,平均返乡比例在 10% 左右。海南省平均返乡比例达到 40%,根据前述分析,其为行业扶贫政策倾向省份,平均返乡比例较高可能是因为行业扶贫政策切实带来更多红利。但是同样属于行业扶贫政策较为倾向的省份,贵州省、安徽省等平均返乡比例并不高,因而无法确定行业扶贫政策能否显著地正向影响劳动力回流。

6. 本村大学生"村官"人数

该问题的结果属于计数数据。分省份对大学生"村官"人数进行平均(本文仅考虑人数在数学意义上的平均)。其中,山西省数据有误,导致该省份无法计算大学生"村官"人数,将其剔除。绘制其余各省份平均大学生"村官"人数条形图如图 6 所示。

黑龙江省大学生"村官"人数平均为 3 人,安徽省为 2.7 人,其余大多数省份的该指标在 1.5 人上下。从整体上看,大学生对当"村官",参与乡村治理并没有较强的意愿。另

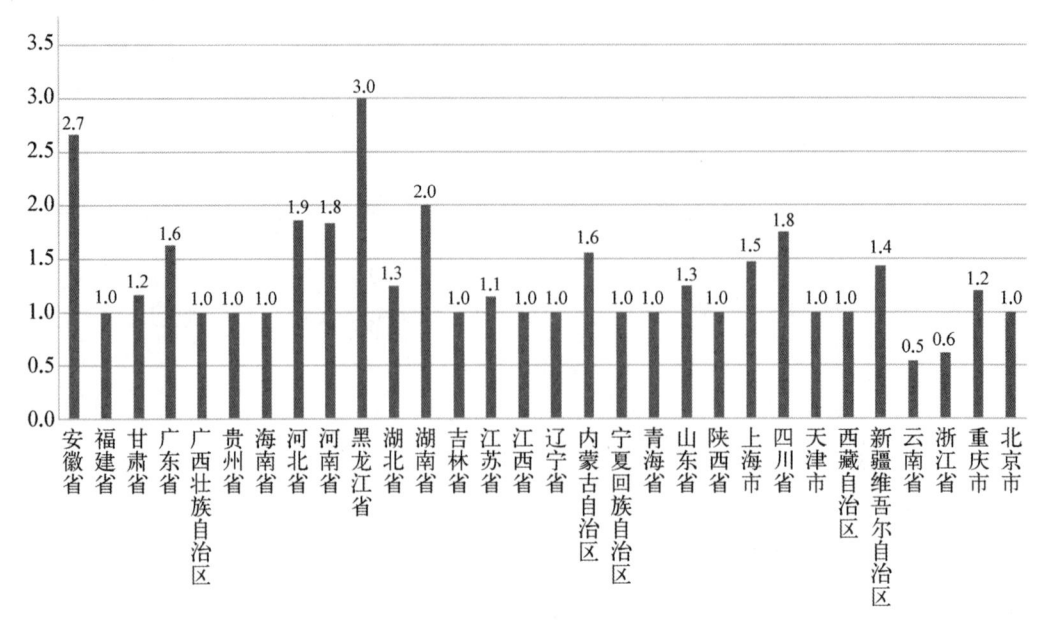

图 6　各省份大学生"村官"人数

外,根据前述分析,安徽省是行业扶贫政策较为倾向的省份,大学生"村官"相比其他省份更多,但是并不能得出行业扶贫政策确能吸引大学生参与乡村治理的结论。

**(四)变量说明与数字特征**

后文实验中用到的所有重要变量均以省份为计算单位,其汇总如表 3 所示。变量类型中的(1)和(2)分别表示该变量属于倾向得分匹配实验、合成控制实验的变量。

表 3　　　　　　　　　　　　　变量类型与说明

| 变量类型 | 变量名称 | | 变量说明 |
| --- | --- | --- | --- |
| 核心解释变量(1) | 行业扶贫占比的示性函数值 | *indicator* | 行业扶贫政策倾向省份取值为 1,其余为 0 |
| 因变量(1) | 平均机械化率 | *mechanization* | 各省份机械化率的算术平均 |
| | 平均人均收入增长率 | *incincrease* | 各省份人均收入增长率的算术平均 |
| | 使用网络销售农产品的乡村占比 | *e-commerce* | 各省份网上销售农产品乡村数量的比例 |
| | 平均返乡比例 | *return* | 各省份返乡比例的算术平均 |
| | 平均大学生"村官"人数 | *studentoffi* | 各省份大学生"村官"人数的算术平均 |

续 表

| 变量类型 | 变量名称 | 变量说明 | |
|---|---|---|---|
| 协变量(1) | 2019年农村GDP对数值 | $\ln GDP1$ | 2019年第一产业占比与GDP总量对数值的积 |
| | 2019年农村人均纯收入 | $incnet$ | 2019年农村人均纯收入 |
| | 农业经营收入占人均纯收入的比例 | $agricr$ | 农业经营收入占人均纯收入的比例 |
| | 平均受教育程度 | $educauchy$ | 偏大型柯西分布隶属函数计算得出受教育程度的量化指标 |
| | 直接劳动力占比的对数 | $\ln labor$ | 直接劳动力占比取对数处理 |
| 结果变量(2) | 第$t$年农业机械总动力增长率 | $Machiner(t)$ | 使用2011—2020年农业机械总动力计算增长率 |
| 预测变量(2) | 第$t$年农村GDP对数值 | $\ln GDP(t)$ | 2012—2020年第一产业占比与GDP总量对数值的积 |
| | 第$t$年农村人均纯收入对数值 | $\ln incnet(t)$ | 2012—2020年人均纯收入取对数处理 |
| | 第$t$年农林牧渔业生产总值对数值 | $\ln ffaf(t)$ | 2012—2020年农林牧渔业生产总值取对数处理 |

上表中变量选取及计算的详细方法将在后文中呈现,其对应的数字特征如表4所示(保留三位小数)。

表4　　数字特征

| 变量 | 观测数量 | 均值 | 标准差 | 最小值 | 最大值 |
|---|---|---|---|---|---|
| $indicator$ | 28 | — | — | 0 | 1 |
| $mechanization$ | 28 | 0.634 | 0.188 | 0.259 | 0.876 |
| $incincrease$ | 28 | 0.323 | 0.181 | 0.143 | 0.866 |
| $e\text{-}commerce$ | 28 | 0.166 | 0.105 | 0.000 | 0.400 |
| $return$ | 28 | 0.114 | 0.070 | 0.017 | 0.400 |

续 表

| 变量 | 观测数量 | 均值 | 标准差 | 最小值 | 最大值 |
| --- | --- | --- | --- | --- | --- |
| $studentoffi$ | 28 | 1.334 | 0.550 | 0.538 | 3.000 |
| $\ln GDP1$ | 28 | 0.926 | 0.454 | 0.032 | 2.226 |
| $incnet$ | 28 | 16 510.014 | 5 266.323 | 9 628.900 | 33 195.200 |
| $agricr$ | 28 | 0.486 | 0.195 | 0.072 | 0.895 |
| $educauchy$ | 28 | 0.580 | 0.058 | 0.448 | 0.745 |
| $\ln labor$ | 28 | −0.400 | 0.115 | −0.656 | −0.205 |
| $Machiner(t)$ | 252 | 0.017 | 0.075 | −0.562 | 0.138 |
| $\ln GDP(t)$ | 252 | 9.793 | 0.987 | 6.566 | 11.619 |
| $\ln incnet(t)$ | 252 | 9.392 | 0.379 | 8.413 | 10.461 |
| $\ln ffaf(t)$ | 252 | 7.884 | 1.032 | 4.773 | 9.229 |

## 五、行业扶贫政策瞄准方向的研究

综合前文的分析,享受行业扶贫政策的乡村在空间上分布不均匀,该政策的实施确实存在地域上的差异。为什么行业扶贫政策会倾向部分省份？简单的描述性统计无法满足探究上述问题的需求,本文该部分采用倾向得分匹配,进一步研究行业扶贫政策与政策倾向省份之间更深层次的关系。

### （一）实验设计思路

本文该部分的实验设计思路可以用图 7 表示。

图 7 倾向得分匹配实验设计思路框架

### （二）一个等价命题

本文该部分研究的原问题是"为什么行业扶贫政策会倾向部分省份"。但是直接针对该问题开展研究较为困难,于是本文提出以下等价命题：

研究"为什么行业扶贫政策会倾向部分省份"等价于研究"扶贫政策影响了这部分省

份的哪些指标"。

行业扶贫政策的初衷是影响该省份的某项指标（该省份的该指标可能落后于其他省份，或者该指标过高影响了该省份其他指标的发展），以达到扶贫目的。本文可以探究某省份的哪些指标受到了扶贫政策的影响，从而反过来推知为什么行业扶贫政策要倾向部分省份。上述等价命题成立，原问题转化为等价问题。

（三）变量计算与数据处理

1. 因变量

综合前文的描述性统计分析，因变量共有 5 个，分别是平均机械化率、平均人均收入增长率、使用网络销售农产品的乡村占比、平均返乡比例、平均大学生"村官"人数。针对 5 个因变量的计算采用的方法是简单的算术平均。

2. 核心解释变量

综合前文的描述性统计分析，关键的解释变量为各省份有国家对口或定点扶贫行业的乡村的占比（以下简称"行业扶贫占比"）。由于倾向得分匹配法中，核心解释变量必须是 0-1 变量，因此本文将行业扶贫占比超过 35% 的省份定义为行业扶贫政策倾向的省份，它们组成了实验中的处理组。

可以通过如下示性函数表示核心解释变量的定义，其中 $x$ 表示行业扶贫占比：

$$I(x) = \begin{cases} 0, & 0 \leqslant x < 35\% \\ 1, & 35\% \leqslant x \leqslant 100\% \end{cases}$$

因此，核心解释变量为行业扶贫占比的示性函数值。

3. 协变量

下面将分别对 5 个协变量的计算与处理进行详细解释。

(1) 协变量 1

对 2019 年农村 GDP 对数值，本文使用国家统计局发布的 2019 年分省 GDP 数值与第一产业占总 GDP 的比例数据。近似计算公式如下：

$$农村 GDP 对数值 = \ln(GDP) \times 第一产业产值占总 GDP 的比例$$

(2) 协变量 2

对 2019 年农村人均纯收入，本文直接使用国家统计局发布的 2019 年农村人均可支配收入，不对其做任何处理。

(3) 协变量 3

对农业经营收入占人均纯收入的比例，本文采用"千村调查"中农业经营收入项，以及协变量 2 对应的 2020 年数据。该协变量主要反映了农业生产经营活动在民生中的重要性，计算方法如下：

$$农业经营收入占人均纯收入的比例 = \frac{农业经营收入}{农村人均收入}$$

### (4) 协变量4

对平均受教育程度,本文对"千村调查"中的学历数据进行处理,得出受教育程度的量化指标,具体方法如下:

学历数据分为6种,分别是小学未毕业、小学、初中、高中、大专、大学及以上。设上述6种学历分别对应整数1至6。这样便构建了学历集合{小学未毕业,小学,初中,高中,大专,大学及以上}到编号集合{1,2,3,4,5,6}的一一映射。

初中以前均为义务教育,假设高中学历能够满足乡村振兴的基本要求。本文使用下述偏大型柯西分布隶属函数:

$$f(x) = \begin{cases} \dfrac{1}{1+\alpha(x-\beta)^{-2}}, & 1 \leqslant x \leqslant 4 \\ a\ln x + b, & 4 \leqslant x \leqslant 6 \end{cases}$$

其中,$f(1)=0.01$,$f(4)=0.8$,$f(6)=1$。

通过简单的待定系数法,计算得出:

$$f(x) = \begin{cases} \dfrac{1}{1+2.494\,389(x-0.841\,268)^{-2}}, & 1 \leqslant x \leqslant 4 \\ 0.493\,261 \ln x + 0.116\,195, & 4 \leqslant x \leqslant 6 \end{cases}$$

进而求得:

$$f(5)=0.910\,068,\ f(3)=0.651\,354,\ f(2)=0.349\,92$$

至此,本文构建了编号集到权重集{0.01, 0.349 92, 0.651 354, 0.8, 0.910 068, 1}的一一映射。根据复合映射相关结论,学历集到权重集之间必然存在一一映射的关系。

量化计算各省份的平均受教育程度,需要计算各乡村的受教育程度,设$x=(x_1, x_2, x_3, x_4, x_5, x_6)$,$y^T=(0.01, 0.349\,92, 0.651\,354, 0.8, 0.910\,068, 1)$,其中$x_1$、$x_2$、$x_3$、$x_4$、$x_5$、$x_6$依次表示小学未毕业、小学、初中、高中、大专、大学及以上学历人数占比,则各乡村受教育程度计算公式如下:

$$\text{各乡村受教育程度} = x \cdot y$$

分省份的平均受教育程度求简单的算术平均即可。

### (5) 协变量5

对直接劳动力占比,本文使用"千村调查"数据中常住人口、0~6岁儿童人数、60岁以上老人数进行计算,近似计算公式如下:

$$\text{直接劳动力占比} = 1 - \frac{0\sim6\,\text{岁儿童人数} + 60\,\text{岁以上老人数}}{\text{常住人口}}$$

此处假设直接劳动力为6~60岁的常住人口。

直接劳动力占比数据集中在50%~70%,为了扩大数据之间的差异,本文选择对直接劳动力占比取自然对数。

4. 其他处理

根据前文的描述性统计分析,北京市仅调查2个乡村,数据量过少,并且存在错误数据;宁夏回族自治区和山西省存在错误数据。由于上述三个省份均没有行业扶贫政策的实施,即上述三个省份均在控制组中,因此将其剔除并不影响整个倾向得分匹配实验的结果。剔除北京市、宁夏回族自治区、山西省的数据集,剩余28个省份的数据。

(四)倾向得分匹配法的实现及结果分析

psmatch2函数描述性统计分析部分结果如表5所示。

表5　psmatch2函数描述性统计分析运行结果

| 指标 | 系数 | 标准误 | z | P>z | 95%置信区间 ||
|---|---|---|---|---|---|---|
| $\ln GDP1$ | −0.344 | 1.594 | −0.220 | 0.829 | −3.469 | 2.780 |
| $incnet$ | −0.000 | 0.000 | −1.340 | 0.180 | −0.001 | 0.000 |
| $agricr$ | −2.747 | 3.309 | −0.830 | 0.407 | −9.233 | 3.739 |
| $educauchy$ | 1.149 | 9.145 | 0.130 | 0.900 | −16.775 | 19.072 |
| $\ln labor$ | 2.824 | 4.763 | 0.590 | 0.553 | −6.512 | 12.161 |
| _cons | 5.319 | 5.573 | 0.950 | 0.340 | −5.604 | 16.242 |

平衡性检验结果如表6和表7所示。

表6　平衡性检验运行结果1

| 变量 | 匹配前(U) 匹配后(M) | 均值 处理组 | 均值 控制组 | %偏差 | %偏差绝对值的减少量 | T检验 t | T检验 p>|t| | V(T)/V(C) |
|---|---|---|---|---|---|---|---|---|
| $\ln GDP1$ | U | 1.019 | 0.895 | 28.1 |  | 0.61 | 0.549 | 0.62 |
|  | M | 1.019 | 1.076 | −12.8 | 54.4 | −0.28 | 0.782 | 1.15 |
| $incnet$ | U | 13 847 | 17 398 | −80.9 |  | −1.56 | 0.132 | 0.13* |
|  | M | 13 847 | 13 928 | −1.8 | 97.7 | −0.09 | 0.932 | 2.65 |
| $agricr$ | U | 0.454 | 0.496 | −23.5 |  | −0.47 | 0.641 | 0.29 |
|  | M | 0.454 | 0.446 | 4.7 | 80.0 | 0.16 | 0.874 | 3.09 |
| $educauchy$ | U | 0.563 | 0.586 | −31.3 |  | −0.86 | 0.397 | 3.64 |
|  | M | 0.563 | 0.581 | −24.2 | 22.8 | −0.47 | 0.648 | 5.22 |

续　表

| 变量 | 匹配前(U) 匹配后(M) | 均值 处理组 | 均值 控制组 | %偏差 | %偏差绝对值的减少量 | T检验 t | T检验 p>\|t\| | V(T)/V(C) |
|---|---|---|---|---|---|---|---|---|
| ln labor | U | −0.354 | −0.415 | 53.1 |  | 1.21 | 0.237 | 0.96 |
|  | M | −0.354 | −0.377 | 20.2 | 62.0 | 0.45 | 0.663 | 2.17 |

注："*"标注了方差比率 V(T)/V(C) 不在[0.17, 5.82]的数据。

表7　　　　　　　　　　　平衡性检验运行结果 2

| 样本 | Ps $R^2$ | LR chi$^2$ | p>chi$^2$ | 均值偏差 | 中位数偏差 | B | R | %方差 |
|---|---|---|---|---|---|---|---|---|
| Unmatched | 0.174 | 5.48 | 0.360 | 43.4 | 31.3 | 104.2* | 0.30* | 20 |
| Matched | 0.038 | 0.73 | 0.981 | 12.7 | 12.8 | 41.1* | 165.63* | 0 |

注："*"标注了 B>25% 或者 R 不在[0.5, 2]的数据。

在此次匹配过程中，前三个协变量的%偏差大致在10%以内，后两个协变量的%偏差值大致在20%以内，基本满足要求。而 T 检验一栏中，所有显著性 p 值均大于0.6，因此保留原假设，拒绝备择假设。综合两方面的结果，此次匹配通过平衡性检验。

接下来计算平均处理效应（ATT），对 5 个因变量使用 psmatch2 函数，结果如表 8 所示。

表8　　　　　　　　　　　倾向得分匹配结果

| 变量 | 平均处理效应的变化量 | t 统计量 |
|---|---|---|
| mechanization | −0.116 | −1.94 |
| incincrease | 0.206 | 1.74 |
| e-commerce | 0.073 | 0.86 |
| return | 0.023 | 0.43 |
| studentoffi | 0.024 | 0.06 |

由于行业扶贫政策对使用网络销售农产品的乡村占比、平均返乡比例、平均大学生"村官"人数三个因变量并没有显著影响，因此本文将对剩余两个变量着重分析。

1. 平均机械化率

从总体上看，在10%的显著性水平下，行业扶贫政策对平均机械化率有显著影响，其可能降低了行业扶贫政策倾向省份的平均机械化率（如表 9 所示）。因此，主要农作物农业生产全过程机械化率是行业扶贫政策的一个瞄准方向。

表9　　　　　　　　　　　倾向得分匹配结果(平均机械化率)

| 变量 | 样本 | 处理组 | 控制组 | 变化量 | 标准误 | T统计量 |
| --- | --- | --- | --- | --- | --- | --- |
| *mechanization* | Unmatched | 0.613 | 0.641 | −0.028 | 0.085 | −0.33 |
|  | ATT | 0.613 | 0.729 | −0.116 | 0.060 | −1.94 |
|  | ATU | 0.637 | 0.673 | 0.036 | — | — |
|  | ATE |  |  | −0.035 | — | — |

2. 平均人均收入增长率

从总体上看,在10%的显著性水平下,行业扶贫政策对平均人均收入增长率有较显著的影响,其可能提高了平均人均收入增长率,验证了本文描述性统计部分的猜想(如表10所示)。行业扶贫政策的最终目的是提高农村人民生活水平,其直接反映是农村人均可支配收入的增长。人均收入则是行业扶贫政策瞄准的另一个方向。从这部分数值也可以侧面反映此次倾向得分匹配实验是有意义的,符合现实规律。

表10　　　　　　　　　倾向得分匹配结果(平均人均收入增长率)

| 变量 | 样本 | 处理组 | 控制组 | 变化量 | 标准误 | T统计量 |
| --- | --- | --- | --- | --- | --- | --- |
| *incincrease* | Unmatched | 0.494 | 0.266 | 0.227 | 0.069 | 3.30 |
|  | ATT | 0.494 | 0.288 | 0.206 | 0.118 | 1.74 |
|  | ATU | 0.307 | 0.296 | −0.010 | — | — |
|  | ATE |  |  | 0.090 | — | — |

## 六、分省份探究行业扶贫政策对农业机械化水平的影响

由前文分析可知,行业扶贫政策对人均收入增长和主要农作物农业生产全过程机械化率有较显著的影响。其中,人均收入增长是行业扶贫政策实施的重要目的。因此,深入研究主要农作物农业生产全过程机械化率很有意义。本文该部分主要通过另一个实验,使用合成控制法,在更长的时间线上,以省份为单位更精细地研究两者之间的联系。

(一)农业机械总动力的趋势分析

农业机械化水平与主要农作物农业生产全过程机械化率直接相关,本文该部分选择《中国统计年鉴》中2011—2020年农业机械总动力数据来反映各省份农业机械化水平。农业机械总动力的趋势可以反映数据的变化是否平稳,因此只需将农业机械总动力绘制

成折线图进行观察,无须对该变量进行再次处理。完成绘图后,农业机械总动力的趋势分为以下三种:

1. 逐渐减少型

部分地区农业机械总动力总体呈减少趋势(如浙江省),如图8所示。

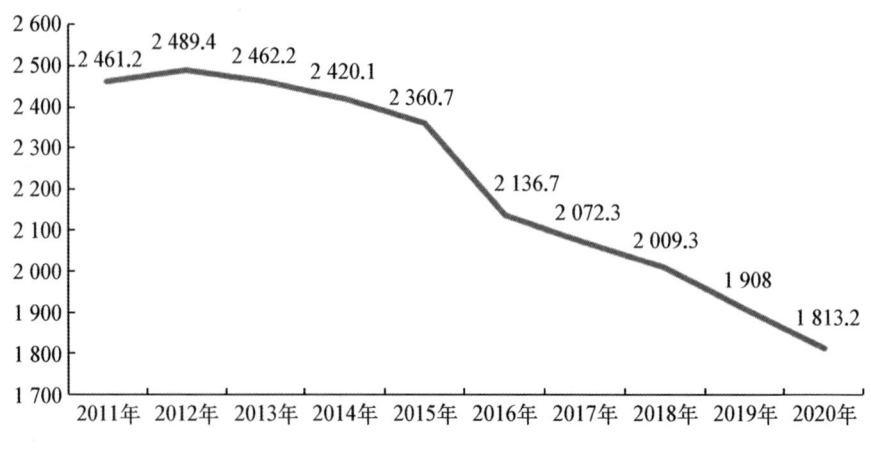

**图8 浙江省农业机械总动力(万千瓦)**

2. 逐渐增加型

部分地区农业机械总动力总体呈增加趋势(如新疆维吾尔自治区),如图9所示。

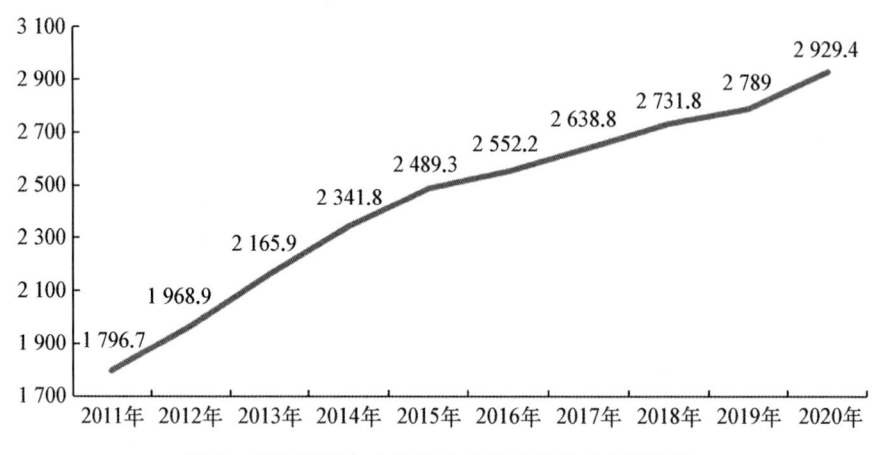

**图9 新疆维吾尔自治区农业机械总动力(万千瓦)**

3."异常"波动型

剩余地区农业机械总动力呈现"异常"波动,表现在2015年至2017年呈"断崖式"下降。前文中第一项不足在此有所体现,可能会产生农业机械化率实际下降,但为营造发展较好的假象而进行"数据造假"的情况(如贵州省),如图10所示。

综上,各省份的农业机械总动力整体趋势较为平稳,只需合理解释部分地区异常波动的部分,即可证明倾向得分匹配的可靠性。

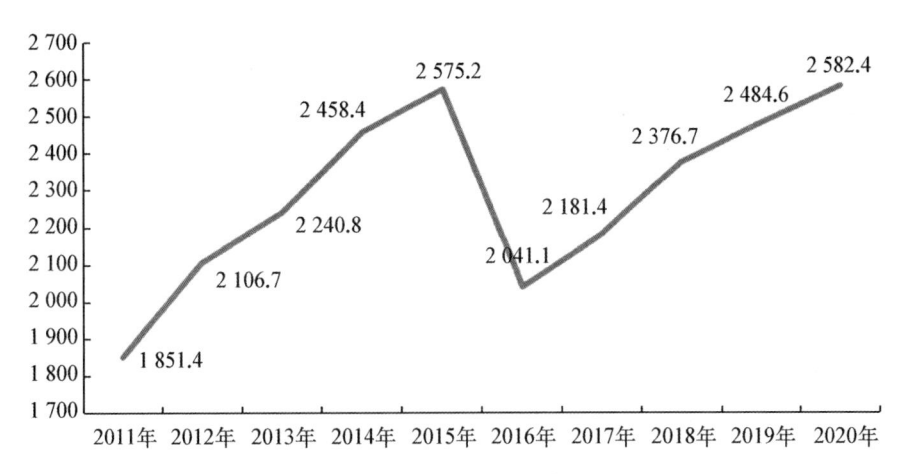

图 10　贵州省农业机械总动力(万千瓦)

2016年农机购置补贴资金预算数的下降、农机市场的不景气、传统农机设备存量过多和国家对农机行业标准的升级转型均使得农业机械总动力出现下滑情况,因此"异常"部分是能够被合理解释的。

(二)实验流程

本文该实验将分省份研究行业扶贫政策对农业机械化水平的影响,一方面是为了尽可能消除前文定义行业扶贫占比的示性函数时,将行业扶贫占比与35%进行比较而产生的主观性;另一方面为了解决行业扶贫政策倾向省份之间仍然存在差异的问题。实验流程可用如图11所示的主要步骤。

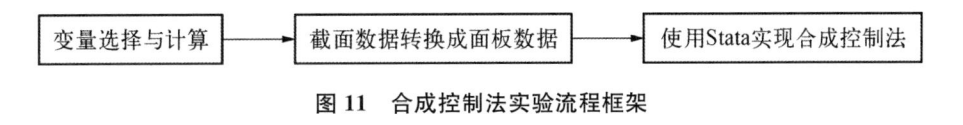

图 11　合成控制法实验流程框架

(三)合成控制法

本实验采用合成控制法,分别对行业扶贫政策倾向省份的农业机械总动力进行探究。除了选择变量及获取多组2012—2020年时间序列外,顺利实现合成控制法需要确定政策实施时间。根据《关于打赢脱贫攻坚战的决定》,脱贫攻坚从2015年拉开序幕。本文认为行业扶贫政策的实施是一个从2015年开始累积的过程,因此将2015年规定为合成控制法中的政策实施时间。前文中,行业扶贫政策倾向的省份在相同时间内获得更多政策支持,是扶贫的重点对象,因此将其视为处理组。

(四)变量的计算与处理

1. 结果变量

由于各省份农业机械总动力差异非常大,会对使用合成控制法得出的结果造成一定影响,因此本文选择计算农业机械总动力增长率。如果行业扶贫政策确实对某省份农业机械总动力造成了影响,则农业机械总动力增长率会与其不受政策干预时的变化趋势有直观的差异。因此将结果变量设置为农业机械总动力增长率。

2. 预测变量

本文将农村地区 GDP 对数值、农村人均收入、农林牧渔业生产总值分别取自然对数,代替原预测变量,以消除异方差。

3. 其他处理

同样,将北京市、山西省、宁夏回族自治区数据舍去,剩余 28 个待研究的省份。这三个省份全部属于行业扶贫政策较少倾向的省份,根据合成控制法原理,该处理并不影响实验的最终效果。

另外,原始数据库均为截面数据形式,将其转换成面板数据,并将每个处理组中的对象与整个对照组放入一张表格中,便于使用软件进行处理。

（五）合成控制法的实现及结果分析

使用 Stata 中的 synth 函数,对安徽省、贵州省、海南省、湖南省、江西省、青海省、西藏自治区共 7 个行业扶贫政策倾向省份的面板数据分别使用合成控制法进行分析。贵州省的结果较为理想,软件绘图如图 12 所示。

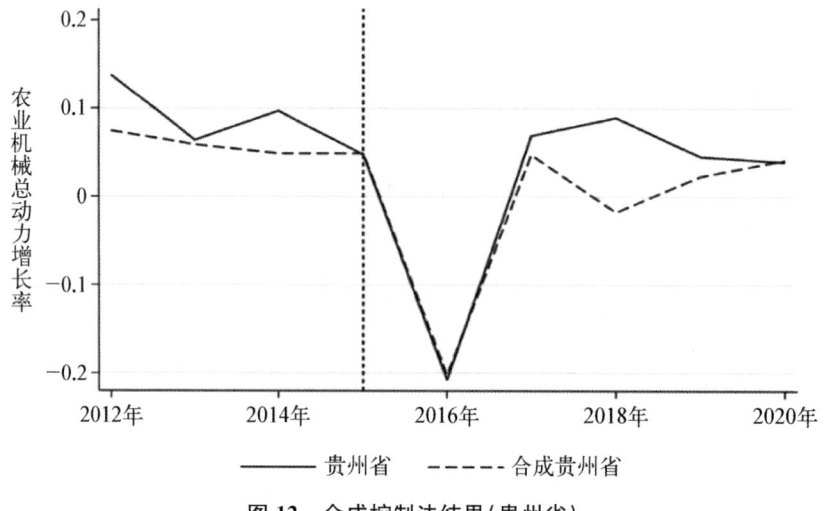

图 12 合成控制法结果（贵州省）

图 12 中的实线表示贵州省农业机械总动力增长率的真实值,虚线表示合成贵州省该指标的计算值,竖直虚线表示行业扶贫政策实施时间。政策实施后,2015—2017 年虚线的拟合效果非常好。这真实反映了政策的时滞性。本文认为,政策实施前,虚线拟合情况较好。在承认上述推断的前提下,可以认为 2017—2020 年的实线相对虚线的位置有较大偏移,进而得到行业扶贫政策明显提高了贵州省农业机械总动力增长率的结论。换言之,贵州省主要农作物农业生产全过程机械化率受行业扶贫政策的正向影响。

至此,本文将研究范围由全国缩小至贵州省,将研究指标由原先的 5 个缩小到主要农作物农业生产全过程机械化率。

### 七、贵州省行业扶贫政策瞄准农业机械化率的分析

2016—2020年,贵州省人均收入增长迅猛,处于全国领先地位。人均收入与人均GDP相关。人均GDP是发展经济学中衡量经济发展状况的指标,是最重要的宏观经济指标之一。这个指标切实反映了人民的生活水平。为了提高人均GDP,有两种可行的方法:一是提高GDP数值,从而在当地常住人口数量基本不变的情况下达到目的;二是减少当地常住人口数量,从而在每年的GDP大致不变的情况下达到目的。

贵州省主要农作物农业生产全过程机械化率低于全国平均水平,意味着农业机械化发展仍然有较大上升空间。另外,周振等(2016)通过量化研究发现,农业机械化对农村劳动力转移有显著的正向促进作用。岳振(2015)指出,2015年贵州省放宽户口迁移政策,旨在合理引导农业转移人口落户城镇,这项举措降低了劳动力由农村流向城镇的难度。再结合本文研究结论——行业扶贫政策对贵州省农业机械化率的提高有较显著的正向影响,本文推测行业扶贫政策促使贵州省加快农业机械化进程,机械替代人工,部分农村劳动力转移,农村地区常住人口减少,从而实现了省内常住人口在空间分布上的调整,提高了农村地区的人均GDP,进而提高了农村地区的人均收入,提高了农村人民的生活水平。

### 八、政策建议

#### (一)人力资源配置优化,让人口自由流动

人均GDP的提升能够解决农村贫困问题。对潜在劳动力资源丰富的农村而言,劳动力主要集中在第一产业。因此,在扶贫时期,政府大多将政策聚焦于帮助贫困地区实现农业现代化,让传统的粗放型农业转变为集约型农业,实现的途径便是上文所提到的提升农业机械化水平。此时,让人口通过自由流动转向存在人力资源缺口的城市就显得尤为重要,而这便涉及人力资源配置优化的范畴。

就目前而言,户籍政策是影响劳动力迁移的首要因素,是优化人力资源配置最为直接的途径。通过减少户籍限制,引导农村劳动力人口向经济更为发达的地区转移,让农村居民享受更高质量的生活,为农村劳动力带来更多就业方向。农村人口的减少也意味着脱贫压力的减轻,而农村发展的多元化将最终带动扶贫工作取得胜利。

#### (二)促进资本自由流动,实现农村规模经济

目前,分散化、小规模的土地经营已不再适合我国农业现代化的进程,实现农业现代化的关键在于实现农村的规模经济,发挥规模效应。因此我们认为,要想扩大农业生产经营的规模,关键在于资本的自由流动。资本自由流动可分为政府的资金投入和私人的资金投入。

政府的资金投入直观表现为适当给予农村集体用于提高农业机械化水平的专项资金扶持,另一渠道为直接给予购买农业机械化设备的农民一定的资金补贴,间接表现则为对农业机械化进行一定的政策倾斜。利用上述资金时,首先要注意购置或升级农业机械化设备的均衡化,不要只偏重于可购买较多数量的小型设备而忽视了工作效率更高的大中

型设备。其次要注意因地制宜,使推广的农业机械化设备与当地的农业类型相匹配;此外,还要增强各个环节农业机械化设备的智能化和信息化。最后要完善农业机械化的社会化服务体系,使农业机械化设备不局限于一户或一村的范围,而是形成一个规模化、体系化的提供农业机械化服务的社会群体。

私人的资金投入则是为了弥补农村集体经济力量弱化的不足和响应市场经济愈发兴盛的趋势,投资主体以农民为主。为增加农业机械化的私人投资,首先需要提高地区信息化的发展程度,使得供求信息逐渐对称。其次需要扩大农户土地经营的规模和提高农业专业化的程度。最后需要提高该地区的整体经济水平和农村人均收入,从而增强私人投资的能力。

农村还需通过实现土地的自由流转,扩大农业生产经营规模。首先,政策宣传需要让农民对土地流转有充分的认识,才能提高农民出租土地的积极性。其次,需要降低土地流转的交易成本,如建立土地流转服务中心、完善土地流转的中介服务机构、降低双方的谈判成本等。最后,在土地流转过程中严格监管,打击强迫、欺骗农民的非法强制性流转,保护农民的切身利益。

综上所述,无论是农业机械化水平的提高,还是土地自由流转的促进,都可以将农民从传统农业生产中解放出来,给予他们更多进入城市就业的机会,从而增加农村地区的人均GDP,提高农村人民的生活水平。

### (三)助力技术进步,让人力资源和资本的配置更协调

随着脱贫工作的全面推进,农业生产要素的内部结构也发生了变化。为响应国家的扶贫号召,政府大幅增加农业资本的投入,农业生产逐渐面临资本代替劳动的转变,原先过分密集的农业生产人口难以应对资本配置变化带来的人力资本过剩,陷入劳动力部分失业的困境,并且伴随资本的过度投入,资本的边际报酬开始递减、效用降低,由此可见,资本驱动的生产方式难以实现有效的长远发展。但是这并不代表对资本的全盘否定。资本是农业现代化的必需品,需要活用资本改造传统农业。技术是改善劳动力-资本比例的重要影响因素,人们开始重视技术的发展,技术驱动开始走入人们的视野并展现其带动发展、协调要素配置的潜力。

现阶段,农业发展的重点应是发展农业机械化创新,带给农村现代化新面貌的关键应是助力技术进步。机械化率提升带来了大规模集约型农业形式,所需要的人力资本减少,剩余劳动力则可投入人工操作环节,使人力资本得到更充分、更精细化的调配和运用;同时,避免了过多资本投入导致的边际效用递减和资源浪费,让资本得以更高效地运作,达到优化人力资源和资本配置的作用。

**参考文献**

[1] 陈文胜.论乡村振兴与产业扶贫[J].农村经济,2019(9):1-8.

[2] 邓维杰.精准扶贫的难点、对策与路径选择[J].农村经济,2014(6):78-81.

[3] 郭俊华,卢京宇.产业兴旺推动乡村振兴的模式选择与路径[J].西北大学学报(哲学社会科学

版),2021,51(6):42-51.

[4] 计小青,赵景艳,刘帅.宗族网络是否影响了村级集体经济的发展——基于"千村调查"数据的实证研究[J].农业技术经济,2022(6):109-124.

[5] 李雪萍,刘腾龙.精准扶贫背景下精准识别的实践困境——以鄂西地区C村为例[J].湖北民族学院学报(哲学社会科学版),2018,36(5):138-144.

[6] 刘磊.精准扶贫的运行过程与"内卷化"困境——以湖北省W村的扶贫工作为例[J].云南行政学院学报,2016,18(4):5-12.

[7] 龙永华.精准扶贫视域下湘西州农业产业扶贫模式创新研究[D].吉首大学,2015.

[8] 芦风英.乡村振兴视角下产业兴旺与生活富裕的耦合协调性研究[J].云南农业大学学报(社会科学),2022,16(1):22-30.

[9] 邱淑英,纪晓萃.基于农村经济发展新思路中电子商务的应用研究[J].企业导报,2012(4):155-156.

[10] 涂圣伟.脱贫攻坚与乡村振兴有机衔接:目标导向、重点领域与关键举措[J].中国农村经济,2020(8):2-12.

[11] 王春城,戴翊超.促进脱贫攻坚与乡村振兴有机衔接的公共政策供给[J].地方财政研究,2019(10):75-81.

[12] 习近平.在决战决胜脱贫攻坚座谈会上的讲话[N].人民日报,2020-03-07(002).

[13] 肖友,邓仁,苗蕾,朱军涛,胡锡晟,陈琳.乡村振兴战略背景下发展农业机械化的对策探析[J].企业技术开发,2019,38(4):94-96.

[14] 岳振.贵州合理引导农业转移人口落户城镇观察[J].当代贵州,2015(31):28-29.

[15] 张洪振,任天驰,杨汭华.大学生"村官"推动了村级集体经济发展吗?——基于中国第三次农业普查数据[J].中国农村观察,2020(6):102-121.

[16] 赵露,陈宁.基于乡村振兴战略视角的"三农"问题分析[J].农村经济与科技,2018,29(7):251-253.

[17] 周恩宇,聂开敏.定点扶贫的结构性实践困境——以滇、黔、桂特困区X县减贫实践为例[J].北方民族大学学报(哲学社会科学版),2017(1):29-33.

[18] 周振,马庆超,孔祥智.农业机械化对农村劳动力转移贡献的量化研究[J].农业技术经济,2016(2):52-62.

[19] 朱冬亮.农民与土地渐行渐远——土地流转与"三权分置"制度实践[J].中国社会科学,2020(7):123-144+207.

# 我国农村生态环境治理的现状、困境与完善

## ——基于2021年"千村调查"数据

刘林琳[①]

指导老师：胡　苑[②]

**摘　要**：随着农村人居环境整治行动的实施，农村地区生态环境得到基本治理。但是通过对已有调研数据的分析发现，农村生态环境仍存在农作物秸秆无害化处理方式适用不足，农村生活污染处理率低、城乡不平衡现象显著，农村生活垃圾收运处置体系建设管理亟须加强等问题。我国农村生态环境治理产生此类困境的原因在于"农村空心化"提高了环境治理成本，环境法的"城市中心化"忽视农村地区，非正式规范与正式规范的冲突，以及早期粗放型扶贫开发对农村自然资源的破坏。对此，我国农村生态环境建设应当坚持多中心治理，加强乡村生态环境法治建设，重视村规民约等非正式规范的立法融入，坚持扶贫开发与生态环境保护相统一。

**关键词**：农村生态环境　多中心治理　非正式规范　生态扶贫

## 一、选题意义

建设美丽乡村是共筑美丽中国的重要内容，是生态文明建设不可忽视的关键领域。2018年中共中央、国务院办公厅印发《农村人居环境整治三年行动方案》，将"改善农村人居环境、建设美丽宜居乡村"作为实施乡村振兴战略的重要任务之一。2021年，《农村人居环境整治三年行动方案》的实施取得阶段性成果。农村环境卫生状况得到基本治理，农民环保观念和卫生意识发生巨大转变，从"摆脱脏乱差"提升为"追求乡村美"。然而，当前我国农村人居环境总体质量不高的现实情况不容忽视。为进一步提升农村人居环境质量，2021年12月实施《农村人居环境整治提升五年行动方案（2021—2025年）》。该方案明确到2025年，农村人居环境显著改善，生态宜居美丽乡村建设取得新进步。改善农村人居环境，是以习近平同志为核心的党中央从战略和全局高度做出的重大决策部署，是实施乡

---

[①] 刘林琳，上海财经大学法学院环境与资源保护法学专业2021级博士研究生。
[②] 胡苑，上海财经大学法学院。

村振兴战略的重点任务。

相较于城市环境治理,农村人居环境整治任务更加艰巨。首先,无论是生活垃圾处理,还是厕所改造革命,农村人居环境整治制度的落实都需要具体到每一户家庭。农村人居环境整治从长远来看有助于改善村民个人以及村庄整体的生活质量。然而如何让每个人接受新制度对原有生活习惯的冲击是农村人居环境整治过程中的难点。其次,农村人居环境整治的过程体现了正式规范面向熟人社会时的适用冲击。作为熟人社会的村集体,在多年聚居生活中形成了紧密的社会关系网络。正式规范的稳定性、权威性与熟人集体内部的随意性、自主性之间似乎存在天然的冲突与割裂。如何在尊重村规民俗、维护乡土风貌的基础上,将农村特色与人居环境改进相结合,是克服"割裂"问题的关键。最后,如何加快转变农民群众的环境卫生观念,不仅影响农村人居环境整治工作的顺利推进,而且关系后续农村环境卫生长效管护机制的维持。据此,本课题将基于数据分析探索当前农村环境治理中存在的不足,并探究该问题产生的理论逻辑,以提出具备可操作性的政策建议,完善农村生态环境建设。

## 二、我国农村生态环境现状

### (一) 数据来源

基于2021年上海财经大学"千村调查"数据库,剔除缺失变量,共整理了31个省(直辖市)的619个村庄的入村问卷,基于此数据分析当下农村生态环境建设的现状及问题。此外,本文结合《中国农村统计年鉴》《中国城乡建设统计年鉴》、北大法宝、国家统计局等数据库资料,以纵向视角分析农村生态环境建设的发展方向,并与当前存在的问题相比较。

### (二) 农村生态环境建设面临的挑战

20世纪80年代前,我国农村地区经济水平较低,农民生活环境单一,耕种是其主要的获取生活来源的方式,故而此时农民生活产生的可降解生活垃圾多用于堆肥养田,其他废品通过回收买卖创造二次价值(王登山等,2021)。少量生活垃圾对环境的影响较小。20世纪80年代后期,随着经济的发展,农村污染源类型逐渐复杂化,除生活垃圾污染外,部分农村地区大力发展工业经济,在提高农民生活水平的同时,严重恶化了当地的自然生态环境。2021年,习近平总书记在中央农村工作会议上强调,"加强农村生态文明建设,保持战略定力,以钉钉子精神推进农业面源污染防治,加强土壤污染、地下水超采、水土流失等治理和修复"。不同于以工业污染为主的城镇,农村生态环境还深受含碘化肥、塑料薄膜等新型农业工具的应用带来的农业生产污染的影响。面源污染与点源污染的混同加大了农村生态环境治理的难度。

#### 1. 农作物秸秆无害化处理方式有待推广

以农作物秸秆带来的环境污染为例,2021年上海财经大学"千村调查"数据统计显示,有471个村庄存在所种植农作物产生秸秆的情况(见表1)。对秸秆的处理方式,不同地区差异较大,有49.3%的村庄选择将秸秆处理还田(见表2),意图提高土壤肥力、促进农作物生长。然而有实验证明,少量秸秆碎片有助于增加农作物产量,但大量秸秆还田很有可能导致农作物减产、增加病虫害。例如,因秸秆还田,2020年山东省小麦茎基腐病害涉及范围突破1 200万亩,严重危害我国粮食安全。秸秆焚烧不仅严重污染大气环境,而且极易引发火灾,造成财产损失。秸秆燃烧产生的烟雾还严重影响了航班、高速等道路交通的正常运行(毕于运等,2009)。我国《大气污染防治法》规定,禁止露天焚烧秸秆、落叶等产生烟尘污染的物质;违法焚烧的,由县级以上地方人民政府确定的监督管理部门责令改正,并可以处五百元以上二千元以下的罚款。然而,实际调研数据显示,仍有12.3%的村庄选择通过焚烧的方式处理农作物秸秆(见表2)。采用制造沼气、加工禽畜饲料等先进技术处理秸秆的村庄分别仅有2.3%、13.4%(见表2)。可见,农作物秸秆的无害化处理方式仍有待推广。

表1　　　　　　　　　　　　　　本村庄是否产生秸秆

| 选　项 | 频　率 | 有效百分比 | 累积百分比 |
| --- | --- | --- | --- |
| 有 | 471 | 76.1% | 76.1% |
| 没有 | 148 | 23.9% | 100.0% |
| 总计 | 619 | 100.0% | |

表2　　　　　　　　　　　　　　对秸秆的处理方式

| 选　项 | 频　率 | 有效百分比 | 累积百分比 |
| --- | --- | --- | --- |
| 焚烧 | 58 | 12.3% | 12.3% |
| 制沼气 | 11 | 2.3% | 14.6% |
| 自然降解 | 77 | 16.3% | 31.0% |
| 处理还田 | 232 | 49.3% | 80.3% |
| 加工禽畜饲料 | 63 | 13.4% | 93.6% |
| 其他 | 30 | 6.4% | 100.0% |
| 总计 | 471 | 100.0% | |

2. 农村生活污染处理率低,城乡不平衡现象显著

2021年上海财经大学"千村调查"数据统计显示,有38.1%的村庄生态环境受生活污染的影响最大,16.5%的村庄以农业生产污染为主要污染源,8.6%的村庄反映工业污染的危害较大(见图1)。可见,除农业生产和工业带来的污染外,生活污染的影响不容轻视。

以污水处理方式为例,在所调研的村庄中,有 77.1% 的村庄污水处理方式无害,其中,32.6% 的村庄将污水排入城镇污水管网,27.6% 和 16.8% 的村庄分别通过设立集中式和分户式生活污水处理设施的方法排放污水;然而仍有 17.3% 的村庄没有污水处理设施(见表3)。此外,从全国范围看,据《中国城乡建设统计年鉴(2020)》统计,截至 2020 年,我国仅有 34.87%(3 095 个)的乡村实现了对生活污水进行处理。全国平均城市污水处理率达到 97.53%,而乡村平均污水处理率仅为 21.67%。由此可见,农村生活垃圾处理率远远低于城市,城乡发展不平衡问题在污水处理率上十分显著。

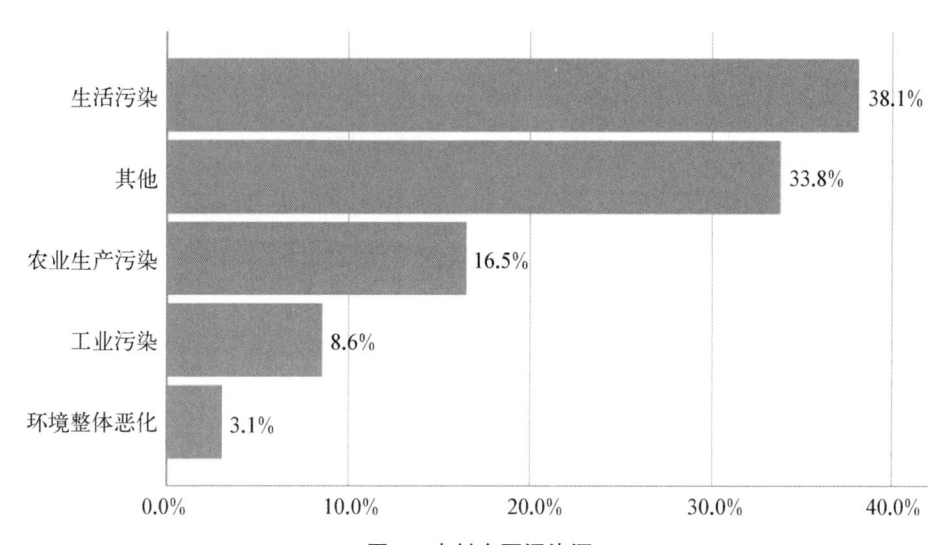

图 1　本村主要污染源

生活污染 38.1%
其他 33.8%
农业生产污染 16.5%
工业污染 8.6%
环境整体恶化 3.1%

表 3　　　　　　　　　　　本村庄污水处理方式

| 选项 | 频率 | 有效百分比 | 累积百分比 |
| --- | --- | --- | --- |
| 排入城镇污水管网 | 202 | 32.6% | 32.6% |
| 村庄设有集中处理设施 | 171 | 27.6% | 60.3% |
| 分户建设处理设施 | 104 | 16.8% | 77.1% |
| 无处理设施 | 107 | 17.3% | 94.3% |
| 其他 | 35 | 5.7% | 100.0% |
| 总计 | 619 | 100.0% | |

3. 农村生活垃圾收运处置体系建设管理亟须加强

2022 年 5 月发布的《关于进一步加强农村生活垃圾收运处置体系建设管理的通知》指出,到 2025 年农村生活垃圾无害化处理水平明显提升,有条件的村庄实现生活垃圾分类、源头减量。住建部村镇建设司负责人指出,截至 2020 年底,农村生活垃圾得到收运处理的自然村比例稳定保持在90%,较2017年底提高15个百分点以上。然而,2021年在上海财经大学所调研的村庄中,仅有80%的村庄的生活垃圾能够转运至城镇处理,5.2%的村庄的生活垃圾通过村内小型焚烧炉处理(见表4)。2.7%的村庄采用简易填埋的方式处理生活垃圾,不仅极易对周围土壤和地下水造成污染,而且可能因降雨冲刷而对环境产生二次面源污染,危害生态环境。6.8%的村庄无明确的生活垃圾处理方式而任由其集中收集后露天堆放或无集中收集,各家各户自行解决(见表4)。可见,农村生活垃圾收运处置体系化建设仍需强化推进。

表4 本村庄生活垃圾处理方式

| 选项 | 频率 | 有效百分比 | 累积百分比 |
| --- | --- | --- | --- |
| 转运至城镇处理 | 495 | 80.0% | 80.0% |
| 村内小型焚烧炉处理 | 32 | 5.2% | 85.1% |
| 村内卫生填埋(有防渗消毒) | 33 | 5.3% | 90.5% |
| 村内简易填埋(无防渗消毒) | 17 | 2.7% | 93.2% |
| 集中收集后露天堆放 | 20 | 3.2% | 96.4% |
| 无集中收集,各家各户自行解决 | 22 | 3.6% | 100.0% |
| 总计 | 619 | 100.0% | |

### 三、农村生态环境治理困境的形成原因

(一)"农村空心化"提高了环境治理成本

农村空心化是指城乡转型发展进程中农村人口非农化迁移,新建住宅不断扩张但旧住宅不拆除,宅基地废弃现象加剧的一种不良演化过程(刘彦随等,2009)。随着市场化进程的推进,城乡经济水平差距日益扩大。据数据统计,虽然近十年农村居民人均可支配收入逐年递增,但至2021年全国城镇居民人均可支配收入为47 412元,农村居民人均可支配收入仅为18 931元,城乡收入仍存在巨大差距,前者约是后者的2.5倍(见图2)。城市中逐渐增加的劳动力人口需求缺口推动农村村民不断迁移。1978年我国城市化水平仅为18%;至2003年,城镇人口增长近3倍,城市化进程上升至40.53%(卢向虎等,2006)。我国农村地区约占国土总面积的94%,但农村地区人口远远少于城市地区。据国家统计局公布的数据,从2014年至2021年,农村平均每年减少1 581万人,相同时间段城市人口平均每年增长约2 098万人(见图3)。据上海财经大学2021年"千村调查"数据显示,约71.7%的村庄存在常住人口低于户籍人口的情况(见图4)。可见,农村人口向城市迁移仍是当下我国国内人口迁移的主要发展方向。

图 2  2012—2021 年城镇与农村居民人均可支配收入

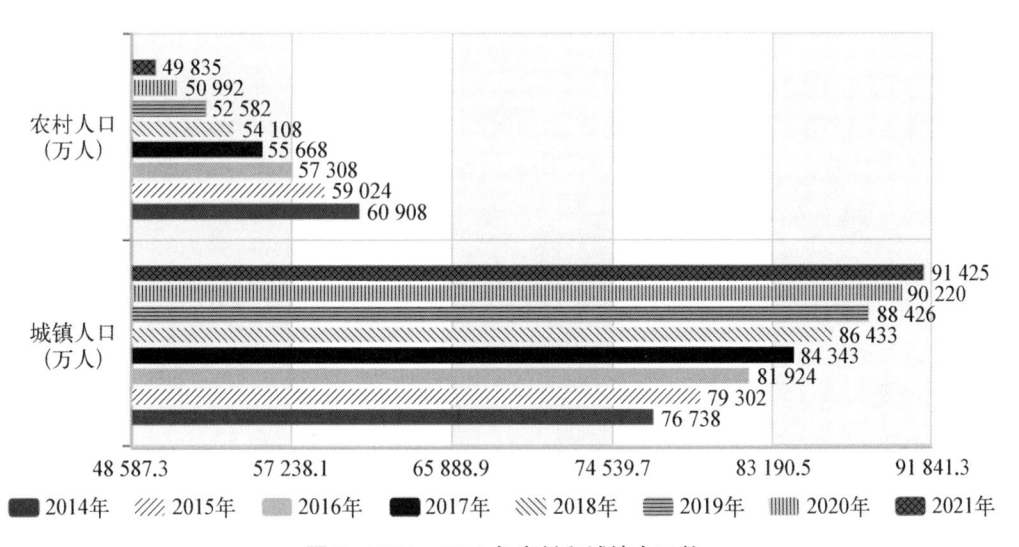

图 3  2014—2021 年农村和城镇人口数

转型期农村人口的急剧流失增加了村庄生态环境的治理成本。由于社会结构转型，大量村民不再长时间居住于村庄内，其参与当地公共事务的机会也随之减少。熟人社会关系的瓦解降低了人与人之间的信任与道德约束。也正因为居住时间的减少，迁移村民无法享受村内生态环境改善带来的利益，故而基于理性人的选择，其很难积极供给生态环境这一公共物品(黄云凌,2020)。而作为村庄主要常住人口的留守老人和儿童,由于其受教育水平不足,未形成保护环境的生态意识,也很难成为农村生态环境治理的主力军(王晓宇等,2018)。

(二)环境法的"城市中心化"忽视农村地区

现代意义上的环境法起源于对工业革命污染环境的反思,主要关注工业污染防治和

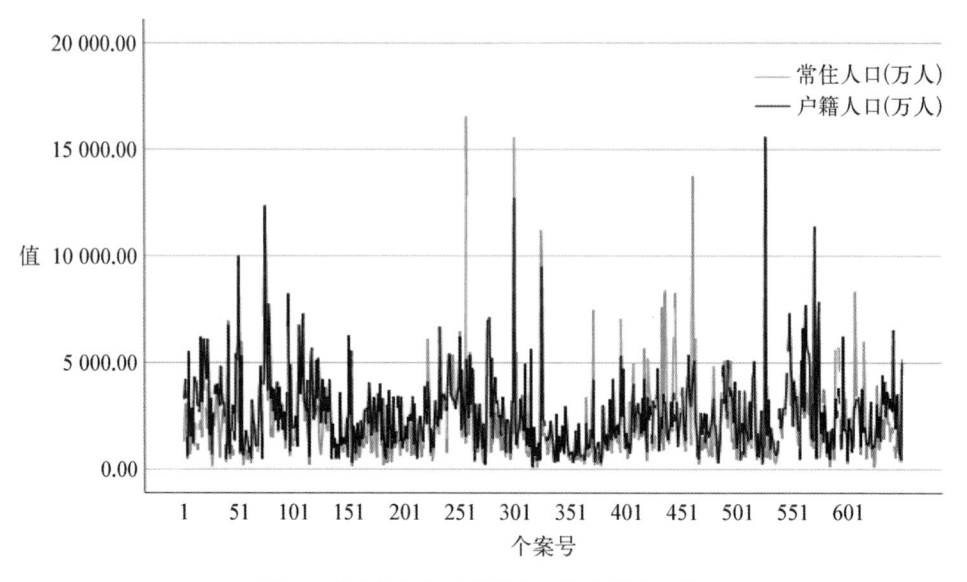

图 4　2021 年各村庄常住人口和户籍人口数

城市环境利益(刘鹏和崔彩贤,2020)。目前已有关于农村生态环境治理的法律规范散见于《环境保护法》《水污染防治法》《固体废物污染环境防治法》等,但是其具体规定较为抽象,多为原则性规定,实际执行有难度。例如,1989 年的《环境保护法》仅第二十条规定各级人民政府应当加强对农业环境的保护。2015 年的新《环境保护法》在第三十三、第四十九和第五十条中明确规定了各级人民政府对农业农村环境保护和污染防治等的义务。通过北大法宝检索全文含有"农村环境"的法律法规共计 731 部,其中部门规章有 556 部,数量最多;以"环境保护"为关键词检索,则可获取 21 054 部各类法律法规(见图 5)。从涉及农村环境保护的法律文件数量、既有规范性文件完善程度、环境立法规划等方面都可以看出,我国当下环境立法具有明显的城市中心主义倾向,忽视农村生态环境保护(蒋莉,

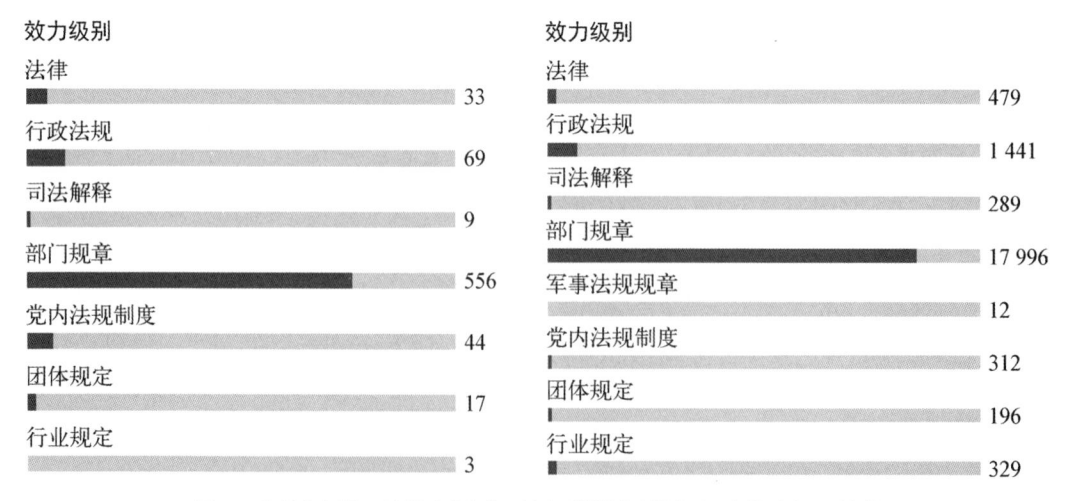

| 效力级别 | 数量 | | 效力级别 | 数量 |
|---|---|---|---|---|
| 法律 | 33 | | 法律 | 479 |
| 行政法规 | 69 | | 行政法规 | 1 441 |
| 司法解释 | 9 | | 司法解释 | 289 |
| 部门规章 | 556 | | 部门规章 | 17 996 |
| 党内法规制度 | 44 | | 军事法规规章 | 12 |
| 团体规定 | 17 | | 党内法规制度 | 312 |
| 行业规定 | 3 | | 团体规定 | 196 |
| | | | 行业规定 | 329 |

图 5　有关"农村环境"(左)与"环境保护"(右)的各级法律法规文件数

2011)。虽然我国农村人居环境整治依靠中央文件已经取得了显著成效,但是如何巩固现有整治的胜利成果并形成农村人居环境治理长效机制离不开法治保障(刘鹏和崔彩贤,2020)。

(三)非正式规范与正式规范的冲突

中华民族向来尊重自然、热爱自然,自先秦以来便强调生态系统的整体性,如先秦《尚书·周书·洪范》通过"五行说"指出生态系统应当坚持整体性治理——"五行:一曰水,二曰火,三曰木,四曰金,五曰土"。此外,何晏的"贵无"论、程颢的"天地万物一体"、朱熹的"万物一理"、王阳明的"一体之仁"等思想对此皆有阐述(刘林琳,2021)。基于对天人关系的朴素认识,中国古代社会发展了一套以时禁发、不违农时、顺时而为的"时禁"朴素生态观并逐步建立"时禁"法律制度体系,体现了我国古人保护环境、保障资源的传统生态智慧。"时禁"将人和自然联系起来,明确在两者的关系上人并不处于主导地位,相反,人依赖自然,因而人事活动必须受自然时令的制约,做到"顺时而为"。"时禁"要求无论是国家政事、百姓生产生活,还是获取自然资源的活动,都必须依据季节的更替来进行合理安排,以保障自然资源的繁衍生长和休养生息,维护自然生态系统的平衡和良性运转。"时禁"发轫于先秦月令,其后被历代政府奉为"古训""古法"。如《秦律·田律》规定在春二月,严禁砍伐林木、禁止捕鱼或宰杀幼兽:"春二月,毋敢伐材木山林及雍(壅)隄水。不夏月,毋敢夜草为灰,取生荔、麛(卵)鷇。"传承至今,有关生态环境保护的乡规民约在农村环境治理中仍具有重要作用。例如在某耕种地区,传统习俗下自发形成的轮牧活动能够有效利用草地,以保证牧草正常的生长周期;然而当地政府为保护当地牧草资源的可持续性,将牧地划分为个人所有,舍弃了原有的轮牧活动,反倒破坏了当地牧草的正常生长。显然,政府在实施环境保护政策的同时要因地制宜,不可忽视当地非正式规范对环境保护的积极作用。

(四)早期粗放型扶贫开发对农村自然资源的破坏

在生态文明建设政策实施前,一味追求经济发展而忽视生态环境的现象十分普遍。例如,位于江西省宜春市的丰顶山,地处袁州区与万载县交界处,海拔超过960米,山内散居着超过400户村民,建造了超过1000座炭窑,由于交通不便,村民们的生活来源完全依托于丰顶山内的自然资源,砍树、烧炭是他们的主要谋生手段,尽管如此,山内人均年收入仍不足2000元。资源掠夺下的发展随着生态资源的逐渐衰减开始弱化。之后,丰顶山乱砍滥伐行为频繁发生,水土流失、生态破坏现象越发严重,树木越来越少,村民也越来越穷。贫困导致了环境退化,而环境退化又加剧了贫困,这就是环境与贫困之间的"贫困陷阱"(李亮和高利红,2017)。违反生态环境法律实施扶贫开发的企业或者个人必然承担相应的责任。部分地区在规划扶贫项目的过程中,缺乏对生态环境保护的系统性、科学性认识,有些环保措施反而加剧了对生态环境的破坏。例如,在云南澜沧县,为扶持造纸企业发展,当地大力推广桉树种植,该项措施表面上既有利于经济发展,又有助于环境保护,然而实际上由于大量种植单一树木反而损害了地区的生物多样性。植树造林并不都有利于生态环境的保护。地处湿地自然保护区的云南省会泽县,植树造林使得湿地面积锐减,破坏了鸟类的栖息地(李小云等,2005)。此外,退耕还林、生态保护红线等生态环境保护政策也会限制当地农村经济的发展。例如自2000年起河北省嵩县被确定为黄河中上游天然林保护区以来,区域内的210万亩天然林地受到严格保护,使得以林木资源为基础的开发项目难以进行(李大伟,2017)。因此,在保护农村地区生态环境的同时,如何将其与脱贫开发、发展经济相协调是环境治理的难题。

### 四、完善农村生态环境建设的具体路径

#### (一)坚持农村生态环境建设的多中心治理

农村生态环境对象所涉及的所有权主体是个人、集体、国家的复合,加大了环境规制的难度。1954年,保罗·萨缪尔森按照所有者的不同将物品分为私人消费品(private consumption goods)和集体消费品(collective consumption goods)(Samuelson P A,1954)。私人消费品可在不同个体之间分配,构成私人财产;集体消费品是指所有人都能共同享有的物品,即每个人对这种物品的消费不会导致任何其他个人对这种物品消费的减少,如公共基础设施(Samuelson P A,1954)。因此,农村生态环境在性质上既包括具有私人物品属性的环境资源,也包括具有集体物品属性的环境资源。

然而,有些物品的供给主体并非仅有集体一方或个体一方,有些物品的"公共性"或者说排他性是有限的。布坎南在此基础上定义了第三类物品,即介于私人物品和集体物品之间的"俱乐部物品"(club goods)(James M B,1965)。萨缪尔森最初定义的集体消费品具有非排他性和非消费竞争性,然而随着市场失灵、政府介入经济分配的发展,不同区域、社区之间公共物品的差异性逐渐显露并体现了一定的排他性,如地方公共产品的供给、社区项目、行业协会等(McNutt P,1999)。布坎南所提出的俱乐部物品理论恰当地解释了地区差异与合作的问题。以上物品类别的划分与基本制度相关联,即市场环境中的私有财产交换和官僚组织下的政府所有财产(Ostrom E,2010)。但是奥斯特罗姆认为集体物品的提供者并非仅限于政府组织,私营单位也可以市场方式竞争性地参与集体物品的供给,从而提出"公共池塘资源"概念(Ostrom V 和 Ostrom E,1977)。作为第四类物品,公共池塘资源既具有私人物品的可消费性,又具有公共物品难以排他的特征,如森林、水、渔业、全球大气等(Ostrom E,2010)。农村生态环境资源与"公共池塘模型"理论十分契合,其实质在于强调治理路径上国家、市场、社会的共同参与,是一种多中心治理方式(陈水光等,2020)。

基于多中心治理理论,农村生态环境治理应当突破现有单一的政府治理主体,增加村民、社会组织、市场的参与,按照农村环境资源的不同性质分层次划分治理方式。例如,对具有个人属性的农村环境资源,应当坚持以村民治理为主导,政府通过非强制性的规范措施给予适当的补贴、支持、引领,发挥其导向作用;而对具有集体属性的环境资源,垄断性物品应当由政府承担全部治理职责,非垄断性物品则政府利用市场机制,吸引社会组织、企业等多元主体的投资参与(郭武和王晶,2018)。

## （二）加强乡村生态环境法治建设

回应农村生态保护需求，完善乡村生态环境法治建设是当下保障农村环境的重要措施。目前已有的针对农村生态环境保护的法律体系主要分为两类：一类是以韩国、欧盟为代表的，进行专门农村环境保护立法的模式；另一类是以美国为代表的，通过对已有环境保护法律的修订，增加有关农村环境保护的法律条款（王树义和刘琳，2015）。我国目前适用的是第二类模式。在此模式下，应当提高农村环境法治建设内容的可操作性，回应农村生态环境治理的现实困境。1978年，菲利佩·诺内特和菲利普·塞兹尼克将法律分为压制性法、自治性法和回应性法（Nonet P 和 Selznick P，1978）。此后，有研究按照法律的演进，将法律分为形式法、实质法、反身法三个阶段（Teubner G，1982）。在回应性法基础上，1992年艾尔斯和布雷斯维特提出回应性监管理论（responsive regulation），认为监管者应当依据被监管者的行为采取适当的行政措施，超越传统的命令控制型规制措施（Ayres I 和 Braithwaite J，1992）。沿着回应性法、反身法、回应性监管的理论发展脉络可以发现，被监管者在社会治理中的主动性逐渐增强。早期以城市为中心的环境法律体系在处理农村问题上暴露了其局限性，因此新时期加强乡村生态环境建设，必然需要回应需求，自下而上地完善农村环境保护相关法律。具体说来，农村生态环境保护法治建设应当明确农村环境保护法律的适用范围，确立专门的执行、监督主体，发挥乡级政府、村级委员会在环境保护方面的具体职能（蔡守秋和吴贤静，2009）；此外，还要促进居民参与公共基础设施建设的主动性，通过法律形成明确的激励机制，提高村民对因环境保护而产生的未来收益的期许，稳定对农村公共行为的信任，建立制度基础（牛玉兵，2017）。

## （三）重视村规民约等非正式规范的立法融入

村规民约中有关生态环境保护的规定在当地环境治理方面具有重要作用，生态环境法治建设应当融入已有环境保护的非正式法律规范中。《村民委员会组织法》第二条规定，"村民委员会是村民自我管理、自我教育、自我服务的基层群众性自治组织，实行民主选举、民主决策、民主管理、民主监督"，条文的笼统性为非正式规范的运行留下了足够的空间。所以，如何在农村治理实践中使得正式性规范"合情合理（合礼）"化，使其顺应农村的风俗习惯、传统文化，是检验正式性规范是否能够得到有效实施的重要标准。非正式性规范与正式性规范在农村治理中是共同发挥作用的。非正式性规范在正式性规范缺位的情况下起着重要的补充和替代作用。在非正式性规范缺失的情况下，正式性规范的行使是乏力的，非正式性规范是正式性规范运作的前提。正式性规范虽然是在国家的控制下运行的，但其仍然保持着与农村社会的风俗习惯和传统文化的高度黏合性。非正式性规范是正式性规范的延伸或修正性阐释，正式性规范无非正式性规范的补充与修正则难以有效施行与运作，非正式性规范无正式性规范的整合便会陷入所谓的"霍布斯丛林"。所以，非正式性规范与正式性规范是相互统一、互相融合的，在互动中共同对人们的行为做出规制。如何"因地制宜"地将环境保护的正式性规范有机"嵌入"非正式性规范的文化土壤是农村环境治理中亟待解决的重要问题。

从制度变迁理论来看，非正式性规范是有可能转化为制度规范的。当某种潜在利益在原有制度中不能获取时,制度失衡,此时就会导致制度变迁,可分为诱致性制度变迁和强制性制度变迁(科斯等,1994)。正如科斯所言,正式规则的制度移植虽然可以减少变迁成本,但若与本土的非正式规则不相融合,那么依旧无法达到新的均衡状态(卢现祥,2003)。非正式性规范本身往往蕴含着本地区居民在长期的生活中逐渐形成的价值观念、伦理规范、道德观念和风俗习性等,尽管不具有强制性的特点,但作为制度的重要组成部分,对社会成员往往有着潜移默化的作用,"常常是以无形的方式表现出来,或者说在一定程度上通过内化为社会成员的行为,对社会经济各方面产生间接的作用",对人们的行为产生深远影响(陈丰,2009)。因此,当非正式性规范带来的预期成本效益比相对于正式性规范带来的预期成本效益比有明显的优势时,非正式性规范便会通过或"诱致"或"强制"的方式转化为正式性规范。

(四)坚持扶贫开发与生态环境保护相统一

在我国,部分欠发达农村地区的贫困与环境之间的关系是多种多样且复杂多变的。一方面,减少贫困可以抑制生态资源的退化,保护生态环境亦可以减少贫困。我国大部分贫困地区和生态环境脆弱区域在地理位置上存在耦合(吴大华,2018)。贫穷加剧了荒漠化和土地、森林、植被的脆弱性。通过扶贫开发工作,多渠道增加居民收入,降低居民对生态资源的依赖,可有效转变贫困地区居民依托当地自然环境而适用的单一资源利用型生存模式,从而抑制"生态脆弱—贫困—掠夺资源—生态退化—进一步贫困"的恶性循环。另一方面,在特殊情况下,生态环境保护的相关法律也会限制扶贫开发工作的推进,贫困地区与生态环境脆弱区域的耦合使得这种情况十分普遍。

2015年11月,习近平总书记在《关于打赢脱贫攻坚战的决议》中明确提出将"坚持生态保护,实现绿色发展"作为脱贫攻坚的重要原则。生态扶贫理念正式成为处理扶贫开发与生态环境保护关系的基本原则。生态扶贫是指在特殊区域,因地制宜地选择能够与生态环境相互融合或短期内无影响但长期会产生积极影响的经济建设方针,以实现扶贫开发与生态保护的统一发展。生态扶贫是对习近平总书记"两山论"思想的贯彻与落实,是绿色发展理念的具体发展,是营造人与自然和谐共处、互利共生关系的现实体现。然而由于生态扶贫是一项长期工程,在自由市场环境下,短期内很难产生收益,因此需要采取具体的政策行动来影响其中的条件变量,从而最大限度地同时实现减少贫困和生态保护这两个目标(Reardon T和Vosti S A,1995)。扶贫开发中面临的环境问题与其他区域在经济发展中面临的环境问题既具有同质性也有其特殊性,故而一方面普适性环境管控措施在贫困地区同样适用,另一方面在资源补贴和政策优惠上要给予适当倾斜。例如,推进生态资源资本化以保障生态扶贫可持续发展并不断增值;推进生态补偿立法以克服市场失灵,弥补扶贫开发带来的环境外部效应;设立生态环境损害救济机制以弥补扶贫开发时对生态环境造成的难以避免的损害。如此,通过一系列宏观调控措施,才能真正落实生态扶贫政策,共同推动生态环境与扶贫开发事业稳步前进。

**参考文献**

[1] 毕于运,王亚静,高春雨.我国秸秆焚烧的现状危害与禁烧管理对策[J].安徽农业科学,2009(27).

[2] 蔡守秋,吴贤静.农村环境保护法治建设的成就、问题和改进[J].当代法学,2009(1).

[3] 陈丰.论非正式制度对制度成本的影响[J].当代经济研究,2009(10).

[4] 陈水光,孙小霞,苏时鹏.农村人居环境合作治理的理论阐释及实现路径——基于资本主义经济新变化对学界争论的重新审视[J].福建论坛(人文社会科学版),2020(1).

[5] 关于进一步加强农村生活垃圾收运处置体系建设管理的通知[OL].2022-09-13.http://www.gov.cn/zhengce/2022-05/29/content_5692927.htm.

[6] 郭武,土晶.农村环境资源"多中心治理"法治格局初探[J].江苏大学学报(社会科学版),2018(3).

[7] 黄进,李斌,石杨.秸秆不让烧,还田又引发病害,农民怎么办?[OL].2022-09-13.https://m.thepaper.cn/baijiahao_9111958.

[8] 黄云凌.农村人居环境整治中的村民参与度研究——基于社区能力视角[J].农村经济,2020(9).

[9] 蒋莉.农村需要什么样的环境法——基于对城市中心主义环境立法的反思[J].内蒙古社会科学(汉文版),2011(4).

[10] 〔美〕科斯,阿尔钦,诺斯.财产权利与制度变迁[M].刘守英,等,译.上海:上海人民出版社,1994:371.

[11] 李大伟.新常态下贫困山区开发战略与脱贫模式——基于河南省嵩县的实证分析[M].河南:河南人民出版社,2017:163.

[12] 李亮,高利红.论我国重点生态功能区生态补偿与精准扶贫的法律对接[J].河南师范大学学报(哲学社会科学版),2017(5).

[13] 李锁强.中国农村统计年鉴(2021)[M].北京:中国统计出版社,2021.

[14] 李小云,等.环境与贫困:中国实践与国际经验[M].北京:社会科学文献出版社,2005:27-29.

[15] 刘林琳.中国传统生态文化的发展与传承——《中国古代环境资源法律探研》评析[J].西部学刊,2021(23).

[16] 刘鹏,崔彩贤.新时代农村人居环境治理法治保障研究[J].西北农林科技大学学报(社会科学版),2020(5).

[17] 刘彦随,刘玉,翟荣新.中国农村空心化的地理学研究与整治实践[J].地理学报,2009(10).

[18] 卢现祥.西方新制度经济学(修订版)[M].北京:中国发展出版社,2003:43.

[19] 卢向虎,朱淑芳,张正河.中国农村人口城乡迁移规模的实证分析[J].中国农村经济,2006(1).

[20] 牛玉兵.农村基层治理公共性难题的法治化解[J].法学,2017(10).

[21] 山东:小麦茎基腐病害已突破1200万亩,严重威胁粮食安全[OL].2022-09-13.https://www.guancha.cn/politics/2020_09_02_563733.shtml.

[22] 睡虎地秦墓竹简整理小组.睡虎地秦墓竹简[M].北京:文物出版社,1990:20.

[23] 王登山,李韶民,张鸣鸣.农村人居环境绿皮书——中国农村人居环境发展报告(2021)[M].北京:社会科学文献出版社,2021:87.

［24］王树义,刘琳.论我国农村环境保护之法治保障——以立法保护为重点［J］.环境保护,2015(21).

［25］王晓宇,原新,成前.中国农村人居环境问题、收入与农民健康［J］.生态经济,2018(6).

［26］吴大华.生态文明建设与精准脱贫：生态文明贵阳国际论坛(2016)［M］.北京：社会科学文献出版社,2018：5.

［27］中共中央组织部干部教育局,国务院扶贫办政策法规司,全国扶贫宣传教育中心.脱贫攻坚［M］.北京：党建读物出版社,2017：208-209.

［28］中华人民共和国住房和城乡建设部.中国城乡建设统计年鉴(2020)［M］.北京：中国统计出版社,2021.

［29］Ayres I and Braithwaite J. Responsive Regulation：Transcending the Deregulation Debate［M］. Oxford University Press,1992.

［30］James M B. An economic theory of clubs［J］. Economica,1965(32)：1.

［31］McNutt P. Public goods and club goods［J］. Encyclopedia of Law and Economics,1999：927.

［32］Nonet P and Selznick P. Law & Society in Transition［M］. Routledge,1978.

［33］Ostrom E. Beyond markets and states：polycentric governance of complex economic systems［J］. American Economic Review,2010(100)：641.

［34］Ostrom V and Ostrom E. Public Goods and Public Choices［M］. in Savas ES (ed). Westview Press,1977.

［35］Reardon T and Vosti S A. Links between rural poverty and the environment in developing countries：asset categories and investment poverty［J］. World Development,1995(23)：1495.

［36］Samuelson P A. The pure theory of public expenditure［J］. The Review of Economics and Statistics,1954(36)：387.

［37］Teubner G. Substantive and reflexive elements in modern law［J］. Law & Soc'y Rev,1982(17)：239.

# 不同人口特征的劳动力对工资和基础教育水平的异质性反应

郭凤娟[①]　袁航宇[②]

指导老师：张　元[③]

**摘　要**：本文利用2019年"千村调查"微观数据与31个省份的特征数据,研究目的地特征和以村庄为单位的劳动者特征对劳动力流向的影响。实证显示,劳动者倾向于流向预期工资收入更高和基础教育水平更好的地区。另外,当地人均年纯收入和受教育程度不同的劳动者,表现出对目的地基础教育水平和预期工资收入因素选择的异质性。基于此,政策制定者需要更加重视教育政策对劳动力流动的影响,并加强对劳动者的教育培训和信息提供,提高其理性决策能力。

**关键词**：基础教育水平　预期工资收入　劳动力异质性选择　劳动力流向　条件Logit模型

## 一、研究背景和意义

改革开放以来,我国劳动力市场发生了很大的变化,其中农村劳动力向城市转移的规模不断扩大。据统计,1982年至2017年我国流动人口规模从700万人增长到2.4亿人(如图1所示)。如此大规模的流动人口去了何地？什么因素在影响迁移劳动者选择目标地区？

回顾以往文献,我们发现,研究多集中在目的地特征因素。绝大多数学者从目的地预期工资收入、生活成本、基础教育水平等角度出发,探究不同目的地特征对劳动力的吸引力。但其中关于流动人口内部差异性的问题少有涉及,比如东部沿海地区农村劳动者的收入水平和受教育水平普遍高于中西部地区,这种流动人口内部特征的差异可能导致其在选择目的地特征时天然的异质性反应。

本文利用2019年"千村调查"项目的入村问卷数据以及全国31个省级行政区(不包含

---

[①] 郭凤娟,上海财经大学金融学院金融专业2021级博士研究生。
[②] 袁航宇,上海财经大学金融学院金融专业2021级硕士研究生。
[③] 张元,上海财经大学金融学院。

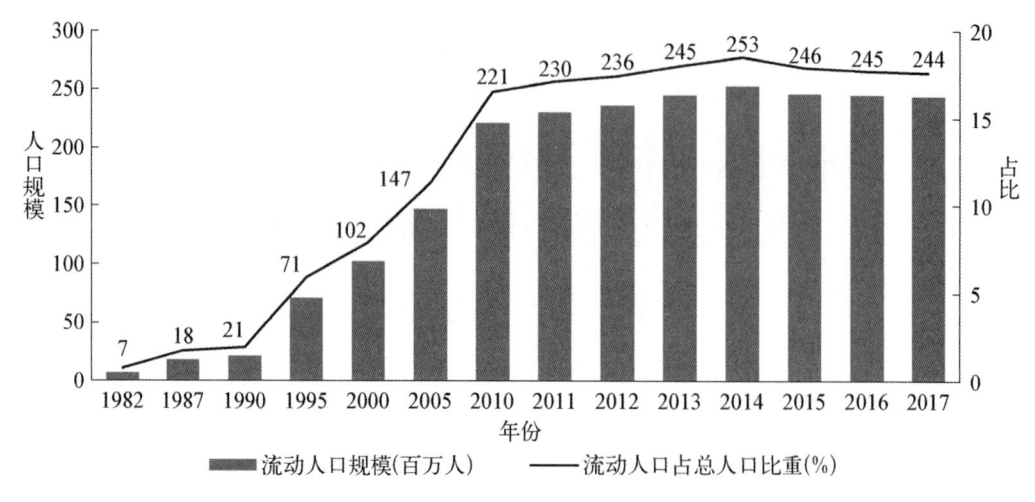

图 1　我国 1982 年至 2017 年流动人口规模和占比

香港、澳门、台湾,以下简称"省份")的目的地特征数据,研究目的地特征以及劳动力群体特征对流动人口目的地选择的影响。调查问卷涉及 950 个不同的行政村,得到了反映整个村庄的劳动力总体特征的数据(为了区分全体劳动力和各村庄内部劳动力特征,以下称后者为"劳动力个体特征")以及村中劳动力对外出务工目的地的选择情况。本文采用的计量方法是条件 Logit 模型,实证结果显示:目的地特征变量如预期工资收入、教育和医疗服务水平、生活成本、距离、目标城市失业率(衡量地区工作机会)、户口限制等因素会显著影响农村劳动力对目标迁移地的选择,这也与以往学者的研究不谋而合。本文进一步探究不同特征的劳动者在选择目的地特征时是否存在异质性反应,有以下两个主要发现:一是当地人均年纯收入较高的劳动力较当地人均年纯收入较低的劳动力,对目的地的基础教育水平反应更强,更倾向于选择基础教育水平较高的城市;二是受教育水平较低的劳动者更在意目的地的预期工资收入水平,更愿意流向预期工资收入高的城市。本文根据劳动力特征数据进行了解释分析,并提出相应的政策建议。

本文的结构如下:第二部分对探究影响劳动力流动因素的文献进行回顾和评述,第三部分介绍本文的数据特征和模型变量设计,第四部分是关于目的地特征如何影响劳动力目的地选择的实证结果以及稳健性检验,第五部分在上一节的基础上研究劳动力个体特征对目的地选择的影响,最后综述本文的结论和政策建议。

## 二、相关文献梳理

劳动力对迁移和流动的选择本质上是劳动力追求更高的个人效用的结果,当理性的劳动者比较迁移的成本和收益并发现收益高于成本时,便会做出迁移的决策。

根据发达国家的经验,Lewis(1954)指出当工业经济部门发展到一定程度后,劳动力会从传统的农业部门源源不断地向现代工业部门转移。当劳动力达到一个拐点即转移的农业劳动力供应从过量至有限时,工业部门的实际工资会随之增长。

Zhang 等(2011)利用中国科学院农业政策研究中心(CCAP)、国际食物政策研究所(IFPRI)等机构调研所得的189个乡村和5个省份的相关数据进行研究,结果表明中国实际工资呈现显著的上升趋势,遂认为中国劳动力市场已经达到了 Lewis 拐点。

也有学者针对劳动者迁移的选择做了大量研究,主流方法是 Todaro(1969)和 Harris(1970)的两部门模型。该模型认为城市和农村部门之间持续存在工资差异,劳动者将根据预期的城乡收入差异做出是否迁移的决策。

紧跟而来的新经济地理模型(Krugman,1991;Fujita 等,1999;Puga,1999)更关注劳动力的跨地区空间流动,认为劳动力会从"边缘"地区向商品更多样化、工资水平更高和就业机会更多的"中心"地区集聚。

Morreti(2010)也建立了关于劳动者迁移的模型,解释了劳动者会在预期名义工资收入和生活成本(房地产价格)之间做出权衡,并由此解释出现的"高技能劳动力"和"非高技能劳动力"向不同的目的地迁移的现象。

后续研究还发现,由于人力资本外部性有利于个人获得更多学习机会以提升技能水平,人口密集度高的地方技能匹配更容易,因此劳动力更倾向于流向平均受教育水平高和人口密集度强的城市(Moretti,2004;Fu 和 Liao,2012)。

基于中国劳动力流向的实证研究也发现了与上述理论较一致的结果:非农产业和外向型经济比重高、人口规模大、平均受教育程度高、预期收入高、与流出地距离近、公共服务水平高的省份更容易成为劳动力流入地(肖群鹰和刘慧君,2007;王桂新等,2012;夏怡然和陆铭,2015)。

考虑到中国特殊的国情,针对流动人口管理的户籍管理制度也成为影响人口流动的一大因素。严格的户籍管理制度不利于迁移劳动力的子女的教育甚至是劳动力个人享受当地的公共服务,由此会降低劳动力对该地的选择意愿(沈亚芳等,2020)。

此外,Lucas(2004)强调,成功的城市化理论应具有三个不同的特征:描述传统和现代经济部门长期共存,描述从农业部门向现代部门的迁移,并解释移民之间的收入平等。

关于迁移劳动力内部特征的差异导致其在流向地选择方面的差异的研究,可能是受数据特征缺失的限制,早期学者更多采用省级居民迁移率研究各个目的地特征因素对劳动力选择迁移目的地的影响。这就蕴含了一个假设,即所有劳动力都是同质的,忽视了劳动力的个体异质性。另外,省级迁移率数据忽视了同一省份不同城市之间的迁移现象,使得很多迁移的劳动力并没有被统计,无法得到可信的估计结果。同时,直接用某年当地的迁移率数据和该年该地区的特征进行研究,很难说明是地区特征影响了劳动力的迁移选择,也可能存在地区特征受劳动力流入影响的反向因果关系。

综上所述,本文利用上海财经大学2019年"千村调查"中涉及31个省份、950个行政村的微观问卷数据,结合条件 Logit 模型进行研究。研究内容涉及以下两个问题:一是用微观迁移数据(以行政村为基本单位)检验劳动力迁移目的地选择的影响因素是否符合以往学者的研究成果。本文主要关注的目的地特征为预期工资收入和基础教育水平,既包括以往学者常用的跨省的劳动力迁移数据,又包括本数据集特有的劳动力的省内迁移数据。二是利用微观数据研究劳动者的不同特征对其选择流入地的影响,具体体现为当地人均年纯收入和受教育程度不同的劳动者在流入地选择过程中是否会表现出对目的地预期工资收入和基础教育水平的异质性反应。

### 三、不同的劳动力特征对工资和基础教育水平的异质性反应分析

（一）模型设定

劳动者在选择迁移地时面临一系列备选城市。本文假设劳动者选择流向某个城市的效用函数如式(1)所示。

$$U_{ij} = \pi income\_c_j + \beta edu\_c_j + \theta Z_{ij} + \varepsilon_{ij} (i=1,2,\cdots,N)(j=1,2,\cdots,J) \quad (1)$$

其中：$i$ 表示第 $i$ 个村庄的劳动者特征，$j$ 表示可供劳动者选择的流入地城市，$income_j$ 表示劳动者可选择的城市 $j$ 的预期工资收入，$edu\_c_j$ 表示劳动者可选择的城市 $j$ 的基础教育水平，$Z_{ij}$ 衡量劳动者 $i$ 可选择的城市 $j$ 的其他目的地特征向量。假设流动人口会按照效用最大化的原则选择流向的目的地城市 $j$，则满足式(2)的条件。

$$U_{ij} > U_{ik} \quad \forall j \neq k \quad (2)$$

劳动者选择流入城市 $j$ 的概率如式(3)所示。

$$\text{Prob}(y_{ij}=1) = \frac{\exp(\pi income\_c_j + \beta edu\_c_j + \theta Z_{ij})}{\sum_{j=1}^{J}\exp(\pi income\_c_j + \beta edu\_c_j + \theta Z_{ij})} \quad (3)$$

因变量 $y_{ij}$ 是一个关于劳动者是否选择该地区的 0-1 变量。当劳动者 $i$ 选择地区(省份) $j$ 时，$y_{ij}$ 取 1；否则取 0。我们可以得知，对 $i$ 个劳动者，每个人都有 $J$ 个地区可选择，所以实际的样本个数为劳动者数量乘以可选择的目的地数量（$N \times J$）。我们利用 Logit 模型估计式(3)中的特征参数 $\pi$、$\beta$ 和 $\theta$，以此来判断不同的目的地特征因素对劳动者选择该地区作为迁移目的地的概率的影响。当参数为正时，表明目的地特征值越大，该地区被选择的可能性越大。参数的绝对值越大，则说明该特征对迁移地选择的影响越大。

进一步地，本文研究劳动者的受教育程度和当地人均年纯收入水平等个体特征对不同目的地特征选择的异质性反应。在条件 Logit 模型中，目的地特征影响的个体异质性通过在估计模型中放入目的地特征和劳动力特征的交叉相乘项来实现(Greene，2008)。本文的核心目的地特征变量是预期工资收入和基础教育水平，因此本文重点考虑不同受教育程度和当地人均年纯收入水平的劳动者对这两个因素选择的异质性反应。具体做法是加入四个变量的交叉相乘项，如式(4)所示，$L_i$ 代表劳动者个体特征的向量，$edu\_v_i$ 表示劳动者的受教育程度，$income\_v_i$ 表示劳动者所在村庄的收入水平，$\lambda$ 和 $\mu$ 是待估计的交叉项系数。

$$\text{Prob}(y_{ij}=1) = \frac{\exp(\pi income\_c_j + \beta edu\_c_j + \theta Z_{ij} + \lambda L_i \times income\_c_j + \mu L_i \times edu\_c_j)}{\sum_{j=1}^{J}\exp(\pi income\_c_j + \beta edu\_c_j + \theta Z_{ij} + \lambda L_i \times income\_c_j + \mu L_i \times edu\_c_j)}$$

(4)

## (二)变量描述

根据模型设定和研究目的,本文综合迁移劳动力的特征数据和 31 个省级行政单位目的地特征数据对模型进行估计。迁移劳动力的特征数据来自 2019 年上海财经大学"千村调查"数据库,其中涉及 950 个不同的行政村劳动力群体,代表了本文所需要的迁移劳动力的异质性特征。本文重点关注不同行政村劳动力群体在当地(该行政村)务农或者从事其他工作,当地人均年纯收入水平和受教育水平会对劳动力迁移产生怎样的影响。省级层面的数据本文结合国家统计局年度调查数据和《中国区域经济统计年鉴》《中国城市统计年鉴》等来源,选取了 2018 年即滞后一年的特征数据。值得注意的是,虽然该问卷是 2019 年发放与收集的,但是其中的关键变量如收入实际上统计的是 2018 年的水平,为了维持数据的一致性,其他的年度变量本文均选择的是 2018 年的数据,这也符合以往学者的研究方法,因为在实证分析中即使看到目的地特征和人口流入之间存在正向的相关关系,也不能直接认为是该目的地特征因素影响了人口流动,有可能是人口流动导致特征因素的变化,所以对目的地特征数据的选择一般有一定的滞后性(Dahlberg 等,2012;夏怡然和陆铭,2015)。

### 1. 目的地特征数据与变量

本文的地区指的是中国的省、自治区和直辖市。由于 2019 年"千村调查"问卷涉及的劳动力去向精度为省及直辖市层面,因此最终包含在本文中的劳动力流向地为中国的 31 个省和直辖市。因为调查数据分布基本涵盖了全国各个省、自治区和直辖市,囊括东、西、中部以及东北地区,所以本文构建的劳动力迁移地具有较好的代表性。

表 1 列出了本文研究的影响劳动力流向选择的目的地特征变量及其定义。其中,本文的核心变量是目的地的预期工资收入和基础教育水平。预期工资收入取 2018 年当地的平均名义工资。由于迁移劳动力的年龄多集中在 18 周岁以上,随迁子女的教育问题自然受到劳动力群体的重视,因此本文用生均小学教师数和生均中学教师数来衡量地区基础教育水平。由于这两个变量之间存在很强的相关性,因此我们采取主成分分析方法将第一主成分得分值作为基础教育水平的度量以避免多重共线性问题。

**表 1　本文研究的影响劳动力流向选择的目的地特征变量及其定义**

| 变　量 | 定　　义 |
| --- | --- |
| $income\_c$ | 衡量预期名义工资收入,2018 年该地职工年平均工资(元) |
| $edu\_c$ | 衡量基础教育水平,2018 年生均小学教师数和生均中学教师数的主成分分析得分值 |
| $unem$ | 衡量就业机会,2018 年该地平均失业率 |
| $pop$ | 衡量人口规模,2018 年末该地常住人口(万人) |
| $house$ | 衡量生活成本,2018 年末该地的商品房平均每平方米的销售价格(元) |

续 表

| 变 量 | 定 义 |
|---|---|
| *distance* | 衡量距离，出发地所在城市至目的地省份省会的距离（千米） |
| *medical* | 衡量该地的医疗服务水平，2018年人均病床数、人均医生数和人均医院数的主成分分析得分值 |
| *policy* | 衡量户口政策"友好程度"，0为户口政策较为"严苛"，1为"友好" |

其他控制的目的地特征变量：该地的平均失业率，用来衡量该地的工作机会；人口规模，因为人口规模可以通过学习、分享和匹配这三个机制给劳动者带来好处（Duranton和Puga，2004），还会影响人们获得的就业机会和公共服务供给水平。

同时，控制了地区的房价作为该地区生活成本的代表。房价越高，生活成本也越高，对低技能的劳动力可能推力越大，且控制房价才能使名义工资的影响更接近实际工资（Moretti，2010）。另外，由于存在公共服务资本化问题，即公共服务好的地方吸引更多劳动力流入，从而推高房价，高房价可能部分体现了好的公共服务，因此在回归中控制房价可以减少名义工资和公共服务系数存在遗漏变量偏误（夏怡然和陆铭，2015）。

本文还控制了距离因素，用出发的行政村所在城市到目的地省份省会之间的距离衡量不能用货币成本直接体现的远离故乡、亲人、朋友的心理成本等。中国文化自古便提倡"安土重迁"，大量研究也表明，当其他情况相同时，劳动者更倾向于去距离最近的就业地，因此本文控制距离因素。

除此之外，本文还控制了目的地的医疗服务水平，该变量可在一定程度上代表当地的公共服务水平；同时，采用主成分分析的方法将第一主成分得分值作为医疗服务水平的度量以避免多重共线性问题。考虑中国特殊的户籍管理制度，我们还采取了户口政策"友好程度"作为控制变量来衡量该地对迁移劳动力子女上学和享受公共服务的友好程度（沈亚芳等，2020）。表2报告了目的地特征的描述性统计特征。

表2　　　　　　　　　　目的地特征变量的描述性统计特征

| 变 量 | 观测量 | 均 值 | 标准差 | 最小值 | 最大值 |
|---|---|---|---|---|---|
| *income_c* | 31 | 78 895.90 | 16 538.45 | 60 780.00 | 145 766.00 |
| *edu_c* | 31 | −0.09 | 2.62 | −3.79 | 5.24 |
| *unem* | 31 | 0.03 | 0.01 | 0.01 | 0.04 |
| *pop* | 31 | 4 594.50 | 2 989.14 | 354.00 | 12 348.00 |
| *house* | 31 | 8 894.49 | 6 067.56 | 4 736.94 | 37 420.19 |

续 表

| 变 量 | 观测量 | 均 值 | 标准差 | 最小值 | 最大值 |
|---|---|---|---|---|---|
| *distance* | 19 800 | 1 258.19 | 718.57 | 0.00 | 3 939.83 |
| *medical* | 31 | −0.03 | 1.17 | −1.82 | 2.35 |
| *policy* | 31 | 0.47 | 0.50 | 0.00 | 1.00 |

2. 村庄劳动力画像的数据与变量

本文利用上海财经大学 2019 年"千村调查"数据,主要研究外迁劳动力的特征对流向决策的影响。问卷数据共记录外出务工人数 462 316 人,涉及中国的 31 个省和直辖市、230 个地级市,数据在地理范围上有较强的代表性。外迁劳动力男女比大致为 3∶2,劳动力平均受教育年限为 8.30 年,基本符合 1986 年后我国颁布的九年制义务教育政策的国情,也论证了数据的可信度。表 3 报告了 950 个劳动力特征数据的描述性统计。

表 3　　　　　　　　　本文涉及的劳动力特征数据描述性统计特征

| 指 标 | 观测量 | 均 值 | 标准差 | 最小值 | 最大值 |
|---|---|---|---|---|---|
| 村庄户籍人口数 | 947 | 2 713.00 | 2 837.34 | 9 | 50 000 |
| 户籍人口男性 | 915 | 1 402.00 | 1 503.72 | 0 | 30 000 |
| 户籍人口女性 | 915 | 1 259.00 | 1 128.87 | 0 | 20 000 |
| 外出务工人数 | 832 | 556.00 | 696.71 | 0 | 9 803 |
| 外出务工男性人数 | 813 | 320.00 | 371.75 | 0 | 3 150 |
| 外出务工女性人数 | 812 | 200.00 | 251.03 | 0 | 1 700 |
| 人均年纯收入(元) | 863 | 49 535.00 | 873 985.60 | 0 | 25 600 000 |
| 受教育年限(年) | 660 | 8.30 | 2.42 | 0 | 15.28 |

由表 3 可见,各个指标的回答情况参差不齐。在进行统计时发现,部分问卷填写结果存在明显误差和疏漏。根据本文的研究目标,我们通过手动筛选剔除了少数当地人均年纯收入和受教育年限以及其他关键指标的空值和异常值,最终得到了 660 组有效数据。

根据图 2 可以看到,660 组有效数据中,调研村庄随迁劳动力的平均受教育年限分布呈左偏分布。随迁劳动力受教育年限主要集中在 7~12 年,即小学至高中的文化教育水平,随迁劳动力受教育年限平均数为 8.30 年,中位数为 8.66 年,基本符合我们的预期。从图 3 可以观察到,调查样本中平均劳动力受教育年限最高的前五个省或直辖市依次为北京、广东、海南、上海和浙江。除此之外,还可以看到 31 个省份之间的迁移劳动力存在明显的受教育程度差异,如北京市的农村劳动力受教育年限大致是西藏地区的 2 倍。

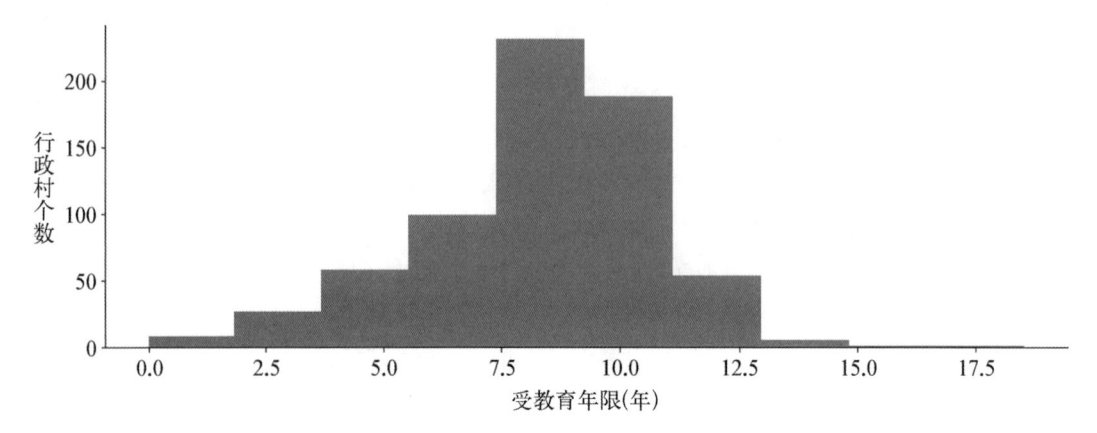

**图 2　调研村庄受教育年限分布**

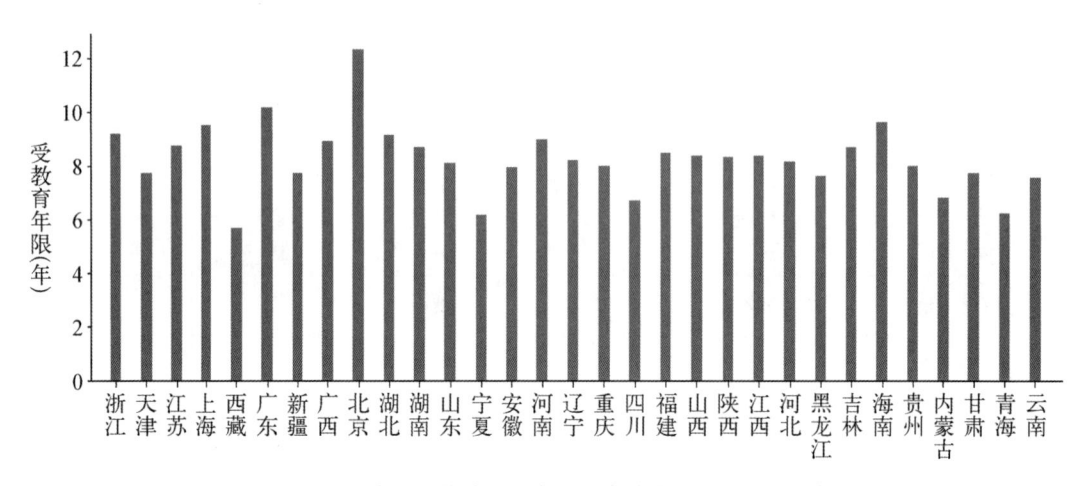

**图 3　调研村庄迁移劳动力按省份分类的当地平均受教育年限**

我们也关注随迁劳动力在当地的纯收入状况①,其分布呈现右偏的特征(如图 4 所示)。各村庄年可支配收入数集中在 5 000 元至 15 000 元之间,平均数为 16 064 元,中位数为 10 300 元。可以看到,与受教育年限的差异相比,随迁劳动力收入情况有更大的差异,这可能得益于九年制义务教育的推行。从图 5 可以明显看出,调查样本中最高的省份——浙江省当地随迁劳动力的年平均纯收入在 39 000 元左右,约是最低的云南省的 6 倍。

---

① 农民纯收入,是指农村居民当年从各个渠道得到的总收入扣除获得收入所发生的费用后的总和。

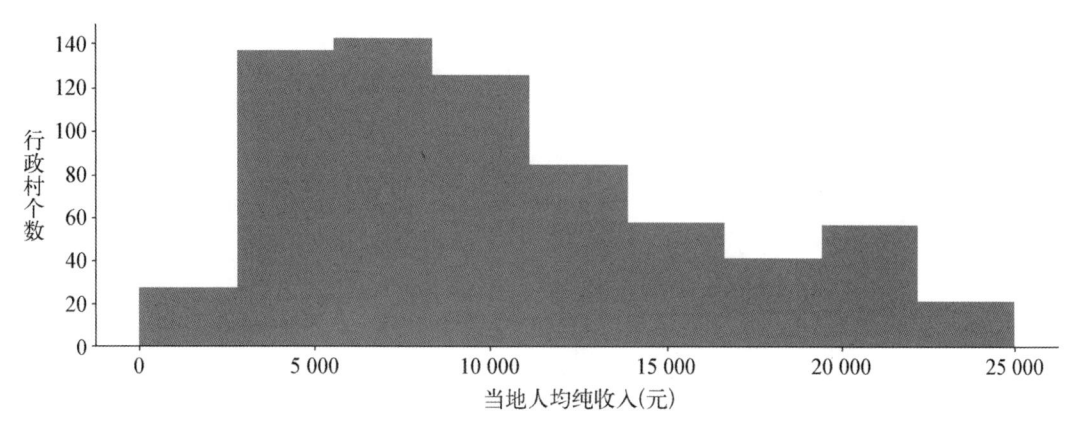

图 4 调研村庄当地人均年纯收入分布

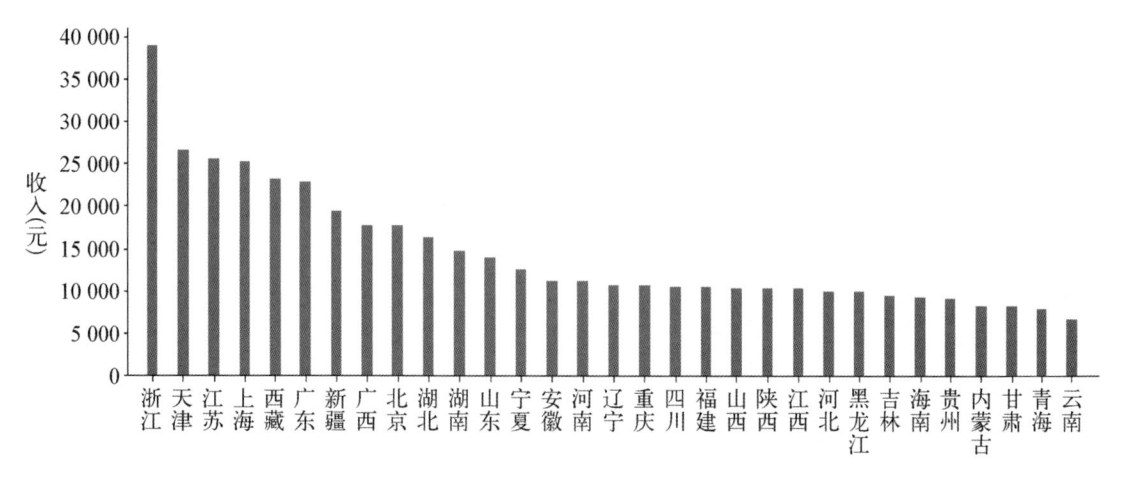

图 5 调研村庄迁移劳动力按省份分类的当地年平均纯收入

本文还将维度拓展至我国划分的四大经济区域来观察样本数据特征。如图 6 所示，在 950 个样本中，326 个位于东部地区，205 个位于中部地区，234 个位于西部，59 个位于东北部地区。① 从当地人均年纯收入水平可以看到，东部地区的平均人均年纯收入为 20 762 元，遥遥领先于中部、西部和东北部地区。

在观察完样本劳动力本地收入特征和受教育水平后，2019 年"千村调查"数据库中还有一些宝贵的微观数据能够让我们更加深入地了解迁移劳动力的决策机制和行为。例如，调研村庄劳动力是通过何种渠道了解或者选择迁移目的地的。据图 7 可以看出，绝大多数劳动力是随亲朋好友或者自己出去(由于调查数据限制，我们无法判断自己出去是否也是受亲朋好友的影响)。这说明劳动力选择迁移时其实所接收的关于目的地选择的信息渠道是比较单一、间接、主观的，缺乏较为官方、直接、客观的渠道(如政府组织、企业招

---

① 根据《中共中央国务院关于促进中部地区崛起的若干意见》《关于西部大开发若干政策措施的实施意见》以及党的十六大报告精神，现将我国的经济区域划分为东部、中部、西部和东北部。

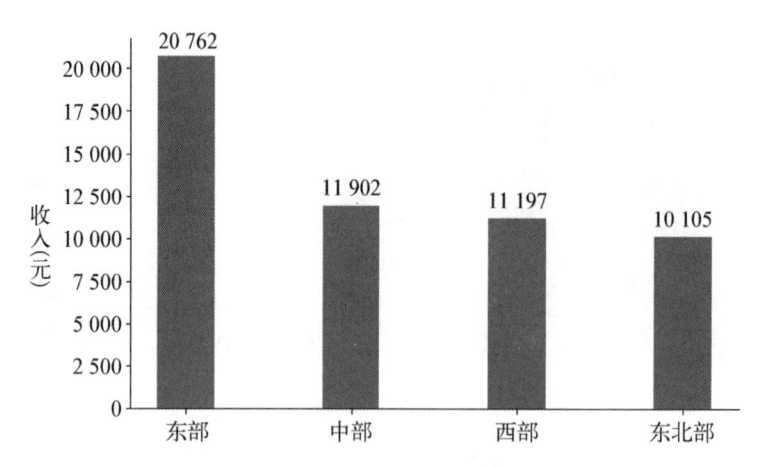

图 6 调研村庄迁移劳动力按经济区域分类的当地人均年纯收入

聘等）。这也可能造成接收到的信息不全面或者具有滞后性、主观性，从而导致迁移劳动者未能做出最大化自身效用的选择。

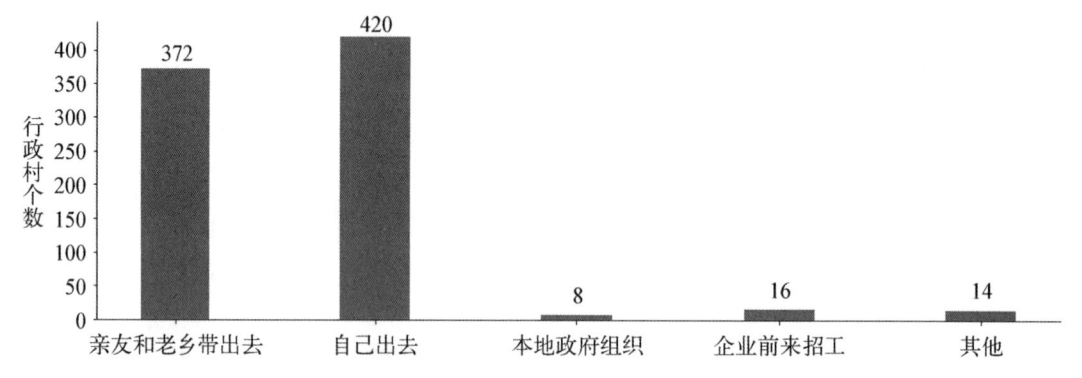

图 7 调研村庄劳动力迁移目的地选择的主要途径

从图 8 外迁劳动力选择从事的行业来看，包括制造业、建筑业、打杂、餐饮服务业等不需要较高的技术和知识水平的劳动密集型行业。这些行业对劳动者往往没有较高的技能和知识要求，劳动者具有较强的可替代性，从而导致他们在劳动力市场的竞争力不强，无法轻易获得更高的收入。值得注意的是，这一特点在不同的地区之间并无显著差异，即全国各地外出务工的村民在外地从事的都是类似行业。而这一类行业的劳动力市场接近完全竞争市场，所有劳动者被动地接受一个较为统一的价格，这也解释了后续我们实证研究发现的个体异质性的影响。即使当地人均年纯收入较高，这些人在选择目的地时，认为目的地的人均工资收入并不能等同于他们的预期收入，因此不能显著影响他们的选择。这也符合以往学者的研究所表明的，发展中国家的劳动力市场有效性低，工资的弹性低，在固定的工资水平下，外生劳动力需求的增加可能引发过量的劳动力涌入城市（Harris 和 Todaro，1970；Lall 等，2006）。

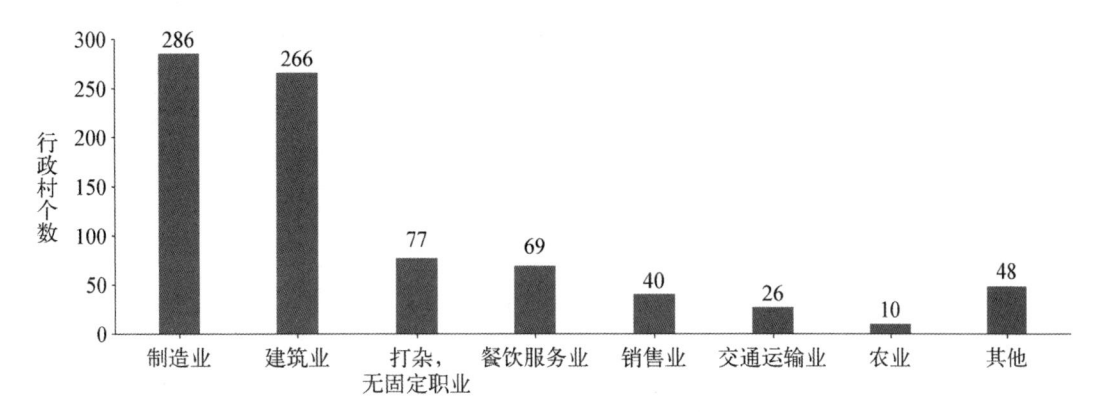

图8 调研村庄外迁劳动力主要从事的行业

从 950 份问卷调查得到的当地村庄劳动力对子女的期望中,我们发现,希望孩子读大学的选项占据了绝对的主导地位,有 824 份问卷做出了该选择(如图 9 所示)。由此可见,即使是拥有不同特征的劳动者,对子女教育问题也达成了一定的共识,对其非常重视。特别是,当我们筛选出希望子女做生意赚大钱以及尽早去大城市打工的劳动力群体时,我们发现 55 条有效样本基本为低收入村庄(共 60 条,其中有 5 条缺失相关的收入数据),其平均的人均年纯收入仅为 12 836 元,远低于样本均值 16 064 元。这也很好地解释了后文我们实证发现的现象:当地人均年纯收入较高的劳动力较当地人均年纯收入较低的劳动力,对目的地的基础教育水平反应更强。

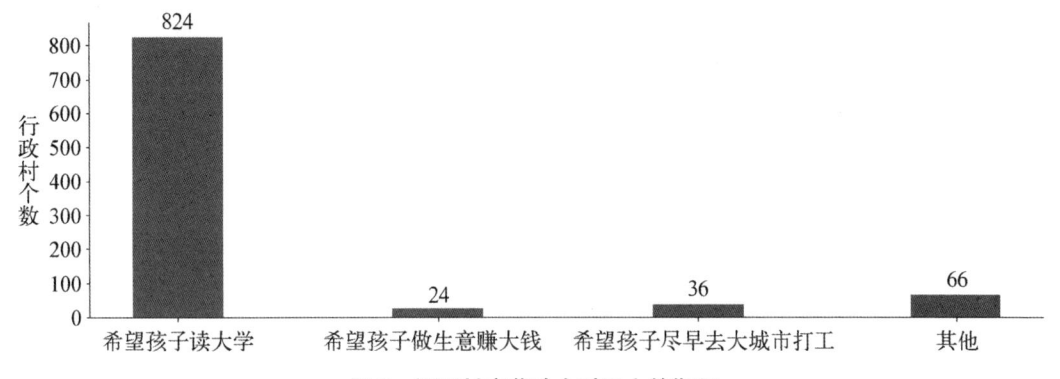

图9 调研村庄劳动力对子女的期望

基于以上的分析和研究目的,本文将采用分组构建交乘项的方法对上述分析中提到的迁移劳动力的受教育水平和当地收入状况可能对其目的地选择的决策影响进行探究。通过研究劳动者在本地的收入状况和受教育水平对其选择目的地的预期收入水平和教育水平偏好的影响,试图回答上述的个体异质性问题。表 4 说明了迁移劳动者异质性对其目的地选择决策影响的变量构造及定义。对劳动力个体特征变量——收入和受教育水平,本文做了进一步处理。本文将收入水平位于中位数之上的劳动者记为"高收入者",收入项记为1;将收入水平位于中位数之下的劳动者记为"低收入者",收入项记为0。这样回归的结果更能清楚地区分高收入者和低收入者的决策差异。受教育水平的处理方式与之类似。

表 4　　　　　研究迁移劳动者异质性对其目的地选择决策影响的变量构造

| 解释变量 | 定　　义 |
| --- | --- |
| $income\_v$ | 衡量该村庄劳动者的纯收入状况,大于样本中位数记为1,否则为0 |
| $edu\_v$ | 衡量该村庄劳动者的受教育水平,大于中位数记为1,否则为0 |
| $inc\_v \times inc\_c$ | $income\_c$ 和 $income\_v$ 的交叉相乘项,观察劳动者的收入状况是否会对其选择目的地收入水平偏好程度产生影响 |
| $edu\_v \times edu\_c$ | $edu\_c$ 和 $edu\_v$ 的交叉相乘项,观察劳动者的受教育状况是否会对其选择目的地教育水平偏好程度产生影响 |
| $edu\_v \times inc\_c$ | $income\_c$ 和 $edu\_v$ 的交叉相乘项,观察劳动者的受教育水平是否会对其选择目的地收入水平偏好程度产生影响 |
| $inc\_v \times edu\_c$ | $income\_v$ 和 $edu\_c$ 的交叉相乘项目,观察劳动者的收入状况是否会对其选择目的地教育水平偏好程度产生影响 |

## 四、实证结果：目的地特征如何影响目的地选择

（一）基本回归结果：目的地特征的选择

表5报告了Logit回归模型结果。由于它是非线性模型,回归的估计系数不能直接解释为边际影响,因此为了测量回归系数的边际作用大小,这里我们引用平均概率弹性这一概念(Cheng,2008;余珮和孙永平,2011)。目的地特征 $Z_k$ 的平均概率弹性可以通过加总所有概率弹性得到 $E_{ij}^k = \sum_{i=1}^{N}\sum_{j=1}^{N} E_{ij}^k = \frac{J-1}{J}\theta_k$。$J$ 是所有可选择目的地的数量,$\theta_k$ 是目的地特征 $Z_k$ 的估计系数(夏怡然和陆铭,2015)。本文中的 $J=31$,因此估计的平均概率弹性为 $\theta_k \times \frac{30}{31}$。因为 $\frac{30}{31}$ 接近1,所以表5报告的概率弹性的含义可以近似解读为该目的地特征变动1%时城市被选择的概率平均变动 $\theta_k \%$。

表 5　　　　　目的地特征如何影响目的地选择：基本回归结果

| 变量名称 | 回归1 | 回归2(标准化) | 回归3 |
| --- | --- | --- | --- |
| $income\_c$ | 5.11e-05*** <br> (9.35e-06) | 0.844*** <br> (0.155) | 5.18e-05*** <br> (9.52e-06) |
| $edu\_c$ | 0.333*** <br> (0.034 1) | 0.871*** <br> (0.089 1) | 0.326*** <br> (0.041 8) |
| $distance$ | −0.003*** <br> (0.000 188) | −2.225*** <br> (0.135) | −0.003*** <br> (0.000 224) |

续 表

| 变量名称 | 回归1 | 回归2(标准化) | 回归3 |
|---|---|---|---|
| $house$ | −0.000 11*** (3.06e-05) | −0.666*** (0.186) | −9.36e-05*** (3.11e-05) |
| $unem$ | −40.050** (17.38) | −0.228** (0.099 1) | −40.900** (18.38) |
| $pop$ | 0.000 326*** (1.93e-05) | 0.974*** (0.057 8) | 0.000 364*** (2.31e-05) |
| $policy$ | −0.520*** (0.105) | −0.520*** (0.105) | −0.513*** (0.121) |
| $medical$ | 0.333*** (0.055 1) | 0.391*** (0.064 7) | 0.396*** (0.063 7) |
| $inc\_v \times edu\_c$ | | | 0.077** (0.037 2) |
| $edu\_v \times inc\_c$ | | | −2.27e-06* (1.25e-06) |
| $inc\_v \times inc\_c$ | | | −1.39e-06 (1.28e-06) |
| $edu\_v \times edu\_c$ | | | 0.021 (0.038 7) |
| Constant | −4.532*** (0.734) | −5.156*** (0.154) | −4.323*** (1.308) |
| Village FE | No | No | Yes |
| $chi^2$ | 572.11 | 572.11 | 1 618.67 |
| Pseudo $R^2$ | 0.279 8 | 0.279 8 | 0.033 3 |
| Observations | 19 800 | 19 800 | 9 155 |

回归1中我们考虑了目标城市的预期工资收入、教育水平作为主要的观察变量,生活成本(房价)、与出发地的距离、工作机会(失业率)、人口规模、政策友好度和医疗服务水平作为控制变量。从回归结果可以看出,在控制众多目的地特征变量后,目的地的预期工资收入和教育水平对劳动力有显著的正效应,说明劳动者群体倾向于流向预期工资收入更高、基础教育水平更高的城市。

回归1还报告了生活成本(房价)、与出发地的距离、工作机会(失业率)、人口规模、政策友好度和医疗服务水平等控制变量的估计系数,结果显示,城市的人口规模和医疗服务水平系数都为正,表明迁移的劳动力存在向规模经济体和公共服务好的城市集聚的趋势,Moretti(2010)也提出过相应的现象和解释。而距离因素的估计系数显著为负,说明迁移的劳动者确实存在"安土重迁"的特征,在其他条件相同的情况下,人们更愿意选择离户口所在地距离近的地区作为流入地。其他控制变量的解释不是本文的重点,在此不一一赘述。

此外,为了比较各个特征变量尤其是预期工资收入和基础教育水平对劳动力选择迁移目的地的相对作用大小,在回归2中对相关的城市变量做了标准化处理。从回归结果可以看出,目的地城市的预期工资收入平均每提高一个标准差,该目的地被选择的概率就提高0.844倍;同理,城市基础教育水平每增加一个标准差,该目的地被选择的概率就提高0.871倍。这说明了在其他条件不变的情况下,城市的基础教育水平和预期工资收入对劳动者选择该目的地有相似的重要性,甚至劳动者对城市基础教育水平的偏好略高一些。

(二)实证结果:不同劳动力选择流向目的地特征的个体异质性

表5中的回归1和回归2隐含的一个假设是将迁移劳动力视为对目的地预期工资收入、基础教育水平等各个目的地特征具有相同偏好的同质群体,这也是以往缺少微观的劳动力个体特征数据的普遍做法。但不同的劳动力特征对目的地城市的预期收入和基础教育水平很可能存在异质性的反应,如本文主要关心的是各个村庄外迁劳动力在当地的人均年纯收入和受教育年限对劳动力选择迁移目的地的影响。这里我们关注回归3中四个交叉相乘项分别代表的村庄劳动力特征对该村选择目的地特征的异质性反应。为了说明是我们选择的个体变量对劳动力决策产生的影响而排除个体村庄的其他特征,我们加入了村庄固定效应以控制其他村庄特征对劳动力流向因素的影响。

我们将样本中的劳动力分为高、低受教育水平,高、低当地人均年纯收入水平以更好地观察他们在选择目的地时这些个体特征所带来的异质性,判断标准为该地劳动力的平均当地人均年纯收入和受教育年限是否大于样本的中位数。

在有关劳动者当地人均年纯收入的特征方面,我们关注回归3中的"$inc\_v \times inc\_c$"和"$inc\_v \times edu\_c$"项,观察不同收入特征的劳动力在选择目的地预期工资收入和基础教育水平时的异质性反应。

我们可以看到,"$inc\_v \times inc\_c$"项回归系数为负但并不显著,即不同收入特征的劳动力对目的地城市的预期工资收入因素的偏好程度可能并无显著差异。当地收入较高的劳动力并不会比收入较低的劳动力对目的地城市的预期工资收入更高或低,造成这种可能性的原因有很多,其中一种与上文统计分析样本中迁移劳动力的工作性质有关,即迁移劳动力大多从事制造业、建筑业等行业,行业工资的地区波动性不大,劳动者个体也很难有较强的议价能力,往往是接受"统一"的定价,所以只要当地的预期工资高于其出发地的收入水平,劳动者就可能选择前往。作为价格的被动接受者,他们对自己的预期工资收入有较为一致的期望,这也可以解释为什么系数呈现微弱的负相关(Harris,1970;Lall等,

2006)。

而反观当地人均年纯收入对劳动者选择不同基础教育水平的目的地城市的影响,我们可以看到,即使在控制了村庄个体效应后,"$inc\_v \times edu\_c$"项系数依然显著为正,说明当地人均年纯收入较高的劳动力较当地人均年纯收入较低的劳动力对目的地的基础教育水平反应更强,更倾向于选择基础教育水平较高的城市。这可能是因为他们在当地已经有了相对较高的收入,不像低收入的劳动者在选择外出时可能面临更多生活压力,推动他们做出迁移决定的因素可能是更在意子女接受更好的教育,这点我们也可以从上述样本调查中反映劳动者意愿的对子女的期望中证实。(上文指出,绝大部分村庄劳动力希望子女接受好的教育——上大学,而选择希望孩子做生意赚大钱的和早日去大城市务工的劳动者群体基本呈现低收入特征。)

同理,我们观察劳动者受教育年限特征对其选择目的地预期工资收入和基础教育水平的异质性反应,这里我们关注"$edu\_v \times edu\_c$"项和"$edu\_v \times inc\_c$"项。

类似的,"$edu\_v \times edu\_c$"项回归系数为正但并不显著,即不同的受教育水平特征劳动力对目的地城市的基础教育水平因素的偏好程度并没有显著差异,这可能体现了无论个人受教育水平如何,迁移劳动力都非常重视子女的教育,这与上文描述性统计中样本数据所呈现的特征一致(样本中的绝大部分劳动者希望子女上大学,返乡原因中的一大重要动机也与子女教育有关),也与我国现在广大农村地区重视子女教育的现状基本吻合。

而观察不同受教育水平特征劳动力对目的地城市的预期工资收入因素的偏好程度发现,"$edu\_v \times inc\_c$"系数显著为负。随着劳动力受教育年限的增加,其对工资收入预期的反应在减弱,也就是说,相对于受教育水平高的劳动者,受教育水平低的劳动者更在意目的地的预期工资收入水平,更愿意流向预期工资收入高的城市。同时,上文的统计分析结果显示,样本中所示劳动者选择目的地工作的途径单一,大多是通过亲朋好友或者自己了解后出去,多是间接、非官方的渠道。由此,产生"受教育水平较低的劳动者更在意目的地的预期工资收入水平"结果的原因可能是,不同受教育水平的劳动者之间存在信息获取能力的差异,受教育水平较低的劳动者在做出决策前关注的信息更加片面,与受教育水平高的劳动者相比,他们更在意预期工资水平是因为"无法获得"或者"天然忽略"其他可能影响到自身效用的信息维度,从而导致他们的决策被受教育水平所限制(Brunarska,2019)。

## 五、主要结论与政策建议

本文利用上海财经大学2019年"千村调查"数据,结合国家统计局等公开数据库,研究了城市和劳动者个体特征对其选择迁移目的地的影响。本文的创新和贡献主要有两点:一是并没有采取以往学者加总(小区、城市、省等行政区)计算迁移指标的方法,而是以村庄为基本单位计算迁移指标,这样就捕捉了省内不同城市之间劳动力迁移的信息;二是打破了劳动力同质的假设,利用"千村调查"特有的劳动力微观数据,引入四个交叉相乘变量研究劳动力所在地的当地人均年纯收入和受教育年限特征对其选择目的地城市产生的影响。

本文通过实证发现：首先，劳动者倾向于流向预期工资收入更高和基础教育水平更高的城市，且对流向城市的基础教育水平因素的偏好程度媲美甚至略高于预期工资收入水平。同时，本文证实劳动者倾向于选择距离更近、生活成本更低、就业机会更多、人口规模更大、医疗服务更好的目的地城市，这与以往学者的研究不谋而合。其次，我们发现不同受教育程度和当地人均年纯收入不同的劳动者在对目的地的选择中表现出对目的地基础教育水平和预期工资收入水平的异质性。实证结果表明：一是当地人均年纯收入较高的劳动力较当地人均年纯收入较低的劳动力对目的地的基础教育水平反应更强，更倾向于选择基础教育水平较高的城市；二是受教育水平较低的劳动者更在意目的地的预期工资收入水平，更愿意流向预期工资收入更高的城市。

基于我们的实证研究发现，教育资源的均等化可以在一定程度上缓解人口向基础教育水平高且工资水平也高的大城市集聚的状况，有利于吸引劳动力返乡回流，促进劳动力的空间分布更加均匀化，甚至从标准化回归系数来看，提高基础教育水平对劳动者的吸引力要大于工资收入水平的提高，这也为不同地区制定劳动力政策提供了新的思路。此外，地方政府应该加强宣传教育。从样本统计分析和实证结果可以看到，劳动力在工作途径选择和信息获取上是十分主观、单一、非官方的，多是熟人介绍、"道听途说"。这对劳动者尤其是受教育水平低的劳动者可能是非常不利的，有以下两个方面的原因：一是可能使他们无法接收全面客观的信息；二是即使信息全面，他们受自身受教育水平限制所关注的维度也可能十分有限，从而导致无法做出理性的最大化自身效用的目的地迁移决策。这就要求地方政府尤其是劳动者外出地区和劳动者受教育水平较低的地区加强对劳动者的教育培训，为他们提供更多官方的信息渠道，有能力的甚至可以组织企业招聘会等，让劳动者建立合理的决策模型和预期。

**参考文献**

[1] 段成荣,杨舸,张斐,卢雪和. 改革开放以来我国流动人口变动的九大趋势[J]. 人口研究,2008(6)：30-43.

[2] 沈亚芳,胡雯,张锦华. 子女随迁入学对农民工迁移决策的影响——基于"千村调查"的数据分析[J]. 复旦教育论坛,2020,18(1)：76-83.

[3] 王桂新,潘泽瀚,陆燕秋. 中国省际人口迁移区域模式变化及其影响因素——基于2000年和2010年人口普查资料的分析[J]. 中国人口科学,2012,152(5)：2-13+111.

[4] 夏怡然,陆铭. 城市间的"孟母三迁"——公共服务影响劳动力流向的经验研究[J]. 管理世界,2015(10)：78-90.

[5] 肖群鹰,刘慧君. 基于QAP算法的省际劳动力迁移因理论再检验[J]. 中国人口科学,2007,121(4)：26-33+95.

[6] 余珮,孙永平. 集聚效应对跨国公司在华区位选择的影响[J]. 经济研究,2011,46(1)：71-82.

[7] Brunarska Z. A 'Good Enough' Choice: Bounded rationality in migration destination choice[J]. Migration Studies — Review of Polish Disaspora, 2019, 2(172): 43-62.

[8] Cheng S. Location decision variations of Japanese investors in China[J]. Review of Regional Studies, 2008, 38(3): 395-415.

[9] Dahlberg M, Eklöf M, Fredriksson P, et al. Estimating preferences for local public services using migration data[J]. Urban Studies, 2012, 49(2): 319-336.

[10] Duranton G, Puga D. Micro-foundations of urban agglomeration economies[M]//Handbook of regional and urban economics. Elsevier, 2004(4): 2063-2117.

[11] Fu Y M, Liao W C. What Drive the Geographic Concentration of College Graduates in the US? Evidence from Internal Migration[D]. NBER Working Paper: Cambridge, MA, USA, 2012.

[12] Fujita M, Krugman P R, Venables A. The Spatial Economy[M]. MIT press, 1999.

[13] Greene W H. Econometric Analysis (6th ed)[M]. Pearson Education India, 2008.

[14] Harris J R. Migration, unemployment and development: a two-sector analysis[J]. American Economic Review, 1970, 60(1): 126.

[15] Krugman P. Increasing returns and economic geography[J]. Journal of Political Economy, 1991, 99(3): 483-499.

[16] Lall S V, Selod H. Rural-urban Migration in Developing Countries: A Survey of Theoretical Predictions and Empirical Findings[M]. World Bank Publications, 2006.

[17] Lewis W A. Economic development with unlimited supplies of labour[J]. The Manchester School, 1954, 22(2): 139-191.

[18] Lucas, Jr R E. Life earnings and rural-urban migration[J]. Journal of Political Economy, 2004, 112(S1): S29-S59.

[19] Moretti E. Human capital externalities in cities[M]//Handbook of regional and urban economics. Elsevier, 2004(4): 2243-2291.

[20] Moretti E. Local multipliers[J]. American Economic Review, 2010, 100(2): 373-77.

[21] Puga D. The rise and fall of regional inequalities[J]. European Economic Review, 1999, 43(2): 303-334.

[22] Todaro M P. A model of labor migration and urban unemployment in less developed countries[J]. The American Economic Review, 1969, 59(1): 138-148.

# 乡村振兴视角下的乡村发展综合评价体系构建与研究

## ——基于福建省八村的调研数据

王艺凝[①] 刘文晗[②] 任厚谕[③]

指导老师：曹东勃[④]

**摘 要**：中共十九大正式提出"乡村振兴"战略，这是我国决战全面建成小康社会的重大历史任务，而 2019 年突如其来的"新冠"疫情使得全国各地乡村发展受阻。在此背景下，我们打算建立乡村综合发展评价模型，针对性地为不同特点的乡村发展提供建议。本文在充分借鉴前人研究成果的基础上，基于上海财经大学 2021 年"千村调查"福建省相关发展数据整理出 8 个典型村庄在经济、政治、文化、社会、生态五个方面的衡量指标和定向化处理数据，利用层次分析法和基于熵权法的 TOPSIS 建模，最终得出发展水平由低到高排名依次为大埔村、南坑仔村、军营村、金山村、培福村、苍霞村、根溪村、联三村。根据排名结果，我们把村庄分为发展型、稳定型、衰退型三种，分析其现状和原因，并分别从经济、政治、文化、社会、生态五个方面提出深化发展建议。

**关键词**：乡村振兴 层次分析法 熵权法 TOPSIS 模型

## 一、研究背景及意义

2017 年，习近平总书记在中共十九大上提出了伟大的"乡村振兴"战略。在国家实行"乡村振兴"战略的背景下，各地政府积极推进相关措施。在这一过程中，科学客观地评测村庄发展状况、考察政府所实行的乡村振兴政策取得的绩效、建立反馈机制、对政策的具体实践总结经验与教训，对后续政策的制定有重要的参考价值。本文以福建省不同区域的 8 个村落为研究对象，通过建立乡村发展评价指标体系，对 8 个村庄的具体发展状况展开研究分析，为农业农村现代化建设提供依据，也从侧面反映当地实行政策的效果。基于乡村发展评价指标体系得出的村庄分数，本文将 8 个村庄分为三类，并依次分析每一类的

---

[①] 王艺凝，上海财经大学经济学院数量经济 2022 级本科生。
[②] 刘文晗，上海财经大学经济学院数量经济 2022 级本科生。
[③] 任厚谕，上海财经大学经济学院数量经济 2022 级本科生。
[④] 曹东勃，上海财经大学马克思主义学院。

发展状况及其背后的具体原因,做出诊断,提出系统性建议,为福建省其他发展状况类似的村庄提供参考。

## 二、文献综述

我国乡村发展的基础条件和环境背景是促进乡村发展和振兴的基础。根据钱纳里工业化阶段理论,村庄发展阶段分为维持生计型、产业驱动型和多功能主导型三个阶段(刘自强等,2012),不同乡村发展阶段所具有的地域主导功能不同。我国当前处于后工业化社会,以生产性服务业为主,乡村在后工业化社会主要承担粮食安全、生态保护、文化传承的功能。城乡发展演变到向乡村主体过渡的阶段,在推进乡村发展过程中,要激发乡村发展的内在潜力,建立内生性机制与科学评价体系,促进乡村振兴主体化发展(李志强,2020)。

建立契合当下乡村发展阶段的科学评估体系对客观评判各个乡村产业振兴发展绩效有重要的现实意义。在建立乡村发展的基本指标体系方面,学界大多基于党的十九大中提出的"二十字"方针,即从产业兴旺、生活富裕、乡风文明、生态宜居、治理有效五个方面展开建模和综合性分析。例如,马长发将"二十字"方针作为五个准则层在其下选择29个具体指标综合测度西部欠发达地区乡村振兴水平。除了选取"二十字"方针衡量发展水平,也有学者选取其中一个方面或其他维度具体展开分析。李功从居住环境、生活环境、乡村产业、收入与就业四个方面分析中国乡村宜居宜业程度;孙浩则从"三农"即农村、农业、农民三个角度选取指标,建立对皖南县域乡村发展的评价体系。

综上所述,当前文献对当前乡村发展做了细致的阐述,并从城乡融合等角度说明了乡村发展的演变阶段,对西部欠发达地区以及皖南县域等建立了乡村振兴评价体系,但各地区数据指标较为分散,缺少福建等地区的数据。在疫情反复以及外部环境不稳定的背景下,乡村发展面临挑战。本文将基于福建省8个村庄,包括脱贫和非脱贫村的"千村调查"数据,建立福建地区乡村发展状况的评价指标体系,从政策角度对福建地区乡村发展提出建议。

## 三、研究区域村庄特征描写

我们根据各村数据的完整度挑选了泉州市安溪县的龙涓乡培福村,福州市福清市的龙江街道苍霞村、泉州市晋江市的磁灶镇大埔村、莆田市荔城区的黄石镇金山村、漳州市平和县的长乐乡联三村、三明市沙县的南霞乡南坑仔村、厦门市同安区的莲花镇军营村以及位于龙岩市长汀县的河田镇根溪村。为进一步区分各村庄的具体特征,我们根据各村庄的重要产业进行划分:

(一)种植养殖业

龙涓乡培福村、龙江街道苍霞村、黄石镇金山村、莲花镇军营村和河田镇根溪村分别依靠村庄的地势特征与传统产业格局,发展出以种植养殖业为主要产业、其他产业为辅助产业的产业格局。

龙涓乡培福村地处安溪县山区,2019年12月25日被评为国家森林乡村,全村182户,共681人,设有4个小组。这里的村民大多数以茶叶种植、制作、粗加工为主要收入来源。2020年该村人均纯收入为12 000元,经济发达程度属于安溪县中等水平。

福清市位于福建省东部沿海,素有"文献名邦"的美誉。龙江街道苍霞村作为该地区的丘陵村庄,主要农作物为枇杷等,同时负责枇杷的洗净、分级、简单包装等初加工。2020年该村人均纯收入为12 000元,经济发达程度属于福州市中等水平。

荔城区位于闽东南沿海中部,其中的黄石镇金山村地处平原,全村经济作物以水稻、蔬菜为主,产业以石雕、木雕业为代表的家具制造业为主。该村的主要农产品为水稻,非农生产产品是工艺美术品。2020年该村人均纯收入为23 567元,经济发展水平属于莆田市中等水平。

莲花镇军营村非福建省脱贫村,主要发展种植业。同安区气候较适合茶叶的生长,因此茶叶成为莲花镇军营村的主要农产品。

河田镇根溪村位于福建省西部、龙岩市西北部的长汀县,常住人口为650人,户籍人口为3 015人。其所在的长汀县为丘陵地形,属中亚热带湿润季风气候,适合发展种植业,烟草为其主要经济作物。根溪村也从事农产品的初加工,附近有长汀水土保持科教园、下街余氏家庙等旅游景点,有长汀河田鸡等特产。

(二)餐饮旅游业

长乐乡联三村、南霞乡南坑仔村和莲花镇军营村充分利用自身所处山地的气候环境优势,发展出了别具一格的餐饮旅游产业以及种植业、林业。

长乐乡联三村的主要种植作物为水稻,作为山地村庄,其每年通过餐饮旅游业接待观光游客90 000人次,餐饮旅游服务的纯收入达到110万元,同时积极引导村民发展蘑菇种植业,利用这一"短平快"项目帮助经济基础较弱的村民发展经济。但村民2020年的人均纯收入仅为1 800元,村庄经济发达程度属于平和县中下等水平,已实现脱贫。

南霞乡南坑仔村是沙县的未脱贫村庄,全村除了发展餐饮旅游业,还以生产水稻、柑橘等农产品并进行农产品初加工为生。该村2020年的人均纯收入为50 000元。该村经济发达程度属于沙县中等水平。

莲花镇军营村位于厦门第二高峰——状元尖脚下。该村毗邻铁观音之乡——安溪县,土壤及气候条件与安溪县相近,具有适合采摘的果园以及生态绿色田园,出产莲花高山茶。在文化资源方面,莲花镇军营村传统的民居建筑以及历史文化旅游景点为其吸引游客创造了条件,每年平均接待游客30万人,规模可观。

(三)建材产业

磁灶镇大埔村没有主要的农业产品,而是以陶瓷业为主,以发展印刷包装业为辅。村庄有户籍人口5 503人,其中60岁以上老人为751人,常住人口为6 000人。该村的经济发展水平居于所在县的中上等水平,是当地县以上政府命名的特色村庄。

## 四、八个村庄的发展现状对比分析

### (一)经济因素

经济无论是在家庭、集体还是国家的发展中都起着基石性的作用。我们从2021年的"千村调查"问卷中选取了2021年村庄人均年收入、村集体资产总额等几个问题作为体现村庄经济实力的因素。人均年收入和村集体资产总额两个指标可以较充分地反映村庄的综合经济实力和村民的经济状况。图1反映2020年南坑仔村的人均年收入最高,达到50 000元,而以观光旅游业为主要产业的联三村人均年收入最低,仅为1 800元。村集体资产总额可以在一定程度上反映村庄的经济实力是否雄厚。由图2可以看出,已有数据村庄的集体资产总额差距悬殊,联三村仅有6万元村集体资产而苍霞村的村集体资产达到18 200万元。由此我们推断,2021年村庄人均年收入和村集体资产总额有可能存在一定的正相关关系。

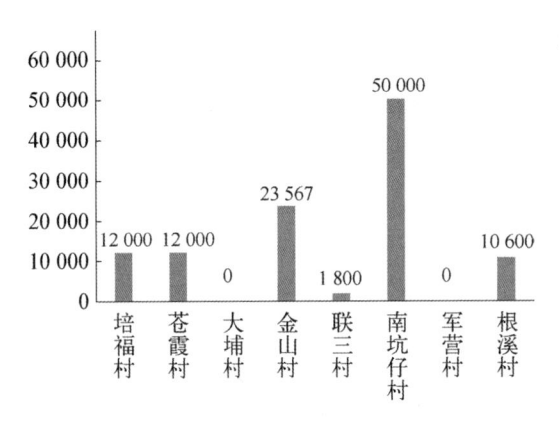

数据来源:根据2021年"千村调查"入户问卷计算整理。

**图1　2020年村庄人均年收入(单位:元)**

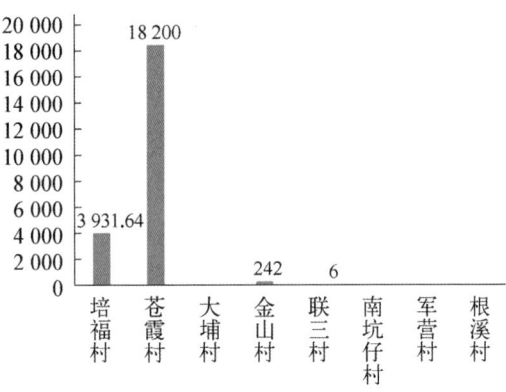

数据来源:根据2021年"千村调查"入户问卷计算整理。

**图2　村集体资产总额(单位:万元)**

接下来我们分析各村庄主要产业产值占比与本村主要农作物农业生产全过程机械化率。由图3可知,各村主要产业的产值占比均超过50%且差距较小。从各村主要农作物农业生产全过程机械化率来看(见图4),苍霞村和联三村的农业生产全过程机械化率较低,分别为12%和20%,其余各村农业生产全过程机械化率均达到50%。

最后我们从村庄农业经营收入和过去五年人均收入增长两个角度看各村庄经济发展水平。从图5和图6可以看出,南坑仔村虽然是沙县的未脱贫村庄,但全村凭借发展餐饮旅游业和生产水稻、柑橘等农产品并进行农产品初加工获得了非常可观的生产经营收益,过去五年村民人均收入增长率为30%,是所有村庄中发展最快的;反观与其走相同发展道路的联三村,收益情况和过去五年人均收入增长率是所有村庄中最差的,仅得到700元农业生产经营收入和2%的人均收入增长,可见其经济发展模式和产业运营模式存在较大问题。其余可观测到数据的村庄的生产经营收入和过去五年人均收入增长率相差不大,增长率为5%~25%,仍有巨大的发展空间。

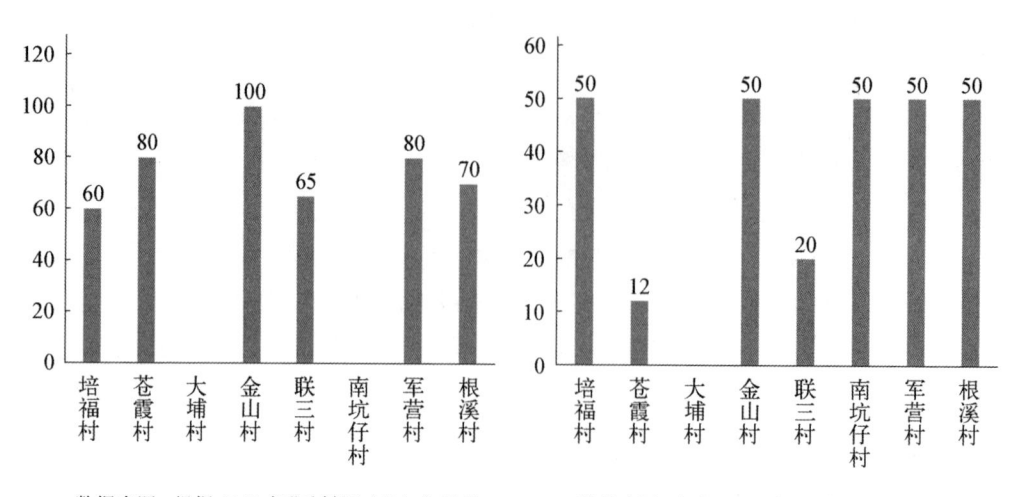

图3 主要产业产值占比(%)
数据来源:根据2021年"千村调查"入户问卷计算整理。

培福村 60
苍霞村 80
大埔村 —
金山村 100
联三村 65
南坑仔村 —
军营村 80
根溪村 70

图4 主要农作物农业生产全过程机械化率(%) 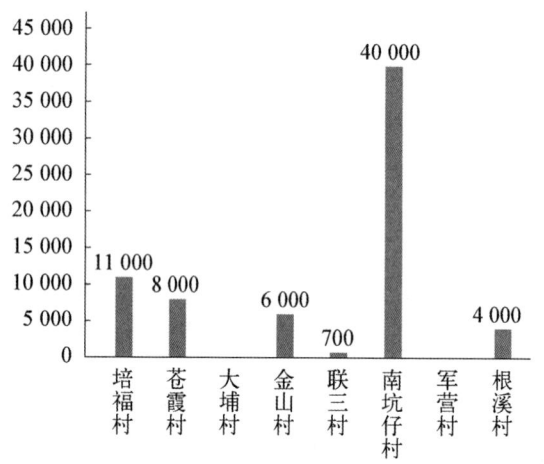
数据来源:根据2021年"千村调查"入户问卷计算整理。

培福村 50
苍霞村 12
大埔村 —
金山村 50
联三村 20
南坑仔村 50
军营村 50
根溪村 50

图5 村庄生产经营收入(元) 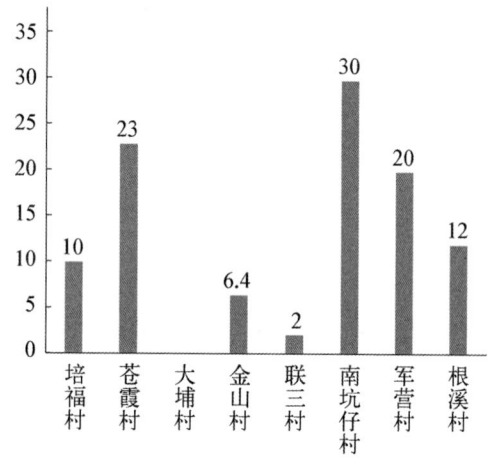
数据来源:根据2021年"千村调查"入户问卷计算整理。

培福村 11 000
苍霞村 8 000
大埔村 —
金山村 6 000
联三村 700
南坑仔村 40 000
军营村 —
根溪村 4 000

图6 过去五年村民人均收入增长率(%)
数据来源:根据2021年"千村调查"入户问卷计算整理。

培福村 10
苍霞村 23
大埔村 —
金山村 6.4
联三村 2
南坑仔村 30
军营村 20
根溪村 12

### (二)文化因素

我们通过各村举办文化活动的频率和是否有广播站等来分析各村村民的文化生活水平。表1第一列的文化活动主要是指免费为村民放映电影、唱戏或其他演出等娱乐活动。由表1可以看出,各村庄的文化活动都比较多,除了联三村和南坑仔村一年仅举办几次文化活动外,其他村庄一年可以保持12次甚至20次活动。我们建议联三村可以结合自身优秀革命历史,组织人员创作话剧,向外地游客讲述属于本村庄的红色文化,在增强村民对村庄的认同感的同时增加村民收入,从而起到吸引游客和本村青年返乡就业的效果。大部分村庄的广播站会播放各自内容,对仅播报村内通知的苍霞村、联三村,我们认为应该充分利用本村广播站,通过播放新闻以及政府相关助民政策解读等拓宽村民的信息渠道,减少信息不对称,促进信息流动。总体而言,各村的基础文化建设不够完善,有待朝更高水平发展。

表1　　　　　　　　　　　　　村庄文化活动等信息

| 指　标 | 培福村 | 苍霞村 | 大埔村 | 金山村 | 联三村 | 南坑仔村 | 军营村 | 根溪村 |
| --- | --- | --- | --- | --- | --- | --- | --- | --- |
| 村里是否经常举办文化活动 | 平均每月一次 | 平均每月一次 | 平均每月一次 | 一年20次以上 | 一年几次 | 一年几次 | 一年20次以上 | 平均每月一次 |
| 村里是否有广播站 | 有 | 有 | 有 | 有 | 有 | 有 | 有 | 有 |
| 广播的主要内容 | 各种内容 | 仅村内通知 | 各种内容 | 各种内容 | 仅村内通知 | 每日新闻 | 各种内容 | 各种内容 |

数据来源:根据2021年"千村调查"入户问卷计算整理。

(三)政治因素

经济和文化等各个方面的发展有赖于好的政治领导,中国共产党作为国家的执政党,是我们最好、最直接的领导核心。我们统计了2020年8个村落的党员人数,如图7所示。其中,苍霞村和金山村的党员人数远超其他村庄。从我们对经济、文化因素的分析也可以看出,苍霞村有巨额的村集体资产并在过去五年保持23%的年增长率,是发展较为不错的村子;金山村虽然在一些经济指标上表现不佳,但是人均年收入能保持在8个村庄中排名第二。

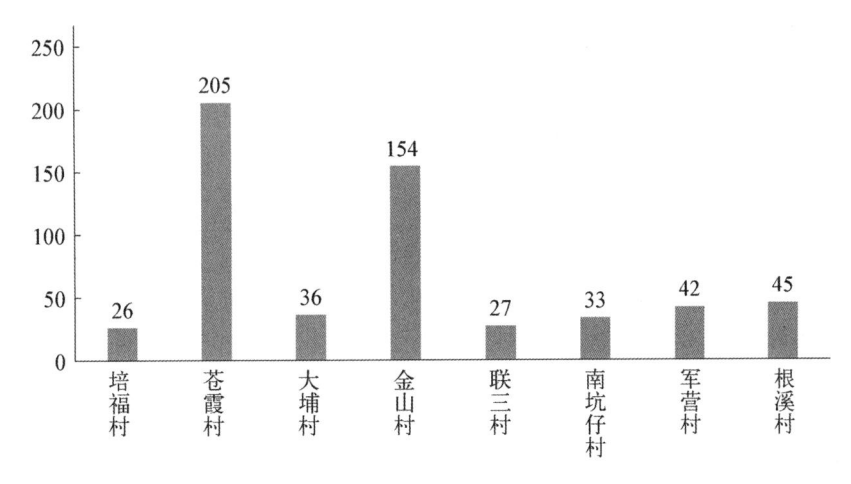

数据来源:根据2021年"千村调查"入户问卷计算整理。

图7　2020年各村党员人数

我们对党史主题教育的频率以及各村 2020 年开展党建活动的次数进行了数据可视化与数据分析，如图 8 和图 9 所示。我们认为，大部分村庄在党史主题教育方面还有提升的空间。

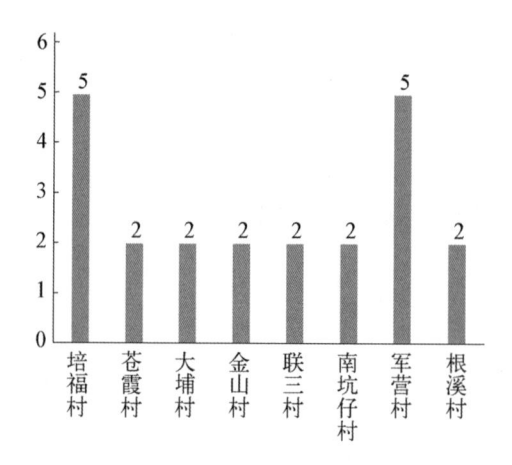

数据来源：根据 2021 年"千村调查"入户问卷计算整理。

图 8 村级党组织开展党史主题教育频次

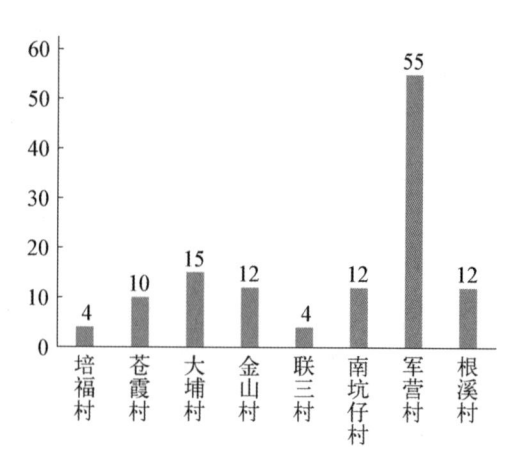

数据来源：根据 2021 年"千村调查"入户问卷计算整理。

图 9 各村 2020 年开展党建活动次数

### （四）环境因素

生态环境建设同样是农村发展的关键考虑因素之一。农村生态环境建设主要包括大气环境、水环境、生态环境、市容环境等。我们通过"千村调查"入户问卷获取了各村庄的空气质量水平、饮用水质量水平、绿化情况、主要使用厕所类型等数据（如表 2 所示）。我们注意到，在硬性的环境指标方面，农村地区的表现相对城市更加优异。在受访的 8 个村庄中，有 4 个村庄（联三村、南坑仔村、军营村、根溪村）在空气质量、饮用水质量、绿化水平三项指标上都达到了"非常好"的水平，2 个村庄在两项指标上实现了"非常好"，这可能是传统农业经济体系受工业污染程度较轻的原因。此外，有 4 个村庄的主要污染源为"其他"，其中南坑仔村、军营村和根溪村在三项指标上表现为"非常好"，这可能是当地的污染水平较低，不存在严重污染源的原因。

表 2　　　　　　　　　　　　各村庄的环境指标情况

| 指标 | 培福村 | 苍霞村 | 大埔村 | 金山村 | 联三村 | 南坑仔村 | 军营村 | 根溪村 |
|---|---|---|---|---|---|---|---|---|
| 空气质量 | 非常好 | 较好 | 较好 | 非常好 | 非常好 | 非常好 | 非常好 | 非常好 |
| 饮用水质量 | 非常好 | 较好 | 较好 | 非常好 | 非常好 | 非常好 | 非常好 | 非常好 |
| 绿化水平 | 较好 | 非常好 | 非常好 | 较好 | 非常好 | 非常好 | 非常好 | 非常好 |

续表

| 指标 | 培福村 | 苍霞村 | 大埔村 | 金山村 | 联三村 | 南坑仔村 | 军营村 | 根溪村 |
|---|---|---|---|---|---|---|---|---|
| 主要污染源 | 其他 | 农业污染 | 工业污染 | 农业污染 | 生活污染 | 其他 | 其他 | 其他 |

数据来源：根据2021年"千村调查"入户问卷计算整理。

在污染治理能力上，我们发现，除了"生活垃圾处理"一项外，各村的表现差异很大（如表3所示）。8个村庄采取了多种污水处理方案，4个村庄存在焚烧秸秆的现象。大埔村对三项污染源的处理措施比较到位，但受工业污染影响，环境指标表现欠佳。这进一步证明了生态环境水平与当地发展水平、产业类型息息相关，不能简单地进行割裂性分析，而要与经济发展状况相结合进行分析。

表3　　　　　　　　　　各村的污染治理方式

| 指标 | 培福村 | 苍霞村 | 大埔村 | 金山村 | 联三村 | 南坑仔村 | 军营村 | 根溪村 |
|---|---|---|---|---|---|---|---|---|
| 污水处理 | 排入城镇污水管道 | 村庄内集中处理设施 | 村庄内集中处理设施 | 村庄内集中处理设施 | 排入城镇污水管道 | 分户建设处理设施 | 无 | 其他 |
| 生活垃圾处理 | 转运至城镇 | 转运至城镇 | 转运至城镇 | 转运至城镇 | 转运至城镇 | 露天堆放 | 转运至城镇 | 转运至城镇 |
| 是否焚烧秸秆 | 否 | 是 | 否 | 是 | 是 | 是 | 否 | 否 |

数据来源：根据2021年"千村调查"入户问卷计算整理。

（五）社会因素

社会发展水平是指居民进行社会活动的便利程度。我们收集了各村庄的文化情况，了解了各村庄的劳动力中各文化水平人数的比例（如图10所示）。我们注意到，大埔村的人均受教育水平最高，所有人口至少有初中文化水平，且有50%的人口受过高等教育（20%大专，30%大学）。其余各村中，苍霞村与南坑仔村受过高等教育的人数在20%附近，其他村庄受过高等教育的人数极少甚至没有。

我们还尝试对各村庄的医疗健康水平、生活便利水平进行分析。为此，我们选取了养老水平、路灯覆盖情况和网购频率作为指标（如表4、图11和图12所示）。在路灯覆盖情况方面，除南坑仔村外，所有村庄都实现了全覆盖，令人欣喜。在网购频率上，根溪村的村民从不网购，这可能是受公共交通水平、无线网络覆盖情况、村民收入与文化水平等方面的影响。在养老设施上，我们收集了各村庄的养老床位数，并与村庄的人数进行对比，计算了人均数。

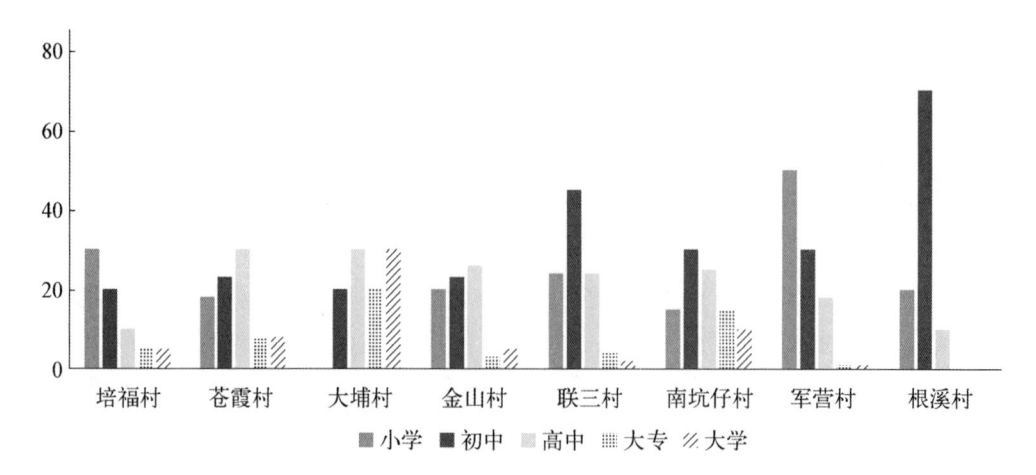

数据来源：根据2021年"千村调查"入户问卷计算整理。

图10 各村各教育水平人数比例(%)

表4 各村部分生活便利指标情况

| 指标 | 培福村 | 苍霞村 | 大埔村 | 金山村 | 联三村 | 南坑仔村 | 军营村 | 根溪村 |
|---|---|---|---|---|---|---|---|---|
| 网购频率 | 经常 | 经常 | 经常 | 经常 | 经常 | 偶尔 | 偶尔 | 基本不 |
| 路灯覆盖 | 全覆盖 | 全覆盖 | 全覆盖 | 全覆盖 | 全覆盖 | 主干道有路灯 | 全覆盖 | 全覆盖 |

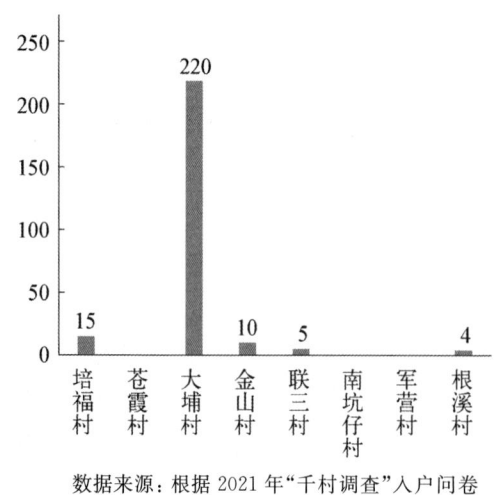

数据来源：根据2021年"千村调查"入户问卷计算整理。

图11 各村养老床位(个)

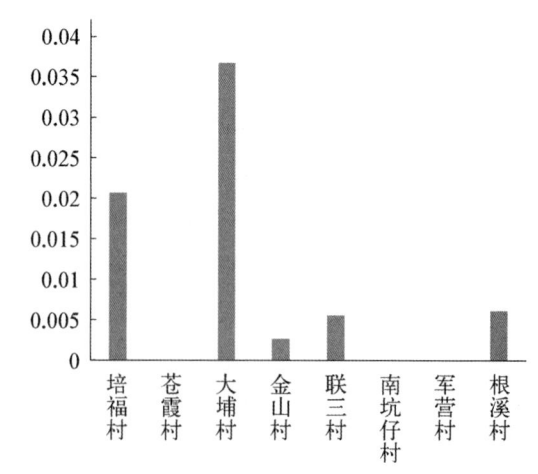

数据来源：根据2021年"千村调查"入户问卷计算整理。

图12 各村人均养老床位(个)

## 五、调研分析

（一）模型方法介绍

1. 层次分析法与结合熵权法的 TOPSIS 模型

我们的一级指标采用经济、政治、社会、文化、生态 5 个指标。考虑到这 5 个指标的直接量化难度较大且指标个数仅为 5，很适合采用层次分析法来赋权。我们在一级指标下细分出各自对应的二级指标。对二级指标权重的选择，我们选用基于熵权法赋权的 TOPSIS 模型，并对 5 个指标的二级指标分别采用熵权法赋权。

2. 基本思路

"五位一体"发展战略是中国的总体发展布局，城乡区域协调发展意味着乡村同样应以经济、政治、文化、社会、生态为方向全面发展，因此我们在评定目标村庄的发展程度时，同样采用这 5 个指标作为一级指标。之后我们会运用熵权法计算各项二级指标的权重，即通过两项权重与各项二级指标的最终得分计算各村庄的发展指数评分（如表5 所示）。

表 5 指标选取情况及分层

| 目 标 | 一级指标 | 二级指标 | 指标性质 |
| --- | --- | --- | --- |
| 发展程度度量指标 | 经济水平 | 人均年收入 | 正 |
| | | 农业社会化服务水平 | 负 |
| | | 机械化率 | 负 |
| | | 过去五年村民人均收入增长率 | 正 |
| | | 农村水利总体运行情况 | 正 |
| | | 贫困户占比 | 正 |
| | 社会水平 | 初中以上比例 | 正 |
| | | 大专及以上比例 | 正 |
| | | 网购频率 | 负 |
| | | 路灯覆盖 | 负 |
| | | 人均养老床位 | 正 |
| | 文化水平 | 文化活动 | 负 |
| | | 广播内容 | 正 |
| | | 乡规遵守情况 | 正 |

续 表

| 目 标 | 一级指标 | 二级指标 | 指标性质 |
|---|---|---|---|
| 发展程度度量指标 | 生态水平 | 空气质量 | 正 |
| | | 饮用水质量 | 正 |
| | | 绿化水平 | 正 |
| | | 污水处理 | 正 |
| | | 生活垃圾处理 | 正 |
| | | 焚烧秸秆 | 正 |
| | 政治水平 | 党员占比 | 正 |
| | | 主题教育次数 | 正 |
| | | 主题党建次数 | 正 |

(二) 一级指标的权重——层次分析法的应用

1. 建立判断矩阵

我们建立的是用来衡量已知两个变量之间相对重要程度的判断矩阵。该矩阵中位于第 $i$ 行第 $j$ 列的数值记为 $b_{ij}$（其中：$i,j=1,2,3,4,5$），$b_{ij}$ 的数值用于衡量 $i$ 指标相对于 $j$ 指标的重要程度，表6列出了数值 $b_{ij}$ 的具体含义。最终得出的判断矩阵有如下性质：对角线上 $(i=j)$ $b_{ii}=1$，且 $b_{ij} \times b_{ji}=1$。

表6　　　　　　　　　　　　层次分析法的重要程度

| 数值 $b_{ij}$ | 表 达 含 义 |
|---|---|
| 1 | 表示因素 $i$ 与 $j$ 同等重要 |
| 3 | 表示因素 $i$ 比 $j$ 稍微重要 |
| 5 | 表示因素 $i$ 比 $j$ 明显重要 |
| 7 | 表示因素 $i$ 比 $j$ 重要得多 |
| 9 | 表示因素 $i$ 比 $j$ 极端重要 |

2. 根据方案层进行打分

在参考了部分文献并结合组员内部的交流讨论后，我们认为各村的经济、政治、社会、文化、生态发展的重要程度先后顺序应为经济＞社会＞文化＞生态＞政治。这个排序涉及多方面因素,并由此推出了图13。

$$\begin{bmatrix} & 经济 & 社会 & 文化 & 生态 & 政治 \\ 经济 & 1 & 3 & 4 & 4 & 6 \\ 社会 & 1/3 & 1 & 2 & 3 & 4 \\ 文化 & 1/4 & 1/2 & 1 & 2 & 3 \\ 生态 & 1/4 & 1/3 & 1/2 & 1 & 2 \\ 政治 & 1/6 & 1/4 & 1/3 & 1/2 & 1 \end{bmatrix}$$

**图 13 各指标间的评分**

3. 矩阵的一致性检验

一致性检验是建立在一致矩阵的基础上。在理想状态下,我们建立的判断矩阵需满足一致矩阵的性质:矩阵中每个元素 $b_{ij}>0$, $b_{ij}\times b_{ji}=1$ 且 $b_{ij}\times b_{jk}=b_{ik}$。但实际情况是,我们构造的判断矩阵仅满足前两个条件。所以,为保证上述判断矩阵合理可用,须进行矩阵的一致性检验,即计算其一致性比例 $CR$。当 $CR<1$ 时,我们认为该判断矩阵通过一致性检验,可以在后续模型中使用。

$CR=\dfrac{CI}{RI}$,首先需要获得其一致性指标 $CI$ 与平均随机一致性指标 $RI$。

$CI=\dfrac{\lambda-n}{n-1}$,其中,$\lambda$ 是矩阵最大的特征值。当判断矩阵是一致矩阵时,$\lambda_{\max}=n$;否则,$\lambda_{\max}>n$。

$RI$ 通过查表7获取。

**表 7　　　　　　　　　　层次分析法指数表**

| 矩阵阶数 | 1 | 2 | 3 | 4 | 5 | 6 | 7 | 8 |
|---|---|---|---|---|---|---|---|---|
| $RI$ | 0 | 0 | 0.52 | 0.89 | 1.12 | 1.26 | 1.36 | 1.41 |

我们通过计算机程序计算得到该矩阵的一致性比例 $CR=0.0253<0.1$,可以通过一致性检验。

4. 权重计算

由于该矩阵并非严格一致矩阵,因此通过提取不同列所得权重比例有差别。若采用第一列数值进行归一化处理求权重,结果如下:

$$经济=\frac{1}{1+1/3+1/4+1/4+1/6}=0.5$$

$$社会=\frac{1/3}{1+1/3+1/4+1/4+1/6}=0.166\,667$$

$$文化=\frac{1/4}{1+1/3+1/4+1/4+1/6}=0.125$$

$$生态 = \frac{1/4}{1+1/3+1/4+1/4+1/6} = 0.125$$

$$政治 = \frac{1/6}{1+1/3+1/4+1/4+1/6} = 0.083\ 333\ 3$$

为使数据更具说服力,我们通过算术平均法、几何平均法、特征值法三种计算方法求得"平均权重"。

(1) 算术平均法公式

$$\omega_i = \frac{\sum\limits_{j=1}^{n} b_{ij}}{n} \quad (i=1, 2, \cdots, n)$$

(2) 几何平均法公式

$$\omega_i = \frac{\left(\prod\limits_{j=1}^{n} b_{ij}\right)^{\frac{1}{n}}}{\sum\limits_{k=1}^{n}\left(\prod\limits_{j=1}^{n} b_{ij}\right)^{\frac{1}{n}}} \quad (i=1, 2, \cdots, n)$$

(3) 特征值法公式

记 $V_{ij}$ 为 $B_{ij}$ 中的特征向量组成的矩阵,$D_{ij}$ 为由 $B_{ij}$ 的特征值组成的对角矩阵(与 $V_{ij}$ 相对应),$c$ 为最大的特征值所在的列,则 $\omega_i = \frac{V_{ic}}{\sum V_{jc}}$。

表 8 展示了采用算术平均法、几何平均法和特征值法分别得到的结果。

表 8　　一级指标权重计算结果

| 指标 | 算术平均法 | 几何平均法 | 特征值法 |
| --- | --- | --- | --- |
| 经济 | 0.471 5 | 0.474 6 | 0.478 5 |
| 社会 | 0.230 6 | 0.231 3 | 0.229 9 |
| 文化 | 0.145 8 | 0.144 4 | 0.142 9 |
| 生态 | 0.095 0 | 0.093 0 | 0.092 4 |
| 政治 | 0.057 1 | 0.056 6 | 0.056 2 |

无论采用何种方法,最终在数值上都可以认为大致相等。因此在以后的计算中,我们决定统一采用特征值法计算结果来分配 5 个一级指标的权重,即经济指标约为 47.85%、社会指标约为 22.99%、文化指标约为 14.29%、生态指标约为 9.24%、政治指标约为 5.62%。

(三) 二级指标的评分与赋权——结合熵权法的 TOPSIS 分析

1. 指标的选取

对每个一级指标,我们在经过讨论后依据数据的完整性、客观性、总体性特征选取了一系列二级指标作为代表。指标必须易于处理、易于加工、代表性强。

运用TOPSIS方法进行分析前,需要选取合适的计分指标。我们对5个一级指标分别选取了以下指标(如表9所示)。其中有一些指标缺乏直观的定量回答(如村内的垃圾主要处理方式),这些指标我们会按照一定标准换算成定量数据:广播内容指标中仅为村内通知记1分,广播新闻记2分,广播各种内容记3分;污水处理方式指标中无设施处理记1分,排入城镇污水管道记2分,村庄设有集中处理设施、分户建设处理设施和其他记3分;生活垃圾处理方式指标,无处理措施和集中后露天堆放记1分,村内简易填埋和村内小型焚烧炉处理记2分,转运至城镇处理和村内卫生填埋记3分;秸秆处理方式指标,焚烧记1分,自然降解和其他记2分,制沼气、处理还田、加工禽畜饲料记3分。这种量化方法在表9中称为"定量化评级"。还有一些指标为极小型指标,我们一律进行正向化处理。其他需要特别说明的会在表9中展示。

**表9**                           **二级指标数据处理方式**

| 指 标 名 称 | 处 理 方 式 |
| --- | --- |
| 经济指标: | |
| 人均年收入 | 无 |
| 农村社会化服务水平 | 极小型转为极大型 |
| 贫困户占比 | 极小型转为极大型 |
| 过去五年人均收入增长率(%) | 无 |
| 农村生产机械化率(%) | 用均值填充缺失数据 |
| 社会指标: | |
| 初中及以上学历的劳动力比例(%) | 无 |
| 大专及以上学历的劳动力比例(%) | 无 |
| 网购频率 | 极小型转为极大型 |
| 路灯覆盖 | 极小型转为极大型 |
| 人均养老床位 | 无 |
| 文化指标: | |
| 村规遵守情况 | 极小型转为极大型 |
| 文化活动频率 | 无 |
| 广播内容 | 定量化评级 |
| 生态指标: | |

续 表

| 指 标 名 称 | 处 理 方 式 |
|---|---|
| 空气质量 | 无 |
| 饮用水质量 | 无 |
| 绿化水平 | 无 |
| 污水处理方式 | 定量化评级 |
| 生活垃圾处理方式 | 定量化评级 |
| 秸秆处理方式 | 定量化评级 |
| 政治指标： | |
| 党员占比 | 无 |
| 党史主题教育次数 | 无 |
| 主题党建次数 | 无 |

注：上文提到的定量化评级均分为三个等级，分别得分3、2、1。

2. 数据的正向化、标准化处理

为保证标度一致，从调查问卷中获得的数据不能直接使用，而应该进行正向化、标准化处理。首先是正向化处理。对表9中提到的极小型数据，应该进行正向化处理，即形成二级指标分数越高，对应的一级指标得分越高的效果。

对这些数据的处理方式如下：

$$A'_{ij} = \max(A_{ij}) - A_{ij}$$

其中：$i$ 表示第 $i$ 个一级指标，$j$ 表示对应的第 $j$ 个二级指标。

之后，对所有指标进行标准化处理，以保证各指标的标度相同，公式如下：

$$A''_{ij} = \frac{A'_{ij}}{\sqrt{\sum_{i=1}^{5}(A'_i)^2}}$$

通过计算机处理得到如表10至表14所示的结果。

表10　　　　　　　　　　各村庄在各经济指标上的得分

| 村 名 | 人均年收入 | 农业社会化服务水平 | 机械化率 | 过去五年收入增长率 | 农村水利总体运行情况 | 贫困户占比 |
|---|---|---|---|---|---|---|
| 培福村 | 0.186 7 | 0.197 1 | 0.412 9 | 0.206 9 | 0.270 5 | 0.213 3 |
| 苍霞村 | 0.186 7 | 0.394 1 | 0.099 1 | 0.475 9 | 0.360 7 | 0.399 0 |

续 表

| 村 名 | 人均年收入 | 农业社会化服务水平 | 机械化率 | 过去五年收入增长率 | 农村水利总体运行情况 | 贫困户占比 |
|---|---|---|---|---|---|---|
| 大埔村 | 0.285 2 | 0.394 1 | 0.332 6 | 0.305 6 | 0.360 7 | 0.403 2 |
| 金山村 | 0.366 7 | 0.394 1 | 0.412 9 | 0.132 4 | 0.360 7 | 0.403 2 |
| 联三村 | 0.028 0 | 0.295 6 | 0.165 1 | 0.041 4 | 0.360 7 | 0.000 0 |
| 南坑仔村 | 0.778 0 | 0.098 5 | 0.412 9 | 0.620 7 | 0.270 5 | 0.403 2 |
| 军营村 | 0.285 2 | 0.492 7 | 0.412 9 | 0.413 8 | 0.450 8 | 0.403 2 |
| 根溪村 | 0.164 9 | 0.394 1 | 0.412 9 | 0.248 3 | 0.360 7 | 0.380 9 |

表 11　　　　　　　　　　各村庄在各社会指标上的得分

| 村 名 | 初中以上比例 | 大专及以上比例 | 网购频率 | 路灯覆盖 | 人均养老床位 |
|---|---|---|---|---|---|
| 培福村 | 0.224 1 | 0.167 0 | 0.408 2 | 0.361 8 | 0.480 8 |
| 苍霞村 | 0.308 2 | 0.267 2 | 0.408 2 | 0.361 8 | 0.000 0 |
| 大埔村 | 0.560 3 | 0.835 1 | 0.408 2 | 0.361 8 | 0.853 2 |
| 金山村 | 0.218 5 | 0.133 6 | 0.408 2 | 0.361 8 | 0.061 2 |
| 联三村 | 0.319 4 | 0.100 2 | 0.408 2 | 0.361 8 | 0.129 3 |
| 南坑仔村 | 0.448 3 | 0.417 5 | 0.272 2 | 0.289 4 | 0.000 0 |
| 军营村 | 0.190 5 | 0.033 4 | 0.272 2 | 0.361 8 | 0.000 0 |
| 根溪村 | 0.392 2 | 0.000 0 | 0.136 1 | 0.361 8 | 0.143 2 |

表 12　　　　　　　　　　各村庄在各文化指标上的得分

| 村 名 | 文化活动 | 广播内容 | 乡规遵守情况 |
|---|---|---|---|
| 培福村 | 0.309 4 | 0.417 0 | 0.244 3 |
| 苍霞村 | 0.309 4 | 0.208 5 | 0.366 5 |
| 大埔村 | 0.309 4 | 0.417 0 | 0.366 5 |
| 金山村 | 0.515 7 | 0.417 0 | 0.366 5 |

续 表

| 村 名 | 文化活动 | 广播内容 | 乡规遵守情况 |
|---|---|---|---|
| 联三村 | 0.206 3 | 0.208 5 | 0.366 5 |
| 南坑仔村 | 0.206 3 | 0.417 0 | 0.366 5 |
| 军营村 | 0.515 7 | 0.417 0 | 0.366 5 |
| 根溪村 | 0.309 4 | 0.208 5 | 0.366 5 |

表 13　　　　　　　　各村庄在各生态指标上的得分

| 村名 | 空气质量 | 饮用水质量 | 绿化水平 | 污水处理 | 生活垃圾处理 | 焚烧秸秆 |
|---|---|---|---|---|---|---|
| 培福村 | 0.370 6 | 0.370 6 | 0.296 5 | 0.468 5 | 0.375 0 | 0.378 0 |
| 苍霞村 | 0.296 5 | 0.296 5 | 0.370 6 | 0.312 3 | 0.375 0 | 0.189 0 |
| 大埔村 | 0.296 5 | 0.296 5 | 0.370 6 | 0.312 3 | 0.375 0 | 0.378 0 |
| 金山村 | 0.370 6 | 0.370 6 | 0.296 5 | 0.312 3 | 0.375 0 | 0.566 9 |
| 联三村 | 0.370 6 | 0.370 6 | 0.370 6 | 0.468 5 | 0.375 0 | 0.189 0 |
| 南坑仔村 | 0.370 6 | 0.370 6 | 0.370 6 | 0.468 5 | 0.125 0 | 0.189 0 |
| 军营村 | 0.370 6 | 0.370 6 | 0.370 6 | 0.156 2 | 0.375 0 | 0.378 0 |
| 根溪村 | 0.370 6 | 0.370 6 | 0.370 6 | 0.156 2 | 0.375 0 | 0.378 0 |

表 14　　　　　　　　各村庄在各政治指标上的得分

| 村 名 | 党员占比 | 主题教育次数 | 主题党建次数 |
|---|---|---|---|
| 培福村 | 0.278 3 | 0.581 2 | 0.064 8 |
| 苍霞村 | 0.228 3 | 0.232 5 | 0.161 9 |
| 大埔村 | 0.046 6 | 0.232 5 | 0.242 9 |
| 金山村 | 0.314 9 | 0.232 5 | 0.194 3 |
| 联三村 | 0.233 1 | 0.232 5 | 0.064 8 |
| 南坑仔村 | 0.359 7 | 0.232 5 | 0.194 3 |
| 军营村 | 0.544 0 | 0.581 2 | 0.890 6 |
| 根溪村 | 0.538 0 | 0.232 5 | 0.194 3 |

### 3. 通过熵权法计算二级指标的权重

传统的 TOPSIS 法赋予各个指标相同的权重。我们认为各二级指标的权重不应该是相同的,因此这里我们采用熵权法对模型权重的计算进行修正。

对某一确定的一级指标,将其一系列二级指标经过正向化、标准化后的数据记录在 $z_{ij}$ (表示第 $i$ 个村庄的第 $j$ 个指标的数据)中。之后计算其概率矩阵 $p$,公式如下:

$$p_{ij} = \frac{z_{ij}}{\sum_{i=1}^{n} z_{ij}}$$

经验证,此时得到的概率矩阵满足 $\sum_{i=1}^{n} p_{ij} = 1$。

对第 $j$ 个指标,其信息熵如下:

$$e_j = -\frac{1}{\ln n} \sum_{i=1}^{n} p_{ij} \ln(p_{ij})$$

信息熵越大,其对应信息量越少,由此我们引入信息效用值 $d_j = 1 - e_j$ 的概念,此时信息效用值越大,其对应的信息也越多。

最后将信息效用值进行归一化处理,得到每个指标的熵权:

$$W_j = \frac{d_j}{\sum_{j=1}^{m} d_j}$$

将上述步骤经计算机处理,结果如表 15 至表 19 所示。

**表 15　　　　　　　　　经济指标在熵权法下的权重**

| 人均年收入 | 农业社会化服务水平 | 机械化率 | 过去五年收入增长率 | 农村水利总体运行情况 | 贫困户占比 |
| --- | --- | --- | --- | --- | --- |
| 0.327 8 | 0.102 3 | 0.105 6 | 0.246 0 | 0.016 1 | 0.202 2 |

**表 16　　　　　　　　　社会指标在熵权法下的权重**

| 初中以上比例 | 大专及以上比例 | 网购频率 | 路灯覆盖 | 人均养老床位 |
| --- | --- | --- | --- | --- |
| 0.043 1 | 0.342 1 | 0.031 8 | 0.001 7 | 0.581 4 |

**表 17　　　　　　　　　文化指标在熵权法下的权重**

| 文化活动 | 广播内容 | 乡规遵守情况 |
| --- | --- | --- |
| 0.495 7 | 0.437 3 | 0.067 0 |

表 18　　　　　　　　　　　生态指标在熵权法下的权重

| 空气质量 | 饮用水质量 | 绿化水平 | 污水处理 | 生活垃圾处理 | 焚烧秸秆 |
| --- | --- | --- | --- | --- | --- |
| 0.022 2 | 0.022 2 | 0.022 2 | 0.372 9 | 0.190 7 | 0.369 8 |

表 19　　　　　　　　　　　政治指标在熵权法下的权重

| 党员占比 | 主题教育次数 | 主题党建次数 |
| --- | --- | --- |
| 0.227 0 | 0.165 2 | 0.607 8 |

### （四）最终得分

经过统计，得到了各个一级指标下各个二级指标的得分与权重。我们将记录各个二级指标得分的矩阵记为 $A1$、$A2$、$A3$、$A4$、$A5$，记录各个二级指标权重的矩阵记为 $B1$、$B2$、$B3$、$B4$、$B5$。通过矩阵运算 $X = A1B1 + A2B2 + A3B3 + A4B4 + A5B5$（$X$ 为一次表示 8 个村庄最终得分的列向量），得到各个村庄的综合得分与排名如表 20 所示。

表 20　　　　　　　　　　　8 个村庄的得分与排名

| 村　名 | 最 终 得 分 | 排　名 |
| --- | --- | --- |
| 培福村 | 0.115 6 | 5 |
| 苍霞村 | 0.085 3 | 6 |
| 大埔村 | 0.240 4 | 1 |
| 金山村 | 0.129 6 | 4 |
| 联三村 | 0.022 9 | 8 |
| 南坑仔村 | 0.168 1 | 2 |
| 军营村 | 0.164 2 | 3 |
| 根溪村 | 0.073 9 | 7 |

## 六、思考与建议

### （一）原因分析

#### 1. 发展型村庄

磁灶镇大埔村属于城市郊区，经济发展程度居所在县中上等水平，经济基础较优越。其常住人口大于户籍人口，说明村庄有吸引人口资源流入的能力与潜力。在社会保障上，大埔村在所调研村庄中评分最高,达到了0.5946,远超其他村庄,且该村劳动力中大专及以上的占比达到了50%,同样居于首位。在文化、生态、政治建设方面,大埔村的水平也偏上。

南霞乡南坑仔村的人均年收入居于首位,过去五年村民人均收入增长率为14.8%,总体经济发展部分的评分居于首位。在社会保障上,该村庄劳动力中初中以上比例较高,达到了80%,大专及以上比例达到了25%,路灯覆盖在8个村庄中较次,总体社会保障评分位居第五。在文化建设和生态环境方面,南坑仔村都位居第五,表现并不突出。在政治生活上,其评分位居第一,主题党建次数极其突出。

莲花镇军营村主要经营种植业,经济发展部分评分位居第二,其机械化率和农业社会化服务水平较优异,其非农业生产经营的餐饮旅游业也为居民收入的增长助力。在社会保障部分,军营村表现较差,在8个村庄中位居倒数。军营村在文化建设和政治生活方面表现较好,在生态环境方面位于中等,在对污水和秸秆的处理方面有待提高。

2. 稳定型村庄

黄石镇金山村以种植水稻为主要发展方式,其在经济发展和政治生活部分表现平平,位于中等,但在文化建设和生态环境方面表现优秀,均位居第一,其人均年收入较高,但过去五年居民收入增长率较低,经济增长乏力,缺少新的经济增长点。其在社会保障部分处于中下等。本村劳动力初中以上比例只有39%,劳动力的受教育水平较低。

龙涓乡培福村以种植茶叶为主要发展方式,缺少非农经营行业支撑,发展状况较多受到自然环境的影响,抗风险能力较弱,经济发展状况排名第七,社会保障和生态环境方面位居第二,政治生活和文化建设方面位于中等。该村庄生态环境较好,空气和饮用水质量较好,污水处理和生活垃圾处理都表现良好。

龙江街道苍霞村是稳定型村庄中唯一一个人口流入的村庄,但人口流入占比很小,经济发展状况在8个村庄中位于中等,人均年收入比起发展型村庄有一定差距,作为主要发展产业的种植业的机械化率有待提高。其社会保障在所研究村庄中处于中等,但其他几项均处于中下等或下等。

河田镇根溪村的人口流失较为严重,户籍人口为3015人,常住人口只有650人,其经济发展缺少活力,过去五年村民人均收入增长率水平较其他村庄低,处于中下水平。其在经济发展、社会保障、文化建设、生态环境方面均表现较差。其在政治生活中表现较好,位居第二。

3. 衰退型村庄

长乐乡联三村是8个村庄中人口第三少的村庄,也是人均年收入最少的村庄,其在经济发展、文化建设、政治生活方面的评分均为倒数第一,但社会保障和生态环境部分处于中等水平。该村庄人均收入增长率较低。该村有户籍人口1835人,但常住人口只有900人,村庄人口流失严重,发展缺少动力。

衰退型村庄如联三村,虽然拥有较丰厚的革命历史文化,也利用其发展住宿和餐饮业、旅游观光产业,但所获取的数据中其人均年收入在8个村庄中居于末位,值得注意的是,该数据与从其他途径获得的数据并不相符,因此其发展状况有待进一步研究。

(二)发展建议

第一,在经济发展层面,不断发展完善产业结构及利用当地自然社会资源发挥村庄潜力。发展型村庄具有相对完善的经济基础和良好的产业结构,具有一定的抵御外界风险的能力。而一些稳定型和衰退型的村庄产业基础较薄弱,需要引入外界资本结合自身潜力构建适合本村发展的产业结构,或者充分激发内部潜力,促进内需。此外,要具有长远的目光,在充分把握地方发展实况的基础上,对未来发展方向进行判断,并提前做出部署。

第二,在社会保障层面,健全农村养老制度体系,普及基础教育,并提高高等教育水平。通过对数据的分析,我们发现,村庄发展指数评分靠前的村庄中劳动力初中以上比例较高。提高教育水平,培养高质量人才返乡建设将为村庄发展提供人力资源和动力源泉。此外,养老制度体系的健全与保障将提高村民生活幸福感和对村庄的认同感,增强村庄吸引力。

第三,在文化建设方面,文化作为村庄的软实力,对村庄的发展起独特的社会作用。村民对文化活动的参与度,村中广播站的建设及使用,娱乐文化活动的举办次数都能或多或少反映村庄文化建设的水平。我们看到,所研究的8个村庄的文化建设水平不一,与经济发展水平并不匹配。在强调文化自信的今天,有条件的地方政府应当注意加强文化建设,丰富村民的精神世界,满足村民更高层次的需求。

第四,在生态环境方面,所研究村庄的总体情况较好,8个村庄都表示过去五年,村里的居住环境得到明显改善,但所种植的农作物产生秸秆的村庄,其处理秸秆的方式仍存在焚烧的现象,处理方式有待改善。希望相关政府出台政策,改进秸秆处理方式,减少由于焚烧秸秆带来的空气污染和安全隐患,向有秸秆处理经验的村庄学习,在减少污染的同时充分利用秸秆资源,如利用其制造沼气、加工禽畜饲料等。

第五,在政治生活方面,村民中党员占比普遍较少,参与政治生活的积极性不高,对村庄的发展情况与政策制度并不能清楚了解,部分村庄党组织较为沉闷。对此,地方政府应当有所作为,充分落实基层群众自治制度,重视基层治理的实效,为村民办实事、做好事、干正事。通过广播、告示等手段向村民普及政府的体系构架以及出台的相关政策制度,告知村民相关政策对其的切实影响。

**参考文献**

[1] 李玥.中国乡村宜居宜业水平评价体系及测度研究[J].山西农业大学学报(社会科学版),2022(4).

[2] 李志强.城乡融合演进历程的乡村振兴:阶段特征、动力逻辑与发展导向[J].贵州社会科学,2020(9).

[3] 刘自强,周爱兰,鲁奇.乡村地域主导功能的转型与乡村发展阶段的划分[J].干旱区资源与环境,2012(4).

[4] 马长发,祝悦悦.西部欠发达地区乡村振兴评价及障碍因子分析——以南疆四地州为例[J].开发研究,2022(2).

［5］马建堂.在新发展阶段高质量全面推进乡村振兴[J].中国发展观察,2021(21).

［6］潘启龙,韩振,陈珏颖.美国农村阶段发展及对中国乡村振兴的启示[J].世界农业,2021(9).

［7］冉慧.河南省乡村振兴评价指标体系构建与分析[J].乡村科技,2021(30).

［8］孙浩.乡村振兴背景下皖南县域乡村发展评价指标体系构建与测度分析[J].云南农业大学学报(社会科学),2022(5).

［9］张蕴萍,栾菁.数字经济赋能乡村振兴:理论机制、制约因素与推进路径[J].改革,2022(5).

# 政府补贴助力乡村振兴模式的比较

徐恩泽[①]　李曜旻[②]　王宇扬[③]
指导老师：林立国[④]

**摘　要**：从2015年脱贫攻坚战的宣战到2017年乡村振兴战略的提出，至2020年全面小康的建成与2021年脱贫攻坚战全面胜利，我国的乡村与农业农村现代化发展在近十年发生了天翻地覆的变化。从简易民居到特色民宿，从传统农业向现代农业多元化升级，乡村振兴离不开产业发展，而产业发展的转型与推动需要政府补贴的助力。群山环绕，依江傍海，不同的城市为实现共同富裕的目标，采取了各具地方特色的乡村发展模式。

**关键词**：乡村振兴　政府补贴　现代农业　产业优化

## 一、调研基本情况介绍

本文所使用的调研数据全部来自2021年上海财经大学"千村调查"活动的入村问卷，我们对其中的生产环境、经济情况、产业兴旺、生态环境四大模块进行着重分析，经由数据分类、筛选、制作简易图表的方式将各地农村主要和重要的产业组成、收入情况、农业经营模式、上级补贴情况、环境治理投入等问题单独列出并挑选出具有代表性回答的村户进行相关地区农村的具体案例分析，通过对各乡村案例的共同点和不同点的比较，归纳并提出乡村振兴的总体可行建议和措施。

## 二、调研分析

（一）农村电商

图1至图3分别反映了参与者对农村电商前景的态

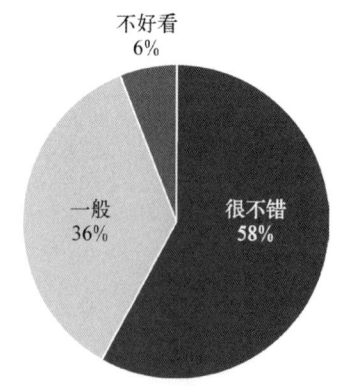

**图1　农村电商前景预测**

---

[①]　徐恩泽，上海财经大学金融学院金融学2021级本科生。
[②]　李曜旻，上海财经大学金融学院金融学2021级本科生。
[③]　王宇扬，上海财经大学金融学院金融学2021级本科生。
[④]　林立国，上海财经大学高等研究院。

度,对电商平台的服务需求以及政府在农村电商经营过程中的作用。依图所示,绝大部分村民看好农村电商,希望运用电商平台服务来拓宽农产品的销售渠道和销售范围并及时获取经济政策动向以做出正确的交易决策;同时,要求政府大力扶持相关销售产业,在提供资金和技术的同时完善市场监管,为农村电商的发展保驾护航。

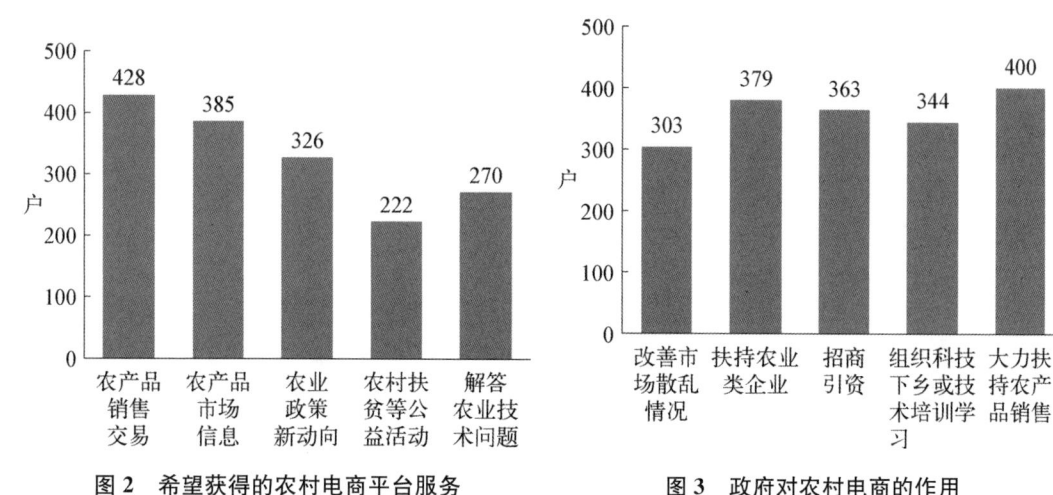

**图 2　希望获得的农村电商平台服务**

**图 3　政府对农村电商的作用**

### (二)产业发展问题

图 4 至图 6 介绍了村集体经济发展、餐饮旅游业务和农产品加工过程中遇到的问题——技术落后,人才不足,资源使用低效,利润低下,缺乏特色品牌意识,存在业务同质化风险,而引入人才、技术等解决方式带来了成本的提高,对基础薄弱的农村地区很可能是一次入不敷出的挑战。所以,政府的补贴效应可能是对上述不足的补充并带动当地收入、资源使用与经济的共同稳定增长。

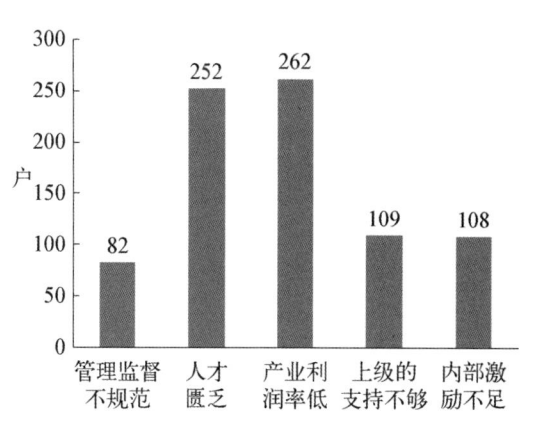

**图 4　村集体经济发展问题**

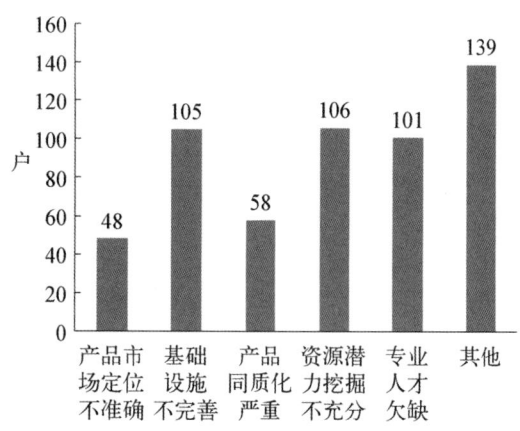

**图 5　餐饮旅游困难**

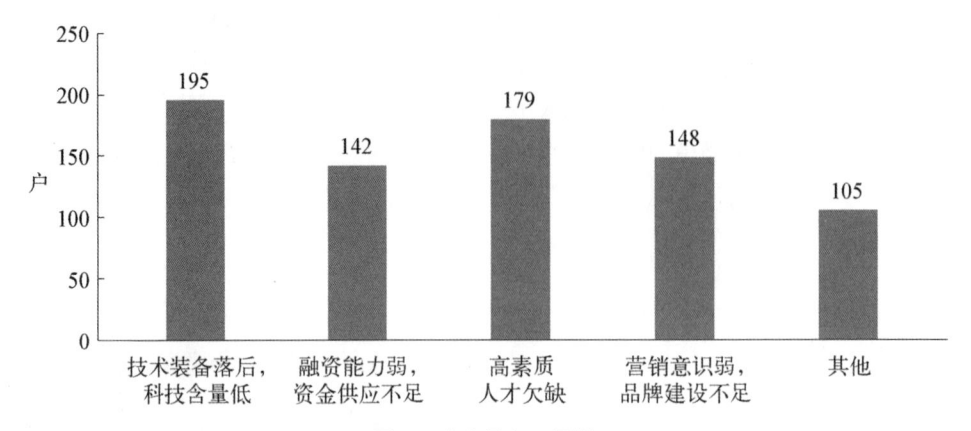

图 6　农产品加工困境

### （三）上级财政补贴和信贷相关政策

图 7 至图 9 表明大多数村民对当地政府发布的信贷扶持政策有所了解，并对农业补贴持续年数和户数进行反馈，时间跨度较大，享受补贴的村户数普遍在 500 户以上，可见，农业补贴的发放是充分且持续的，以发放基准的大小为外部动力刺激农民做大做强，通过自力更生和上级支持逐渐实现乡村脱贫。

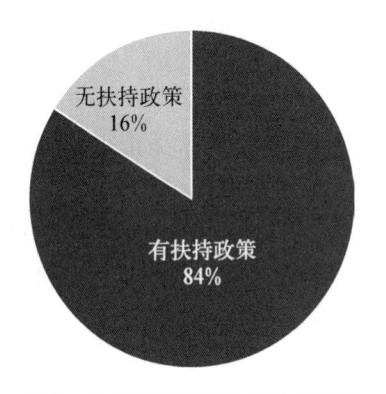

图 7　政府有无财政信贷扶持政策 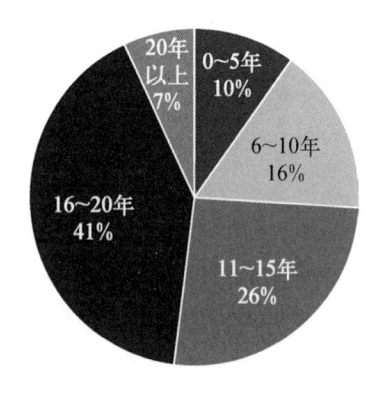　　图 8　已享受农业补贴年数对应村的比例

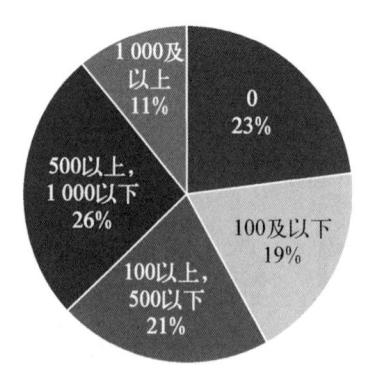

图 9　领取补贴户数对应村的比例

从补助款区间的统计中可以反映政府对各村的补助资金是相对充足的(如图 10 所示),但如何分配到户、分配到人、分配到田等内部激励措施则需要管理层自行斟酌,应以实现公平与效率的相对平衡为原则,以带动乡村振兴、民族复兴为目标而做出恰当的取舍。

(四)环境问题与治理

在所调查的村庄中,大部分村庄采取了环境治理措施(如图 11 所示)。

图 10 上级补助款区间统计

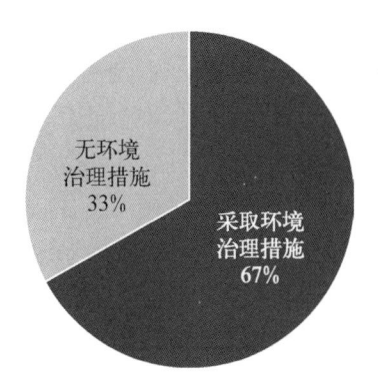

图 11 有无环境治理措施

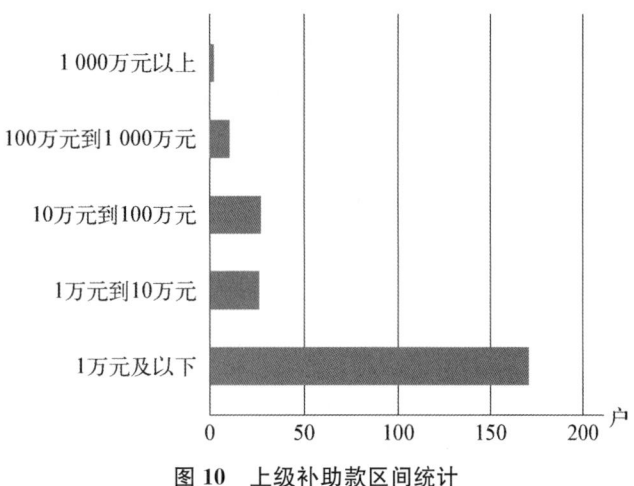

图 12 至图 15 分别反映了农村产业经营活动中旅游业、农产品加工业、养殖业和种植业发展过程中引发的环境问题。例如,种植业中开垦、使用化肥、不同作物的生长所引起的土地退化、水资源污染、水土流失和土地沙漠化;养殖业发展中过度放牧所引发的草场沙漠化、畜禽的粪便和病死的尸体未及时清理而引发的疫病和土地、水源污染;农产品加工过程中产生的固、液、气、声等多种形态的废弃物处理不当,造成不同的生活环境污染;旅游经营下资源消费增速快,当地资源开发压力过大与来自村外的大批客流所造成的生活垃圾缺少完全填埋、焚烧等处理的空间和时间。与城市相比,农村的设备相对落后,劳动力资源相对不足,监管的标准化程度相对较低,易引发降低居民生活质量和生态效益乃至影响经济效益的环境污染与其他环境问题。

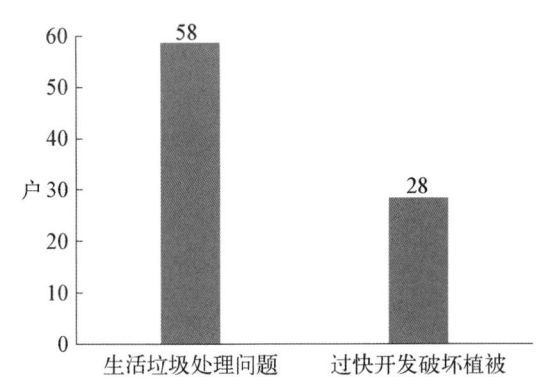

图 12 旅游业开发导致的环境问题

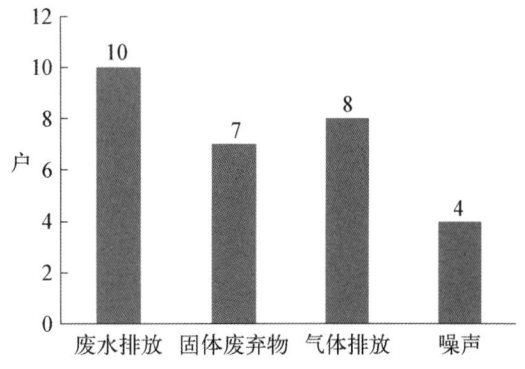

图 13 农产品加工导致的环境问题

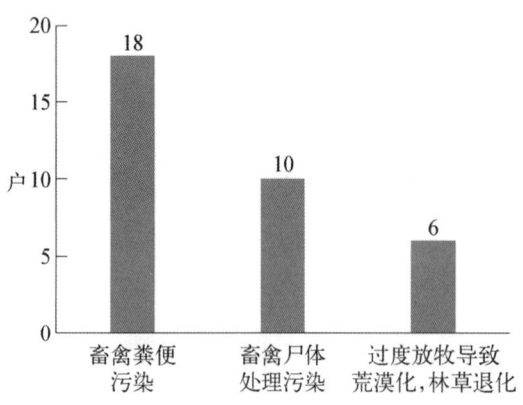

图 14　养殖业环境问题

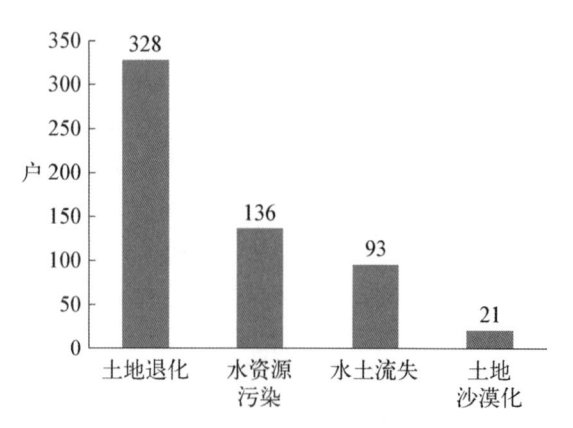

图 15　种植业环境问题

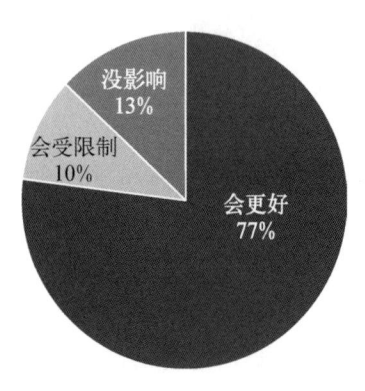

图 16　环境保护与村产业发展

面对需要被及时处理的环境问题,超过 3/4 的村民认可环境治理不仅能够改善环境,而且可以带动经济效益的增长(如图 16 所示),近 2/3 的村落选择在村产业发展的同时投入精力与资金进行环境保护与治理并根据本村的环境污染严重程度投入相应的治理成本,助力本村各环境保护措施的有效实施(如图 17 所示)。村管理层和村民要主动把握环境保护的生态效益与产业发展的经济效益的联系,在发展农村经济的同时将不当经营所产生的环境问题扼杀在萌芽状态,实现经济效益与生态效益并行发展的绿色经济发展模式。

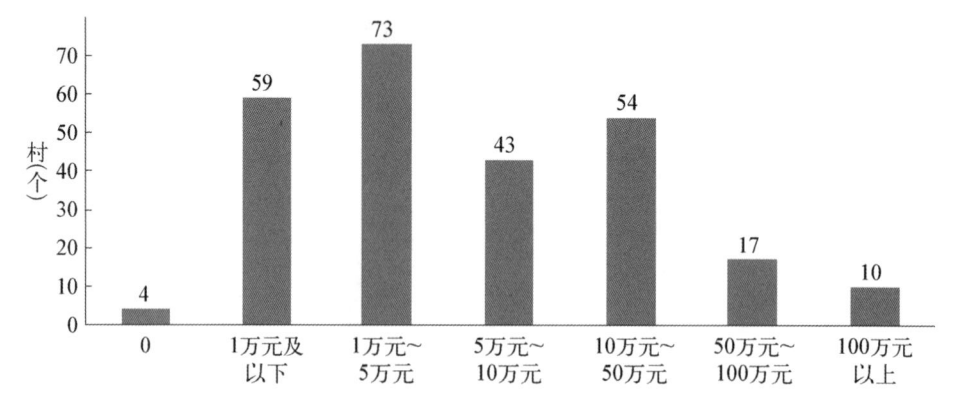

图 17　主营产业环境治理费用各区间统计

(五)农业经营模式

被调查的村户主要使用传统小农户的个体经营方式,多为个人合约关系的自产自销,可见以家庭为单位的独立化、分散化经营仍是农村的主要经营模式,集体化发展的空间与潜力有待提升(如图 18 所示)。

初加工是绝大多数村户的农产品加工手段,精深加工并没有被大规模掌握,所以由农村直接提供的农产品相较于经历过食品加工企业包装与精深加工的同类型产品的质量、价格都偏低,利润差距大,净收入水平较落后,可能与产量形成较大的反差(如图19所示)。

超半数的村户实现种植、畜牧、加工等生产经营过程半机械化,但近1/4的村户未能实现生产经营机械化或半机械化,处于技术落后水平(如图20所示)。当地政府与村支部应当重视起来,设置机器设备购买补贴并加强宣传,鼓励全村机械化水平的提高,带动农产品的产量水平与质量水平的提升,提高村民收入,实现农村经济稳定增长。

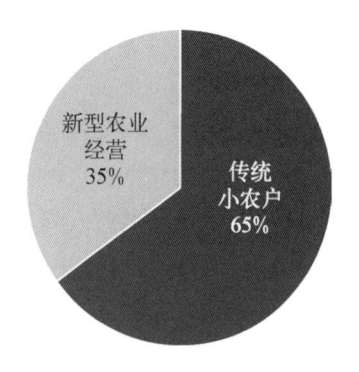

图18 农业经营方式

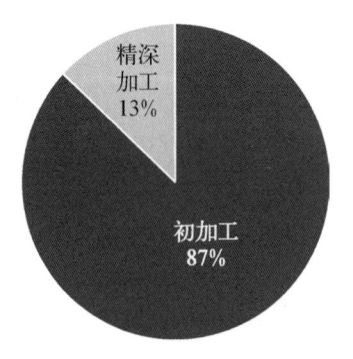

图19 农产品加工的主要方式

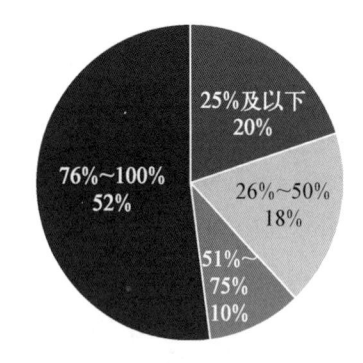

图20 农业生产经营机械化率对应的村比例

### 三、农户家庭乡村振兴特色案例分析

(一)浙江省宁波市慈溪市

为加快推进农业农村现代化,慈溪市将全力打造数字乡村数据平台,绘制农业农村数字地图,搭建"数字乡村驾驶舱",推动生产管理、流通营销、行业监管、公共服务、乡村治理五大领域数字化转型,开发多个特色创新应用场景(庞博,2021)。

自2021年以来,慈溪市加快推进数字经济"一号工程",以数字化引领农业"工厂化""园区化""科技化"发展,着力打造数字农业"慈溪模式"。在坎墩玉兰果蔬农场,通过物联网技术,在两座玻璃温室大棚内遍布集土壤湿度、温度、EC(肥力)以及光照强度等数据监测于一体的无线传感器,不仅帮助慈溪农户实现精准控制灌溉施肥,而且降低了成本、提高了生产效率。此外,二十余个由新型职业农民主导的重大高科技农业产业项目利用互联网,推动传统农业向数字农业、智慧农业发展。例如,坎墩大学生农创园的"数字农业驾驶舱"项目通过收集现有农作物生产的各项指标数据、自然环境数据、农产品销售数据等,绘制数字模型曲线,为园区农业生产提供指导性服务,加快农业"机器换人"步伐。

借助数字化平台,慈溪市实现从农田到餐桌的全链条"智慧监管"。2022年,该市推出

"农安码"掌上服务平台,消费者在手机上通过平台的"溯源查询"板块,即可查询农产品质量安全管控全过程。

(二)陕西省宝鸡市凤翔区

乡村振兴靠产业,产业发展靠特色。近年来,宝鸡市以农业增效、农民增收、农村繁荣为着力点,积极调整产业结构,引导群众因地制宜培育和发展果蔬种植、苗木培育、牛羊养殖等特色农业产业,走出了一条持续增收的产业发展致富路(韩小珍,2022)。

以凤翔区南指挥镇河南屯村为例,该村围绕乡村振兴战略部署,坚持"农业生产特色化,特色产业规模化,规模农业产业化"的发展思路和"党支部+村合作社+农户+脱贫户"的产业发展模式,立足土地做文章,因势利导,积极调整产业结构,整合流转土地1 100亩,大力发展钢葱、柴胡、洋葱等特色产业规模化种植,不断壮大村集体经济,助力乡村振兴,带动村民稳步增收(范宝军和王晓凡,2021)。

为确保10万亩凤酒原粮基地高粱种植项目顺利实施,凤翔区委、区政府于2022年下发了《关于补充凤翔区10万亩凤酒原粮基地高粱产业发展扶持政策的通知》,对村集体经济组织发展高粱种植进行贴息贷款,并按照每亩高粱300元的标准给予村集体经济组织一次性补助,补助资金主要用于种子、化肥、耕作、病虫害防治等方面的支出。

凤翔区柳林镇作为中国凤香型白酒的发源地,立足于酒用高粱的种植,按照宝鸡市打造千亿元级白酒产业集群与"中国高粱第一镇"的工作要求,加快实施"高粱围城"战略,建设机械存放、晾晒仓储、分拣烘干、剥壳精选、仓储物流及品种展示中心,完善农资配送、产后处理、电子商务、技术指导、研发培训、示范推广等产销服务体系,聚力打造"产储销、农科教、乡村游"三产融合发展的现代酒用高粱产业园,使其成为全市打造白酒产业集群的重要支撑。

(三)上海市奉贤区

奉贤区拥有得天独厚的气候和地理优势,大面积水田、生态绿色田园、蔬菜园、采摘用果园分布广泛,且地处长三角城市群,未来销售和运输的市场广阔,高等院校众多,人才储备可观,便于加强交流与引进各类优势资源。村民多为新型农业经营者,能够实现农、林、牧、渔结合的混合型第一产业经营模式。(吴凯和李治国,2007)提到"形成了特种水产、食用菌、特色瓜果花卉及珍禽为主的四大农业支柱产业集聚群",多元化的农业格局为各村庄带来可观的财富,在当时乃至十几年后的今天,不断为当地居民提供富有增长潜力的可支配收入。

在非农业生产领域,奉贤区则以个体经营开展的农家乐、餐饮、民宿为主,通过物流和房屋出租的方式获取集体性收益。(汪婷,2018)以南桥镇为例,将农村中的闲置宅基地改造升级后投入使用可为村集体增加"180万元"的经营性收入。

在政府补贴方面,最具特色的政策便是2021年上海市奉贤区农业农村委员会和财政厅于12月印发的《上海市奉贤区农产品质量安全、农业标准化奖补实施办法》,当地政府将通过对"农产品质量安全工作、农业标准化"的成绩发放奖励补贴来提高农产品的质量水平,推动现代农业的持续、健康发展。新农村建设没有财政扶持不行,单靠财政扶持也不能从根本上解决农村经济薄弱问题(苏莎莎等,2008)。通过基于农业生产成果的奖励和补贴措施来鼓励农业生产的标准化、规范化。建设完善的基础设施,增强售后服务与知识指导,增强"造血能力",保证生存空间。

(四)贵州道真自治县

根据 2019 年发布的《贵州省政府正式批准 18 个县(市、区)退出贫困省序列》,贵州道真自治县已于 2019 年 4 月 24 日退出贫困县序列。

对于当地的成功脱贫,首先从政府补贴出发,在问卷调查的有效数据中,除多家村户表示收到 8 000 元到 350 000 元不等的上级拨款外,还有来自上海援建的 3 500 万元财政性收入,绝大多数村民表示自家因选用国内新型种类而获得种子补贴和生产经营分红。根据贵州省农业农村厅、财政厅发布的《2021 年实际种粮农民一次性补贴资金发放实施方案》,补贴依据为水稻、玉米、小麦、薯类等粮食作物面积,要求精准测量实际种植面积,以直接发放"一卡(折)通"形式给予农民耕地补贴,道真自治县在此次补贴发放中得到 481.11 万元补贴分配额。

接着从当地的产业发展角度出发,依靠亚热带季风气候,拥有夏季高温多雨、冬季温暖湿润的"天时"与大面积水田的"地利",选用水稻与蔬果进行种养合一的经营模式,部分农户另辟蹊径,进行经济作物金丝黄菊的栽培和食用菌的大棚种植。(万晓芹和骆晓,2018)指出,道真自治县拥有优越的气候优势,同时毗邻重庆,食用菌可作为火锅和其他菜肴的原材料,拥有良好的运输和销售市场。

在有效扶贫措施的选择方面,超过半数村民认为最优的扶贫方式是产业扶贫,正所谓"授人以鱼不如授人以渔",贫困补助只能解一时的燃眉之急,易地搬迁、教育扶贫等方式生效需要短则三五年、长则数十年,而产业扶贫在促进当下经济发展的同时挽留当地劳动力,为未来世代的生产发展提供道路经验与技术设备。

道真自治县要抓住政策机遇,借力精准脱贫加快乡村振兴,在利用振兴支柱产业、发展生态农业与乡村旅游等精准扶贫措施的同时,多途径促进产业的兴旺发展,提高农民的积极性,将分散的个体经营整合为集体化、标准化下的规模经营,巩固与践行拥有当地民族特色的乡村脱贫与振兴战略(骆行和王志章,2018)。

(五)重庆市渝北区

渝北区作为主城区唯一的乡村振兴综合试验示范区,自 2018 年以来坚持"农业农村优先发展"总方针,紧扣"农业农村现代化"总目标,聚焦"五个振兴",在调整农业结构、深化农村改革、完善社会治理等方面狠下功夫,推动农业发展稳中有进,农村面貌持续改善,农民收入稳步增长,乡村振兴实现良好开局。

2022 年 4 月,为深入贯彻习近平总书记有关粮食安全和保障重要农产品有效供给的重要指示,确保高质量完成粮食生产和菜篮子保供的各项目标任务,渝北区农业农村委员会印发了《渝北区 2022 年支持粮油生产和蔬菜保供工作实施方案》的通知,重点推广粮油作物如玉米、中稻和再生稻等以及多种类别的蔬菜作物,对种子、肥料、农药等实行补贴,继续加大对渝北区的政策扶持,也保障了在"新冠"疫情背景下国内的粮油和蔬菜供给,高质量完成粮食生产和"菜篮子"工程指标。

（六）山东省烟台市

为加快推进农村农业现代化，烟台市农业农村局制定了《烟台市"十四五"推进农业农村现代化规划》。按照"因地制宜、保障基础、突出优势、'三产'融合、连片打造、核心带动"原则，强化区域意识、集群意识、融合意识，做强产业链、优化价值链、提升创新链，打造全市农业发展"137"格局，即"一带三区七大集群"，加快形成区域产业协同、集群创新引领、县域全面统筹的农业现代化发展格局，以此优化提升农业空间布局。

据大多数受访者表示，当地大部分农村已经获得了以实际种植面积为发放标准的补贴。但其中莱州市的耕地保护补贴标准为3 000元/亩，而牟平区则是130元/亩，差距较为明显，其中原因有待考察。

2021年，烟台市农业农村局为进一步推动农业机械化向全程、全面、高质、高效转型升级，为保障粮食安全以及重要农产品有效供给，助力全面推进乡村振兴，为加快农业农村现代化提供有力支撑，制定新一轮农机购置补贴实施指导意见，即《2021—2023年烟台市农机购置补贴实施指导意见》，扩大了补贴机具范围，调整了机具补贴额度，缩短了工作时限，加大了补贴试点力度，将植保无人机补贴纳入全国通用类补贴范围并明确了补贴操作要求，为当地乡村振兴添砖加瓦。

## 四、政府补贴助力乡村振兴模式的比较

（一）来自五湖四海的各乡村振兴模式的共同处

浙江慈溪市、陕西凤翔市、重庆渝北区等各地积极建立数字农业、数字经济，利用"互联网＋三农"发展电商产业，实现了农业生产特色化、特色产业规模化以及规模农业产业化。慈溪坎墩大学生农创园的"数字农业驾驶舱"与其他科研项目将通过新品种、新技术、新设备、新人才的引入加快农业现代化与机械化水平的提升，早日实现"机器换人"。

在集体经济发展的同时，各地抓住了政策红利，利用政府补贴，如《渝北区2022年支持粮油生产和蔬菜保供工作实施方案》《2021年实际种粮农民一次性补贴资金发放实施方案》，利用示范区、开放区的政策支持，积极开发资源，实行政府指导、市场运作与村民自主有机结合的整体运作模式。

慈溪、宝鸡等地利用区域优势促进农业生产要素变革，推进农业产业结构持续优化，大力发展绿色高效农业，以重点产业链培育为抓手，以重点项目为支撑，积极调整产业结构，打造"一村一品，一村一景，一村一产业"的特色农业和种养合一的多元生产方式，以绿色生态循环、品牌培育为重点，大力推进农业转型升级，坚持"绿水青山就是金山银山"的发展理念，注重乡村绿色经济发展，并以乡村旅游为突破口，打造农民创业平台，为当地农民开拓新的收入增长点。

但各地都存在传统观念、经济条件、人才技术、资源开发等问题亟待解决，如技术落后、人才短缺、资金不足、零散经营等。此外，大部分受访者表示期望电子商务与政府能够

改善目前市场散乱的情况,大力扶持农产品销售。标准化和集体规模化的现代农业与生态农业将成为共同的发展方向。

(二)依山傍水的不同乡村振兴模式的特色着眼点

本次受访地区从地理分布上分别位于华东地区、西北地区、西南地区等具有不同自然特征的地区,都通过对当地自然与人文环境的发掘形成了各具特色的乡村振兴战略。

同属于亚热带季风气候区的慈溪和奉贤采取了两条截然不同的发展道路。面对环境的挑战,慈溪选择使用机器和温室进行精准控温、施肥灌溉的智能化生产模式,以物联网数字化引领农业"工厂化""园区化""科技化"发展,着力打造数字农业"慈溪模式"。奉贤则着眼于多元化的生态农业布局,形成了以特种水产、食用菌、特色瓜果花卉及珍禽为主的四大农业支柱产业,并利用毗邻浙江等大省市的地理优势,将当地的生态农业与民宿餐饮包装为居民周末逃避繁忙都市的休闲去处,同时借助农村互联网金融技术,扩大蔬菜、水果等农产品订单配送的范围,借助绿色金融模式推动奉贤农村发展。慈溪和奉贤同处长三角地区——当今中国经济最为发达的地区之一,拥有技术革新频繁且迅速的优势,所以在两者的乡村振兴要素中,先进科技的贡献相较其他区域更为突出,得益于互联网技术的融入程度较高。

烟台市位于华东地区,兼备低山、丘陵、平原等多种地形,同时有多条河流流经和季风气候带来的充足降水,适合多种农产品如水稻、苹果的生长,对应了"一带三区七大集群"中各个地区、集群的特色产品分布。但繁复的地形变化对农业机器提出了挑战,于是烟台市的农业机器补贴成为其农业发展与乡村振兴的一大特点。对农业相关机器设备补贴,如播种、插秧、收割等不同功能的特殊设备,大大推动了农业机器的普及,提高了生产效率,更好地实现了乡村振兴。

凤翔区的乡村振兴主要依靠特色产业发展,除牛、羊、果蔬等产品,凤香型白酒是独具当地特色的主打产品。作为产酒原料的高粱凭借自身优秀的耐热性成为在年均气温较高的陕西扩大种植规模的优质选择。借助悠久的种植历史与经验,利用"高粱围城"战略打造凤翔地方特色的白酒产业集群从而推动乡村振兴,带动农村农民致富是凤翔区发展的不二选择。通过"千亿元级白酒产业集群"与"中国高粱第一镇"的建设,以及对当地酒文化的传承与传播,以绿色生态循环、品牌培育提升为重点,大力推进农业转型升级,为凤翔区实现乡村振兴打下了坚实基础。

同样依靠特色农业发展的是位于西南地区的道真自治县。除对富有地方特色的经济作物金丝黄菊的栽培和食用菌的大棚种植,当地也可利用少数民族的民族特色传统优势,打造"苗族特色习俗旅游体验"品牌,鼓励国内外友人观光旅游,以第三产业带动整个地区的经济发展。不仅是政府的补贴与信贷措施已初见成效,而且该县的教育水平以及其他基础设施也在稳步发展、不断完善。在技术发展日新月异的当下,道真自治县应当抓住机会,利用政府的补贴支持加速农业农村的发展,巩固并践行拥有本县当地民族特色的乡村脱贫与振兴战略。

距贵州省不远的重庆市渝北区地形起伏较大,且有大河流经,因此,水利工程是一条重要的发展路径。在政府的推进下,渝北区仅三年就建成了25座水库等水源工程,稳定了当地的水资源储备,满足了居民的生产生活用水需求;同时,渝北区要把握重点粮油生产基地和"菜篮子"工程这两大政策优势,整合分散的中小企业,建立拥有统一质量标准的规模化产业基地,避免恶性竞争与不合格的挂牌经营商家,在增加规模收入的同时减少规模成本,实现产业发展升级与乡村振兴的高质量、高效率发展。

地处大江南北、沿山沿海的不同乡村,利用当地的环境资源,结合现代科学技术手段与祖辈的开发经验,开拓了各具特色的乡村发展理念与经济发展模式,沿着各自不同的发展道路向着实现乡村振兴、脱贫攻坚的国家目标而共同努力。

## 五、乡村振兴战略的措施和建议

### (一)电商入村,发展农村互联网金融

电商平台作为新兴产业,能够以互联网订单的方式打破传统的地理空间,拉近当地农村与国内市场、国际市场的距离,提供丰富的信息、原材料、运输、加工、包装、销售产业链模式。村民主要希望通过电商平台将自家或本村加工的产品通过宣传,建立地方特色的基础品牌后,以订单的形式运输到大江南北,扩大市场范围,由局限于附近县城的自产自销发展为国内乃至国际市场,获取更高的收益来弥补集体经济发展下利润率低下的不足,改变自产自销、薄利单一的现状。

但电商平台的高收益同时意味着高风险,无论是直播带货还是快递批发,偌大的市场中都存在着鱼目混珠的商贩,若缺乏有效的管理和筛选手段,则面对新兴产业的农村村民会在繁杂的平台选择间迷失自我,一次错误的决定可能会赔上一年的收成。所以村民、平台乃至整个产业都需要强力且公正的管理者,即政府。希望政府通过立法等形式制约新兴产业的未知损害,并保护、带动农村农产品的推销、技术、招商等环节的革新,维护村民与农村的发展利益,成为保障村民收入的"守护者"。

### (二)引导专业人才、信息的引入、交流、合作

村民在产业发展的过程中普遍存在专业人才欠缺,或与技术、意识、运营能力相关的发展补充不充分问题。村民虽然拥有熟悉农田水土、建筑分布的本土优势,但很多老一辈的农民并没有接受过系统性的教育培训,更多依靠先人的经验和自己摸索的方式。所以,在各乡村日益发展成熟的当下,村民所熟悉的传统成为"高仿"与"刻板"。新技术的引入可以将系统化培训下的农业种植与商业经营策略、品牌意识与当地村民数十年恪守的经验相结合,建立具有地方特色和民族特色的现代化农业模式和与旅游相关的第三产业,促进产业结构的调整和优化,提高经济收益。

人才交流的方式可以多种多样,例如通过提供职位和薪酬的方式直接进行"村官"聘请,邀请专家进村培训,与当地相关的农业院校、商科院校联合开展大学生"村官"活动,鼓励大学生下乡实践,为当地乡村发展做出实际的贡献。另外,在互联网业务逐渐覆盖农村的当下,政府和村集体可将种子选取的推荐信息、当地政府财政扶持政策的信息等有关村

集体利益的重要消息直接发布相关推送以供村民随时阅览研究,从而减少信息因为流通时间所造成的价值损失。

扶贫不仅要帮助贫困人口,更要帮助贫困地区解决经济发展的难题,"靠天吃饭,靠地吃饭"已成为过去式,在贫瘠之地用现代科学技术挖掘潜在价值,才是脱贫的长效途径。

(三)政府补贴、银行信贷、分层奖励等提供资金支持

政府补贴、上级拨款、银行信贷是村经营性收入的重要来源之一,也是推动产业发展转型强有力的外部帮手,包括农业补贴、种子补贴、银行信贷在内的多种政府补贴可以帮助村民分担每年在设备折旧、原材料上的固定投入,也可填补农村每年在环境问题治理上所消耗的成本。尽管存在偿还和清算的风险,但风险所带来的压力将刺激农户选择较高收益的生产经营项目,逐渐降低、舍弃对传统种植业的依赖,实现经济的增速发展。

除了针对扶贫而发放的补贴,政府补贴也可以采用前文奉贤区案例中的奖励补贴制度。类比近年来政府对新能源汽车制造商采取的优惠补贴制度建立在实际产品的续航里程基础上进行分层发放,当地政府也可对农户、各村农产品的产量和质量提出相应的分级别补贴要求,促使他们为了补贴收入的增加而不断与传统规模下农产品的收成进行竞争,改良生产环境,鼓励乡村振兴带来保质保量的农产品,保证新型农村经济长期、稳固发展。

(四)环境保护与资源开发双管齐下

经济发展将伴随对资源存在方式的破坏,土地、水资源的开垦导流,肥料、新作物种植所造成的长期环境改变等。尽管旅游业成为众多乡村经济产业转型的理想目标,但过程中庞大的人员流动和消费带来的是远超传统水平的生活垃圾处理量和资源消耗速度。农产品加工过程中固、液、气等废弃物如何规范处理,养殖业与种植业所积累的水土流失、土地荒漠化、地力低下等成为老生常谈的环境症结。

环境问题的存在看似可怕,是动摇经济基础的存在,但令人欣慰的是,村民们已愿意花费时间、金钱和心血进行治理。我们应坚持人与自然和谐共生的发展方式,坚持保护型、节约型、恢复型的资源开发方式,加强对废弃物的处置与绿地建设,实现噪声吸收与树木固碳,稳中求进,促进经济高质量增长与美丽中国、美丽乡村建设双管齐下,共同维护经济与生态的并行发展模式。

(五)发展现代农业,打造生态农业

调研数据显示,尽管多数农村已实现高度机械化,但仍普遍依赖传统农业经营模式。为提高经济生产的效率,各农村地区应积极推广现代农业与生态农业经营方式。

现代农业和生态农业是在现代科学技术条件下建立起来的区别于传统农业劳作方式的新兴种植模式,更加强调规模化、集体化、标准化、机械化、多元化,更加注重经济、生态、社会三种效益的共同提升,第一、第二、第三产业的协调发展,通过现代化科学管理手段和传统农业耕作经验结合,将经济效益、社会效益、生态效益联合发挥最大价值。现代农业和生态农业是中国乃至世界各国农业的发展和转型方向,政府要积极地为农民打好信息、知识、理论体系的基础,推广国内外优秀的模范案例,农民自身也要乐于接受、勇于打破传统经验的束缚,在新型农业模式下摸索最适合自己以及乡村环境的种植和经营方式,实现

产业结构的升级优化和转型突破,使得经济增长、生态保护、社会意识统筹合一的价值得到最大限度的发挥。

## 六、结　语

乡村振兴是我国打赢脱贫攻坚战至关重要的一役,是中国实现国家富强和民族复兴必须经历的阶段。从2017年的乡村振兴战略提出到2022年,乡村经济的大幅进步有目共睹。通过一系列政府补贴、信贷监管、知识培训、企业落户、互联网体系的引入,凝集政府、企业、乡村、个人等多方努力,将现代科学技术与传统经验结合的现代农业和生态农业在各个地区进行逐步推广,提高了各乡村整体的经济效益、生态效益、社会效益,实现了高质量、高增速、高效率的产业发展。尽管我国拥有复杂的地貌特征,但无论是平原丘陵、沿江沿海,还是荒漠草原、山地环绕等,通过劳动人民的勤劳与智慧,不断挖掘、开发、利用本土生态环境资源与人文资源,各地都形成了各具地方和民族特色、丰富多样的农业产业发展经营方式;同时,为实现农业现代化,为实现人民群众共同富裕,为国家事业的磅礴发展奠定稳固的产业和农业原料基础,为实现中华民族伟大复兴,为实现祖国繁荣强盛的共同目标、共同方向,中国人民砥砺前行,从而将中华民族的伟大奋斗精神不断传承并发扬光大。

**参考文献**

[1] 范宝军,王晓凡.宝鸡凤翔:钢葱成为农民致富好产业[N].宝鸡新闻网,2021-10-31.

[2] 韩小珍.宝鸡:打好农业产业"特色牌"[N].陕西农村报,2022-03-25.

[3] 骆行,王志章.民族地区精准脱贫与乡村振兴融合路径探索——以贵州道真自治县为例[J].贵州民族研究,2018(10):145-151.

[4] 庞博.浙江慈溪推进高效集约现代农业发展[N].新华社,2021-06-24.

[5] 苏莎莎,姚瑶,潘鑫.上海郊区新农村建设的对策——以奉贤区四团镇十村村为例[J].上海房地,2008(10):44-46.

[6] 万晓芹,骆骁.道真县食用菌产业发展现状及可持续发展对策[J].现代农业科技,2018(2):92-93+97.

[7] 汪婷.上海奉贤:乡村振兴"三级跳"的创新实践[J].中国农村科技,2018(8):46-48.

[8] 吴凯,李治国.上海奉贤大力发展现代都市农业[N].经济日报,2007-08-29(9).

# "新冠"疫情下乡村旅游业发展阻滞问题研究

## ——基于2020年上海财经大学"千村调查"数据

吴慧婷[①] 陈嘉怡[②]

指导老师：姚少杰[③]

**摘 要**："新冠"疫情是经济学上的"黑天鹅事件"，给中国经济带来了损失。旅游业作为第三产业，较易受到突发事故的影响。因此，研究乡村旅游业在疫情下的发展之路是落实"乡村振兴"的重要内容。本文主要采用数据分析的方式，结合2020年上海财经大学"千村调查"数据库、国家统计局、中国农业农村部、中国文化和旅游部等的数据，讨论"新冠"疫情对乡村旅游业的影响，并以此为基准探索后疫情时期中国乡村旅游业的发展之路。

**关键词**："新冠"疫情 乡村旅游业 农村收入 后疫情时期

自2019年末爆发"新冠"疫情以来，人们的生活方式受到疫情形势的约束，特别在2020年上半年，一方面出于政府的疫情管控，另一方面出于对"新冠"的恐惧，中国大多数居民大大缩减了出行的频率，在疫情发生的地区，居民甚至足不出户，全国的人流量大大减少。旅游产业作为第三产业，需求弹性大，"新冠"疫情带来的居民收入减少和出行高风险附加成本使得旅游业在这一时期遭受巨大打击。

在2022年的"数字千村"项目中，我们关注疫情与乡村旅游业的关系，立足于上海财经大学"千村调查"项目所采集的部分2020年入村问卷调查数据，结合当下学者的理论研究，对乡村旅游业所受疫情影响、发展前景和发展策略等进行分析并提出建议。

## 一、基本调研情况

由于此次选题探究的是"疫情对乡村旅游业的影响方面"的内容，因此在研究2014—2020年的入村调查问卷后，我们决定选取与选题最为贴近的2020年"乡村振兴"主题的"千村调查"数据。

经过筛选，在上海财经大学"千村调查"2020年入村问卷调查的587份数据中，与本次

---

[①] 吴慧婷，上海财经大学法学院2021级经济法专业本科生。
[②] 陈嘉怡，上海财经大学会计学院2021级会计学专业本科生。
[③] 姚少杰，上海财经大学法学院。

研究主题相关的问题共有三个：①"平均每年餐饮旅游服务活动的纯收入（　）元。"②"平均每年接待的游客人次是（　）。"③"本村在经营餐饮旅游活动过程中，面临的主要困境是（可多选）：1. 产品市场定位不准确；2. 基础设施不完善；3. 产品同质化严重；4. 资源潜力挖掘不充分；5. 专业人才欠缺；6. 其他，请具体说明。"

其中，问题①收集到的有效数据为 121 份，问题②收集到的有效数据为 75 份，问题③收集到的有效数据为 315 份，问卷利用率分别为 20.61%、12.78%、53.66%，数据的利用率不高，有效数据的比例不大。因此，本次研究需要结合其他权威平台的数据进行分析，以确保分析的合理性。

本文主要采用 SPSS24 版本进行基础的频率分析，配合在国家统计局、中国农业农村部、中国文化和旅游部、艾媒报告中心查找到的数据图表，对"新冠"疫情下的乡村旅游业发展进行分析。

## 二、关注乡村旅游业发展的原因

### （一）农业发展始终是中国发展的重中之重

我国自古以来就是一个农业大国。根据国家统计局发布的统计数据，2021 年我国的农村人口为 4.983 5 亿人，说明我国当前仍然存在大量农村人口，做好农村的建设和发展、提升农民收入、提升农村的综合水平是推进中国现代化建设的关键之举。近年来随着城市化的不断发展，农村人口比例在不断下降，城镇与农村的收入差距在不断拉大，农村的发展面临新时代的挑战，需要深入研究和讨论才能解决农村现有的问题，真正促进农村的现代化发展。

早在 2003 年，"三农"问题就取得了学界的关注。在 2005 年党的十六届五中全会上，"三农"被正式提出。习近平总书记提出，民族要复兴，乡村必振兴，要坚持把解决好"三农"问题作为全党工作的重中之重。2022 年 2 月发布的《中共中央国务院关于做好 2022 年全面推进乡村振兴重点工作的意见》是党中央提出的关于"三农"工作的第十九个中央一号文件。自 2021 年脱贫攻坚取得胜利后，乡村振兴成为第二个百年奋斗目标的工作重点。在 2017 年 12 月 29 日的中央农村工作会议中，党中央首次提出了中国特色社会主义乡村振兴道路，根据党的十九大内容，会议明确提出了乡村振兴的阶段战略目标，在 2050 年希望实现农村强、农村美、农村富的目标。

### （二）乡村旅游业是乡村振兴战略目标实现的重要抓手

乡村旅游业在 2012 年至 2018 年处于蓬勃发展阶段，为农村居民收入、农村基础设施建设、农村整体发展等做出了重要贡献。乡村旅游业的发展适应了当前人民生活需要日益增长的特点，使得农村既能发挥自身所具有的自然优势，又能给城市居民提供在大自然轻松舒展的环境中栖息的机会，满足城市居民想要体验农村生活的好奇心，使原农村居民能够释放对乡村的依恋和农耕情怀。

同时，乡村旅游业在近几年的发展下成为部分农村的支柱性产业，对增长农村经济、提升农民收入具有较大作用。旅游业的发展依托于基础设施建设、人流量、服务活动等条件,对提升农村的外在面貌和增强农村的基础设施建设等起到较大的积极作用。Holland 等(2013)指出乡村旅游业具有农产品种类多、地域范围较固定、规模比较小的特点,当地农户参与乡村旅游业,可以增加就业岗位,促进农户增收。《中共中央国务院关于做好 2022 年全面推进乡村振兴重点工作的意见》指出要重点发展乡村休闲旅游产业。谌华国和刘毅龙(2021)指出乡村旅游开发能够促进产业兴旺、改善生态环境、重塑乡村文明、提高治理效能和实现生活富裕。由此可见,乡村旅游业的发展能够促进农村强、农村美、农村富的乡村振兴战略目标的实现,是乡村振兴的重要抓手。

### 三、疫情对乡村旅游业的影响

（一）数据来源

根据本文所研究的主题,我们申请了上海财经大学"千村调查"项目 2020 年中国乡村产业振兴调查主题的数据,同时结合国家统计局、中国农业农村部、中国文化和旅游部的数据以及艾媒报告中心的数据图表,就"新冠"疫情对乡村旅游业可能产生的影响做出假设和分析。

（二）"千村调查"数据分析结果

我们使用软件 SPSS24 实现频率分析。

1. 2020 年乡村餐饮旅游服务活动纯收入频率分析

我们在问卷结果中通过剔除空白、无效数据后,得到 121 份有效数据,经过 SPSS24 的频率分析后,整理得出表 1,再通过 Excel 表格进行处理,得到图 1。

表 1　　　　　　　2020 年乡村餐饮旅游服务活动纯收入频率分析

| 选 项 | 频 率 | 百分比 | 平均值 | 中位数 | 众 数 | 标准差 | 总 和 |
| --- | --- | --- | --- | --- | --- | --- | --- |
| 1 | 85 | 70.25% | | | | | |
| 2 | 25 | 20.67% | 489.49 | 22.5 | 0 | 3 639.389 | 59 227.77 |
| 3 | 8 | 6.61% | | | | | |
| 4 | 2 | 1.65% | | | | | |
| 5 | 1 | 0.83% | | | | | |

注：选项中,1 表示 0～100 万元,2 表示 101 万～500 万元,3 表示 501 万～1 000 万元,4 表示 1 000 万～3 000 万元,5 表示 3 001 万元及以上。

由表 1 和图 1 可以看出 2020 年乡村餐饮旅游业收入的数值特征,反映了本次被调查对象的分布情况。其中,平均值代表了集中趋势,标准差代表了波动情况。

根据各个选项的频率分析结果可以看出,在统计的样本中,2020 年乡村餐饮旅游服务活动的纯收入主要分布在 0～100 万元的区间范围内,90% 以上分布在 0～500 万元的区间范围内,符合市场经济规律。而从中位数和众数的值可以看出,2020 年乡村餐饮旅游业存

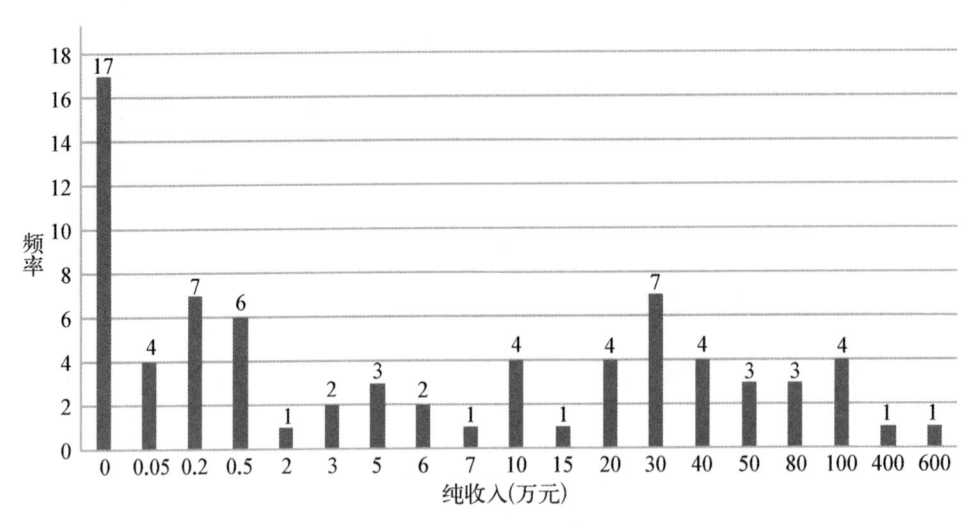

**图 1　2020 年乡村餐饮旅游服务活动纯收入频率分析**

在低收入问题，不少餐饮旅游服务场所盈利不多或没有盈利。从标准差可以看出，收入的波动较大，差异化明显。

2.2020 年乡村旅游业接待游客人次频率分析

我们在问卷结果中通过剔除空白、无效数据后，得到 75 份有效数据，经过 SPSS24 的频率分析后，整理得出表 2 和表 3。

**表 2　2020 年乡村旅游业接待游客人次频率分析**

| 选项 | 频率 | 百分比 | 平均值 | 中位数 | 众数 | 标准差 | 总和 |
| --- | --- | --- | --- | --- | --- | --- | --- |
| 1 | 47 | 62.67% | | | | | |
| 2 | 12 | 16.00% | 31.22 | 5 | 0 | 84.53 | 2 341.6 |
| 3 | 7 | 9.33% | | | | | |
| 4 | 7 | 9.33% | | | | | |
| 5 | 2 | 2.67% | | | | | |

注：选项中，1 表示 0.00～10.00 万元，2 表示 10.01 万～30.00 万元，3 表示 30.01 万～50.01 万元，4 表示 50.01 万～100.00 万元，5 表示 100.01 万元及以上。

**表 3　2020 年乡村旅游业接待游客人次频率分析**

| 万人次 | 频率 | 百分比 | 累计百分比 |
| --- | --- | --- | --- |
| 0 | 17 | 22.7% | 22.7% |
| 0.05 | 4 | 5.3% | 28.0% |

续 表

| 万人次 | 频 率 | 百分比 | 累计百分比 |
| --- | --- | --- | --- |
| 0.2 | 7 | 9.3% | 37.3% |
| 0.5 | 6 | 8.0% | 45.3% |
| 2 | 1 | 1.3% | 46.7% |
| 3 | 2 | 2.7% | 49.3% |
| 5 | 3 | 4.0% | 53.3% |
| 6 | 2 | 2.7% | 56.0% |
| 7 | 1 | 1.3% | 57.3% |
| 10 | 4 | 5.3% | 62.7% |
| 15 | 1 | 1.3% | 64.0% |
| 20 | 4 | 5.3% | 69.3% |
| 30 | 7 | 9.3% | 78.7% |
| 40 | 4 | 5.3% | 84.0% |
| 50 | 3 | 4.0% | 88.0% |
| 80 | 3 | 4.0% | 92.0% |
| 100 | 4 | 5.3% | 97.3% |
| 400 | 1 | 1.3% | 98.7% |
| 600 | 1 | 1.3% | 100.0% |
| 总计 | 75 | 100.0% | |

由表2和表3可以看出2020年乡村旅游业接待游客人次的数值特征,反映了本次被调查对象的分布情况。其中,平均值代表了集中趋势,标准差代表了波动情况。

根据各个选项的频率分析结果可以看出,在统计的样本中,乡村旅游业接待游客人次28%分布在0～0.05万人的区间范围内,62.7%分布在0～10万人的区间范围内,接近80%分布在0～30万人的区间范围内,约97%分布在100万人以内,符合市场经济规律。从中位数和众数的值可以看出,2020年乡村旅游业接待游客数量不多,不少乡村甚至出现没有游客的情况。从标准差可以看出,收入的波动较小,主要集中在平均数附近。

把平均年餐饮旅游纯收入和接待游客人次为 0 的省市整理出来，得到图 2 和图 3。

| 省 | 市辖区 | 区 | 问题 | 问题答 |
|---|---|---|---|---|
| 上海市 | 市辖区 | 崇明区 | 平均每年餐饮旅游服务活动的纯收入( )元 | 0 |
| 云南省 | 文山壮族苗族自治州 | 西畴县 | 平均每年餐饮旅游服务活动的纯收入( )元 | 0 |
| 河南省 | 周口市 | 商水县 | 平均每年餐饮旅游服务活动的纯收入( )元 | 0 |
| 贵州省 | 遵义市 | 播州区 | 平均每年餐饮旅游服务活动的纯收入( )元 | 0 |
| 陕西省 | 商洛市 | 商州区 | 平均每年餐饮旅游服务活动的纯收入( )元 | 0 |
| 江西省 | 宜春市 | 高安市 | 平均每年餐饮旅游服务活动的纯收入( )元 | 0 |
| 河南省 | 许昌市 | 襄城县 | 平均每年餐饮旅游服务活动的纯收入( )元 | 0 |
| 浙江省 | 绍兴市 | 诸暨市 | 平均每年餐饮旅游服务活动的纯收入( )元 | 0 |
| 安徽省 | 宣城市 | 郎溪县 | 平均每年餐饮旅游服务活动的纯收入( )元 | 0 |
| 贵州省 | 毕节市 | 纳雍县 | 平均每年餐饮旅游服务活动的纯收入( )元 | 0 |
| 河南省 | 开封市 | 尉氏县 | 平均每年餐饮旅游服务活动的纯收入( )元 | 0 |
| 安徽省 | 滁州市 | 明光市 | 平均每年餐饮旅游服务活动的纯收入( )元 | 0 |
| 江苏省 | 苏州市 | 吴江区 | 平均每年餐饮旅游服务活动的纯收入( )元 | 0 |
| 云南省 | 红河哈尼族彝族自治州 | 元阳县 | 平均每年餐饮旅游服务活动的纯收入( )元 | 0 |
| 江西省 | 上饶市 | 余干县 | 平均每年餐饮旅游服务活动的纯收入( )元 | 0 |
| 上海市 | 市辖区 | 青浦区 | 平均每年餐饮旅游服务活动的纯收入( )元 | 0 |

**图 2　平均年餐饮旅游纯收入为 0 的省市**

| 省 | 市 | 区 | 问题内容 | 问题答 |
|---|---|---|---|---|
| 安徽省 | 滁州市 | 明光市 | 平均每年接待的游客人次是( ) | 0 |
| 上海市 | 市辖区 | 崇明区 | 平均每年接待的游客人次是( ) | 0 |
| 江西省 | 宜春市 | 高安市 | 平均每年接待的游客人次是( ) | 0 |
| 浙江省 | 绍兴市 | 柯桥区 | 平均每年接待的游客人次是( ) | 0 |
| 贵州省 | 毕节市 | 纳雍县 | 平均每年接待的游客人次是( ) | 0 |
| 上海市 | 市辖区 | 浦东新区 | 平均每年接待的游客人次是( ) | 0 |
| 陕西省 | 商洛市 | 商州区 | 平均每年接待的游客人次是( ) | 0 |
| 河南省 | 许昌市 | 襄城县 | 平均每年接待的游客人次是( ) | 0 |
| 云南省 | 文山壮族苗族 | 西畴县 | 平均每年接待的游客人次是( ) | 0 |
| 贵州省 | 遵义市 | 播州区 | 平均每年接待的游客人次是( ) | 0 |
| 河南省 | 周口市 | 商水县 | 平均每年接待的游客人次是( ) | 0 |
| 河南省 | 开封市 | 尉氏县 | 平均每年接待的游客人次是( ) | 0 |
| 浙江省 | 绍兴市 | 诸暨市 | 平均每年接待的游客人次是( ) | 0 |
| 安徽省 | 宣城市 | 郎溪县 | 平均每年接待的游客人次是( ) | 0 |
| 江西省 | 上饶市 | 余干县 | 平均每年接待的游客人次是( ) | 0 |
| 江苏省 | 苏州市 | 吴江区 | 平均每年接待的游客人次是( ) | 0 |
| 云南省 | 红河哈尼族彝族 | 元阳县 | 平均每年接待的游客人次是( ) | 0 |

**图 3　平均年接待游客人次为 0 的省市**

由图 2 和图 3 可见，两张图中的省市存在高度重合，说明本问卷的结果较有效，因为接待的游客人数为 0，餐饮旅游收入一般也为 0。由图可知，旅游业发展停滞的问题存在于全国的各个地方，与"新冠"疫情对全国产生影响这一特点相适应，更加说明了低收入的问题可能是由"新冠"疫情带来的。

3. 2020 年乡村在经营餐饮旅游活动过程中面临的主要困境

我们在问卷结果中通过剔除空白、无效数据后，得到 315 份有效问卷。该问题在问卷中为多选题，我们将数据进行拆分，得到 543 份数据，通过 SPSS24 进行频率分析后得到表 4。

表 4　　　　2020 年乡村在经营餐饮旅游活动过程中面临的主要困境结果频率分析

| 选　项 | 频　率 | 百分比 |
| --- | --- | --- |
| 1 | 46 | 8.50% |
| 2 | 104 | 19.20% |
| 3 | 56 | 10.30% |
| 4 | 106 | 19.50% |
| 5 | 101 | 18.60% |
| 6 | 130 | 23.90% |
| 总计 | 543 | 100.00% |

注：选项中,1 表示产品市场定位不准确,2 表示基础设施不完善,3 表示产品同质化严重,4 表示资源潜力挖掘不充分,5 表示专业人才欠缺,6 表示其他。

由表 4 可以看出,对"2020 年乡村在经营餐饮旅游活动中面临的困境"选择最多的是"其他",但大多数选择"其他"的被调查者并未列出具体内容,在仅有的列出具体内容的 14 份问卷中,所列的内容主要有"新冠"疫情影响、游客人数不足、技术、土地指标不足、资金规模问题、政策、环境问题等。由于存在大量空白数据,因此筛选后的问卷数据中,超过 20% 并未采集到调查对象的真实意图,在本次分析过程中无法考虑到这部分人的想法。

根据分析结果,基础设施不完善、资源潜力挖掘不充分主要体现了乡村旅游业建设的不完善,反映了在"新冠"疫情形势下乡村旅游业的发展建设受阻,游客人数不足的困境也反映了"新冠"疫情带来的人流量减少对乡村旅游业的冲击。

4. 分析结果综述

从对上述三个问卷问题分析的结果可以得出支持"新冠"疫情对乡村旅游业的发展产生阻滞作用的依据如下：(1) 2020 年乡村餐饮旅游服务平均纯收入和平均每年接待游客人次的众数都是 0；(2) 2020 年平均每年接待游客人次有 28% 分布在 0.05 万人次以内,也就是平均一天不到 2 名游客；(3) 2020 年乡村旅游业面临的主要困境为基础设施不完善、资源潜力挖掘不充分、"新冠"疫情影响等；(4) 平均年餐饮旅游纯收入与平均年接待游客人次为 0 的省市分布在全国的各个地区,与"新冠"疫情在全国范围内产生影响这一特点相适应。

(三) 其他数据分析

1. 近年人均可支配收入情况分析

旅游业是第三产业且为高消费行业,收入弹性强,受人均可支配收入的影响较大,当人均可支配收入减少时,居民对旅游业的消费意愿就会相应减弱。因此,我们在国家统计局网站上搜索采集了 2015 年至 2021 年的人均可支配收入数据,制作图 4。

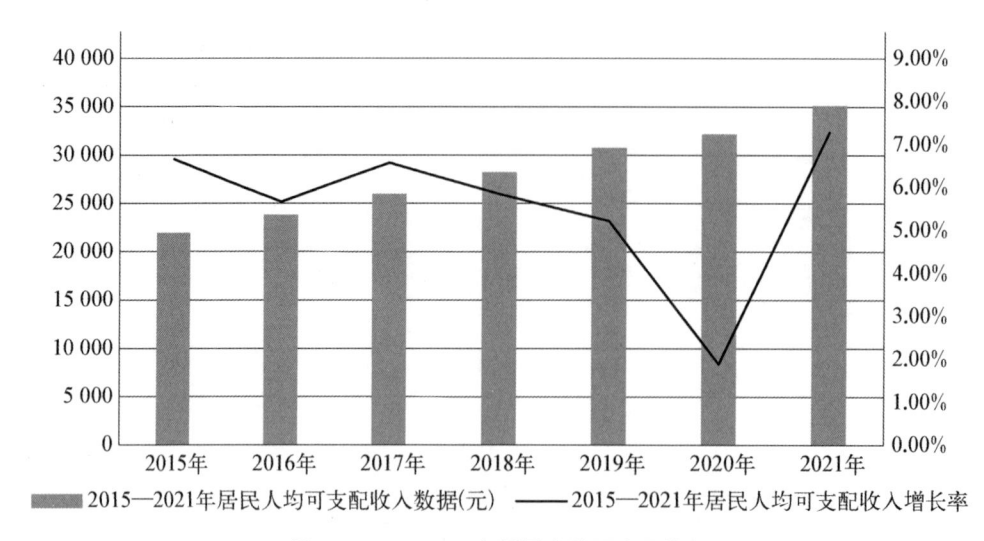

图 4 2015—2021年居民人均可支配收入

由图4可知,2020年居民人均可支配收入增长率徒减。我们将2020年人均可支配收入季度累计增长率制作如图5所示。

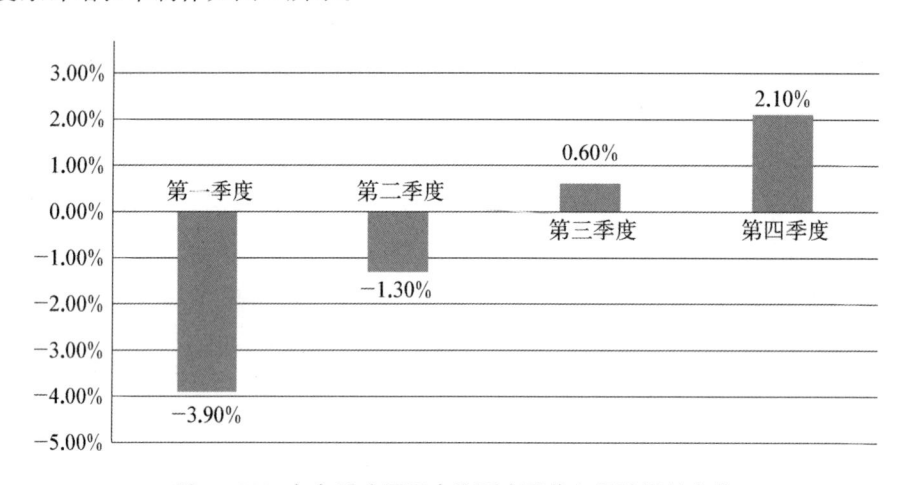

图 5 2020年各季度居民人均可支配收入累计增长变化

由图5可以看出,在全国"新冠"疫情较为严重的2020年上半年,人均可支配收入增长率为负数。在2020年上半年,受"新冠"疫情影响,居民的收入受到无法复工复产、出行受限、人流量减少等因素的影响,情况并不乐观,对旅游业进行消费支出的可能性减小。

但从另一个角度看,由图4可知,2021年的居民可支配收入增长率是2015年至2020年最高的。这说明在"后疫情"时期,居民的收入有了反弹性提升。受此启发,我们搜集了2015—2021年居民人均消费支出数据,制作图6。

由图6可知,2020年人均消费支出增长率剧烈下降,达到负数,而在2021年,该增长率又猛增,体现了"后疫情"时期消费水平的反弹性增长。这就说明,在"后疫情"时期,"新冠"疫情对旅游消费产生的影响不一定是负面的。赵正和焦震楠(2020)强调"新冠"疫情

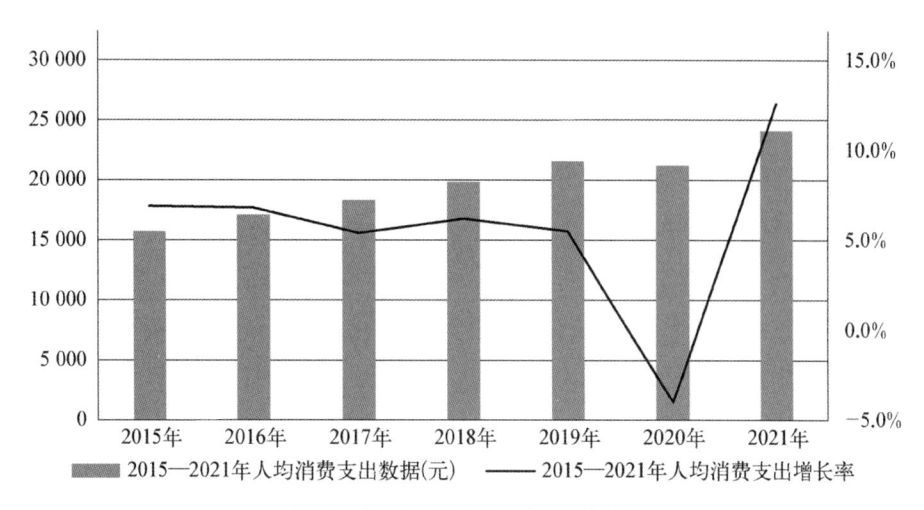

**图 6　2015—2021 年人均消费支出**

后人们的出游热情会高涨,旅游业会像当年"非典"疫情结束后一样形成"报复性"反弹。乡村位于城市周边,人口密度相对城市较小,"新冠"疫情发生风险较低,选择自己所在城市周边的乡村旅游是一个在"新冠"疫情下更为保险且方便的选择。因此,在"新冠"疫情严重时期过去后,乡村旅游业很可能迎来一段高峰期。

2. 直接数据分析

根据中国文化和旅游部对问题"咨询乡村旅游数据"的回复,乡村旅游没有纳入国家统计范围,统计年鉴中无相关数据。因此,我们通过查找大量新闻网站,找到艾媒报告中心的《2020 年中国乡村旅游行业发展核心数据分析》,里面的数据图表十分贴合我们的主题。艾媒报告中心的数据一部分来自国家统计局与中国文化和旅游部,一部分来自其自身所分发的调查问卷。艾媒报告中心是一家专门做数据分析报告的机构,其数据具有一定的可靠性。

图 7 是 2011—2020 年中国旅游总收入数据分析。

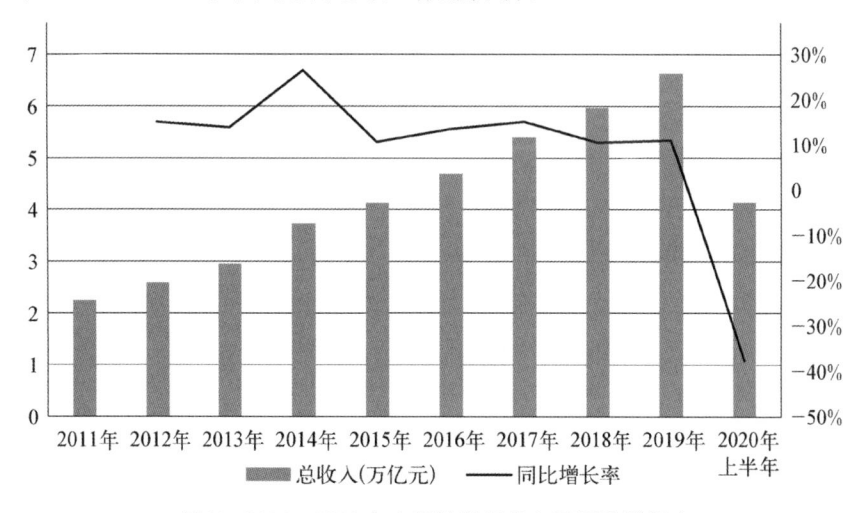

**图 7　2011—2020 年中国旅游总收入及同比增长率**

从图 7 可以看出,2011—2019 年中国的旅游总收入同比增长率虽有波折但总体稳定,且都维持在正数,而到了 2020 年,同比增长率急速下降到了 -37.56%。由此可见,"新冠"疫情给整个中国的旅游业带来了冲击,而乡村旅游业也是中国旅游业的一部分,所以"新冠"疫情对乡村旅游业的影响不言而喻。

图 8 和图 9 是对 2020 年"十一"假期国内游人次和收入的分析。

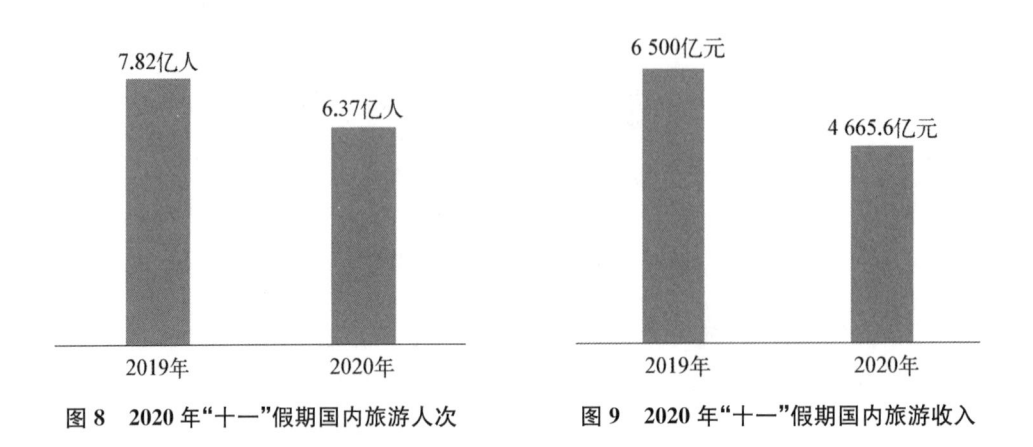

图 8　2020 年"十一"假期国内旅游人次

图 9　2020 年"十一"假期国内旅游收入

从图 8 和图 9 可以看到,2020 年相比 2019 年"十一"期间国内旅游的人次和收入都有明显下降。

图 10 研究的对象是乡村,我们可以看到,2020 年中国休闲农业与乡村旅游接待人数增长率达到了 -60.9%,说明乡村旅游人数在 2020 年剧减。由此可见,在"新冠"疫情防控期间阻碍乡村旅游业发展的一个重要因素就是游客人数的剧减。

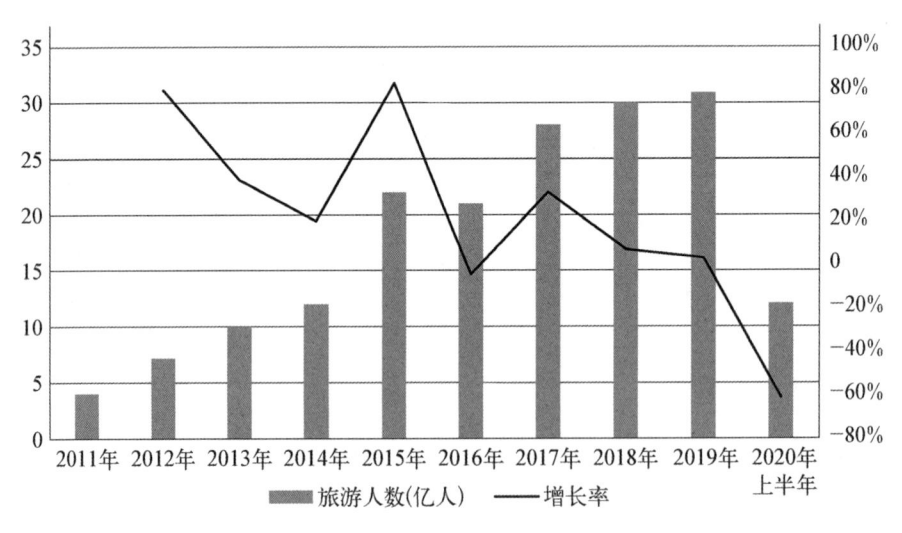

图 10　2011—2020 年中国休闲农业与乡村旅游接待人数及增长率

(四)"新冠"疫情对乡村旅游业的影响总结

1. 对乡村旅游业产生的负影响

(1)对已发展乡村旅游业的影响

"新冠"疫情对乡村旅游业产生的负面影响主要集中于2020年的上半年。2020年上半年是"新冠"疫情全国性爆发的阶段,国内大部分地区停工停产,交通受阻,居民的收入受到停工停产的影响而有所下降。因此,一方面人们没有多余的钱去旅游,另一方面人们受到"新冠"疫情影响难以去旅游。同时,受到国内疫情管控惯性的影响,餐饮、娱乐等服务业的恢复受到一定阻碍,"新冠"对人们产生的心理影响不易消退,需要人流量的餐饮、旅游、娱乐等第三产业还需要一段时间才能重振。

在景区营收遭到重创的同时,人工、运营等支出仍在。这一点对大型的乡村旅游业经营企业的影响更加明显。景区的日常维护成本高,承受着较大压力。

(2)对建设中和预备建设的乡村旅游业的影响

对建设中和预备建设的乡村旅游业,原本的旅游建设和建设方案更是受到了打击。从上述图表的分析数据可以看出,在2011年至2019年,乡村旅游业总体是向前向好发展的,乡村旅游业受到党和政府的重视与支持。多份中央文件中提到了乡村旅游业发展的重要性,政府也在政策、经济、文化价值引导等多方面支持乡村旅游业的发展。而在"新冠"疫情发生时,"新冠"疫情防控工作占用了国家大量的物力、人力资源,再加上形势的不允许,许多原本要建的、在建的乡村旅游项目停摆了。此外,受到"新冠"疫情的影响,人们对旅游业发展大多持消极的态度,短时间内也很难重拾建设乡村旅游业的热情。

2. "后疫情"时期的新转向

(1)"新冠"疫情缓和后经济快速恢复发展

夏杰长和丰晓旭(2020)指出,2020年"新冠"疫情对我国旅游业的打击是阶段性的,"新冠"疫情缓和后,我国旅游业会迎来快速恢复阶段。从上述图表信息可以看出,2021年居民人均可支配收入和人均消费水平都有了大幅度的上涨,经济水平呈现快速恢复态势。

(2)思想观念变动带来旅游业更新

"新冠"疫情缓和后,人们的消费欲望在之前的压抑下反弹上升,"关在家里"的生活也促使居民更加渴望"出去走走"。同时,乡村旅游业以其特有的环境氛围和地理优势而受到人们的欢迎。"新冠"疫情缓和后游客旅游观念的变化催生旅游业发生新的变化,人们形成了更加尊重生命和生态环境的观念,也更注重身心健康和生活品质,自然观光旅游因其能够满足人们健康快乐的需求而更受欢迎,人们的旅游习惯也转变为以"疗愈"为目的的户外游憩、田园乡居旅游等。

(3)乡村旅游业在"后疫情"时期反弹发展

在经济有所恢复、居民消费自信提升的情况下,乡村旅游业以其更符合"后疫情"时期居民的旅游观念而势必迎来反弹发展阶段。祝恺(2020)认为,中国的旅游产业已经发展到一个较为成熟的阶段,具有内在增长动力。"新冠"疫情对中国乡村旅游业的影响具有局限性,乡村旅游业的阻滞是暂时的,恢复发展是必然的。同时,乡村旅游业的发展是乡村振兴的重要内容,一直受到国家的政策支持。因此,在"后疫情"时期,乡村旅游业会迎来一个发展的新阶段。

### 四、"后疫情"时代乡村旅游业的出路

**(一) 更加便捷的出行为旅游业复苏提供契机**

"新冠"疫情对旅游业最大的影响在于对人们出行的限制,客观上,有部分人群因为所在地区有风险而被限制出行;出于对"新冠"疫情的惧怕,许多人主观上不愿跨省市流动。而现阶段我国坚持常态化精准防控和局部应急处置相结合,逐步放宽了对出行的限制。

2022年6月27日,国务院应对"新冠"疫情联防联控机制综合组印发了《新型冠状病毒肺炎防控方案(第九版)》,对"低风险区"进行了重新定义,近7天内有低风险区旅居史的人员流动不需要进行隔离,只需要持有48小时核酸证明,且到达目的地后3天内完成2次核酸检测即可;高中低风险地区之外的区域,人员可以自由流动。这样的改变极大地便利了居民的出行,无风险地区的群众基本上可以像"新冠"疫情发生前一样跨省市出行。

2022年6月29日,工信部宣布取消通信行程卡"星号标记",这意味着本身没有到访过中高风险地区的游客,在出行过程中,不会因为行程卡上的星号而遭到阻拦。在消息发布后,多个平台的酒店、车票搜索量上升,携程平台上多个热门旅游目的地的搜索量增长超过300%;去哪儿平台上半小时内机票搜索量上升60%,国际机票搜索量达到近两年来搜索量最高峰;同程旅行平台的机票搜索量较前日同一时段上涨180%,酒店搜索量较前日同一时段上涨220%。从数据上看,通信行程卡"星号标记"的取消使群众旅游热情高涨,乡村旅游业也能吃上这波热潮的红利。

2022年7月8日,工信部发布公告:即日起通信行程卡查询结果的覆盖时间范围由"14天"调整为"7天",大大降低了出行的门槛,人们出行受到风险地区的影响时间缩短一半,无疑会使更多人的出行变得更自由,而自由的人员流动正是"新冠"疫情时期旅游行业最需要的。

对于一系列防疫政策的改变,乡村基层政府应做出反应,根据新政策对本地防疫政策进行及时更新、落实到位;同时,避免层层加码、过度防疫,阻挡了旅客出行的步伐。政策的放宽不意味着放松,对应有的防疫措施要严格执行。有些乡村旅馆、景区的工作人员为图方便,对防疫政策没有落实到位,这不仅是对乡村的不负责任,而且是对旅客的不负责任。因此,要做好基础防疫工作,通过对防疫政策的认真执行来增加旅客的安全感,增强人们的旅行意愿。

**(二) "新冠"疫情下的"世外桃源"**

"新冠"疫情对整个旅游行业造成了冲击,但同时,"新冠"疫情也可能为乡村旅游的崛起带来机会。疫情使旅客在外出旅游时会关注目的地的安全问题,如果一个城市出现较严重的疫情,在此后的一段时间里,这个城市的游客数量会受影响。目前,我国的国内旅游以城市旅游为主,乡村旅游还处于起步阶段,但由于"新冠"疫情,人群聚集变得有风险,而城市旅行少不了人群聚集,因此在"新冠"疫情防控期间,城市旅行变得不那么受欢迎。

与此相反，乡村的人口密度较小，通常不会出现像城市那样人群大规模聚集的情况，在"新冠"疫情下，乡村不失为一个好去处。

"新冠"疫情还带来了人们对公共交通的担忧，飞机、动车等跨省市流动的公共交通有可能使旅客暴露在"新冠"下。因此，"自驾游"的旅游方式会比从前更受欢迎。在目前乡村基建发展的前提下，"自驾游"与乡村旅游更加契合。从前乡村旅游的一个很大的约束因素就是交通不便，很多乡村的公共交通体系不发达，旅客自驾出行有很多不便。现在小汽车普及且乡村的道路建设得到发展，人们比以前更青睐自驾出游，选择乡村旅游的人会更多。

"逃离城市"这个概念在当代非常热门。研究结果表明，在"新冠"疫情防控期间，人们更倾向于去视野开阔、空气清新的旅游目的地，乡村正符合这个标准。城市中高楼林立，生活在其中的人们难免感到压抑，尤其是"新冠"疫情防控期间，许多人可能被迫封锁在小区或是套房中，长期在狭小的空间活动使人对开阔的空间产生向往。乡村的美景与清新的空气成为吸引游客的一大利器。因此，乡村旅游可以在这一方面进行着重宣传，吸引游客前来。

（三）对"云旅游"的探索

因为"新冠"疫情的影响，线下旅游市场受到了冲击，而抖音等短视频平台在国内的发展为各个景区展示自己提供了平台，景区可以通过短视频或者直播的方式为人们提供"云旅游"服务。例如，河南博物馆在线上推出考古文物系列盲盒，旅客可以在游戏中体会寻宝、修复文物的乐趣，在快乐中了解历史文化；敦煌研究院微信公众号推出的"云游"莫高窟让游客体验"数字敦煌"的精彩；广州长隆野生动物园利用线上直播平台，直播大熊猫"滚滚"的生活日常，让旅客足不出户就可以看到可爱的大熊猫。

制作短视频、直播的成本较低，是每个乡村都可以负担得起的方式。"新冠"疫情防控期间，也有许多村主任为自己村的农产品直播带货，并取得了不错的成绩。与直播带货不同的是，通过短视频平台宣传乡村旅游业时，要对旅客产生持续的吸引力。购买农产品是一瞬间的事，但"新冠"疫情防控期间的旅游出行不能是一时冲动，因此在宣传乡村旅游行业时要真正向旅客传达乡村的特色，让旅客从心底向往这个地方，才能吸引旅客的持续观看，并且在将来实现线上流量的变现。

此外，乡村"云旅游"并不是单纯对乡村生活、乡村景色的展示，推出特色农产品是必要的。一方面，特色农产品是在长期农业生产中，依托当地的气候、人文环境形成的，具有地域和文化特色，能够展现乡村的特点，增加记忆点，打造农村特色IP。优质的农产品也会成为吸引旅客线下旅游的一大利器。另一方面，在物质条件丰富的今天，乡村原生态的农产品是很多人想要购买的产品，通过网络平台售卖农产品能带来一笔可观的收入，有了收入的激励，乡村对搭建短视频宣传平台也会更加有激情，形成一个良性循环。

推广"云旅游"还有助于乡村焕发年轻活力，实现乡村文化振兴。通过短视频、直播等方式宣传对人的技术要求较低，但往往很多中老年人对此不熟悉，年轻人经过短暂了解，可以熟练掌握。同时，年轻人对社会流行趋势更加了解，制作的短视频可能更受欢迎。最重要的一点是,年轻人回归乡村,缓解了乡村"空心化"的问题。社会观念的改变与乡村基础设施建设的落后使大量乡村的年轻人来到城市,中国的乡村人口以中老年人与留守儿童居多。年轻人背井离乡,不仅自身在大城市里觉得孤单,而且留在乡村的老人与小孩难以拥有完整的家庭。乡村"空心化"很大一部分原因是乡村的发展机遇不足,年轻人的理想和抱负难以在乡村实现,而发展线上旅游就是给年轻人创造机会。通过短视频、直播平台宣传家乡,上手简单,有很大的发展空间,并且切中年轻人的兴趣点,是年轻人愿意尝试的工作。年轻人回乡会给乡村带来新时代的气息,帮助乡村找到新的增长点,实现乡村产业结构升级。

但是,发展"云旅游"需要注意不能脱离现实,对家乡的美化是理所应当的,但要建立在事实的基础上。网络上有些短视频对旅游地过分美化,以至于脱离现实,让旅客乘兴而至、败兴而归,这极不利于乡村长期形象的打造。现在网络无比发达,几乎没有什么事可以隐瞒,一旦出现虚假宣传,网络上的打假视频就会随之而来,让乡村的名声毁于一旦。

### (四)通过打造 IP 完善产业链

习近平总书记指出,产业兴旺是解决农村一切问题的前提。只有乡村产业兴旺,才能吸引年轻人回乡,完善基础设施,提高村民生活的幸福感。

在现代社会,农民单纯的农业生产往往难以产生高附加值的产品,农产品卖出的价格往往与农民的付出不成正比。要提高农产品附加值,一是要生产高质量的农产品,二是要为农产品进行包装,打造乡村特色 IP。为农产品打造特色 IP 并非新鲜事,"东北五常大米""阳澄湖大闸蟹"等消费者耳熟能详的产品都是农产品特色 IP 打造的成功案例。

打造 IP 的一大关键点就是产品,从根本上说,打造 IP 就是为了提高农产品的销量以及附加值。因此,产品是 IP 的核心,一个好的 IP 应该围绕产品打造,围绕产品讲好产地故事,让消费者了解围绕在产品周围的人文历史。

在做好核心农产品的 IP 建设后,可以进一步考虑以特色农产品为原料进行加工,走全产业链发展之路。例如广东梅州,依托核心农产品——柚子,借助"梅州柚"的品牌价值,开发建设柚花茶、果汁、果酱、果酒、果脯、香精油等系列生产线。全产业链发展能够提高产品的丰富度,给消费者提供更多选择,也能给乡民带来更多收入。例如在线上销售时,仅仅售卖几种农产品难以实现较高的销售额,并且农产品通常质量较大,运费也会成为一大成本;而对来到当地旅游的游客,更加丰富的特色产品能让他们有更多消费。

IP 的打造也与"云旅游"的模式相适应。线上宣传是现代社会的最佳宣传方式之一,而开展"云旅游"需要一个 IP 作为宣传点。"云旅游"作为一种线上旅游方式,主要是通过视频对乡村进行展示,但是视频内容不能仅仅是乡村的景色,还要对乡村现象进行展示,这正与 IP 打造的过程相契合。因此,IP 打造可以与"云旅游"同步进行,让旅客通过"云旅游"来了解乡村 IP,达到"1+1>2"的效果。

### 五、结 论

乡村的建设和发展一直是国家重点关注的内容,乡村旅游业是近年来的新兴发展产业,但突如其来的"新冠"疫情对乡村旅游业的发展造成了打击,部分乡村旅游业从业者面临经营难、维持难、建设难的问题。在"后疫情"时期,伴随着人们思想观念的改变,旅游业发生新的变化,在防疫政策的逐渐放松下,轻松愉快、环境优美的乡村旅游业焕发生机,迎来了发展的机遇。乡村旅游业应结合自身发展优势,通过"云旅游"的方式,结合短视频展现优势,让越来越多的人接触乡村旅游业,从而达到吸引游客的效果。在竞争发展中,乡村旅游业应注重打造自身特色IP,围绕自身特色讲好当地故事,让消费者了解围绕在物产周围的人文历史。乡村旅游业在"后疫情"时期迎来发展机遇,能够增加农民收入,促进乡村产业链发展,是乡村振兴的重要内容,需要得到重视和政策支持。

**参考文献**

[1] 蔡佳文.智慧转型 "云旅游"风生水起[J].中国商界,2022(8):57-62.

[2] 曹宗平.新冠肺炎疫情冲击下乡村旅游业将何去何从[J].广西财经学院学报,2020,33(4):25-34.

[3] 谌华国,刘毅龙.乡村振兴背景下乡村旅游开发困境与策略[J].南方农业,2021,15(11):173-175.

[4] 韩晗.新冠肺炎疫情的国内外经济影响和我国应对建议[J].金融发展评论,2020(1):21-28.

[5] 贾璇.出境游还有多远?行程卡摘星,跨省游搜索量暴增[J].中国经济周刊,2022(13):72-73.

[6] 罗心欲.乡村产业振兴的价值意蕴、现实困境与路径选择——以广东梅州为例[J].边疆经济与文化,2022(9):25-28.

[7] 倪玉屏.后疫情时代旅游景区振兴对策——基于浙江台州的调查研究[J].江苏商论,2020(12):61-63+67.

[8] 彭顺生.中国旅游业:后疫情时代恢复与振兴研究[J].扬州大学学报(人文社会科学版),2020,24(5):54-66.

[9] 宋瑞,王瑞婷.新冠疫情全球大流行背景下的城市旅游:挑战、应对与启示[J].价格理论与实践,2022(3):12-16.

[10] 习近平谈治国理政:第3卷[M].北京:外文出版社,2020:258.

[11] 夏杰长,丰晓旭.新冠肺炎疫情对旅游业的冲击与对策[J].中国流通经济,2020,34(3):3-10.

[12] 向华燕.空心化背景下乡村文化振兴的路径选择[J].乡村科技,2021,12(10):18-20.

[13] 杨利柯.许昌市乡村旅游交通体系优化研究[J].产业与科技论坛,2021,20(2):225-227.

[14] 尹小娟.乡村旅游中特色农产品开发及推广策略研究[J].山西农经,2021(12):58-61.

[15] 张辉.培育乡村产业IP要找准"破圈"的命门[N].福建日报,2022-08-24(005).

[16] 赵正,焦震楠.停摆!旅游业期待"报复性"反弹[J].商学院,2020(Z1):107-108.

[17] 祝铠.新冠肺炎疫情对我国旅游业发展的影响及对策研究[J].四川旅游学院学报,2020(3):13-16.

[18] Holland J. Burian M., Dixey, L.. Tourism in poor rural areas — diversifying the product and expanding the benefits in rural Uganda and the Czech Republic[R]. Holland,2013(12):10-22.

# 我国农村留守儿童比例及其影响因素研究
## ——基于2019年"千村调查"的实证分析

武潇乐[①] 徐梓婷[②] 周 游[③]
指导老师：张 淼[④]

**摘 要**：留守儿童是乡村振兴过程中不可忽视的特殊群体。本文利用上海财经大学2019年"千村调查"数据，基于社会排斥的理论视角，对留守儿童比与乡村经济发展水平、文化资源及资本投入等方面的变量进行实证分析。运用统计软件，对变量间关系进行描述性统计、相关性分析及回归分析，构建了具有解释力的理论模型。分析结果表明：(1)农村的留守儿童比受地区、村集体年内收入等经济因素，小学基础建设财政投入等社会投入因素的显著影响；(2)乡村留守儿童面临经济排斥、文化排斥问题，应当重视乡村劳动力的素质教育与职业教育，推动教育扶贫及文化建设。最后，本文针对研究结论提出了相应的建议。

**关键词**：留守儿童 教育扶贫 社会排斥

## 一、文献综述

自改革开放以来，中国的城市化进程不断加快，农村年轻劳动力外流成为普遍现象。受经济、社会、教育等条件限制，大多数乡村子女无法随同父母向城市流动，这部分被遗留在乡村并由隔代长辈或亲戚朋友抚养的儿童则成为"留守儿童"。段成荣和周福林（2005）认为留守儿童是指父母双方或一方流动到其他地区，孩子留在户籍所在地并因此不能和父母共同生活的儿童。

近年来，随着乡村振兴战略的提出，国家更加重视乡村教育及留守儿童群体，政策大事记如表1所示。2016年，由国务院出台的《关于加强农村留守儿童关爱保护工作的意见》提出："完善农村留守儿童关爱服务体系、健全农村留守儿童救助保护机制，强化农村

---

[①] 武潇乐，上海财经大学人文学院2020级经济社会专业本科生。
[②] 徐梓婷，上海财经大学商学院2020级国际经济与贸易专业本科生。
[③] 周游，上海财经大学信息管理与工程学院2020级信息管理与信息系统专业本科生。
[④] 张淼，上海财经大学人文学院。

留守儿童关爱保护工作保障措施。"2019年,由民政部、教育部等多部门联合发布的《关于进一步健全农村留守儿童和困境儿童关爱服务体系的意见》从多个部门主体如教育部门、司法行政部门的角度强化了保护留守儿童各方面的责任。2022年国务院发布的《关于做好2022年全面推进乡村振兴重点工作的意见》也指出通过健全基层党员、干部关爱联系制度,经常探访留守儿童群体,并完善未成年人关爱保护工作网络。

表1　关于留守儿童发展及乡村教育的政策大事记

| 年份 | 政策名称 | 发文机关 | 主要内容 |
| --- | --- | --- | --- |
| 2003 | 《国务院关于进一步加强农村教育工作的决定》 | 国务院 | 明确农村教育在全面建设小康社会中的重要地位,把农村教育作为教育工作的重中之重;加快推进"两基"攻坚,巩固、提高、普及义务教育的成果和质量;坚持为"三农"服务的方向,大力发展职业教育和成人教育,深化农村教育改革;落实农村义务教育"以县为主"管理体制的要求,加大投入,完善经费保障机制;建立健全资助家庭经济困难学生就学制度,保障农村适龄少年儿童接受义务教育的权利;推进农村中小学人事制度改革,大力提高教师队伍素质 |
| 2010 | 《教育部关于贯彻落实科学发展观进一步推进义务教育均衡发展的意见》 | 教育部 | 积极协助政府建立健全政府主导、社会共同参与的农村留守儿童关爱和服务体系。加大对教师尤其是农村教师的培训力度,促进教师专业发展。健全城乡教师交流机制,推动校长和教师在城乡之间、学校之间的合理流动。进一步推进农村中小学现代远程教育,不断提高教育信息化的普及水平和应用水平 |
| 2015 | 《关于加强家庭教育工作的指导意见》 | 教育部 | 给予困境儿童更多关爱和帮扶。各地教育部门和中小学、幼儿园要指导、支持、监督家庭切实履行家庭教育职责。要特别关心流动儿童、留守儿童、残疾儿童和贫困儿童,鼓励和支持各类社会组织发挥自身优势,以城乡儿童活动场所为载体,广泛开展适合困境儿童特点和需求的家庭教育指导服务和关爱帮扶 |
| 2015 | 《乡村教师支持计划（2015—2020年）》 | 国务院办公厅 | 采取切实措施加强"老少边穷岛"等边远贫困地区乡村教师队伍建设,明显缩小城乡师资水平差距,让每个乡村孩子都能接受公平、有质量的教育 |
| 2016 | 《国务院关于加强农村留守儿童关爱保护工作的意见》 | 国务院 | 要充分认识做好农村留守儿童关爱保护工作的重要意义,坚持家庭尽责、政府主导、全民关爱、标本兼治的基本原则,提出到2020年,未成年人保护法律法规和制度体系更加健全,全社会关爱和保护儿童的意识普遍增强,儿童成长环境更完善、安全更有保障,儿童留守现象明显减少的总目标。提出完善农村留守儿童关爱服务体系,健全农村留守儿童救助保护机制,强化农村留守儿童关爱保护工作保障措施 |

续 表

| 年份 | 政策名称 | 发文机关 | 主 要 内 容 |
|---|---|---|---|
| 2016 | 《关于做好农村留守儿童健康关爱工作的通知》 | 国家卫生健康委员会 | 强调了做好农村留守儿童健康关爱工作的重要意义,明确了以促进未成年人的身心健康为出发点,以做好儿童保健服务、疾病防治和健康促进的总体思路;提出主要任务为加强农村留守儿童保健服务和疾病防治,做好农村留守儿童强制报告、医疗救治、评估帮扶等工作,强化农村留守儿童健康教育工作,提升农村留守儿童家庭发展能力,加强农村留守儿童信息采集和健康状况监测评估 |
| 2016 | 《农村留守儿童关爱保护工作部际联席会议制度》 | 国务院办公厅 | 建立农村留守儿童关爱保护工作部际联席会议制度,明确了主要职能、成员单位、工作规则及工作要求 |
| 2016 | 《教育部等九部门关于进一步推进社区教育发展的意见》 | 教育部等九部门 | 大力开展新型职业农民培训,加强农村居民家庭教育指导,为农村留守妇女提供社会生活、权益保护、就业创业等方面的教育培训。重视开展农村留守儿童、老人和各类残疾人的培训服务 |
| 2018 | 《农村留守儿童关爱保护和困境儿童保障工作部际联席会议制度》 | 国务院办公厅 | 调整农村留守儿童关爱保护工作部际联席会议制度,建立农村留守儿童关爱保护和困境儿童保障工作部际联席会议制度,明确了主要职能、成员单位、工作规则及工作要求 |
| 2018 | 《国务院办公厅关于全面加强乡村小规模学校和乡镇寄宿制学校建设的指导意见》 | 国务院办公厅 | 提出建设乡村小规模学校及乡镇寄宿制学校是农村义务教育的重要组成部分,要坚持统筹规划、合理布局、重点保障、兜住底线、内涵发展、提高质量的基本原则。要统筹布局规划、改善办学条件、强化师资建设、强化经费保障、提高办学水平 |
| 2019 | 《关于进一步健全农村留守儿童和困境儿童关爱服务体系的意见》 | 民政部、教育部等 | 教育部门要强化适龄儿童控辍保学、教育资助、送教上门、心理教育等工作措施,为机构内的困境儿童就近入学提供支持,对有特殊困难的农村留守儿童和困境儿童优先安排在校住宿。司法行政部门要依法为农村留守儿童和困境儿童家庭申请提供法律援助 |
| 2022 | 《关于做好2022年全面推进乡村振兴重点工作的意见》 | 国务院 | 健全基层党员、干部关爱联系制度,经常探访空巢老人、留守儿童、残疾人。完善未成年人关爱保护工作网络 |
| 2022 | 《家政兴农行动计划(2021—2025年)》 | 商务部等 | 加强关心关爱。开展"情暖童心"共青团关爱农村留守儿童行动,为外出务工人员特别是脱贫人口、防止返贫监测帮扶对象和农村低收入人口子女提供情感陪护、人文关怀等服务 |

据观察,受各种因素影响,不同地区的留守儿童比[①]有差异。农村经济、社会和文化等

---

① 本文中留守儿童的比例来自上海财经大学2019年"千村调查"数据,留守儿童比 = $\dfrac{\text{地区留守儿童数量}}{\text{地区0~16岁户籍人口数量}}$。

因素是如何影响留守儿童比例的？王艳波和吴新林(2003)认为，留守儿童的形成与家庭经济情况最为相关。吴霓(2004)指出，留守儿童问题产生的原因与农村劳动力流动和城乡壁垒、家庭的教育能力以及学校教育的课程设置有关。东波(2009)从社会支持网络的角度出发，认为农村留守儿童弱势群体的形成与社会支持体系相关，例如父母、朋辈亚文化、农村社区以及非政府组织。张帮辉和李为(2016)从公共治理的角度，认为农村教育资源匮乏、师资力量薄弱、隔代监护人文化水平等因素影响着各地区留守儿童的成长与发展。

在现有文献的基础上，本文利用上海财经大学2019年"千村调查"问卷中的有关数据，尝试回答以下问题：第一，不同地区的留守儿童比是否存在显著差异？第二，农村经济发展水平是否为影响留守儿童比的主要因素？第三，农村劳动力受教育水平以及当地的教育资源投入是如何影响留守儿童比的？通过各个变量对留守儿童比的研究，探寻农村留守儿童面临的经济排斥、文化排斥问题。

## 二、研究方法与研究假设

### (一)研究方法

针对以上提到的问题，本研究将在社会排斥视角下，采用定量研究方法进行实证研究。本文基于2019年"千村调查"的数据资料，描述留守儿童的概况，并将数据可视化；接着运用统计分析软件来分析留守儿童比的影响因素，试图构建具有解释力的理论模型，讨论留守儿童的成长现状并依据结论对乡村教育建设、改善留守儿童处境等提出相关建议。

### (二)研究假设

在社会化的理论框架下，个体的发展受制于外部社会环境，留守儿童成长现状在极大程度上受其生存环境的经济、文化、社会等条件的影响。结合2019年"千村调查"数据，本研究提出以下基本假设：

假设1：留守儿童比因地区不同而有明显差异。根据四大地区的划分，东部地区和东北地区的留守儿童比低于中西部地区。鉴于人口迁移的中西部向东部流动的大致方向，猜想中西部地区的留守儿童比更高。

假设2：农村的经济发展水平是影响留守儿童比的重要因素。经济发展水平越低的村落，留守儿童比越高。经济较落后的农村往往会流出大批青壮年劳动力，无法跟随父母入城的孩童便沦为留守儿童。本研究采用是否为贫困村、本村家庭收入等级、人均年收入、村集体年内收入合计这几个变量衡量农村经济水平。

假设3：农村劳动力受教育水平越低，当地留守儿童比越高。较低受教育水平的农村劳动力很难在就业机会偏少的本地谋得生计，外出务工后大多从事薪资与保障较低的工作，子女无法随迁，因而当地留守儿童比较高。

假设4：村内现有的文化与教育资源，以及村民们对孩子的教育期望会影响当地留守儿童比。当该村拥有较好的教育资源与文化氛围，或村民普遍对孩子的教育期望较高时，当地的留守儿童比较低。本研究针对这一假设采用教育设施完备指数(素质教育推进程度)、幼小初学校数、小学教师数、是否有文化设施、教育期望等多个变量进行探究。

假设5：留守儿童比受社会对乡村教育的重视程度及资本投入的影响。地方和中央对教育文化事业的财政投入与支持越多，包括留守儿童在内的学龄儿童的受教育环境越能得到改善。同时，留守儿童面临的教育困境也是促使乡村教育得到重视、加大教育资金投入的一个条件。本研究采用村办小学投资支出占比、小学基础建设财政投入、教育公共经费补贴、文化建设投入这几个变量来衡量。

### 三、留守儿童现状分析

#### (一)留守儿童的概念界定及现状

改革开放以来，由于中国经济水平的不断提高以及城镇化的快速发展，大量农村青壮年进城务工，而城乡二元制的限制与家庭条件等约束使得这些务工者的孩子无法随迁进城，农村留守儿童这一社会群体随之产生。

《国务院关于加强农村留守儿童关爱保护工作的意见》将留守儿童界定为父母双方外出务工或一方外出务工另一方无监护能力、不满十六周岁的未成年人。2018年民政部对全国留守儿童的调查显示，我国现存留守儿童超过697万人，较2016年的超过902万人有较大回落。其中，中西部的留守儿童群体庞大，四川省、安徽省、湖南省、河南省、江西省、湖北省、贵州省的留守儿童占据了全国留守儿童总数的69.7%。96%的留守儿童的监护情况是隔代抚养，即由祖父母或外祖父母照顾。

农村留守儿童问题是当今中国存在的阶段性问题之一，本文拟从社会排斥视角分析，提出针对留守儿童问题的政策性建议。社会排斥常在排斥者与被排斥者的互动中产生，留守儿童遭遇的社会排斥维度包括经济排斥、文化排斥、社会关系排斥。[①] 经济排斥是指进城务工的农民工受学历、技术等限制，就业窗口狭小、失业风险高、平均工资低，因而家庭支撑弱，难以担负工作与养育孩子的双重责任，留守儿童面临"养"与"育"割裂的危机；文化排斥是指农村留守儿童缺乏获取教育资源的途径以提高自身文化素养，呈现素质教育缺乏的现状；社会关系排斥是指部分留守儿童因父母关心的缺位，心理问题突出，被同龄群体排斥、遭遇社会疏离。社会排斥问题不利于留守儿童的身心健康以及社会的和谐稳定。进一步加强农村留守儿童关爱工作，为广大留守儿童创造更好的学习和生活环境任务紧迫、刻不容缓。

#### (二) 2019年"千村调查"留守儿童数据描述性分析

本文所用数据来自2019年上海财经大学"千村调查"入村问卷。该问卷由村集体基本信息、乡村教育模块、乡村振兴模块三个部分构成，本文主要利用的是乡村教育模块数据。该数据包含480个指标、957个样本、470 804条数据，范围覆盖31个省份、236个市、

---

① 张欣,黄星澈.社会排斥视角下农村留守儿童家庭教育缺失与重构[J].经济研究导刊,2022,497(3):40-42.

492个区。经过初步的数据筛选,剔除了数据中的异常值,按照省份或区县对应的平均值填充了缺失值,并删除无效数据9 976条。

为研究留守儿童的社会排斥问题,本文选取了18个指标,分别对不同地区的经济和文化发展水平进行评估,并分析其对留守儿童比的影响。我们根据省份分布将其划分为东部、东北部、西部、中部地区四个部分,并分别分析样本基本情况。为了数据的有效性与直观性,在此先将东北地区纳入东部地区,即将省份分部划分为东、中、西三个部分。

首先,提取E006答案后,绘制中国各省留守儿童数量的频数分布图(如图1所示)。我国的留守儿童数具有明显的地区差异,经度差异与纬度差异均较为显著。总体而言,我国留守儿童主要聚集在大兴安岭-阴山-贺兰山-巴颜克拉山-冈底斯山脉一线以南,其中,江西省、安徽省、河南省等省份的留守儿童总数较多。由于样本总量的差别,无法比较各省份的留守儿童总数,因此同时提取B005答案中户籍人口0～16岁的人数,除以各地留守儿童数,得到样本中各省份的农村留守儿童比。通过数据计算及汇总,各省份留守儿童比差异大,前三为甘肃省、江西省、青海省。各地区与留守儿童比区间的交叉列联表如表2所示。虽然各地区的留守儿童比主要分布在0～0.03区间,此区间的村落达到1/3及以上,但东、中、西部留守儿童比有明显差异,中西部留守儿童比在0.05～0.3的区间内高于东部地区。

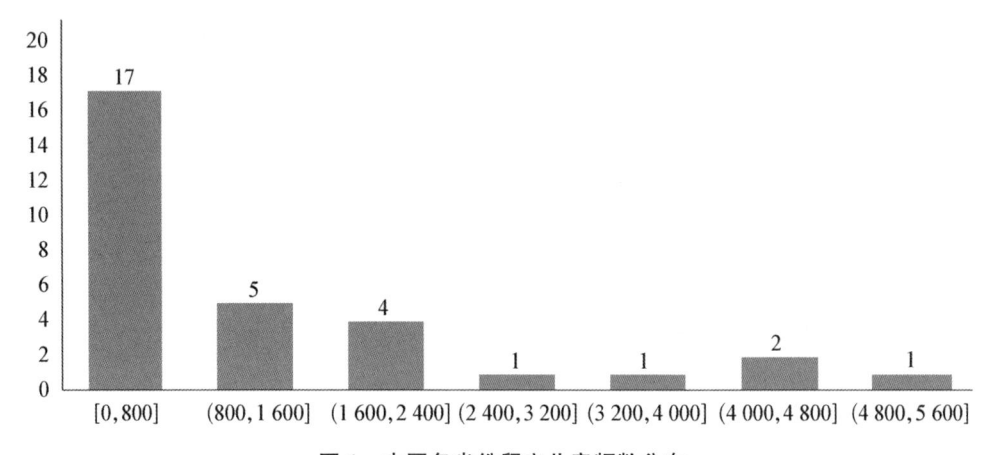

图1 中国各省份留守儿童频数分布

表2 各地区与留守儿童比的交叉列联表

| 留守儿童比 | | 东部地区 | 中部地区 | 西部地区 | 总 计 |
|---|---|---|---|---|---|
| 0～0.01 | 计数 | 80 | 27 | 39 | 146 |
| | 占地区的百分比 | 44.20% | 24.11% | 27.86% | 33.72% |
| 0.01～0.02 | 计数 | 16 | 7 | 13 | 36 |
| | 占地区的百分比 | 8.84% | 6.25% | 9.29% | 8.31% |

续 表

| 留守儿童比 | | 东部地区 | 中部地区 | 西部地区 | 总 计 |
|---|---|---|---|---|---|
| 0.02~0.03 | 计数 | 15 | 14 | 9 | 38 |
| | 占地区的百分比 | 8.29% | 12.50% | 6.43% | 8.78% |
| 0.03~0.04 | 计数 | 9 | 5 | 9 | 23 |
| | 占地区的百分比 | 4.97% | 4.46% | 6.43% | 5.31% |
| 0.04~0.05 | 计数 | 5 | 3 | 7 | 15 |
| | 占地区的百分比 | 2.76% | 2.68% | 5.00% | 3.46% |
| 0.05~0.1 | 计数 | 12 | 18 | 16 | 46 |
| | 占地区的百分比 | 6.63% | 16.07% | 11.43% | 10.62% |
| 0.1~0.2 | 计数 | 24 | 15 | 24 | 63 |
| | 占地区的百分比 | 13.26% | 13.39% | 17.14% | 14.55% |
| 0.2~0.3 | 计数 | 10 | 13 | 7 | 30 |
| | 占地区的百分比 | 5.52% | 11.61% | 5.00% | 6.93% |
| 0.3~0.4 | 计数 | 4 | 3 | 9 | 16 |
| | 占地区的百分比 | 2.21% | 2.68% | 6.43% | 3.70% |
| 0.4~1.0 | 计数 | 6 | 7 | 7 | 20 |
| | 占地区的百分比 | 3.31% | 6.25% | 5.00% | 4.62% |
| 总计 | 计数 | 181 | 112 | 140 | 433 |
| | 占地区的百分比 | 100% | 100% | 100% | 100% |

接着,本文提取 J001 答案作为我国各地区的人均纯收入情况,提取 E002N、E002O、E002P 答案代表我国各地区的财政补贴以及教育补贴平均情况,提取 A007 答案计算各地区的贫困村率情况,并据此绘图(如图 2 所示)。各地区人均年收入情况介于 20 000 元至 40 000 元的范围,东部地区的村民生活较富裕,中部地区村民的平均收入较少而享有最高的财政补贴与教育补贴。贫困村的发生率从东部向西部逐渐递增,因而应加大对西部地区的财政补贴力度。较低的收入及较高的贫困村率促使中西部地区村民选择外出务工,以提高收入水平与生活质量,因而产生了大量留守儿童。

另外,本文提取 E008 答案代表农村家长的教育期望,提取 E002H 至 E002M 关于教

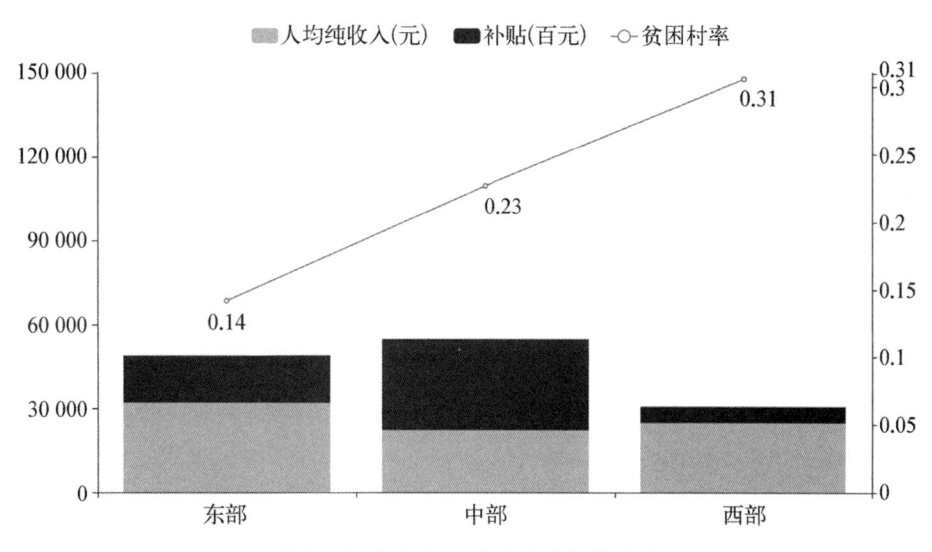

图 2  不同地区人均收入、教育补贴与贫困村率情况

育资源配置的答案代表当地素质教育的推进情况。由于 E008 问题中有 4 个选项,而多数家长对孩子的期望为接受高等教育,因此该教育期望代表家长希望孩子学业有成的概率,结果如图 3 所示。东部、中部、西部地区的素质教育推进程度有显著差异,东部地区的素质教育推进程度较高,中西部地区的素质教育推进程度较低。三个地区的教育期望大致持平,村民对孩子的普遍期许仍然多为通过接受高质量教育来提高生活水平。

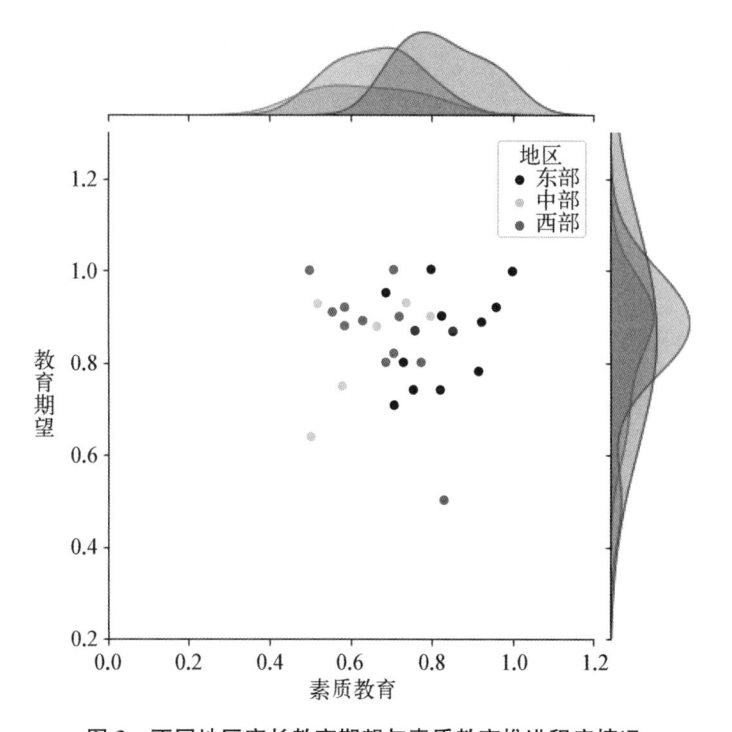

图 3  不同地区家长教育期望与素质教育推进程度情况

最后,本文提取 B007A 至 B007F 答案代表当地劳动力素质情况。经过分析,东部、中部、西部的劳动力素质存在显著差异(如图4所示)。三个地区最主要的劳动力都以初中学历和小学学历为主,综合而言,中西部地区的劳动力整体学历较低,东部地区的劳动力整体学历较高。落后的受教育水平也代表了当地欠佳的经济发展水平与受限的发展机会,大量劳动力寻求外出发展。

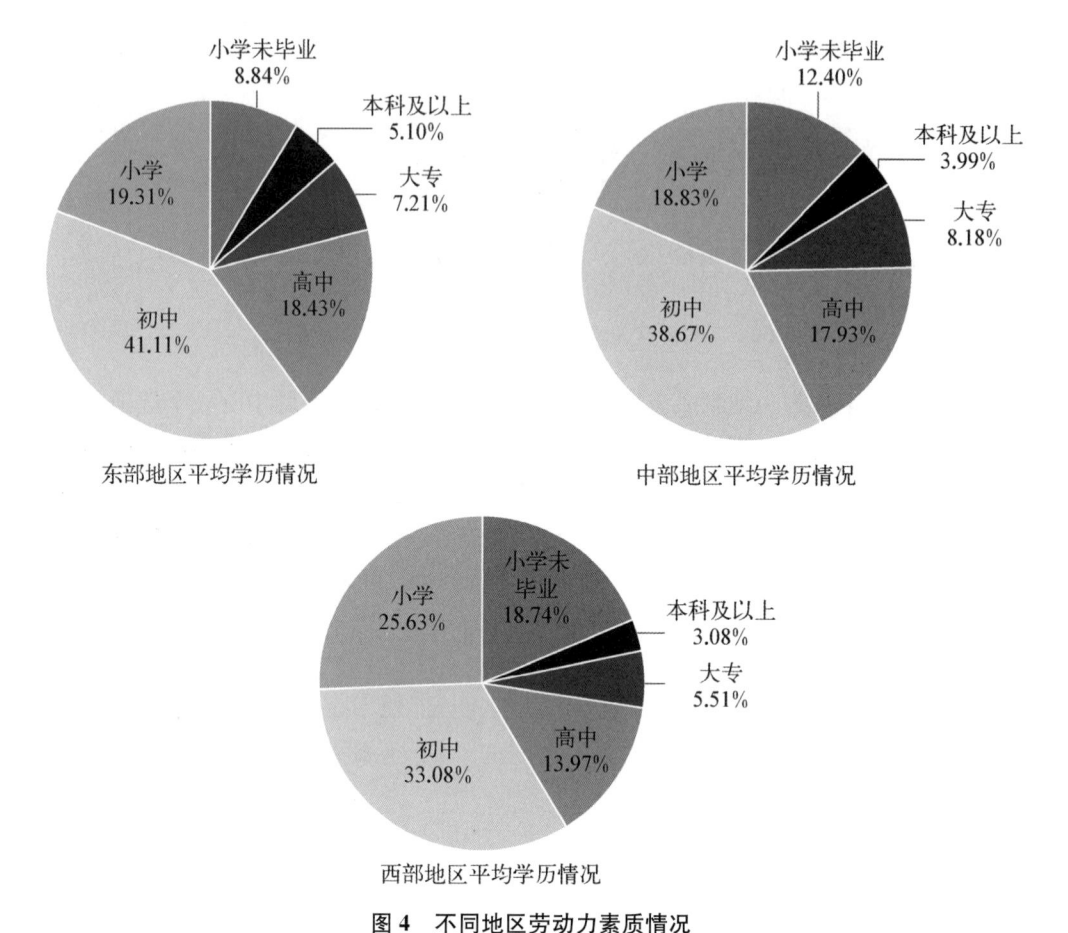

东部地区平均学历情况
- 小学未毕业 8.84%
- 本科及以上 5.10%
- 大专 7.21%
- 高中 18.43%
- 初中 41.11%
- 小学 19.31%

中部地区平均学历情况
- 小学未毕业 12.40%
- 本科及以上 3.99%
- 大专 8.18%
- 高中 17.93%
- 初中 38.67%
- 小学 18.83%

西部地区平均学历情况
- 小学未毕业 18.74%
- 本科及以上 3.08%
- 大专 5.51%
- 高中 13.97%
- 初中 33.08%
- 小学 25.63%

图4 不同地区劳动力素质情况

## 四、变量描述与实证分析

(一)变量说明

2019年"千村调查"共呈现有效样本959份,包含我国31个省份,本研究将其整合为以区级县/市为单位的样本492份。根据研究假设,本研究将地区、是否为贫困村、本村家庭收入等级、人均年收入、教育设施完备指数、教育公用经费补贴、小学教师人数等指标作为自变量,将留守儿童比例作为因变量。本文主要变量的详细定义与描述如表3所示,主要变量的描述与统计情况如表4所示。

表 3　　主要变量的详细定义与描述

| 变量类型 | 变量名 | | 变量描述 |
|---|---|---|---|
| 因变量 | 留守儿童比 | | 各村留守儿童人数与本村0~16岁户籍人口数的比值,衡量农村中留守儿童的比例 |
| 自变量 | 地区 | | 本文将"千村调查"数据库中的31个省份按照四个地区划分为四大类,分别是包括北京市、天津市、河北省等10个省市的东部地区,包括山西省、安徽省、江西省等6个省份的中部地区,包括黑龙江省、吉林省、辽宁省3个省份的东北地区,以及包括重庆市、四川省、云南省等12个省市的西部地区。其中,东部地区的样本为166份,占总样本的33.74%;中部地区的样本为128份,占总样本的26.02%;东北地区的样本为40份,占总样本的8.13%;西部地区的样本为158份,占总样本的32.11% |
| | 经济发展水平 | 是否为贫困村 | 本村是否为当地民政承认的贫困村 |
| | | 本村家庭收入等级 | 衡量本村家庭的经济状况。"千村调查"入村问卷中将家庭收入等级分为下等、中下等、中等、中上等和上等五个等级,根据统计可得,大部分农村家庭的收入水平处在中下等与中等之间 |
| | | 人均年收入 | 本村居民去年人均纯收入水平,包括农业生产经营、工资性收入、财产性收入和转移性收入 |
| | | 村集体年内收入合计 | 2018年村集体财务状况中的收入情况,包括集体经营性收入、出租村集体资产收入、企业上缴款、上级部门拨款及其他收入 |
| | 劳动力受教育水平 | 本村劳动力受教育水平指数 | 本村劳动力受教育水平为高中及以上者所占比例,指数越高表示本村劳动力受教育水平越高 |
| | 文化教育资源与教育期望 | 教育设施完备指数 | 基于村小学教育设施相关问题回答的赋值加总。在"该小学是否有体育场""是否有专业的体育老师""是否有音乐室""是否有专业的音乐老师""是否有实验仪器""是否接入互联网"这六个问题中,答案为"是"则赋值为1,答案为"否"则赋值为0,六项答案加总后得到教育设施完备指数,范围为0至6,指数越高表示本村小学教育设施越完备 |
| | | 幼小初学校数 | 本村幼儿园、小学、初中学校数量 |
| | | 小学面积 | 村内现有小学的总占地面积 |
| | | 小学教师人数 | 本村小学教师在岗人数 |
| | | 小学教师编制人数占比 | 本村小学教师中有编制的人数与教师人数的比值,是衡量本村小学师资水平的指标 |

续 表

| 变量类型 | 变量名 | 变量描述 |
|---|---|---|
| 自变量 | 文化教育资源与教育期望 | 小学教师受教育水平指数 | 本村小学教师受教育水平在大专及以上者所占比例,指数越高表示本村小学教师的受教育水平越高,也可以衡量本村小学的师资力量 |
| | | 教师月收入 | 包括本村小学教师月平均工资和月生活补助,表示村小学教师一般薪资待遇 |
| | | 是否有文化设施 | 村内是否有文化、体育等公共活动设施、场所,如图书室、专供儿童的场所与器材等。"有文化设施"则赋值为1,"无文化设施"则赋值为0 |
| | | 教育期望 | 村民普遍希望孩子接受高等教育还是尽早外出打工或做生意挣大钱。前者的教育期望较高,赋值为1;后者的教育期望较低,赋值为0 |
| | 社会对文化教育的投入程度 | 村办小学投资支出占比 | 村公益事业支出中村办小学投资支出与本村年内支出合计的比值 |
| | | 小学基础建设财政投入 | 包括村小学中央和地方投入学校基础建设的资金,可衡量2018年中央与当地对该村乡村教育基础建设的财政支持力度 |
| | | 教育公共经费补贴 | 该村小学教育公用经费拨款 |
| | | 文化建设投入 | 上一年村投入文化建设的资金,可在一定程度上衡量本村上一年对文化建设的重视程度 |

表4　　　　　　　　　　　　主要变量的描述与统计情况

| 变量 | 变量属性 | 变量描述 | 样本量 | 平均值 | 标准差 |
|---|---|---|---|---|---|
| 留守儿童比例 | 定量变量 | 村留守儿童人数与0～16岁户籍人口数的比值 | 448 | 0.0908 | 0.1401 |
| 地区 | 定类变量 | 1＝东部地区<br>2＝中部地区<br>3＝东北地区<br>4＝西部地区 | 492 | 2.39 | 1.2480 |
| 是否为贫困村 | 定类变量 | 0＝否<br>1＝是 | 489 | 0.198 | 0.3699 |
| 本村家庭收入等级 | 定序变量 | 1＝下等<br>2＝中下等<br>3＝中等<br>4＝中上等<br>5＝上等 | 490 | 2.87 | 0.782 |

续 表

| 变 量 | 变量属性 | 变 量 描 述 | 样本量 | 平均值 | 标准差 |
|---|---|---|---|---|---|
| 人均年收入/元 | 定量变量 |  | 466 | 77 768.261 5 | 1 189 029.534 |
| 村集体年内收入合计/万元 | 定量变量 |  | 409 | 335 760.295 8 | 1 898 676.830 |
| 本村劳动力受教育水平指数 | 定量变量 | 本村劳动力受教育水平高中及以上者占比 | 468 | 28.537 9 | 22.354 56 |
| 村办小学投资支出占比 | 定量变量 |  | 266 | 0.022 682 | 0.090 931 5 |
| 教育设施完备指数 | 定量变量 | 基于村小学教育设施相关问题回答的赋值加总,范围为[0,6] | 261 | 4.426 9 | 1.679 50 |
| 幼小初学校数 | 定量变量 |  | 424 | 1.51 | 1.426 |
| 小学面积/亩 | 定量变量 |  | 247 | 211.688 1 | 1 913.419 50 |
| 小学基础建设财政投入/万元 | 定量变量 |  | 194 | 94.983 6 | 416.806 52 |
| 教育公用经费补贴/万元 | 定量变量 |  | 195 | 26.693 2 | 97.300 36 |
| 小学教师人数 | 定量变量 |  | 236 | 27.62 | 41.280 |
| 小学教师编制人数占比 | 定量变量 |  | 228 | 0.840 811 | 0.254 383 1 |
| 小学教师受教育水平指数 | 定量变量 | 小学教师受教育水平为大专及以上者占比 | 231 | 71.827 1 | 59.318 21 |
| 教师月收入/元 | 定量变量 |  | 224 | 4 167.285 7 | 1 358.436 37 |
| 教育期望 | 定类变量 | 0=尽早赚钱<br>1=接受高等教育 | 489 | 0.92 | 0.259 |
| 是否有文化设施 | 定类变量 | 0=无文化设施<br>1=有文化设施 | 490 | 0.91 | 0.259 |
| 文化建设投入/万元 | 定量变量 |  | 455 | 31.042 0 | 261.122 07 |

## (二) 实证分析

### 1. 相关性分析

考虑到变量类型的多样化,本研究主要通过两种方式对各个变量与留守儿童比这一变量进行相关性分析。

(1) 定类/定序变量与定量变量的相关性测量

定类变量和定量变量之间的相关性主要使用相关比率(Eta 平方系数)进行测量。本研究中将定序变量看作定类变量,采用同样的方法进行测量分析。地区、是否为贫困村、本村家庭收入等级、教育期望、是否有文化设施这几个变量与留守儿童比的相关比率如表5所示。

表5　　五个定类/定序变量与留守儿童比的相关性分析

| 变量名 | F | 显著性 | Eta | Eta方 |
| --- | --- | --- | --- | --- |
| 地区 | 2.990 | 0.031 | 0.141 | 0.02 |
| 是否为贫困村 | 0.758 | 0.750 | 0.176 | 0.031 |
| 本村家庭收入等级 | 0.523 | 0.982 | 0.187 | 0.035 |
| 教育期望 | 0.386 | 0.953 | 0.094 | 0.009 |
| 是否有文化设施 | 0.316 | 0.990 | 0.097 | 0.009 |

在单因素方差分析中,原假设为"总体中各个类别的均值相等"。当自变量为地区时,输出的显著性小于 0.05,则拒绝原假设,即不同地区的留守儿童比有显著差异,总体上地区和留守儿童比存在相关关系。而当自变量为是否为贫困村、本村家庭收入等级、教育期望、是否有文化设施时,输出的显著性均远大于 0.05,无法拒绝原假设,则认为是否为贫困村、本村家庭收入等级、村民教育期望、是否有文化设施这些因素与乡村留守儿童比不存在显著相关关系。

利用 Eta 方进行相关性度量,Eta 平方值的大小衡量了变量之间的相关程度,一般来说,当输出值小于 0.06 时,变量之间的相关程度较弱;若值在 0.06 到 0.16 之间,变量之间有中度的相关关系;当 Eta 方大于 0.16 时,则表明变量之间存在强相关关系。基于 ANOVA 检验,仅有地区这一变量通过检验,其相关比率为 0.02,说明地区与留守儿童比之间存在相关关系,但关系较微弱。

(2) 两个定量变量之间的相关性测量

两个定量(定距)变量之间的相关性测量主要使用皮尔逊相关系数(Pearson R 值)。将一部分定量变量经过特殊处理后,与留守儿童比的皮尔逊相关性如表6所示。

表6　　　　　　　　　　　定量变量之间的皮尔逊相关性情况

| 变量名 | 均值 | 标准差 | sig.(双尾) | 皮尔逊相关性 |
| --- | --- | --- | --- | --- |
| 人均年收入(取对数) | 9.278 7 | 1.002 9 | 0.008 | −0.129** |
| 村集体年内收入合计 | 335 760.295 8 | 1 898 676.83 | 0.147 | −0.074 |
| 村办小学投资支出占比 | 0.022 682 | 0.090 931 5 | 0.373 | −0.056 |
| 本村劳动力受教育水平指数 | 28.537 9 | 22.354 56 | 0.009 | −0.125** |
| 教育设施完备指数 | 4.426 9 | 1.679 5 | 0.489 | −0.045 |
| 幼小初学校数 | 1.51 | 1.426 | 0.920 | 0.005 |
| 小学面积 | 211.688 1 | 1 913.419 5 | 0.468 | 0.048 |
| 小学基础建设财政投入 | 94.983 6 | 416.806 52 | 0.282 | 0.081 |
| 教育公用经费补贴 | 26.693 2 | 97.300 36 | 0.327 | −0.073 |
| 小学教师人数 | 27.62 | 41.28 | 0.041 | −0.139* |
| 小学编制教师占比 | 0.840 811 | 0.254 383 1 | 0.693 | −0.027 |
| 小学教师月收入(取对数) | 8.278 8 | 0.347 28 | 0.638 | 0.033 |
| 文化建设投入 | 31.042 | 261.122 07 | 0.160 | 0.068 |

注：* 表示在0.05级别(双尾)相关性显著；** 表示在0.01级别相关性显著；*** 表示在0.001级别相关性显著。

在皮尔逊相关系数测量中，原假设为"两个变量之间的相关系数为0"。人均年收入、本村劳动力受教育水平指数、小学教师人数三个变量输出的显著性小于0.05，则拒绝原假设，认为其与留守儿童比之间有显著的相关关系，皮尔逊相关系数分别为−0.129、−0.125、−0.139。其他变量得到的显著性均大于0.05，则无法拒绝原假设，认为这些变量与留守儿童比之间不存在显著的相关性。

综上，仅有地区、人均年收入、本村劳动力受教育水平指数、小学教师人数四个变量严格通过了与留守儿童比相关关系的显著性检验，本文将这些变量纳入后续的回归分析，同时加入个别仍有挖掘价值的变量进行考量。

2. 回归分析

基于初步的相关性分析，进行深入的多元线性回归分析。本文构建一般回归模型如下：

$$Y_i = \beta_0 + \beta_1 X_1 + \beta_2 X_2 + \beta_3 X_3 + \beta_4 X_4 + \beta_5 X_5 + \beta_6 X_6 + \beta_7 X_7 + \beta_8 X_8 + \mu_i$$

其中：$Y_i$ 代表农村留守儿童比；$X_1$ 至 $X_8$ 分别表示地区、人均年收入、小学教师数、本村劳动力受教育水平指数、村集体年内收入合计、小学基础建设财政投入、教育公用经费补贴、文化建设投入；$\mu_i$ 为随机扰动项。

线性回归之前的共线性诊断结果如表 7 所示。VIF 值均小于 2.1，表明各自变量之间不存在显著的共线性。判断回归方程是否存在异方差，通过方差齐性检验结果（如表 8 所示）得出大部分变量的显著性小于 0.05，存在异方差问题，因而将因变量取对数操作以削减异方差性，即此时 $Y'_i$ 为 ln（留守儿童比×100），接着进行多元线性回归的运算。

表 7　　　　　　　　　　　　自变量的共线性统计

| 变量名 | 容差 | VIF |
| --- | --- | --- |
| 地区 | 0.904 | 1.106 |
| 人均年收入（取对数） | 0.797 | 1.255 |
| 小学教师数 | 0.492 | 2.034 |
| 本村劳动力受教育水平指数 | 0.889 | 1.125 |
| 村集体年内收入合计 | 0.508 | 1.967 |
| 小学基础建设财政投入 | 0.867 | 1.153 |
| 教育公用经费补贴 | 0.88 | 1.137 |
| 文化建设投入 | 0.972 | 1.029 |

表 8　　　　　　　　　以留守儿童比为因变量的方差齐性检验

| 留守儿童比 | 显著性 |
| --- | --- |
| 地区 | 0.034 |
| 人均年收入（取对数） | 0.142 |
| 小学教师数 | 0.001 |
| 本村劳动力受教育水平指数 | 0.000 |
| 村集体年内收入合计 | 0.161 |
| 小学基础建设财政投入 | 0.033 |
| 教育公用经费补贴 | 0.172 |
| 文化建设投入 | 0.030 |

通过对上文回归方程的估计，主要输出结果如表 9 所示。根据逐步回归分析，比较各

模型的拟合优度与常量、自变量的显著性水平,最终选定模型 3,即 $Y'_i = 2.234 - 0.015X_4 + (-6.069E-7)X_5 + 0.001X_6$。

**表9** 因变量为留守儿童比的线性回归模型

| 模型 | | 未标准化系数 B | 标准误 | 标准化系数 Beta | t | 显著性 |
|---|---|---|---|---|---|---|
| 1 | (常量) | 1.880 | 0.149 | | 12.630 | 0.000 |
| | 村集体年内收入合计 | $-4.998E-7$ | 0.000 | $-0.324$ | $-3.228$ | 0.002 |
| 2 | (常量) | 1.824 | 0.146 | | 12.529 | 0.000 |
| | 村集体年内收入合计 | $-6.088E-7$ | 0.000 | $-0.394$ | $-3.915$ | 0.000 |
| | 小学基础建设财政投入 | 0.001 | 0.000 | 0.266 | 2.638 | 0.010 |
| 3 | (常量) | 2.234 | 0.206 | | 10.831 | 0.000 |
| | 村集体年内收入合计 | $-6.069E-7$ | 0.000 | $-0.393$ | $-4.042$ | 0.000 |
| | 小学基础建设财政投入 | 0.001 | 0.000 | 0.329 | 3.288 | 0.001 |
| | 本村劳动力教育水平指数 | $-0.015$ | 0.006 | $-0.262$ | $-2.715$ | 0.008 |

3. 模型结果分析

由表9模型3可知,农村留守儿童比受多重因素影响,其中,经济类因素是导致各村留守儿童比差异的重要因素。本文具体分析如下:

村集体年内收入合计在回归模型中在1%的显著性水平下显著,村集体的年内收入越低,村内留守儿童的比例越高。村集体年内收入代表了一个村的经济发展状况,村内经济发展水平较低意味着就业机会受限,大量劳动力外流,导致留守儿童比例较高。

小学基础建设财政收入也在模型中达到了1%的显著性水平,对留守儿童比例产生正向影响。小学基础建设财政投入高的农村,留守儿童比也高。一部分原因在于中央和地方对村小学基础建设的重视程度越高,外出务工的父母将子女带在身边随迁的可能性越小,故他们将子女留在农村由家中老人隔代抚养或小部分由寄宿制学校等照看;同时,留守儿童比高,响应教育脱贫的号召,中央和地方对本村教育的财政支持力度更大。

本村劳动力受教育水平指数对农村留守儿童比产生显著影响。由回归结果可知,本村劳动力受教育水平指数越低,即本村劳动力素质水平越低,留守儿童比越高。当本村劳动力受教育水平普遍较低时,没有受过高等教育或专门职业教育的农民工只能从事收入较低或保障性较差的非正式工作,面临劳动力市场的内部排挤,即经济排斥,因而他们没有足够的经济能力支撑子女在城镇的生活、教育开支,且无力将子女带在身边抚养与照料,导致村内留守儿童的比例较高。

此外,在本研究中,地区、人均年收入、小学教师数、教育公用经费补贴、文化建设投入这些因素与农村留守儿童比并无显著关系。

## 五、结论与建议

### (一)结论

基于上述描述性分析、相关性分析以及回归分析,针对提出的研究问题以及研究假设,本文得出以下结论:

第一,通过数据可视化与方差分析发现,不同地区的留守儿童数与留守儿童比均存在显著差异。在数量上,在现有全国各省份的样本中,各地区的留守儿童数有明显的经度和纬度差异,江西省、安徽省等中部地区的留守儿童数最多;在比例上,各地区也存在较大差异,其中,甘肃省、江西省、青海省位居前三。故中西部地区总体的留守儿童比高于东部地区这一假设得到验证。

第二,基于对人均纯收入、贫困村发生率、村集体年内收入合计等指标的分析,得出农村经济发展水平对各地留守儿童比有显著影响。东、中部地区村民收入水平的差异以及东、中、西部贫困村发生率的递增情况也表明各地区的经济发展水平参差不齐,这一差距也体现在留守儿童比的差异中。村集体年内收入在回归分析模型中对留守儿童比存在显著的正向影响,即经济发展水平越低的农村,其留守儿童比越高,体现经济排斥。故假设2通过了检验。

第三,农村劳动力受教育水平与当地留守儿童比有反向相关关系。虽然东、中、西部地区农村劳动力中受教育水平达到高中及以上的人数占比均不到1/3,但总体上东部的劳动力素质高于中、西部,留守儿童比低于中、西部。落后的劳动力受教育水平使得本村留守儿童比较高也是经济排斥的一种外化:农民工受技术、学历等因素限制而无法在城市用微薄的薪资在维持自己工作和生活的同时兼顾照料和养育子女的职责。农村劳动力受教育水平对留守儿童比的显著影响再次证实了劳动力的素质教育与职业教育对乡村振兴、人民生活改善的重要性。

第四,文化、教育资源的获取在东、中、西部不同地区有明显差异,而不同地区的村民对孩子的教育期望大多为接受高等教育,两者的矛盾也印证了推进中、西部地区教育扶贫与文化建设是乡村教育发展至关重要的一环。本研究中,教育资源配备指标之一的小学教师人数与留守儿童比有反向相关关系,而教育期望与留守儿童比的高低无关,并且在回归分析中并无指标被纳入最终的模型。故假设4在本文无法得到充分证实。

第五,农村文化教育的社会投入在地域上存在明显差异,中部地区享有最高的地方和中央财政补贴与教育补贴。本研究结果显示,小学基础建设财政投入对农村留守儿童比产生显著正向影响。与预设的想法不同,社会对乡村教育的重视程度及资本投入的加大并不会降低农村留守儿童比,在改善学龄儿童教育环境的同时,农民工父母更倾向于将子女留在农村接受教育而非选择子女随迁。因此,假设5仅有部分得到验证。

综上,本文描述了留守儿童的总体概况,论证了不同地区的农村留守儿童比受该村经济、文化、社会等方面因素的影响,部分研究假设得到了证实。农村留守儿童比受地区、村集体年内收入合计和本村劳动力受教育水平、小学基础建设财政投入等因素的显著影响。

### (二) 建议

留守儿童问题是我国目前存在的结构性问题之一,长期与父母分离会导致留守儿童这一特殊群体在学习、身心健康、社会适应等方面产生社会排斥。鉴于此,一方面,应大力推进农业现代化发展,吸引乡村外流劳动力回流,打造健康可持续的乡村家庭结构;另一方面,应实施一定的财政倾斜,切实保障回村务工人员以及留守儿童的权益,提高该部分群体在农村的生活满意度,避免该部分回流劳动力的反复外出,打造健康的乡村生态。

#### 1. 积极推进农业农村现代化发展,吸引外流劳动力回乡创业

城乡二元制结构导致的资源分配倾斜、收入分配不均是农村劳动力大量外流的根本原因。为吸引劳动力回流,首先,当地政府应善于利用本地资源禀赋,充分挖掘当地的自然特色资源,顺应农业现代化的趋势以及当地产业升级的需要,依据特色民风民俗发展特色农业或旅游业,实现产业的优化升级。其次,当地政府应制定相应的人才培训以及引进政策,鼓励外出就业的劳动力回乡创业。为吸引及妥善安置技术型、经营型、管理型人才,政府应致力于解决返乡务工人员的资金及技术难题,并积极提供人才培训辅导,以最大限度地发挥返乡人才优势,推动乡村经济的可持续高质量发展。[①]

通过发展产业和颁布相关政策,政府的介入可以有效增加返乡劳动力的收入,推进外出劳动力回乡就业,从源头抑制留守儿童问题的产生。基于此,留守儿童数量会越来越少,乡村可持续发展将焕发活力。

#### 2. 完善再分配机制,推进共同富裕

为解决和消弭城乡发展的鸿沟,政府应制定相关政策以提高社会保障水平,促进社会公平。首先,政府应完善乡村的社会保障制度,扩大乡村的贫困人口制度、基本医疗保险、大病保险等的覆盖范围,逐步平衡城乡差距,保障人民基本需求。尤其在社会保障制度不健全、村民平均收入较低且财政自给率不足50%的中西部地区[②],政府更应加大对困难群体的保障力度,满足困难群体的基本生活需要。其次,政府应加大对乡村教育的中央财政投入基础设施资金、地方财政投入基础设施资金以及公用经费拨款,由此优化乡村教育的软硬件设施,打造乡村高质量的教师队伍。尤其是对教育资源落后、素质教育推进程度较低的中西部地区,政府更应落实教育扶贫政策,推动义务教育及高等教育公共服务的均等化进程,解决留守儿童的教育发展困境。

通过保障广大村民以及儿童的权益,政府可以增强对广大外出务工人员回流的吸引力,并有效解决乡村教育存在的基础性问题,针对性解决广大留守儿童的结构化问题,并改善留守儿童现状。

---

① 吴方卫,康姣姣.中国农村外出劳动力回流与再外出研究[J].中国人口科学,2020(3):47-60+127.
② 中西部财政自给率不足50%[J].领导决策信息,2019(23):12.

### 3. 深化改革乡村教育的内核，奋力推进乡村教育高质量发展

激发乡村教育活力，增强留守儿童的归属感与信任感，应从学校体制建设与乡村文化自信传授方面双向发力。首先，应重视乡村师资队伍建设及学校、家长双方沟通平台的搭建。建设师资队伍时，乡村教师应服从思想品德教育与学业教育双考核机制，从多方面呵护留守儿童身心健康；并且，学校应依据现有条件，主动搭建与家长的交流平台，在及时沟通留守儿童近况的同时，动态追踪留守儿童的心理健康状态，做到合力监护留守儿童。其次，在为留守儿童传授知识时，应做到因地制宜、因材施教，避免盲目模仿城市教育，注重乡村本土文化及情怀的传承，培育留守儿童的文化自信、文化自觉。[①]

### 4. 搭建社会支持网络，强化家庭功能发挥

完善留守儿童社会支持网络需要多方社会主体共同发力。[②] 政府应逐渐放开户籍制度的束缚，提高其向更广泛的社会群体提供公平的社会服务的可能性。学校应改善教育资源并有效衔接家庭，呵护留守儿童的身心健康。家庭应发挥其育儿的本体性作用，周期性以及异地监护的家长应尽可能为家中留守子女提供情感支持，预防留守儿童心理问题的产生。通过多方社会支持网络帮助留守儿童培养积极乐观的生活态度，使得留守儿童的社会排斥现象逐步减弱，日益融入和谐的社会网络中。

**参考文献**

[1] 东波.农村"留守儿童"社会支持网络模式探微[J].学术交流,2009(5):133-135.

[2] 段成荣,周福林.我国留守儿童状况研究[J].人口研究,2005(1):29-36.

[3] 冉姣,邢瑞娟.乡村振兴战略背景下留守儿童教育发展的路径探析[J].大学教育,2022(5):178-180.

[4] 王艳波,吴新林.农村"留守孩"现象个案调查报告[J].青年探索,2003(4):7-10.

[5] 吴方卫,康姣姣.中国农村外出劳动力回流与再外出研究[J].中国人口科学,2020(3):47-60+127.

[6] 吴霓.农村留守儿童问题调研报告[J].教育研究,2004(10):15-18+53.

[7] 肖于波,何翰辰.资源整合视角下异地留守儿童问题对策分析——以宜宾市J县Z社区为例[J].内蒙古科技与经济,2022(10):3-5+8.

[8] 张帮辉,李为.农村"留守儿童"问题及其治理对策研究[J].重庆大学学报：社会科学版,2016,22(2):200-206.

[9] 张欣,黄星澈.社会排斥视角下农村留守儿童家庭教育缺失与重构[J].经济研究导刊,2022,497(3):40-42.

[10] 中西部财政自给率不足50%[J].领导决策信息,2019(23):12.

---

① 冉姣,邢瑞娟.乡村振兴战略背景下留守儿童教育发展的路径探析[J].大学教育,2022(5):178-180.
② 肖于波,何翰辰.资源整合视角下异地留守儿童问题对策分析——以宜宾市J县Z社区为例[J].内蒙古科技与经济,2022(10):3-5+8.

# 我国不同地区农村养老保障状况及其影响因素分析

王骏昊[①]　刘代宇[②]　刘铮铮[③]
指导老师：董程栋[④]

**摘　要**：本文在"数字千村"理念的指导下，通过对2014年养老主题年度"千村调查"数据的分析和处理，聚焦农村养老的现实问题与发展理念，提出相关结论和建议。

在研究中，我们首先通过数据清洗筛选出需要的数据，结合被调查的31个省、自治区、直辖市各问题的数据，将其划分成22个"地区"，作为研究对象。然后，我们结合数据以及文献确定研究的主要变量以及相关指标，建立养老状况评价体系。根据建立的评分准则，我们对各地农村养老状况从小指标到基本指标逐层进行评价，再由各基本指标得分得到各"地区"养老幸福指数得分。随后，我们通过可视化、主成分分析和聚类展示被研究"地区"的异同，再使用回归分析等方法对排名数据进行分析，最终得出影响农村养老状况的主要因素。最后，基于研究结论，我们提出了针对农村养老问题的思考与建议。

**关键词**：农村　不同地区　养老保障　影响因素

## 一、引　言

（一）选题背景

人口老龄化是世界人口发展的一大趋势，也已成为我国的基本国情之一。第七次全国人口普查的数据显示，我国人口出现了一些新的变化。人口老龄化程度提高，2020年，我国60岁及以上人口占全国总人口的比重为18.7%，65岁及以上人口占全国总人口的比重为13.5%，分别比第六次全国人口普查结果上升了5.44个百分点和4.63个百分点（翟振武，2021）。随着老年产品市场需求的火热上涨，一系列社会问题相应被引发，养老问题便是其中较为突出的一个。

---

[①] 王骏昊，上海财经大学统计与管理学院金融风险统计专业2020级本科生。
[②] 刘代宇，上海财经大学统计与管理学院数据科学与大数据技术专业2020级本科生。
[③] 刘铮铮，上海财经大学统计与管理学院金融风险统计专业2020级本科生。
[④] 董程栋，上海财经大学数学学院。

相对于城市养老问题,农村养老问题面临更大的困境。许多外出务工或求学的年轻人在城市中定居,逐渐适应了城市的生活模式,不愿意再回到农村,大多只是偶尔回家看望长辈。农村老人随着年龄的增大,往往适应不了城市的快节奏生活,以及自古的"落叶归根"思想观念使得留守在农村的老人越来越多,养老压力远远大于城市。

### (二)文献综述

我国对养老问题的研究由来已久,随着国家计划生育政策改革与将应对人口老龄化上升为国家战略后,对养老问题的认识在理论价值层面和现实意义层面都不断深入。

针对农村养老服务体系建设所面临的诸多困难,于伟峰等(2017)认为,现阶段我国农村养老服务体系建设存在经济困难、资金投入不足、尊老爱老观念弱化、缺乏精神慰藉等问题。刘峰(2013)认为,目前农村养老面临的困境主要有青年人口大量流出、社区养老氛围薄弱、养老经费不足、观念尚未改善等问题。谢淑媛(2022)在对养老政策工具使用的地区性差异分析中发现,我国东部地区老年人的健康养老服务意识要强于中西部地区,由此得出养老服务意识与地区经济发展水平间的正相关关系。李俏和朱琳(2016)通过对农村养老观念与养老方式的区域间对比研究发现,东部地区农村老年人更加认同家庭养老与自我养老方式,中西部地区的农村老年人则更加赞同家庭养老与社会养老方式。农村的养老服务水平受诸多方面的影响,在不同地区,受经济、文化、思想等多重因素干预,地区间养老差异性相对显著。

## 二、调研基本情况介绍

### (一)调研情况概述

受"新冠"疫情的影响,本次"千村调查"采取"数字千村"的调研方式,即通过对上海财经大学往年"千村调查"的数据进行挖掘分析,总结相关规律并依据我们的研究结果,结合目前相关现状提出一定的建议。

本次研究选用的是2014年"农村养老问题现状"主题的调查数据。根据各问题的数据量,我们将被调查的31个省、自治区、直辖市划分成22个"地区"作为研究对象。通过对当年度数据中交运通信、人口情况、住房等12个方面超过16万条数据进行筛选分类,我们最终确立了人口经济、文化建设、交运通信、环境医疗、基本公共服务五大养老状况关联指标并确立相关小指标与评分细则,实现对各"地区"养老现状进行逐层评价,得到各"地区"养老幸福指数。最终我们根据排序结果,对不同"地区"间的差异进行分析,总结出农村养老发展的关键因素并由此对当下我国整体农村养老问题提出建议与改善的方向。

### (二)研究方向、目的和意义

我们主要希望通过数据分析的形式探究我国不同地区农村养老的异同,并找到影响农村养老发展的关键因素以及我国农村养老面临的主要问题,从而提出解决农村养老现实问题的方案以及进一步发展的建议。

以往相关养老问题的分析基本立足于与养老相关的理论分析,没有有关的数据支持,而我们的研究很好地结合了"千村调查"的有关实地调查数据,这使得我们的结论更加直观、有说服力,使得我们能通过数据找到导致农村养老发展问题的关键因素,有效地为处理我国农村养老现实问题提供有关数据依据进而提出更有针对性的建议。

## 三、数据挖掘

(一) 数据处理、指标和变量的选取以及计算规则

1. 数据处理

(1) 删除缺失值、空值、异常值、重复值

由于从数据库下载的原始数据有较多缺失值、空值、异常值(如"999 999""\""—"等)、重复值,因此,我们先将 Excel 文件导入 Python 中,将这些值和所在的行剔除,其中的异常值只删除了出现频率最高的"999 999"。

(2) 地区划分和整合

删除缺失值、空值、异常值、重复值后,我们进行地区的划分和整合。为了使数据挖掘和分析工作所用的数据量尽可能多,以减小误差,我们最终选取省级行政区作为研究对象。

对一个具体问题,我们发现 31 个省、自治区、直辖市的调查数据总条数有约 500 条,其中部分省、自治区、直辖市的数据较多,部分较少(如新疆、西藏等只有 1～5 条)。为此,我们将这 31 个省级行政区划分和整合成 22 个"地区",包含安徽、甘宁蒙、贵州、桂琼、河北、河南、黑龙江、湖北、湖南、吉辽、江苏、江西、晋陕、京津、山东、上海、四川、新藏青、粤闽、云南、浙江、重庆(这里的"地区"是为了方便数据挖掘和分析而人为设定的)。其中有 16 个省级行政区被合并(每个具体问题一般少于 10 条数据),合并到一个"地区"的 2～3 个省级行政区应在地理位置上相邻、整体发展水平相近,合并后的"地区"名使用它们的简称(例如:甘宁蒙代表甘肃、宁夏和内蒙古,桂琼代表广西和海南);剩余 15 个划分后的"地区"的名称和原始数据省级行政区名称一样,因为这些省级行政区的每个具体问题的数据条数相对于被合并的省级行政区较多。

我们仍然使用 Python 在原数据最后一列后增加一个名为"地区"的列,其值为原数据省级行政区所对应的"地区"。

这样,我们就完成了地区的划分与整合。之后,我们均按照如上所设定的"地区"进行数据统计和分析。

2. 指标和变量的选取以及计算规则

(1) 五大基本指标及其对应小指标和变量的选取

五大基本指标及其对应的小指标和变量列示如表 1 所示。

表 1 　　　　　　　　五大基本指标及其对应小指标和变量

| 五大基本指标 | 小　指　标 | 变量选取(问题内容) |
| --- | --- | --- |
| A 人口经济 | A1 外出务工率 | 外出务工人口、户籍人口 |
|  | A2 低保户率 | 低保户、户籍人口 |

续　表

| 五大基本指标 | 小　指　标 | 变量选取(问题内容) |
| --- | --- | --- |
| A 人口经济 | A3 孤寡老人率 | 户籍人口中孤寡老人人数、常住人口 |
|  | A4 村集体财务收入 | 上一年村集体财务收入合计(万元) |
|  | A5 本村企业利润 | 本村企业利润(万元) |
|  | A6 人均年收入 | 上一年本村农民人均年纯收入(万元) |
| B 文化建设 | B1 文化活动 | 村里是否经常举办文化活动 |
|  | B2 广播站 | 村里是否有广播站 |
|  | B3 图书馆 | 村里是否有图书阅览室 |
|  | B4 文化建设投入 | 上一年村投入文化建设的资金(万元) |
|  | B5 文化活动室 | 文化活动室(个) |
| C 交运通信 | C1 村距离最近公路 | 村距离最近的公路(千米) |
|  | C2 村距离最近公交站 | 村距离最近的公交车站(千米) |
|  | C3 村主要道路硬化 | 村里的主要道路是否硬化 |
|  | C4 机动车数量 | 机动车(辆) |
|  | C5 单户手机或座机使用情况 | 手机用户、固定电话用户、户籍人口总数 |
|  | C6 单户电脑使用情况 | 电脑的用户数、户籍人口总数 |
| D 环境医疗 | D1 离乡镇卫生院距离 | 本村离乡镇卫生院的距离(千米) |
|  | D2 村卫生室间数得分指数 | 村卫生室(间) |
|  | D3 60岁以上长期卧床率 | 长期卧床的60岁以上老人人数、常住人口 |
|  | D4 患癌率 | 患癌人数、常住人口 |
|  | D5 上一年村组织参加常规体检的人数 | 上一年参加常规体检的人数、常住人口 |
|  | D6 环境质量 | 当地环境质量 |
|  | D7 当地是否有资源依赖性企业得分指数 | 当地是否有资源依赖性企业 |
| E 基本公共服务 | E1 每月最低生活保障 | 最低生活保障线(元/月) |

续 表

| 五大基本指标 | 小指标 | 变量选取(问题内容) |
|---|---|---|
| E 基本公共服务 | E2 每月养老金 | 每月养老金(元) |
|  | E3 快递点数 | 快递点(个) |
|  | E4 公厕数 | 专门修建的公共厕所(个) |
|  | E5 是否有养老院或敬老院得分指数 | 养老院情况、敬老院床位数 |
|  | E6 养老服务福利得分指数 | 其他养老服务老年福利 |
|  | E7 自来水用户比例 | 自来水厂用户(%) |

(2) 各小指标的计算规则

各小指标的计算规则如表 2 所示。

表 2　　　　　　　　　　　　各小指标计算规则

| 小指标 | 计算规则(依据问题答案) |
|---|---|
| A1 | $\dfrac{外出务工人口}{户籍人口} \times 100\%$ |
| A2 | 低保户率 $= \dfrac{低保户}{户籍人口} \times 100\%$ |
| A3 | $\dfrac{户籍人口中孤寡老人人数}{常住人口} \times 100\%$ |
| A4 | 上一年村集体财务收入合计(万元) |
| A5 | 本村企业利润(万元) |
| A6 | 上一年本村农民人均年纯收入(万元) |
| B1 | 一年 20 次以上,2 分;一年有几次或平均每个月有一次,1 分;没有,0 分 |
| B2 | 有,经常广播各种内容,2 分;有,只广播村里的通知,1 分;没有,0 分 |
| B3 | 有,图书资料较丰富,2 分;有,图书资料较少,1 分;没有,0 分 |
| B4 | 上一年村投入文化建设的资金(万元) |
| B5 | 文化活动室(个) |
| C1 | 村距离最近的公路(千米) |
| C2 | 村距离最近的公交车站(千米) |

续 表

| 小指标 | 计算规则(依据问题答案) |
| --- | --- |
| C3 | 是,质量好,2 分;是,质量不好,1 分;否,0 分 |
| C4 | 机动车(辆) |
| C5 | $\dfrac{\text{手机用户}}{\text{户籍人口总户数}} \times 100\%$ |
| C6 | $\dfrac{\text{电脑的用户数}}{\text{户籍人口总户数}} \times 100\%$ |
| D1 | 本村离乡镇卫生院距离(千米) |
| D2 | 间数≥4,3 分;间数=2 或 3,2 分;间数=1,1 分;间数=0,0 分 |
| D3 | $\dfrac{\text{长期卧床的 60 岁以上老人人数}}{\text{常住人口}} \times 100\%$ |
| D4 | $\dfrac{\text{患癌人数}}{\text{常住人口}} \times 100\%$ |
| D5 | $\dfrac{\text{上一年村组织参加常规体检的人数}}{\text{常住人口}} \times 100\%$ |
| D6 | 几乎无污染,2 分;有些污染,1 分;严重污染,0 分 |
| D7 | 否,1 分;是,0 分 |
| E1 | 最低生活保障线(元/月) |
| E2 | 每月养老金(元) |
| E3 | 快递点(个) |
| E4 | 专门修建的公共厕所(个) |
| E5 | 0 或没有,0 分;其他答案,1 分 |
| E6 | 无、没有、不提供或其他,请具体说明,0 分;上门护理或生活照料、高龄或失能补贴、居家养老服务中,2 分;其他答案,1 分 |
| E7 | 自来水厂用户(%) |

① 可将这些小指标分为正向指标和反向指标。正向指标的值越高,对各"地区"赋分时的得分越高;反向指标的值越高,对各"地区"赋分时的得分越低。

② 根据小指标的计算规则,可将小指标的值分为数值型、百分率型和文本赋值型。

③ 表 2 中的小指标都是以一个村为计算基础。特别地,在计算百分率时,我们通过 Python 和 Excel 手动筛选与匹配,使得对应信息唯一匹配同一个村落(年份、省份、受访人

都相同)。

④ 在计算过程中,我们在用 Excel 操作时会手动将无效和明显异常或错误的信息所在行删除,保留计算后有效的结果。

⑤ 受村落抽样水平以及一些问卷受访人提供的数据信息与实际情况有偏差的影响,部分小指标的值可能出乎意料,但我们仍尽量保留。由于我们的水平有限,手动操作过程中可能会删除有效数据或保留无效数据。

(二) 逐层对各"地区"每个小指标、大指标赋分和排名

1. 各"地区"小指标赋分(均取 0~10 分)

前文小指标的计算是基于一个村,接着我们对这些值进行再次处理。

(1) 再次筛选

将这些小指标(约 500 个)的值进行降序排列,不论是对数值型、百分率型还是文本赋值型,我们都再一次检查和删除无效值和明显异常的值;同时,对数值型和百分率型,我们根据实际情况各去掉 2 个左右的最高值和最低值。

(2) 选择赋分方式

方案一:数据中心标准化变换

假设在以上操作后,对每个小指标,剩下 $n$ 个值记为 $a_i(i=1, 2, \cdots, n)$,设这 $n$ 个值的均值为 $\mu$,其中,$\mu = \dfrac{\sum_{i=1}^{n} a_i}{n}$ 对数据进行中心标准化变换,可以得到 $b_i = \dfrac{a_i - \mu}{s_j}$,式中,$s_j = \sqrt{\dfrac{1}{n-1} \sum_{i=1}^{1}(a_i - \mu)^2}$ 为 $n$ 个样本的样本标准差。

这样,当 $n$ 足够大时,我们认为每个 $b_i(i=1, 2, \cdots, n)$ 近似服从 $N(0, 1)$ 的标准正态分布。随后,我们让各个数据 $b_i$ 作为标准正态分布下的区间点,假设 $b_i$ 是标准正态分布下的 $\alpha_i$ 分位数(下分位数),即满足 $P(b \leqslant b_i) = \alpha_i, b \sim N(0, 1)$。

接下来,我们统计每个"地区"$\alpha_i$ 的平均值 $z_j (j=1, 2, \cdots, 22)$,即根据 $\alpha_i$ 所在行的"地区"分类加总后取平均值,一共 22 个。

为了使各"地区"在每个小指标上的分数在 0 和 10 之间,我们取 22 个"地区"在该小指标的分数为 $q_j (j=1, 2, \cdots, 22)$

$$q_j = 10 z_j \quad \text{正向指标}$$

$$q_j = 10(1 - z_j) \quad \text{负向指标}$$

方案二:百分比排名

我们主要使用 PERCENTRANK.EXC() 函数来返回特定数值在一组数 ($a_i, i=1, 2, \cdots, n$) 中的不含 0、1 的百分比排名 $\alpha_i$(与方案一中的 $\alpha_i$ 相同)。

接下来,我们统计每个"地区"$\alpha_i$ 的平均值 $z_j$(与方案一中的 $z_j$ 计算方式相同)。

为了使各"地区"在每个小指标上的分数在 0 和 10 之间,我们取 22 个"地区"在该小指标的分数为 $q_j$(计算规则与方案一相同),有:

$$q_j = 10z_j \quad \text{正向指标}$$

$$q_j = 10(1-z_j) \quad \text{负向指标}$$

特别地,对文本赋值型的小指标,$a_i(i=1, 2, \cdots, n)$ 的取值只有 0~1、0~2 或 0~3 的整数。我们先使用 PERCENTRANK.EXC() 函数对这些整数取百分比分位数 $t_{ik}$($k=0,1$ 或 $0,1,2$ 或 $0,1,2,3$)。例如,$a_i$ 取值为 0、1、2 时,对应的 $t_{ik}=0.25$、0.5、0.75。再统计每个"地区"$t_{ik}$ 的平均值 $z_j$。最后求得各"地区"每个小指标的分数 $q_j$:

$$q_j = 10z_j \quad \text{文本赋值型均为正向指标}$$

(3) 赋值方式选取

采用方案一进行赋分操作时,我们首先对数据分布的正态性进行检验。图 1 和图 2 分

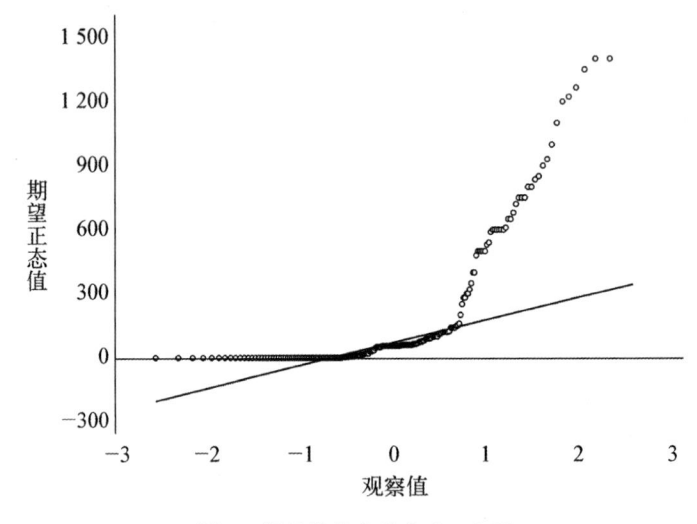

**图 1　每月养老金分布 Q-Q 图**

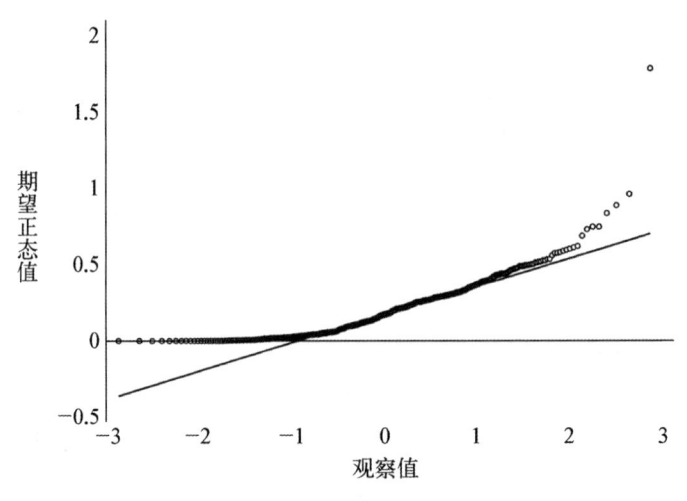

**图 2　外出务工率分布 Q-Q 图**

别绘制了针对每月养老金和外出务工率的 Q-Q 图,可以明显看出,数据具有严重的右偏现象,因此其无法通过正态性检验。由此,我们选取方案二的百分比排名进行赋分。

2. 加总各小指标的得分

赋分后分别得到 22 个"地区"五个基本指标的得分和排名。将由相应小指标得分汇总得到的分数称为各基本指标的"指数",具体如表 3 至表 7 所示。

表 3　　　　　　　　　　　　　　人口经济指数

| 地区 | 外出务工率 | 低保户率 | 孤寡老人率 | 村集体财务收入 | 本村企业利润 | 人均年收入 | 总分 | 排名 |
|---|---|---|---|---|---|---|---|---|
| 安徽 | 3.76 | 3.94 | 3.89 | 3.42 | 3.92 | 4.13 | 23.06 | 16 |
| 甘宁蒙 | 3.69 | 1.74 | 4.16 | 3.18 | 1.68 | 3.01 | 17.46 | 21 |
| 贵州 | 4.50 | 3.55 | 5.34 | 3.91 | 3.67 | 2.07 | 23.04 | 17 |
| 桂琼 | 6.21 | 2.91 | 5.28 | 3.81 | 1.53 | 2.48 | 22.22 | 19 |
| 河北 | 5.39 | 5.00 | 4.72 | 5.14 | 4.61 | 4.36 | 29.21 | 5 |
| 河南 | 4.90 | 3.23 | 4.76 | 2.85 | 3.61 | 3.84 | 23.19 | 15 |
| 黑龙江 | 5.23 | 3.45 | 4.68 | 4.07 | 2.08 | 5.96 | 25.46 | 11 |
| 湖北 | 4.64 | 3.58 | 5.11 | 5.16 | 2.06 | 4.44 | 24.98 | 12 |
| 湖南 | 3.04 | 3.35 | 3.68 | 3.22 | 1.13 | 2.81 | 17.23 | 22 |
| 吉辽 | 5.64 | 3.93 | 4.22 | 3.81 | 5.06 | 4.84 | 27.50 | 8 |
| 江苏 | 6.04 | 7.17 | 5.34 | 6.93 | 7.30 | 7.19 | 39.99 | 2 |
| 江西 | 3.71 | 4.02 | 4.22 | 3.49 | 3.75 | 2.35 | 21.54 | 20 |
| 晋陕 | 5.52 | 4.19 | 3.88 | 4.21 | 2.58 | 3.93 | 24.31 | 13 |
| 京津 | 6.08 | 5.84 | 6.36 | 6.04 | 6.98 | 7.32 | 38.61 | 3 |
| 山东 | 6.23 | 5.12 | 4.64 | 3.71 | 2.82 | 3.74 | 26.25 | 9 |
| 上海 | 6.31 | 8.01 | 6.56 | 8.06 | 6.07 | 7.35 | 42.35 | 1 |
| 四川 | 3.23 | 3.57 | 4.35 | 3.29 | 3.51 | 4.52 | 22.47 | 18 |
| 新藏青 | 4.97 | 4.52 | 7.10 | 3.74 | 2.29 | 5.29 | 27.91 | 6 |
| 粤闽 | 4.32 | 6.03 | 5.89 | 3.83 | 1.89 | 3.53 | 25.49 | 10 |
| 云南 | 6.38 | 3.56 | 6.07 | 4.79 | 3.31 | 3.50 | 27.61 | 7 |

续 表

| 地区 | 外出务工率 | 低保户率 | 孤寡老人率 | 村集体财务收入 | 本村企业利润 | 人均年收入 | 总分 | 排名 |
|---|---|---|---|---|---|---|---|---|
| 浙江 | 5.22 | 6.69 | 5.71 | 6.03 | 5.85 | 7.12 | 36.63 | 4 |
| 重庆 | 2.34 | 4.90 | 3.44 | 3.91 | 4.10 | 5.00 | 23.68 | 14 |

表4　　　　　　　　　　　　　　文化建设指数

| 地区 | 文化活动 | 广播站 | 图书馆 | 文化建设投入 | 文化活动室 | 总分 | 排名 |
|---|---|---|---|---|---|---|---|
| 安徽 | 4.17 | 3.54 | 5.63 | 3.86 | 1.89 | 19.09 | 14 |
| 甘宁蒙 | 4.24 | 3.59 | 5.00 | 3.33 | 1.35 | 17.51 | 20 |
| 贵州 | 3.54 | 3.02 | 4.79 | 3.82 | 1.29 | 16.47 | 22 |
| 桂琼 | 4.17 | 4.17 | 5.33 | 4.82 | 2.21 | 20.70 | 11 |
| 河北 | 4.30 | 5.50 | 5.00 | 4.48 | 1.61 | 20.89 | 10 |
| 河南 | 4.14 | 4.14 | 4.53 | 3.07 | 2.00 | 17.88 | 18 |
| 黑龙江 | 4.79 | 3.96 | 5.42 | 2.74 | 1.62 | 18.53 | 17 |
| 湖北 | 4.50 | 3.50 | 5.83 | 3.34 | 1.54 | 18.71 | 16 |
| 湖南 | 4.83 | 3.50 | 6.33 | 3.66 | 1.65 | 19.98 | 13 |
| 吉辽 | 4.17 | 4.03 | 5.14 | 2.73 | 1.28 | 17.35 | 21 |
| 江苏 | 4.28 | 4.09 | 5.91 | 5.88 | 3.81 | 23.97 | 2 |
| 江西 | 3.75 | 3.28 | 5.00 | 3.24 | 2.59 | 17.86 | 19 |
| 晋陕 | 4.38 | 4.88 | 6.25 | 5.49 | 1.97 | 22.97 | 5 |
| 京津 | 4.04 | 4.62 | 5.58 | 5.98 | 3.85 | 24.06 | 1 |
| 山东 | 4.17 | 5.42 | 4.33 | 3.92 | 2.14 | 19.98 | 12 |
| 上海 | 4.53 | 2.83 | 5.99 | 6.71 | 3.44 | 23.50 | 4 |
| 四川 | 4.61 | 3.68 | 5.79 | 3.41 | 1.48 | 18.97 | 15 |
| 新藏青 | 5.00 | 4.72 | 5.00 | 4.06 | 2.33 | 21.11 | 9 |
| 粤闽 | 4.26 | 4.41 | 4.71 | 4.26 | 3.59 | 21.23 | 7 |

续 表

| 地 区 | 文化活动 | 广播站 | 图书馆 | 文化建设投入 | 文化活动室 | 总 分 | 排 名 |
|---|---|---|---|---|---|---|---|
| 云南 | 4.11 | 4.82 | 5.71 | 4.72 | 3.16 | 22.52 | 6 |
| 浙江 | 4.44 | 4.14 | 5.34 | 6.39 | 3.45 | 23.76 | 3 |
| 重庆 | 4.11 | 4.82 | 5.18 | 4.63 | 2.42 | 21.16 | 8 |

表 5　　　　　　　　　　　　　　交运通信指数

| 地 区 | 村距离最近公路 | 村距离最近公交站 | 村主要道路硬化 | 机动车数量 | 单户手机或座机使用情况 | 单户电脑使用情况 | 总 分 | 排 名 |
|---|---|---|---|---|---|---|---|---|
| 安徽 | 5.73 | 5.89 | 6.81 | 4.94 | 3.93 | 3.70 | 30.99 | 13 |
| 甘宁蒙 | 4.52 | 4.39 | 5.87 | 4.54 | 6.00 | 3.72 | 29.04 | 15 |
| 贵州 | 5.39 | 3.25 | 6.35 | 5.29 | 2.73 | 2.07 | 25.08 | 21 |
| 桂琼 | 6.27 | 3.43 | 6.50 | 5.12 | 4.36 | 3.19 | 28.86 | 17 |
| 河北 | 6.30 | 5.96 | 6.70 | 4.87 | 6.07 | 7.17 | 37.07 | 2 |
| 河南 | 5.90 | 5.44 | 6.64 | 4.19 | 4.80 | 4.82 | 31.78 | 10 |
| 黑龙江 | 4.59 | 4.79 | 7.08 | 4.45 | 7.86 | 6.37 | 35.14 | 7 |
| 湖北 | 5.46 | 3.92 | 6.50 | 4.69 | 4.90 | 5.17 | 30.64 | 14 |
| 湖南 | 5.34 | 2.80 | 7.00 | 3.22 | 5.78 | 3.98 | 28.13 | 19 |
| 吉辽 | 3.36 | 4.21 | 6.53 | 3.51 | 5.02 | 4.17 | 26.80 | 20 |
| 江苏 | 6.31 | 6.48 | 7.26 | 6.14 | 4.53 | 5.65 | 36.37 | 4 |
| 江西 | 5.55 | 3.34 | 6.41 | 3.87 | 4.48 | 4.64 | 28.29 | 18 |
| 晋陕 | 5.51 | 6.17 | 6.63 | 3.90 | 5.62 | 5.66 | 33.48 | 9 |
| 京津 | 4.92 | 6.15 | 7.31 | 7.03 | 5.07 | 6.34 | 36.82 | 3 |
| 山东 | 6.45 | 6.09 | 6.75 | 4.46 | 6.39 | 6.17 | 36.32 | 5 |
| 上海 | 5.89 | 6.46 | 7.08 | 4.98 | 5.16 | 6.07 | 35.63 | 6 |
| 四川 | 6.26 | 5.34 | 7.11 | 5.41 | 3.91 | 3.10 | 31.13 | 12 |
| 新藏青 | 4.68 | 4.80 | 7.22 | 2.74 | 6.83 | 5.44 | 31.72 | 11 |

续　表

| 地　区 | 村距离最近公路 | 村距离最近公交站 | 村主要道路硬化 | 机动车数量 | 单户手机或座机使用情况 | 单户电脑使用情况 | 总　分 | 排　名 |
|---|---|---|---|---|---|---|---|---|
| 粤闽 | 6.20 | 4.51 | 6.62 | 5.55 | 5.65 | 5.94 | 34.46 | 8 |
| 云南 | 6.49 | 4.91 | 6.79 | 7.64 | 1.67 | 1.39 | 28.89 | 16 |
| 浙江 | 5.99 | 7.16 | 7.11 | 5.23 | 5.64 | 6.51 | 37.64 | 1 |
| 重庆 | 4.54 | 2.89 | 5.00 | 4.27 | 4.13 | 3.17 | 24.01 | 22 |

表 6　　　　　　　　　　　　　　环境医疗指数

| 地　区 | 离乡镇卫生院距离 | 村卫生室间数 | 60岁以上长期卧床率 | 患癌率 | 上一年村组织参加常规体检的人数比率 | 环境质量 | 是否有资源依赖企业 | 总　分 | 排　名 |
|---|---|---|---|---|---|---|---|---|---|
| 安徽 | 5.03 | 4.06 | 5.43 | 4.83 | 4.08 | 5.97 | 6.29 | 35.69 | 15 |
| 甘宁蒙 | 4.48 | 4.09 | 4.69 | 6.44 | 4.35 | 6.30 | 6.37 | 36.73 | 10 |
| 贵州 | 5.39 | 4.58 | 6.39 | 7.32 | 4.15 | 6.04 | 5.83 | 39.70 | 2 |
| 桂琼 | 5.83 | 4.27 | 5.93 | 7.17 | 3.75 | 6.50 | 6.22 | 39.66 | 3 |
| 河北 | 5.41 | 4.40 | 3.48 | 5.42 | 3.83 | 5.50 | 6.26 | 34.30 | 21 |
| 河南 | 5.73 | 4.52 | 4.05 | 5.22 | 3.48 | 5.55 | 6.35 | 34.88 | 16 |
| 黑龙江 | 4.04 | 3.83 | 3.39 | 5.01 | 6.20 | 5.83 | 6.11 | 34.40 | 20 |
| 湖北 | 4.74 | 4.00 | 5.33 | 5.14 | 4.67 | 5.33 | 6.66 | 35.88 | 14 |
| 湖南 | 4.11 | 4.13 | 5.14 | 4.90 | 4.15 | 6.00 | 6.44 | 34.87 | 17 |
| 吉辽 | 3.91 | 4.33 | 4.21 | 5.32 | 4.01 | 5.83 | 6.66 | 34.28 | 22 |
| 江苏 | 5.97 | 4.28 | 5.00 | 3.26 | 5.71 | 5.72 | 6.47 | 36.42 | 12 |
| 江西 | 4.51 | 4.50 | 6.98 | 5.42 | 4.31 | 5.47 | 5.83 | 37.01 | 9 |
| 晋陕 | 5.71 | 4.32 | 4.55 | 5.95 | 4.53 | 5.63 | 5.99 | 36.68 | 11 |
| 京津 | 6.53 | 4.46 | 4.18 | 6.13 | 6.12 | 5.38 | 6.40 | 39.22 | 6 |
| 山东 | 4.38 | 3.80 | 4.34 | 5.09 | 5.17 | 5.75 | 6.33 | 34.86 | 18 |
| 上海 | 5.92 | 4.20 | 4.97 | 3.44 | 5.34 | 5.71 | 6.53 | 36.11 | 13 |

续 表

| 地 区 | 离乡镇卫生院距离 | 村卫生室间数 | 60岁以上长期卧床率 | 患癌率 | 上一年村组织参加常规体检的人数比率 | 环境质量 | 是否有资源依赖企业 | 总 分 | 排 名 |
|---|---|---|---|---|---|---|---|---|---|
| 四川 | 4.55 | 4.22 | 5.58 | 5.31 | 6.10 | 5.79 | 6.13 | 37.68 | 8 |
| 新藏青 | 7.22 | 4.00 | 5.92 | 6.18 | 4.00 | 5.83 | 5.92 | 39.07 | 7 |
| 粤闽 | 7.50 | 3.76 | 6.72 | 5.99 | 3.78 | 5.74 | 6.46 | 39.96 | 1 |
| 云南 | 4.97 | 4.29 | 6.06 | 6.82 | 4.16 | 6.61 | 6.66 | 39.55 | 4 |
| 浙江 | 6.25 | 3.79 | 5.46 | 4.65 | 7.00 | 5.78 | 6.32 | 39.25 | 5 |
| 重庆 | 4.70 | 4.62 | 3.36 | 4.59 | 5.48 | 5.54 | 6.42 | 34.70 | 19 |

表7　　　　　　　　　　　　　　　基本公共服务指数

| 地 区 | 每月最低生活保障 | 每月养老金 | 快递点数 | 公厕数 | 是否有养老院或敬老院 | 养老服务福利 | 自来水用户比例 | 总 分 | 排 名 |
|---|---|---|---|---|---|---|---|---|---|
| 安徽 | 4.96 | 2.98 | 3.08 | 3.67 | 5.41 | 3.96 | 3.34 | 27.41 | 7 |
| 甘宁蒙 | 4.34 | 4.77 | 2.80 | 2.55 | 5.28 | 3.70 | 3.00 | 26.44 | 10 |
| 贵州 | 3.65 | 3.26 | 1.94 | 3.08 | 5.23 | 4.44 | 3.17 | 24.77 | 14 |
| 桂琼 | 4.50 | 3.94 | 1.40 | 2.90 | 5.06 | 3.28 | 3.12 | 24.19 | 16 |
| 河北 | 3.63 | 2.21 | 2.73 | 3.27 | 5.07 | 3.89 | 2.17 | 22.96 | 20 |
| 河南 | 4.13 | 2.55 | 3.24 | 2.92 | 5.06 | 3.68 | 2.45 | 24.03 | 17 |
| 黑龙江 | 5.00 | 1.90 | 2.04 | 4.47 | 5.00 | 3.96 | 2.64 | 25.00 | 13 |
| 湖北 | 2.56 | 3.84 | 2.63 | 2.97 | 5.00 | 4.17 | 3.41 | 24.57 | 15 |
| 湖南 | 2.04 | 2.29 | 2.82 | 0.69 | 5.17 | 3.24 | 2.00 | 18.23 | 22 |
| 吉辽 | 3.75 | 4.74 | 2.73 | 2.23 | 4.77 | 4.25 | 3.91 | 26.38 | 11 |
| 江苏 | 7.09 | 5.37 | 4.50 | 5.90 | 5.48 | 4.78 | 4.84 | 37.97 | 3 |
| 江西 | 3.33 | 4.84 | 2.14 | 1.93 | 5.11 | 4.03 | 2.50 | 23.89 | 18 |
| 晋陕 | 3.47 | 3.81 | 2.79 | 3.98 | 5.00 | 3.63 | 2.68 | 25.35 | 12 |
| 京津 | 6.77 | 6.25 | 4.94 | 6.86 | 5.64 | 4.64 | 4.15 | 39.24 | 1 |

续　表

| 地　区 | 每月最低生活保障 | 每月养老金 | 快递点数 | 公厕数 | 是否有养老院或敬老院 | 养老服务福利 | 自来水用户比例 | 总　分 | 排　名 |
|---|---|---|---|---|---|---|---|---|---|
| 山东 | 4.00 | 3.62 | 2.01 | 1.84 | 5.00 | 3.59 | 3.32 | 23.39 | 19 |
| 上海 | 8.09 | 7.41 | 2.87 | 5.21 | 5.03 | 5.38 | 5.06 | 39.06 | 2 |
| 四川 | 3.14 | 2.32 | 3.18 | 1.94 | 5.48 | 4.63 | 2.06 | 22.75 | 21 |
| 新藏青 | 5.04 | 2.70 | 2.10 | 4.01 | 5.00 | 4.17 | 3.93 | 26.94 | 8 |
| 粤闽 | 3.95 | 2.34 | 4.90 | 5.08 | 4.61 | 3.95 | 3.42 | 28.25 | 6 |
| 云南 | 3.45 | 3.80 | 2.66 | 5.96 | 5.06 | 4.64 | 3.49 | 29.05 | 5 |
| 浙江 | 6.71 | 5.76 | 4.84 | 5.84 | 5.24 | 4.67 | 4.65 | 37.71 | 4 |
| 重庆 | 4.76 | 4.50 | 2.60 | 2.49 | 5.38 | 3.83 | 3.08 | 26.64 | 9 |

3. 样本总体养老幸福指数

对每个"地区"进行五大基本指标得分算数加总。将由五个基本指标"指数"算术相加得到的最终得分称为"养老幸福指数",结果如表8所示。

表8　　　　　　　　　　　各"地区"养老幸福指数

| 地　区 | 人口经济 | 文化建设 | 交运通信 | 环境医疗 | 基本公共服务 | 总　分 | 排　名 |
|---|---|---|---|---|---|---|---|
| 安徽 | 23.06 | 19.09 | 30.99 | 35.69 | 27.41 | 136.23 | 12 |
| 甘宁蒙 | 17.46 | 17.51 | 29.04 | 36.73 | 26.44 | 127.17 | 21 |
| 贵州 | 23.04 | 16.47 | 25.08 | 39.70 | 24.77 | 129.07 | 19 |
| 桂琼 | 22.22 | 20.70 | 28.86 | 39.66 | 24.19 | 135.64 | 13 |
| 河北 | 29.21 | 20.89 | 37.07 | 34.30 | 22.96 | 144.43 | 8 |
| 河南 | 23.19 | 17.88 | 31.78 | 34.88 | 24.03 | 131.77 | 17 |
| 黑龙江 | 25.46 | 18.53 | 35.14 | 34.40 | 25.00 | 138.53 | 11 |
| 湖北 | 24.98 | 18.71 | 30.64 | 35.88 | 24.57 | 134.78 | 14 |
| 湖南 | 17.23 | 19.98 | 28.13 | 34.87 | 18.23 | 118.44 | 22 |
| 吉辽 | 27.50 | 17.35 | 26.80 | 34.28 | 26.38 | 132.32 | 16 |

续表

| 地 区 | 人口经济 | 文化建设 | 交运通信 | 环境医疗 | 基本公共服务 | 总 分 | 排 名 |
|---|---|---|---|---|---|---|---|
| 江苏 | 39.99 | 23.97 | 36.37 | 36.42 | 37.97 | 174.72 | 4 |
| 江西 | 21.54 | 17.86 | 28.29 | 37.01 | 23.89 | 128.60 | 20 |
| 晋陕 | 24.31 | 22.97 | 33.48 | 36.68 | 25.35 | 142.78 | 9 |
| 京津 | 38.61 | 24.06 | 36.82 | 39.22 | 39.24 | 177.95 | 1 |
| 山东 | 26.25 | 19.98 | 36.32 | 34.86 | 23.39 | 140.79 | 10 |
| 上海 | 42.35 | 23.50 | 35.63 | 36.11 | 39.06 | 176.66 | 2 |
| 四川 | 22.47 | 18.97 | 31.13 | 37.68 | 22.75 | 133.00 | 15 |
| 新藏青 | 27.91 | 21.11 | 31.72 | 39.07 | 26.94 | 146.76 | 7 |
| 粤闽 | 25.49 | 21.23 | 34.46 | 39.96 | 28.25 | 149.40 | 5 |
| 云南 | 27.61 | 22.52 | 28.89 | 39.55 | 29.05 | 147.62 | 6 |
| 浙江 | 36.63 | 23.76 | 37.64 | 39.25 | 37.71 | 174.99 | 3 |
| 重庆 | 23.68 | 21.16 | 24.01 | 34.70 | 26.64 | 130.19 | 18 |

## 四、数据基本分析

（一）各"地区"五个基本指标"指数"分析

1. 人口经济指数

人口经济指标得分情况如图3所示。

（1）总分情况

江浙沪和京津冀区域的总得分位居前五位，其中，上海、江苏、京津分别位列第一、二、三位；而四川、桂琼、江西、甘宁蒙、湖南的总得分在最后五位。可以看到，经济较发达的区域对应的人口经济指标得分普遍较高，东部地区指标得分总体情况好于中西部地区。

（2）各小指标得分情况

上海、江苏、京津和浙江的人均年收入得分均大于7分，而其他"地区"均小于6分，与前四个"地区"存在一定差距。此外，在低保户率和集体财务收入指标得分方面，以上四个"地区"也都分列前四位。在孤寡老人率方面，新藏青"地区"以7.1分高居榜首；在外出务工率方面，云南以6.38分位于第一位，上海、山东、桂琼和京津分列第二至第五位。

■外出务工率　■低保户率　■孤寡老人率　■村集体财务收入　■本村企业利润　■人均年收入

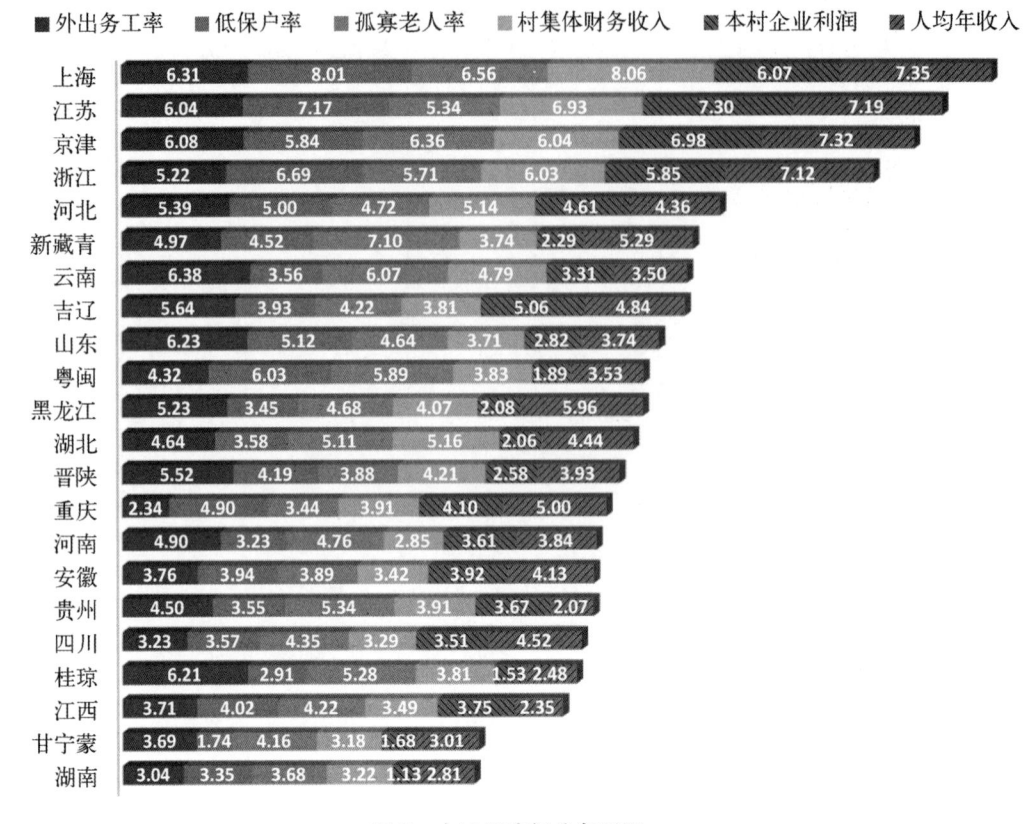

| 地区 | 外出务工率 | 低保户率 | 孤寡老人率 | 村集体财务收入 | 本村企业利润 | 人均年收入 |
|---|---|---|---|---|---|---|
| 上海 | 6.31 | 8.01 | 6.56 | 8.06 | 6.07 | 7.35 |
| 江苏 | 6.04 | 7.17 | 5.34 | 6.93 | 7.30 | 7.19 |
| 京津 | 6.08 | 5.84 | 6.36 | 6.04 | 6.98 | 7.32 |
| 浙江 | 5.22 | 6.69 | 5.71 | 6.03 | 5.85 | 7.12 |
| 河北 | 5.39 | 5.00 | 4.72 | 5.14 | 4.61 | 4.36 |
| 新藏青 | 4.97 | 4.52 | 7.10 | 3.74 | 2.29 | 5.29 |
| 云南 | 6.38 | 3.56 | 6.07 | 4.79 | 3.31 | 3.50 |
| 吉辽 | 5.64 | 3.93 | 4.22 | 3.81 | 5.06 | 4.84 |
| 山东 | 6.23 | 5.12 | 4.64 | 3.71 | 2.82 | 3.74 |
| 粤闽 | 4.32 | 6.03 | 5.89 | 3.83 | 1.89 | 3.53 |
| 黑龙江 | 5.23 | 3.45 | 4.68 | 4.07 | 2.08 | 5.96 |
| 湖北 | 4.64 | 3.58 | 5.11 | 5.16 | 2.06 | 4.44 |
| 晋陕 | 5.52 | 4.19 | 3.88 | 4.21 | 2.58 | 3.93 |
| 重庆 | 2.34 | 4.90 | 3.44 | 3.91 | 4.10 | 5.00 |
| 河南 | 4.90 | 3.23 | 4.76 | 2.85 | 3.61 | 3.84 |
| 安徽 | 3.76 | 3.94 | 3.89 | 3.42 | 3.92 | 4.13 |
| 贵州 | 4.50 | 3.55 | 5.34 | 3.91 | 3.67 | 2.07 |
| 四川 | 3.23 | 3.57 | 4.35 | 3.29 | 3.51 | 4.52 |
| 桂琼 | 6.21 | 2.91 | 5.28 | 3.81 | 1.53 | 2.48 |
| 江西 | 3.71 | 4.02 | 4.22 | 3.49 | 3.75 | 2.35 |
| 甘宁蒙 | 3.69 | 1.74 | 4.16 | 3.18 | 1.68 | 3.01 |
| 湖南 | 3.04 | 3.35 | 3.68 | 3.22 | 1.13 | 2.81 |

图 3　人口经济得分条形图

2. 文化建设指数

文化建设指标得分情况如图 4 所示。

（1）总分情况

与人口经济指标得分情况类似，江浙沪"地区"和北京、天津等发达"地区"在文化建设方面的得分遥遥领先，而经济发展相对滞后的"地区"，如江西、贵州、甘肃等在文化建设方面的得分较低。东部"地区"整体文化建设得分要好于西部"地区"。

（2）各小指标得分情况

可以看出，各个地区在文化活动与图书馆建设方面的得分基本相同，主要差异体现在文化活动室建设与文化建设投入上。在得分前五的"地区"中，除了晋陕外，其他"地区"在文化活动室建设方面的得分都超过 3 分。

3. 交运通信指数

交运通信指标得分情况如图 5 所示。

（1）总分情况

在交运通信总得分前五位的"地区"中，除河北外，都是沿海省份，而更多处于内陆的"地区"如重庆、贵州、湖南的得分明显更低。

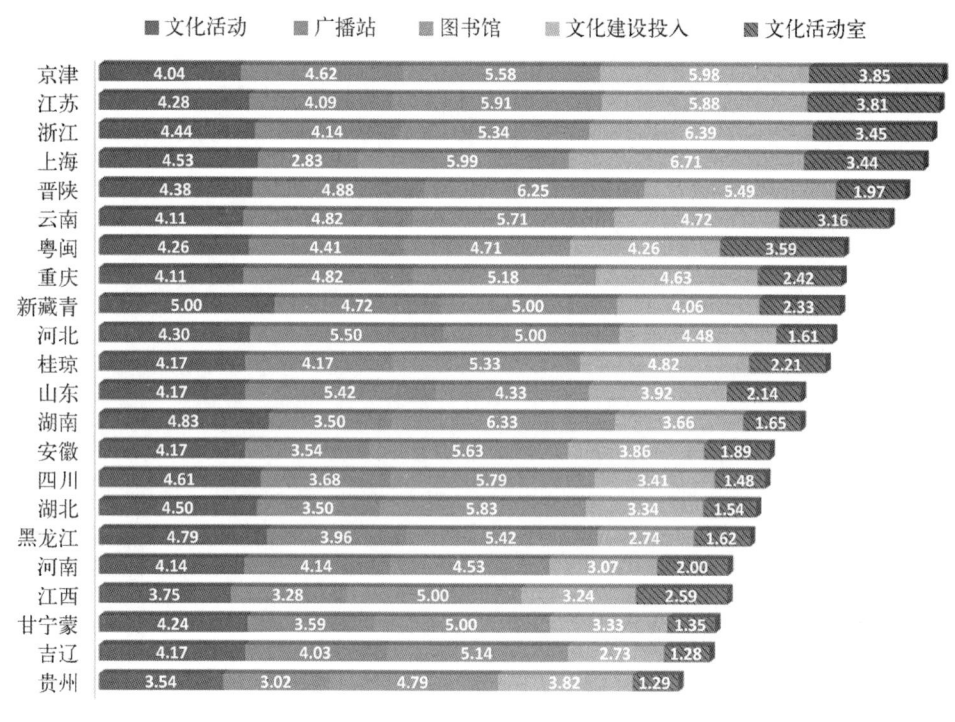

我国不同地区农村养老保障状况及其影响因素分析 | 217

| 地区 | 文化活动 | 广播站 | 图书馆 | 文化建设投入 | 文化活动室 |
|---|---|---|---|---|---|
| 京津 | 4.04 | 4.62 | 5.58 | 5.98 | 3.85 |
| 江苏 | 4.28 | 4.09 | 5.91 | 5.88 | 3.81 |
| 浙江 | 4.44 | 4.14 | 5.34 | 6.39 | 3.45 |
| 上海 | 4.53 | 2.83 | 5.99 | 6.71 | 3.44 |
| 晋陕 | 4.38 | 4.88 | 6.25 | 5.49 | 1.97 |
| 云南 | 4.11 | 4.82 | 5.71 | 4.72 | 3.16 |
| 粤闽 | 4.26 | 4.41 | 4.71 | 4.26 | 3.59 |
| 重庆 | 4.11 | 4.82 | 5.18 | 4.63 | 2.42 |
| 新藏青 | 5.00 | 4.72 | 5.00 | 4.06 | 2.33 |
| 河北 | 4.30 | 5.50 | 5.00 | 4.48 | 1.61 |
| 桂琼 | 4.17 | 4.17 | 5.33 | 4.82 | 2.21 |
| 山东 | 4.17 | 5.42 | 4.33 | 3.92 | 2.14 |
| 湖南 | 4.83 | 3.50 | 6.33 | 3.66 | 1.65 |
| 安徽 | 4.17 | 3.54 | 5.63 | 3.86 | 1.89 |
| 四川 | 4.61 | 3.68 | 5.79 | 3.41 | 1.48 |
| 湖北 | 4.50 | 3.50 | 5.83 | 3.34 | 1.54 |
| 黑龙江 | 4.79 | 3.96 | 5.42 | 2.74 | 1.62 |
| 河南 | 4.14 | 4.14 | 4.53 | 3.07 | 2.00 |
| 江西 | 3.75 | 3.28 | 5.00 | 3.24 | 2.59 |
| 甘宁蒙 | 4.24 | 3.59 | 5.00 | 3.33 | 1.35 |
| 吉辽 | 4.17 | 4.03 | 5.14 | 2.73 | 1.28 |
| 贵州 | 3.54 | 3.02 | 4.79 | 3.82 | 1.29 |

图 4　文化建设得分条形图

| 地区 | 村距离最近公路 | 村距离最近公交站 | 村主要道路硬化 | 机动车数量 | 单户手机或座机使用情况 | 单户电脑使用情况 |
|---|---|---|---|---|---|---|
| 浙江 | 5.99 | 7.16 | 7.11 | 5.23 | 5.64 | 6.51 |
| 河北 | 6.30 | 5.96 | 6.70 | 4.87 | 6.07 | 7.17 |
| 京津 | 4.92 | 6.15 | 7.31 | 7.03 | 5.07 | 6.34 |
| 江苏 | 6.31 | 6.48 | 7.26 | 6.14 | 4.53 | 5.65 |
| 山东 | 6.45 | 6.09 | 6.75 | 4.46 | 6.39 | 6.17 |
| 上海 | 5.89 | 6.46 | 7.08 | 4.98 | 5.16 | 6.07 |
| 黑龙江 | 4.59 | 4.79 | 7.08 | 4.45 | 7.86 | 6.37 |
| 粤闽 | 6.20 | 4.51 | 6.62 | 5.55 | 5.65 | 5.94 |
| 晋陕 | 5.51 | 6.17 | 6.63 | 3.90 | 5.62 | 5.66 |
| 河南 | 5.90 | 5.44 | 6.64 | 4.19 | 4.80 | 4.82 |
| 新藏青 | 4.68 | 4.80 | 7.22 | 2.74 | 6.83 | 5.44 |
| 四川 | 6.26 | 5.34 | 7.11 | 5.41 | 3.91 | 3.10 |
| 安徽 | 5.73 | 5.89 | 6.81 | 4.94 | 3.93 | 3.70 |
| 湖北 | 5.46 | 3.92 | 6.50 | 4.69 | 4.90 | 5.17 |
| 甘宁蒙 | 4.52 | 4.39 | 5.87 | 4.54 | 6.00 | 3.72 |
| 云南 | 6.49 | 4.91 | 6.79 | 7.64 | 1.67 | 1.39 |
| 桂琼 | 6.27 | 3.43 | 6.50 | 5.12 | 4.36 | 3.19 |
| 江西 | 5.55 | 3.34 | 6.41 | 3.87 | 4.48 | 4.64 |
| 湖南 | 5.34 | 2.80 | 7.00 | 3.22 | 5.78 | 3.98 |
| 吉辽 | 3.36 | 4.21 | 6.53 | 3.51 | 5.02 | 4.17 |
| 贵州 | 5.39 | 3.25 | 6.35 | 5.29 | 2.73 | 2.07 |
| 重庆 | 4.54 | 2.89 | 5.00 | 4.27 | 4.13 | 3.17 |

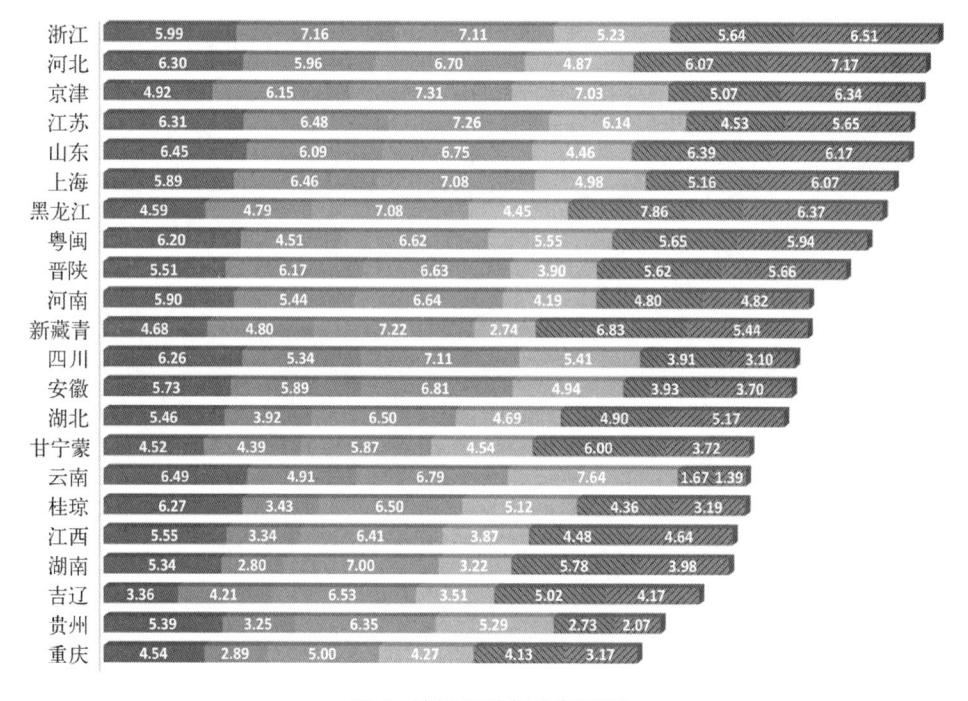

图 5　交运通信得分条形图

### (2) 各小指标得分情况

在交运通信得分的各个小指标方面,各"地区"显现了明显的差异性。例如,云南的村主要道路硬化与机动车数量指标的得分都很高,但由于其手机使用情况与电脑使用情况的得分都位于所有"地区"的最后一名,因此其在交运通信上的整体得分不理想。

### 4. 环境医疗指数

环境医疗指标得分情况如图6所示。

| 地区 | 离乡镇卫生院距离 | 村卫生室间数 | 60岁以上长期卧床率 | 患癌率 | 上一年村组织参加常规体检的人数比率 | 环境质量 | 当地是否有资源依赖性企业 |
|---|---|---|---|---|---|---|---|
| 粤闽 | 7.50 | 3.76 | 6.72 | 5.99 | 3.78 | 5.74 | 6.46 |
| 贵州 | 5.39 | 4.58 | 6.39 | 7.32 | 4.15 | 6.04 | 5.83 |
| 桂琼 | 5.83 | 4.27 | 5.93 | 7.17 | 3.75 | 6.50 | 6.22 |
| 云南 | 4.97 | 4.29 | 6.06 | 6.82 | 4.16 | 6.61 | 6.66 |
| 浙江 | 6.25 | 3.79 | 5.46 | 4.65 | 7.00 | 5.78 | 6.32 |
| 京津 | 6.53 | 4.46 | 4.18 | 6.13 | 6.12 | 5.38 | 6.40 |
| 新藏青 | 7.22 | 4.00 | 5.92 | 6.18 | 4.00 | 5.83 | 5.92 |
| 四川 | 4.55 | 4.22 | 5.58 | 5.31 | 6.10 | 5.79 | 6.13 |
| 江西 | 4.51 | 4.50 | 6.98 | 5.42 | 4.31 | 5.47 | 5.83 |
| 甘宁蒙 | 4.48 | 4.09 | 4.69 | 6.44 | 4.35 | 6.30 | 6.37 |
| 晋陕 | 5.71 | 4.32 | 4.55 | 5.95 | 4.53 | 5.63 | 5.99 |
| 江苏 | 5.97 | 4.28 | 5.00 | 3.26 | 5.71 | 5.72 | 6.47 |
| 上海 | 5.92 | 4.20 | 4.97 | 3.44 | 5.34 | 5.71 | 6.53 |
| 湖北 | 4.74 | 4.00 | 5.33 | 5.14 | 4.67 | 5.33 | 6.66 |
| 安徽 | 5.03 | 4.06 | 5.43 | 4.83 | 4.08 | 5.97 | 6.29 |
| 河南 | 5.73 | 4.52 | 4.05 | 5.22 | 3.48 | 5.55 | 6.35 |
| 湖南 | 4.11 | 4.13 | 5.14 | 4.90 | 4.15 | 6.00 | 6.44 |
| 山东 | 4.38 | 3.80 | 4.34 | 5.09 | 5.17 | 5.75 | 6.33 |
| 重庆 | 4.70 | 4.62 | 3.36 | 4.59 | 5.48 | 5.54 | 6.42 |
| 黑龙江 | 4.04 | 3.83 | 3.39 | 5.01 | 6.20 | 5.83 | 6.11 |
| 河北 | 5.41 | 4.40 | 3.48 | 5.42 | 3.83 | 5.50 | 6.26 |
| 吉辽 | 3.91 | 4.33 | 4.21 | 5.32 | 4.01 | 5.83 | 6.66 |

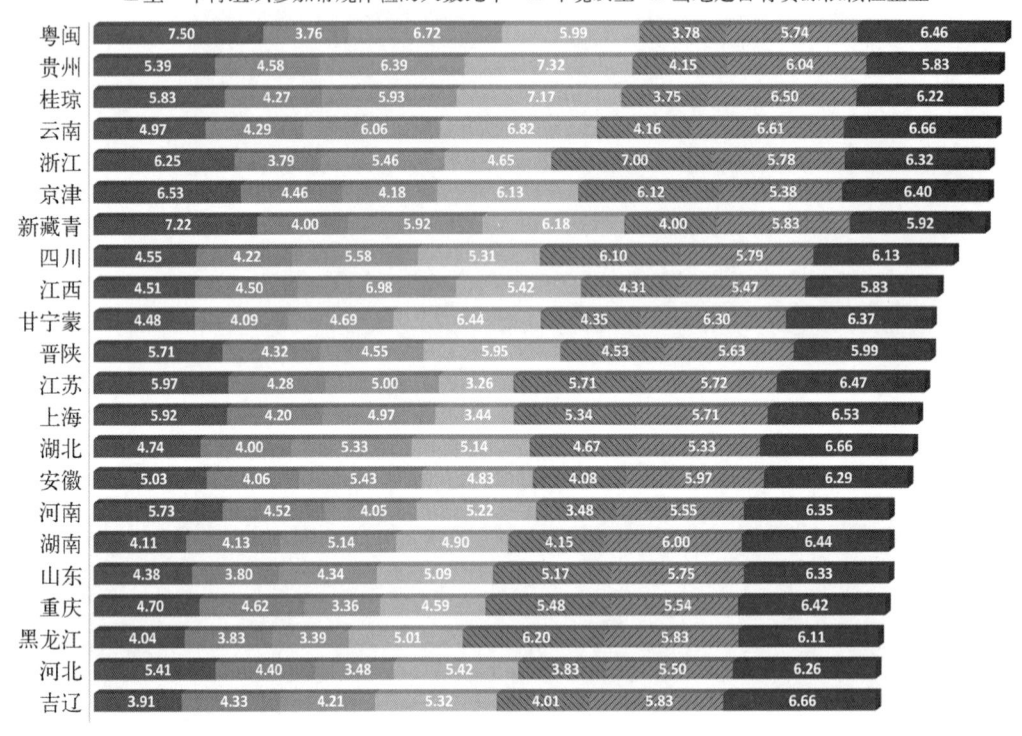

图6 环境医疗得分条形图

### (1) 总分情况

在环境医疗的整体得分方面,各"地区"的情况大致相同,总分都在38分上下,不过值得注意的是,对江苏、上海这种经济发达"地区",在环境医疗得分中的排名却只处于中游,云南、贵州等旅游业发达省份在环境医疗方面的得分反而较高。

### (2) 各小指标得分情况

上海、江苏在患癌率这一指标上的得分较低,从而导致其整体得分处于中游水平。对其他指标,在体检人数比率上显现了较大的差异性,得分最高的达到7分,最低的可至3.5分。

### 5. 基本公共服务指数

基本公共服务指标得分情况如图7所示。

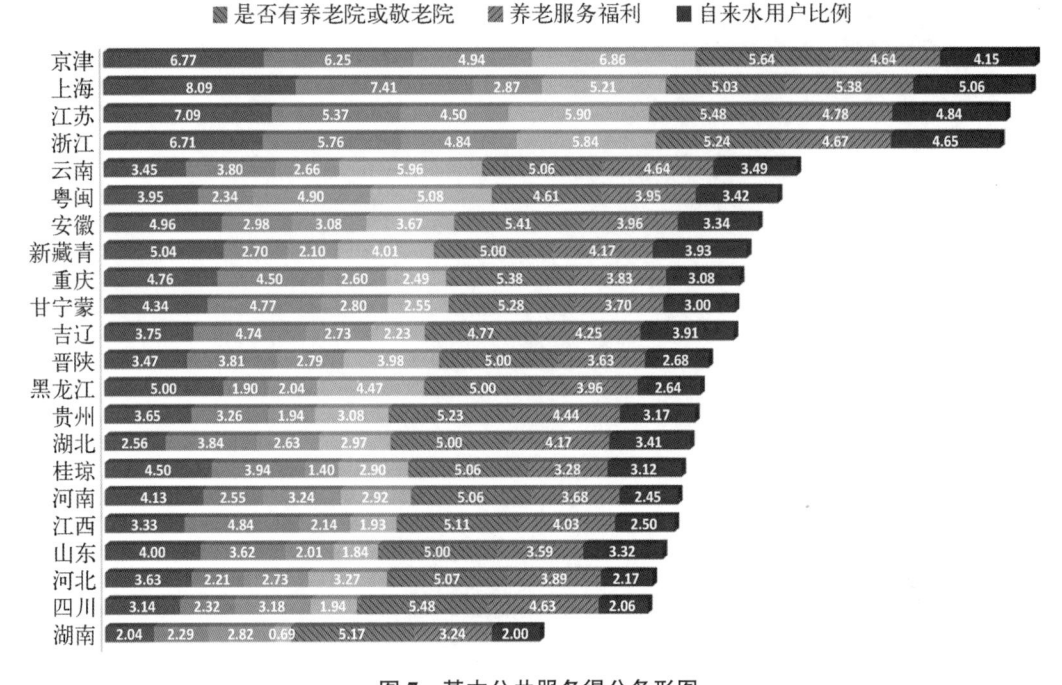

图7 基本公共服务得分条形图

图例：每月最低生活保障、每月养老金、快递点数、公厕数、是否有养老院或敬老院、养老服务福利、自来水用户比例

| 地区 | 每月最低生活保障 | 每月养老金 | 快递点数 | 公厕数 | 是否有养老院或敬老院 | 养老服务福利 | 自来水用户比例 |
|---|---|---|---|---|---|---|---|
| 京津 | 6.77 | 6.25 | 4.94 | 6.86 | 5.64 | 4.64 | 4.15 |
| 上海 | 8.09 | 7.41 | 2.87 | 5.21 | 5.03 | 5.38 | 5.06 |
| 江苏 | 7.09 | 5.37 | 4.50 | 5.90 | 5.48 | 4.78 | 4.84 |
| 浙江 | 6.71 | 5.76 | 4.84 | 5.84 | 5.24 | 4.67 | 4.65 |
| 云南 | 3.45 | 3.80 | 2.66 | 5.96 | 5.06 | 4.64 | 3.49 |
| 粤闽 | 3.95 | 2.34 | 4.90 | 5.08 | 4.61 | 3.95 | 3.42 |
| 安徽 | 4.96 | 2.98 | 3.08 | 3.67 | 5.41 | 3.96 | 3.34 |
| 新藏青 | 5.04 | 2.70 | 2.10 | 4.01 | 5.00 | 4.17 | 3.93 |
| 重庆 | 4.76 | 4.50 | 2.60 | 2.49 | 5.38 | 3.83 | 3.08 |
| 甘宁蒙 | 4.34 | 4.77 | 2.80 | 2.55 | 5.28 | 3.70 | 3.00 |
| 吉辽 | 3.75 | 4.74 | 2.73 | 2.23 | 4.77 | 4.25 | 3.91 |
| 晋陕 | 3.47 | 3.81 | 2.79 | 3.98 | 5.00 | 3.63 | 2.68 |
| 黑龙江 | 5.00 | 1.90 | 2.04 | 4.47 | 5.00 | 3.96 | 2.64 |
| 贵州 | 3.65 | 3.26 | 1.94 | 3.08 | 5.23 | 4.44 | 3.17 |
| 湖北 | 2.56 | 3.84 | 2.63 | 2.97 | 5.00 | 4.17 | 3.41 |
| 桂琼 | 4.50 | 3.94 | 1.40 | 2.90 | 5.06 | 3.28 | 3.12 |
| 河南 | 4.13 | 2.55 | 3.24 | 2.92 | 5.06 | 3.68 | 2.45 |
| 江西 | 3.33 | 4.84 | 2.14 | 1.93 | 5.11 | 4.03 | 2.50 |
| 山东 | 4.00 | 3.62 | 2.01 | 1.84 | 5.00 | 3.59 | 3.32 |
| 河北 | 3.63 | 2.21 | 2.73 | 3.27 | 5.07 | 3.89 | 2.17 |
| 四川 | 3.14 | 2.32 | 3.18 | 1.94 | 5.48 | 4.63 | 2.06 |
| 湖南 | 2.04 | 2.29 | 2.82 | 0.69 | 5.17 | 3.24 | 2.00 |

（1）总分情况

从基本公共服务整体得分情况来看，江浙沪以及京津发达"地区"位于前四位，与此同时，旅游业发达的云南省处于第五位，但是其呈现断崖式下降，总体得分相较前四位低了约10分。

（2）各小指标得分情况

总分前四位的"地区"在每月最低生活保障、每月养老金、快递点数与养老院个数4个指标上的得分要远超其他"地区"，由此造成了总体得分断崖式下跌的情况。

（二）各"地区"养老幸福指数分析

养老幸福指数得分情况如图8所示。

（1）总分情况

经济发达的江浙沪"地区"与京津"地区"的养老幸福指数总得分的情况相近，而位于第五位的粤闽"地区"的总体得分呈现断崖式下跌，其之后未再发生断崖式下跌，其他"地区"间的得分差异相对不显著。

（2）各小指标得分情况

江浙沪"地区"与京津"地区"的总体养老幸福指数得分遥遥领先，主要原因在于上述"地区"在人口经济与基本公共服务方面的得分远远高于其他"地区"，而对于其他三大指标而言，各个"地区"之间的得分虽然有差异，但差异不大，极差与方差都相对较小。

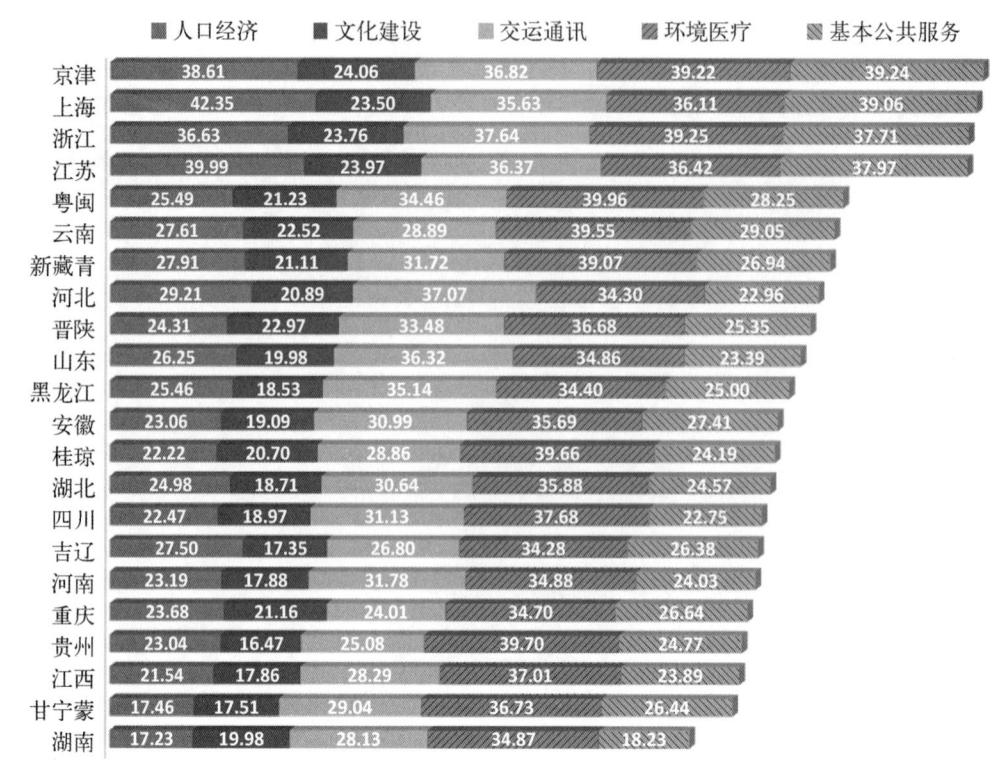

图 8 养老幸福指数条形图(五大基本指标得分加总)

由此我们可以初步推断,养老幸福指数与人口经济和基本公共服务之间存在较强的相关关系,即这两者可能在养老幸福指数评价体系的构建中占据较大权重,此后将使用回归手段对其做具体分析。

## 五、使用主成分分析法和聚类分析法进一步探究"地区"间异同

### (一)方法原理

#### 1. 主成分分析原理

主成分分析是一种通过数据降维来将多个变量化为少数几个主成分的多元统计分析方法。当自变量有较强的相关性时(存在多重共线性关系时),我们可以用主成分分析法进行降维处理。

我们将五大基本指标 A、B、C、D、E 看作主成分分析的 5 个自变量,每个自变量是一个 22 维的列向量,对应 22 个"地区"的 5 个基本指标的指数得分。

使用 Python 先将 22×5 的数据进行标准化,使用 PCA 函数求得矩阵 $(A,B,C,D,E) \times (A,B,C,D,E)^T$ 的特征值,分别算出各特征值对应的特征向量 $\alpha_i (i=1,2,3,4,5)$ 和累积贡献率 $\lambda_i (i=1,2,3,4,5)$。我们得到了 5 个主成分 $y_i (i=1,2,3,4,5)$,$y_i = \alpha_1 A + \alpha_2 B + \alpha_3 C + \alpha_4 D + \alpha_5 E$。我们的目的是在累计贡献率超过 80% 的条件下得到第一、第二主成分,利用 22 个"地区"的第一、第二主成分的值为之后的 Q 型聚类做数据准

备。我们对主成分分析得到的22个"地区"第一、第二主成分得分做散点图,点越靠近说明它们对应的"地区"在养老方面的相似度越高,即属于同一类的概率越高。再进行二维的Q型聚类,使用K-means算法可以将这22个"地区"的养老幸福指数、人口经济指数和基本公共服务指数分为2~4类。

2. K-means聚类方法原理

使用聚类分析方法对样本进行分类(Q型聚类)。使用K-means聚类分析方法,为具体得出K-means聚类方法的$k$值,也就是最优聚类个数,利用样本聚类误差平方和的方法。该方法的核心指标为$SSE$(误差平方和),数学公式为$SSE=\sum_{k=1}^{K}\sum_{p\in C_k}|p-m_k|^2$,其中,$k$是聚类数量,$p$是样本,$m_k$是第$k$个聚类的中心点。$k$越大,$SSE$越小,说明样本聚合程度越高。$SSE$随着$k$的增大而减小,当随着$k$值增大时,$SSE$趋于平稳,说明这个点是最合适的$k$值。绘制$SSE$与$k$的变化图像,当图像$SSE$下降最明显时,其所得的$k$值即最优聚类个数。

(二)各"地区"养老幸福指数异同探究

主成分分析的特征值和特征向量如表9所示。

**表9　　　　　　　　　　主成分分析特征值和特征向量**

| 变量及特征贡献 | 主成分1 | 主成分2 | 主成分3 | 主成分4 | 主成分5 |
| --- | --- | --- | --- | --- | --- |
| 特征值 | 3.13 | 1.02 | 0.47 | 0.31 | 0.07 |
| 贡献率 | 0.63 | 0.20 | 0.09 | 0.06 | 0.01 |
| 累计贡献率 | 0.63 | 0.83 | 0.92 | 0.99 | 1.00 |
| A 人口经济 | 0.53 | −0.14 | 0.34 | −0.21 | −0.74 |
| B 文化建设 | 0.49 | 0.04 | −0.12 | 0.86 | 0.04 |
| C 交运通信 | 0.42 | −0.40 | −0.73 | −0.33 | 0.14 |
| D 环境医疗 | 0.19 | 0.90 | −0.32 | −0.19 | −0.13 |
| E 基本公共服务 | 0.51 | 0.10 | 0.48 | −0.27 | 0.65 |

第一、第二主成分$y_1$、$y_2$如下:

$$y_1=0.53A+0.49B+0.42C+0.19D+0.51E$$

$$y_2=-0.14A+0.04B-0.40C+0.90D+0.10E$$

各"地区"第一、第二主成分的得分如表10所示。

表 10　　各"地区"第一、第二主成分得分

| 地 区 | A 人口经济 | B 文化建设 | C 交运通信 | D 环境医疗 | E 基本公共服务 | 第一主成分 $y_1$ | 第二主成分 $y_2$ |
|---|---|---|---|---|---|---|---|
| 安徽 | 23.06 | 19.09 | 30.99 | 35.69 | 27.41 | 55.41 | 20.20 |
| 甘宁蒙 | 17.46 | 17.51 | 29.04 | 36.73 | 26.44 | 50.55 | 22.52 |
| 贵州 | 23.04 | 16.47 | 25.08 | 39.70 | 24.77 | 51.02 | 25.79 |
| 桂琼 | 22.22 | 20.70 | 28.86 | 39.66 | 24.19 | 53.96 | 24.49 |
| 河北 | 29.21 | 20.89 | 37.07 | 34.30 | 22.96 | 59.56 | 15.32 |
| 河南 | 23.19 | 17.88 | 31.78 | 34.88 | 24.03 | 53.33 | 18.76 |
| 黑龙江 | 25.46 | 18.53 | 35.14 | 34.40 | 25.00 | 56.67 | 16.80 |
| 湖北 | 24.98 | 18.71 | 30.64 | 35.88 | 24.57 | 54.67 | 19.95 |
| 湖南 | 17.23 | 19.98 | 28.13 | 34.87 | 18.23 | 46.69 | 20.55 |
| 吉辽 | 27.50 | 17.35 | 26.80 | 34.28 | 26.38 | 54.35 | 19.79 |
| 江苏 | 39.99 | 23.97 | 36.37 | 36.42 | 37.97 | 74.61 | 17.62 |
| 江西 | 21.54 | 17.86 | 28.29 | 37.01 | 23.89 | 51.31 | 22.28 |
| 晋陕 | 24.31 | 22.97 | 33.48 | 36.68 | 25.35 | 58.16 | 19.90 |
| 京津 | 38.61 | 24.06 | 36.82 | 39.22 | 39.24 | 75.29 | 20.28 |
| 山东 | 26.25 | 19.98 | 36.32 | 34.86 | 23.39 | 57.56 | 16.54 |
| 上海 | 42.35 | 23.50 | 35.63 | 36.11 | 39.06 | 75.82 | 17.38 |
| 四川 | 22.47 | 18.97 | 31.13 | 37.68 | 22.75 | 53.08 | 21.56 |
| 新藏青 | 27.91 | 21.11 | 31.72 | 39.07 | 26.94 | 59.68 | 22.33 |
| 粤闽 | 25.49 | 21.23 | 34.46 | 39.96 | 28.25 | 60.45 | 22.51 |
| 云南 | 27.61 | 22.52 | 28.89 | 39.55 | 29.05 | 60.20 | 24.19 |
| 浙江 | 36.63 | 23.76 | 37.64 | 39.25 | 37.71 | 73.66 | 20.10 |
| 重庆 | 23.68 | 21.16 | 24.01 | 34.70 | 26.64 | 53.25 | 22.00 |

五大养老基本指标的第一、第二主成分得分二维分布情况如图 9 所示。

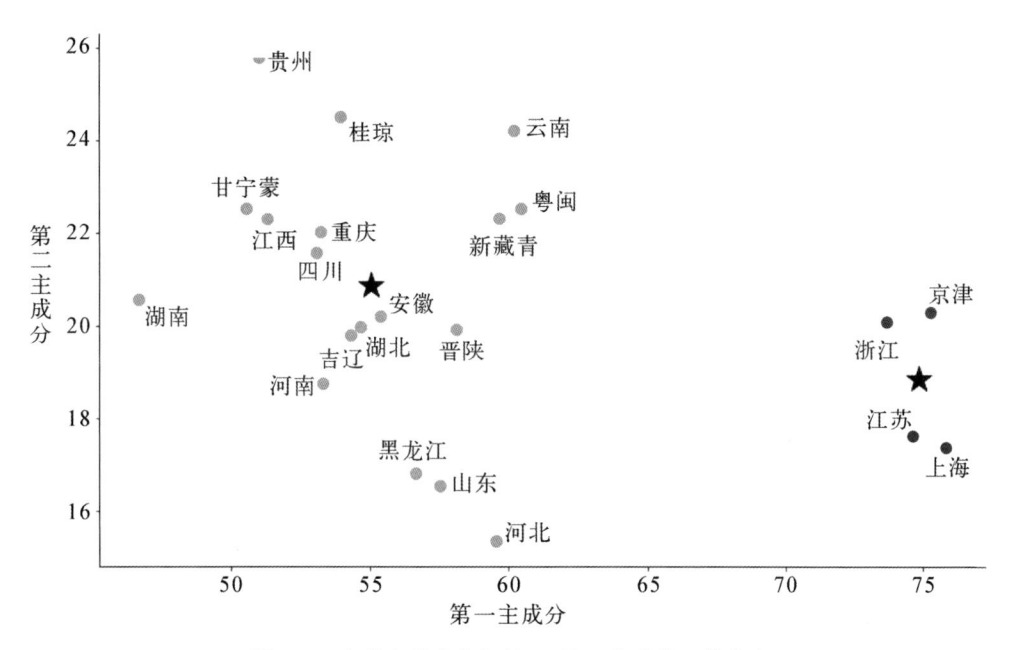

**图 9　五大养老基本指标第一、第二主成分二维分布**

散点对应"地区"被图 9 分为两大类，散点越靠右上方代表养老状况越优，可以看到，京津和江浙沪"地区"总体农村养老指数明显好于其他"地区"。

养老幸福指数基于"地区"的 Q 型聚类 $k$ 值与离差平方和的关系如图 10 所示。

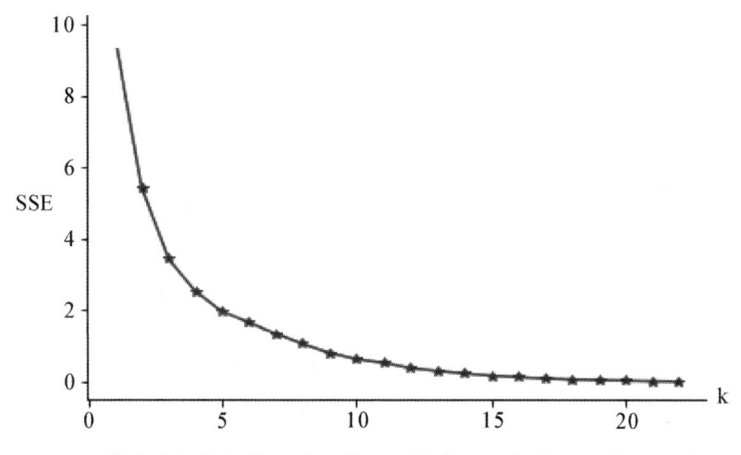

**图 10　养老幸福指数基于地区的 Q 型聚类 $k$ 值与离差平方和的关系**

（三）各"地区"人口指数和公共服务指数分析

各"地区"人口经济和基本公共服务 SSE-k 图如图 11 和图 12 所示。

从 SSE 与 $k$ 的变化图像可见，当图像 SSE 下降最明显时，其所得的 $k$ 值即最优聚类个数。

各"地区"指标聚类的分类如表 11 所示。

图 11　人口经济 SSE‑k 图

图 12　基本公共服务 SSE‑k 图

表 11　　　　　　　　　　各"地区"指标聚类分类

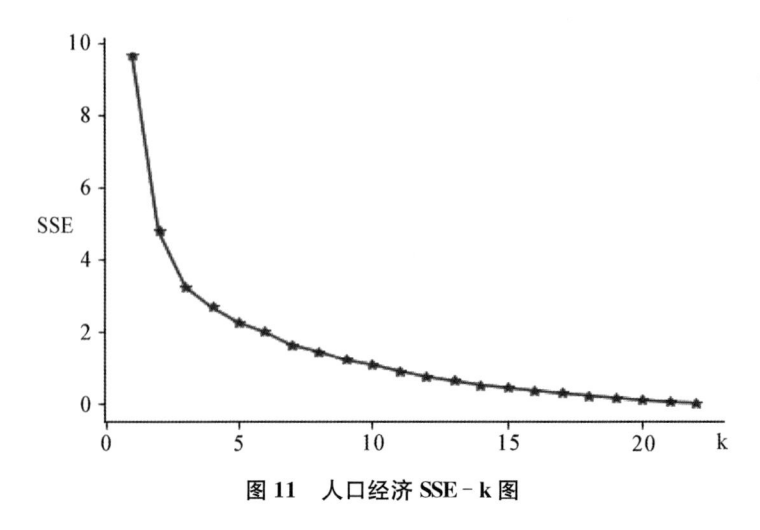

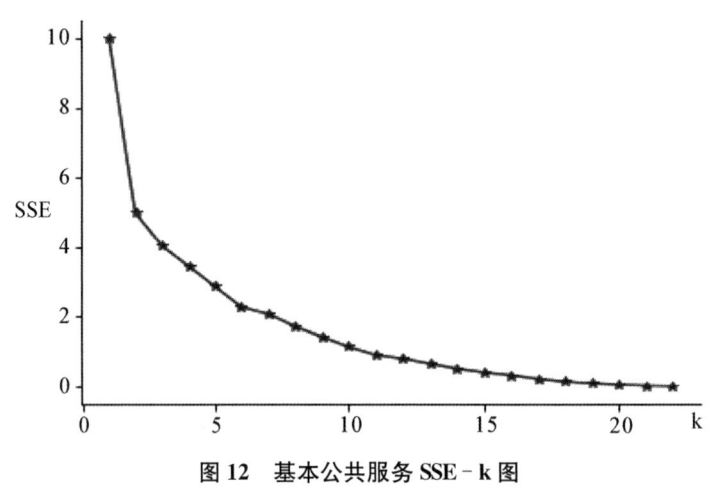

| 指　数 | 第一类 | 第二类 | 第三类 | 第四类 |
| --- | --- | --- | --- | --- |
| 养老幸福指数 | 安徽、甘宁蒙、河南、湖北、湖南、吉辽、江西、四川、重庆 | 贵州、桂琼、新青藏、粤闽、云南 | 江苏、京津、上海、浙江 | 河北、黑龙江、晋陕、山东 |
| 人口经济指数 | 安徽、甘宁蒙、湖南、江西、四川、重庆 | 江苏、京津、上海、浙江 | 贵州、桂琼、河北、河南、黑龙江、湖北、吉辽、晋陕、山东、新青藏、粤闽、云南 | |
| 基本公共服务指数 | 安徽、甘宁蒙、贵州、桂琼、河北、河南、黑龙江、湖北、湖南、吉辽、江西、晋陕、山东、四川、新青藏、粤闽、云南、重庆 | 江苏、京津、上海、浙江 | | |

## 六、使用相关分析和回归分析探究各指标间的联系

为使后续回归所得到的模型更加直观清晰,我们对回归分析的自变量和因变量进行了数学符号处理,如表 12 所示。

表 12    变量数学符号处理

| 类　别 | 指　标 | 数　学　符　号 |
| --- | --- | --- |
| 自变量 | 人口经济 | $\alpha_1$ |
| | 文化建设 | $\alpha_2$ |
| | 交运通信 | $\alpha_3$ |
| | 环境医疗 | $\alpha_4$ |
| | 基本公共服务 | $\alpha_5$ |
| 因变量 | 养老幸福指数 | $\gamma$ |

### (一)相关分析

通过观察养老幸福指数排名前几位的"地区"可以发现,它们在其他五大指标中的排名也几乎位于前列,由此我们可以合理推测养老幸福指数的排名与五大指标排名之间存在一定的相关关系,并使用相关分析计算 Pearson 指数,定性研究其影响是否存在(如图 13 所示)。

| | 养老幸福指数 |
| --- | --- |
| 人口经济 | 0.88 |
| 文化建设 | 0.83 |
| 交运通信 | 0.78 |
| 环境医疗 | 0.26 |
| 基本公共服务 | 0.68 |

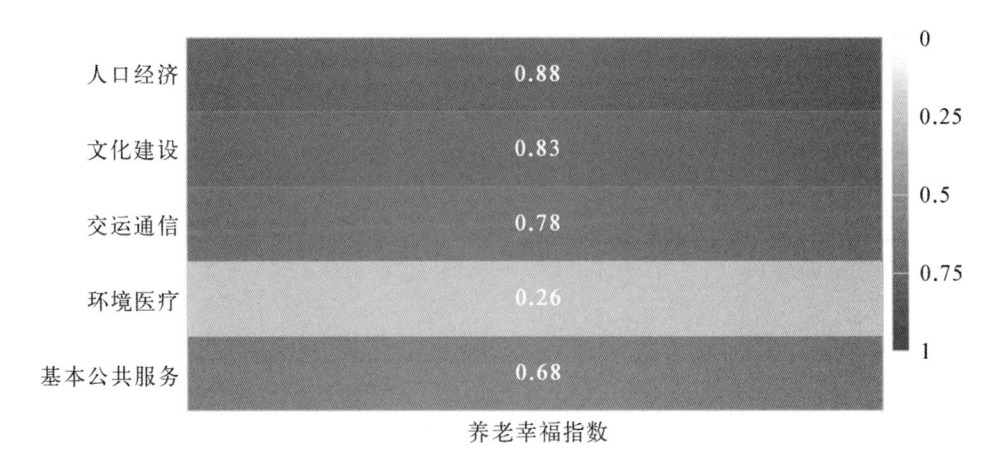

图 13    养老幸福指数与五项指标 Pearson 相关可视图

从图 13 可以看出,五项基本指标中,只有环境医疗的 Pearson 相关系数显著低于其他四项,并且其 $p$ 值为 0.236,说明两者没有显著相关关系,后续进行回归分析时可以将其剔除。

## （二）回归分析

通过检验自变量与因变量之间的相关关系，确定两者之间存在因果关系后，我们运用统计软件 SPSS 对其进行回归分析操作。在剔除相关系数较低的自变量"环境医疗"后，得到的两模型间对比分析如表 13 所示。

表 13　　　　　　　　　　　　　两模型对比分析

| 模　型 | $R^2$ | 调整后 $R^2$ | F 值 |
| --- | --- | --- | --- |
| 1 | 0.948 | 0.931 | 58.040 |
| 2 | 0.918 | 0.899 | 47.701 |

注：模型 1 的预测变量（常量）为环境医疗、交运通信、基本公共服务、文化建设、人口经济，模型 2 的预测变量（常量）为基本公共服务、交运通信、文化建设、人口经济，因变量为养老幸福指数。

通过对表中数据调整后 $R^2$ 与 F 值的变化量进行分析，可以看出在剔除了自变量"环境医疗"后，其模型决定系数下降量并不大，从侧面反映该变量不应该被选入模型，剔除后模型变得更加合理。

因此，我们对模型 2 进行回归分析，即量化被解释变量养老幸福指数与解释变量人口经济、文化建设、交运通信、基本公共服务之间的关系。对新的回归模型所得到的回归系数的结果如表 14 所示。

表 14　　　　　　　　　养老幸福指数和基本指标回归分析

| 模型 | 变　量 | 未标准化系数 B | 未标准化系数 标准错误 | 标准化系数 Beta | 相关性 | 调整后 $R^2$ |
| --- | --- | --- | --- | --- | --- | --- |
| 2 | （常量） | −1.566 | 1.085 | | | |
| | 人口经济 | 0.354 | 0.123 | 0.354 | 0.878 | |
| | 文化建设 | 0.301 | 0.106 | 0.301 | 0.827 | 0.899 |
| | 交运通信 | 0.308 | 0.105 | 0.308 | 0.782 | |
| | 基本公共服务 | 0.173 | 0.102 | 0.173 | 0.678 | |

通过对未标准化系数进行分析，可以得到最终模型回归公式如下：

养老幸福指数 $= -1.566 + 0.354 \times$ 人口经济 $+ 0.301 \times$ 文化建设 $+ 0.308 \times$ 交运通信 $+ 0.173 \times$ 基本公共服务

模型的数学公式如下：

$$y = -1.566 + 0.354 \times a_1 + 0.301 \times a_2 + 0.308 \times a_3 + 0.173 \times a_5$$

模型的调整后 $R^2$ 值为 0.899,说明所建立的该模型可以成功解释养老幸福指数排名 89.9% 的变化原因,之后对模型自变量之间的共线性关系进行检验分析如表 15 所示。

表 15　　　　　　　　　　　　共线性关系检验

| 模型 | 变量 | 共线性统计 容差 | VIF |
|---|---|---|---|
| 2 | (常量) | | |
| | 人口经济 | 0.318 | 3.144 |
| | 文化建设 | 0.431 | 2.318 |
| | 交运通信 | 0.439 | 2.277 |
| | 基本公共服务 | 0.466 | 2.145 |

在对解释变量进行共线性统计操作后可以看出,各个自变量的 VIF 值均小于 5,意味着其相互之间基本不存在共线性关系,模型的构造具有可信度。

(三)残差分析

回归分析的最后一步是残差分析,对所构造的线性模型进行诊断。在进行残差分析时,我们一方面关注残差的分布是否呈现正态分布态势,另一方面关注残差项之间的独立性情况。因此,我们将通过绘制关于残差的散点图(如图 14 所示)与直方图(如图 15 所示)来检验其正态分布的拟合情况。

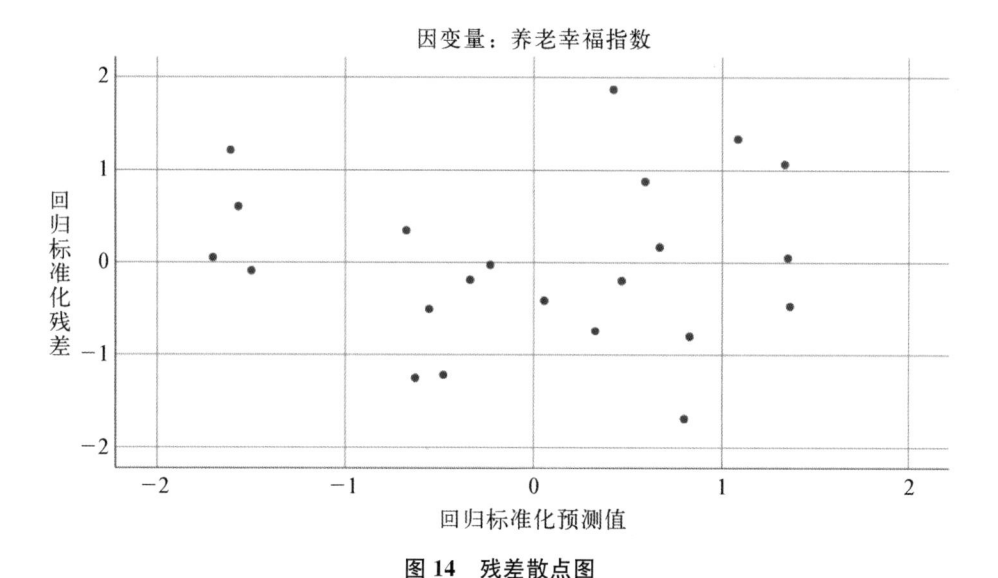

图 14　残差散点图

因变量：养老幸福指数

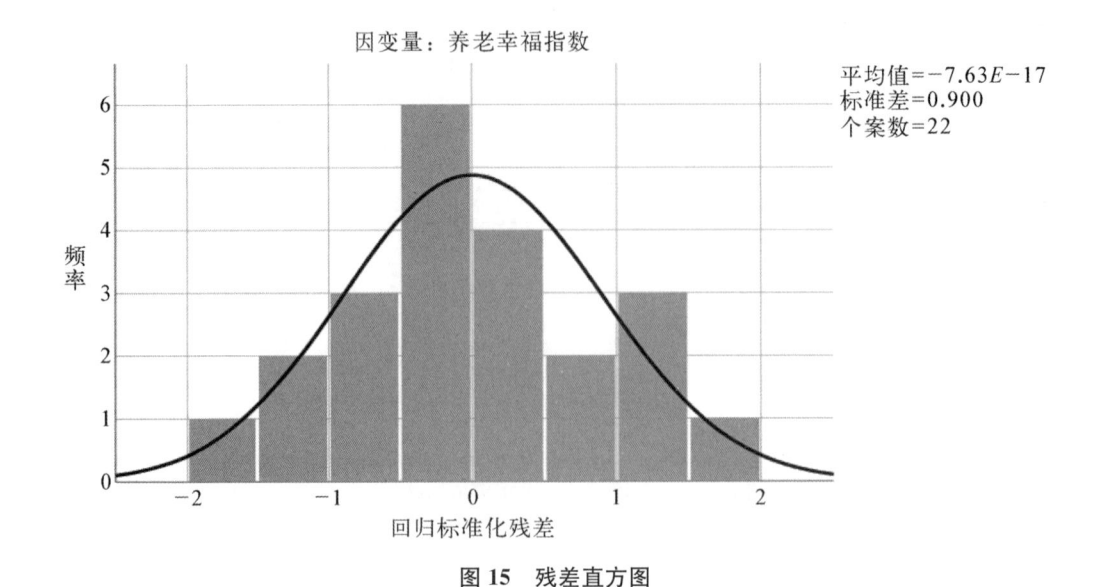

平均值＝−7.63$E$−17
标准差＝0.900
个案数＝22

**图 15　残差直方图**

通过标准化残差所绘制的直方图可以看出，残差在正态分布的情况下拟合效果良好，且均值与标准差基本符合标准正态分布的参数情况。通过残差绘制的散点图可以看出，残差之间的分布相对独立，没有出现明显的前一个残差项影响后一个残差项的情况，模型通过残差检验，具有统计学意义。

### 七、主要结论、思考和建议

（一）农村养老现实问题

1. 城乡经济发展仍不均衡，养老发展地区差异显著

从我们的数据分析中可以看到，人口经济是养老保障体系发展状况的主要影响因素，而考虑到我国区域发展差异大，城乡发展不均衡的基本国情，绝大部分地区农村经济发展相对滞后成为当下农村养老保障发展的绊脚石。在我们的数据分析中也可以看出，除北京、上海等经济相对发达地区的农村在人口经济指标上有较好的表现，绝大部分农村在该指标上出现巨大断档，体现了我国当下地区之间经济发展以及在其影响下地区间养老发展的巨大差异。

2. 青壮年人口流失严重，老年人赡养问题成为难题

人口经济其余几个小指标主要指向外出务工率以及孤寡老人率，当下由于城乡发展不均衡，大量农村青壮年劳动力前往城市务工，只有老人和儿童留守家中，大大增加了农村养老保障的压力。因此，老年人缺乏赡养成为当下我国农村养老的普遍难题。

3. 精神文化建设落后，老年人缺乏精神赡养

文化建设是我们数据分析得出的另一个主要影响因素。精神文化建设落后是当前农村地区普遍存在的问题。近年来我国经济的飞速发展使得人们对幸福生活的要求从以前的物质需求为主转为物质精神并重，在养老保障领域同样如此。然而目前我国农村很少

有专门为老年人提供的精神文化活动,相关文化建设严重匮乏,虽然有少数农村逐渐开始发展广播站、图书馆等相关文化建设,但整体而言,老年人对文化活动的参与度不高,很难得到好的精神赡养。

4. 农村地区交运通信状况差,政策落实与养老机构建设落实程度低

农村地区尤其是部分偏远地区农村往往面临交运通信差的共性问题,导致很多偏远农村地区养老政策以及养老机构设施建设落实难,当地老人很难享受到整体农村养老发展的红利,而信息与交通的落后也使得老年人对外交流的社交需求很难满足,同样造成了老年人精神层面的缺失。

(二)政策建议

1. 加强农村经济建设与产业发展,吸引农村年轻人留下来发展

从根本上解决农村养老问题就是要解决农村经济发展这一根本问题,因此在当下乡村振兴的大背景下,我们首先要从加强农村经济建设与产业发展入手,通过产业经济的发展建设为养老保障体系提供长期可靠的经济保障。此外,农村经济与产业发展建设也可以使更多原本外出打工的年轻人留在家乡为家乡发展建设出力,从而有效减少农村的孤寡老人、留守老人问题。

2. 加强农村精神文化建设,加大对老年人精神赡养需求的关注

在关注农村产业经济的物质发展的同时,我们需要关注老年群体的精神需求。一方面,农村可以加强有关精神文化活动的开展,鼓励老年人组建活动团体,如打太极拳、跳舞等运动文化活动,以有效弥补老年群体社交关心的精神需要。另一方面,对一些特殊的留守孤寡老人,可以通过社区养老等方式,为他们提供照顾,满足其交流、陪伴等需求。

3. 完善农村交运通信网络,加强养老政策与有关机构建设的落实

很多偏远地区农村由于交通和通信条件差,养老保障政策以及有关建设很难得到有效落实,资金以及人才保障不稳定等问题在很大程度上也限制了这些地区的养老水平。因此,完善偏远农村交运通信网络,加大社会关注,使得这些偏远、相对落后的农村也能够通过社会力量的帮助提供基础的养老保障,进而推动落实农村养老保障体系的全覆盖,这也是农村养老保障发展的重要一环。

**参考文献**

[1] 李俏,朱琳.农村养老方式的区域差异与观念嬗变[J].西北农林科技大学学报(社会科学版),2016,16(2):93-102.

[2] 刘峰.农村养老保障服务体系建设的困境与突围[J].湖南社会科学,2013(1):104-107.

[3] 谢淑媛.政策文本视角下中国健康养老服务发展状况及地区差异研究——以2020年全国132个政策为例[J].攀枝花学院学报,2022,39(6):43-49.

[4] 于伟峰,魏蜻,李涛.农村养老服务体系存在的问题及其对策[J].安顺学院学报,2017,19(3):77-80.

[5] 翟振武.新时代高质量发展的人口机遇和挑战 第七次全国人口普查公报解读[J].新华月报,2021(11):25-27.

# 农业生产的利润空间与农村劳动力转移的关联效应研究

## ——基于2021年"千村调查"数据

王菁菁[①]　马梦雨[②]　黄俊榕[③]

指导老师：田　博[④]

**摘　要**：农业是国民经济建设与发展的基础性产业，在我国农村劳动力仍在快速流动和重新配置的背景下，研究劳动力的转移与农业生产利润空间的关联效应具有极强的现实意义。因此，本文基于"千村调查"数据库，对相关要素进行调研筛选、量化处理和回归分析，建立起两者之间的作用路径和机制，并进一步分析了当前农村剩余劳动力的结构问题和农业现代化中存在的转型期和痛点期，根据实际提出了针对性强的优化策略，助推农业现代化发展，助力乡村振兴。

**关键词**：农业　农村劳动力转移　利润空间　高质量发展　乡村振兴

## 一、引　言

"三农"问题是我国一代又一代人不断探索解决的重大问题。马克思指出，农业的生产是直接生产者的生存和一切生产的首要条件。探索农业发展问题亦是探索我国发展道路的重要课题。党的十八大以来，我国的"三农"工作迈上了一个新的台阶，脱贫摘帽不是终点，而是新生活、新奋斗的起点。习近平总书记在党的十九大报告中有力地指出，要坚持农业农村优先发展，按照产业兴旺、生态宜居、乡风文明、治理有效、生活富裕的总要求，建立健全城乡融合发展体制机制和政策体系，加快推进农业农村现代化。在乡村振兴的大背景下，如何建设新农村，促进农业农村高质量发展，始终离不开对农业经济的研究。2020年，中共中央《关于制定国民经济和社会发展"十四五"规划和二〇三五年远景目标的建议》中明确提出"优先发展农业农村，全面推进乡村振兴"，其根本目标就在于实现农业农村现代化。因此，农业经营规模的扩大和农业劳动生产率的提升乃大势所趋，在拓展农

---

[①] 王菁菁，上海财经大学数学学院数学与应用数学专业2021级本科生。
[②] 马梦雨，上海财经大学数学学院数学类专业2021级本科生。
[③] 黄俊榕，上海财经大学公共经济与管理学院投资学专业2021级本科生。
[④] 田博，上海财经大学信息与工程学院。

业生产更大利润空间的同时,也在探索适宜农村建设、农业发展、农民增收的可持续发展之路。

与此同时,劳动力转移是我国城镇化进程中的重要环节,也是乡村振兴工作中的重要措施。农村劳动力的流动与配置问题对加快我国现代化建设和实施新时代乡村振兴战略都有重要意义。我国对农村劳动力转移的研究始于1976年左右,经历了从探索农村剩余劳动力转移的道路,到研究劳动力转移的规模和速度,再到研究劳动力转移的具体模式以及分区研究出路与政策,包括近年来较为热门的劳动力转移对经济增长、生育意愿、生态环境、农村现代化等方面的相关影响。其中,在对农村劳动力转移对经济增长的相关性研究中,已然构建了劳动力转移对农民收入等经济效应的影响的较为成熟的模型。然而,对农业生产和发展的领域依然存在更具针对性和专业性的相关研究空缺,在呼吁可持续发展的新时代背景下,单纯研究农民收入水平的价值动机不足,在探索效益问题的出路时难以脱离动力因素,故而本文希望研究农村劳动力转移与农业生产利润空间之间的关联效应,在新的数据调查的支持下探索农业高质量发展的未来模式,为实现乡村振兴和解决"三农"问题提供与时俱进的方案。

## 二、农村劳动力转移对农业生产利润空间的影响效应分析

### (一)背景调研与研究设想

1. 国内外关于农村劳动力转移问题的研究

农村劳动力的转移和流失在中国是一个不容忽视的社会问题。当今,"空心村"已不再是稀有景象,甚至隐隐有常态化的趋势。以河南省为例,从2010年到2020年,河南省第一产业就业人员从峰值一路下降到历史最低值。这一变化首先导致的就是剩余农业生产劳动主要由农村留守的老年人承担:一方面,农村剩余劳动力的平均文化素质较为低下,不利于农村的经济文化发展;另一方面,老年人经常性地从事农业劳动不利于形成正常养老的氛围,让老年劳动力承担过多农业体力劳动存在一定的风险。农村劳动力的转移使剩余劳动力的容量和质量问题需要特别关注,农业生产劳动力结构的调整刻不容缓。

相似地,农村劳动力的"回流"问题也得到社会各界的关注,风起云涌的返乡创业与农村劳动力转移并不矛盾,因为一切人口现象的本质都是产业结构的调整问题。在我国经济经历了过去40年的高速发展后,蒸蒸日上的城市化和工业化极快地改变了我国的产业结构,这种改变也反映在劳动力的流动和重新配置上。不同于传统刘易斯二元经济理论假设的劳动力同质性假说,中国的农村劳动力转移实际上是一种"选择性转移",即择优转移——让较为优秀的劳动力转移出去。它可能带来的问题包括但不限于"空心村"、农村留守劳动力素质低下、农民工就业非正规、农民工无法市民化、陷入农村劳动力转移"陷阱"等。

在这样的社会背景下,我国农村剩余劳动力数量估算的重要性不言而喻。当前的主流观点不乏两种:一是以蔡昉为代表的学者分析剩余劳动力的人力资本结构和与之相关

的流转意愿,认为农村剩余劳动力的实际数量明显低于通常认为的水平,并且最早做出了我国剩余劳动力已经从无限供给转向短缺的论断;二是以南亮进等为代表的学者基于农业从业人员平均年龄明显低于发达国家水平、农村剩余劳动力数量仍多、农业从业人员并未实现充分就业等证据,认为中国农村剩余劳动力仍然保持充足的状态。基于以上两种观点,王庆芳等在《中国农村剩余劳动力估计:2010—2018年》中在准确界定乡村就业人员统计口径的基础上,利用国家计生委的专项调查数据,构建了基于农村劳动力就业类型选择的多分类预测模型,对2010—2018年农村绝对剩余劳动力和相对剩余劳动力数量进行估算得出:2018年农村绝对剩余劳动力数为3 692万人,其中有80.6%是显性剩余劳动力(公开失业的表现形式),农村相对剩余劳动力数为5 369万人,其中可以就业转移的只有1 051万人。换言之,尽管经过了几轮劳动力流转,但是农村劳动力仍然处于较大规模的剩余状态,农村大部分剩余劳动力存在质量不佳的结构性问题,我国将面临农业生产劳动力紧张和非农产业劳动力不足的双重困境。因此,农村劳动力转移的研究将指向改善我国农村劳动力的结构问题。在这一研究领域,一些发达国家和地区不乏劳动力转移战略和转型的成功案例。英国根据本国国情,由政府强制完成劳动力转移的过程;美国则采用自由式的劳动力转移,用经济发展推动劳动力结构变化,从而自由地完成劳动力转移;而日本由于人多地少、资源稀缺的国情以及处于经济高速发展的时期,将重点放到城郊工业和服务业,同时注重人才培养,建立了适合日本国情的劳动力结构。不难发现,稳定、合适的劳动力结构是国家发展的重要因素,故本文将在研究农村劳动力转移与农业生产利润空间的关系的基础上继续探索和分析适合我国国情的劳动力结构。

2. 可行性分析

收录于北大核心期刊、CSSCI和CSCD的《中国农业农村高质量发展的空间差异及驱动机制》这一前沿文献指出,在关于农业农村高质量发展指标的评估中,农业机械化程度、农村土地流转率、农民收入水平都和农村高质量发展有正相关关系。在查阅其他相关文献和建立逻辑链时,我们发现农村劳动力转移对上述农业机械化程度、土地流转率和农民收入水平确有不同程度的影响。

农业机械化是衡量农业现代化的重要指标。从最开始的机械化率接近0发展至2016年我国的总体机械耕种率达到64%,占全球农机行业的46%,毋庸置疑,我国已位于世界农机发展的前列。然而,目前我国的农村发展不平衡问题仍较突出,农业农村仍是"四化同步"中的短板。我国农机发展面临地区发展不平衡问题,主要表现为东部与中西部的不平衡,农业生产过程中不同作物、不同农业程序上的机械化程度不同,机械利用效率低下,仍然与发达国家存在差距等问题。基于改进的超越对数成本函数的分析表明,劳动力转移率与农业机械化程度存在相关关系,并且,通过对美国、英国等代表性国家在发展过程中转移劳动力方法的研究以及对我国典型地区农村劳动力转移方式的参考,本文认为农村劳动力转移在作用于机械化发展的同时,对解决农村劳动力剩余问题和调整我国农村劳动力的结构确有促进作用。

在以往的学术研究中,关于农村劳动力转移的研究几乎是以区域性的时间变化为轴,采用的数据对比以自身纵向变化为主,而"千村调查"数据是以某一年度多维度多地区的方式呈现,故本文以横向研究为主,从全局出发审视劳动力转移的关联效应,试图在2021年最新的"千村调查"数据库中寻找与之相关的数据支撑,建立劳动力转移率与对应指标的相关关系。同时,考虑到不同地区人口基数和经济基础的差异,本文对数据进行了比率化处理,使之能够进行标准化衡量。

基于以上调研,本文试图论证:在中国的大部分农村地区,农村劳动力的转移可能会扩大农业生产的利润空间。其中,农村劳动力转移是指由农业生产转移到城镇中的第二、第三产业的生产工作中的现象,农业生产的利润空间是农产品和农副产品的价格收入和成本费用之间的差额大小。根据对现有文献的科学分析和合理推断,原因主要有三:其一,农村劳动力转移会提高农民的工资性收入,进而提高农民整体收入水平。农民收入水平的提高能够为农业生产提供足够的资金,促进农业生产,扩大生产规模或提高生产效率。其二,农村劳动力转移将倒逼机械化生产的发展,促进农业现代化或推动农业生产活动朝着更具智能化的方向发展。其三,农村劳动力转移使得人均耕地面积得到增长,从而促进土地流转,为农业集中生产、整合发展等规模化进程提供良好条件,有效实现农村土地承包经营。因此,本文将基于"千村调查"数据库来验证这三个子命题的科学性和合理性,再辅以科学研究和政策方向等对农村劳动力转移对农业生产利润空间的作用和影响进行深入探讨。

(二)一元线性回归模型的构建

根据前期背景调研和研究设想,以"千村调查"数据库为基础,本文将从农民收入增长、机械化程度提高和农业规模化加速三个研究视角出发,通过运用最小二乘法构建不同的线性回归模型,对农村劳动力转移对农业生产利润空间的影响效应进行相应检验和分析。

在对农民收入增长的影响效应的分析中,模型公式的具体形式如下:

$$Y_1 = a_1 x_1 + b_1 + \sigma \tag{1}$$

在公式(1)中:$Y_1$选取"千村调查"数据库中的问题内容"过去5年本村居民人均收入增长率"代表农民收入增长情况,反映农民收入水平;$x_1$代表劳动力转移率,选取"千村调查"数据库中相应的"$\dfrac{\text{户籍人口}-\text{常住人口}}{\text{户籍人口}}$"近似反映农村劳动力转移情况;$a_1$和$b_1$为待估计参数(常数和$x_1$对$Y_1$的边际贡献率);$\sigma$为随机干扰项(期望值为0)。

在对机械化程度的影响效应的分析中,模型公式的具体形式如下:

$$Y_2 = a_2 x_2 + b_2 + \sigma \tag{2}$$

在公式(2)中:$Y_2$选取"千村调查"数据库中的问题内容"主要农作物农业生产全过程机械化率"代表该村农业机械化程度;$x_2$代表劳动力转移率,选取"千村调查"数据库中相应的"$\dfrac{\text{户籍人口}-\text{常住人口}}{\text{户籍人口}}$"近似反映农村劳动力转移情况;$a_2$和$b_2$为待估计参数(常数

和 $x_2$ 对 $Y_2$ 的边际贡献率);$\sigma$ 为随机干扰项(期望值为 0)。

在对土地流转的影响效应的分析中,模型公式的具体形式如下:

$$Y_3 = a_3 x_3 + b_3 + \sigma \qquad (3)$$

在公式(3)中:$Y_3$ 选取"千村调查"数据库中的问题内容 "$\dfrac{\text{户籍数}-\text{领到适度规模经营补贴的户数}}{\text{户籍数}}$"近似反映该村规模化经营的程度;$x_3$ 代表劳动力转移率,选取"千村调查"数据库中相应的"$\dfrac{\text{户籍人口}-\text{常住人口}}{\text{户籍人口}}$"近似反映农村劳动力转移情况;$a_3$ 和 $b_3$ 为待估计参数(常数和 $x_3$ 对 $Y_3$ 的边际贡献率);$\sigma$ 为随机干扰项(期望值为 0)。

(三)数据来源与筛选

为保证数据的可得性、及时性和代表性,本文调用"千村调查"数据库中 2021 年全部地区全部维度数据,并从中选取了每一个子命题所需的相应数据作为指标。

对公式(1)中的数据,从"千村调查"数据库中筛选出同时拥有"户籍人口""常住人口"和"过去 5 年本村居民人均收入增长率"三个指标的所有村庄数据,删除缺少任一指标的其他数据;同时,删除劳动力转移率大于 1 或小于 0 的异常数据,以及增长率过高或过低的偏差数据,共计得到 254 条有效数据。

对公式(2)中的数据,同公式(1)中数据的处理方法,选出完整拥有"主要农作物农业生产全过程机械化率""户籍人口"和"常住人口"三个指标的所有村庄数据。劳动力转移率筛选依据同上,最终得到有效数据共 234 条,福建省和安徽省作为有效数据最多的两个省份,各有 16 条有效数据。

对公式(3)中的数据,同上述处理方法,选出完整拥有"户籍数""领到适度规模经营补贴的户数""常住人口"和"户籍人口"四个指标的村庄数据。劳动力转移率筛选依据同上,删除的数据包括领到补贴户数与土地流转比例明显不符的数据(土地流转比例通过"全村承包地流转面积"和"耕地面积"相比得到)、领到适度规模经营补贴的户数大于村庄总户数的误差数据等。经过筛选,共计得到 54 条有效数据。

(四)结果展示与分析

从模型估计的结果来看,农村劳动力的转移对农民收入增长、农业机械化程度提高和农业规模化加速都会产生不同程度的促进作用。

在对农民收入增长的影响效应方面,模型回归结果如图 1 所示。

图 1 表示本村居民人均收入增长率与劳动力转移率呈现正相关关系,弹性系数为 0.149 2,即在不考虑其他影响因素的情况下,劳动力转移率每增加 1 单位,人均收入增长率增长 0.149 2 单位,说明农村劳动力转移有助于农民收入的增加,由此能够保证甚至鼓励农民对农业生产的投入量和积极性,对农业生产的利润空间具有一定的扩大作用。

在对农业机械化程度提高的影响效应方面,模型的回归结果如图 2 所示。

在全国范围内,农业生产全过程机械化率和劳动力转移率呈现负相关关系,但考虑到

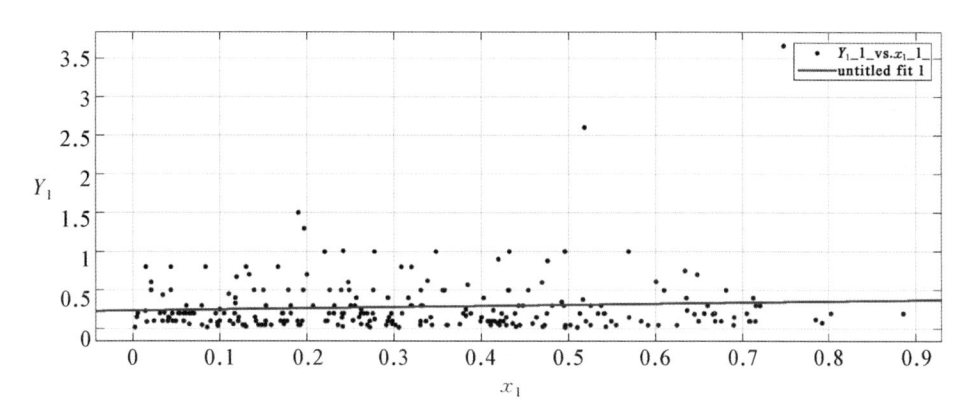

$$Y_1 = 0.149\,2x_1 + 0.236$$

**图 1　农村劳动力转移率对农民收入增长率的回归结果**

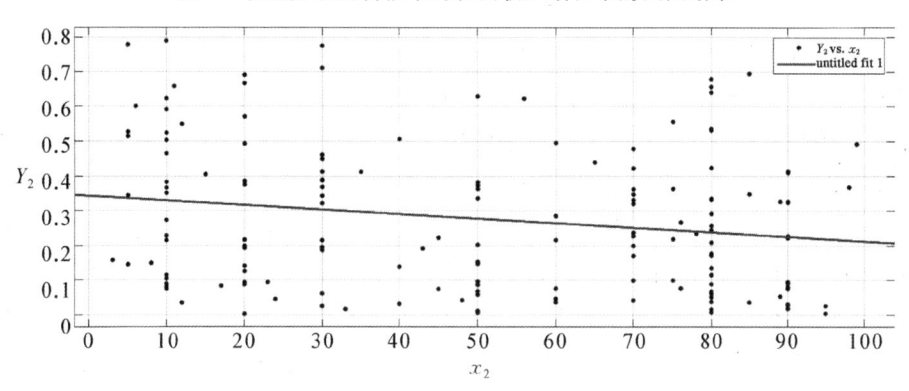

$$Y_2 = -0.001\,3x_1 + 0.324\,3$$

**图 2　农村劳动力转移率对农业机械化率的回归结果**

全国各省份主要农业生产类型差异和经济发展程度不同,将影响区域农业机械化的水平,同时,农业机械化率的调查问卷中主观估计性较高,故将农业机械化程度直接进行横向比较的方法欠妥,于是本文并不直接采用全国数据的拟合,而是从中选择有效数据最多的两个省份进行拟合分析,结果如图 3 和图 4 所示。

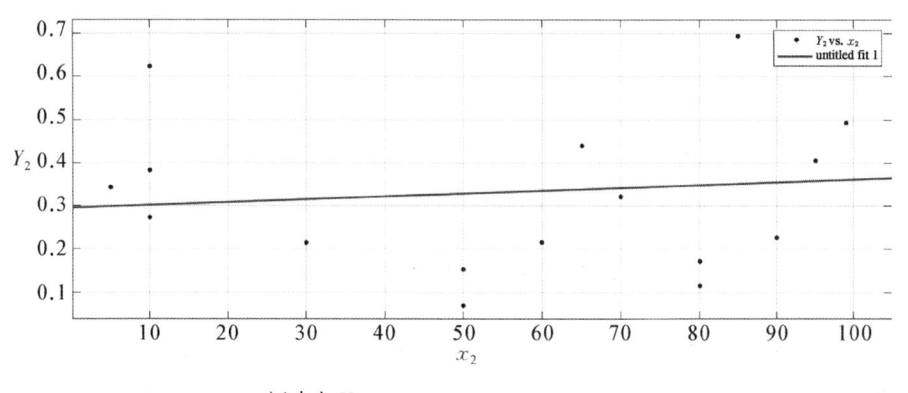

$$福建省\ Y_2 = 0.000\,657\,3x_2 + 0.295\,3$$

**图 3　福建省农村劳动力转移率对农业机械化率的回归结果**

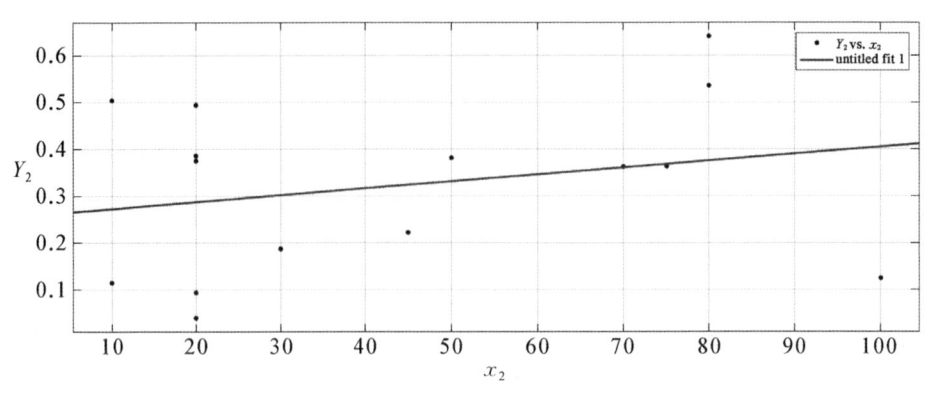

安徽省 $Y_2 = 0.001\,465x_2 + 0.258\,1$

**图4　安徽省农村劳动力转移率对农业机械化率的回归结果**

从图3和图4可知,福建省和安徽省的农业生产全过程机械化率与劳动力转移率存在正相关关系。其中,福建省的弹性系数为0.000 657 3,即在其他条件不变的情况下,劳动力转移率每增加1单位,人均收入增长率则增长 0.000 657 3 单位;安徽省的弹性系数为0.001 465,即在其他条件不变的情况下,劳动力转移率每增加1单位,人均收入增长率则增长 0.001 465 单位。这说明在农业发展类型和程度相似的区域,农村劳动力的转移有助于农业机械化程度的提高,故本研究的设想具有一定的科学性和可行性。在全国散点图中存在一定量的农村出现农业机械化程度不高但劳动力转移率高的情况,针对这类农业机械化尚未成熟的痛点期和转型期,本文将在后续政策研究中提出因地制宜的建议,并综合考虑对劳动力转移率的适度引导措施。

在对农业规模化加速的影响效应的分析方面,模型回归结果如图5所示。

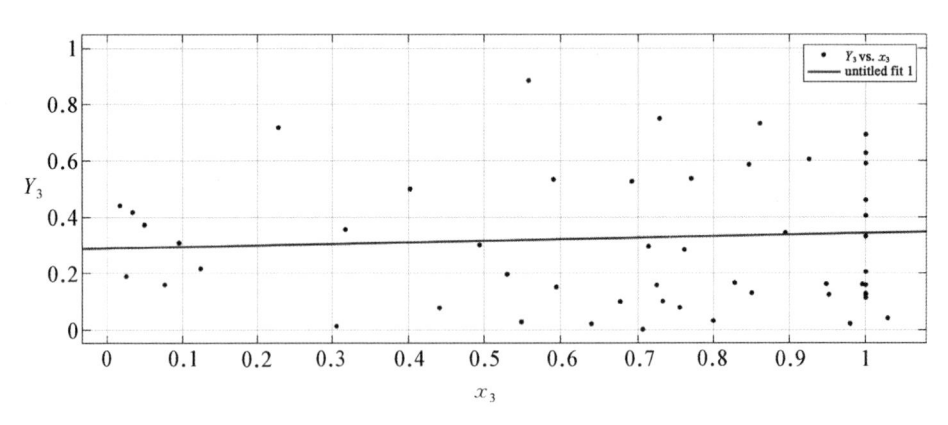

$Y_3 = 0.054\,42x_3 + 0.289\,9$

**图5　农村劳动力转移率对农业规模化的回归结果**

图5表示领到适度规模经营补贴的农户比例与劳动力转移率呈现正相关关系,弹性系数为0.054 42,即在其他因素不变的前提下,劳动力转移率每增加1单位,人均收入增长率则增长 0.054 42 单位,这说明农村劳动力的转移对促进土地流转和土地经营规模化具

有一定的积极作用。

综上所述，基于2021年"千村调查"数据库，农村劳动力转移分别作用于不同路径，确实对农业生产的利润空间具有一定的扩大效应，在对待"农村劳动力流失"这一命题时，我们能以更理性和先进的角度切入。农村劳动力从农村转移向城市，从第一产业转移向第二、第三产业，将会对农村经济发展产生复杂又深远的影响。加速劳动力转移，不仅能扩大农业生产的利润空间，而且能推动农业现代化和农业高质量发展，成为农村就业、扶贫的主要抓手和乡村振兴战略的重要手段。

### 三、农业生产的利润空间变化对农村劳动力转移的反作用

（一）研究设想

1. 利润空间的缩减可能导致农村劳动力主动转移

农业生产回本周期相对较长，时间成本高昂；生产活动长期辛苦，需要进行季节性特定的大规模农业活动，付出劳动量大；存在收成随机性，受气候、土壤等影响制约大，风险性和不确定性不容忽视。前期人力、物力的投入限制了农业成本的降低，而农作物市场价格在市场需求量客观稳定的情况下很少出现显著提升。农民在难以创造更高利益且存在更佳就业选择的情况下，会主动选择"进城"务工。

2. 利润空间的扩大可能造成农村劳动力流失

在农村田地规划卓有成效，生产机械化、智能化水平有所提高的背景下，农民生产的利润空间是可观的。为降低用人成本，部分劳动力逐渐被机械替代，农业生产岗位减少，致使农村劳动力被迫转移。

（二）分析验证

1. 利润空间缩减导致劳动力转移

农业生产的利润空间被压缩，导致农民的未来收入预期降低，在具备一定智力和体力的情况下，城市若存在更优质的工作机会，为他们提供更好的生活和未来前景，农村劳动力就将主动转移到城市。以福建省龙岩市为例，根据其官网公示，近年来农业生产所需物资如种子、肥料等价格持续大幅度上涨，农业生产的亩均利润较低，导致较多农民放弃耕地，选择城市里门槛较低、收入更高、环境更好的就业岗位。利润空间的缩水极大地推动了农村劳动力的流失与转移，这一现象在米礼梅和孙志军的《浅谈农村年轻劳动力流失的原因以及对策》中也有类似的表达。

2. 利润空间扩大导致劳动力流失

在预先假设中，在农业生产机械化、智能化的今天，利润空间在扩大，但农业生产的用人需求和成本可能在相对下降。本研究发现：其一，自变量为农业农村生产的机械化、智能化水平，而利润空间和劳动力投入情况各自属于不同的因变量，无法直接证明农业生产劳动力受利润空间的支配和影响，仍然以农业机械化程度为主导；其二，农业生产水平的提高与农业农村生产用人成本并不一定存在直接关联，相关农业机械化、智能化水平的提升可能降低廉价的体力型劳动力需求，但是同样存在提高昂贵的智力型劳动力需求的可

能,最终的用人成本未必降低。

在《农业机械化对农村劳动力转移贡献的量化分析》中曾指出,2004年至2012年,农业生产机械化对农村劳动力转移的贡献率高达86.8%。如上文所述,这是直接作用于农村劳动力转移的,与利润空间并无直接关系。此外,"农业生产机械化"相关研究中,机械化生产的优化方向为产出增长型,即在控制成本的同时保证产出的增加,而非成本节约型(产出基本不变但降低成本)。故利润空间的上升对劳动力的作用无法论证,但农业机械化和智能化作为农业生产中的重要动力的作用愈加显著。

### 四、主要结论与政策建议

#### (一)关联效应结论

根据前文的研究,当农业生产的利润空间被压缩时,农村劳动力可能主动选择转移;相应地,劳动力的转移将在一段时间内带动农民收入增长、农业机械化程度提高和农业规模化加速等扩大农业生产的利润空间。这种自发的市场调控机制将农业生产的发展维持在稳中有进的节奏中,推动农民就业和农业生产齐头并进。

农村劳动力的转移可能对农业生产的劳动力成本产生影响,而调研表明,虽然劳动力转移会在一定程度上提高农业成本中的劳动力成本,但也改变了农业生产中劳动力的投入结构,它对其他要素(如农业机械化率、产业结构等)的影响而导致的对农业生产成本的贡献可以平衡甚至超过因劳动力转移而导致的成本升高对农业生产的负面影响。但结合前文中我国农村剩余劳动力的现状,无法一味地鼓励农村劳动力持续转移,而应更关注在该机制中的某些重要环节的作用。

早在1960年,毛泽东就曾提出"农业的根本出路在于机械化"的重要论断。在乡村振兴战略的要求中,产业兴旺既是切入点,也是乡村振兴的根本出路。只有产业兴旺才能更好地带动其他方面的发展。农业机械化使用机器连续作业,大大节省了农业生产过程中的人力和时间,有助于提高农业生产效率;且随着机械化的普及,农机类型和机械作业范围不断拓展,形成良性循环;同时,机械化有利于促进土地流转,促进农业规模化、专业化生产,从而有利于各地根据资源差异,发展适合本地的现代农业,有助于推动农业产业结构的丰富和优化。在粮食安全方面,农业机械化为抵御自然灾害等突发情况提供了强大的设备支持,维护了我国的粮食产业链稳定。本文的调查结果亦能证明农业机械在农业生产的各个重要环节都发挥着重要作用,农业机械化是实现"产业兴旺"的重要支撑和保障,是乡村振兴战略的重要保证。

在农村产业结构不协调的问题上,土地流转和规模化也发挥着重要的功能作用。经过土地流转,不仅可以帮助农村更好地集中化、规模化发展农业和协调农业与其他产业之间的关系,而且有助于改善或重新规划农村产业结构,从而为农村寻找因地制宜的产业发展模式提供前期条件。

除此之外,在农业现代化还不够完善的部分地区,发展过程中的痛点期和转型期问题仍需关注。农村劳动力已然转移,但相应的作用如机械化和规模化还未发展到与之相适应的程度,或是农民收入水平的提高并未达到预期的状态,农业生产的利润空间仍然有待扩大,农业的高质量发展仍然道阻且长。

反观农村剩余劳动力的结构,该如何析出高质量人才继续支持新农村的可持续发展亦是该机制中亟待解决的问题;同时,如何提升劳动力素质和优化劳动力结构,继续支持农村劳动力的流动和重新配置也是能否倒逼农业生产发展的重要动力。

### (二) 相应政策建议

#### 1. 推动农业生产机械化、规模化发展

在如今"兼业化"的农业生产模式下,城乡户籍制度的限制使得农民不想放弃拥有的土地,导致土地"碎片化"问题较为严重,制约了农业集成化、规模化的发展。因此,要完善土地流转制度,保障流转过程中农民的权益,通过促进土地流转,同时通过机器代替人工从事农业生产中的大部分体力劳动,弥补青壮年劳动力流失的劳动力漏洞,既有助于缓解老年劳动力过度从事生产劳动的情况,又能加快农业规模化、集成化、现代化进程。

#### 2. 提高农村人均受教育水平

农村劳动力的转移存在"异质性",它会改变农村家庭的人口结构和农户的农业生产方式:一方面,劳动力的选择性转移增强了农户对先进农业生产技术、设备及服务的需求;另一方面,农村家庭内部的结构变化会在某种程度上改变对农业机械化和规模化的适配程度,尤其是当今留守农业劳动力呈现"老龄化"和"女性化",农户家庭不一定会增加机械生产投入,而是仅以能满足家庭农产品食用需求为目标。因此,在农村剩余劳动力素质有待提高的时代背景下,应该加强对农村的教育投入,不只是针对青少年的教育,也要注重对成年人的再教育,发展农业职业教育,培育高素质、高学识的新型农民,提高农民对农业的机械化和集成化意识,鼓励农户采用农机服务进行生产,促进农业机械化和现代化发展。

#### 3. 因地制宜发展农业农村,健全区域间农业农村发展的协调协作机制

我国农业农村发展质量存在较大的地区差异,各地区需结合自身环境特点和历史优势因地制宜地探寻农业农村的高质量发展路径。对可以促进农业机械化和集成化发展的地区,要加大对农业机械化和创新的投入,促进农业机械化。对一些山地、丘陵等难以发展农业机械化的地区,可以适当调整产业结构,利用农业农村优势,适当发展第三产业,吸引人才回流,促进当地发展。同时,各地区应打造具有地方特色的农业内部产业融合和农业新业态,推动质量兴农和品牌强农,巩固脱贫攻坚成果,实现脱贫攻坚和乡村振兴两大战略有效衔接。

#### 4. 打造中高端农产品品牌

农业产品利润空间有限的一个重要原因是,农产品大多属于日常消耗品,价格变动幅度小,而打造中高端农产品,以中高收入人群为目标客户,提供限量的优质农产品,因地制宜树立特色农产品品牌,能将农产品从普通的日常消耗品包装为高档的日常消耗品,西班牙伊比利亚火腿、日本巨峰葡萄等就是成功的转型案例。

#### 5. 完善农村基础设施,加大农业补贴力度,吸引农业人才回流

劳动力不能一味转移,在农村剩余劳动力可转移数量不大的情况下,通过接受教育等

方式促进剩余劳动力转移只是一方面,乡村振兴需要更多的人才投入农业、乡村,而吸引人才,一方面需要加大农业方面的补贴力度,设定科学合理的返乡人群激励标准,将得到充分学习的人才引流回农村,带回先进的知识、技术和产业经营模式等,或通过集体企业等新颖的方式或政策吸引劳动力回流;另一方面,完善农村的基础设施建设,缓解教育发展城乡不平衡的问题,推进城乡一体化。城乡一体化的发展既是农业农村发展的目标,也是促进农业农村发展进步的一大因素。只有在进步的环境下,才能存在更加高效、高质、高量的农业生产。因此,在注重农业农村生产发展的同时,不能忽视农村商业、教育、医疗等的环境发展,如此,不仅可以增强农村在人才市场的竞争力,而且能形成"人才回流—乡村发展—吸引更多人才"的良性循环。

## 五、结　语

农村的剩余劳动力转移与农民收入增长率、农业机械化率、农村土地承包流转均存在正相关关系。对剩余劳动力转移和配置工作的深入推进对促进农业农村发展有着深远的影响,与国家乡村振兴战略规划相吻合。在完成脱贫攻坚的艰巨任务、持续推进乡村振兴的新时代背景下,农业机械化和规模化发展工作的重要性日益显著;同时,持续推进相关工作的落实,夯实农业农村发展的基础也至关重要,包括但不限于完善乡村基础设施建设、健全农村教育体系、促进剩余劳动力转移、吸引人才回流、构建更加稳健的劳动力结构。当然,乡村振兴战略的落实不仅需要国家的宏观调控和相关企事业单位的响应和贡献,更需要我们每一个人躬耕入局、齐心协力,共同建设富足美丽的新农村,为第二个百年奋斗目标的实现团结一切力量,形成推动发展的强大合力。

**参考文献**

［1］陈瑞洋.乡村振兴战略与新时代"三农"工作指导思想［J］.中国果树,2022(9):117.

［2］高宏.新农村发展背景下农业经济的可持续发展研究［J］.中国农业综合开发,2022(6):48-50.

［3］葛正伟,韩建民.农业机械化对农业生产的重要作用及推广策略［J］.热带农业工程,2022,46(2):117-119.

［4］郭思旭.河南省农村劳动力流动对流出与流入地的影响研究［J］.南方农机,2022,53(12):115-117+121.

［5］郭熙保,黄灿.刘易斯模型、劳动力异质性与我国农村劳动力选择性转移［J］.河南社会科学,2010,18(2):64-68+218.

［6］何佳,刘朝霞.新时代农村土地流转对农村经济发展的重要作用［J］.中国集体经济,2020(15):5-6.

［7］姬志恒.中国农业农村高质量发展的空间差异及驱动机制［J］.数量经济技术经济研究,2021,38(12):25-44.

［8］加快推进农业机械化高质量发展 继续为实现人民对美好生活的向往不懈努力——学习贯彻习近平总书记在庆祝中国共产党成立100周年大会上的重要讲话精神［J］.广西农业机械化,2022(1):

7-8.

[9] 梁明志.劳动力素质与增量利益持续增长的关系——以我国当前劳动力素质状况为出发点[J].商,2014(25):56+66.

[10] 林善浪,叶炜,张丽华.农村劳动力转移有利于农业机械化发展吗——基于改进的超越对数成本函数的分析[J].农业技术经济,2017(7):4-17.

[11] 刘敏.英、美、日农村劳动力转移[J].价格月刊,2001(9):38.

[12] 鲁宇,李杰,和颖婷,孟庆凯.数字乡村战略下江西省农村劳动力回流问题研究[J].乡村科技,2021,12(35):19-21.

[13] 彭润娇.农业机械化在乡村振兴中的作用及其推进措施[J].农业开发与装备,2022(6):11-13.

[14] 宋向红.新时代农村土地流转对农村经济发展的重要作用[J].农家参谋,2019(14):27.

[15] 宋玉静.沈阳市农村劳动力转移对农村经济发展的影响研究[J].农业经济,2022(6):78-79.

[16] 孙贺乾.习近平"三农"观的生成逻辑、主要内容和理论特质[J].学理论,2022(9):19-21.

[17] 王庆芳,郭金兴.中国农村剩余劳动力估计:2010—2018年[J].经济理论与经济管理,2021,41(12):93-110.

[18] 杨大成,覃瑶.农村发展问题研究——农村劳动力流失原因分析[J].山西农经,2022(13):120-122.

[19] 姚文燕.乡村振兴战略背景下的农村劳动力转移:国内外经验总结、比较与启示[J].农业经济,2022(8):72-74.

[20] 于世涛.实施乡村振兴战略背景下大力发展农业机械化的作用[J].农机使用与维修,2022(9):66-69.

[21] 张春良.小麦囤粮待涨或被成本吞噬利润空间[N].粮油市场报,2017-10-12(B01).

[22] 张恒,庞涛.拥有20元/500 g利润空间,养殖规模却难以扩大,笋壳鱼令养殖户望而却步[J].当代水产,2017,42(10):40.

[23] 张欣,徐彩利,张占欣.如何提高京津冀罗非鱼养殖的利润空间[J].科学养鱼,2017(4):20-22.

[24] 张雨鑫,吴晓华.中国粮食主产区农业机械化发展研究[J].合作经济与科技,2022(17):8-11.

[25] 赵鑫,任金政,王亚军.农业生产环节外包、劳动力转移与粮农家庭增收——基于全国7 560户粮农的实证研究[J].农林经济管理学报,2022(9):1-14.

[26] 周林洁,傅帅雄.乡村振兴战略下解决"三农"问题的逻辑、关键与路径[J].农业经济,2022(8):27-29.

# 长三角一体化视域下的农业政策评价
## ——基于因子分析和聚类分析

唐　畅[①]　王亚鸿[②]　林慧琦[③]

指导老师：井然哲[④]

**摘　要**：农业作为国民经济的支柱，地位举足轻重。聚焦农业发展，符合民生关切和国家高质量发展要求。本文选取上海财经大学"千村调查"数据库2021年长三角农业相关调研数据，利用以因子分析和聚类分析方法为主的量化分析，并结合文献研究、SWOT等定性分析，对长三角45个地区的农业政策从多角度进行评价。研究发现，长三角农业政策在空间上存在不均衡的问题，其内部情况亦有差异。本文意在以长三角一体化为旨归，在乡村振兴和"三农"工作的宏观背景下，为长三角农业政策协同发展提供针对性建议。

**关键词**：长三角一体化　农业政策　SWOT分析　因子分析　聚类分析

## 一、引　言

### （一）研究背景

"三农"的涉及主体包括农业、农村和农民三个部分。"三农"工作旨在促进农民增收和农业农村全面协调可持续发展。"务农重本，国之大纲"，2022年，党的二十大召开，实施"十四五"规划正逢承上启下之时，推进"三农"工作意义深远。2022年中央一号文件出台，为我国农业发展提供战略指引。夯实"三农"基本盘，加快推进农业农村现代化，是我国农业实现行稳致远的应有之义。

乡村振兴是党的十九大提出的重大战略，是解决"三农"问题的重大行动。"民族要复兴，乡村必振兴"，实施乡村振兴战略契合人民对美好生活日益增长的需求。高质量乡村振兴是我国立足新发展阶段、贯彻新发展理念、构建新发展格局的必然要求。

2019年12月，《长江三角洲区域一体化发展规划纲要》发布，沪苏浙皖三省一市全域被

---

[①] 唐畅，上海财经大学数学学院数学与应用数学专业2021级本科生。
[②] 王亚鸿，上海财经大学信息管理与工程学院数据科学与大数据技术专业2021级本科生。
[③] 林慧琦，上海财经大学商学院工商管理专业2021级本科生。
[④] 井然哲，上海财经大学信息管理与工程学院。

纳入长三角规划中,皖江沿岸的 8 座安徽地级市也被纳入 27 个中心区城市,省会合肥更是与南京、杭州并列,成为长三角世界级城市群的副中心之一。长三角一体化的发展脉络日益清晰,逐渐上升为国家层面的战略目标。以人均 GDP 为例,安徽省虽在地区综合实力方面与江浙沪相差悬殊,但就一体化而言,三省一市均可在这一过程中发挥自身独特优势。一体化并非追求区域发展的均质,在区域内部紧密联系的前提下,差距的存在更有助于三省一市实现优势互补。

农业政策作为引导农业发展的顶层设计,其意义不言而喻。政策协同性更是影响政策匹配度和实效性的关键因素。在研究农业政策方面,政策协同性意义非凡。

(二)文献综述

政策协同理论是由西方学者在"整体性政府"治理的实践基础上阐发而来的,核心旨归在于减少政策间的重叠,增强政策的协同性和多样化,解决政策供给因跨领域、跨部门而引起的诸多问题。由于政策协同可以化解政策生态性失衡问题,优化政策的执行效果,因此政策协同研究逐步成为热点领域之一。政策协同有不同的概念阐述,如政策协调、政策整合等。虽然学者们对政策协同的具体内涵尚未达成一致,但其基本涵盖"政策协调、一致"的含义。政策协同的对象不仅涉及政策间的关系,而且与政策内部各部分之间的关系有关。政策协同在现代治理中正发挥越来越重要的作用,促进政府治理模式、执政理念和技术应用的完善,政策协同的相关研究也日益重要。

在政策科学领域,研究政策协同可通过揭示政策制定背后的博弈关系,深度而全面地洞察政策作用对象的特殊性优势、亟待解决的问题和潜在成长性,为政策作用对象提供适配的发展建议。目前,关于政策协同的研究主要有三个视角:一是横向协同,主要考察政策及其制定主体的协同;二是纵向协同,主要考察政策效果与政策目标的一致性;三是时间维度协同,主要考察政策的前瞻性以及根据环境变化进行政策调整而做出的制度安排。从研究范式看,形成了三种较为成熟的分析框架:一是由政策层级、主体和工具构成的多维分析框架;二是由政策制定时间、主体、工具、目标等构成的多维分析框架;三是通过政策量化标准手册对政策实施力度的分析框架。通过不同的研究视角和不同的分析框架可以实现对政策的多维评估,以实现对政策体系的持续性优化。

综观国内外文献研究现状,在研究视角方面,定量分析居多,亦不乏定性分析;在研究范畴方面,多聚焦政府治理领域,主旨多归结为国家治理体系与治理能力现代化、有效政府等公共治理维度。现有文献为后续研究提供了理论指导和有益借鉴,但其缺乏对政策作用对象的关注,亦未以比较的思维进行研究,也未涉及国内农业政策领域。本研究依托因子分析与聚类分析的研究模型,以多种视角分析政策数据,将定量分析与定性分析相结合,并密切结合我国顶层设计,回应农民关切,为长三角一体化发展提供新的切入视角,也为政策协同性研究注入多样化元素。

二、长三角农业信息介绍

(一)长三角农业整体分析

在我国总体农业发展版图中,长三角农业具有不可替代的牵引力。纵览长三角地区农业发展概况,其具备鲜明特色,亦存在不可忽视的劣势。

长三角农业投入整体减弱。在耕地存量方面,虽然农用地呈现逐年减少的整体态势,但在全国的占比仍保持不变。总体而言,长三角农业在全国农业总体格局中的地位举足轻重。在土地条件方面,长三角地区具备得天独厚的种植业优势。与占全国3.7%的土地面积相比,长三角地区的耕地和园地资源相对丰富,林地资源一般,牧草地极少。在资源投入方面,农业人力投入相对稳定,农业就业占比较低。长三角地区农业劳动力的投入在绝对数上虽然有所减少,但其占全国的比重相对稳定。

着眼于农业规模,近年长三角农业增加值显著增加,对全国农业的贡献有所回升。农业总产值虽增长显著,但其对全国的贡献有所下降。

聚焦农业结构,就农地结构而言,长三角地区以耕地和园地为主,林地和牧草地资源极少;细分结构则以种植业为主,渔业和牧业并举,与全国相比,渔业贡献较大。

长三角内部的农业情况则颇具差异性。近年来,在农业经济增速方面,安徽表现突出,江苏生产效率较高,沪苏的综合机械化和设施化水平较高。

长三角地区农业发展的 SWOT 分析[①]如表1所示。

表1　　　　　　　　　　长三角地区农业发展的 SWOT 分析

| 优　势 | 劣　势 | 机　遇 | 威　胁 |
| --- | --- | --- | --- |
| ① 农田、耕地种植面积大,农业机械化率不断提升<br>② 混合种养的生态循环农业方式在各地推行<br>③ 粮食总产量不断提高,对全国的贡献率稳居前列 | ① 年轻人返乡创业意愿不高,农业劳动力流失<br>② 安徽省和其他部分长三角地区传统农业转型缓慢,生产效率低下<br>③ 农产品销售方式落后,互联网应用不够,各地发展不均衡<br>④ 农民现代化素质不高,难以适应新型农业生产销售模式 | ① 安徽省和江苏省都是我国的农业大省,长三角三省一市均属于农业优化发展区<br>② 2018年,习近平宣布长三角一体化的国家发展战略<br>③ 长三角是我国经济发展最活跃,开放程度最高,创新能力最强的区域之一 | ① 长三角区域内部分地区地理环境类似,农业同质化现象严重<br>② 长三角三省一市的农产品标准化工作还需进一步落实,各地区发展不均衡<br>③ 农业经济总量提升,但在全国的贡献率下降,尤以上海最为明显,农业投入在不断减少 |

(二)三省一市农业概况[②]

1. 安徽省农业概况

(1)农业经济状况

自2000年至2020年,安徽省人均生产总值不断增加,2020年已达到63 426元/人,第一产业的生产总值也呈逐年上升态势,至2020年已达3 184.68亿元。农业总产值达到

---

[①] SWOT 分析法由美国管理学教授海因茨韦里克提出,是指在内外部竞争环境下,列举其优势(Strength)、劣势(Weakness)、机遇(Opportunity)和威胁(Threat)而形成分析矩阵,进而分析未来发展策略的一种方法。

[②] 此标题下的数据,若非特殊说明,则均来自2020年统计年鉴或2020年底三省一市的统计数据。

25 254 212万元,比2019年同比增长了2.28%,可见,安徽省整体发展状况良好。

从图1可以看出,2020年安徽省各村的人均纯收入不高,尽管农业生产经营占比很高,但最终农业生产经营的人均收入仅为5 494.65元/人,与长三角其他地区相差很多。

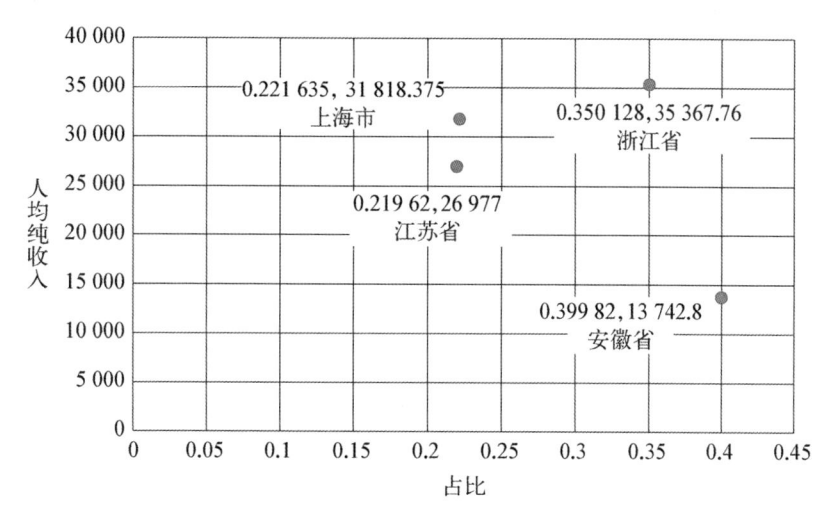

**图1　2020年农业生产经营占人均纯收入比例**

(2) 农作物产量

安徽省是我国的农业大省,农产品资源丰富,是国家重点建设的农业示范省之一。2020年,安徽省全省粮食作物产量共计40 192 169吨,经济作物产量共计28 853 888吨,粮食作物播种面积共7 289 523公顷。根据"千村调查"数据库,安徽省各村农业生产作物中,粮食作物约占88%,可见,安徽省各村以粮食作物为主要农作物。

(3) 种业情况

安徽省承担着保障国家粮食安全的任务,小麦是安徽省的第一大粮食作物。2022年的中央一号文件指出,要大力推进种源等农业关键核心技术攻关,强化现代农业产业技术体系建设,全面实施种业振兴行动方案。

图2是根据"千村调查"数据处理得到的结果,显示了2020年三省一市政府是否对主要农产品的种子实施补贴,对农户种子的选择,政府或村集体是否提供相关信息或推荐。由图可知,安徽省种业补贴覆盖率和种子信息提供率相较苏沪仍需提升。

(4) 农村劳动力情况

安徽省2020年末文盲率为4.5%,比全国文盲率高两个百分点。可见,安徽省劳动力质量不高,农民受教育程度还有待提高,需要相关政府的政策支持和重点关注。

2. 江苏省农业概况

(1) 人均耕地少

《2021年江苏省国民经济和社会发展统计公报》的数据显示,到2021年底,江苏省全省常住人口为8 505.4万人,人口密度为793人/平方千米,是中国人口密度最大的省份(不包括直辖市及特别行政区)。江苏省全省耕地面积为6 870万亩,安徽省耕地总面积为

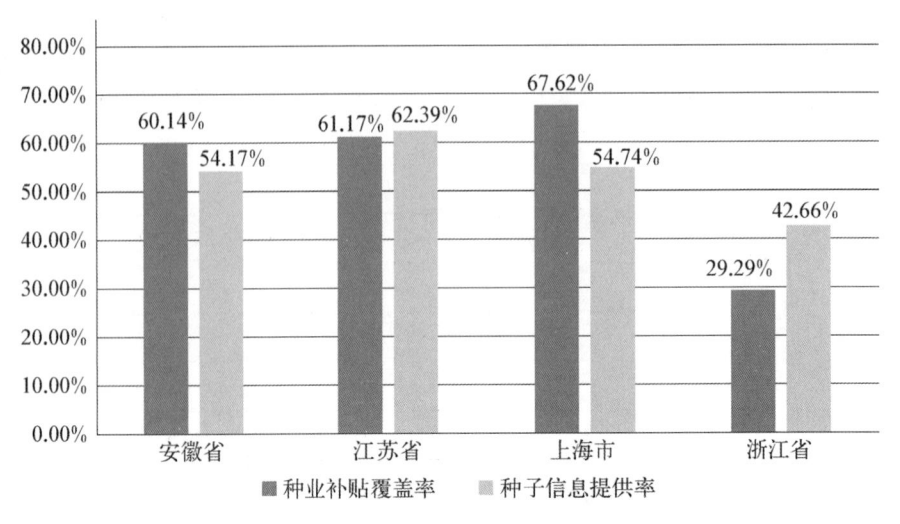

图 2　2020 年三省一市种业数据

8 320.35 万亩。江苏省人均占有耕地 0.81 亩,安徽省常住人口 6 113 万人,人均占有耕地 1.36 亩。可见,与安徽省相比,虽然江苏省耕地面积不算小,但人均耕地面积小得多。

(2) 劳动力相关情况

劳动力是支撑经济社会发展的重要因素之一。通过一个地区劳动力人口的分布与变化,能够了解该地区的经济和产业活动及其相应的变化。根据清华 DaaS 数据超市 2018 年 3 月底和 2021 年 3 月底两部分常住人口的相关数据可以看出,江苏省劳动力人口占比高,质量不断提升,呈现新的发展趋势。

2018 年 3 月底,江苏省的劳动力人口有 5 816 万人,到了 2021 年 3 月底,江苏省有劳动力人口 5 952 万人,增加了约 150 万人,占同期全国劳动力规模的比重分别为 6.06% 和 6.01%,占同期长三角地区劳动力规模的比重分别为 36.05% 和 36.02%,差别不大,但都略有降低。

从数据可以看出,在这三年期间,尽管江苏省的劳动力人口数量在持续增长,但相对长三角地区和全国其他省份来说,增长速度略显缓慢。在新时代新农业的环境下,这也正好印证了经济增长模式的转变——由依赖劳动力数量的增长转变为更多地关注劳动力人口质量的提高。

江苏省的现代农业发展十分迅速。到 2020 年底,江苏省的农业机械总功率达到 5 193.9 万千瓦,农业灌溉面积和粮食种植面积都在不断增加,农田水利设施和服务都在不断完善。许多农民正在逐步转变为新型高技术农民,弥补了中国高技术高质量农民的短缺,极大地促进了农业机械化的广泛应用,提高了农业产业效率。

3. 上海市农业发展情况

自 2010 年至 2020 年,上海市农业总产值呈下降趋势。与第二、第三产业相比,上海市第一产业的生产总值占比并不高,仅占全国的 0.1%(第二产业占 2.7%,第三产业占 5.1%)。

表2中的数据摘自上海市2021年统计年鉴,可以看出,自2000年至2020年,农村从业人口大幅下降,下降比例达38%以上,农村从业人员也减少将近一半。最新调查结果显示,上海人均耕地面积仅0.12亩,不足全国人均水平的1/12。因此,上海市的农业发展应该从上海市的实际问题和现实中的需求出发,要考虑到上海农业发展空间有限这一特殊性进行全方位的长远决策和部署,基于未来农业发展的新趋势,充分考量上海市的农业发展方向,立足"三农"问题,团结各方力量,找准应对问题的策略。

表2　　　　　　　　　　　上海主要年份农村户数、人口和从业人员

| 指标 | 2000年 | 2010年 | 2019年 | 2020年 |
| --- | --- | --- | --- | --- |
| 户数(万户) | 115.17 | 114.22 | 94.37 | 90.77 |
| 人口(万人) | 360.71 | 305.68 | 236.04 | 223.38 |
| 农村从业人员(万人) | 253.45 | 188.70 | 143.28 | 135.19 |
| 其中:第一产业 | 81.45 | 34.06 | 32.20 | 31.21 |
| 第二产业 | 119.89 | 109.84 | 81.18 | 73.85 |
| 第三产业 | 52.11 | 44.80 | 29.90 | 30.13 |

注:根据国家统计制度规定,本表中2010—2012年第一产业从业人员中包括农林牧渔服务业从业人员;从2013年起,农林牧渔服务业从业人员从第一产业中划出,归入第三产业。

图3为统计局对农村常住居民人均收入和支出情况的统计,可以看出,2020年上海市农民的人均可支配收入和消费水平与其他三省相比十分可观。在图2中,上海市的种业补贴覆盖率也相当可观。看来,虽然农业生产经营所得在上海市农民收入中占比不高,但其他附加产业如农业生态旅游等仍带动了农村地区的发展。

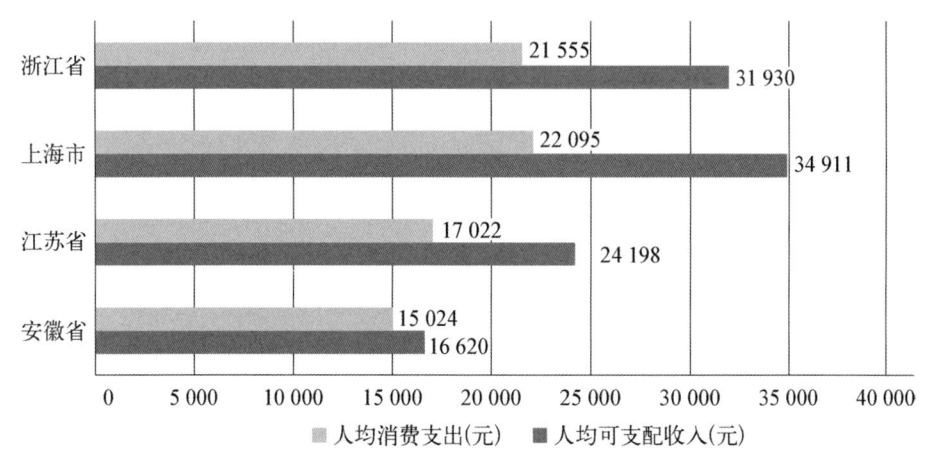

| 省市 | 人均消费支出(元) | 人均可支配收入(元) |
| --- | --- | --- |
| 浙江省 | 21 555 | 31 930 |
| 上海市 | 22 095 | 34 911 |
| 江苏省 | 17 022 | 24 198 |
| 安徽省 | 15 024 | 16 620 |

图3　2020年农村常住居民人均收入支出

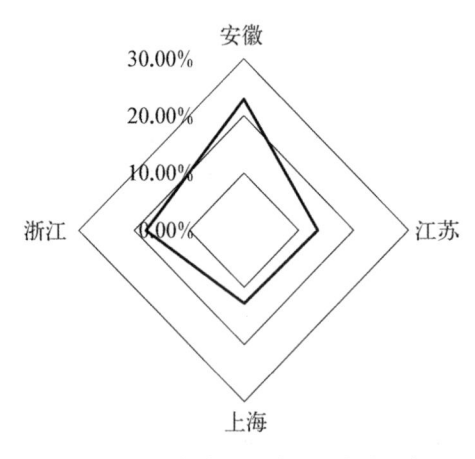

图 4　2020 年农业生产服务支出占年总支出百分比

从图 4 来看,上海市和江苏省对农业生产服务的重视程度仍有待提高。长三角地区应该统筹发展,注重农业现代化和高质量化,政府和村组织应提供农业生产服务,服务农民。

4. 浙江省农业发展情况

(1) 山地丘陵多,耕地面积小

至 2020 年,浙江省农业总产值达 1 593.96 亿元。浙江省山地丘陵多,耕地面积小。西南以山地为主,中部以丘陵为主,东北部是低平的冲积平原,地形自西南向东北呈阶梯状倾斜。在浙江省的土地面积中,山地和丘陵占 74.63%,平坦地仅占 20.32%,耕地面积为 1 935.70 万亩,故土地发展空间小。据 2020 年统计,浙江省粮食总产量不过 605.7 万吨,不到江苏省的 1/5。

(2) 劳动力及人口受教育情况

随着浙江省经济社会的快速发展,省外流动人口陆续流入浙江省,但也出现了部分流动人口回流,特别是省外农民工回流。

2020 年,浙江省农村文盲率为 4.86%,较 2010 年减少 5.42 个百分点;城镇文盲率为 1.89%,较 2010 年减少 2.24 个百分点。农村文盲率高出城镇文盲率 2.97 个百分点,较 2010 年减少 3.18 个百分点,表明农村扫盲工作初显成效,但农村人口仍是浙江省扫盲工作覆盖的重要群体。在农村的文盲人口中,97.27% 是 45 岁及以上的中老年人(如表 3 所示)。

表 3　　　　　　　　　浙江省城镇与农村分年龄文盲率　　　　　　　单位:万人

| 年　龄 | 浙江省 人口数 | 浙江省 文盲人口 | 浙江省 文盲率 | 城镇 文盲人口 | 城镇 文盲率 | 农村 文盲人口 | 农村 文盲率 |
| --- | --- | --- | --- | --- | --- | --- | --- |
| 15～19 | 280.92 | 0.36 | 0.13% | 0.23 | 0.10% | 0.13 | 0.28% |
| 20～24 | 368.90 | 0.39 | 0.11% | 0.23 | 0.08% | 0.16 | 0.22% |
| 25～29 | 484.24 | 0.52 | 0.11% | 0.30 | 0.08% | 0.23 | 0.22% |
| 30～34 | 613.86 | 0.83 | 0.14% | 0.49 | 0.10% | 0.34 | 0.28% |
| 35～39 | 510.84 | 1.27 | 0.25% | 0.75 | 0.18% | 0.52 | 0.49% |
| 40～44 | 488.63 | 2.60 | 0.53% | 1.60 | 0.43% | 1.00 | 0.87% |
| 45～49 | 566.91 | 5.59 | 0.99% | 3.50 | 0.85% | 2.09 | 1.35% |
| 50～54 | 580.96 | 10.33 | 1.78% | 6.31 | 1.60% | 4.01 | 2.17% |

续 表

| 年 龄 | 浙江省 人口数 | 浙江省 文盲人口 | 浙江省 文盲率 | 城镇 文盲人口 | 城镇 文盲率 | 农村 文盲人口 | 农村 文盲率 |
|---|---|---|---|---|---|---|---|
| 55～59 | 486.05 | 13.13 | 2.70% | 7.40 | 2.32% | 5.72 | 3.43% |
| 60～64 | 350.63 | 20.90 | 5.96% | 11.08 | 5.08% | 9.82 | 7.41% |
| 65及以上 | 856.63 | 119.45 | 13.94% | 56.12 | 11.67% | 63.33 | 16.86% |
| 总计 | 6 456.76 | 175.36 | 2.72% | 88.01 | 1.89% | 87.35 | 4.86% |

## 三、研究过程

### （一）因子分析模型简介

因子分析是一种从变量群中获得公共因子的统计技术，根据降维的思路，在尽量不损失或者少损失原始数据的情况下，把关联错综繁杂的众多变量聚合成少数独立的公共因子，这几个公共因子可以体现原始众多变量的主要信息，在减少变量个数的同时反映变量之间的内在联系。本文采用探索性因子分析法，不事先假定因子与测量项之间的关联，而是通过数据探索出最后的结果。

通常，因子分析有三种作用：一是用于因子降维，二是计算因子权重，三是加权计算因子，汇总综合得分。本文用因子分析探究长三角城市农业政策支持力度的主要影响因素以及构建长三角城市农业政策支持力度评分表。

应用因子分析法的大致过程：将样本数据标准化→进行因子分析模型适用性检验→公因子确定→计算因子载荷→公因子得分计算→计算综合得分。

因子分析的原理就是把每个研究变量分解成两部分因素：一部分由代表全部变量共同特征的少数几个公因子（$F$）组成；另一部分是每个变量独自具有的特征，即特殊因子（$\varepsilon$）。

因子分析模型如下：

$$\begin{cases} X_1 = a_{11}F_1 + a_{12}F_2 + \cdots + a_{1m}F_m + \varepsilon_1 \\ X_2 = a_{21}F_1 + a_{22}F_2 + \cdots + a_{2m}F_m + \varepsilon_2 \\ \vdots \\ X_p = a_{p1}F_1 + a_{p2}F_2 + \cdots + a_{pm}F_m + \varepsilon_p \end{cases} \quad (1)$$

即

$$\begin{bmatrix} X_1 \\ X_2 \\ \vdots \\ X_p \end{bmatrix} = \begin{bmatrix} a_{11} & a_{12} & \cdots & a_{1m} \\ a_{21} & a_{22} & \cdots & a_{2m} \\ \vdots & \vdots & & \vdots \\ a_{p1} & a_{p2} & \cdots & a_{pm} \end{bmatrix} \begin{bmatrix} F_1 \\ F_2 \\ \vdots \\ F_m \end{bmatrix} + \begin{bmatrix} \varepsilon_1 \\ \varepsilon_2 \\ \vdots \\ \varepsilon_p \end{bmatrix} \quad (2)$$

简记如下：

$$X = AF + \varepsilon \ (p \times 1)(p \times m)(m \times 1)(p \times 1)$$

且满足：(1) $m \leqslant p$；(2) $\text{cov}(F, \varepsilon) = 0$，即公共因子和特殊因子是不相关的；(3) $D(F) = \begin{pmatrix} 1 & & 0 \\ & \ddots & \\ 0 & & 1 \end{pmatrix} = I_m$，即 $F_1, \cdots, F_m$ 不相关且方差为 1。

其中：$X$ 代表研究变量；$F$ 代表提取的公因子；$A$ 代表因子载荷阵；$m$ 代表变量数；$p$ 代表公因子数；$a_{ij}$ 代表因子载荷；$\varepsilon$ 代表特殊因子。

用因子分析模型评价长三角城市农业政策支持力度的基本思路：用因子分析模型从众多影响长三角城市农业政策支持力度的因素（研究变量）中提取可以尽可能保留原数据特征的公因子（潜变量），同时可以获得降维后各个变量的组成权重，并计算各城市在各公因子中的得分，以此作为对城市农业政策支持力度的评价标准。因为公因子是从众多影响因素中提取的，且代表大多数原变量的特征，所以以此评价政策支持力度具有客观性。

（二）长三角城市农业政策支持力度评价指标体系构建

学术界对政策评价体系尚未形成统一认知，目前的研究主要从定性研究和定量建模角度构建评价指标体系，而我们受限于上海财经大学"千村调查"数据库的数据，基于2021年上海财经大学"千村调查"结果，选取了数据库中长三角三省一市中的45个城市或地区的数据（其中，上海市11个区，安徽省14个市，江苏省11个市，浙江省9个市）作为研究样本，并根据2021年入村问卷提取了有关农业政策支持的4个一级指标、7个二级指标（如表4所示）。这些指标结合了多种因素的影响，便于从多角度评价长三角农业政策支持力度。

表 4　　　　　　　　　　　长三角城市农业政策评价指标说明

| 一级指标 | 二级指标 |
| --- | --- |
| 社会化服务 | $X_1$：广度（社会化服务覆盖率） |
| | $X_2$：深度（社会化服务内容丰富度） |
| | $X_3$：社会化服务质量 |
| 种业政策 | $X_4$：种业补贴覆盖率 |
| | $X_5$：种子信息提供率 |
| 耕地政策 | $X_6$：耕地补贴金额 |
| 财政、信贷等扶持政策 | $X_7$：政策覆盖率 |

指标量化来源：$X_1$ 根据"千村调查"2021年问卷 E013 问题"本村在从事农业规模经

营过程中,当地是否提供农业社会化服务"提取;$X_2$根据"千村调查"2021年问卷E014问题"社会化服务的主要内容包括"提取;$X_3$根据"千村调查"2021年问卷E015问题"当地所提供的农业社会化服务能否满足农业规模经营的需要"提取;$X_4$根据"千村调查"2021年问卷G006问题"对于上述农产品的种子,政府或村里是否有补贴"提取;$X_5$根据"千村调查"2021年问卷G007问题"对于农户种子的选择,村集体或政府农技部门是否会提供相关信息或推荐"提取;$X_6$根据"千村调查"2021年问卷E003a问题"其中,耕地地力保护补贴的标准为(　)元/亩"提取;$X_7$根据"千村调查"2021年问卷E012问题"本村在从事农业规模经营过程中,当地政府是否提供财政、信贷等扶持政策"提取。

（三）长三角城市农业政策评价

从2021年上海财经大学"千村调查"数据库中获取表4指标的相应数据,导入SPSS 25.0,用因子分析模型可以对长三角城市农业政策支持进行评价。

1. 数据标准化

由于表4中各评价指标单位不一样、量纲不一致,导致数据之间的分析比较困难,因此需要将所有指标数据进行标准化。本文采用如下常用的标准化变换公式进行标准化:

$$ZX_{ij} = \frac{(X_{ij} - \bar{X}_i)}{S_i}$$

各指标数据经标准化后的描述统计如表5所示。

表5　　　　　　　　　　　　　　描述统计

| 指标 | 数量 | 最小值 | 最大值 | 均值 | 标准差 | 方差 |
|---|---|---|---|---|---|---|
| $ZX_1$ | 45 | −1.74 | 1.05 | 0.000 0 | 1.011 30 | 1.023 |
| $ZX_2$ | 45 | −1.72 | 2.52 | 0.000 0 | 1.011 30 | 1.023 |
| $ZX_3$ | 45 | −0.17 | 6.63 | 0.000 0 | 1.011 30 | 1.023 |
| $ZX_4$ | 45 | −1.91 | 1.45 | 0.000 0 | 1.011 30 | 1.023 |
| $ZX_5$ | 45 | −2.18 | 1.86 | 0.000 0 | 1.011 30 | 1.023 |
| $ZX_6$ | 45 | −1.22 | 5.84 | 0.000 0 | 1.011 30 | 1.023 |
| $ZX_7$ | 45 | −1.73 | 1.16 | 0.000 0 | 1.011 30 | 1.023 |
| 有效个案数 | 45 | | | | | |

2. 因子分析模型适用性检验

确定因子分析模型最终能否成功应用关系到本次对长三角农业政策的评估,必须要用KMO和Bartlett球形度检验模型,应用SPSS软件可对所收集的数据进一步分析检验,结论可见表6。从表6可以看出,KMO值为0.674＞0.6,Bartlett球形度检验显著性为0.000***,应该拒绝原假设,认为相关系数不可能是单位阵,即原始变量之间存在相关性,说明数据较好地适用于因子分析。

表6　　　　　　　　　　　　KMO检验和Bartlett检验

| KMO值 | | 0.674 |
|---|---|---|
| Bartlett球形度检验 | 近似卡方 | 65.791 |
| | df | 21.000 |
| | p | 0.000*** |

注：***、**、*分别代表1%、5%、10%的显著性水平。

3. 公因子选定

要想在数量众多的长三角农业政策的影响因子指标中准确寻找其潜变量,必须抽取这些公影响因子,通过特征值图就可以准确判断需要被抽取的这些公影响因子指标的数量。用主成分分析法所获得的公因子解释原变量的总方差见表7,可以看出,前三个公因子对原变量的累积解释率已达到67.682%＞60%,从第四个公因子开始对原变量的解释力度逐渐减小,且第四个公因子的特征根已经小于1(如图5所示),其后变化趋于平缓,因此,选取前三个公因子是合适的。

表7　　　　　　　　　　　　总方差解释

| 成分 | 特征根 | | | 旋转后方差解释率 | | |
|---|---|---|---|---|---|---|
| | 特征根 | 方差百分比 | 累积 | 特征根 | 方差百分比 | 累积 |
| 1 | 2.493 | 35.607% | 35.607% | 2.483 | 35.476% | 35.476% |
| 2 | 1.227 | 17.526% | 53.133% | 1.167 | 16.673% | 52.148% |
| 3 | 1.018 | 14.549% | 67.682% | 1.087 | 15.534% | 67.682% |
| 4 | 0.851 | 12.151% | 79.833% | | | |
| 5 | 0.750 | 10.717% | 90.550% | | | |
| 6 | 0.425 | 6.074% | 96.624% | | | |
| 7 | 0.236 | 3.376% | 100.000% | | | |

4. 计算因子载荷

为了计算各变量在三个公因子上的贡献,需要计算因子载荷,计算结果见图6——由

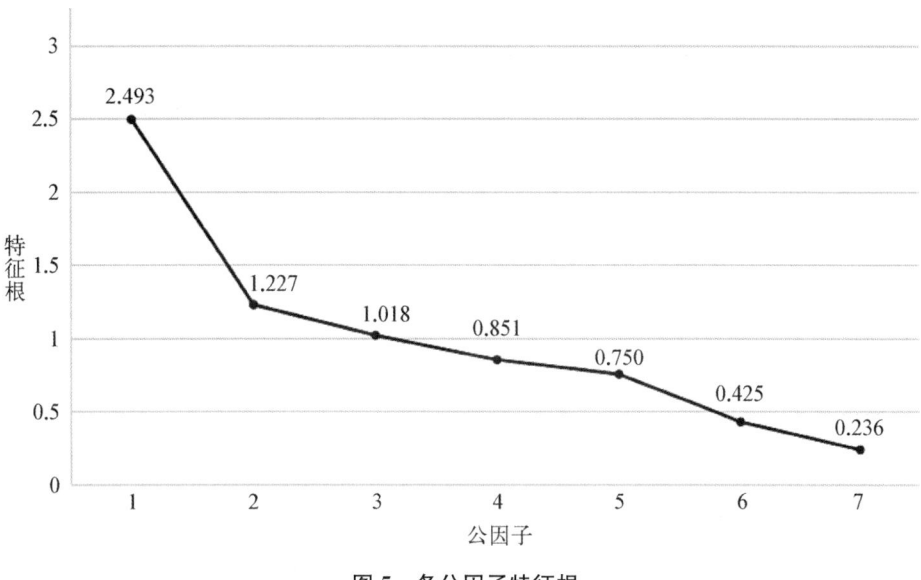

图 5　各公因子特征根

因子载荷矩阵绘制出的热力图。

| | 因子1 | 因子2 | 因子3 | 共同度（公因子方差） |
|---|---|---|---|---|
| z-值标准化… | −0.099 | 0.830 | 0.149 | 0.722 |
| z-值标准化… | 0.388 | −0.003 | 0.716 | 0.663 |
| z-值标准化… | 0.836 | 0.014 | 0.045 | 0.701 |
| z-值标准化… | 0.338 | 0.068 | −0.675 | 0.575 |
| z-值标准化… | −0.148 | −0.686 | 0.247 | 0.553 |
| z-值标准化… | 0.826 | 0.047 | −0.168 | 0.712 |
| z-值标准化… | 0.898 | 0.013 | 0.078 | 0.812 |

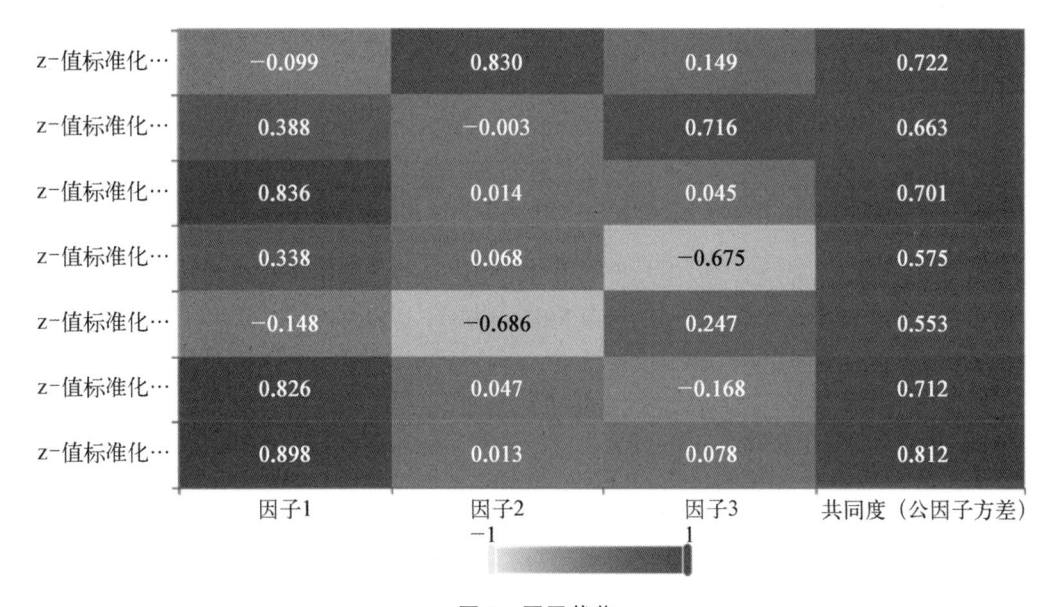

图 6　因子载荷

从图 6 可以看出，变量在三个因子上的解释倾向不明显，因此需要进行旋转（见表 8）。从旋转后的因子载荷矩阵可以看出，因子 1 在社会化服务广度（$X_1$）、社会化服务深度（$X_2$）、种子信息提供率（$X_5$）上的载荷较大，主要影响社会化服务，可以命名为服务因子（$F_1$）。因子 2 在政策覆盖率（$X_7$）上有较大载荷，因此将这个公因子命名为财政扶持因子（$F_2$）。因子 3 在耕地补贴金额（$X_6$）上有较大载荷，因此将这个公因子命名为耕地补贴因子（$F_3$）。

表 8　　　　　　　　　　　旋转后因子载荷系数

| 指　标 | 旋转后因子载荷系数 ||| 共同度（公因子方差） |
| --- | --- | --- | --- | --- |
|  | 因子 1 | 因子 2 | 因子 3 |  |
| $ZX_1$ | 0.898 | 0.013 | 0.078 | 0.812 |
| $ZX_2$ | 0.826 | 0.047 | −0.168 | 0.712 |
| $ZX_3$ | −0.148 | −0.686 | 0.247 | 0.553 |
| $ZX_4$ | 0.338 | 0.068 | −0.675 | 0.575 |
| $ZX_5$ | 0.836 | 0.014 | 0.045 | 0.701 |
| $ZX_6$ | 0.388 | −0.003 | 0.716 | 0.663 |
| $ZX_7$ | −0.099 | 0.830 | 0.149 | 0.722 |

5. 公因子得分计算

在提取公因子后，需要用因子载荷得分系数计算因子得分，用已知变量观测值计算每个公因子的得分系数，其数学模型如下：

$$F_j = \beta_{j1}X_1 + \cdots + \beta_{jp}X_p \quad j=1,\cdots,m$$

其中，$\beta_{jp}$ 是指变量的因子得分系数。用 SPSS 25.0 软件计算的因子得分系数矩阵如表 9 所示。

表 9　　　　　　　　　　　因子得分系数

| 名　称 | 成　分 |||
| --- | --- | --- | --- |
|  | 成分 1 | 成分 2 | 成分 3 |
| $ZX_1$ | 0.360 | 0.010 | 0.076 |
| $ZX_2$ | 0.331 | 0.038 | −0.165 |
| $ZX_3$ | −0.060 | −0.559 | 0.243 |
| $ZX_4$ | 0.136 | 0.055 | −0.663 |
| $ZX_5$ | 0.335 | 0.011 | 0.044 |
| $ZX_6$ | 0.156 | −0.003 | 0.703 |
| $ZX_7$ | −0.040 | 0.677 | 0.146 |

$$F_1 = 0.36ZX_1 + 0.331ZX_2 - 0.06ZX_3 + 0.136ZX_4 + 0.335ZX_5 + 0.156ZX_6 - 0.040ZX_7$$

$$F_2 = 0.01ZX_1 + 0.038ZX_2 - 0.559ZX_3 + 0.055ZX_4 + 0.011ZX_5 - 0.003ZX_6 + 0.667ZX_7$$

$$F_3 = 0.076ZX_1 - 0.165ZX_2 + 0.243ZX_3 - 0.663ZX_4 + 0.044ZX_5 + 0.703ZX_6 + 0.146ZX_7$$

由此可知：

$$F = \frac{0.355}{0.677}F_1 + \frac{0.167}{0.677}F_2 + \frac{0.155}{0.677}F_3$$

表10为根据载荷系数等信息所做的主成分权重分析，其计算公式为方差解释率÷旋转后累计方差解释率。因子分析的权重计算结果显示，因子1的权重为52.415%、因子2的权重为24.634%、因子3的权重为22.951%，其中，指标权重最大值为因子1(52.415%)，最小值为因子3(22.951%)。从中可以看出，服务因子($F_1$)对长三角农业政策的评价是主导，财政扶持因子($F_2$)次之，耕地补贴因子($F_3$)相对影响最小。

表10　　　　　　　　　　　主成分权重分析

| 名　称 | 旋转后方差解释率 | 旋转后累计方差解释率 | 权　重 |
| --- | --- | --- | --- |
| 因子1 | 0.355 | 0.355 | 52.415% |
| 因子2 | 0.167 | 0.521 | 24.634% |
| 因子3 | 0.155 | 0.677 | 22.951% |

6. 计算综合得分

为了从总体上反映长三角农业政策情况，需要计算总体因子得分$F$，通常采用各因子的相对方差贡献率作为各因子的权数，计算公式如下：

$$F = \frac{0.355}{0.355+0.167+0.155}F_1 + \frac{0.167}{0.355+0.167+0.155}F_2 + \frac{0.155}{0.355+0.355+0.155}F_3$$

式中：$F_1$、$F_2$、$F_3$是各公因子得分，将相应数据代入公式，得到长三角农业政策综合得分$F$以及各地区$F_1$、$F_2$、$F_3$的排名情况（如表11所示）。

表 11　　　　　　　　　　长三角各地区农业政策得分及排名

| 地 区 | $F$ | $F$ 排名 | $F_1$ | $F_1$ 排名 | $F_2$ | $F_2$ 排名 | $F_3$ | $F_3$ 排名 |
|---|---|---|---|---|---|---|---|---|
| 安庆市 | 0.97 | 1 | 1.52 | 1 | 0.57 | 17 | 0.29 | 14 |
| 蚌埠市 | −0.84 | 42 | −1.53 | 40 | 0.95 | 4 | 0.91 | 3 |
| 池州市 | 0.60 | 7 | 0.70 | 16 | 0.90 | 10 | −0.27 | 28 |
| 滁州市 | 0.08 | 23 | −0.32 | 31 | 0.92 | 8 | −0.23 | 26 |
| 阜阳市 | 0.32 | 18 | 0.45 | 19 | 0.37 | 20 | −0.42 | 32 |
| 合肥市 | 0.50 | 12 | 1.00 | 7 | 0.25 | 23 | 0.90 | 4 |
| 淮北市 | 0.80 | 4 | 0.97 | 8 | 0.88 | 12 | −0.64 | 35 |
| 黄山市 | −0.33 | 30 | −1.53 | 41 | 0.93 | 6 | −1.20 | 42 |
| 六安市 | −1.02 | 44 | −2.08 | 44 | 0.95 | 3 | 0.39 | 12 |
| 马鞍山市 | −0.48 | 35 | −1.09 | 38 | 0.94 | 5 | 0.81 | 7 |
| 宿州市 | 0.17 | 22 | 0.16 | 25 | 0.91 | 9 | 0.23 | 17 |
| 铜陵市 | 0.59 | 8 | 0.47 | 18 | 0.90 | 11 | −0.42 | 31 |
| 芜湖市 | −0.27 | 29 | −1.16 | 39 | 0.95 | 1 | −0.05 | 23 |
| 宣城市 | 0.84 | 3 | 0.89 | 10 | 0.88 | 13 | −0.81 | 39 |
| 常州市 | −0.80 | 41 | −2.08 | 45 | 0.95 | 2 | −0.22 | 25 |
| 淮安市 | 0.61 | 6 | 0.36 | 20 | 0.76 | 15 | −0.73 | 37 |
| 南京市 | 0.33 | 17 | 0.74 | 15 | 0.30 | 21 | 0.08 | 19 |
| 南通市 | −0.40 | 33 | −0.15 | 29 | −0.72 | 37 | 0.15 | 18 |
| 苏州市 | 0.76 | 5 | 1.06 | 4 | 0.40 | 19 | 0.39 | 11 |
| 泰州市 | −0.03 | 25 | 0.19 | 23 | −0.19 | 27 | −0.25 | 27 |
| 无锡市 | 0.07 | 24 | −0.04 | 27 | 0.60 | 16 | 0.04 | 20 |
| 徐州市 | −0.39 | 32 | 0.77 | 14 | −1.15 | 43 | 0.85 | 6 |
| 盐城市 | 0.20 | 20 | 0.82 | 12 | −0.37 | 30 | −0.00 | 22 |
| 扬州市 | 0.46 | 13 | 1.43 | 2 | −1.23 | 44 | −1.29 | 44 |
| 镇江市 | 0.19 | 21 | 0.18 | 24 | −0.33 | 29 | −1.26 | 43 |

续 表

| 地 区 | $F$ | $F$ 排名 | $F_1$ | $F_1$ 排名 | $F_2$ | $F_2$ 排名 | $F_3$ | $F_3$ 排名 |
| --- | --- | --- | --- | --- | --- | --- | --- | --- |
| 宝山区 | −0.25 | 28 | −0.25 | 30 | −0.72 | 38 | −0.92 | 40 |
| 崇明区 | 0.51 | 10 | 0.91 | 9 | −0.19 | 28 | −0.57 | 33 |
| 奉贤区 | 0.41 | 14 | 1.02 | 6 | −0.46 | 32 | −0.30 | 30 |
| 虹口区 | −1.12 | 45 | −1.72 | 43 | −1.09 | 42 | −0.19 | 24 |
| 嘉定区 | 0.35 | 16 | 0.81 | 13 | −0.67 | 35 | −0.80 | 38 |
| 金山区 | −0.40 | 34 | 0.07 | 26 | −0.69 | 36 | 0.41 | 10 |
| 闵行区 | −0.15 | 27 | −0.98 | 36 | −4.50 | 45 | 1.62 | 2 |
| 浦东新区 | 0.51 | 11 | 0.69 | 17 | 0.26 | 22 | −0.29 | 29 |
| 青浦区 | 0.38 | 15 | 0.86 | 11 | −0.38 | 31 | −0.63 | 34 |
| 松江区 | 0.53 | 9 | 1.19 | 3 | −0.98 | 40 | −1.14 | 41 |
| 徐汇区 | −0.88 | 43 | −1.06 | 37 | −0.96 | 39 | 0.03 | 21 |
| 杭州市 | 0.29 | 19 | 0.28 | 21 | 0.92 | 7 | 0.56 | 9 |
| 湖州市 | 0.91 | 2 | 1.04 | 5 | 0.77 | 14 | 4.71 | 1 |
| 金华市 | −0.71 | 38 | −0.81 | 33 | 0.09 | 24 | 0.88 | 5 |
| 丽水市 | −0.76 | 40 | −1.71 | 42 | −0.56 | 34 | −1.58 | 45 |
| 宁波市 | −0.07 | 26 | −0.09 | 28 | 0.54 | 18 | 0.24 | 16 |
| 衢州市 | −0.67 | 36 | −0.52 | 32 | −0.16 | 26 | 0.78 | 8 |
| 绍兴市 | −0.38 | 31 | 0.26 | 22 | −0.98 | 41 | 0.36 | 13 |
| 台州市 | −0.71 | 39 | −0.87 | 35 | −0.51 | 33 | −0.72 | 36 |
| 温州市 | −0.70 | 37 | −0.86 | 34 | −0.06 | 25 | 0.28 | 15 |

从表 11 可以看出，长三角农业政策综合得分 $F$ 同时受因子 $F_1$、因子 $F_2$ 和因子 $F_3$ 的影响，安庆市和湖州市 $F_1$、$F_2$、$F_3$ 排名都比较靠前，所以综合排名靠前。而其他地区，有些城市 $F_1$、$F_2$、$F_3$ 排名都比靠后，有些城市只有一个或者两个因子得分排名靠前，长三角各地区农业政策情况各不相同，所以要提升长三角所有城市的农业政策水平，必须进行科学分类，进而对各个类别提出针对性建议。

## (四)长三角农业政策得分聚类分析

从表11可以看出,不论是长三角农业政策综合得分还是从服务因子、耕地补贴因子、财政扶持因子三个方面来看,长三角各地区均存在较大差异,为了提出针对性的建议,需要用科学的方法对样本进行合理分类,聚类分析就是常用的方法。

1. 聚类分析简介

聚类性分析方法是指通过将各种自然物理性质类及各种抽象的对象类的简单组合划分为一个以多个同样性质的自然对象构成的整体或多个类集合的一种分析方法。从统计理论的基本观点出发,聚类分析是一种利用大数据建模来简化统计的方式。常用的统计和群集统计分析的方法主要有系统聚类法、分解法、加入法、动态系统聚类法、有序样品聚类分析法等。其中,系统聚类是将每一个样本分成若干类的方法,其基本思想是先将各个样本各看成一类,然后规定类与类之间的距离,选取距离最小的一对合并成新的一类,计算新类与其他类之间的距离,再将相距最近的两类合并,这样每次减少一类,直到所有样本合为一类为止。根据数据特征和研究目标,此次研究采用系统聚类的方法对长三角45个样本进行聚类分析。

按照系统聚类法的基本思路,可以得到它的基本步骤如下:

第一,数据变换,目的是便于分析和计算,或改变数据的结构。

第二,计算样本两两间的距离,得到样本间的距离矩阵 $D^{(0)}$。

第三,初始 $n$ 个样本各自构成一类,类的个数 $k=n$,第 $i$ 类 $G_i = \{X_{(i)}\}$ ($i=1, 2, \cdots, n$)。此时,类间的距离就是样本间的距离 $[D^{(1)} = D^{(0)}]$。然后,对样本 $X_{(i)}$ ($i=1, 2, \cdots, n$) 执行并类过程。

第四,对上一步得到的距离矩阵 $D^{(i-1)}$,合并类间距离最小的两类为一新类,此时,类的总个数 $k$ 减少1,即 $k=n-i+1$。

第五,计算新类与其他类的距离,得到距离矩阵 $D^{(i)}$。若合并后类的总数目 $k$ 依然大于1,则重复上述步骤直至类的总数目为1。

第六,画谱系聚类图。

第七,决定分类的类别数及各类的样本组成。

此次研究在计算类间距离时采用组内平均连接法:

$$D^2(k, r) = \frac{2}{(n_k + n_r)(n_k + n_r - 1)} \sum_{i, j \in G_s} d_{ij}^2.$$

图7是用SPSS 25.0基于因子分析的聚类分析系谱图。

2. 聚类数目的确定

为了确定聚类的最佳数量,此次研究采用肘部法则(Elbow Method)利用图形估计,具体方法如下:

将SPSS聚类分析输出结果中的系数粘贴到Excel表中,并按照降序排列,然后绘制如图8聚类的类别数K-聚合系数散点图。

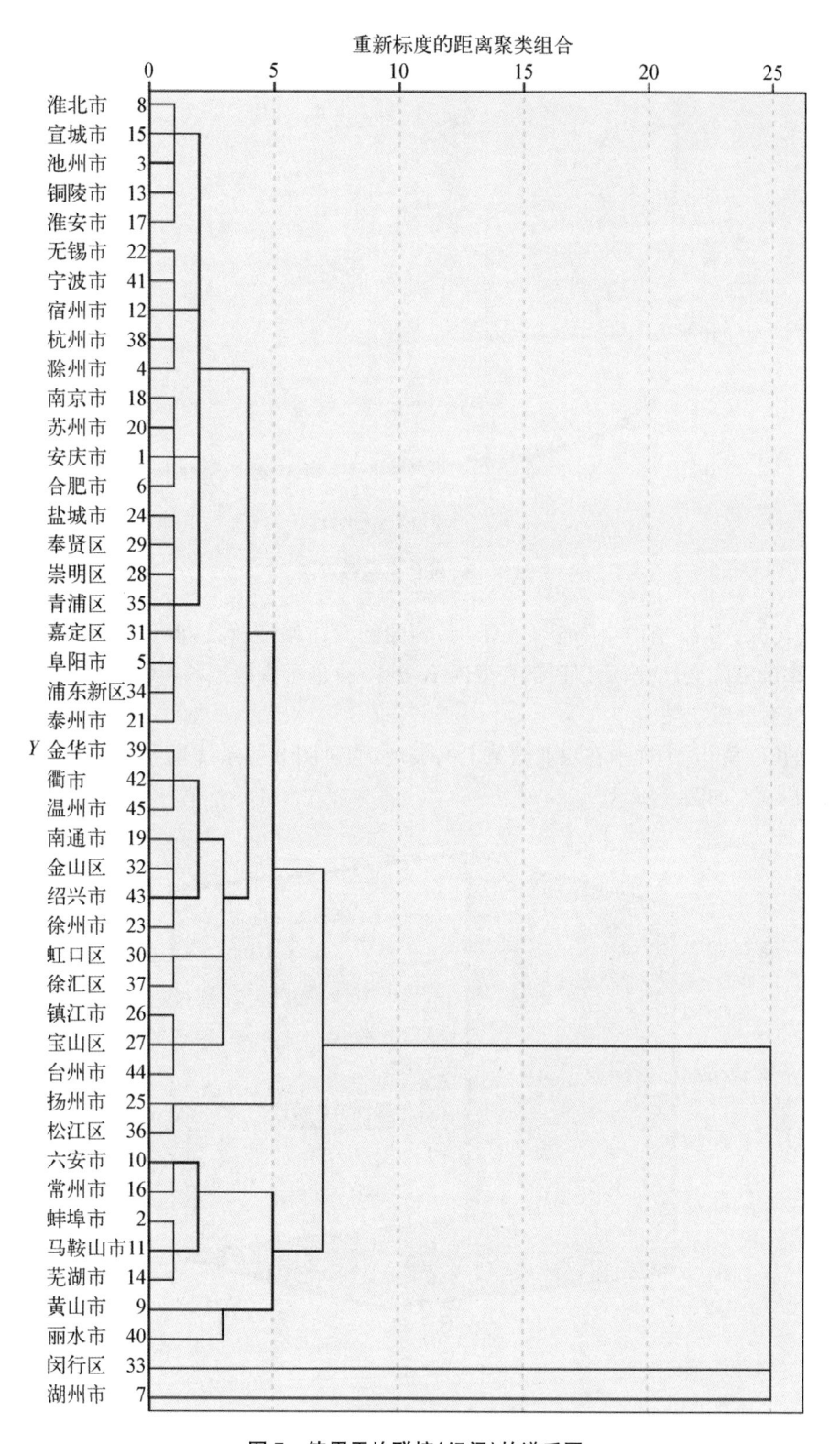

图 7 使用平均联接(组间)的谱系图

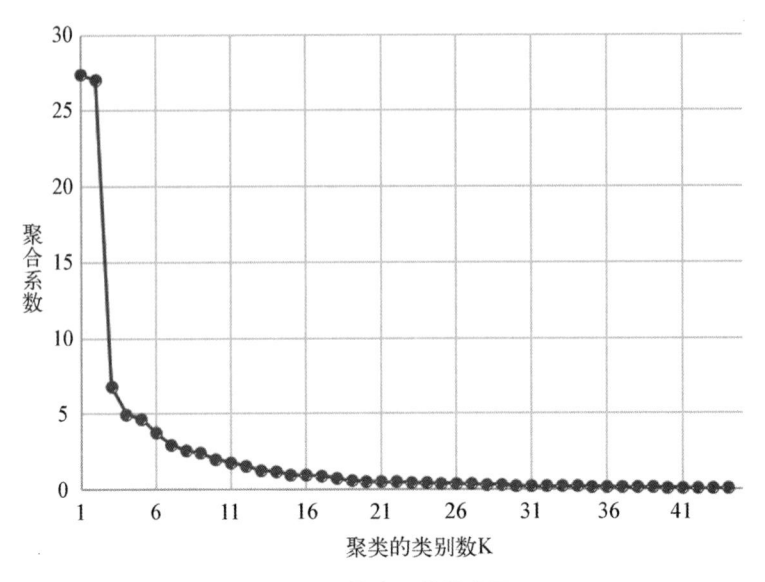

图 8 K-聚合系数散点图

由图可知,当 $K$ 值由 1 降至 4 以下时,畸变的变化幅度较大,但当种类数降为小于 4 时,折线率的下降会趋缓,所以肘部畸变时 $K=4$,故也可直接把种类数确定为 4。

3. 聚类分析结果

依据长三角 45 个样本在农业政策上的表现,通过图 8 的系统聚类结果,可以把 45 个样本分为 4 类,如图 9 所示。

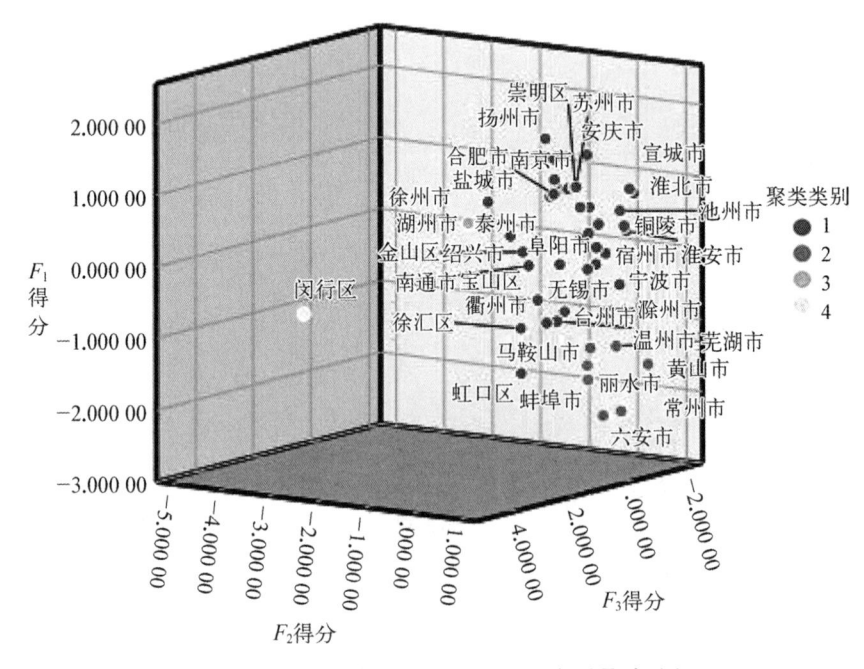

图 9 长三角 45 个样本 $F_1$、$F_2$、$F_3$ 得分聚类分析

第一类：浙江省湖州市，无论是在服务因子（$F_1$）还是在财政扶持因子（$F_2$）或耕地补贴因子（$F_3$）上的得分都比较高，所以农业政策综合得分（$F$）排名第一。

第二类：上海市闵行区，无论是在服务因子（$F_1$）还是在财政扶持因子（$F_2$）或耕地补贴因子（$F_3$）上的得分都很低，所以农业政策综合得分（$F$）排名倒数第一。

第三类：安徽省黄山市、安徽省芜湖市、安徽省马鞍山市、安徽省蚌埠市、江苏省常州市、安徽省六安市的服务因子（$F_1$）排名都较靠后，大多数在排名40以后，但是财政扶持因子（$F_2$）得分排名都很靠前，大多数在排名10以前，而耕地补贴因子得分各异，并无普遍规律。由于公共因子$F_1$在综合得分中所占的权重较大（大于50%），因此这一类城市的农业政策综合排名都相对靠后，大多数城市综合得分排名在30名甚至40名之后。

第四类：余下的样本，$F_1$、$F_2$、$F_3$的得分情况并无明显特征，呈现农业政策发展不均衡的状况，排名分布各有不同。

将研究单位扩大为省，长三角三省一市的$F$、$F_1$、$F_2$、$F_3$的平均得分如表12所示。

表12 长三角三省一市农业政策平均得分情况

| 地区 | $F$平均得分 | $F_1$平均得分 | $F_2$平均得分 | $F_3$平均得分 |
| --- | --- | --- | --- | --- |
| 安徽省 | 0.14 | −0.11 | 0.81 | −0.04 |
| 江苏省 | 0.09 | 0.30 | −0.09 | −0.20 |
| 上海市 | −0.01 | 0.14 | −0.94 | −0.25 |
| 浙江省 | −0.31 | −0.36 | 0 | 0.61 |

## 四、结论与建议

（一）结论

由长三角三省一市的农业政策得分表可知，总体而言，安徽省相对于其他地区有绝对优势。从三个因子角度看，江苏省、安徽省、浙江省分别在公因子$F_1$（服务因子）、$F_2$（政策扶持因子）、$F_3$（耕地补贴因子）上得分较高。上海市则表现不突出，尤其在政策扶持方面仍需加强。

（二）建议

为了助力长三角农业更好发展以及农业一体化的实现，我们有以下建议：

第一，农业结构调整须以促进农民收入增长为主要目标。各地应加强政府在农业结构调整中的宏观调控作用，保障农业结构调整的顺利进行；同时，应科学评估农业结构调整对农民收入增长的效应。

第二，促进农村剩余劳动力就业机会方面的改革。要发展乡村非农产业，以吸引更多农业从业人员投身第二、第三产业，使农民逐渐脱离农业生产，为农村进一步机械化和现代化提供条件；同时，鼓励大学生返乡创业，引进更多劳动力。

第三,要加大政府对农村结构调整的政策支持力度,逐步形成以财政为主体的农村结构调整风险保护机制,积极帮助农民开展农村种植业结构调整的新尝试。要不断完善农村保险制度,发展壮大农村产业协会和农村生产协作机构,全力提升农村结构调整的效益。

第四,逐步推行农村土地要素市场化发展空间配置综合改革。土地资源是农村经济发展最基本、最关键的资源,政府必须针对全国范围内各地的实际情况,完善农村土地资源发展的空间布局。用地管理必须消除省际壁垒,并强调从地方政府整体角度统筹管理,通过三省一市的统筹协同确定跨区域国家统筹土地指标。充分利用跨省补充土地国家统筹管理制度,进一步优化三省一市的发展格局,充分发挥地方比较优势,进一步提升地方土地资源要素配置效能。

第五,加强对农业产品污染的控制,打造绿色农业。与农业产品竞争力管理标准系统构建相匹配的是农业产品危害防治。从政策上看,生态农业呈现很强的外部性,需要激励机制。然而,我们在这方面还没有建立起完善的机制。政府应当加强对环境的关注,把自然资源合理使用、环境治理维护和生态平衡等纳入农业开发。

第六,进一步优化长三角农业科技创新系统。一方面,整合长三角农业科技创新资源,进一步建立长三角农业科技创新系统。另一方面,高效转变农村科学技术创造的社会生产力。在长三角地区农村科技进步的创新体制中,充分发挥农村高等学校科研机构和地方农村技术引进组织的力量,以农村高等学校科研机构为骨干,以地方农村科研与技术引进组织为基础,建立合理分配、高效衔接、深化融合的农村科研开发和科技转移体制。

第七,强化农业区域的公用品牌建设。利用地域农产品资源,建立地方农业公共品牌。在市场上同质化竞争越来越激烈的形势下,地方产品影响力不够是导致农业品牌发展规模不能合理扩张和陷入较低水平竞争的重要因素。而"农产品+地域"是很多地区发展农业品牌优先考虑的策略。例如,江苏省形成了"连天下""淮味千年""宿有千香""昆山味道"等具备相当影响力的农产品地方农业公共品牌。品牌树立后,就必须对农产品地方农业公共品牌加强保护,必须建立规范的地方公共产品许可制度,建立有效的企业认证监督机构,采用标准化的检验、执法手段确保农产品质量,保障地方公共产品的公信力。

**参考文献**

[1] 陈锴.农业结构调整、农业多功能性与农民收入变化——基于长三角苏、浙、沪地区的实证研究[J].经济问题,2011(11):82-86.

[2] 程云琪.安徽省农业高质量发展水平的测度研究[D].安徽财经大学,2022.

[3] 郭杨.基于因子分析和聚类分析的山东省各地区综合实力评价研究[D].山东大学,2019.

[4] 何青芳.坚定信心,攻坚克难,推动新时代"三农"工作高质量发展[J].共产党人,2021,24(1):1-3.

[5] 江苏省苏科创新战略研究院,中国科学院南京地理与湖泊研究所.瞭望阁|江苏劳动力区域分布有何新变化?来看这份分析报告[EB/OL]. https://baijiahao.baidu.com/s?id=1702995297234236217&wfr=spider&for=pc&searchword=%E6%B1%9F%E8%8B%8F%E7%9C%81%E5%

8A%B3%E5%8A%A8%E5%8A%9B.

［6］刘鹏凌,李想,尹路,黄靖辉.安徽省农业高质量发展水平测度及障碍因子研究[J].山西农业大学学报(社会科学版),2021,20(5)：21-28.

［7］戎畅,张疏淮,刘爽,程寒露.江苏省与辽宁省农业现代化发展对比分析[J].南方农机,2022,53(1)：22-24.

［8］王冰,林修栋,王培涛,张瑜洁.ENSO事件与胶东半岛气象干旱的相关性研究[J].贵州气象,2015,39(6)：56-62.

［9］蔚超.政策协同的内涵、特点与实现条件[J].理论导刊,2016(1)：56-59.

［10］翁章好,马筱倩.苏南劳动力增速放缓,苏北强劲回流[N].新华日报,2021.

［11］吴春尚.基于因子分析的区域农产品电商物流能力评价与实证分析——以广东省为例[J].吉林农业科技学院学报,2020,29(6)：16-23.

［12］新华社.中共中央国务院印发《长江三角洲区域一体化发展规划纲要》[EB/OL].中国政府网www.gov.cn.

［13］徐璞,李善伟,吴林海,李玉峰.上海市休闲农业发展现状、主要问题与对策研究[J].中国农业资源与区划,2022,43(1)：232-238.

［14］姚雪倩,李云祯,徐友,陈军辉,周平.基于熵权法和聚类分析法的成都市空气质量综合评价[J].环境保护科学,2017,43(1)：100-104.

［15］钟志峰,李明辉,张艳.机器学习中自适应k值的k均值算法改进[J].计算机工程与设计,2021,42(1)：136-141.

# 西北少数民族地区脱贫攻坚和乡村振兴有效衔接的研究

## ——基于2021年"千村调查"数据的实证分析

吾木尔古力·提列吾[①]　杨佳睿[②]　加德拉·乌克塔布尔[③]

指导老师：姚黎明[④]

**摘　要**：乡村振兴是现代化进程中人力、物力、财力等社会力量由向城市聚集转为城乡均衡的运动，三者构成衔接脱贫攻坚和乡村振兴的主轴。西北少数民族地区乡村振兴在全国具有典型示范作用。本文选取上海财经大学2021年"千村调查"西北少数民族地区的数据，从劳动力资源、产业结构、土地资源等经济效益方面纵向分析由脱贫攻坚迈向乡村振兴的成功经验和制约因素，横向对比其与东南沿海地区乡村振兴的差距。分析发现：西北少数民族地区农村缺乏高质量的人力资源、产业结构单一且基础薄弱、土地等资源经济产出不高且抗风险能力弱，需要依托国有企业、壮大集体经济、发展特色产业来推动社会力量的强力注入、内部积聚和自然流入，进而实现该地区脱贫攻坚和乡村振兴的有效衔接。

**关键词**：西北少数民族地区　脱贫攻坚　乡村振兴　"三农"现代化

## 一、问题的提出

农业、农村、农民是经济社会发展的重要支撑。乡村振兴是从脱贫攻坚走向共同富裕的内在要求，更是驱动全面建设社会主义现代化国家的内在动力。正如习近平所说："40年前，我们通过农村改革拉开了改革开放大幕，40年后的今天，我们应该通过振兴乡村，开启城乡融合发展和现代化建设的新局面。"[⑤]在全面建设社会主义现代化国家的全局中，脱贫攻坚和乡村振兴相衔接是消除绝对贫困后，开启"三农"现代化建设新阶段的必然要求。

脱贫攻坚与乡村振兴有效衔接的必要性和可行性毋庸赘述。乡村振兴可以借鉴脱贫攻坚的有效经验，脱贫攻坚亦能利用乡村振兴的发展机遇（豆书龙和叶敬忠，2019）。然而，实践过程中会出现现实性的交叉难题（张会忻，2020）。纵向上，客观存在脱贫攻坚与

---

[①]　吾木尔古力·提列吾，上海财经大学法学院2020级本科生。
[②]　杨佳睿，上海财经大学法学院2020级本科生。
[③]　加德拉·乌克塔布尔，上海财经大学法学院2020级本科生。
[④]　姚黎明，上海财经大学马克思主义学院。
[⑤]　习近平.把乡村振兴战略作为新时代"三农"工作总抓手[J].求是，2019(11)：4-10.

乡村振兴在内容和路径上的差异,因而会产生两者在治理体系、帮扶举措、发展机制等方面的不同;横向上,客观存在地理位置、资源环境、文化习俗、经济发展水平等区域性差异,因而会产生主体差异对乡村振兴效用感知的不同(赵德余和代岭,2022)。因此,既要从全局角度统筹谋划脱贫攻坚和乡村振兴的整体衔接,又要看到,像西北少数民族地区等具有区域性典型特征的地方,如何巩固并拓展脱贫攻坚成果,推进乡村振兴。在全国832个脱贫县中,西北地区有196个,少数民族地区有383个(其中,西北少数民族地区有154个)。西北少数民族地区农村是我国发展不平衡、不充分的典型代表,其巩固脱贫攻坚成果、推进乡村振兴,在实施乡村振兴战略的全局中具有示范带动作用。此外,西北地区蕴藏着丰富的资源和巨大的消费市场,其乡村振兴是加快建设全国统一大市场、推动高质量发展的必然要求。

那么,乡村振兴"难"在何处?西北少数民族地区农村由脱贫攻坚迈向乡村振兴的"路"在何方?

## 二、理论分析和样本选取

早在人类社会开启现代化进程初期,马克思、恩格斯就敏锐地指出:"城市已经表明了人口、生产工具、资本、享受和需求的集中这个事实;而在乡村则是完全相反的情况:隔绝和分散。"[①]自人类社会由农业文明进入工业文明始,"分散、隔绝"的农村家庭农业生产方式因不适应工业革命开启的社会化大生产,大量人口、资源、资金自发地向城市集中。而工业体系的健全、完善和城市的发展、扩张又不断地将农民变为雇佣工人,蚕食农村的土地等资源。由此形成城乡二元结构,农业、农村和农民在现代化进程中逐渐落后于工业、城市和城市居民。相比之下,农业效益低下,农村发展缓慢,农民生活困顿。就我国而言,"改革开放前20年国家以工农产品'剪刀差'汲取农业经济剩余大约为6 000亿~8 000亿元,对农业资源的过度抽取使农业自身发展乏力。"(周清香和何爱平,2022)正如习近平所说:"改革开放以来,我们依靠农村劳动力、土地、资金等要素,快速推进工业化、城镇化,城镇面貌发生了翻天覆地的变化","农业农村发展步伐还跟不上","我国发展最大的不平衡是城乡发展不平衡,最大的不充分是农村发展不充分"。[②]

由此可见,全面推进乡村振兴之"难",难在现代化进程中,社会力量整体向城市迁移,并且目前总体趋势并未改变。有研究指出:2020年后中国反贫困的主战场依然是农村(何秀荣,2018),农村贫困将会进入以转型性的次生贫困和相对贫困为特点的新阶段(李小云和许汉泽,2018)。乡村振兴归根到底是农业、农村、农民走向现代化,"让农业成为有奔头的产业,让农民成为有吸引力的职业,让农村成为安居乐业的家园"[③]。这必然需要社会力量改变走向:人口、资源、资金由向城市聚集转为城乡均衡分布,进而实现城乡融合发展。因此,实施乡村振兴战略正是中国式现代化的特征之一,而其"基础和前提还是要把

---

① 马克思恩格斯文集(第1卷)[M].北京:人民出版社,2009:556.
② 习近平.把乡村振兴战略作为新时代"三农"工作总抓手[J].求是,2019(11):4-10.
③ 习近平.把乡村振兴战略作为新时代"三农"工作总抓手[J].求是,2019(11):4-10.

脱贫攻坚战打赢打好"①,彻底改变农民的生存境遇和农村的发展面貌。就"三农"现代化的总体进程而言,脱贫攻坚是乡村振兴的应有之义。2018年1月和6月,中共中央、国务院先后出台《关于实施乡村振兴战略的意见》和《关于打赢脱贫攻坚战三年行动的指导意见》,明确了两者之间的联系：实施乡村振兴战略,是"新时代'三农'工作的总抓手"②,"脱贫攻坚期内,贫困地区乡村振兴主要任务是脱贫攻坚"③。

那么,在脱贫攻坚取得胜利的条件下,如何使其与乡村振兴有效衔接？2020年12月《中共中央国务院关于实现巩固拓展脱贫攻坚成果同乡村振兴有效衔接的意见》指出："从解决建档立卡贫困人口'两不愁三保障'为重点转向实现乡村产业兴旺、生态宜居、乡风文明、治理有效、生活富裕,从集中资源支持脱贫攻坚转向巩固拓展脱贫攻坚成果和全面推进乡村振兴。"④从内容上看,脱贫攻坚重在改善农民生产生活境况,奠定振兴乡村的基础,进而开启"三农"现代化建设新征程;从路径上看,由脱贫攻坚迈向乡村振兴意味着"三农"现代化的动力转换——变外部推动力为内生驱动力,吸引社会力量朝向城乡均衡运动。由此带来外部帮扶工作机制的转换、"三农"发展内生动力的培育等新要求。

有研究从农村电商、数字化家计、数字普惠金融等角度探究振兴乡村的多元路径,指出：电子商务可以提高农产品附加值和潜在收益(罗干峰,2022);数字化家计能够优化家庭和村庄结构(夏当英和辛昌泽,2022);数字普惠金融能够提升乡村产业高质量发展水平,其对乡村产业高质量发展的溢出效应在区域上呈现北高南低、东高西低的特征,但西北地区对数字普惠金融所带来的乡村产业溢出红利更为敏感(覃朝晖和潘昱辰,2022)。有学者分析乡村振兴的空间差异和区域协调、地方特征和民族特色,指出乡村振兴在空间上存在明显的"高-高"和"低-低"集聚趋势,"高-高"集聚区主要分布在东部地区,"低-低"集聚区主要分布在中西部地区(刘亚男和王青,2022),提出以县域空间为基本载体、以县际协作为关键纽带,构建"央-地"纵向协同治理下的东西部横向"政府-市场-社会"协作治理机制,拓展和扩散乡村振兴东西部协作治理的综合效应(翟坤周,2022)。还有研究针对少数民族地区乡村振兴,指出乡村振兴是少数民族村落共同体的重建(安治民等,2022),而大多数民族地区脱贫攻坚与乡村振兴面临产业融合匮乏、衔接机制模糊、参与主体内生动力不足等困境(马伟华和李修远,2022),民族地区文化产业发展存在产业规模单一的"广度"困境、科技赋能缺失的"热度"困境、新型人才不足的"硬度"困境、文化价值偏离的"温度"困境以及文化品牌孱弱的"黏度"困境(尹清龙和李凯,2022)。

基于上述理论分析和研究成果,本文聚焦西北少数民族地区农村,在其现有基础条件和经济状况的基础上,从劳动力资源、产业结构、经济产出三个方面,纵向对比该地区

---

① 习近平在打好精准脱贫攻坚战座谈会上强调:提高脱贫质量聚焦深贫地区,扎扎实实把脱贫攻坚战推向前进[N].人民日报,2018-2-15.
② 中共中央国务院关于实施乡村振兴战略的意见[M].北京:人民出版社,2018:1.
③ 中共中央国务院关于打赢脱贫攻坚战三年行动的指导意见. http://www.gov.cn/zhengce/2018-08/19/content_5314959.htm.
④ 中共中央国务院关于实现巩固拓展脱贫攻坚成果同乡村振兴有效衔接的意见[N].人民日报,2021-3-23.

农村脱贫攻坚的成功经验和振兴乡村的制约因素,横向对比其与东南沿海地区推动乡村振兴的差异和距离,以期探索西北少数民族地区乡村振兴的"瓶颈"及破解路径。相关数据来源于上海财经大学2021年"千村调查"项目,本文选取其中西北五省份29个少数民族地区的56份入户调查数据,并筛选出东南沿海地区(江浙沪)的相关数据与之相比较。

就基础条件而言,根据抽样村庄所处的地势,分为平原、丘陵、山区三个变量,衡量其自然环境,其中,66%的样本处于平原地带,27%的样本处于山区。在社会环境方面,因郊区远离经济社会发展中心,故对在郊区的村庄赋值0,在城区的赋值1;因乡镇街道政府所在地发展更为有利,故对村庄为乡镇街道政府所在地的赋值0,非乡镇街道政府所在地的赋值1。两者生成衡量农村经济社会发展环境的变量。抽样村庄的经济社会发展环境处于中等水平,少数村庄上述两者皆有或两者皆无(见表1)。

表1　　　　　　　　西北少数民族农村地区自然环境与社会环境统计

| 一级变量 | 二级变量 | 农村数量 |
|---|---|---|
| 农村地势 | 平原 | 36 |
|  | 丘陵 | 3 |
|  | 山区 | 15 |
| 农村政治经济环境 | 地处非乡镇街道政府所在地或城区 | 9 |
|  | 地处乡镇街道政府所在地或郊区 | 10 |
|  | 既处城区又处非乡镇或既处郊区又处乡镇地区 | 35 |

就经济状况而言,剔除异常值后的39份样本的村庄年内总收入平均为665.009万元,其中,集体经营性收入平均为219.399万元。村民的人均年收入为14 861.846元,低于2021年全国农村居民人均可支配收入18 931元,其中,最主要的收入为农业生产经营收入(7 053.077元),其次为工资性收入和财产性收入(见表2),两者同样低于2021年全国农村居民人均可支配工资性收入(7 958元)和经营性净收入(6 566元)。

表2　　　　　　西北少数民族农村地区村民收入情况统计　　　　　　单位:元

| 变量名 | 样本量 | 最大值 | 最小值 | 平均值 | 标准差 | 中位数 | 方差 |
|---|---|---|---|---|---|---|---|
| 人均年收入 | 39 | 43 000 | 4 680 | 14 861.846 | 8 410.371 | 12 773 | 70 734 340.239 |
| 农业生产经营收入 | 39 | 34 000 | 0 | 7 053.077 | 8 425.921 | 3 500 | 70 996 141.441 |
| 工资性收入 | 39 | 20 000 | 0 | 5 989.846 | 5 107.780 | 5 000 | 26 089 411.923 |

续 表

| 变量名 | 样本量 | 最大值 | 最小值 | 平均值 | 标准差 | 中位数 | 方差 |
|---|---|---|---|---|---|---|---|
| 财产性收入 | 39 | 160 000 | 0 | 4 747.846 | 25 571.433 | 0 | 653 898 183.028 |
| 转移性收入 | 39 | 8 000 | 0 | 753.000 | 1 639.960 | 0 | 2 689 468.368 |

数据来源：上海财经大学2021年"乡村振兴"主题"千村调查"项目（下同）。

### 三、实证分析

#### （一）劳动力资源及教育发展水平

西北五省地广人稀，总面积占全国陆地面积的31.7%，而人口约1亿人，仅占全国总人数的7.3%。劳动力资源是制约西北地区经济社会发展的重要因素之一，对西北少数民族地区乡村振兴而言更是如此。

调查发现：在西北少数民族地区的农村，大学生"村官"与驻村干部都相对较少，甚至很多村庄没有大学生"村官"（见表3），反映西北少数民族地区农村对人才的吸引力不足，难以引进人才，更难留住人才。与之相应，农民返乡和返乡创业的热情都不高，外出务工平均返乡比例仅为12.7%，且返乡的原因多非主观意愿。根据帕累托曲线，因"方便老人照料""'新冠'肺炎疫情""方便子女教育"等客观因素而返乡的农民占比远大于因"工作机会增加"和"务农收入提高"等因素而返乡的农民占比（见表4）。即便为数不多的返乡人员也缺乏较高的创业积极性，主要原因是"农村没有创业环境""城市创业机会更多"，而非"没有专业技术"或"政府政策支持不到位"（见表5）。

表3　　　　西北少数民族农村地区驻村干部与大学生"村官"人数情况统计

| 变量 | 0人 | 1人 | 2人 | 3人 | 4人 | 5人及以上 |
|---|---|---|---|---|---|---|
| 驻村干部（ ）人的农村数量占比 | 0 | 23.9% | 15.2% | 30.4% | 15.2% | 15.2% |
| 大学生"村官"（ ）人的农村数量占比 | 56.5% | 37.0% | 6.5% | 0 | 0 | 0 |

表4　　　　西北少数民族农村地区农民返乡原因统计

| 分类题项 | 样本量 | 响应率(%) | 普及率(%) |
|---|---|---|---|
| 务农收入提高 | 9 | 9.200 | 23.700 |
| 工作机会增加 | 18 | 18.400 | 47.400 |

续　表

| 分类题项 | 样本量 | 响应率(%) | 普及率(%) |
| --- | --- | --- | --- |
| 疾病或残疾 | 4 | 4.100 | 10.500 |
| 家乡有医疗、养老等社会保障 | 3 | 3.100 | 7.900 |
| 方便子女教育 | 13 | 13.300 | 34.200 |
| 方便老人照料 | 24 | 24.500 | 63.200 |
| 生活费用低 | 7 | 7.100 | 18.400 |
| 没有户口,不方便 | 3 | 3.100 | 7.900 |
| "新冠"肺炎疫情 | 14 | 14.300 | 36.800 |
| 其他方面 | 3 | 3.100 | 7.900 |
| 总计 | 98 | 100.000 | 257.895 |

表5　　　　　西北少数民族农村地区农民不愿返乡创业原因统计

| 分类题项 | 样本量 | 响应率(%) | 普及率(%) |
| --- | --- | --- | --- |
| 政府政策支持不到位 | 15 | 11.500 | 27.300 |
| 农村没有创业环境 | 36 | 27.500 | 65.500 |
| 返乡后不知道该做些什么 | 28 | 21.400 | 50.900 |
| 没有专业技术 | 20 | 15.300 | 36.400 |
| 城市创业机会更多 | 32 | 24.400 | 58.200 |
| 总计 | 131 | 100.000 | 238.200 |

那么,问题出在哪里? 当前,农业生产已经进入信息化和现代化的历史交汇期。"2021年,我国农业科技进步贡献率突破60%","科技兴农、科技助农成为现代农业主旋律"[1]。技术革新需要掌握和应用技术的人才。调查发现,西北少数民族地区农村劳动者受教育程度普遍较低,高中以下学历占比为74%,受过高等教育的仅有10%,远低于西北地区总体水平(18%)[2],也低于东南沿海农村地区(17%)。数据显示,西北少数民族地区与东南农村地区小学未毕业的平均数都明显高于中位数,数据右偏。这反映不同地区的教育发展不平衡,与东南沿海地区教育发展水平相比,西北少数民族地区农村劳动者学历占比平均值和中位数的差值普遍较大,教育发展不平衡问题明显(见表6)。

---

[1]　农业发展成就显著　乡村美丽宜业宜居——党的十八大以来经济社会发展成就系列报告之二. http://www.stats.gov.cn/tjsj/sjjd/202209/t20220914_1888214.html.
[2]　中国统计年鉴2021. www.stats.gov.cn/tjsj/ndsj/2021/indexch.htm.

表6 西北少数民族农村地区受教育程度数据描述性统计

| 变量名 | 样本量 西北 | 样本量 东南 | 最大值 西北 | 最大值 东南 | 最小值 西北 | 最小值 东南 | 平均值 西北 | 平均值 东南 | 标准差 西北 | 标准差 东南 | 中位数 西北 | 中位数 东南 | 方差 西北 | 方差 东南 |
|---|---|---|---|---|---|---|---|---|---|---|---|---|---|---|
| 本村劳动力中,小学未毕业占比(%) | 39 | 117 | 80 | 60 | 21.209 | 0 | 15.343 | 13.168 | 21.21 | 14.98 | 8 | 9 | 449.8 | 224.4 |
| 本村劳动力中,小学占比(%) | 39 | 117 | 65 | 60 | 16.718 | 0 | 20.334 | 18.491 | 16.72 | 13.01 | 18.6 | 16 | 279.5 | 169.3 |
| 本村劳动力中,初中占比(%) | 39 | 117 | 95 | 88 | 23.496 | 2 | 39.267 | 33.289 | 23.50 | 18.18 | 30 | 30 | 552.1 | 330.6 |
| 本村劳动力中,高中(含中专、高职)占比(%) | 39 | 117 | 69 | 70 | 15.816 | 2 | 15.751 | 18.407 | 15.82 | 11.96 | 10 | 18 | 250.1 | 143.1 |
| 本村劳动力中,大专占比(%) | 39 | 117 | 32 | 40 | 5.853 | 0 | 6.725 | 10.078 | 5.85 | 8.15 | 5 | 8 | 34.3 | 66.4 |
| 本村劳动力中,大学及以上占比(%) | 39 | 117 | 20 | 38 | 3.878 | 0 | 3.508 | 6.567 | 3.88 | 7.27 | 2 | 5 | 15.0 | 52.9 |

更需注意的是,调查取样的 66 户农村家庭中,45%认为脱贫攻坚中最有效的措施是产业扶贫,20%认为是贫困补助,只有 2%认为教育扶贫是最有效的措施(见图 1)。

(二)现代农业发展状况与产业结构

在现代化进程中,机器大工业"使城市最终战胜了乡村"①。"三农"现代化必然是农业生产工具、农户经营方式、农村产业结构的深刻变革。然而,西北少数民族地区农业生产全过程平均机械化率为 65.49%(见表 7),低于全国农作物农业生产全过程的机械化率 75%。② 相比东南沿海农村地区,该地区农村仍以传统农业为主,非农产业(农产品加工与文旅行业)发展相对缓慢(见表 8)。

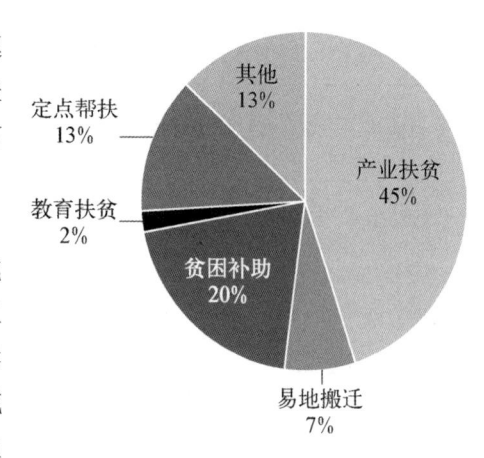

图 1 西北少数民族农村地区脱贫措施情况

表 7 西北少数民族地区农业生产全过程机械化率

| 变量 | 样本量 | 最大值 | 最小值 | 平均值 | 标准差 | 中位数 | 方差 |
| --- | --- | --- | --- | --- | --- | --- | --- |
| 农业生产全过程机械化率 | 49 | 100 | 0 | 65.49 | 33.972 | 73 | 1 154.13 |

表 8 西北少数民族农村地区与东南沿海农村地区产业状况对比统计

| 变量 | 种植业比重 | 养殖业比重 | 农产品加工业比重 | 休闲农业与乡村旅游业比重 |
| --- | --- | --- | --- | --- |
| 西北少数民族农村地区 | 85% | 6% | 2% | 7% |
| 东南沿海农村地区 | 80% | 4% | 3% | 13% |

其一,农业生产经营落后。农业生产以种植业和畜牧业为主,且大部分农户倾向于选择传统的家庭农业生产经营方式。相较而言,以种植为主的农户更愿意尝试新型农业经营形式(见表 9)。农作物主要是粮食作物和经济作物,其中,42.4%的粮食作物和 50%的经济作物卖给收购商(见表 10)。

其二,非农产业结构单一且发展滞后。抽样村庄非农产业以农产品加工产业和餐饮旅游产业为主,还有 7%的农户从事物流运输产业,电子商务产业也逐渐发展,但仍有 13%的农村没有非农产业。与之相比,东南沿海农村地区非农产业发展更为多化,除了农

---

① 马克思恩格斯文集(第 8 卷)[M].北京:人民出版社,2009:566.
② 农业发展成就显著 乡村美丽宜业宜居——党的十八大以来经济社会发展成就系列报告之二. http://www.stats.gov.cn/tjsj/sjjd/202209/t20220914_1888214.html.

表9　　西北少数民族农村地区农户对农业经营形式的选择倾向

| 分组题项 | 种植业 | 林业 | 畜牧业 | 渔业 | 农林牧渔服务业 | 种养结合 | 其他 | 总数 |
|---|---|---|---|---|---|---|---|---|
| 传统小农户 | 31 (50.820%) | 6 (9.836%) | 15 (24.590%) | 1 (1.639%) | 1 (1.639%) | 7 (11.475%) | 0 (0.000%) | 61 |
| 新型农业经营 | 16 (53.333%) | 1 (3.333%) | 7 (23.333%) | 0 (0.000%) | 0 (0.000%) | 3 (10.000%) | 3 (10.000%) | 30 |
| 总计 | 47 | 7 | 22 | 1 | 1 | 10 | 3 | 91 |

表10　　西北少数民族农村地区农作物用途情况

| 分组题项 | 自己消费 | 自销 | 卖给收购商 | 其他 | 总数 |
|---|---|---|---|---|---|
| 粮食作物 | 10 (30.303%) | 8 (24.242%) | 14 (42.424%) | 1 (3.030%) | 33 |
| 经济作物 | 3 (13.636%) | 6 (27.273%) | 11 (50.000%) | 2 (9.091%) | 22 |
| 总计 | 13 | 14 | 25 | 3 | 55 |

样产品加工、餐饮旅游外,纺织业、制造业、百货经营等行业也逐渐成为主要产业,但无非农产业的农村也相对较多(21%),电子商务在东南沿海农村地区的发展也相对落后(见表11)。

表11　　西北少数民族农村地区与东南沿海农村地区非农产业发展状况对比

| 分组题项 | 粮食加工 | 蔬菜加工 | 果品加工 | 饲料加工 | 畜禽加工 | 其他 | 总数 |
|---|---|---|---|---|---|---|---|
| 技术装备落后,科技含量低 | 13 (56.522%) | 3 (13.043%) | 4 (17.391%) | 1 (4.348%) | 1 (4.348%) | 1 (4.348%) | 23 |
| 融资能力弱,资金供应不足 | 5 (50.000%) | 2 (20.000%) | 1 (10.000%) | 0 (0.000%) | 0 (0.000%) | 2 (20.000%) | 10 |
| 高素质人才欠缺 | 10 (50.000%) | 3 (15.000%) | 2 (10.000%) | 1 (5.000%) | 2 (10.000%) | 2 (10.000%) | 20 |
| 营销意识弱,品牌建设不足 | 7 (35.000%) | 3 (15.000%) | 5 (25.000%) | 1 (5.000%) | 1 (5.000%) | 3 (15.000%) | 20 |
| 总计 | 35 | 11 | 12 | 3 | 4 | 8 | 73 |

制约非农产业发展的因素是什么？具体分析西北少数民族地区非农产业的发展状况发现：农产品加工行业中，48%为粮食加工，30%为果蔬加工，存在技术落后、资金短缺等问题。25%以物流运输产业为主要产业的农户收入较为可观，但也存在农产品包装管理标准化程度低、信息化水平不足等制约因素。餐饮旅游行业以餐饮与农家乐为主，民宿的普及率达到50%，但整体资源潜力挖掘不充分，主要原因是基础设施不完善、专业人才欠缺（见表12）。相较而言，电子商务行业尽管属于起步阶段，但89%的农村居民对其前景持积极态度。55份样本中，60%以上的人希望政府为电子商务改善市场散乱情况、扶持农业类企业、招商引资、组织科技下乡或技术培训学习、大力扶持农产品销售。

表12　西北少数民族农村地区餐饮旅游行业发展受阻原因

| 分组题项 | 产品市场定位不准确 | 基础设施不完善 | 产品同质化严重 | 资源潜力挖掘不充分 | 专业人才欠缺 | 无 | 总数 |
|---|---|---|---|---|---|---|---|
| 餐饮 | 3（7.692%） | 10（25.641%） | 4（10.256%） | 12（30.769%） | 9（23.077%） | 1（2.564%） | 39 |
| 民宿 | 2（7.143%） | 8（28.571%） | 3（10.714%） | 7（25.000%） | 7（25.000%） | 1（3.571%） | 28 |
| 农家乐 | 3（7.692%） | 12（30.769%） | 4（10.256%） | 8（20.513%） | 11（28.205%） | 1（2.564%） | 39 |
| 其他 | 2（20.000%） | 2（20.000%） | 1（10.000%） | 3（30.000%） | 1（10.000%） | 1（10.000%） | 10 |
| 总计 | 10 | 32 | 12 | 30 | 28 | 4 | 116 |

受制于农业产业的经济产出效益低，而非农产业结构欠合理，仅仅依靠农村现有力量，实现乡村振兴绝非易事。调查中，51%的村民认为未来实现乡村振兴仍有一定难度，31%的村民对乡村振兴持中立态度，只有18%的村民认为实现乡村振兴容易（见图2）。

（三）气候条件与资源开发利用

西北地区有复杂的地形地貌和独特的自然景观，如高原和盆地、沙漠和河流、森林和戈壁、岩溶和峡谷等。受高原、山地等地形阻挡，干旱缺水成为西北地区最为显著的气候特征，其水资源量仅占全国总量的5.84%，地表水量仅占全国总径流量的8%左右，由此带来的劳动力迁移、造成的产业结构布局不合理也是制约西北少数民族农村地区振兴乡村的客观因素。

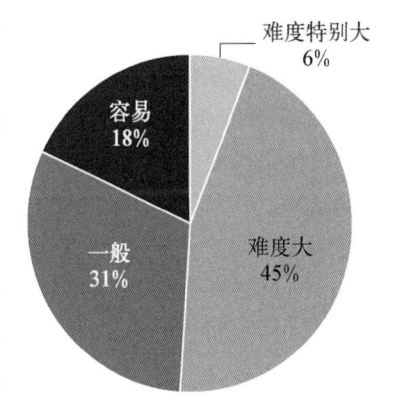

图2　西北少数民族农村地区村民对乡村振兴工作的预期

同时，西北地区蕴藏着丰富的自然资源，矿产资源的潜在经济价值达33.7万亿元，可谓是富饶之地。其中，石油储量占全国陆上总储油量的近23%，天然气储量占全国陆上总储气量的 58.5%（杨丽艳和陈祥骥，2007）。但个体农户缺乏开发利用这类资源的社会化力量。调查取样的 55 户农村家庭中，60% 认为大面积的农田才是农村和农民的资源优势。

剔除异常数据后的 36 份样本中，土地总面积平均为 8 554.016 亩，其中，耕地平均为 6 356.636 亩，集体建设用地平均为 1 001.838 亩，宅基地为 665.169 亩，其他用地平均为 1 195.542 亩。现有耕地中，农户自己经营的耕地为 3 631.025 亩，专业大户、农业企业经营的为 2 560.084 亩，抛荒 54.194 亩，休耕 111.333 亩，耕地利用率约为 98%，总体利用率较高（见表 13）。

表 13　　　　　　　　　　西北少数民族地区农村土地利用结构

| 一级变量 | 二级变量 | 面积（亩） |
| --- | --- | --- |
| 耕地 | 自己经营 | 3 631.025 |
| | 专业大户、农业企业经营 | 2 560.084 |
| | 抛荒 | 54.194 |
| | 休耕 | 111.333 |
| 宅基地 | | 665.169 |
| 集体建设用地 | | 1 001.838 |
| 其他 | | 1 195.542 |

土地是农民最重要的资源，而水利是农业生产的命脉。尽管西北少数民族地区总体耕地利用率为 98%，但耕作效率低于全国、中东部和沿海地区，农业机械化发展程度也因地势、技术等因素而受阻，部分地区生态环境脆弱，受到年降水量分布不均匀、植被覆盖率低等自然环境制约，以及过度放牧、开垦和樵采等人为因素影响，农业生产抗风险能力较弱。

## 四、结论和建议

中国式现代化是全体中国人民共同富裕的现代化，"即便我国城镇化率达到 70%，农村仍有 4 亿多人口"[1]，没有"三农"现代化就没有国家现代化。将西北少数民族地区乡村振兴置于乡村振兴战略的全局，将实施乡村振兴战略作为"三农"现代化建设置于全面建设社会主义现代化国家，将全面建设社会主义现代化国家置于人类社会现代化的历史进程，从宏观来看，乡村振兴是由城乡分离走向城乡融合发展的必然要求，实现乡村振兴需

---

[1] 习近平.把乡村振兴战略作为新时代"三农"工作总抓手[J].求是，2019(11)：4-10.

要人口、资源、资金等社会力量由向城市聚集转为城乡均衡分布。正因如此,《中共中央国务院关于全面推进乡村振兴加快农业农村现代化的意见》提出:"举全党全社会之力加快农业农村现代化,让广大农民过上更加美好的生活。"综合西北少数民族地区劳动力资源状况与教育发展水平、农业产业结构和经济发展状况,以及特有气候条件下土地等资源产出效益,并与东南沿海地区作横向对比,我们得出结论:

其一,西北少数民族地区缺乏高质量的人力资源,因此也缺乏驱动乡村振兴的内生动力。驱动经济社会发展的第一要素是具有一定生产技能的劳动者。随着农业机械化、信息化发展进步,全面推进乡村振兴离不开符合现代农业生产、能够结合其他生产要素有效创造价值的劳动者。不难发现,西北少数民族地区农民返乡和创业热情不高,劳动者受教育程度总体较低,且对教育的重视程度不够。

其二,西北少数民族地区以传统农牧业为主,产业结构单一且基础薄弱,产业结构变革和转变生产方式是其振兴乡村的必由之路。相较东南沿海农村地区,西北少数民族农村地区的非农产业和新兴产业(电子商务)整体落后,生产经营方式仍倾向于以家庭为单位的传统形式,经济来源单一且不稳定。此外,受制于技术落后、资金短缺、人才短缺、品牌意识薄弱等因素,其农产品加工行业及非农产业的发展不足。以新疆阿勒泰地区哈巴河县库勒拜镇巴勒塔村为例,得益于优越的自然条件,巴勒塔村主要从事玉米、小麦、黄豆、向日葵等种植业,农产品营养丰富、健康优质,然而全村只有一家初具规模的豆制品厂。

其三,西北少数民族地区土地经济效益不高且抗风险能力不足,自然景观和人文资源的经济产出不高。产业资源受制于个体农户生产能力不足,难以给农户带来直接的经济效益。人文资源的开发利用则受制于基础设施、自然环境,没能形成农户多元化经营的增收格局。而且,西北少数民族农村地区资本市场整体发展水平较低。农民资金获得渠道单一,且受制于农业生产周期长、风险大等特点,只能获得有限的信贷支持,农业建设、农业科技创新就更无从谈起(王宗柱和梅俊,2012)。

基于上述数据和结论,借鉴脱贫攻坚的成功经验,我们认为,西北少数民族地区脱贫攻坚和乡村振兴有效衔接,依旧需要外部力量的注入,重点在于自身力量的聚集,由此形成社会力量的流入,推动形成人力、物力、财力的城乡均衡运动。

首先,依托国有企业强力改变产业布局。借鉴企业定点扶贫、"万企帮万村"等产业扶贫方式在打赢脱贫攻坚战中具有重要意义。西北少数民族农村地区振兴乡村应置身全国统一大市场,由国有企业组织起开发利用西北地区资源的社会化大生产。在此基础上,发展与之配套的下游产业,改变本地区农村的产业格局。为此,还要借鉴金融服务脱贫攻坚的经验做法,进一步将现代金融服务下沉到乡村,为与国有企业配套的下游产业提供资金支持,进而培育更多非农产业经营主体。同时,鉴于西北少数民族农村地区经济基础相对薄弱,单纯的资金、技术支持,能解一时之困,但并非长久之计。有必要保持脱贫攻坚的经验做法,发挥党的组织优势,创新乡村人才工作体制机制,持续开展大学生志愿服务西部计划、大学生"村官"和"驻村第一书记"等;发挥社会主义制度优势,优化农业支持保护体系和强农惠农政策,继续完善农村基础设施和公共事务建设,为西北少数民族农村地区振兴乡村注入活力。

其次,壮大集体经济,聚集内生动力。与东南沿海农村地区相比,西北少数民族农村地区集体经济相对较弱。在迈向乡村振兴的"三农"现代化进程中,村集体应当发挥农业农村生产经营的经济主体作用,对外寻求资金、技术、人员的帮扶,对内组织起振兴乡村的资源与人员,由此形成国有企业注资、村集体经营、村民参与生产的新型农业农村生产经营模式。就人少地多的西北少数民族农村地区而言,个体农户现有的力量难以组织开展机械化、信息化农业生产,这就需要国有企业为之注入资金和技术,建立新型国有农庄和农业生产合作社,其经营主体则应是能够组织起农村资源、人员的村集体。村集体应转变职能——向经济主体转变,以入股的形式将分散在农户手中的土地等资源集中起来,再以雇用的形式组织农户参与生产经营,由此带来农民两方面的收入增加:一是入股分红收入,二是生产劳动收入。而村集体要成为农业农村发展的经济主体,必须进一步优化其政治功能,才能完成农村资源的整合、人员的汇聚。为此,应借鉴脱贫攻坚的成功经验,在外部力量的支持下,由村集体组织力量,推动农村基础设施完善和教育事业发展。就西北少数民族农村地区而言,村集体要借助政府政策支持,在村庄规划、道路交通、信息网络、村容村貌改善等公共事务上下功夫,创造吸引年轻人返乡创业的基础环境。同时,要借助社会力量,进一步做好住房、医疗和教育等民生工作,吸引更多人返乡并把人才留住。教育不仅限于学校教育,而且包括农村技术培训、思想观念转变等。正如恩格斯所说:"通过消除分工,进行产业教育、变换工种、共同享受大家创造出来的福利,以及城乡融合。"①

最后,发展特色产业以吸引分散力量流入。在现代化进程中,少数民族村落共同体重塑是西北少数民族农村地区振兴乡村的特有资源。与国有资本强力注入、村集体力量积聚同步,要发挥社会主义共同富裕的优势,充分调动农民的积极性、主动性和创造性,开发利用少数民族地区特有的人文资源和自然资源,从文化、生态、旅游和景观等方面发展非农特色经济,让更多人关注、走进西北少数民族农村;通过推动农副产品加工业、林果、烤饼、葡萄酒、电子商务等产业稳步发展,让西北少数民族农副产品流向全国市场,由此完成分散的社会力量向西北少数民族地区汇聚,拓宽农民就业、创业、增收渠道。

总之,实现"三农"现代化必须驱动社会力量转向城乡均衡运动。最基础的驱动力是农村集体经济的发展壮大,应以村集体为经济主体,完成外力对接和内力积聚,变革农业农村生产经营方式。而最强大的驱动力是国有资本的带动。乡村振兴是关系全局的历史性任务,西北少数民族农村地区全面推进乡村振兴,应有国有资本的强力注入,同时发挥金融市场的融资功能,形成"资本向西"的合理流动。然后,将其经济产出通过转移支付、税收返还等形式,重点用于西北少数民族农村地区农民发展具有民族特色的文旅产业,实现农业与非农业的融合发展,完成西北少数民族农村地区村落共同体的重塑,最终实现城

---

① 马克思恩格斯全集(第4卷)[M].北京:人民出版社,1958:371.

乡融合，走向共同富裕。

**参考文献**

[1] 安治民，等.乡村振兴背景下贵州少数民族村落共同体重建研究[J].贵州民族研究，2022(4)：76-81.

[2] 豆书龙，叶敬忠.乡村振兴与脱贫攻坚的有机衔接及其机制构建[J].改革，2019(1)：19-29.

[3] 何秀荣.改革40年的农村反贫困认识与后脱贫战略前瞻[J].农村经济，2018(11)：1-8.

[4] 李小云，许汉泽.2020年后扶贫工作的若干思考[J].国家行政学院学报，2018(1)：62-66+149-150.

[5] 刘亚男，王青.中国乡村振兴的时空格局及其影响因素[J].经济问题探索，2022(9)：23.

[6] 罗千峰.农村电商的增收效应及其机制[J].中国流通经济，2022(9)：47.

[7] 马克思恩格斯全集(第4卷)[M].北京：人民出版社，1958：371.

[8] 马克思恩格斯文集(第1卷)[M].北京：人民出版社，2009：556.

[9] 马克思恩格斯文集(第8卷)[M].北京：人民出版社，2009：566.

[10] 马伟华，李修远.民族地区脱贫攻坚与乡村振兴有效衔接的实践路径研究[J].贵州民族研究，2022(4)：49-55.

[11] 农业发展成就显著 乡村美丽宜业宜居——党的十八大以来经济社会发展成就系列报告之二.http://www.stats.gov.cn/tjsj/sjjd/202209/t20220914_1888214.html：1-9.

[12] 覃朝晖，潘昱辰.数字普惠金融促进乡村产业高质量发展的效应分析[J].华南农业大学学报(社会科学版)，2022(5)：24.

[13] 王宗柱，梅俊.西部农村资本市场发展现状、制约因素及对策研究[J].时代金融，2012(4)：82-83.

[14] 习近平.把乡村振兴战略作为新时代"三农"工作总抓手[J].求是，2019(11)：4-10.

[15] 习近平在打好精准脱贫攻坚战座谈会上强调：提高脱贫质量聚焦深贫地区，扎扎实实把脱贫攻坚战推向前进[N].人民日报，2018-2-15.

[16] 夏当英，辛昌泽.务工与电商：乡村"数字化家计"的形成[J].华南农业大学学报(社会科学版)，2022(5)：12.

[17] 杨丽艳，陈祥骥.西北地区矿产资源开发利用及发展前景分析[J].经济研究，2007(3)：103-109.

[18] 尹清龙，李凯.乡村振兴视阈下民族地区文化产业发展的困境与纾解[J].云南民族大学学报(哲学社会科学版)，2022(5)：125-132.

[19] 翟坤周.共同富裕导向下乡村振兴的东西部协作机制重构[J].求实，2022(5)：77.

[20] 张会忻.论脱贫攻坚与乡村振兴有效衔接的现实难题与应对措施[J].中国商论，2020(22)：187-188.

[21] 赵德余，代岭.村庄主体差异对乡村振兴效用感知的影响[J].华南农业大学学报(社会科学版)，2022(5)：1-10.

[22] 中共中央国务院关于打赢脱贫攻坚战三年行动的指导意见.http://www.gov.cn/zhengce/2018-08/19/content_5314959.htm.

[23] 中共中央国务院关于实施乡村振兴战略的意见[M].北京：人民出版社，2018：1.

[24] 中共中央国务院关于实现巩固拓展脱贫攻坚成果同乡村振兴有效衔接的意见[N]. 人民日报, 2021-3-23.

[25] 中国统计年鉴2021. www.stats.gov.cn/tjsj/ndsj/2021/indexch.htm：446-453.

[26] 周清香,何爱平. 中国城乡融合发展的历史演进及其实现路径[J]. 西安财经大学学报,2022(2)：29-38.

# "互联网+"推动"三农"问题解决的实证分析

李铭哲[①]　庞　波[②]　张嘉臣[③]

指导老师：吴纯杰[④]

**摘　要**："互联网+"通过赋能传统农业，为"三农"问题的解决提供了新思路。本文从"互联网+"解决"三农"问题的角度出发，结合2017年"千村调查"数据，运用有序多分类Logistic回归方法展开实证分析。研究发现，农村基础网络覆盖情况、互联网培训时长、农村网店数量等对人均粮食产量增加的影响并不显著；互联网教育与农村电商对人均年纯收入具有提高作用，但农村互联网普及后利用率低反而会导致农村人均收入水平的下降。

**关键词**：互联网+　"三农"问题　互联网教育　农村电商

## 一、引　言

"三农"问题包含农业、农村、农民问题，同时与一系列中国社会发展问题如以人为本、共同富裕、可持续发展等紧密相连，解决"三农"问题对实现中国式现代化具有重要意义（武力，2002），把握好提高农民收入、促进农业发展与农村稳定的紧迫性至关重要。"互联网+"是指一种依托信息技术将互联网与传统产业融合，以实现资源优化配置、商业模式更新、产业结构优化的新经济形态（黄楚新和王丹，2015）。传统产业具有成本高、发展慢、效率低、商业模式单一等缺点，而"互联网+"具有迭代快、效率高、成本低等优势。"互联网+"赋能传统产业，可以高效地整合落后的商业模式与经济形态，实现传统产业在新时代的飞跃。

在2015年全国"两会"的政府工作报告中，李克强提出了"互联网+"可以在较大程度上推动互联网与大量传统行业的有机融合，而农业这一传统行业与互联网的有机融合诞生了农村电商这一新兴产业，甚至出现了"淘宝村"这一极富中国特色的农村电子商务集

---

[①] 李铭哲，上海财经大学统计与管理学院2019级统计学专业本科生。
[②] 庞波，上海财经大学统计与管理学院2019级金融统计专业本科生。
[③] 张嘉臣，上海财经大学公共经济与管理学院2021级投资学专业本科生。
[④] 吴纯杰，上海财经大学统计与管理学院。

聚形态(崔丽丽等,2014)。同时,通过提升农业生产规模化、标准化水平,优化农产品销售渠道,强化涉农人员教育培训,降低盲目生产现象等功能,农村电商成为解决"三农"问题的重要途径(于林可,2020)。此外,伴随脱贫攻坚战的胜利,互联网的普及程度极大提升,大部分农村已普及4G网络带宽,每年多次举行互联网教育/学习方面的培训,为助力乡村振兴打下坚实基础,也为"互联网+"推动"三农"问题解决提供了社会与技术层面的可行性。

"互联网+"助力"三农"问题的解决有了坚实的基础与巨大的可能性,但只有在把握好"三农"问题成因后,才能针对性地解决问题。对"三农"问题的成因,在相关领域研究中有多种观点。刘克崮和张桂文指出,"三农"问题产生的直接原因是农业人口过多,农民就业不足,根源是工业化道路的偏差及城乡二元体制(刘克崮和张桂文,2003)。邓大才认为,"三农"问题由处于弱势群体的农民、处于弱质产业的农业、地位弱化的农村导致(邓大才,2003)。陈锡文认为,新阶段农业农村问题的实质是农民的收入增长问题,而农民收入增长困难的深层原因是农村就业不充分(陈锡文,2001)。温铁军认为我国的基本国情矛盾和体制矛盾制约了"三农"问题的解决,即人地关系的高度紧张和城乡分割对立的二元经济社会结构,造成了农业人口增加、农民贫困、教育落后等问题(温铁军,2002)。宋亚平强调,农村落后的社会经济形态无法跟随现代化的高速发展,表现为土地资源平均分配造成的小农生产、土地资源不能自由流动、科技实力与创新性弱等问题,缺乏与市场经济快速发展相适应的新农村经济形式(宋亚平,2000)。

"互联网+"对"三农"问题的众多方面有解决之效,但如果无法量化分析"互联网+"对解决"三农"问题最重要的几个影响指标,就难以对症下药,造成互联网资源分配的不均衡与不充分。

然而,现有"互联网+"对解决"三农"问题的文献数量较少,并多停留于理论分析,缺乏深入挖掘。在知网中检索"互联网+"与"'三农'问题"的相关主题,仅有50条结果,其中与这两大主题紧密相关的文献仅有15篇,且无一涉及深入的实证分析,因此相关领域的研究仍存在较大的探索空间,以数据分析为主、排除主观因素的实证分析具有研究价值。本文试结合2017年"千村调查"中"农村互联网应用状况"江浙沪地区农村的问卷数据,挖掘与"互联网+"和"三农"问题有关的变量进行计量,提出相关假说,并基于有序多分类Logistic回归方法,对"互联网+"推动"三农"问题解决展开实证分析,以探索其中重要的影响指标,得出结论,并对农村发展提出针对性建议,以期更好地响应国家的脱贫攻坚政策,助力"三农"问题解决与乡村振兴。

## 二、研究假说

提出"三农"问题旨在解决农民增收、农业发展、农村稳定问题,其中,农业发展情况主要由人均粮食产量反映,人均粮食产量又与粮食安全问题等密不可分,为老百姓的生产生活提供了坚实的后盾,人均粮食产量就成为反映农业发展情况的重要指标之一。

农民增收和农村稳定与民生息息相关,农民收入增加既有利于吸引进城打工的农村人返乡务农,缓解留守儿童、留守老人等问题,对解决农村流失人口日益加剧的问题至关重要,又能刺激农民的生产积极性,提高人均粮食产量,对农业发展亦有正面影响。因此,人均年纯收入成为衡量农民增收、农村稳定、农业发展的重要指标之一。本文将回顾互联网在"三农"问题中作用的相关文献,从互联网教育与农村电商两个方面展开,筛选出相关影响变量,提出假说进行分析。

(一)互联网教育

农民的传统知识获取途径主要集中于农民间的口耳相传和自身购买课本查阅等。由于资源的局限性,农民的知识面窄且不能及时适应农业发展。而互联网通过共享优质教学资源与提供社交咨询平台,丰富了农民的知识获取途径,解放了有限资源的约束,实现了农民科学素质提升、传统观念改变、增收致富与参政议政(陈峰,2012)。优秀的互联网教育依赖良好的农村网络应用情况。据此,本文提出如下假说:

H1:广泛的农村基础网络覆盖情况可以提高人均粮食产量。

H2:良好的公共电脑配置情况可以提高人均粮食产量。

H3:良好的公共网络配置情况可以提高人均粮食产量。

H4:广泛的农村基础网络覆盖情况可以提高人均年纯收入。

H5:良好的公共电脑配置情况可以提高人均年纯收入。

H6:良好的公共网络配置情况可以提高人均年纯收入。

良好的农村网络应用情况为互联网教育提供了坚实基础,而充分的互联网培训是互联网教育应用的关键。据此,本文提出如下假说:

H7:充足的互联网培训时长可以提高人均粮食产量。

H8:充足的互联网培训时长可以提高人均年纯收入。

(二)农村电商

电子商务成为农村经济发展的新动力,有助于加快推进农业供给侧结构性改革,实现农民增收、精准扶贫以及创新创业。而农村电商目前规模小、实力弱,尚处于初期发展阶段且发展要素支撑较为薄弱,农村信息化建设相对滞后(谢天成和施祖麟,2016),因此农村网店数量和物流网点数量与农村电商发展水平紧密关联。据此,本文提出如下假说:

H9:充足的物流网点数量可以提高人均粮食产量。

H10:充足的农村网店数量可以提高人均粮食产量。

H11:充足的物流网点数量可以提高人均年纯收入。

H12:充足的农村网店数量可以提高人均年纯收入。

### 三、模型介绍

面对呈现多分类形式的变量数据,有序多分类 Logistic 回归模型有了用武之地。下面依次从 Logistic 分布、Logistic 回归模型、有序多分类 Logistic 回归模型逐级展开介绍,并适当补充后续会用到的平行性检验、容差和方差膨胀因子的概念。

## (一) Logistic 分布

Logistic 分布是 $n$ 趋向无穷大时,指数分布中 $n$ 个样本中最大样本值和最小样本值取平均的极限分布,它的分布函数和密度函数如下:

$$F(x)=\frac{1}{1+e^{-\frac{x-\mu}{\gamma}}}, 均值为 \mu, 方差为 \frac{\pi^2 \gamma^2}{3}$$

$$f(x)=F'(x)=\frac{e^{-\frac{x-\mu}{\gamma}}}{\gamma(1+e^{-\frac{x-\mu}{\gamma}})^2}$$

其图像如图 1 所示。

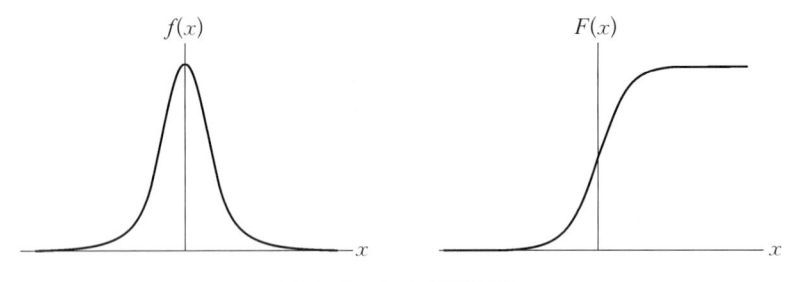

**图 1 Logistic 函数图像**

与之对应,就有了 Logistic 函数的概念。

一元 Logistic 函数如下:

$$F(x)=\frac{1}{1+e^{-(\beta_0+\beta_1 x)}}$$

其中,$\beta_0$ 和 $\beta_1$ 都是常数,分布的期望为 $x=-\frac{\beta_0}{\beta_1}$。

多元 Logistic 函数如下:

$$F(x)=\frac{1}{1+e^{-\vec{\beta}'\vec{x}}}$$

其中,$\vec{\beta}=(\beta_0, \beta_1, \cdots, \beta_m)'$,$\vec{x}=(1, x_1, \cdots, x_m)'$,为多元列向量。

## (二) Logistic 回归模型

一般意义上的 Logistic 回归主要是用于因变量是二分类变量的广义线性回归模型。由于因变量(取值为 0 或 1)是二分类变量,且因变量和自变量之间的关系并非线性关系,一般的回归模型无法准确描述两者的关系,因此就有了 Logistic 回归的应用。

与之相应,Logistic 回归模型有以下适用条件:(1) 因变量是二分类变量或多分类变量,或者是某事件的发生率;(2) 残差之和为 0,因变量和残差服从二项分布而非正态分布;(3) 自变量和 Logit($P$) 之间是线性关系;(4) 各条观测相互独立。

作为一种广义线性模型,Logistic 回归模型与多元线性回归模型有许多相似处。比如,两者中都有 $y=b'x+a$ 的形式,但多元线性回归将 $y$ 作为因变量,Logistic 回归则将 $y$ 对应到了一个隐形的因变量 $p$,使得 $p=L(b'x+a)$,$L$ 则是 Logistic 函数。Logistic 回归模型中自变量和因变量的关系如下:

$$P(y=1\mid x_0,x_1,\cdots,x_m)=p=\frac{e^{-\vec{\beta}'\vec{x}-\varepsilon}}{1+e^{-\vec{\beta}'\vec{x}-\varepsilon}}$$

其形为因变量取某一值的概率(取值区间为[0,1])为自变量向量的 Logistic 函数,$\vec{\beta}=(\beta_0,\beta_1,\cdots,\beta_m)'$ 为回归系数,$\vec{x}=(x_0,x_1,\cdots,x_m)'$ 为自变量。再将模型进行 Logit 变换,即对 $p$ 进行变换,然后代入回归模型,结果如下:

$$y=\ln\frac{p}{1-p}=\vec{\beta}'\vec{x}=\beta_0+\beta_1 x_1+\cdots+\beta_m x_m+\varepsilon$$

经由上述变换,模型被转换成了线性回归的形式。变换前 $p$ 的取值为[0,1],变换后 $y$ 的取值为 $[-\infty,\infty]$。变换后的参数 $\vec{\beta}$ 可以用最小二乘法进行估计。以多元线性回归为参考,求解回归参数的估计值 $\vec{b}=(b_0,b_1,\cdots,b_m)$。最终代入 Logistic 模型,结果如下:

$$y=\ln\frac{p}{1-p}=\hat{\vec{\beta}}'\vec{x}=\vec{b}'\vec{x}=b_0+b_1 x_1+\cdots+b_m x_m+\varepsilon$$

在 Logistic 回归模型中,有"比值"(odds)这样一个概念,它被表示为某种结果的概率与不出现的概率之比,即 $odds=\frac{p}{1-p}$。两个 $odds$ 之比被称为优势比,也就是 $OR$。两个比值的大小关系和与其对应的概率 $p$ 的大小关系一致,即当 $odds_1>odds_2$ 时,有 $p_1>p_2$,所以 $OR$ 与 1 的大小关系也与对应概率 $p$ 的大小关系一致。

(三)有序多分类 Logistic 回归模型

Logistic 回归分析对因变量的要求十分严格。当因变量的水平数超过 2 时,就不能采用传统的二分类 Logistic 回归,而应当考虑多分类 Logistic 回归;若因变量水平有序,则相应地考虑有序多分类 Logistic 回归。结合本次调研中因变量有多个水平且水平间呈现有序性的数据特征,决定采用有序多分类 Logistic 回归。

与二分类 Logistic 回归相似,下面以 1、2、3、4 四个水平的因变量为例介绍有序多分类 Logistic 回归。假设这四个水平的概率为 $\pi_1$、$\pi_2$、$\pi_3$、$\pi_4$,自变量为 $\vec{x}=(x_0,x_1,\cdots,x_m)'$,这 $n$ 个变量拟合的模型如下:

$$y_1=\text{Logit}\frac{\pi_1}{1-\pi_1}=-\alpha_1+\beta_1 x_1+\cdots+\beta_m x_m+\varepsilon$$

$$y_2=\text{Logit}\frac{\pi_1+\pi_2}{1-(\pi_1+\pi_2)}=-\alpha_2+\beta_1 x_1+\cdots+\beta_m x_m+\varepsilon$$

$$y_3 = \text{Logit} \frac{\pi_1 + \pi_2 + \pi_3}{1-(\pi_1 + \pi_2 + \pi_3)} = -\alpha_3 + \beta_1 x_1 + \cdots + \beta_m x_m + \varepsilon$$

与传统的因变量为二分类 Logistic 回归相比,进行 Logit 变换的分别为 $\pi_1$、$\pi_1+\pi_2$、$\pi_1+\pi_2+\pi_3$,即因变量有序取值水平的累积概率。而观察等式右边的多项式就会发现,三个方程的回归系数只改变了常数项 $\alpha_1$、$\alpha_2$、$\alpha_3$,回归系数 $\beta$ 值没有变化。这是因为本模型主要是对相邻水平划分两个等级而进行二分类 Logistic 回归。因此,所求得的 OR 值就是因变量随自变量每改变一个单位而上升一个等级的比值。

$\alpha$ 前面的负号表示此时常数项代表低级别与高级别相比的情况,为凸显因变量的有序性,一般有 $\alpha_1 < \alpha_2 < \alpha_3$。模型的重点是对 $\beta$ 的求解。

当回归系数被估计出来时,根据上述回归方程就可以确定 $\pi_1$、$\pi_1+\pi_2$、$\pi_1+\pi_2+\pi_3$ 的估计值,并且依次求出 $\pi_1$、$\pi_2$、$\pi_3$、$\pi_4$。它们的表达式如下:

$$\pi_1 = \frac{\exp(-\alpha_1 + \beta_1 x_1 + \cdots + \beta_m x_m + \varepsilon)}{1+\exp(-\alpha_1 + \beta_1 x_1 + \cdots + \beta_m x_m + \varepsilon)}$$

$$\pi_2 = \frac{\exp(-\alpha_2 + \beta_1 x_1 + \cdots + \beta_m x_m + \varepsilon)}{1+\exp(-\alpha_2 + \beta_1 x_1 + \cdots + \beta_m x_m + \varepsilon)} - \pi_1$$

$$\pi_3 = \frac{\exp(-\alpha_3 + \beta_1 x_1 + \cdots + \beta_m x_m + \varepsilon)}{1+\exp(-\alpha_3 + \beta_1 x_1 + \cdots + \beta_m x_m + \varepsilon)} - \pi_1 - \pi_2$$

$$\pi_4 = 1 - \pi_1 - \pi_2 - \pi_3$$

(四)平行性检验

前文提到,有序多分类 Logistic 回归各方程的 $\beta$ 系数是保持不变的,即与因变量的分割点无关。因此各个回归方程在多维空间相互平行的性质是有序多分类 Logistic 回归的前提。对这一性质的检验被称为"平行性检验"。

平行性检验一般可以转换成对"各自变量对因变量的影响在各个回归方程中是否相同"这一问题的检验。其做法就是拟合不限定系数相等的模型,与我们做好的模型相比较,进行似然比检验,观察其 $p$ 值。若 $p$ 值大于给定的显著性水平,则说明各回归方程通过了平行性检验。

(五)多重共线性、方差膨胀因子和容忍度

多重共线性是指回归模型中的解释变量之间存在高度的相关性而使得模型失真。
方差膨胀因子(VIF)和容忍度(R)都是用来评估多重共线性的检验方法,两者的关系如下:

$$VIF = \frac{1}{1-R^2}$$

方差膨胀因子是指解释变量之间存在多重共线性时的方差与不存在多重共线性时的方差之比,可以反映多重共线性导致的方差的增加程度。一般情况下,当 $VIF > 10$ 时,我们称模型存在严重的多重共线性。

容忍度的取值一般在0和1之间,当容忍度值较小时,表示解释变量间存在多重共线性。

## 四、数据介绍与预处理

本报告的数据来源于2017年"千村调查"数据中的"农村互联网应用情况",并选取长三角地区若干村镇居民信息进行建模,旨在研究长三角地区的互联网运用情况对"三农"状况改善的影响。通过对问卷数据的整理与筛选,我们得到百余条数据和十余个变量。"三农"问题提出的目的是实现农民增收、农业发展、农村稳定。"三农"问题集中反映在村庄的人均收入和村庄的粮食产量方面。在建模时,我们需将这两个变量视作因变量。

参考2017年"千村调查"数据,我们选取农村互联网应用数据作为自变量,其中大多数为属性变量,因变量选取农村人均收入以及人均粮食产量,建立两个分类回归模型,以研究农村互联网应用对"三农"问题改善的影响。我们获取的数据精确到省级、市级以及个人,但并未显示属于哪个村镇,因此在对数据进行处理时,将每个人看作一条数据进行处理。

问卷数据存在一定的缺失和失真,我们剔除了存在重大缺失和失真的数据。例如变量"村里的学校是否有wifi",其缺失值接近50%,此类变量是需要被剔除的,而对那些缺失水平低于30%的数据,我们采用平均水平对其进行填充。除此之外,某些村民提供的数据存在明显失真,或是数据单位出现错误,对失真过多的数据,我们直接将其剔除。

经过遴选后,我们保留了较为完整且与互联网应用有关的自变量,问卷的大多数问题结果为"是/否",为二分类属性数据。对问卷中的连续数据,大多数村民回答的结果并不是完全准确的,而是近似数据,并且有些连续变量的回答结果为0,为了避免数据的偏移和集中,本文考虑把部分连续变量转化为有序变量进行建模,以提高模型的准确性。例如村庄内的网店数目有序变量:网店数目为0的村庄,此变量属性值为0;网店数目为1~10的村庄,此变量属性值为1;网店数目大于10的村庄,此变量属性值为2。为了保证模型的准确性,我们对因变量也进行了类似的处理,按照村庄人均年收入和年亩产值的三分位数,对它们进行划分,将因变量也转化为属性变量:低于第一个三分位点的,属性值为0;在两个三分位点之间的,属性值为1;高于第二个三分位点的,属性值为2。

表1展示了筛选后剩余的变量,我们将利用它们建立有序多分类Logistic回归模型。

表1　　　　　　　　　　　　　　变量一览表

| 变量名 | 变量符号 | 变量含义 |
| --- | --- | --- |
| 基础网络覆盖情况<br>(有序属性变量) | $X_1$ | 村里的学校、村委会、电商代购点和家庭中有专线/wifi上网的地点个数 |
| 物流网点个数有序变量<br>(有序属性变量) | $X_2$ | 3个以下:0<br>3~6个:1<br>7~10个:2<br>11~15个:3<br>15个以上:4 |

续　表

| 变量名 | 变量符号 | 变量含义 |
| --- | --- | --- |
| 互联网培训小时数<br>（连续变量） | $X_3$ | 上一年本村有关互联网教育/学习方面的培训：累计小时数 |
| 公共电脑有序变量<br>（有序属性变量） | $X_4$ | 没有配置专门的公用电脑：0<br>有些电脑可在某些时段公用：1<br>配置专门的公用电脑：2 |
| 公共网络有序变量<br>（有序属性变量） | $X_5$ | 没有配置公用的wifi：0<br>有wifi，村民询问时可以提供使用：1<br>有wifi，密码向村民公开：2 |
| 网店数目有序变量<br>（有序属性变量） | $X_6$ | 村里的网店数目<br>0个：0<br>1～10个：1<br>大于10个：2 |
| 人均粮食产量<br>（有序属性变量） | $Y_1$ | 上一年本村主要粮食作物每年人均亩产值<br>较低：0<br>中等：1<br>较高：2 |
| 人均年纯收入<br>（有序属性变量） | $Y_2$ | 上一年本村农民人均年纯收入<br>较低：0<br>中等：1<br>较高：2 |

### 五、有序多分类Logistic回归模型的建立

利用SPSS建立有序多分类Logistic回归模型，关于因变量$Y_1$和$Y_2$建立两个回归模型。

在模型建立前，我们应先对模型所含变量进行多重共线性检验，剔除部分变量。因为回归模型中的多重共线性代表某些变量之间存在高度的线性关系，也就是说，一个自变量可以被其余自变量代表，这样就带来了变量的冗余和模型的复杂化，因此我们需要检验模型是否存在多重共线性，并找到存在多重共线性的变量，将其剔除。

因为两个模型的自变量是相同的，所以我们只需要对一个模型的自变量进行检验。检验结果显示，容差远大于0.1，方差膨胀因子远小于10，说明这些变量之间的共线性不明显，可以利用这些自变量继续建立有序多分类Logistic回归模型（如表2所示）。

对$Y_1$人均粮食产量建立的多分类Logistic回归模型结果显示，无论是从整体模型上来看，还是从单个变量上来看，系数结果的显著性都是非常差的，可见，此模型系数均接近0，模型拟合效果较差，也就是说，这些自变量对因变量的解释效果不好，因此我们无法根

表 2　　　　　　　　　　　　共线性统计结果

| 模　型 | 共线性统计 ||
|---|---|---|
| | 容　差 | VIF |
| 上网数目属性数据 | 0.941 | 1.063 |
| 物流网点有序变量 | 0.995 | 1.005 |
| 上一年本村有关互联网教育/学习方面的培训：累计小时数 | 0.932 | 1.073 |
| 公共电脑有序变量 | 0.884 | 1.131 |
| 公共网络有序变量 | 0.874 | 1.144 |
| 网店数目有序变量 | 0.965 | 1.037 |

因变量：人均产值有序变量

据此模型做进一步分析，但我们可以确定人均粮食产量受村内互联网发展的直接影响不大（如表 3 所示）。

表 3　　　　　　　　　　　　模型结果与显著性

| | 模　型　结　果 | 显著性 |
|---|---|---|
| 模型 | 对数似然卡方检验 | 0.900 |
| 位置 | 上一年本村有关互联网教育/学习方面的培训累计 | 0.299 |
| | [上网数目属性数据=1] | 0.958 |
| | [上网数目属性数据=2] | 0.617 |
| | [上网数目属性数据=3] | 0.354 |
| | [上网数目属性数据=4] | — |
| | [公共电脑有序变量=0] | 0.159 |
| | [公共电脑有序变量=1] | 0.458 |
| | [公共电脑有序变量=2] | — |
| | [网店数目有序变量=0] | 0.246 |
| | [网店数目有序变量=1] | 0.710 |

续　表

| 模　型　结　果 | | 显著性 |
|---|---|---|
| 位置 | [网店数目有序变量=2] | — |
| | [物流网点有序变量=0] | 0.896 |
| | [物流网点有序变量=1] | 0.852 |
| | [物流网点有序变量=2] | 0.873 |
| | [物流网点有序变量=3] | 0.878 |
| | [物流网点有序变量=4] | — |
| | [公共网络有序变量=0] | 0.852 |
| | [公共网络有序变量=1] | 0.536 |
| | [公共网络有序变量=2] | — |

对 $Y_2$ 人均年收入建立回归模型，整体模型系数的对数似然显著性 $p$ 值为0.04，其值比较小，有理由认为整体模型是显著的，即认为至少有一个系数是不为0的。观察自变量的显著性，我们发现物流网点有序自变量的系数显著性较差，如果剔除此变量进行回归，结果显示显著性 $p$ 值降到了0.009，说明此时模型已经满足要求。而对于 $R^2$ 决定系数，分类模型的 $R^2$ 一般不会太高，因此我们不再对其进行讨论。除此之外，我们需要对模型进行平行性检验，这也是多分类 Logistic 回归模型可以成立的一个前提条件，意义是改变因变量的分割点，自变量的系数不应改变，此时多分类 Logistic 回归模型才会成立。对该模型进行平行性检验，检验原假设是各模型相互平行（如表4所示）。

表4　　　　　　　　　　　　　　平行性检验结果

| 模　型 | −2 对数似然 | 卡　方 | 自由度 | 显著性 |
|---|---|---|---|---|
| 常　规 | 221.300 | 6.046 | 10 | 0.811 |

平行性检验结果显示，$p$ 值远大于0.05，此时有理由认为原假设成立，即各个回归模型相互平行，因此可以使用有序 Logistic 回归模型继续分析。

去除物流网点变量，利用剩余变量，建立有序 Logistic 回归模型，可以得到如下 Logistic 回归模型，两个模型的自变量系数是相互平行的，只有截距项存在差异。

$$\text{Logit} \frac{P(Y_2=0)}{1-P(Y_2=0)} = 0.060 + 2.19 \times I[X_1=1] + 0.872 \times I[X_1=2] +$$
$$0.528 \times I[X_1=3] - 0.013X_3 + 0.757 \times$$
$$I[X_4=0] + 1.108 \times I[X_4=1] + 0.144 \times$$
$$I[X_5=0] + 0.231 \times I[X_5=1] - 0.697 \times$$
$$I[X_6=0] - 0.419 \times I[X_6=1]$$

$$\text{Logit} \frac{P(Y_2=0)+P(Y_2=1)}{P(Y_2=2)} = 1.674 + 2.19 \times I[X_1=1] + 0.872 \times I[X_1=2] +$$
$$0.528 \times I[X_1=3] - 0.013X_3 + 0.757 \times$$
$$I[X_4=0] + 1.108 \times I[X_4=1] + 0.144 \times$$
$$I[X_5=0] + 0.231 \times I[X_5=1] - 0.697 \times$$
$$I[X_6=0] - 0.419 \times I[X_6=1]$$

其中：Logit 为连接函数，代表函数 $\ln \frac{x}{1-x}$；$I[\ ]$ 为示性函数，当括号内式子成立时，其值为1，否则为0。

## 六、模型及参数的实证分析

我们依次对需要研究的两个因变量即人均粮食产量($Y_1$)和人均年纯收入($Y_2$)进行有序多分类 Logistic 回归。

结果显示，$Y_1$ 回归模型回归系数的显著性非常差，$p$ 值大多在 0.7 以上，这样的结果显然无法构建回归模型。结合实证研究就会发现，互联网以及"互联网＋物流"的技术发展普及并不会显著直接地影响人均粮食产量。一般情况是，互联网物流会加快粮食、果蔬以及经济作物流向市场，解决配送和仓储问题，而更多时候是其他诸如生物技术、农业技术、农业机械等切实能提高粮食产量的因素在左右粮食等作物的生产。综上所述，决定舍弃对 $Y_1$ 的模型拟合。

与之相比，$Y_2$ 变量的回归模型更加可靠，不仅在回归系数的显著性上取得了可以接受的结果，而且模型整体水平保持良好。似然比检验的 $p$ 值为 0.009，说明模型整体的拟合效果不错，优于仅含常数项的无效模型。平行性检验的 $p$ 值为 0.811＞0.05，说明上述两个方程相互平行，即采用有序多分类 Logistic 模型是合理的。上述结果进一步说明了对人均收入进行有序多分类 Logistic 回归并且用互联网即物流技术等自变量来解释是符合理论依据的。

在模型中涉及的 $X_1$、$X_3$、$X_4$、$X_5$、$X_6$ 五个自变量中，$X_1$、$X_4$、$X_5$ 前面的系数为正，而 $X_3$、$X_6$ 前面的系数为负。与传统的多元线性回归模型不同的是，等式右边增加并不意味着因变量 $Y_1$ 增加，只是代表 $OR$ 值增加，即收入水平降低。也就是说，基础网络覆盖水平、公共网络和电脑配置水平的提高反而意味着乡村人均收入水平的下降。虽然这些技术的普及在理论上会为村民生产提供帮助，但由于大多数村民对其利用率不高，以及有些乡村会借此向村民收费等,反而降低了村民的可支配收入。而互联网培训的时长和网店数目与因变量是正相关的关系,结合可能存在的实际情况考虑,可能是因为长时间、高水平的互联网知识技能的培训会促进村民有效利用互联网技术,从而增加收入来源。比如,越来越多的村民会加入自媒体制作的行业中,乡村直播带货等现象的兴起也与之相关。同时,"淘宝村"的建立与日益增加的乡村网点规模也在说明,长三角的乡村正告别单一的乡村产业盈利模式,走向多元化、多途径、高收益的盈利模式。

模型的常数项分别为 $\alpha_1=0.06$、$\alpha_2=1.674$,虽然与寻常的有序多分类 Logistic 回归不同,但考虑到依旧满足 $\alpha_1 > \alpha_2$ 的常识认知,表示累计概率是递增的,对模型回归系数没有影响,所以不做过多分析。

模型的假说检验结果如表 5 和表 6 所示。

表 5　　　　　　　　　　模型的假说检验结果(1)

| 假　说 | 影　响　因　素 | 对人均粮食产量增长的预期影响方向 | 支持与否 |
| --- | --- | --- | --- |
| H1 | 农村基础网络覆盖情况 | ＋ | 否 |
| H2 | 公共电脑配置情况 | ＋ | 否 |
| H3 | 公共网络配置情况 | ＋ | 否 |
| H7 | 互联网培训时长 | ＋ | 否 |
| H9 | 物流网点数量 | ＋ | 否 |
| H10 | 农村网店数量 | ＋ | 否 |

表 6　　　　　　　　　　模型的假说检验结果(2)

| 假　说 | 影　响　因　素 | 对人均年纯收入的预期影响方向 | 支持与否 |
| --- | --- | --- | --- |
| H4 | 农村基础网络覆盖情况 | ＋ | 否 |
| H5 | 公共电脑配置情况 | ＋ | 否 |
| H6 | 公共网络配置情况 | ＋ | 否 |
| H8 | 互联网培训时长 | ＋ | 是 |
| H11 | 物流网点数量 | ＋ | 否 |
| H12 | 农村网店数量 | ＋ | 是 |

## 七、研究结论

"互联网＋"赋能传统农业在"三农"问题的解决中至关重要。本文从互联网教育与农村电商的相关影响因素出发,探索了农村基础网络覆盖情况、互联网培训时长、物流网点数量等因素对人均粮食产量和人均年纯收入的影响,得出的结论如下:

第一,农村基础网络覆盖情况、互联网培训时长、农村网店数量等因素与人均粮食产量并无明显的相关性,推翻了农民可以通过互联网教育增加农业生产知识进而提高农业生产产量的假设,也打破了农民通过农村电商提高农产品流转效率,刺激生产积极性进而增加产量的想法,即通过互联网教育和农村电商并不能有效提高农业产量,提高人均粮食产量更加仰赖生物技术、农业技术、信息化技术等前沿科技的应用,以及农业生产工具质量的提高。然而互联网教育在观念层面可以改变农民落后的生产观,在知识层面通过教会农民生产技术和工具使用,可以提高技术和先进工具的应用效率,却未能有效改变农业产量,深层次反映了农民缺乏先进技术与装备的使用条件,而非相关使用知识。"互联网+"解决了"怎么用"的问题,却无法解决"谁给用"的获取途径难题和"哪里用"的生产条件难题。因此,农业生产信息化主客观条件的不统一是造成"互联网+"未能通过教育手段促进农业产量提高的本质原因。

第二,互联网教育和农村电商对人均年纯收入具有提高作用,结合结论一中农业生产信息化由于主客观条件不统一而无法改变人均粮食产量,可进一步得出互联网教育和电商渠道虽然没有改变农业产量,但可以通过培养农民电商经营理念,促进农产品通过电商渠道流向市场,提高流转效率以解决滞销问题;同时,高效的物流帮助解决了农产品保鲜问题,极大地改善了流向市场的农产品的质量,提高了农产品单价,让农民不仅"卖得多",而且"卖得好",增加了农民收入,改善了民生,促进了"三农"问题的解决。

第三,基础网络覆盖水平、公共网络和电脑配置水平的提高会导致农村人均收入水平的下降,反映了村民对网络的利用率低。部分乡村借互联网普及向村民收费、未有效利用互联网导致巨大的机会成本等可能原因会降低村民的可支配收入。

## 八、发展建议

长三角地区通过"互联网+"解决"三农"问题的优势主要体现在通过互联网教育改善农业生产观念,增加农业生产知识;通过乡村电商提高农产品流转效率,最终实现人均纯收入的增加与民生的改善,对"三农"问题中的"农民增收"与"农村稳定"问题有较大帮助。但囿于先进技术与生产工具在客观条件上的限制,"互联网+"难以通过增加人均粮食产量促进"农业发展"问题的解决。同时,互联网利用率低的不足在一定程度上降低了农民的可支配收入。综合分析"互联网+"在"三农"问题解决中的优势与不足,取其所长,补其所短,现提出以下建议:

(一)加强农村互联网培训,促进农业信息化

农业信息化是指农业全过程的信息化,是用信息技术装备现代农业,依靠信息网络化和数字化支持农业经营管理,监测和管理农业资源与环境,支持农业经济和农村社会信息化(梅方权,2001)。21世纪农业已从现代农业逐步过渡到信息农业,更加注重信息控制装备、信息科技的应用。通过加强农村互联网培训,可以改善农民与时代相对脱节的生产观

念,增加农业信息化的知识储备,发挥现代信息技术和生物技术的作用,促进农业信息化发展,助力"三农"问题的解决。

(二)鼓励农村电商发展,培养新农人互联网思维

经实证分析验证,充足的农村网店可以提高人均年纯收入,证实了农村电商对改善民生的积极作用。但由于边际效用递减,仅仅通过增加网店数量来建设农村电商还远远不够。鼓励农村电商发展首先应强化三种意识,即打破小进即满的小农思想,培养抢抓先机、乘势而上的理念;同时,提升服务意识、创新意识、开拓意识(岳欣,2015)。其次应通过互联网九大思维的教育让新农人不仅"能卖",而且"会卖"。(1)以用户思维为核心,让新农人在价值链各个环节以用户为中心思考问题;(2)简约思维帮助新农人实现专业化;(3)极致思维帮助新农人生产出高质量农产品,超越用户预期;(4)迭代思维让新农人从小处着眼,通过不断迭代创新完善电商运营;(5)流量思维让新农人利用"免费"策略占据流量入口,进而实现流量变现,大量销售农产品;(6)社会化思维借助口碑营销、社交网络让农村电商通过社会化媒体闻名遐迩;(7)大数据思维让新农人利用大数据工具发掘产品的推广空间;(8)平台思维让新农人利用现有的淘宝、京东等平台经营,大幅缩减经营成本,建构多方共赢的平台生态圈;(9)跨界思维让新农人不局限于农产品电商销售本身,而是通过电商打造品牌知名度,推广"农家乐"等线下服务,并与各领域联动以实现盈利能力的飞跃。通过互联网思维的培训,新农人可由点及面地掌握乡村电商经营的底层逻辑,更有利于"三农"问题的解决。

(三)注重农业政策扶持,提高农业信息化水平

互联网教育解决了农民的知识储备问题,却未能解决技术与设备条件不足的难题。农民在高成本的先进技术与设备面前望而却步,再充分的知识储备也难有用武之地。因此,通过相关农业政策的扶持解决技术与设备引入的经济问题至关重要。各级财政可成立重大工程专项,每年安排一定资金进行相关重点项目的建设,选择信息化水平较高、专业化水平较高、产业特色突出的大型农业龙头企业、农业科技园区、国有农场、基层供销社、农民专业合作社等,开展物联网、云计算、移动互联等现代信息技术在农业中的示范应用,以点带面促进中国农业农村信息化跨越式发展(陈威和郭书普,2013),一方面引进相关信息化技术设备,另一方面对现有技术和设备及时保养。此外,对掌握相关知识的新农人进行农业信息补贴、专项资金的个人扶助,让新农人在享受先进的公共信息化设备的同时,能够有经济基础进行定向的信息化农业发展,进而实现农业信息化走向纵深,加固"互联网+"难以通过提高农业产量改善"三农"问题的软肋。

(四)合理普及农村互联网,提高互联网利用率

农村互联网普及并不能一蹴而就,过度注重农村互联网普及率的提升而忽视农村互联网利用率的提升,会在一定程度上导致互联网利用与普及的割裂。部分村民尚未通过充分的互联网教育掌握对互联网使用的基础知识便已承担起配置互联网的相关费用,影响了村民人均年纯收入的提高,"互联网+"的普及便本末倒置了。因此,农村互联网普及应遵循认知的客观规律。通过在互联网培训后发放问卷、村干部亲自访问村民等方式,可

以及时获得农民的反馈,从而达到准确把握村民互联网使用能力的目的,同时建立相关评定机制,定期举办互联网考试,为达到标准的村民配置互联网,未达到标准的村民不强制配置互联网,进而实现物尽其用,提高互联网利用率,帮助解决"三农"问题。

**参考文献**

[1] 陈锋. 互联网在"三农"问题中的作用研究[D]. 合肥工业大学,2012.

[2] 陈威,郭书普. 中国农业农村信息化新进展与新趋势研究[J]. 湖北农业科学,2013,52(22):5625-5629.

[3] 陈锡文. 试析新阶段的农业、农村和农民问题[J]. 宏观经济研究,2001(11):12-19+26.

[4] 崔丽丽,王骊静,王井泉. 社会创新因素促进"淘宝村"电子商务发展的实证分析——以浙江丽水为例[J]. 中国农村经济,2014(12):50-60.

[5] 邓大才. 对于"三农"问题的几个重大判断[J]. 宁夏社会科学,2003(1):30-33.

[6] 黄楚新,王丹. "互联网+"意味着什么——对"互联网+"的深层认识[J]. 新闻与写作,2015(5):5-9.

[7] 刘克崮,张桂文. 中国"三农"问题的战略思考与对策研究[J]. 管理世界,2003(5):67-76.

[8] 梅方权. 农业信息化带动农业现代化的战略分析[J]. 中国农村经济,2001(12):22-26.

[9] 宋亚平. "三农"问题的根本出路在于现代化[J]. 江汉论坛,2000(8):10-12.

[10] 温铁军. "三农"问题的症结在于两个基本矛盾[J]. 群言,2002(6):12-14.

[11] 武力. 中国共产党对"三农"问题的认识历程及其启示[J]. 党的文献,2002(5):62-67.

[12] 谢天成,施祖麟. 农村电子商务发展现状、存在问题与对策[J]. 现代经济探讨,2016(11):40-44.

[13] 于林可. 农业电商视角下化解新时代"三农"问题的思考[J]. 科技经济市场,2020(7):152-153.

[14] 岳欣. 推进我国农村电子商务的发展[J]. 宏观经济管理,2015(11):66-67+70.

# 基于层次分析法的白果树村产业发展方向研究

周炜琦[①] 陈俊杰[②]

指导老师：孟 真[③]

**摘 要**：本文对湖北省恩施土家族苗族自治州的恩施市芭蕉侗族乡所管辖的白果树村进行调研考察，采用AHP层次分析法，对白果树村的农业资源、工业资源、旅游资源、区位条件、用地状况等进行评价和分析，选取乡村特色产业、农产品加工业、乡村休闲旅游业三个方向作为产业发展方案进行研究，确定了"以富硒特色产业为重点，以农产品加工业为保障，以发展乡村旅游休闲业为补充"的"三产"融合发展的乡村产业发展思路。同时，采用SWOT分析法，分析了白果树村的发展机遇与面临的挑战，提出从"做精做细富硒茶叶产业，做大做强农产品加工业，做新做亮乡村旅游休闲业"三个路径着手，推进乡村产业振兴。在产业振兴的同时，要带动乡村人才振兴、文化振兴、生态振兴和组织振兴，最终实现全面振兴。

**关键词**：乡村产业振兴 AHP分析法 SWOT分析法

## 一、引 言

### （一）乡村产业振兴是乡村全面振兴的基础和关键

乡村振兴是新时代重大历史性任务、时代性课题。2018年9月，《中共中央国务院关于实施乡村振兴战略的意见》提出，"按照产业兴旺、生态宜居、乡风文明、治理有效、生活富裕的总要求，走中国特色社会主义乡村振兴道路"。在脱贫攻坚取得全面胜利后，"三农"工作重心发生了转变，乡村振兴开启了农业农村现代化建设新征程。从宏观层面来看，乡村振兴包括产业振兴、人才振兴、文化振兴、生态振兴、组织振兴五个方面，其中产业振兴是基础和关键。《国家乡村振兴战略规划（2018—2022年）》明确了乡村振兴的第一个重点任务就是"以农业供给侧结构性改革为主线，促进乡村产业兴旺"。习近平总书记指出，

---

[①] 周炜琦，上海财经大学外国语学院2021级商务英语专业本科生。
[②] 陈俊杰，上海财经大学外国语学院2021级商务英语专业本科生。
[③] 孟真，上海财经大学外国语学院。

"增加农民收入是'三农'工作的中心任务。农民小康不小康,关键看收入"[①]。产业兴旺可以带动农民增收,壮大农村经济实力,有力推进农业农村现代化,为乡村发展注入新动能。

(二)关于白果树村产业振兴的考量

白果树村是鄂西武陵山深处一个少数民族聚居村,隶属湖北省恩施土家族苗族自治州恩施市芭蕉侗族乡管辖,自然环境优美,交通较为便捷,农产品资源丰富,但因产业结构单一、生产技术落后、基础设施薄弱、劳动力流失等原因,曾是多年贫困村,2020年脱贫。目前,白果树村正处于巩固夯实脱贫攻坚成果、起步迈向乡村振兴新征程的重要阶段。如何在全面推进乡村振兴背景下科学确定乡村产业发展方向,发展壮大乡村产业,让产业兴旺推动"三产"深度融合,这对现阶段的白果树村来说显得尤为重要。因此,调研组拟结合实际情况,对白果树村的产业发展方案进行研究,并提出实现路径与方法。

(三)相关资料来源及依据

我们收集并研读了有关"乡村振兴"的政策法规和文献资料,对"乡村振兴"这个时代课题有了全面了解和深刻认知;同时,研读了政府部门权威发布的有关农业农村现代化"十四五"规划、产业布局规划、产业振兴实施方案和交通建设方案等资料,对地区经济发展和产业布局有了全局视角并进行了宏观分析。在白果树村驻村工作队的细心指导和鼎力支持下,我们还了解了白果树村近几年的发展状况和现阶段的建设情况。

## 二、调研情况介绍

(一)白果树村总体情况

白果树村是芭蕉侗族乡所管辖的17个行政村之一,共计746户2 575人,常住人口为685户1 959人,其中劳动力为1 621人,外出务工人数为1 458人,侗族和土家族占比约2∶3。2014年,全村人均纯收入为7 130元,建档立卡贫困户为232户684人,占常住人口的35%。2016年,在对口帮扶支持下,白果树村的基础建设、义务教育、医疗条件、智力培育、产业发展等各方面得到了较大改善。2017年,该村贫困率下降到1.76%,成为出列村。2020年,该村人均纯收入达到13 973元,比2014年增加了96%,实现贫困人口全部脱贫。目前,白果树村的产业发展势头良好、成效明显,已有茶叶、黑猪、茶园生态鸡、林果等农业专业合作社8家,为农产品生产、加工和销售搭建了良好的商务平台。

(二)白果树村具体情况

1. 农业资源特色优势明显

白果树村平均海拔约700米,属于亚热带季风性山地湿润气候,年平均降雨量约1 550毫米,平均气温为15.6℃,适合农作物生长。其主要经济作物是茶叶,主要农作物为玉米、土豆、红苕、林果等,畜牧业以饲养黑猪、茶园生态鸡为主。该村茶树种植面积约4 000亩,其中,茶园约3 000亩(含有机生态茶园1 000亩),是"恩施玉露"的主要原产地之一。"恩施玉露"品牌价值在2022年"中国茶叶区域公用品牌价值评估"中被认定为23.07亿元。

---

[①] 汪晓东,李翔,刘书文.谱写农业农村改革发展新的华彩乐章[N].人民日报,2021-9-23:01版.

其所在的芭蕉侗族乡被誉为"全国环境优美乡""中国名茶之乡",所在的恩施土家族苗族自治州享有"世界硒都""华中药库""鄂西林海"等称号。

2. 工业资源基础较薄弱

白果树村工业建设起步较晚,主要集中在2016年以后开始建设,现有3个产业园区即209国道沿线工业园、生态绿色茶园种植观光示范区、李子采摘体验区,2个产业基地即600亩生态绿色茶叶产业基地、400亩空心脆李基地,8个农业专业合作社,4个茶叶加工厂,1个茶叶企业,1个电商销售平台。全村通信信号4G网络覆盖率为100%,电视入户及电信宽带覆盖率在90%以上,电力照明改造升级后达标率为100%。值得一提的是,位于村内的金苔香茶业有限责任公司是州级龙头企业,首批获得使用"恩施玉露"地理标志授权,相关业务辐射周边4个村落,2021年实现出口创汇400万美元,给白果村茶叶产业带来较为丰厚的经济效益。

3. 旅游资源有待开发

白果树村群山围绕,茶园错落有致,田园风光景色宜人。全村森林覆盖率为60%,超过340年的古银杏树被湖北省林业厅挂牌登记为国家保护树木。白果树村的房屋建筑、民俗文化都有独特的侗族、土家族风格。但因该村产业发展起步较晚,经济底子薄,所以旅游资源有待开发。2016年以前,该村基本没有旅游业务,2019年该村累计接待游客2 000人次。

4. 区位条件优势突出

白果树村交通条件具有突出优势,距离恩施市南端仅12千米。G209国道、G351国道、恩来恩黔高速贯穿白果树村,恩来恩黔高速的芭蕉乡服务区设在白果树村西南部,高速出口位于村委会旁边。村内道路通组路率为100%,入户水泥路达70%,道路硬化率达90%,主干道宽度为4米,次干道宽度为3米,建有2条长达11千米的经济循环路。恩施市正在规划的"高铁新区概念规划(含城市设计)和控制性详细规划"项目部分用地将关联白果树村土地。

5. 土地利用效率有待提高

白果树村占地面积约1.7万亩,包含林地、园地、耕地、建设用地等,具体情况如表1和图1所示。

表1　　　　　　　　　　　　白果树村土地使用情况

| 地 类 名 称 | 面积(亩) | 占比(%) |
| --- | --- | --- |
| 林地 | 9 537.3 | 56.0 |
| 园地 | 3 199.4 | 18.8 |
| 耕地 | 2 735.9 | 16.1 |
| 农业设施建设用地 | 215.1 | 1.1 |
| 居住地 | 653.6 | 3.8 |

续 表

| 地 类 名 称 | 面积(亩) | 占比(%) |
|---|---|---|
| 公共管理与服务用地 | 12.8 | 0.1 |
| 工矿用地 | 8.7 | 0.1 |
| 交通运输用地 | 488.1 | 2.9 |
| 草地 | 169.8 | 1.0 |
| 陆地水域 | 13.1 | 0.1 |
| 总 计 | 17 033.8 | 100.0 |

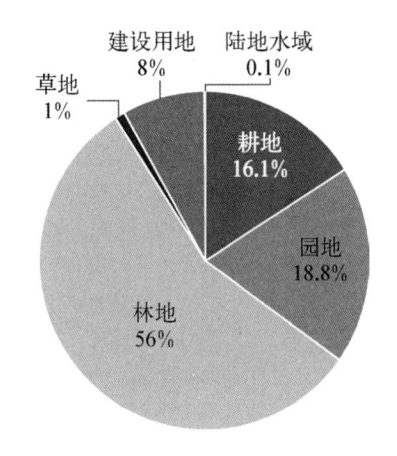

图 1 白果树村用地分布

(三)白果树村有关数据统计

1. 对口帮扶支持情况

近年来,对口帮扶单位从白果树村直接采购农产品的额度逐年提升,对白果树村脱贫攻坚和乡村振兴起到了积极的推动作用(见图 2)。

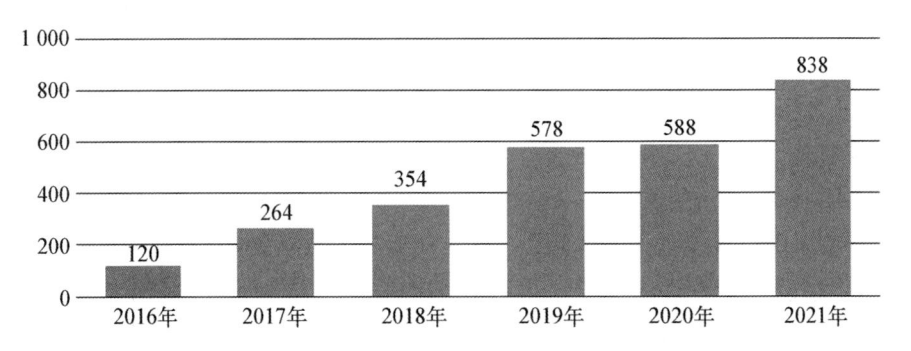

图 2 对口帮扶单位年度直采额度(万元)

## 2. 年人均收入情况

白果树村年人均收入呈现逐年上升趋势。2021年全村人均纯收入达到15 375元,是2014年人均纯收入7 130元的2.16倍,增长幅度达115.64%(见图3和图4)。

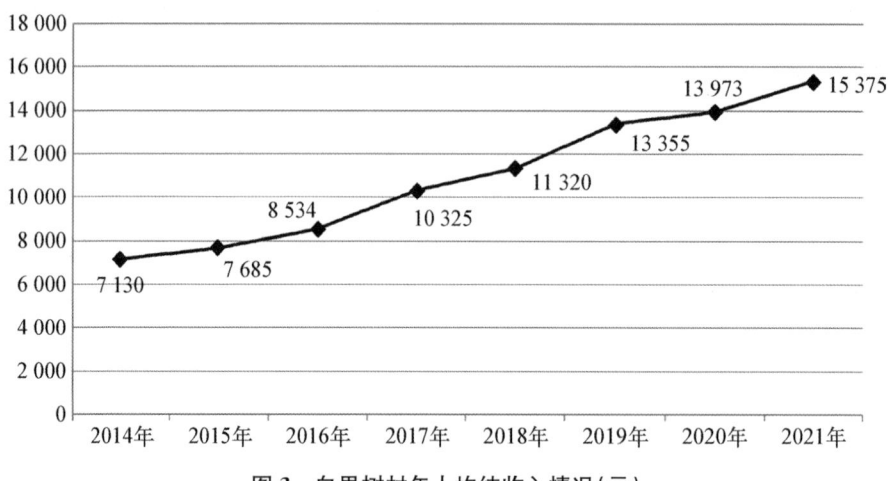

图3 白果树村年人均纯收入情况(元)

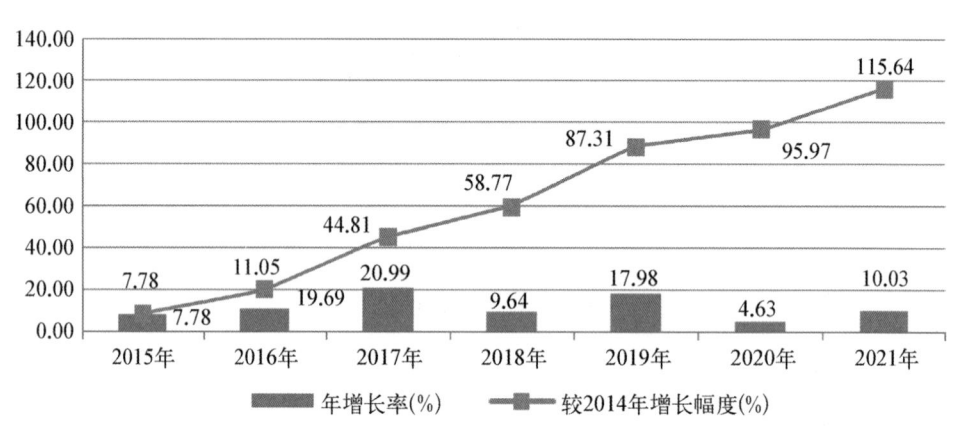

图4 白果树村人均纯收入增长情况

经比较,恩施市2021年农村居民收入水平明显低于全国和湖北省平均水平,但收入增长率达12.4%,高于恩施州1.9个百分点,高于全国2.7个百分点,这说明恩施市农村经济发展动力较足、势头良好(见表2)。

表2 2021年农村居民人均可支配收入情况

| 区域 | 金额(元) | 增长率 |
| --- | --- | --- |
| 全国 | 18 931 | 9.7% |
| 湖北省 | 18 259 | 12.0% |

续　表

| 区　　域 | 金额(元) | 增长率 |
|---|---|---|
| 恩施州 | 13 096 | 10.5% |
| 恩施市 | 13 860 | 12.4% |

数据来源：农业农村部、恩施州、恩施市公布的相关数据。

3. 产业现状及结构

从表3的数据可以看出，白果树村以农产品等自然物为生产对象的第一产业为主，茶叶加工、农副食品加工、食品制造等第二产业较为薄弱，电商销售、休闲旅游等非物质生产的第三产业尚待开发。

表3　　　　　　　　　2021年地区经济收入及三大产业结构　　　　　　单位：万元

| 区　域 | 生产总值 | 第一产业增加值 | 第二产业增加值 | 第三产业增加值 | 三大产业结构 |
|---|---|---|---|---|---|
| 恩施州 | 1 302.36 | 224.51 | 299.26 | 778.60 | 17.2∶23.0∶59.8 |
| 恩施市 | 416.29 | 38.69 | 150.97 | 226.63 | 9.3∶36.3∶54.4 |
| 白果树村 | 0.39 | 0.23 | 0.06 | 0.10 | 59.2∶15.3∶25.5 |

## 三、调研情况分析

本调研报告采取AHP(Analytic Hierarchy Process)层次分析法对白果树村的产业发展方案进行决策分析。

（一）分析方法介绍

1. AHP层次分析法简介

AHP层次分析法是一种定性和定量相结合的系统化、层次化的分析方法，通过设定目标层、准则层、方案层，将相关元素进行比较和重要性定量描述，再利用数学方法计算元素相对重要性权重值，依据权重值排序结果进行决策。

2. 建模思路

根据《国务院关于促进乡村产业振兴的指导意见》《全国乡村产业发展规划(2020—2025年)》等制度文件，我们认为，白果树村的产业发展应立足于自身资源禀赋，深度挖掘特色优势，构建因地制宜、特色明显、可持续发展的"强农、富农、惠农"产业发展布局。因此，将"最优产业发展方向"作为AHP目标层，选择"农产品加工业""乡村特色产业""乡村休闲旅游"三个产业发展方向作为方案层要素，选取影响较大的"农业资源""工业资源""旅游资源""区位条件""用地状况"等资源禀赋作为准则层要素，构建层次模型并构造判断矩阵，对准则层和方案层要素进行评价和比较、对判断矩阵进行一致性检验，最终得出各要素的相对权重值,以此判断最优产业发展方向。

3. 辅助软件应用

采用 AHP 层次分析法,可以借助 Yaahp、Excel、Matlab 等多种辅助软件来实现。考虑到 Yaahp 软件有以下突出优点:一是以图形化方式绘制逻辑清晰、效果直观的模型层次,二是可以实时显示矩阵是否符合一致性要求,三是能够自动计算准则层、方案层各要素的重要性权重值并进行排序。因此,本调研报告采用 Yaahp 软件进行决策辅助分析。

(二) AHP 层次分析法构建评价体系

1. 层次结构模型的确定

根据上述建模思路,确定层次结构划分如表 4 所示。

表 4　　　　　　　　　　　层次结构划分

| 目标层 | 准则层 | 方案层 |
| --- | --- | --- |
| 白果树村<br>最优产业发展方向 | 农业资源 | 农产品加工业 |
| | 工业资源 | |
| | 旅游资源 | 乡村特色产业 |
| | 区位条件 | |
| | 用地状况 | 乡村休闲旅游业 |

建立相应的层次结构模型如图 5 所示。

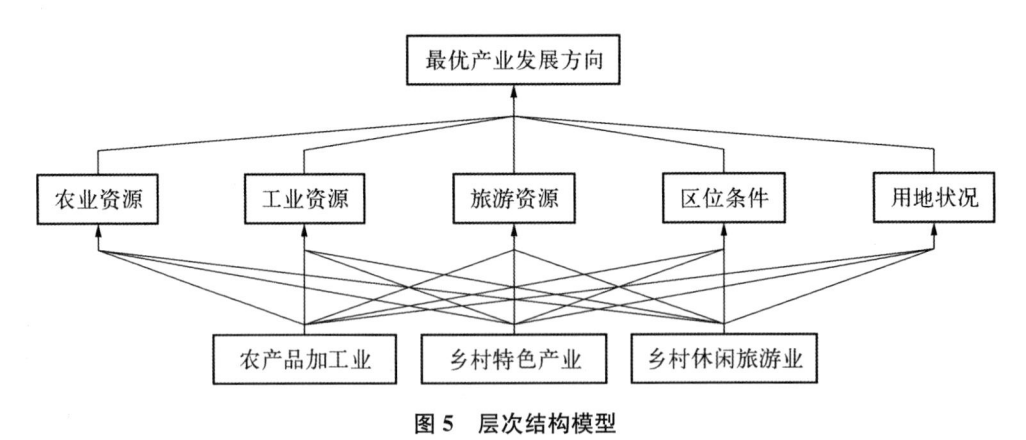

图 5　层次结构模型

2. 构造判断矩阵

(1) 标度方法

确定各要素对目标层的权重值,通常使用 Santy 的 1~9 标度方法(见表 5)。

表 5 矩阵标度

| 标　度 | 定　义 |
| --- | --- |
| 1 | 表示两个元素相比,具有同样的重要性 |
| 3 | 表示两个元素相比,前者比后者略微重要 |
| 5 | 表示两个元素相比,前者比后者非常重要 |
| 7 | 表示两个元素相比,前者比后者特别重要 |
| 9 | 表示两个元素相比,前者比后者极其重要 |
| 2,4,6,8 | 表示上述相邻判断的中间值 |
| 1～9 的倒数 | 表示相应两因素交换次序比较的重要性 |

(2) 构造判断矩阵并进行一致性检测

对针对目标层的准则层要素进行评价和打分,形成判断矩阵,同时为避免出现逻辑错误,系统自动进行一致性检测,得出一致性比例 CR 数值,具体情况如图 6 所示。

图 6 准则层要素判断矩阵

将判断矩阵中的评分数据显示完整,如表 6 所示。

表6　　　　　　　　　　　准则层要素判断矩阵评分表

| 最优产业发展方向 | 农业资源 | 工业资源 | 旅游资源 | 区位条件 | 用地状况 |
| --- | --- | --- | --- | --- | --- |
| 农业资源 | 1 | 3 | 9 | 7 | 5 |
| 工业资源 | 1/3 | 1 | 5 | 5 | 3 |
| 旅游资源 | 1/9 | 1/5 | 1 | 2 | 3 |
| 区位条件 | 1/7 | 1/5 | 1/2 | 1 | 2 |
| 用地状况 | 1/5 | 1/3 | 1/3 | 1/2 | 1 |

在上述矩阵中，其一致性比例$CR=0.0975$，小于0.1，满足一致性检验条件。同时，生成相应的方案层要素判断矩阵，如表7至表11所示。

表7　　　　　　　　　针对农业资源的方案层要素判断矩阵

| 农业资源 | 乡村休闲旅游业 | 乡村特色产业 | 农产品加工业 |
| --- | --- | --- | --- |
| 乡村休闲旅游业 | 1 | 1/9 | 1/5 |
| 乡村特色产业 | 9 | 1 | 4 |
| 农产品加工业 | 5 | 1/4 | 1 |

注：该矩阵一致性比例$CR=0.0685$，满足一致性检测条件。

表8　　　　　　　　　针对工业资源的方案层要素判断矩阵

| 工业资源 | 乡村休闲旅游业 | 乡村特色产业 | 农产品加工业 |
| --- | --- | --- | --- |
| 乡村休闲旅游业 | 1 | 1/5 | 1/7 |
| 乡村特色产业 | 5 | 1 | 1/3 |
| 农产品加工业 | 7 | 3 | 1 |

注：该矩阵一致性比例$CR=0.0624$，满足一致性检测条件。

表9　　　　　　　　　针对旅游资源的方案层要素判断矩阵

| 旅游资源 | 乡村休闲旅游业 | 乡村特色产业 | 农产品加工业 |
| --- | --- | --- | --- |
| 乡村休闲旅游业 | 1 | 1/5 | 1/4 |
| 乡村特色产业 | 5 | 1 | 1/3 |
| 农产品加工业 | 4 | 3 | 1 |

注：该矩阵一致性比例$CR=0.0825$，满足一致性检测条件。

表 10　　　　　　　　针对区位条件的方案层要素判断矩阵

| 区 位 条 件 | 乡村休闲旅游业 | 乡村特色产业 | 农产品加工业 |
|---|---|---|---|
| 乡村休闲旅游业 | 1 | 1/3 | 1/5 |
| 乡村特色产业 | 3 | 1 | 1 |
| 农产品加工业 | 5 | 1 | 1 |

注：该矩阵一致性比例 $CR = 0.0279$，满足一致性检测条件。

表 11　　　　　　　　针对用地状况的方案层要素判断矩阵

| 用 地 状 况 | 乡村休闲旅游业 | 乡村特色产业 | 农产品加工业 |
|---|---|---|---|
| 乡村休闲旅游业 | 1 | 1/4 | 1/7 |
| 乡村特色产业 | 4 | 1 | 1/3 |
| 农产品加工业 | 7 | 3 | 1 |

注：该矩阵一致性比例 $CR = 0.0311$，满足一致性检测条件。

### 3. 权重值计算及排序

在判断矩阵全部建立并通过一致性检测后，开始进行权重值的计算。

（1）计算准则层对目标层要素的权重数值（见图 7）。

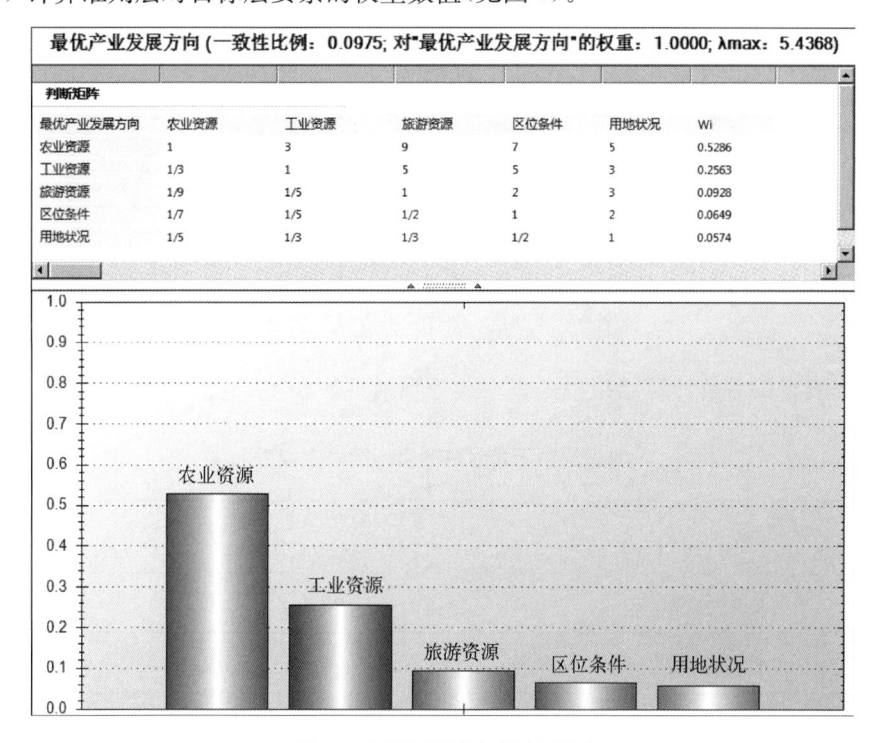

图 7　准则层要素权重柱状图

图 7 显示,针对最优产业发展方向,农业资源、工业资源、旅游资源、区位条件、用地状况的影响权重值分别为 0.528 6、0.256 3、0.092 8、0.064 9、0.057 4。可见,准则层各要素对目标层的影响排序是农业资源＞工业资源＞旅游资源＞区位条件＞用地状况(如图 8 所示)。

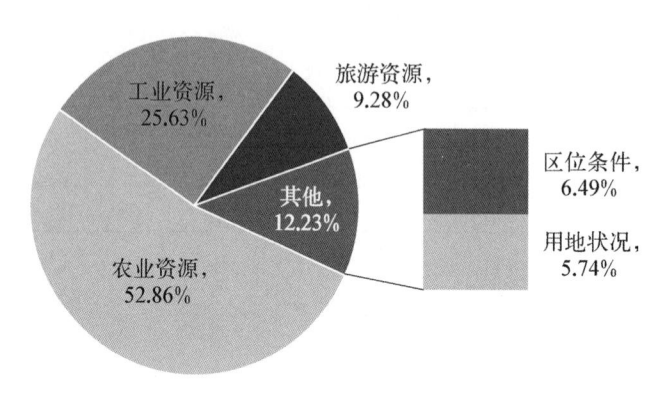

**图 8　准则层要素权重**

(2) 计算全部要素的影响权重值如图 9 所示。

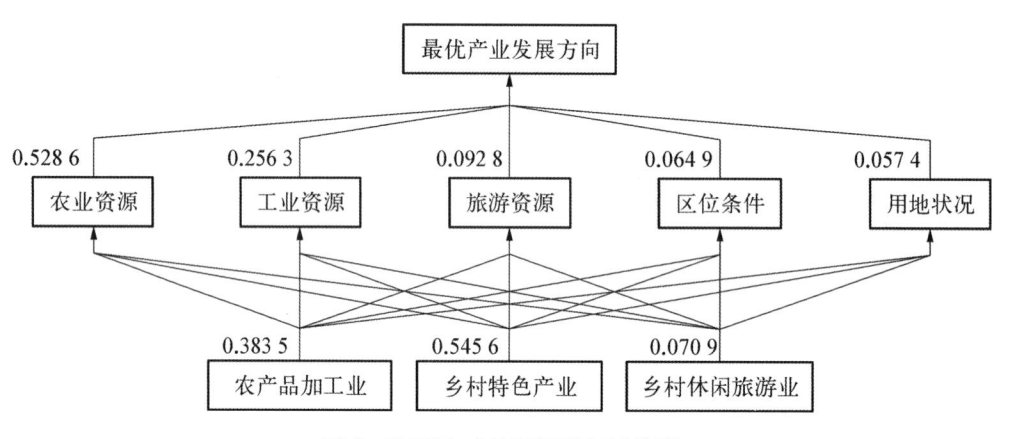

**图 9　准则层、方案层要素权重模型**

(3) 将所有权重值计算结果以列表方式分别呈现如表 12 至表 14 所示。

表 12　　　　　　　　　方案层中要素对决策目标的排序权重

| 方　案 | 权　重 |
| --- | --- |
| 乡村特色产业 | 0.545 6 |
| 农产品加工业 | 0.383 5 |
| 乡村休闲旅游业 | 0.070 9 |

表 13　　　　　　　　　　准则层中要素对决策目标的排序权重

| 准则层要素 | 权　　重 |
|---|---|
| 农业资源 | 0.528 6 |
| 工业资源 | 0.256 3 |
| 旅游资源 | 0.092 8 |
| 区位条件 | 0.064 9 |
| 用地状况 | 0.057 4 |

表 14　　　　　　　　　　各层级要素权重值

1. 最优产业发展方向　一致性比例：0.097 5；对最优产业发展方向的权重：1.0；$\lambda_{max}$：5.436 8

| 最优产业发展方向 | 农业资源 | 工业资源 | 旅游资源 | 区位条件 | 用地状况 | Wi |
|---|---|---|---|---|---|---|
| 农业资源 | 1 | 3 | 9 | 7 | 5 | 0.528 6 |
| 工业资源 | 1/3 | 1 | 5 | 5 | 3 | 0.256 3 |
| 旅游资源 | 1/9 | 1/5 | 1 | 2 | 3 | 0.092 8 |
| 区位条件 | 1/7 | 1/5 | 1/2 | 1 | 2 | 0.064 9 |
| 用地状况 | 1/5 | 1/3 | 1/3 | 1/2 | 1 | 0.057 4 |

2. 农业资源　一致性比例：0.068 5；对最优产业发展方向的权重：0.528 6；$\lambda_{max}$：3.071 3

| 农业资源 | 乡村休闲旅游业 | 乡村特色产业 | 农产品加工业 | Wi |
|---|---|---|---|---|
| 乡村休闲旅游业 | 1 | 1/9 | 1/5 | 0.060 3 |
| 乡村特色产业 | 9 | 1 | 4 | 0.708 5 |
| 农产品加工业 | 5 | 1/4 | 1 | 0.231 1 |

3. 工业资源　一致性比例：0.062 4；对最优产业发展方向的权重：0.256 3；$\lambda_{max}$：3.064 9

| 工业资源 | 乡村休闲旅游业 | 乡村特色产业 | 农产品加工业 | Wi |
|---|---|---|---|---|
| 乡村休闲旅游业 | 1 | 1/5 | 1/7 | 0.071 9 |
| 乡村特色产业 | 5 | 1 | 3 | 0.279 0 |
| 农产品加工业 | 7 | 1/3 | 1 | 0.649 1 |

续 表

4. 旅游资源　一致性比例：0.082 5；对最优产业发展方向的权重：0.092 8；$\lambda_{max}$：3.085 8

| 旅游资源 | 乡村休闲旅游业 | 乡村特色产业 | 农产品加工业 | Wi |
| --- | --- | --- | --- | --- |
| 乡村休闲旅游业 | 1 | 1/5 | 1/4 | 0.093 6 |
| 乡村特色产业 | 5 | 1 | 3 | 0.626 7 |
| 农产品加工业 | 4 | 1/3 | 1 | 0.279 7 |

5. 区位条件　一致性比例：0.027 9；对最优产业发展方向的权重：0.064 9；$\lambda_{max}$：3.029 1

| 区位条件 | 乡村休闲旅游业 | 乡村特色产业 | 农产品加工业 | Wi |
| --- | --- | --- | --- | --- |
| 乡村休闲旅游业 | 1 | 1/3 | 1/5 | 0.114 0 |
| 乡村特色产业 | 3 | 1 | 1 | 0.405 4 |
| 农产品加工业 | 5 | 1 | 1 | 0.480 6 |

6. 用地状况　一致性比例：0.031 1；对最优产业发展方向的权重：0.057 4；$\lambda_{max}$：3.032 4

| 区位条件 | 乡村休闲旅游业 | 乡村特色产业 | 农产品加工业 | Wi |
| --- | --- | --- | --- | --- |
| 乡村休闲旅游业 | 1 | 1/4 | 1/7 | 0.078 6 |
| 乡村特色产业 | 4 | 1 | 1/3 | 0.262 8 |
| 农产品加工业 | 7 | 3 | 1 | 0.658 6 |

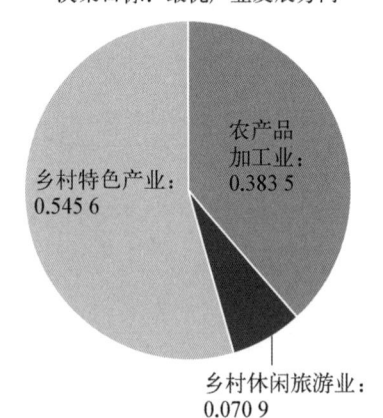

图 10　方案层要素权重占比

（4）根据上述计算结果，得出方案层要素对目标层的影响排序：乡村特色产业＞农产品加工业＞乡村休闲旅游业（见图 10）。

4. 结论分析

综上所述，我们确定了"乡村特色产业""农产品加工业""乡村休闲旅游业"三个产业发展方向作为可供选择的方案。采用 AHP 层次分析法计算相应要素的权重值并进行排序，得出：从准则层对目标层的影响权重看，农业资源影响最大，工业资源影响次之，旅游资源影响再次之，区位条件和用地状况影响均较小；从方案层对目标层的影响权重来看，乡村特色产业影响最大，为 54.56%，农产品加工业影响其次，为 38.35%，乡村休闲旅游业影响最小，为 7.09%。因此，白果树村最优产业发展方向应为重点发展"乡村特色产业"，协调发展"农产品加工业"，辅助发展"乡村休闲旅游业"。

## 四、思考与建议

我们采用SWOT分析法对白果树村内部资源禀赋及外部环境进行综合分析,提出产业发展具体建议。

（一）采用SWOT分析法分析白果树村产业发展的机遇与挑战

目前,白果树村的产业发展正面临历史性机遇与挑战(见表15)。

表15　　　　　　　　　　白果树村产业发展SWOT分析矩阵

| 外部因素＼内部能力 | 优势(Strength)<br>◆ 交通区位条件优越<br>◆ 硒资源蕴藏丰富<br>◆ 茶叶品牌效应突出<br>◆ 富硒农副产品比较受欢迎<br>◆ 果蔬种植业有一定基础<br>◆ 少数民族文化特色明显<br>◆ 自然气候宜人、生态环境优美 | 劣势(Weakness)<br>◆ 茶叶产业精深加工程度不高<br>◆ 富硒农产品产业化程度较低<br>◆ 特色产品销售渠道较单一<br>◆ 劳动力短缺、实用人才较少<br>◆ 重点项目招商引资吸引力不够<br>◆ 内部治理能力有待提升<br>◆ 基础设施底子较薄 |
|---|---|---|
| 机会(Opportunities)<br>◆ 乡村振兴战略及西部开发扶持等政策叠加效应<br>◆ 上位规划带动区域发展<br>◆ 定点帮扶力度较大<br>◆ 数字乡村建设赋能 | SO(发挥内部优势抓住外部机遇)<br>◆ 着力发展"一村一品"茶叶品牌效应<br>◆ 多渠道提升富硒农产品附加值(专业合作社、产业基地)<br>◆ 逐步挖掘具有茶文化特色、民族特色、乡村田园特色的文化康养休闲旅游潜力<br>◆ 以政策叠加为契机促进产业链补充完善 | WO(利用外部机遇改进内部弱点)<br>◆ 教育振兴、人才培育<br>◆ 拓宽电商平台、仓储运输等新兴产业渠道<br>◆ 加大重点建设项目推进力度<br>◆ 文明乡风建设发挥促进作用 |
| 风险(Threats)<br>◆ 农村生态环境保护刚性约束<br>◆ 资本投资机制不健全<br>◆ 政策配套措施力度不够<br>◆ 农民持续增收难度加大 | ST(利用自身优势避免或减轻外部威胁的打击)<br>◆ 农业农村绿色可持续发展<br>◆ 增强金融投资吸引力<br>◆ 争取政策支持<br>◆ 提升农产品附加值 | WT(克服内部弱点避免外部威胁)<br>◆ 夯实基础设施建设<br>◆ 增加农业技术含量<br>◆ 构建"三产"深度融合平台 |

（二）关于白果树村产业发展的具体建议

白果树村应充分利用政策叠加效应,深度挖掘自身资源优势,逐步形成以富硒特色产业为重点、以农产品加工业为保障、以发展乡村文旅产业为补充的"三产"融合发展途径,探索实践出一条具有自身特色的复合产业、多重效益、充满活力的乡村振兴新路。

1. 紧密衔接上位规划,与区域经济发展同频共振

乡村振兴与区域经济密切相关,要结合区域产业发展规划统筹考虑。恩施市在"十四

五"规划中,提出构建"一核两翼三区四带"农业农村现代化的产业布局体系:以绿色有机食品生产、城郊乡村生态旅游、硒食品精深加工为城乡产业融合发展的"核";以乡村旅游为主的"西翼",以硒食品精深加工为主的"东翼";"畜牧+马铃薯"产业示范区,富硒茶叶产业示范区,城郊果蔬产业示范区;大峡谷生态康养带,大清江休闲康养带,梭布垭田园康养带,马鹿河流域文化康养带。

依据上述规划,白果树村正处于"一核"附近、乡村旅游"西翼""三区"重叠、"文化康养带"区域。因此,将白果树村的乡村产业发展途径定位为以富硒特色产业为重点、以农产品加工业为保障、以发展乡村文旅产业为补充,能更好地融入区域经济发展规划,促进乡村产业振兴与区域经济发展同频共振、共建共享。

2. 充分利用区域资源及产业背景优势,重点发展特色乡村产业

(1) 做精做细富硒茶叶产业,促进茶叶产业提档升级

芭蕉侗族乡是"恩施玉露"发源地、重点产区和主产地,也是茶叶栽培国家级农业标准化示范区。白果树村茶树种植历史悠久,种植面积较大,茶叶及相关制品年销售额可达3 000万元,但仍存在综合效益发挥不充分、产业化程度较低、品牌效应不突出等问题,在茶叶产业方面还有较大提升空间。

一是扩大有机茶园培育面积,注重综合效益提升。白果树村25%的茶园为分散种植,67.7%为常规茶园或老茶园。从生态环境建设、市场需求趋势、综合效益评价来看,生态有机茶园效益远高于常规茶园。白果树村可以采取老茶园改造、新茶园扩建、规范标准化种植过程等多种渠道,扩大有机茶园面积,提升综合效益。

二是提高茶叶产业科技生产水平,促进茶叶加工提质增效。白果树村虽有州级茶叶龙头企业1家,但其他3家茶厂以茶叶初加工为主,存在企业规模较小、标准化生产程度不高、产品转型升级力度不大等问题。如果能引进和培育相关龙头企业、购置先进茶叶生产设备、提高生产过程的标准化,并且不断优化茶园布局,就可以较大限度地推动茶叶产业提质增效。

三是建立组合销售模式,扩大特色品牌效应。随着互联网与自媒体的快速发展,现代销售模式逐步占据主流地位。白果树村应根据市场特点和产品特点,建立线上与线下相结合、现代销售与传统模式互补的营销模式,持续强化品牌效应,提升产品竞争力与市场份额。比如,在保留批发市场、直销店、连锁店、零售店、茶博会、茶艺馆等传统线下销售渠道的基础上,拓展电商平台、直播基地、短视频、SNS等线上营销渠道,逐步实现"因茶致富、因茶兴业"发展目标。

(2) 做大做强农产品加工业,提升特色农产品"附加值"

农产品加工业具有投资少、周期短、效益好的特点,是实现农业增效、农村繁荣、农民增收的重要举措。白果树村养殖黑猪、走地鸡的年度总收入可达1 200万元,水稻等农作物年收入可达200万元,腊肉生产年收入约100万元,但以分散种养、产量有限、售卖原材料和初加工产品为主。因此,要提升农产品附加值,可以考虑从以下几个方面着手:

一是发展复合养殖种植,拓展产量空间。白果树村有永久基本农田1 420亩,占白果

树村总面积的8.33%,实际耕地面积已达到16%,部分用地还将被恩施市高铁新城项目所占用,所以大规模扩大养殖种植面积的可行性不大。但白果树村林地占比约56%、茶园果园占比约18%,具备复合养殖种植条件,可以在茶园套种桃树、李树、杨梅等高大落叶果树,在林地种植大豆、花生、绿豆等低秆作物,开设林地畜禽养殖场等,这样可以有效解决土地约束、农产品增产问题。

二是加大科技力量投入,提高农产品附加值。农产品加工业赋予农产品第二次生命,其经济效益远超原材料。从白果树村现有农村合作社的经营业务范畴看,仅有25%的合作社从事食品生产加工,其他均以农产品原材料收购、销售为主。通过引进技术先进、管理模式成熟的农产品加工企业,打造特色农产品精深加工产业,既可以提高农产品附加值,又可以推动农业标准化、规模化和现代化,起到双促进、双丰收的良好效果。

三是擦亮富硒绿色名片,多途径拓展销售渠道。2022年初,白果树村首次引进了"以销定产"的"定制农业"模式,企业请农户代养畜禽,负责提供畜禽苗种、养殖饲料和技术指导、畜禽成品回收销售等服务。这种"定制农业"模式的引进与发展更多得益于"世界硒都""绿色生态"的区域资源优势。在"富硒"优势背景下,着重开发富硒特色产品、积极拓展销售渠道,可以有效促进农产品加工业又快又好发展。

(3) 做新做亮乡村文旅产业,打造休闲康养业经济"增长点"

白果村区位条件优势明显,茶园田园风景优美,少数民族文化特色鲜明,具备开发"茶旅+文旅+农旅"的旅游资源潜质,且已实现了游客人次零的突破,但形成具有自身特色的乡村文旅产业道路还比较漫长,需要进一步明确发展思路、探索方法途径。

一是不断凝聚发展乡村文旅产业的思想共识。乡村文旅产业是现代农业发展的新趋势,是新发展理念、新发展格局、新发展阶段的具体体现,既能改善农村经济状况,又有助于实现乡村空间的蝶变,是打基础、利长远、增后劲的新型乡村发展模式。白果树村既要在认识自身资源价值、强化文旅产业发展前景方面下功夫,也要在国家及地方扶持政策解读、成功典型事例宣传等方面加大宣讲力度,让村民们增进理解、统一认识,为大力发展乡村文旅产业打牢思想基础、凝聚思想共识。

二是科学规划以文旅促进其他产业协同发展的产业体系。乡村文旅产业具有创新性、专业性、复杂性特点,涉及区域规划、资金筹措、项目开发建设等多个方面,不仅要考虑绿色生态可持续发展、突出独有特色,而且要科学规划、合理布局、协调产业融合发展。在现阶段乡村振兴、西部扶持、对口帮扶等多重政策利好的条件下,白果树村应结合自身经济、社会、生态、文化特点,深度挖掘田园风光、天然富硒、康养乡村、民族文化等资源潜在价值,逐步推动"三产"有机融合、赋能乡村全面振兴。

3. 以产业振兴为基础,带动乡村全面振兴

实现乡村振兴,不仅要重视产业振兴,而且要促进人才振兴、文化振兴、生态振兴、组织振兴,最终达到"产业兴旺、生态宜居、乡风文明、治理有效、生活富裕"的战略总要求。

(1) 驰而不息抓牢人才振兴

习近平在山东考察时曾指出,乡村振兴,人才是关键。要积极培养本土人才,鼓励外

出能人返乡创业,鼓励大学生"村官"扎根基层,为乡村振兴提供人才保障。白果树村近几年的发展逐步吸引了部分优秀人才回乡创业、兴业,但要从根本上解决"空心化""老龄化"问题,还需要营造更多更好的创业环境、搭建更优更好的干事平台,既要引进技术人才扎根乡村建设,又要培育本土职业农民助力家乡振兴,让各类人才在乡村振兴中发挥才干、建功立业。

(2) 传承创新铸就文化振兴

习近平在江苏考察时曾强调,农村精神文明建设很重要,物质变精神、精神变物质是辩证法的观点,实施乡村振兴战略要物质文明和精神文明一起抓,特别要注重提升农民精神风貌。白果树村少数民族居多,侗族文化在服饰、建筑、音乐等方面独具特色,土家族文化也源远流长、特色鲜明,应将农耕文化与民族文化紧密结合,将产业振兴与非物质文化形态紧密结合,逐步探索在传承中创新、在创新中发展的乡村文化振兴新模式。

(3) 精准施策统筹生态振兴

建设美丽宜居乡村是乡村振兴的重要内容。白果树村近年来先后实施了安全饮水工程、侗族特色房屋改造、小学和村卫生室基础设施改造、太阳能路灯"亮化工程"等建设项目,较大限度地改善了村容村貌和村民居住环境。但在建设美丽宜居乡村进程中,仍有很多需要科学统筹、精准施策的问题。比如:在实施以房屋内外环境为重点的人居环境整治项目过程中,依然有近50%的农户需要加大沟通力度;在房屋建设、道路施工、生产经营等过程中,也曾出现大填大挖、水源保护不到位、污水处理不规范等问题。

(4) "三治"融合推进组织振兴

组织振兴是乡村振兴的基石,只有依靠强力有的组织保障才能打赢脱贫攻坚战,全面实施乡村振兴战略。白果树村积极响应"现代乡村社会治理体制"号召,引进农村专业合作经济组织,引导社会组织参与扶贫工作,开创了合作社和村集体经营公司产业分红的先河,鼓励村民加入合作社,最终实现脱贫。2021年开始推行乡村治理积分制管理,鼓励村民参与乡村治理,探索自治、法治、德治相结合的乡村治理体系。实践证明,只有通过乡村基层组织的有力领导,将"谁来治理""依何治理""如何治理"的主体、规范和运行等几个维度有机融合、协调统一,才能走好"三治"融合的乡村善治之路。

## 五、结　语

实施乡村振兴战略是攻坚战、持久战,是实现全体人民共同富裕的必然选择,是决胜全面建成小康社会的必由之路。随着新时代乡村振兴战略的持续发力,农业农村现代化总目标正在有序推进,白果树村也正沿着"夯实农业基础,做强富民产业,美化乡村面貌,集聚乡贤能人,弘扬乡风文化,创新乡村治理"的工作思路,坚持科学指导、合理规划,弘扬脱贫攻坚精神,阔步迈向"浓墨重彩绘新景,绿水青山带笑颜"的乡村振兴新景象。

**参考文献**

[1] 谈力,任志宽,韩莉娜.基于SWOT-AHP分析模型的科技发展战略实证分析——来自广东的

案例研究[J].科技管理研究,2022,42(5):42-49.

[2] 谭志喜.从"乡土中国"到"美丽乡村":我国民族地区乡村振兴的实践逻辑与路径调适——恩施州个案调查[J].广西民族研究,2021(2):161-168.

[3] 王婷,王明双.基于乡村资源优势的乡村产业振兴思考[J].福州大学学报:哲学社会科学版,2022,36(1):67-73.

[4] 王艺明.乡村产业振兴的发力点和突破口[J].人民论坛,2022(1):22-25.

[5] 习近平2016年4月25日主持召开农村改革座谈会时的讲话[N].人民日报,2021-9-23:01版.

[6] 习近平总书记在江苏徐州市考察时的讲话[OL].共产党员网,2017-12-13.

[7] 习近平总书记在山东济南市章丘区双山街道三涧溪村考察时的讲话[OL].共产党员网,2018-6-15.

[8] 曾广录,秦小珊.湖南乡村产业振兴模式与农村资源的耦合[J].湖湘论坛,2022,35(2):94-106.

# 乡村振兴战略下针对农业领域反垄断问题的探究

## ——基于 2021 年"千村调查"数据

李 冉[①] 谭 妍[②]

指导老师：袁 波[③]

**摘　要**：实施乡村振兴战略是解决"三农"问题的重要保障，推进农业农村现代化、提高农村居民生活水平则是乡村振兴战略中的一大方面。基于 2021 年"千村调查"成果，本文探讨农业市场机制中存在的农业垄断问题，特别关注农产品生产与流通环节存在的垄断因素，以数据可视化手段统计分析实际调研数据，尝试为规范农产品销售市场、切实保障农民经济利益等问题提供相应建议。

**关键词**：农业垄断　乡村振兴　千村调查

## 一、研究意义

习近平总书记在党的十九大报告中提出乡村振兴战略，其根本在于解决农业、农村、农民的"三农"问题。在我国加速完善市场经济体制的整体经济背景下，如何使市场机制在农村农产品市场中妥善运作是"三农"问题绕不开的话题。在下游农产品市场迅速发展的同时，上游产业却受限于组织化、集约化程度不高的农业生产特点而发展缓慢。从表 1 可以看出，2014 年至 2020 年七年间虽然总体上农村居民的可支配收入平均增长率超过了城镇居民，但其中主要来源于农产品买卖的经营净收入增速并无优势，经营净收入占可支配收入的比重逐年稳定下降，可见农业生产经营不仅没有对农民收入增长做出主要贡献，而且拉低了可能的增长幅度。然而，目前农业的产业政策以及反垄断法都无意对下游经销商的垄断行为进行限制，我国《反垄断法》中对农业适用除外的规定无疑成为农村农业发展与农民增收的阻力。

---

[①] 李冉，上海财经大学法学院国际金融法专业 2020 级本科生。
[②] 谭妍，上海财经大学会计学院国际会计 ACCA 专业 2020 级本科生。
[③] 袁波，上海财经大学法学院。

表 1　　　　　　　　　　　　　　中国近七年居民收入情况

| 指　　标 | 2014年 | 2015年 | 2016年 | 2017年 | 2018年 | 2019年 | 2020年 | 七年平均增长率 |
|---|---|---|---|---|---|---|---|---|
| 农村居民可支配收入 | 10 488.9 | 11 421.7 | 12 363.4 | 13 432.4 | 14 617 | 16 020.7 | 17 131.5 | 9% |
| 经营净收入 | 4 237.4 | 4 503.6 | 4 741.3 | 5 027.8 | 5 358.4 | 5 762.2 | 6 077.4 | 6% |
| 经营净收入占比 | 40% | 39% | 38% | 37% | 37% | 36% | 35% | −2% |
| 城镇居民可支配收入 | 28 843.9 | 31 194.8 | 33 616.2 | 36 396.2 | 39 250.8 | 42 358.8 | 43 833.8 | 7% |

资料来源：2021年中国统计年鉴。

## 二、相关文献梳理

针对农业中存在的垄断问题，学界普遍认可农业领域的反垄断适用除外制度具有设立的必要。农产品自身鲜活易腐的特性使得生产者在缺乏高效的冷链物流情况下不得不为快速出售农产品做出妥协。家庭联产承包责任制下，小规模生产模式导致农业生产组织化、集约化程度低，无法获取规模经济效益；农民相较中下游的经销商极度缺乏市场相关信息的获取渠道，信息不对称加强了农民对经销商的依赖并拔高了交易成本。综合以上情况，农业本身的自然风险不适合自由竞争，且个体农业生产者的弱势地位需要进一步的公平竞争机制（黄静文，2008）。然而在ISCP框架下，上弱下强的农产品流通结构、经销商大肆掠夺利润的垄断行为、福利转移至经销商的绩效所造成的恶劣的农产品竞争环境被现有的产业与竞争制度进一步恶化（段宏磊，2019）。现实中，我国《反垄断法》规定的农业适用除外制度存在扩张适用与豁免权滥用的现象。

规制改进的关键在于把握好"保护农业生产者"与"扶持农业发展"的双重立法目的，以及其分别体现的竞争政策与产业政策（雷希，2021）。在适用除外的主体方面，一些学者认为应当将适格主体限定在直接从事农业生产的自然人（包括企业员工、组织成员等）以及成员绝大多数由前者组成的互助性质的具有非营利目标的农村经济组织，如农民专业合作社、农村经济组织（邱隽思，2020）；另有学者认为直接从事农业生产的农业企业与维护行业利益的农产品行业协会也应当被纳入主体范畴（李亮国和王艳林，2008）。在适用除外的行为方面，"联合或者协同行为"应解释为农产品生产经营活动中实施的垄断协议，而不包括滥用市场支配地位与经营者集中（邱隽思和段宏磊，2019）。

比较国内外的反垄断法，国外相较国内具有更为成熟的农业反垄断适用除外相关的制度设计与立法规范。美国《凯普沃斯蒂德法》允许全部由直接参与农业生产的成员组成的农业联合组织获得适用除外的豁免，但必须保证组织的互助与非营利性质并有详细规定：一人一票，成员投资年回报率低于8%。欧盟制定了优先于反垄断法律的农业产业政策,鼓励农业生产者的联合行为,但不能订立价格垄断协议。日本、韩国的合作社则可以实施垄断行为,合作社不限于农业,但要求由小规模经营者组成,便自然地排除了居于强势地位的经销商。特别地,以色列除了生产者,批发商也可以签订部分农产品的垄断协议,因此不可避免地出现了批发商合法攫取生产者利益的状况,这与国内反垄断法农业适用除外的后果有共通之处。

### 三、农村生产发展现状——基于2021年"千村调查"数据

基于2021年"千村调查"中"中国乡村产业振兴调查"农业生产主题全部维度的全国数据,我们从农村经济、土地、农业生产与流通、电子商务、集体经济发展与种子使用情况七个维度进行数据可视化统计分析。

（一）乡村振兴下总体经济发展情况

针对入村问卷中A004"本村经济发达程度居所在县(市)水平"的问题(如图1所示),共收到623份有效答案。其中：中等经济水平的村庄有323个,约占52%;中上等与中下等经济水平的村庄分别为139个和112个;经济发达程度为上等和下等的村庄较少,分别为28个和21个。由此可见,2021年近一半的受访村庄已经达到中等经济发达程度,中等以下经济发达程度的村庄仅占全部受访村庄的1/5。

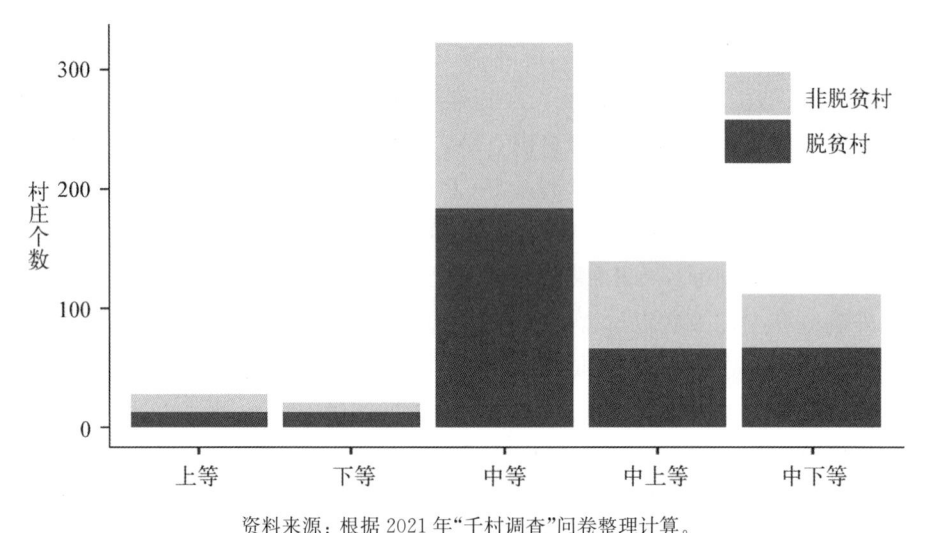

资料来源：根据2021年"千村调查"问卷整理计算。

**图1 本村经济发达程度居所在县(市)水平**

结合A005题"本村是否为当地脱贫村",623个受访村庄中有343个为当地脱贫村,脱贫村中下等经济水平村庄仅有13个,经济发达程度处于中等以下的村庄共80个,超过75%的脱贫村达到所在县(市)中等以上经济发达程度。

（二）乡村土地情况

针对入村问卷中C001"2020年村庄土地总面积"以及具体土地类型的问题,经统计共有565个村庄中有耕地,村庄土地总面积平均为13 607.7亩,各个区域分布差异较大,去

除极端值后,我们发现大部分村庄的土地总面积集中在 10 000 亩以内(如图 2 所示)。

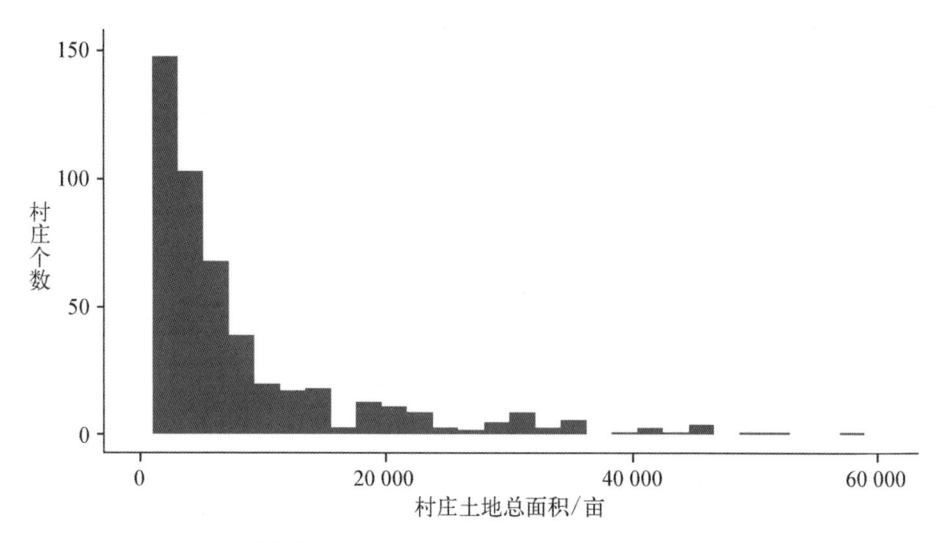

资料来源:根据 2021 年"千村调查"问卷整理计算。
**图 2　村庄土地总面积**

去除异常值后,根据统计问卷 C001～C004 题的数据,受访村庄平均耕地面积达到 3 811.78 亩,人均耕地约 3.47 亩,约 52% 的村庄土地为耕地(如图 3 所示)。在统计中我们也发现,部分村庄由于政府规划而征用了原有耕地,如浙江绍兴市柯岩街道的仁让堰社区的土地于 2004 年 3 月全部被征用。不可否认,在城市现代化进程中,很多地区正逐渐走上从农业转型为第二、第三产业的道路,产业结构需要不断调整优化,但农业仍是国民经济的基础产业,其地位不可动摇,"三农"问题不容忽视。

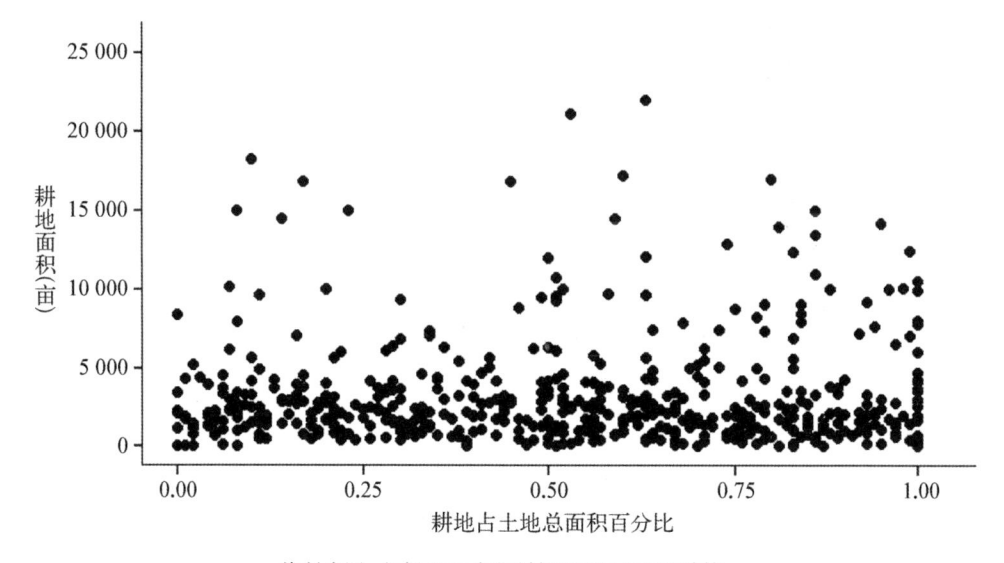

资料来源:根据 2021 年"千村调查"问卷整理计算。
**图 3　村庄耕地占比**

在565个拥有耕地的村庄中，大部分村庄存在多种耕地经营方式。其中：461个村庄存在农民自己经营耕地的方式，281个村庄的耕地部分由农业大户经营，农业企业经营耕地的情况出现在其中的132个村庄，仅有175个村庄由合作组织经营耕地。多元化经营方式体现了当前农村经济从传统小农生产向新模式的转变。从耕地面积来看，87%的耕地为农民自己经营，由合作组织经营的耕地约占全部耕地面积的1/10。

（三）村庄农业生产情况

针对本村的主要农业生产作物类型，在针对E001题收到的551份有效回答中，382个村庄以生产粮食作物为主，169个村庄以生产经济作物为主，占比如图4所示。其中：粮食作物是指谷类、薯类及豆类作物，包括大豆、小麦、水稻、马铃薯等；经济作物一般是指具有特定经济用途的农作物，如棉麻类纤维作物和糖料作物（如甘蔗、甜菜）等。

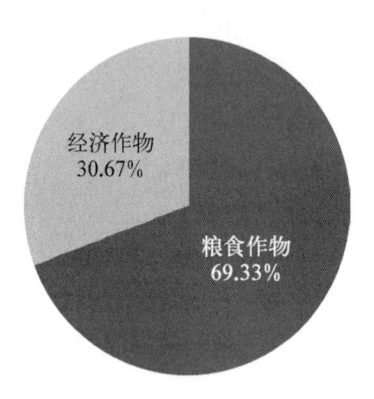

统计E009题对本村主要从事的农业经营行业的问题，共收到623份有效回答。许多村庄从事多种农业经营行业，其中：从事种植业的村庄最多，共542个；从事农林牧渔服务业的最少，仅26个；有31个村庄选择从事的农业经营行业不在选项范围内（见图5）。具体来看，选择"其他"项的主要为发展非农经济的村庄，部分村庄基于本村土地用于政府规划、退耕还林等原因而没有耕地，这些村庄主要从事旅游业、加工业、租赁业、苗木花卉等行业，一些村庄的村民通过外出务工来满足生计。

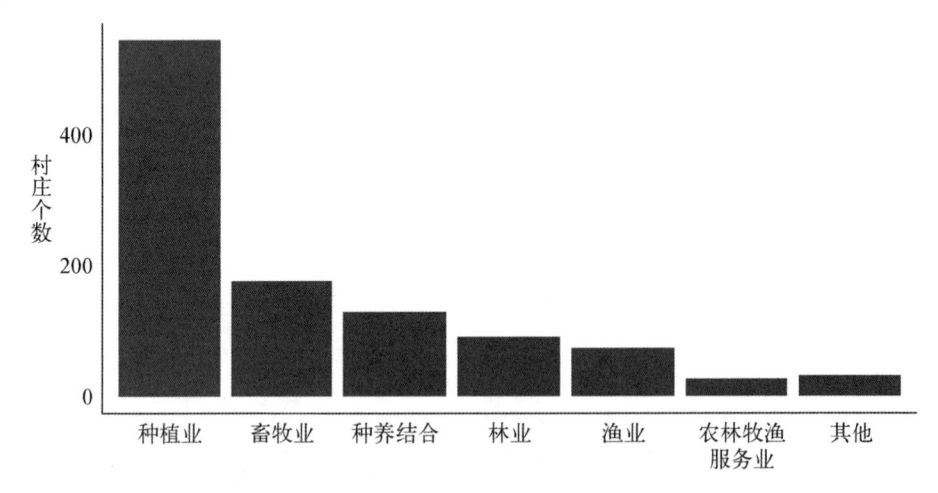

资料来源：根据2021年"千村调查"问卷整理计算。

**图4 主要农业生产作物类型**

资料来源：根据2021年"千村调查"问卷整理计算。

**图5 主要从事的农业经营行业**

E010题将村庄从事农业生产经营的主要方式分成两类——传统小农户与新型农业经营，后者包括专业大户、家庭农场、农民合作社、农业产业化龙头企业等多种形式。针对该题回收的623份有效回答中,有404个村庄采用传统小农户的农业生产经营方式,其余219个村庄采用新型农业经营方式。这一结果与先前"乡村土地情况"中数据显示的趋势一致,受访村庄大部分采用农民自己经营耕地的生产形式。但从图6可以发现,将受访村庄按区域划分,大部分传统小农户在华东地区,其他区域采用新型农业经营方式的占比较大,这可能是由于2021年大多数学生是返乡调研,因此华东地区调研人数较多,但这样的分布在一定程度上也可以说明在我国农村中新型农业正不断发展。从问题E002"本村主要农作物农业生产全过程机械化率"的数据可知,农村主要农作物农业生产全过程的平均机械化率在30%左右,与农业农村部规划中提出的到2025年全国农作物农业生产综合机械化率达到75%的目标仍存在一定距离。

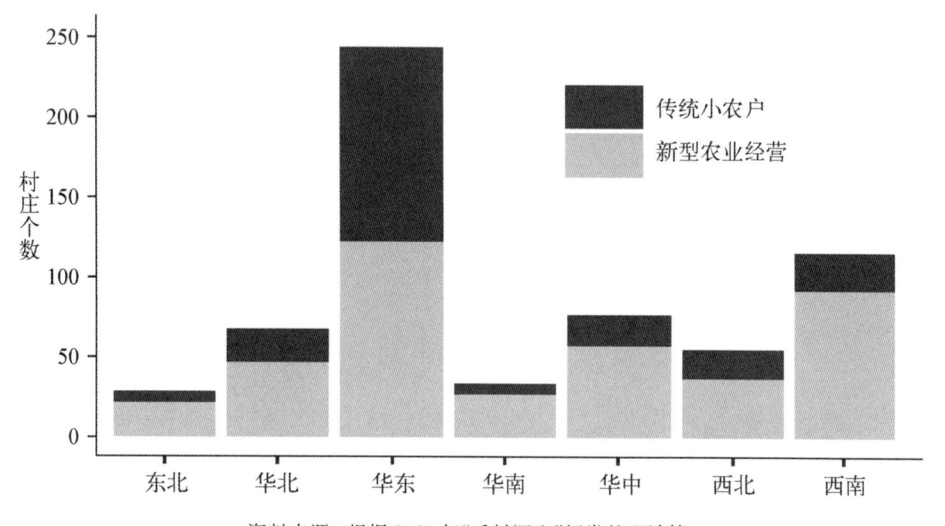

资料来源:根据2021年"千村调查"问卷整理计算。

**图6 村庄从事农业生产经营的主要方式**

E011题统计了受访村庄生产农作物的主要用途(如图7所示)。在该题回收的624份有效回答中,选择"卖给收购商"的最多,有257个村庄,占总数的41%;选择"自己消费"与"自己销售"的村庄数差不多,均在30%左右,其中有部分村庄囊括以上多种方式;仅有22个村庄选择了"其他"。具体来看,大部分村庄是由于发展非农经济,即出于政府规划或者自主转型,特别是福建省龙岩市的小池镇培斜村,是以电商方式出售农产品,上海市青浦区赵巷镇和睦村是外包给第三方,此外,部分村庄生产的粮食作物需上交国库或由政府统一回购。

通过结合人均收入情况我们发现,对村民的农业生产经营收入而言,传统小农户生产与新型生产方式相差不大,人均年收入平均在5 000元左右。如图8所示,传统小农户的收入波动较大,每个村庄的情况差异较大,我们可以借此认为新型农业生产方式的推行可以提高农产品市场交易的标准化,在一定程度上缩小村民的收入差距、维持市场公平。

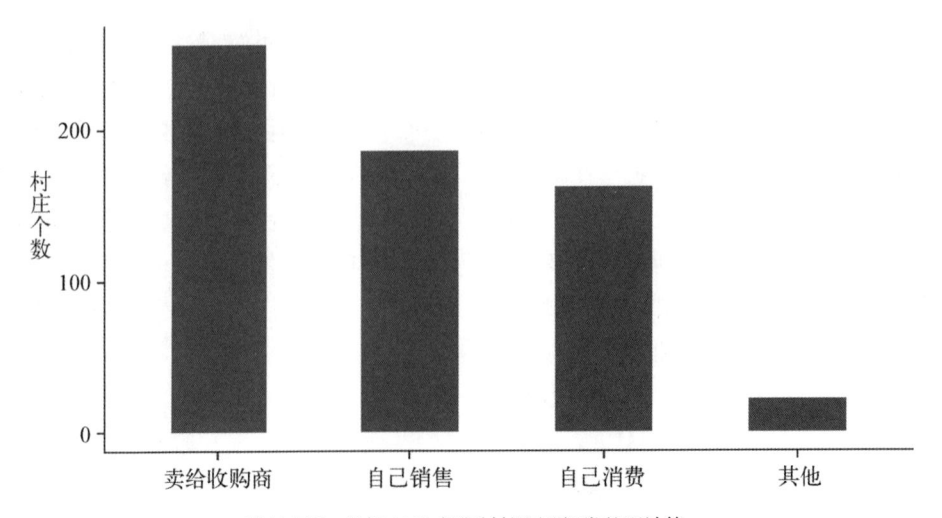

资料来源：根据2021年"千村调查"问卷整理计算。
图7 村庄生产农作物的主要用途

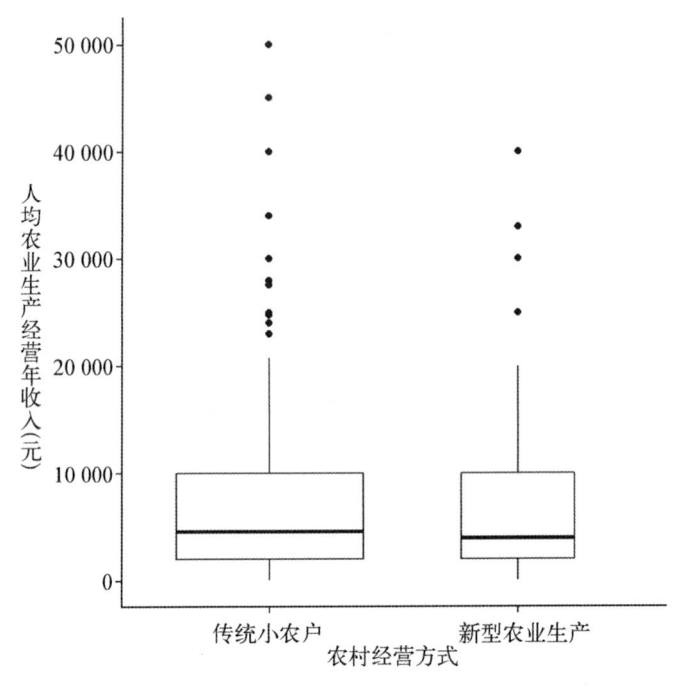

资料来源：根据2021年"千村调查"问卷整理计算。
图8 根据经营方式划分的人均农业生产收入

### （四）农产品流通情况

如图9所示，针对E026题"农产品流通过程中主要的流通渠道"，经处理我们发现，该题仅收到226份有效回答，其中有74份选择的是"其他"项，除部分从事非农产业外，导致这一情况产生的原因可能是多数村庄并不清楚农产品生产后流通领域全过程的情况，在农业整体产业链中只负责生产与出售初级农产品，其中：通过"产地—运销—批发市场"方式进行农产品流通的最多,共有 70 个村庄;以"产地—运销—加工企业—出口"方式进行流通的最少,仅有 5 个村庄。可见,目前大部分村庄仍然采用传统分销形式,对中间商依赖性强,存在垄断问题的可能性较大。同时,由 E025 题所得的数据可知,在这 226 个村庄中,借助互联网平台开展订单业务的只占到 38.50%,大部分村庄没有使用互联网平台。

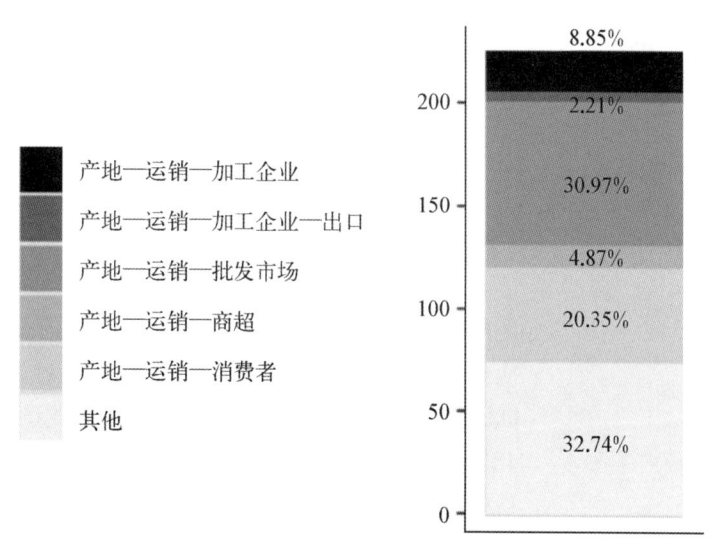

资料来源:根据 2021 年"千村调查"问卷整理计算。

**图 9　农产品流通过程中的主要流通渠道**

对农产品流通过程中面临的困难,问卷 E028 题进行了统计(见图 10)。我们共回收了 226 份有效回答,其中 88 个村庄选择"其他"项,除了"农产品跨区交易障碍大,流通成本高"的选择人数略少外,其余各项的选择人数基本占到 15% 左右。村庄选择"其他"项大部分是因为当地不从事农业生产或者不负责农产品流通,除此之外的困难则包括运输成本较高等个别问题。

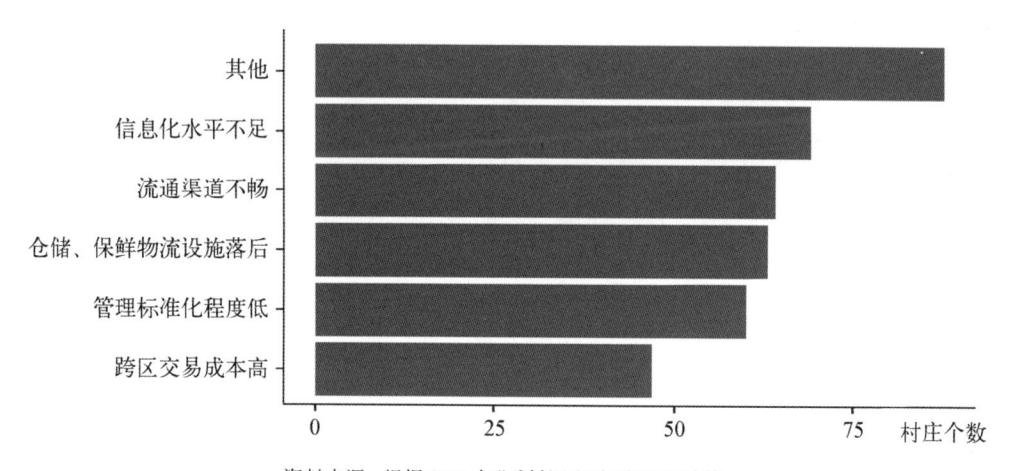

资料来源:根据 2021 年"千村调查"问卷整理计算。

**图 10　农产品物流运输中面临的主要困境**

## (五) 农村电子商务发展情况

E036题统计了各村农产品销售方式。此题共收到623份有效回答,其中:网上销售最少,通过合作社销售仅占14.84%,多数村庄采用通过农贸市场销售或由商家上门采购这些较为传统的销售方式(如图11所示)。

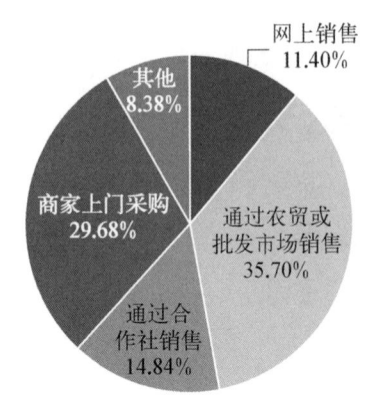

虽然目前农产品销售中通过电商平台进行销售的方式不太普遍,但是大家对电子商务的未来发展仍然比较乐观。从E027题的回答可以看出,其中有360个村庄认为农村电商的发展前景很不错,227个认为一般,仅36个表示不太看好其发展,超过一半的受访村庄对农村电商的发展持积极态度。同时,针对农村电商平台未来建设或优化的方向,对E039题的回答做出了统计(如图12所示)。受访村庄中呼声最高的是能够在电商平台上进行农产品销售,其次是作为统一披露和获取农产品市场信息的一种渠道。因此,虽然现在在农产品网上销售的农户数量较少,但是随着几年来直播卖货以及电商平台的迅速发展,透明、统一的农村电商平台建设依然是农户们关心的问题。

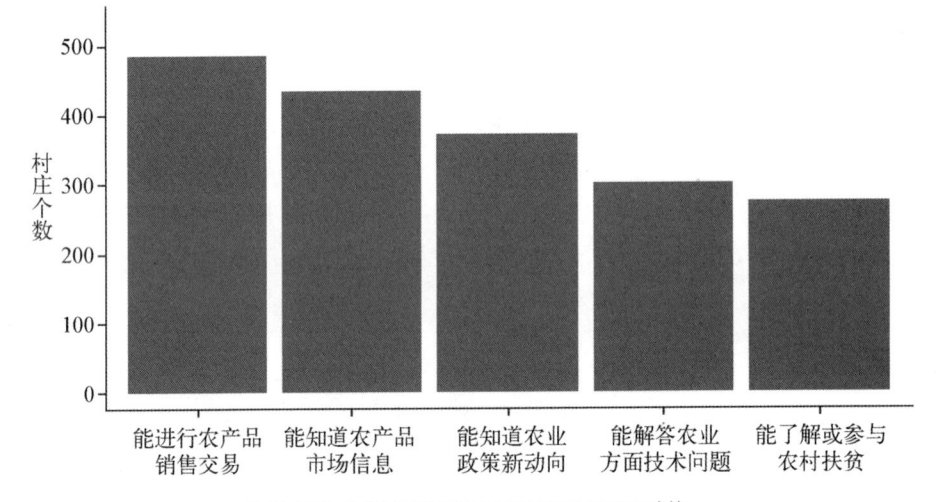

资料来源:根据2021年"千村调查"问卷整理计算。

**图11 农产品销售方式**

资料来源:根据2021年"千村调查"问卷整理计算。

**图12 希望农村电商平台提供的服务**

## (六) 集体经济发展情况

针对集体经济发展,问卷共收到621份有效数据。在受访村庄中,有集体经济组织的有438个,占总数的70.53%,其中超过半数为经济合作社,集体参股的企业仅占10%左右,其余大部分为股份合作社(如图13所示)。

2020年集体经济组织的平均收益为245.86万元,最小值为亏损1706万元,最大值为盈利10 438万元,各个村集体经济组织之间的收益水平差距较大,发展较不平衡(见图

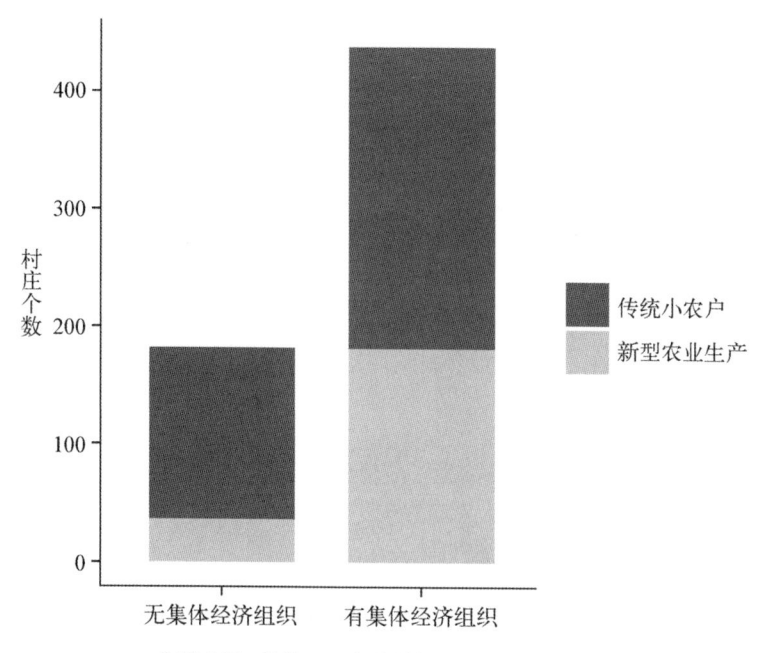

资料来源：根据2021年"千村调查"问卷整理计算。

**图13　集体经济组织情况**

14）。结合之前的E010题，在没有集体经济组织的村庄中，传统小农户的经营模式占绝大多数；而当村庄中有集体经济组织时，专业大户、家庭农场、农民合作社、农业产业化龙头企业等这些新型农业生产方式则更为多见。

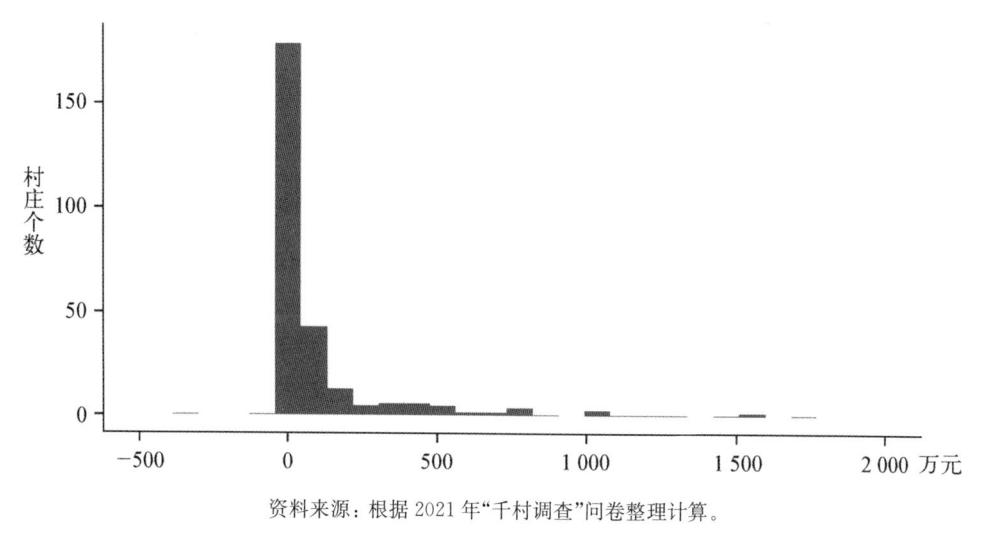

资料来源：根据2021年"千村调查"问卷整理计算。

**图14　2020年集体经济组织收益**

从这些数据可以看出，我国农村集体经济组织正在不断发展，但现阶段仍存在一些问题，"管理监督不规范"与"产业利润率低"两项被认为是目前村集体经济组织发展中遇到的首要问题(如图15所示);同时,约有35%的受访村庄将"没有合适的产业"作为村庄无法发展集体组织的首要问题(如图16所示)。

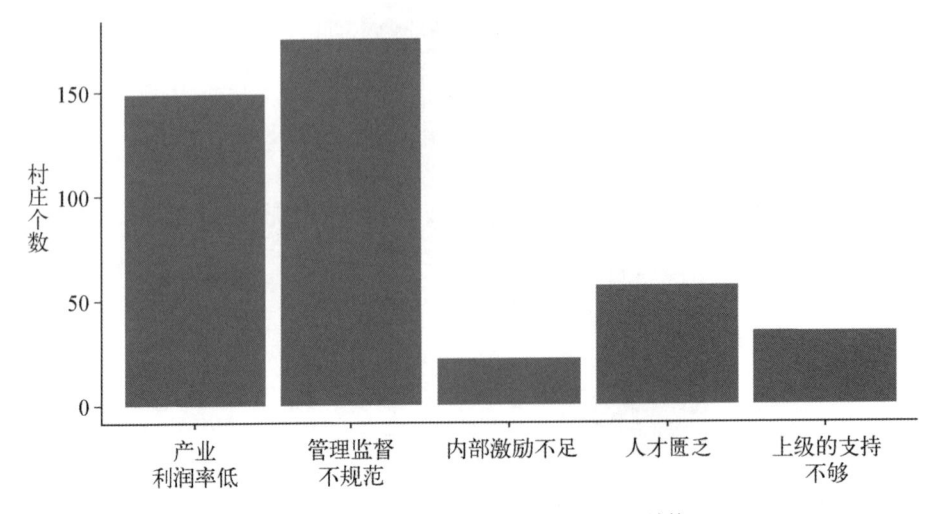

资料来源:根据2021年"千村调查"问卷整理计算。

图15 村集体经济组织发展的首要问题

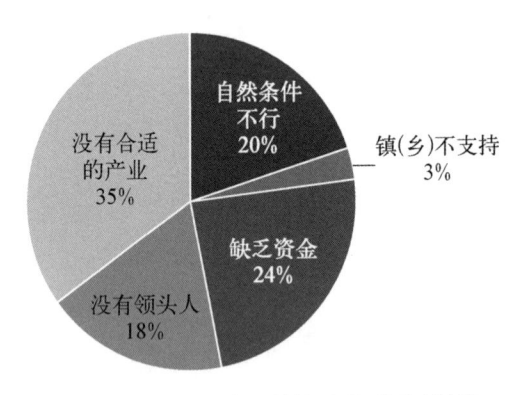

资料来源:根据2021年"千村调查"问卷整理计算。

图16 没有集体经济组织的首要原因

(七)农业种子使用情况

对受访村庄农业种子的使用情况,我们发现在收到的622份有效回答中,85%的村庄中的大部分农户使用的是国内品种的种子,使用国外品种的种子的仅有4个。去除极端值后,使用国内品种的种子的农户,每亩地的种子花费集中在225元左右,而使用国外品种的种子的农户,每亩地的种子花费大约在50~110元(如图17所示)。由于样本量过少,因此这一数据并不能说明国外品种的种子花费比国内品种的种子少。

具体来看主粮作物种子价格情况,"千村调查"受访村庄在水稻种子上平均花费300元/亩,按一般情况下每亩地种子使用量2.5~3.5千克进行计算,国内品种的水稻种子价格为86~120元/千克,在惠农网上进行查询,广东19香水稻种子为80元/千克,万象优

111杂交水稻种子为120元/千克,与问卷得出的价格差异不大。

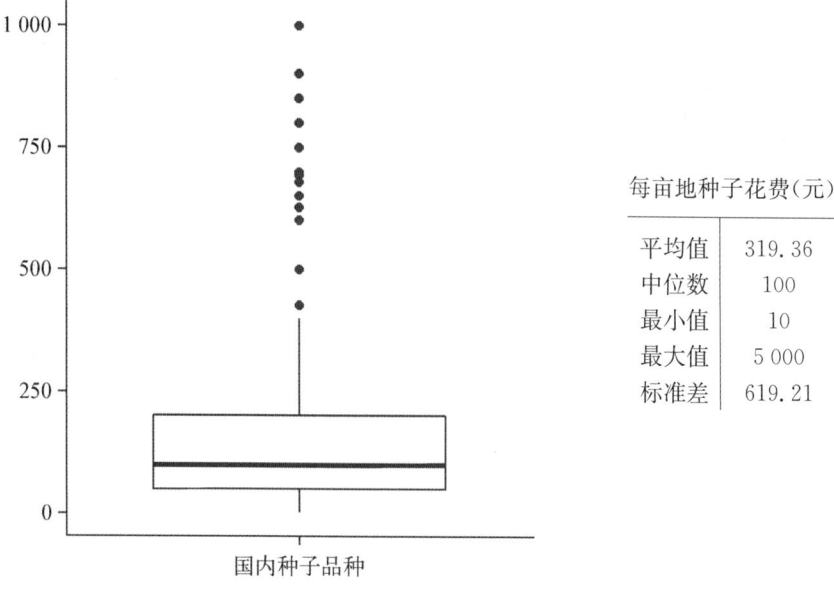

| 每亩地种子花费(元) | |
| --- | --- |
| 平均值 | 319.36 |
| 中位数 | 100 |
| 最小值 | 10 |
| 最大值 | 5 000 |
| 标准差 | 619.21 |

资料来源:根据2021年"千村调查"问卷整理计算。

**图17 农户在种子上的花费(元/亩)**

## 四、引起农产品价格上涨的垄断因素

从国家统计局披露的数据可知,我国总体呈现CPI涨幅低于食品价格涨幅而食品价格涨幅又低于农产品价格涨幅的现象。我国食品价格涨幅过快,其中农产品价格更是快速上涨,但是在这个过程中,农民收入没有得到显著增加,这可能是因为部分利润被农产品生产经营环节中其他的强势群体所截获。这一问题与农业领域存在的垄断息息相关,究其原因,可分农产品生产环节与流通环节两个方面进行具体分析。

(一)农产品生产环节的垄断因素

在农业领域,种子是支撑农产品生产安全的一大要素。"千村调查"问卷将村庄种子使用情况作为农业种业安全情况的重要考察对象,如果对农产品种子行业的销售实施垄断,农产品的生产成本就会显著提高,农民能获得的收益则会减少。2021年国家对《中华人民共和国种子法》进行了第四次修订并于2022年开始实施。新修改的《中华人民共和国种子法》重点在于加强对种子新育种创新的知识产权保护,体现国家对种企进一步加大研发创新力度的支持。但在国际市场上,我国的种业占比较小,国内种企呈现数量多、规模小的特征,同质化竞争激烈,种业自主创新能力与发达国家相比仍有较大差距。

从整体来看,我国仍为种子进口国。中国种子贸易协会的数据显示,2019年我国种子进出口贸易逆差达到2.24亿美元,我国主要粮食品种基本使用自己选育的品种,除玉米种子小部分需依赖进口外,草种和蔬菜种子是我国种子的主要进口类别。中国食品安全网披露2021年我国农作物种子贸易进口额6.8亿美元,出口额3.3亿美元。进口种子品种以蔬菜和园艺作物为主;在种子出口中,水稻种子作为我国自主育种的优势品种,出口额占比为28.8%,位列第二。从2021年"千村调查"问卷来看,农户基本使用的是国内品种的种子,这可能是由于大部分受访村庄以粮食作物作为主要农业经营方向,也可能受入村问卷调研范围所限,与实际有一定差异。

虽然"千村调查"中农户使用国外种子的样本量过少,无法得出相关结论,但是在我国海关总署的网站进行查询,2021年蔬菜种子平均进口价格约为136元/千克,玉米种子平均进口价格约为84元/千克。"千村调查"问卷数据统计结果显示受访村庄平均每亩地在种子上的花费为151元,且均为国内品种,按照一般情况每亩用2.5千克左右的种子,则可以估算玉米种子国内品种平均价格为60.4元/千克。在惠农网上我们也发现,进口泰系甜玉米价格为140~160元/袋,一袋400克,国内品种的玉米种子则便宜得多,价格基本为40~60元/袋,且一袋超过1000克。从这些数据不难看出,虽然在主粮领域农户基本使用的是国内品种的种子,但在蔬菜、玉米种植业等一些特定领域,由于国外品种育种品质更好,因此大部分种子采用的仍是由国外种子公司培育的品种,种子价格也随之被推高;同时,由于国内种业市场较为分散,种子市场并不成熟,因此国外种子进入中国市场后导致了一定程度的管理混乱,进口种子的超高定价会抬高国内种子的平均定价。

农业农村部统计数据显示,我国90%以上的高端蔬菜及花卉种子(苗)依赖进口,进口种子价格远高于国内品种,而农户又找不到可生产出高品质产品的国内品种替代品,种子作为农产品生产环节的重要因素之一,其垄断不免造成农民种植成本的增加。由微观经济学的知识可知,由技术决定的平均成本曲线是决定一个市场是垄断还是竞争的关键要素,当该产业生产的最低效率规模(MES),即使平均成本实现最小化的产量水平相对整个市场规模较大时(如图18中的B图),垄断出现的可能性更大。

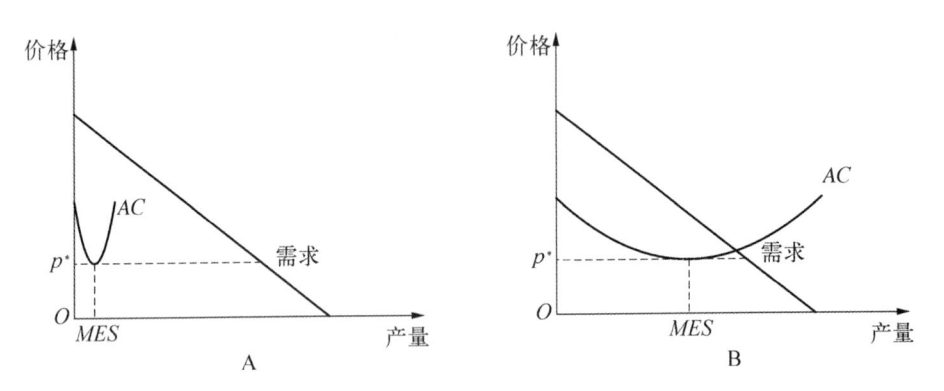

资料来源:哈尔·R.范里安.微观经济学:现代观点[M].上海:格致出版社、上海三联书店、上海人民出版社,2015:322.

图18 最低效率规模相对于市场规模

种子新品种研发需要较大成本投入,跨国种业集团的"技术锁定"是形成垄断的壁垒,跨国种子公司经过多年经营已有大量研发专利,在进入我国迅速发展的过程中通过"技锁定"形成垄断,使我国种企即便通过商业手段也无法运用相关技术。

虽然我国在提升国内种企的创新能力方面有所行动,我国实施种子认定审批制以加强对种子市场的有序管理,但是部分种子的进口依赖度近年来依旧居高不下。究其原因,除了研发难度的问题外,执行过程中一些种企投机取巧、虚报产量来获得新品种的认定,虽然新种子卖出了较高价格,但影响了农户对国内新品种的认可。在2021年"千村调查"中就有约20%的村庄将"有实质进步的新品种培育速度太慢"作为目前种子方面最主要的问题。随着品种一次次推陈出新,种子价格一再抬高,国内种企的研发创新能力却停滞不前,农户识别种子的成本也没有因标准化的种子审批制而降低。面对这些问题,政府部门只能通过不断完善流程、加强监管与立法进行规范。

(二)农产品流通环节的垄断因素

在农产品流通环节,大量中间商在农产品被从田地送上餐桌的过程中通过实施垄断行为获得超额利润并将成本转嫁给产业链两头的弱势农户与农产品消费者。2012年五常大米事件爆出,面向消费者最贵400元/千克的五常大米收购价不过4元/千克,而每千克大米的加工成本只有0.4元,大米经销商在加工、运输、仓储、零售等环节层层加码。一位民乐乡稻农透露,20亩稻田的收入只有5万元,扣除成本后一家人一年收入仅3万元不到,直到2020年,种植稻谷扣去生产成本与土地成本的净利润是49元/亩,每50千克平均出售价为137.5元,折算后得2.75元/千克,利润依旧微薄。相比仍有3.9%成本利润率的稻谷,小麦、大豆、油菜籽等的利润率甚至为负。由经销商们牢牢把控的农产品定价权,一方面使消费者付出高价,另一方面"价贱伤农",使底层农户增收成为难题。当处于流通环节的以农户利益为代价的排除、限制竞争行为屡屡为市场中的强势资本所实施的时候,该环节的垄断因素应当被重点审查后用反垄断法加以限制,加强农民的市场主体地位,改善农产品流通市场的竞争环境。

农产品供应的主要流通渠道:(1)农业企业与农户签订协议,企业在田地直接收购农产品后运销;(2)"农超对接",商超与农民种植专业合作社合作收购合作社农产品;(3)农户到批发市场进行交易。较为传统和普遍的第三种渠道——"农户+批发市场"的销售渠道具有地域垄断性较强的特征,一些区域仅存在一家农产品批发市场,市场管理者得以收取较高的管理费、摊位费等,压缩农户既有的利润空间。第一种和第二种渠道的共同点在于都属于"订单农业"。

上文所提到的五常大米事件中,五常水稻产业90%以上为"订单农业",产地有几百家企业消化这些订单,可非但没有形成良性竞争的市场氛围,反而联合起来一同控制了水稻市场,压低收购价格。由于协议不是在农作物收成以后才订立的,因此其性质类似于农产品的期货交易,本来农业生产就有抗风险能力弱的属性,协议使农民被动承担了过多的风险。农民本来就处于劣势,对协议条款没有什么谈判的余地,企业或者商超可以借此在协议中强加一些苛刻的条款,分散的农户难以对抗收购方的垄断行为,就连规模更大、更专业的农民合作社也往往在交易中丧失话语权。"农超对接"模式下合作社直接供货给商超,省略了大量中间环节,收购价本应随之上涨,却因为多出了各种缴纳费用,如超市的进场费、配送费、销售返利等,实际获利并不高。归根结底,即使尽可能摘去了产业链中臃肿的流通环节,只要还留下强势资本扮演的"中间人"角色连接农业的生产与消费两端,其就会出于牟利冲动压缩成本,挤占农业生产者的福利。如果不对经销商的垄断行为加以限制,那么购销协议就自然成为经销商排除、限制竞争的工具。

### 五、我国《反垄断法》在农业领域的法律实践缺位

(一)法律文本语义剖析

"农业生产者及农村经济组织在农产品生产、加工、销售、运输、储存等经营活动中实施的联合或者协同行为不适用本法",这是我国《反垄断法》中对农业适用除外的法律规定。针对这一条文,我们可以从三个层次进行具体分析。

首先,法条中规定农业适用除外的主体应为"农业生产者"和"农村经济组织"。"农业生产者"的含义较明确,一般是指从事农产品种植业、林业、畜牧业、渔业的生产活动,以未经加工的初级农产品为主要产出的自然人、法人或非法人组织。"农村经济组织"涵盖的内容则比较广泛,有学者认为是由农业生产者组成的经济组织。在一次审定稿中,对豁免主体的文字表述为"农业生产者及其专业经济组织",然而正式条文中加入了"农村"的表述。在《现代汉语词典中》,"农村"一词是指以从事农业生产为主的人聚居的地方,其语义偏向与城市相对立,因而也有学者主张其含义是指在农村这一区域从事经济活动的组织(邱隽思,2018)。如此看来,"农业经济组织"可以包括农村集体经济组织、农民合作社、农业相关的技术协会等,范围广泛。

其次,法条中明确指出不适用反垄断的对象是"联合或者协同行为"。"联合"和"协同"一般是指双方,也可指多方,偏向于针对特定的具体行为而没有从一个行业整体的角度予以否定,因而我国《反垄断法》豁免的应是以合法目的联合起来的互助活动,农业生产者联合起来共同生产或销售自己生产的农产品来提高自身工作效率与竞争力的行为不受我国《反垄断法》的约束。

最后,我国《反垄断法》针对农业领域实施豁免行为的范围是在"农产品生产、加工、销售、运输、储存等经营活动中"。从字面理解,农业生产者或农村经济组织只要从事其中任何一种或多种经营活动,就可获得我国《反垄断法》的豁免,但这些活动基本包含了农业整个产业链上下游的几乎所有环节,而在这个过程中拥有较强议价能力的农产品加工、销售或运输环节的中间商可能会形成垄断,攫取那些真正需要我国《反垄断法》保护的农户的利益。

(二)立法目的与法律实践比较分析

在竞争的市场经济条件下,各个厂商只能接受既定的由市场供需关系调整形成的市场价格,为获取超额利润,厂商只能不断发展技术,提高商品质量或压缩生产成本。然而,在垄断的产业结构下,垄断厂商则会选择能使自己实现利润最大化的定价与生产水平,这不利于消费者和经济的长远发展。反垄断法的基本原理就是通过市场之外的法律手段阻止市场主体中限制竞争的行为。然而,立法目的能否真正实现需要考虑法律实践,在我国

《反垄断法》的具体实施中存在不少争议有待解决。例如,前文所提到的关于法条中相关概念的界定不清,"农业生产者"与"农村经济组织"的表述可能存在将在农村生活的农民纳入农业生产者范围的嫌疑;一些经营主体没有直接进行农产品生产但承担了储存、运输、销售、加工环节,扮演了强势的中间商角色,将他们纳入反垄断豁免的范围反而会助长他们对上游生产者的盘剥。又如,我国《反垄断法》的豁免允许了农业生产者的联合,但是如何确保合作社等集体经济不滥用市场权力,法律可能缺乏相关限制细则或具体行动指南。为确保我国《反垄断法》在法律实践中能发挥相应制约效果,仍需要更多的详细条件加以完善,使弱势农业生产者与合作组织真正从这一法律豁免中获利。

## 六、对 策

### (一)电商服务

电商和物流业的发展使农产品生产者与消费者有了面对面直接交易的机会,但是仍存在诸多不便与限制:只有部分果蔬适合未经加工直接交给消费者;农村互联网普及程度不高,开展电子商务所需的配套设施、技术资源不足;农作物集中时段收获,农村地区缺乏相应的仓储与冷链运输条件,农产品仍然要经过中间商之手。综合以上三点,电商的发达并未给农户带来主体地位,更普遍的模式不过是电商平台成为产业链上的一环。虽然电商没有带来根本上的改变,但也确实减少了部分流通环节的垄断因素:(1)搭建在互联网上的农产品销售平台既带来更开阔多元的消费者群体,也更清晰地呈现市场信息,缓解农户的信息不对称,便于农户在了解市场信息后及时改变自己的生产、销售决策;(2)电商服务带动的产业发展会进一步整理农产品的供应网络,减少不必要的流通环节与分销层次,进而减少中间商高价盘剥的次数。

### (二)农民专业合作社

参考日本与韩国合作社适用除外的立法经验,符合适用除外主体资格的合作社必须由小规模经营者组成,合作社得以成为名副其实的市场弱势方的联合。我国虽然规定农民专业合作社中农民至少占总数的80%,但也允许农业产业链上的其他经营者加入,与日韩相比少了对规模范围的要求,为农产品经销商们开了一道口子,资本的入驻增添了合作社偏离原本互助与非营利性质的可能性。我们认为,完全将成员限制在直接从事农业生产的小农户并不必要,因为少数中下游经销商的加入可以有效拓宽合作社的经营范围,以服务于合作社共同利益为宗旨与农民形成互惠互利的协作关系,能够在一定程度上提高农民在市场上的竞争力。"公司领办"模式的症结在于"领"字,如果借鉴日韩经验,对加入者的规模做出要求,那么农民的主要地位并不会被轻易动摇,并且可以进一步完善目前的社内表决制度与组织结构问题,避免出资额高者掌握大部分决策与管理权。政府部门与村干部也应在合作社的设立之初就为农民出谋划策,对企业与合作社的关系进行监督,切实维护好农民的利益。

### (三)我国《反垄断法》立法完善的建议

在可被豁免的行为主体的界定上,法条应明确指出将实际从事初级农产品生产并直接承担与农业生产活动相关的收益与风险的农业从业人员列为我国《反垄断法》适用除外的主体，准确区分"农业"与"农村"的概念。在我国当前的实际语境中，确实存在一部分以农民身份自居而其实际生活已经脱离了传统的农业生产的人，这部分人不应被纳入豁免的主体范畴。

在可被豁免的垄断行为方面，一般倾向于将"联合或者协同行为"解释为主体之间签订垄断协议。如果采纳这一解释，我国《反垄断法》第二十条第三款已有说明，为中小经营者提高经营效率、增强竞争力的垄断协议不适用相关的禁止性规定，实际上与保护农业产业链中属于中小经营者的农户所设的反垄断适用除外制度内含相似的法益。因此，对于目前法条的修改可以沿袭第二十条的思路，将适用除外的相关规定放在垄断协议这一章，并在法条中列举适格的农业领域中的中小经营者，以避免出现新的歧义或者被滥用。

## 七、结 语

"三农"问题是关系国计民生的大事，农业问题也是关系国民经济的根本性问题。整个农产品产业链的中下游农产品市场迅速发展，其上游端却发展缓慢，处于弱势地位的农业生产者在强势的农产品经销商面前失去了议价能力，难以享受产业发展带来的红利，而我国《反垄断法》中本意为保护这些农业生产者而规定的农业适用除外规定反而在一定程度上成为制约农民增收的"帮凶"。基于2021年"千村调查"成果，本文探讨农业领域中存在的垄断问题，特别关注农产品生产与流通环节存在的垄断因素，通过分析电商服务、农业合作社发展与立法修改三个方面，尝试为规范农产品销售市场、切实保障农民经济利益等问题带来可行方法，从而进一步支持我国未来乡村振兴工作。

**参考文献**

［1］段宏磊.农产品流通竞争环境的现状审视与反垄断法规制改进［J］.法学论坛，2019，34（2）：63-70.

［2］高永.农民合作社：农民组织起来的新载体［J］.红旗文稿，2013（4）：20-22.

［3］黄静文.试析我国反垄断法中的农业适用除外制度［J］.广东行政学院学报，2008，20（6）：58-61+66.

［4］雷希.《反垄断法》农业适用除外主体研究——关于《反垄断法》第56条的修法建议［J］.农业经济问题，2021（12）：116-125.

［5］李亮国，王艳林.农业在反垄断法中的适用除外研究（上）——中国反垄断法第五十六条之解释［J］.河南省政法管理干部学院学报，2008（4）：84-90.

［6］朋文欢.农民合作社减贫：理论与实证研究［D］.浙江大学，2018.

［7］邱隽思，段宏磊.中国农业反垄断执法的省思与改进——基于对《反垄断法》第56条的再审视［J］.学习与实践，2019（1）：66-75.

［8］邱隽思.反垄断法农业适用除外制度研究［D］.中南财经政法大学，2020.

［9］王友莲.安徽主要农作物种子被国外垄断的现状分析［J］.安徽农业科学，2015，43（28）：325-326.

[10] 于左.中国农产品价格过快上涨的垄断因素与公共政策[J].中国价格监管与反垄断,2014(5):16-19.

[11] 张月.中国农村电商发展水平对乡村振兴的影响研究[D].辽宁大学,2022.

[12] 朱婷,夏英.农业数字化背景下小农户嵌入农产品电商供应链研究[J].现代经济探讨,2022(8):115-123.

# 人口老龄化背景下我国农村养老服务的供需研究

吴羽亭[①]　许茗钰[②]

指导老师：戴大荣[③]

**摘　要**：在人口老龄化背景下，本研究立足于2014年CLASS数据和上海财经大学"千村调查"数据，从多个维度出发，基于文献研究法和定量研究法，利用SPSS软件建立二元Logistic模型和TOPSIS模型，以探求中国农村养老服务的供需关系及影响因素。研究表明，在人口老龄化背景下，中国农村养老服务市场愈发广阔，但供给能力并不能满足日益增长的需求，农村养老服务呈现供需不平衡的现状。针对此现象，本研究结合马斯洛需求层次等一系列理论，提出有关养老服务的政策建议。

**关键词**：农村养老服务　需求　供给　二元Logistic模型　TOPSIS模型

## 一、绪　论

（一）研究背景

1. 农村人口老龄化的快速发展趋势

由中国统计年鉴1998—2019年的抽样调查数据可知，中国的老年人口呈现飞速增长的态势，从2005年的65岁以上人口占比9.07%上升到2019年的14.69%（如图1所示），中国农村已经迈入轻度老龄化阶段，以此推测，在未来的数十年中，中国会进入中度老龄化阶段。

根据中国统计年鉴1998—2019年的数据，到2019年末为止，乡村的老龄化率为14.69%，城镇的老龄化率为10.65%（如图2所示）。中国农村人口老龄化程度远高于城镇，这与城市、农村的经济发达程度不匹配；同时，打工经济兴起，更多农村青壮年劳动力离开农村，更多空巢老人留在农村；而计划生育使得以往农村高生育率的现象被打破，农村人口增长率断崖式下跌，少年人口的比重不断下降。

---

[①] 吴羽亭，上海财经大学经济学院经济学专业2020级本科生。
[②] 许茗钰，上海财经大学公共经济与管理学院投资学专业2020级本科生。
[③] 戴大荣，上海财经大学高等研究院。

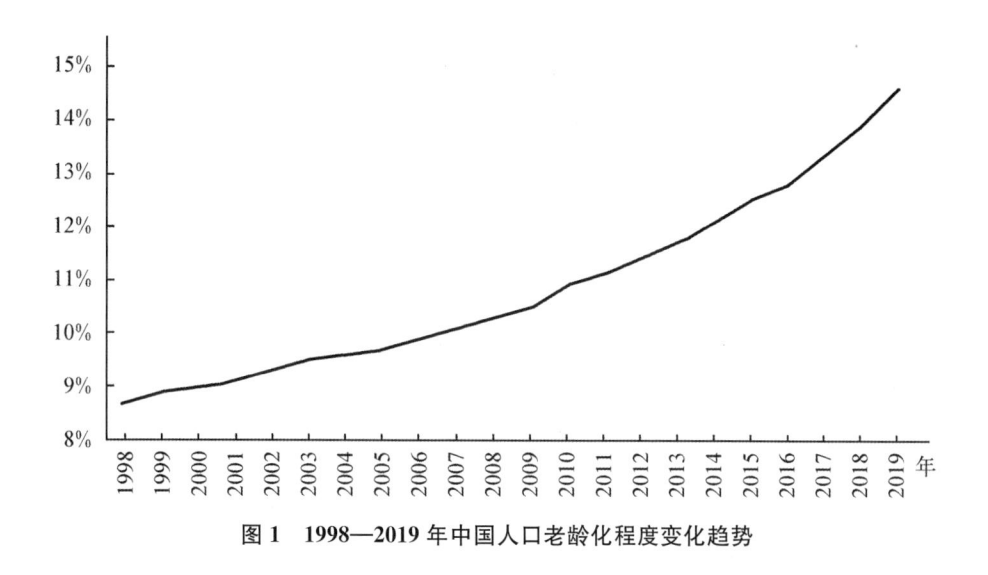

图 1　1998—2019 年中国人口老龄化程度变化趋势

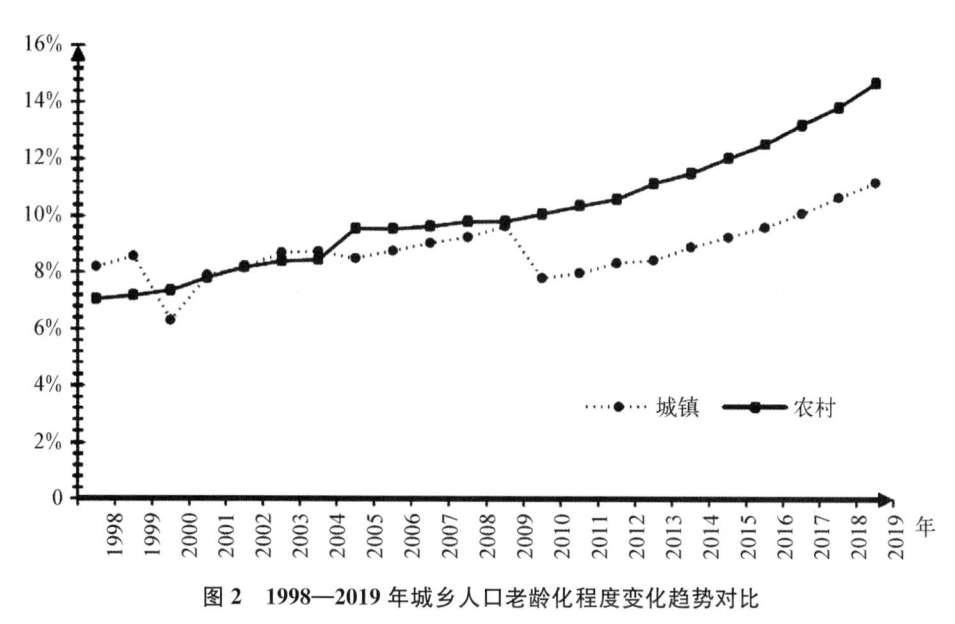

图 2　1998—2019 年城乡人口老龄化程度变化趋势对比

2. 农村传统养老价值观发生变化

农村中的青壮年劳动力为了谋求更好的生活,很多选择进城务工,而老年人由于城市生活成本高,加上传统思想等,大多选择在农村养老,这也使得农村老龄人口占比增加,农村养老问题日益突出。

(二) 研究目的与意义

1. 研究目的

我们的研究目的是结合相关的理论基础和数据,对中国农村居民养老供需问题进行科学的理解,从而为现阶段中国农村养老政策的制定提供科学依据并提出关于一部分问题的解决思路。具体目的如下:

（1）通过对相关文献资料的搜集，收集与农村养老供需问题有关的理论基础，从理论基础维度基本掌握我国农村养老服务供需现状；从相关数据中寻找我国农村养老服务的影响因素和当下我国农村养老服务中存在的问题。

（2）构建有关我国农村养老供需问题的数学模型并进行深入研究，从供给和需求的角度分析我国农村养老目前面临的困境，同时探讨实证研究结果，并以此提出对我国农村养老服务政策的有效改进方案和对未来我国农村养老服务发展路径的建议。

2. 研究意义

我国作为农业大国，农村人口在全国总人口中占据不可忽视的一大部分，而农村以老年人口为主体，也使得农村养老成为中国在人口老龄化背景下亟须解决的一大问题。中国农村相对于中国城市，其较为落后的经济情况和基础设施等无疑给农村养老带来了巨大的挑战。在人口老龄化的基础上，传统的养老模式和养老习惯已经逐渐衰退、变革。通过数据分析，获知如何在保障农村养老服务供给的基础上，做到资源的高效利用，提高养老工作的实施效率和效果，使得农村老年人享有更好的晚年生活。

## 二、相关概念及理论基础

（一）核心概念界定

1. 养老服务

养老服务一般是指向老年人提供必要的生活服务，满足其物质生活和精神生活的基本需求。狭义的养老服务是指最基本的养老服务，以保障老年人基本的物质生活和日常照料；广义的养老服务则范围更广，不仅包括老年人必需的衣食住行和日常照拂，而且包括医疗护理服务、文化娱乐活动、精神慰藉等更深层次的一系列服务。

2. 养老服务供给

养老服务供给泛指将各类资源，如时间、金钱、劳动力、物资等投入养老服务主体，让老年人享受更好的晚年生活的过程。养老服务供给主要分为三个层次：主体、内容及对象。主体通常由一个或多个组成，主要包括家庭、政府、社会等层面。主体供给服务的内容包括老年人生活的物质需求和精神需求。对象则应为社会面上的每一个老人。

3. 养老服务需求

养老服务需求可分成两大类：生理性需求和心理性需求。生理性需求内容主要为老年人在日常生活中必需的物质，必要的医疗照顾（如健康管理、康复护理等），紧急时刻需要的紧急呼叫与救援服务等。心理性需求则包含老年人之间必要的社交需求，社会给予老年人的尊重与认同感，家人给予老年人的亲情归属感等。

（二）基础理论概述

1. 公共产品理论

根据公共经济学理论，社会中的产品可分为公共产品、私人产品和准公共产品。若一个产品同时具有排他性、竞争性、可分割性，该产品即私人产品，反之则是公共产品，介于两者之间的为准公共产品。

2. 福利多元化理论

福利多元化理论出现在石油危机时期,当时经济出现停滞现象;同时,发达国家人口老龄化问题加剧,使得社会老年人口数量增加,社会对福利的需求增加,但国家财政收入下降,国家财政难以承受社会福利的重担,福利多元化理论随之出现。

3. 马斯洛需求层次理论

马斯洛将人的需求从低到高划分为五个层次:生理需求、安全需求、社交需求、尊重需求、自我实现需求。如图3所示,层次越低越基础,但高层次需求的出现必须以低层次需求已被满足为前提。

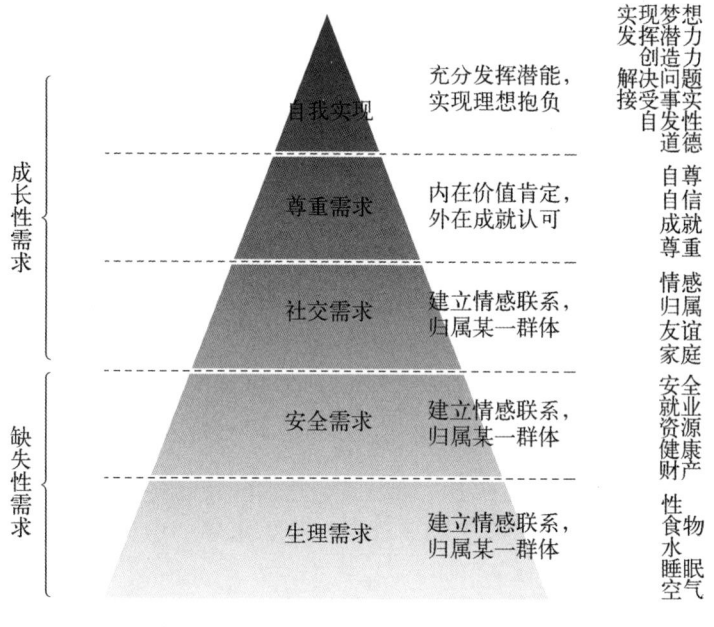

资料来源:https://www.tmtpost.com/5832836.html。

**图3 马斯洛需求理论金字塔**

马斯洛需求层次理论可以用于完善养老服务中的方方面面,对老年人的需求进行更深层次的分类和细化,从而更有效率地提升养老服务水平,让老年人拥有更好的晚年生活。

### 三、我国农村养老服务需求的实证分析

(一)数据来源

本研究所用的数据来源于2014年中国老年社会追踪调查项目的问卷。该调查作为一个系统组织的全国性大型社会调查项目,能够提供较为完整和清晰的样本内容,因此可将其调查结果作为本次研究的样本。通过数据处理后,共获得本研究所需有效样本7 712个。

## (二) 变量设定

农村养老服务需求从具体角度出发涵盖较多方面,根据马斯洛需求层次理论,可将其需求分为生活照料服务需求、医疗保健服务需求和精神慰藉服务需求三个基本部分进行深入的研究分析。

### 1. 被解释变量

基于马斯洛需求层次理论并结合所得到的调查问卷数据,本研究从三个问题出发,分别刻画生活照料服务需求、医疗保健服务需求和精神慰藉服务需求三个维度的需求。

生活照料服务需求注重调查农村老年人是否在生活照料方面需要一定的帮助与服务,因此采取问卷中"您现在需要别人在生活起居上(如吃饭、洗澡、穿衣、上厕所)提供帮助吗"这一问题作为被解释变量,对此二分变量的肯定回答赋值1,否定回答赋值0。

医疗保健服务需求强调农村老年人身体健康方面的需要,重点关注老年人对医疗保健的需要与否。本研究结合问卷,将"您现在是否患有慢性疾病"这一问题作为被解释变量,以疾病维度来具体描述医疗保健的需求,对二分变量的肯定回答赋值1,否定回答赋值0,以此来建立模型。

精神慰藉服务需求作为马斯洛需求层次理论的最高级,需要关注老年人在精神娱乐这一维度的数据。选取"过去一周您觉得孤单吗"这一问题作为衡量精神慰藉服务需求的被解释变量。根据原有调查的回答,将其分为"感到孤单"与"不孤单"两类,以0-1赋值对被解释变量进行处理。

### 2. 解释变量

(1) 个体特征

根据前文所述,个体特征作为反映个体差异性的变量,在模型中具有重要地位,表1对个体特征变量赋值。

表1 个体特征变量

| 变 量 | 变 量 定 义 | 变量描述(%) |
| --- | --- | --- |
| 性别 | 女性=0 | 46.33 |
| | 男性=1 | 53.67 |
| 年龄 | 80岁以下=0 | 88.65 |
| | 80岁以上(包括80岁)=1 | 11.35 |
| 受教育程度 | 未受教育=1 | 21.41 |
| | 受过小学或扫盲班教育=2 | 37.01 |
| | 受过小学以上教育=3 | 41.58 |

续 表

| 变 量 | 变 量 定 义 | 变量描述(%) |
|---|---|---|
| 是否有养老保险 | 否=0 | 68.56 |
|  | 是=1 | 31.44 |
| 主要生活来源 | 其他=1 | 3.79 |
|  | 退休金=2 | 50.92 |
|  | 亲属=3 | 23.20 |
|  | 政府=4 | 4.80 |
|  | 劳动=5 | 17.29 |
| 自评健康 | 健康=1 | 46.15 |
|  | 一般=2 | 29.95 |
|  | 不健康=3 | 23.90 |

老年人的个体特征主要包括性别、年龄、受教育程度、是否有养老保险、主要生活来源、自评健康6类因素。老年人因个体特征的差异性,容易在养老的认知、要求等方面呈现不同程度的需要。在这些诱因中,自评健康作为老年人对自身情况的主观评估,可以在很大程度上反映老年人的需求程度。而性别、年龄、受教育程度等因素则是对其个人的客观描述,可与主观评价结合对多样化的养老服务需求进行衡量。

(2)家庭特征

福利多元化理论强调,对农村养老,家庭起着举足轻重的作用。家庭特征为农村养老提供相应的家庭资源数据与家庭结构数据,表2对家庭特征变量赋值。

表2　　　　　　　　　　　　家庭特征变量

| 变 量 | 变 量 定 义 | 变量描述(%) |
|---|---|---|
| 婚姻状况 | 无配偶(包括丧偶)=0 | 29.47 |
|  | 有配偶=1 | 70.53 |
| 子女数量 | 0个=1 | 0.03 |
|  | 1个=2 | 17.21 |
|  | 2个=3 | 29.94 |

续　表

| 变　量 | 变　量　定　义 | 变量描述(%) |
|---|---|---|
| 子女数量 | 3 个＝4 | 25.00 |
|  | 4 个及以上＝5 | 27.82 |
| 同住人数 | 0 个＝1 | 0.10 |
|  | 1 个＝2 | 12.36 |
|  | 2 个＝3 | 38.02 |
|  | 3 个＝4 | 12.50 |
|  | 4 个及以上＝5 | 37.02 |
| 子女经济支持 | 无支持＝1 | 19.89 |
|  | 1 000 元以下＝2 | 35.67 |
|  | 1 000～2 000 元＝3 | 19.55 |
|  | 2 000 元及以上＝4 | 24.89 |

家庭特征包括婚姻状况、子女数量、同住人数与子女经济支持 4 个维度,其中,前三项主要衡量老年人是否有一定的依靠选项和照料背景。婚姻状况以配偶为中心,子女数量以子女为中心,同住人数以家庭亲属为中心,三者揭示了家庭养老中的人力资源情况。子女经济支持是从经济角度来衡量家庭养老的物质资源情况。

(三) 模型选择

根据变量设定中被解释变量的二分性,本研究采用二元 Logistic 回归分析模型,分别将农村老年人养老的生活照料服务需求、医疗保健服务需求与精神慰藉服务需求作为被解释变量建立三个模型。同时,取上文具体解释的有关农村养老服务需求的 10 类因素共 23 个变量设置为解释变量 $X_1, X_2, X_3, \cdots, X_n$,其中,$n$ 代表解释变量的个数,在本研究中,$n=23$。

对模型总体的构建,以生活照料服务需求为例,本研究设农村老年人 $i$ 有生活照料服务需求的概率为 $p_i$,不具有此种服务需求的概率为 $1-p_i$,它们都是由解释变量 $(X_1, X_2, X_3, \cdots, X_n)$ 构成的非线性函数:

$$p_i = F(Y) = F\left(\beta_0 + \sum_{j=1}^{n}\beta_j x_j\right) = \frac{1}{1+\exp\left[-\beta_0 + \sum_{j=1}^{n}\beta_j x_j\right]}$$

对此函数进行对数变换,从而得到标准的 Logistic 模型线性表达式如下:

$$\ln\left(\frac{p_i}{1-p_i}\right)=\beta_0+\sum_{j=1}^{n}\beta_j x_{ij}$$

其中,$\beta_0$ 代表常数项,$\beta_j$ 代表各解释变量的回归系数,以此来衡量各解释变量对农村老年人养老的生活照料需求的影响程度与影响方向。

其余两个模型同理构建。

(四)实证分析

在上述分析的基础上,将个人特征变量与家庭特征变量纳入二元 Logistic 模型,围绕变量的影响程度与显著性建模,由 SPSS 导出数据分别得到三个模型。其中,模型一为生活照料服务需求模型,模型二为医疗保健服务需求模型,模型三为精神慰藉服务需求模型,分别导出模型的回归系数与显著性如表3所示。

表3  养老服务需求模型

| 变 量 | 模 型 一 | 模 型 二 | 模 型 三 |
| --- | --- | --- | --- |
| 婚姻状况(无配偶=参照组) | −0.522*** | −0.219*** | −0.832*** |
| 同住人数(无=参照组) | | | |
| 1个 | −2.01* | −19.986 | −0.624 |
| 2个 | −1.062 | −19.877 | −1.104 |
| 3个 | −0.971 | −19.857 | −1.169 |
| 4个 | −1.091 | −20.031 | −1.352* |
| 子女经济支持(无支持=参照组) | | | |
| 1 000元以下 | 0.623*** | 0.282*** | 0.123** |
| 1 000~2 000元 | 0.325** | 0.171** | 0.007* |
| 2 000元及以上 | 0.672*** | 0.224*** | −0.378*** |
| 子女数量(无子女=参照组) | | | |
| 1个 | 16.366 | 21.363 | 20.451 |
| 2个 | 16.308 | 21.588 | 20.483 |
| 3个 | 16.551 | 21.727 | 20.397 |
| 4个 | 16.623 | 21.579 | 20.357 |
| 年龄(低龄=参照组) | 1.501*** | 0.049* | −0.116* |

续 表

| 变　量 | 模型一 | 模型二 | 模型三 |
| --- | --- | --- | --- |
| 性别(女性=参照组) | 0.174* | −0.208*** | 0.109** |
| 受教育程度(未受教育=参照组) | | | |
| 受过小学或扫盲班教育 | −0.032 | 0.091 | −0.169*** |
| 受过小学以上教育 | 0.216* | −0.123* | −0.308*** |
| 主要生活来源(其他=参照组) | | | |
| 退休金 | 0.301 | 0.35** | −0.314** |
| 亲属 | 0.219 | 0.075 | −0.091 |
| 政府 | 0.28 | 0.481** | −0.116 |
| 劳动 | −0.84** | −0.008 | −0.282* |
| 是否有养老保险(否=参照组) | −0.153* | 0.086* | 0.09** |
| 自评健康(健康=参照组) | | | |
| 一般 | 0.588*** | 0.857*** | 0.283*** |
| 不健康 | 2.383*** | 2.288*** | 0.668*** |
| _cons | −20.312** | −1.421** | −19.561** |
| N | 7 712 | 7 712 | 7 712 |
| $R^2$ | 0.226 | 0.176 | 0.124 |

注：* 表示 $p<0.10$，** 表示 $p<0.05$，*** 表示 $p<0.01$。

分析表3中的模型一可知,家庭特征中的婚姻状况、子女经济支持与个人特征中的年龄、自评健康都对农村老年人的生活照料服务需求有显著影响。

婚姻状况的回归系数为−0.522,意味着婚姻状况会对农村老年人的生活照料服务需求产生显著的负向影响;同时,优势比为0.593,代表有配偶的老年人希望获得生活照料服务的需求是无配偶老年人的0.593倍。这是因为有配偶的老年人在一定程度上可以依赖其配偶进行养老,对生活照料服务需求也就相应减少了。

子女经济支持分类中的两项均通过显著性检验,且都呈现正向的回归系数,代表子女经济支持对农村老年人生活照料服务需求同样具有正向影响。通过优势比的数值可以看出,子女经济支持在1 000元以下、2 000元及以上对老年人生活照料服务需求的影响分别为没有子女经济支持的1.867倍和1.959倍,即子女经济支持越高的老年人可能越需要生活照料方面的服务。就家庭养老的分工情况而言,养老所需的除了经济资源外还有人力资源的支持。对无法获得子女亲自照料的老年人,子女往往会进行较高的经济补偿;经济支持越高的老年人反而会得到越少的子女照料。

在个体特征方面,年龄的回归系数为1.505并具有显著性,意味着年龄会对农村老年人的生活照料服务需求产生显著的正向影响;同时,优势比为4.506,代表高龄老年人希望获得生活照料服务的需求是低龄老年人的4.506倍,高龄老年人受年龄影响,生活相对不便,其对生活照料服务的需求成为一种必然趋势。而自评健康作为老年人对自身健康情况的估测,也毋庸置疑对农村老年人的生活照料服务需求有显著的正向影响。

由表3中的模型二可以看出,医疗保健服务需求模型在个体特征与家庭特征层面与生活照料服务需求模型并没有较大的差异,其中婚姻状况呈现负向影响,有配偶的老年人对医疗保健服务的需求是无配偶老年人的0.804倍。子女经济支持为1 000元以下与2 000元及以上的老年人相较于无经济支持的老年人对医疗保健服务的需求更高,分别为1.326倍和1.252倍,与前文的分析相符合。自评健康在此模型中也占据举足轻重的地位,自认为健康的老年人对医疗保健服务的需求更少。

与生活照料服务需求模型不同的是,性别在医疗保健需求中的重要性显露出来,其回归系数为−0.208,对医疗保健服务需求产生显著的负向影响关系;同时,优势比为0.812,代表男性希望获得医疗保健服务的需求是女性的0.812倍。多种研究表明,女性相较于男性,其健康水平普遍较低。根据国家卫生与计划生育统计年鉴整理,表4显示了我国2014年前卫生服务调查地区居民患病、就诊与住院情况的性别差异。

表4 我国男女患病、就诊与住院情况差异

| 年 份 | 两周患病率(%) 男 | 两周患病率(%) 女 | 两周就诊率(%) 男 | 两周就诊率(%) 女 | 住院率(%) 男 | 住院率(%) 女 |
| --- | --- | --- | --- | --- | --- | --- |
| 2003 | 13.0 | 15.6 | 12.2 | 14.6 | 3.2 | 4.0 |
| 2008 | 17.0 | 20.7 | 13.1 | 16.0 | 6.0 | 7.6 |
| 2013 | 22.4 | 25.9 | 11.9 | 14.1 | 8.0 | 10.1 |

由表中数据可知,女性整体的患病率、就诊率与住院率都略高于男性,在一定程度上说明了女性对医疗的使用程度较高,对应本研究的医疗保健服务需求模型,女性对医疗保健服务的需求高于男性是合理的。

表3中的模型三展示了精神慰藉服务需求模型。与医疗保健服务需求模型同理,对精神慰藉服务需求造成显著影响的变量也包括婚姻状况、子女经济支持与自评健康。婚姻状况的回归系数为−0.832,优势比为0.435。自评健康为"一般"与"不健康"的老年人相较于自评健康为"健康"的老年人对服务的需求更高,分别为1.327倍与1.950倍,与前文的分析相符合。唯一有细微差别的是子女经济支持的影响。由数据显示,当子女经济

支持高于 2 000 元时,老年人对精神慰藉服务的需求是无子女经济支持老年人的 0.685倍,这是因为精神慰藉在马斯洛需求层次中处于较高层次,需要建立在一定的物质基础上。同时,观察表 3,除了原有的几个显著因素外,养老的精神慰藉服务需求也受到受教育程度与主要生活来源的一定影响。

另外,结合上述模型可以发现,子女数量与同住人数这两个因素在三个模型中都没有通过显著性检验,这就说明,对养老服务需求来说,子女数量与同住人数因门槛效应而不具有决定性影响。

### 四、我国农村养老服务供给的实证分析

#### (一) 数据来源

本研究所用的数据建立在上海财经大学"千村调查"所进行的全国性调研项目"中国梦的实现:农村养老模式现状及其创新"的基础上。该项目从 2014 年 6 月持续至 2014 年 9 月,涵盖了全国多个省份,通过走访将近 3 000 个村庄,深入了解中国农村的经济等情况,对有关中国农村的研究提供了重要的数据支持。本研究主要利用调查样本中的村庄数据,调查各地区养老服务供给能力的差异性,数据经处理后,共保留 2 924 条有效样本数据进行后续分析。

#### (二) 变量设定

本研究聚焦农村养老服务的供给问题,主要探究各地区对农村老年人养老所提供的服务质量排序。根据马斯洛需求层次理论,可以将其简化为生活照料服务供给、医疗保健服务供给和精神慰藉服务供给三个方面的衡量维度,从供给方式的角度对此进行研究。

养老服务供给往往是由多种主体联合进行的项目。将福利多元化理论类比养老服务供给,养老服务供给除了政府的政策支持与资助补贴,也可扩展到家庭的资源基础和村庄的经济实力等影响因素。结合前文,可以将后续因素分为经济、文化和政策三类,分别对应村庄、家庭和政府的供给主体,以探讨供给的排序问题。

1. 养老院床位数

"千村调查"问卷中的养老院床位数问题在一定程度上反映了此村庄对养老服务供给的重视程度。养老院可以作为提供生活照料服务的主要地点来分析,因此,以养老院的床位数这一定量数据来代表生活照料服务的供给程度。

2. 卫生室数

在其他条件不变的情况下,医疗保健服务供给的情况对养老服务供给质量有决定性的作用,但村中往往因为地域的限制而缺乏专业的医疗体系,卫生室成了能够直接影响医疗保健服务供给的代表。因此,在本研究中,选取村中所设立的卫生室数量作为对医疗保健服务供给的衡量。

3. 节庆活动举办次数

精神慰藉服务供给的重要衡量标准是精神方面的娱乐活动供给。结合"千村调查"数据,选取村中节庆活动举办次数这一指标来侧面反映精神慰藉服务方面的供给程度。当

村中节庆活动举办次数较多时,相应地满足了老年人在精神慰藉方面的需求。

### 4. 村集体支出

村集体支出的多少反映了当地村庄所具有的集体经济实力,以支出能够大致衡量当地的 GDP,从侧面反映当地的经济状况。较高的集体支出在一定程度上象征着较优秀的集体经济,也必然存在较强的养老服务供给能力。因此,村集体支出这一指标,从经济的维度出发考虑农村养老服务的供给,具有极大的指导性意义。

### 5. 文盲人数

文化因素是影响养老服务供给的一个重要因素,当文化发展较为繁荣时,老年人的养老意识和对养老服务的需求都有所提高,从而牵制养老服务供给。本研究采用文盲人数这一指标来衡量村中的整体文化水平和文化发展情况,从而解释养老服务供给能力强弱的原因。

### 6. "新农保"参保人数

"新农保"参保人数一方面体现了对国家政策的响应度,另一方面反映了政府在养老服务供给这一方面的工作绩效。从政策维度出发,"新农保"参保人数的多少是评估一个地区养老服务完善程度的一项重要指标。因此,本研究选取"新农保"参保人数这一数据,基于政策与政府这样的供给层次与供给主体,补充模型的完整性和可靠性。

在上述讨论的前提下,考虑到"千村调查"数据的随机性,以村为单位的样本基础存在较多缺失,难以保证模型的准确性,也不具有较大的研究意义。本研究将研究样本扩大为以省份为主体,探讨其在养老服务供给方面的能力。因此,以下将各村庄的数据按省份进行加总平均,在删除残缺样本与异常样本后,得到有关 24 个省份的 6 项指标的原始数据,如表 5 所示。

**表 5　　各省份指标原始数据**

| 省　份 | 养老院床位数 | 卫生室数 | 节庆活动举办次数 | 村集体支出（万元） | 文盲人数 | "新农保"参保人数 |
|---|---|---|---|---|---|---|
| 安徽省 | 143.400 | 1.028 | 1.857 | 45.248 | 782.706 | 3 120.353 |
| 福建省 | 31.333 | 1.000 | 0.667 | 47.963 | 205.125 | 1 310.300 |
| 甘肃省 | 11.000 | 1.143 | 1.143 | 20.312 | 729.571 | 2 157.000 |
| 广西壮族自治区 | 10.000 | 1.714 | 1.333 | 9.533 | 75.500 | 2 709.000 |
| 贵州省 | 25.000 | 1.750 | 1.375 | 95.550 | 388.667 | 3 815.048 |
| 河北省 | 140.000 | 1.320 | 1.318 | 46.347 | 239.773 | 2 603.818 |
| 河南省 | 31.667 | 1.323 | 0.963 | 39.024 | 197.034 | 2 599.833 |
| 湖北省 | 20.000 | 1.000 | 2.000 | 48.939 | 69.583 | 1 979.467 |

续 表

| 省 份 | 养老院床位数 | 卫生室数 | 节庆活动举办次数 | 村集体支出（万元） | 文盲人数 | "新农保"参保人数 |
|---|---|---|---|---|---|---|
| 湖南省 | 30.000 | 1.133 | 1.000 | 30.144 | 211.071 | 1 558.467 |
| 吉林省 | 72.667 | 1.000 | 0.375 | 23.114 | 124.000 | 1 667.000 |
| 江苏省 | 67.857 | 1.160 | 2.404 | 157.002 | 294.444 | 2 364.549 |
| 江西省 | 30.000 | 1.250 | 0.643 | 28.845 | 144.333 | 2 230.500 |
| 辽宁省 | 30.000 | 2.333 | 1.889 | 72.483 | 91.222 | 2 116.333 |
| 内蒙古自治区 | 53.333 | 1.000 | 1.182 | 34.582 | 153.857 | 1 317.643 |
| 宁夏回族自治区 | 11.000 | 1.000 | 3.000 | 28.000 | 758.000 | 2 000.000 |
| 山东省 | 33.000 | 0.900 | 1.733 | 49.783 | 208.037 | 1 087.074 |
| 山西省 | 45.000 | 1.231 | 1.333 | 129.038 | 97.000 | 1 848.308 |
| 陕西省 | 12.000 | 1.167 | 3.857 | 46.400 | 181.857 | 2 424.286 |
| 上海市 | 125.000 | 1.660 | 1.528 | 233.488 | 326.368 | 921.391 |
| 四川省 | 92.750 | 1.167 | 1.895 | 29.368 | 213.158 | 2 106.789 |
| 天津市 | 62.000 | 1.400 | 4.300 | 139.875 | 377.300 | 1 673.889 |
| 云南省 | 23.000 | 1.214 | 2.071 | 102.485 | 410.143 | 3 850.000 |
| 浙江省 | 59.375 | 0.931 | 1.811 | 126.472 | 170.980 | 1 579.315 |
| 重庆市 | 15.750 | 1.385 | 1.929 | 94.600 | 320.385 | 2 754.857 |

（三）模型选择

根据上文得到的数据，本研究的目的在于探究各省份对养老服务供给能力的差异，并以此分析养老服务供给的现状与问题。TOPSIS 分析法是进行区域差异性分析的强有力工具，因此，本研究选择 TOPSIS 模型来对养老服务供给进行省份间深入分析，以检测、评价目标与最优解和最劣解的距离，从而进行排序。

首先建立评价矩阵：

$$X = \begin{vmatrix} x_{11} & x_{12} & \cdots & x_{1p} \\ x_{21} & x_{22} & \cdots & x_{2p} \\ \cdots & \cdots & \cdots & \cdots \\ x_{n1} & x_{n2} & \cdots & x_{np} \end{vmatrix}_{n \times p}$$

设置含有 $n$ 个待选方案的方案集 $A=\{a_1,a_2,a_3,\cdots,a_n\}$，含有 $m$ 个评价指标的指标集 $C=\{c_1,c_2,c_3,\cdots,c_m\}$。本研究中的方案集为 24 个省份，指标集为代表其供给能力的 6 个因素，因此，$n=24$，$m=6$。

由于建模的需要，对指标集中的各项指标进行无量纲化调整，其中，养老院床位数、卫生室数、节庆活动举办次数、村集体支出与"新农保"参保人数都为效益型指标，令 $z_{ij}=\dfrac{y_{ij}}{\max\{y_{ij}|1\leqslant i\leqslant n\}}$，而文盲人数作为成本型指标，需要将其转化，令 $z_{ij}=\dfrac{\min\{y_{ij}|1\leqslant i\leqslant n\}}{y_{ij}}$，从而得到无量纲化矩阵。最终单位化各元素，得到决策矩阵：

$$V=\begin{vmatrix} v_{11} & v_{12} & \cdots & v_{1n} \\ v_{21} & v_{22} & \cdots & v_{2n} \\ \cdots & \cdots & \cdots & \cdots \\ v_{m1} & v_{m2} & \cdots & v_{mn} \end{vmatrix}_{m\times n}$$

取各指标的最大值和最小值分别构成正负理想解如下：

$$x_j^+=\max(x_{ij})\ (i=1,2,\cdots,n;j=1,2,\cdots,m)$$
$$x_j^-=\min(x_{ij})\ (i=1,2,\cdots,n;j=1,2,\cdots,m)$$

将其作为正负理想解从而计算各方案到其的距离，并用到正理想解的距离 $L_i$ 作为对正理想解的贴近程度，同理称到负理想解的距离 $D_i$ 为对负理想解的贴近程度。计算评价系数 $C_i=\dfrac{D_i}{L_i+D_i}$，并根据其大小为方案排序，得到最终的方案优劣程度。

（四）实证分析

根据上述模型建立过程，调整原始数据至决策模型，并利用 SPSS 进行分析，最终导出结果如表 6 所示。

表 6　　　　　　　　　　　　TOPSIS 评价计算结果

| 省　份 | 正理想解距离 | 负理想解距离 | 相对接近度 | 排序结果 |
| --- | --- | --- | --- | --- |
| 安徽省 | 0.842 | 0.620 | 0.424 | 7 |
| 福建省 | 1.023 | 0.264 | 0.205 | 23 |
| 甘肃省 | 1.029 | 0.227 | 0.181 | 24 |
| 广西壮族自治区 | 0.892 | 0.518 | 0.368 | 12 |
| 贵州省 | 0.722 | 0.621 | 0.462 | 4 |
| 河北省 | 0.763 | 0.619 | 0.448 | 6 |

续　表

| 省　份 | 正理想解距离 | 负理想解距离 | 相对接近度 | 排序结果 |
| --- | --- | --- | --- | --- |
| 河南省 | 0.895 | 0.394 | 0.305 | 15 |
| 湖北省 | 0.947 | 0.386 | 0.290 | 16 |
| 湖南省 | 0.988 | 0.281 | 0.221 | 22 |
| 吉林省 | 1.003 | 0.360 | 0.264 | 19 |
| 江苏省 | 0.685 | 0.580 | 0.459 | 5 |
| 江西省 | 0.956 | 0.351 | 0.269 | 18 |
| 辽宁省 | 0.701 | 0.729 | 0.510 | 3 |
| 内蒙古自治区 | 0.981 | 0.318 | 0.245 | 20 |
| 宁夏回族自治区 | 0.995 | 0.367 | 0.269 | 17 |
| 山东省 | 1.004 | 0.306 | 0.234 | 21 |
| 山西省 | 0.798 | 0.476 | 0.374 | 11 |
| 陕西省 | 0.865 | 0.554 | 0.390 | 9 |
| 上海市 | 0.622 | 0.810 | 0.566 | 1 |
| 四川省 | 0.836 | 0.468 | 0.359 | 13 |
| 天津市 | 0.641 | 0.682 | 0.515 | 2 |
| 云南省 | 0.791 | 0.558 | 0.414 | 8 |
| 浙江省 | 0.850 | 0.464 | 0.353 | 14 |
| 重庆市 | 0.792 | 0.474 | 0.374 | 10 |

观察表 6 的评价计算结果可知,在已知数据的 24 个省份中,上海市位列第一,甘肃省位列最后。上海市由于其高速发展,经济和文化都相对繁荣,资源也更加丰富,作为全国经济领先的城市,在养老服务供给方面也有必然的优势。而甘肃省的发展水平相较其他省份处于落后位置,即使在国家脱贫攻坚政策下有所改善,也仍与上海市等领先城市有较大差距,其养老供给水平受当地经济和文化水平限制而位于末位。

结合中国统计年鉴所提供的数据,抽取各地区老年人口比数据与前文养老服务供给进行对比,整理结果如表 7 所示。

表 7　　各省份养老服务供给能力与老年人口比数据对比

| 省　　份 | 养老服务供给能力排名 | 老年人口比 | 老年人口比排名 | 排名位次差 |
| --- | --- | --- | --- | --- |
| 安徽省 | 7 | 10.42 | 9 | 2 |
| 福建省 | 23 | 7.59 | 23 | 0 |
| 甘肃省 | 24 | 8.93 | 19 | −5 |
| 广西壮族自治区 | 12 | 9.54 | 14 | 2 |
| 贵州省 | 4 | 9.22 | 18 | 14 |
| 河北省 | 6 | 9.32 | 16 | 10 |
| 河南省 | 15 | 8.76 | 20 | 5 |
| 湖北省 | 16 | 10.25 | 10 | −6 |
| 湖南省 | 22 | 10.87 | 7 | −15 |
| 吉林省 | 19 | 10.17 | 11 | −8 |
| 江苏省 | 5 | 12.06 | 4 | −1 |
| 江西省 | 18 | 9.24 | 17 | −1 |
| 辽宁省 | 3 | 12.16 | 3 | 0 |
| 内蒙古自治区 | 20 | 9.33 | 15 | −5 |
| 宁夏回族自治区 | 17 | 6.78 | 24 | 7 |
| 山东省 | 21 | 11.47 | 6 | −15 |
| 山西省 | 11 | 8.52 | 22 | 11 |
| 陕西省 | 9 | 10.61 | 8 | −1 |
| 上海市 | 1 | 9.68 | 12 | 11 |
| 四川省 | 13 | 13.99 | 2 | −11 |
| 天津市 | 2 | 11.68 | 5 | 3 |
| 云南省 | 8 | 8.72 | 21 | 13 |
| 浙江省 | 14 | 9.62 | 13 | −1 |
| 重庆市 | 10 | 14.12 | 1 | −9 |

甘肃省：养老服务供给能力排名第 24，老年人口比重排名第 19，存在逆差 5 个名次。湖北省：养老服务供给能力排名第 16，老年人口比重排名第 10，存在逆差 6 个名次。湖南省：养老服务供给能力排名第 22，老年人口比重排名第 7，存在逆差 15 个名次。吉林省：养老服务供给能力排名第 19，老年人口比重排名第 11，存在逆差 8 个名次。江苏省：养老服务供给能力排名第 5，老年人口比重排名第 4，存在逆差 1 个名次。江西省：养老服务供给能力排名第 18，老年人口比重排名第 17，存在逆差 1 个名次。内蒙古自治区：养老服务供给能力排名第 20，老年人口比重排名第 15，存在逆差 5 个名次。山东省：养老服务供给能力排名第 21，老年人口比重排名第 6，存在逆差 15 个名次。陕西省：养老服务供给能力排名第 9，老年人口比重排名第 8，存在逆差 1 个名次。四川省：养老服务供给能力排名第 13，老年人口比重排名第 2，存在逆差 11 个名次。浙江省：养老服务供给能力排名第 14，老年人口比重排名第 13，存在逆差 1 个名次。重庆市：养老服务供给能力排名第 10，老年人口比重排名第 1，存在逆差 9 个名次。

这些省份的老年人口比排名都与养老服务供给能力排名存在逆差且数值较大，占据所调查省份的一半，足够说明人口老龄化背景下，各地区的老年人口相较于养老服务的供给存在一定的需求差。逆差的存在意味着老龄化程度高于养老服务供给程度，整体上呈现养老服务供不应求的趋势，供需较为不平衡。

## 五、结论与建议

### （一）研究结论

本研究基于三个理论，对我国农村养老的供给与需求进行深入探讨，并根据需求端所得的结论进行供给端分析的模型搭建，以结合我国老龄化程度揭示供需现状。本研究的主要结论如下：

第一，在我国当前发展背景下，家庭养老仍是养老的主要路径，但需要多元化的主体与多样化的养老供给来支撑养老这一社会问题，不论是政府还是村集体都需要参与养老进程，才能更好地改善养老供需不均的情况。

第二，个人的养老服务需求在很大程度上与婚姻状况、子女经济支持和自评健康有关，其中家庭特征占据主要地位并受到经济因素的影响。农村的养老服务需求程度主要受家庭资源的限制，并且这里的资源更多在于人力资源而非经济资源，即农村老年人更关注的是实际的帮助与贴身的关怀，相较于物质上的支持，其真正需要的往往是精神上的陪伴。

第三，我国的养老服务供需相对不均，供不应求。本研究通过 TOPSIS 模型建立了有关农村养老服务供给的能力评价模型，探究发现养老服务供给能力与所在省份相应的经济发展水平有一定关联。与此同时，结合所得数据，分析养老服务供给需求的缺口程度，得出了养老服务供需不均的结论。因此，政府需要针对养老服务供给方面提供一定的政策支持，为解决老龄化背景下的养老问题减轻压力。

本研究在取得一定成果之余也存在许多不足。首先，考虑到问卷数据的完整性与可用性,本研究根据已有的调查数据,仅抽取了可用部分的全国24个省份进行养老服务供给能力分析,数据并不全面。其次,由于调查问卷对供需的指标没有较为明确的定量数据,本研究是建立在数据转换的基础上的,将某个相关问题的数据作为研究对象,因此存在一定的数据误差,较难建立完美拟合的模型。最后,在相关数据保密与研究规定的基础上,本研究只能获取至2014年的养老相关数据,距离当前已有一段时间,且根据一年的数据难以进行模型的预测,因此本议题仍有很大的深入研究空间。

(二)政策建议

1. 减少"打工经济"对农村养老服务供给的影响

在二元Logistic模型的分析中,婚姻状况和年龄对农村养老服务需求有显著影响,结合我国农村养老服务供给现状,农村青壮年劳动力越来越多地流入城市,使得农村养老服务在家庭方面的供给能力有所减弱。因此,应从农村青壮年人口占比下降这一角度入手,包括两个层面:鼓励青壮年人口留在农村和让老年人迁入城市。针对前一个层面,应从对农村实行经济改革入手,结合我国十九大提出的乡村振兴战略,巩固和完善农村基本经营制度,深化农业供给侧结构性改革,通过优化农村整体产业结构来吸纳农村青壮年劳动力留在农村就业。针对后一个层面,为了消除老年人抗拒进城的问题,应推进医疗保险和养老保险跨区域通用等一系列政策,同时城镇中也应更多地建设供老年人日常娱乐的地方,从而增加老年人进城生活的意愿,从家庭层面加强对农村养老服务的供给。

2. 寻找既能满足经济资源也能满足时间资源的新型农村养老发展道路

TOPSIS模型证明养老供给水平和当地经济水平相关联,二元Logistic模型分析证明子女的经济支持对农村养老服务需求有显著影响,这也印证了养老所需的不仅仅是经济资源,而且包括时间资源。这一现象侧面证明了在当下,若子女回乡生活,则很可能无法承担家庭的所有开销,这一事实影响了养老的积极性,以此出发,农村养老应该寻觅更合理的发展道路。

当下应该从经济支持和时间支持两个方面进行政策优化。经济支持政策可分为直接和间接两类政策。直接政策可以参考津贴制度,根据每家每户的具体情况制定不同津贴标准并落实。间接政策则可以根据家中老年人的具体情况对家庭实行税收减免,从而减轻其经济负担。时间支持则是为子女提供照料家中老年人的假期保障。目前实行的探亲假制度已不符合当下国情,探亲假放假时间应根据员工家中的实际情况进行细化与调整。

3. 从精神和物质两个方面提升农村老年人的健康水平

在二元Logistic模型分析中,老年人的自评健康与否在三个模型中都是造成显著影响的变量,这也证明了老年人的健康程度是影响农村养老服务的重要因素之一。但中国当下医疗服务资源配置城乡差距大,农村老年人的医疗消费意愿远低于城市老年人,这使得在发生疾病时,农村老年人的医疗消费负担更重。

这一现象可从两个方面入手解决:一方面,政府应出台相关政策提高农村老年人在医疗消费上的支出,同时应精准落实扶贫政策,提高农村居民的收入水平。另一方面,应提升农村老年人的健康意识,以多种多样的形式向农村老年人进行健康知识宣传。从这两个方面出发,在提高农村老年人医疗保障水平的同时,能够有效提升农村老年人的健康程度。

**4. 结合国情建设符合中国特色社会主义精神的孝道文化**

除去前文所提到的农村养老存在的实际问题外,养老问题的存在还和当下孝道文化的湮没相关联。现代孝道文化的基础应建立在中国传统的孝道文化上,结合实际国情,取其精华,去其糟粕。现代孝道文化的根本应是在精神和物质上双重保障老年人的生活质量,让老年人能享受较好的晚年生活。现代孝道文化应以民主、平等为基本理念,构建良好的家庭关系。

除了对孝道文化本身的改造外,也应加强宣传现代孝道文化教育,如在家庭、学校、社会层面都进行正确引导,从而改善老年人在家庭中的边缘地位,使其享有更好的晚年。

**参考文献**

[1] 曹永红. 我国农村养老保障供需失衡与制度改进研究[D]. 华中科技大学,2018.
[2] 陈坤. 老年人机构养老服务需求与养老机构服务供给现状研究[D]. 山东大学,2020.
[3] 陈颖. 黑龙江省乡村休闲养老发展影响因素研究[D]. 东北林业大学,2021.
[4] 杜梦菊. 四川省农村人口老龄化对医疗保健消费的影响研究[D]. 四川师范大学,2022.
[5] 范家绪. 国家-家庭视角下农村家庭养老服务供给困境与支持政策研究[D]. 吉林大学,2022.
[6] 黄俊辉. 政府责任视角下的农村养老服务供给研究[D]. 南京农业大学,2013.
[7] 李冰. 定量研究方法在中国档案学研究中的应用分析(2013—2015年)[D]. 辽宁大学,2017.
[8] 李欣珂. 成都市农村居家养老服务需求影响因素调查研究[D]. 电子科技大学,2022.
[9] 刘秋艳. 黑龙江省农村社会养老服务支付能力影响因素研究[D]. 东北林业大学,2019.
[10] 刘妍然. 重庆市渝中区"互联网+"居家养老服务需求及影响因素研究[D]. 吉林财经大学,2021.
[11] 冉丽娜. 农村养老服务供给主体多元化研究[D]. 西南大学,2021.
[12] 史光浩. 风险感知视角下农村养老服务需求研究[D]. 吉林大学,2022.
[13] 姚虹. 农村社区居家养老服务需要的区域及群体差异研究[D]. 武汉大学,2017.
[14] 禹宁瑶. 农村留守老人政府特例支持体系构建研究[D]. 湘潭大学,2020.
[15] 张娜. 农村社会养老服务需求与发展路径研究[D]. 南京农业大学,2015.
[16] 张薇. 我国城市养老服务供给的财政支持政策研究[D]. 中南财经政法大学,2020.
[17] 张永祎. 中国农村社会养老保险制度可持续发展研究[D]. 武汉大学,2018.
[18] 赵艳. 健康老龄化背景下我国农村养老服务供给多元合作模式研究[D]. 内蒙古农业大学,2021.
[19] 郑吉友. 辽宁省农村居家养老服务供给研究[D]. 东北大学,2017.
[20] 郑艳. 基于养老满意度视角的农村居民养老服务供给研究[D]. 江西农业大学,2018.
[21] 朱凌凤. 城市独居老人养老服务供给主体的责任分担问题研究[D]. 黑龙江大学,2022.
[22] 邹楠. 黑龙江省农村居民养老模式研究[D]. 东北农业大学,2017.

# 产业视角下对青年返乡创业的研究与思考

蒋培贝[①]　郜　宇[②]　朱瑾毓[③]
指导老师：魏　玮[④]

**摘　要**："空心化"问题是目前我国农村治理的主要问题之一，而以青年返乡创业为代表的人才振兴能从根本上解决这一难题。本文基于上海财经大学 2021 年"千村调查"数据，对农村的产业结构进行了归纳，并提出一些有针对性的建议。本文旨在研究青年返乡创业的优化方案。

**关键词**：返乡青年　创业　人才振兴

## 一、背景介绍

农村"空心化"是一种不合理人口分布现象（刘菁华，2021），主要表现在劳动力、空间形态和经济等方面，并衍生出政治和文化的"空心化"（杨春华和姚逸苇，2021）。我国针对空心化问题的研究兴起于二十世纪八九十年代（李玉雄和何惠虹，2021）。最初的研究着眼于地理视角（刘彦随和刘玉，2010），之后扩展至各个领域（刘守英和王一鸽，2018），并确定"空心化"的根本成因是二元城乡结构（席婷婷，2016）。

为了促进城乡社会融合，多数发达国家在经济发展到一定阶段后会注重"空心"村的治理。例如，欧美等国家的特色小镇建设以及韩国的新村运动（李君甫，2014；田毅鹏，2011；王伟勤，2014；卫龙宝和史新杰，2016）。目前，中国已过了快速扩张的城镇化阶段，也需要重建城乡的空间秩序，改城乡二元结构为城乡一体化，优化要素在空间上的配置（陈笑天等，2017）。

因此，我国十分重视解决农村"空心化"问题，先后提出脱贫攻坚和乡村振兴战略。然而，仅从经济领域入手是不够的。因为中国农村是一个结构精巧的社会体系，还涉及复杂

---

[①] 蒋培贝，上海财经大学公共经济与管理学院 2021 级财政学类专业本科生。
[②] 郜宇，上海财经大学公共经济与管理学院 2021 级财政学类专业本科生。
[③] 朱瑾毓，上海财经大学公共经济与管理学院 2021 级财政学类专业本科生。
[④] 魏玮，上海财经大学法学院。

的血缘和地缘关系,所以发展经济的同时更要注重文化振兴。只有全面提升居民的素质、丰富他们的精神世界,才有可能展现焕然一新的中国乡村风貌。

为了实现这一点,不仅要加大对农村教育的投入,而且要积极引进人才。青年返乡创业不仅帮助农村重新引入劳动力,而且给农村带去了创新与活力,促进了乡村振兴的进程,是解决乡村治理难题的一个有效方案。

## 二、文献综述

返乡创业青年群体具备双重优势:一方面,他们相较于当地创业者具备高学历优势,相较于外来创业者具备更强的适应能力;另一方面,他们的主观能动性强,能够将所看所想转化为创新和实践能力(王玉玲和施琪,2021;何慧丽和苏志豪,2019;邓芳玉,2013)。

学术界主要从经济学视角和社会学视角研究青年返乡创业行为(毛一敬,2021)。经济学认为青年返乡创业是一种客观的社会经济现象(刘唐宇,2010),在改善农村地区的生产要素和促进产业转型方面都发挥着积极作用。社会学则更多关注返乡青年和乡土社会之间的内在联系(刘腾龙,2021)。一方面,返乡创业是一种自发的人才输入行为,缓解了农村劳动力人口大量外流的现状。另一方面,返乡创业带动了乡村精英治理的结构变化(李雪萍和吕明月,2020),在提供更多就业机会的同时为基层治理和文化传承打开了新局面。

然而,返乡青年在创业过程中仍要面对一些困境。对返乡青年自身而言,他们的创业理念、经验和技能都存在不足。同时,返乡创业服务机制有待完善,政府的资金扶持力度也需加大(张红娟等,2021;朱楚芝,2022;姜佳函,2022)。因此,在探寻青年返乡创业的合适路径时,不仅要结合时代背景,而且要考虑各地的地域特色,还需关注不同产业之间的融合以及传统行业与新媒体平台的融合。

但是,目前关于青年返乡创业的研究大多止于理论层面,缺少数据支持。为此,本文基于2021年上海财经大学"千村调查"数据,在分析农村产业发展现状的基础上,针对青年返乡创业提出合理建议。

## 三、调研基本情况

(一)调研情况概述

我们利用2021年"千村调查"数据,以"青年返乡创业"为主题,通过数据挖掘的方式,重点整理和归纳与产业振兴相关的信息。

此次调研包含全国大部分省份。考虑到中国农村发展不均衡的实情,针对部分问题,我们将全国划分为几个区域分别进行统计,其中,华北地区填写问卷71份,东北地区填写问卷29份,华东地区填写问卷285份,华中地区填写问卷52份,华南地区填写问卷36份,西南地区填写问卷125份,西北地区填写问卷56份,入村问卷平均有效率约为67.1%。统计图与入村问卷中问题的对应关系见表1。

表 1　　　　　　　　　　统计图与入村问卷中问题的对应关系

| 图　序 | 对　应　问　题 |
| --- | --- |
| 图 1 | E042 返乡原因 |
| 图 2 | E045 您认为年轻人不愿意返乡创业的原因是 |
| 图 3 | E047 您认为村庄目前有什么重要的产业 |
| 图 4 | H001 本村最主要的产业是什么 |
| 图 5 | E009 本村主要从事的农业经营行业是 |
| 图 6 | E001 本村的农业生产以（　　）为主 |
| 图 7 | E003a 耕地地力保护补贴的标准为（　　）元/亩 |
| 图 8 | E007 2020 年,村里的农田水利设施的总体运行状况如何 |
| 图 9 | E002 本村主要农作物农业生产全过程机械化率为（　　）% |
| 图 10 | H002 本村在主营种植业的过程中遭遇了哪些环境问题 |
| 图 11 | E010 本村从事农业生产经营的主要方式是 |
| 图 12 | E012 本村在从事农业规模经营过程中,当地政府是否提供财政、信贷等扶持政策 |
| 图 12 | E013 本村在从事农业规模经营过程中,当地是否提供农业社会化服务 |
| 图 13 | E015 当地所提供的农业社会化服务能否满足农业规模经营的需要 |
| 图 14 | E020 本村在当地主要从事的非农生产经营是 |
| 图 15 | E021 本村所从事的农产品加工主要是指 |
| 图 16 | E022 农产品加工的形式主要是 |
| 图 17 | E025 在农产品流通过程中,是否借助互联网平台开展订单业务 |
| 图 18 | E023 本村在从事农产品加工生产过程中面临的主要困境是 |
| 图 19 | E029 本村在经营乡村旅游活动过程中,从事的业务主要是 |
| 图 20 | E032 平均每年接待的游客人次是 |
| 图 21 | E033 平均每年餐饮旅游服务活动的纯收入是 |
| 图 22 | E034 本村在经营餐饮旅游活动过程中面临的主要困境是 |

### (二)我国青年返乡创业现状

本文将重点放在青年返乡创业的优化方案上,为此,有必要先了解我国青年返乡创业现状。我们根据问卷填写结果,针对不同省份进行平均计算,并排除有效数据较少的省份。总体来看,我国青年返乡创业率不高,维持在10%左右,但是有三类地区略优于其他地区:一是经济发达、基础设施建设良好的地区(如东部沿海部分省份);二是旅游资源丰富、旅游服务业发展迅速的地区(如西南部分省份);三是国家重点帮扶、具有政策优势的地区(如西北部分省份)。

在此基础上,本文进一步探究影响青年做出返乡创业决定的因素,结果如图1和图2所示。由图1可知,亲情牵绊是青年选择返乡的首要原因,其次才是乡村发展所带来的工作机会以及其他福利。可见,目前乡村产业发展还不充分,难以吸引青年返乡创业。由图2可知,家乡创业环境的缺乏、城市就业的优势、创业方向的迷茫和政策的不到位等都可能成为青年返乡创业的阻碍。其中,农村的创业环境以及城市对人才的吸引成为最重要的影响因素。由此可见,正确认识农村产业结构并进行合理改造是十分有必要的。

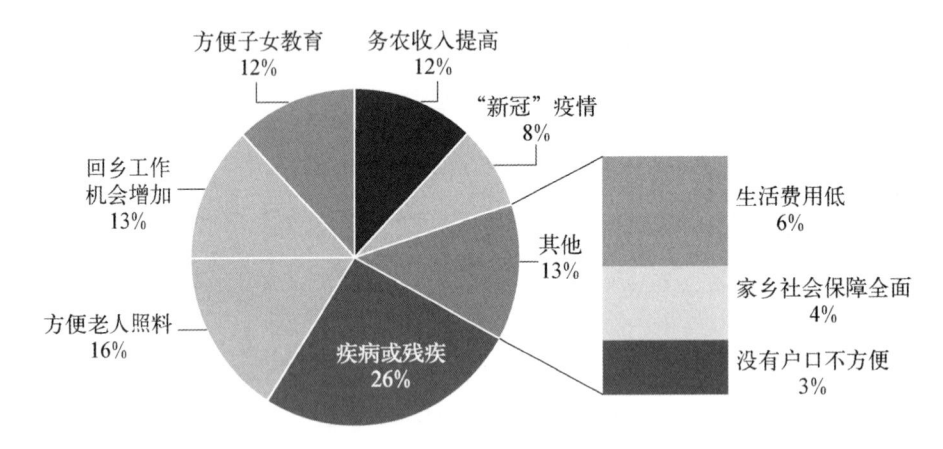

**图1 返乡原因**

### (三)农村产业发展现状

为了全面了解农村产业发展现状,首先需要对农村产业结构建立整体上的认知,具体见图3和图4。

目前,我国农村地区最主要的产业还是第一产业,比重接近一半。同时,第三产业发展迅猛,服务业逐渐成为农村地区的支柱产业之一。但是,第二产业没有得到较好的发展,占比较高的是批发零售业和纺织服装业,缺乏技术含量,难以最大化发挥第二产业的优势,无法带动当地的经济发展。

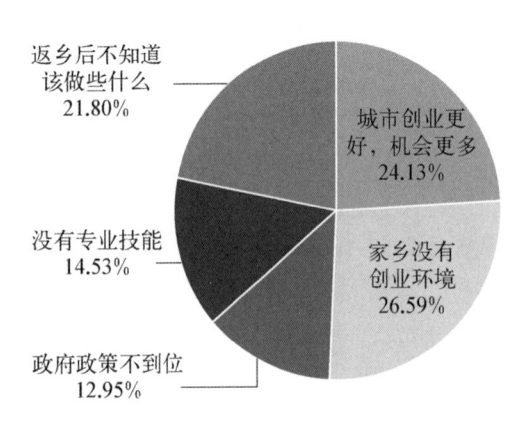

**图2 年轻人不愿意返乡创业的原因**

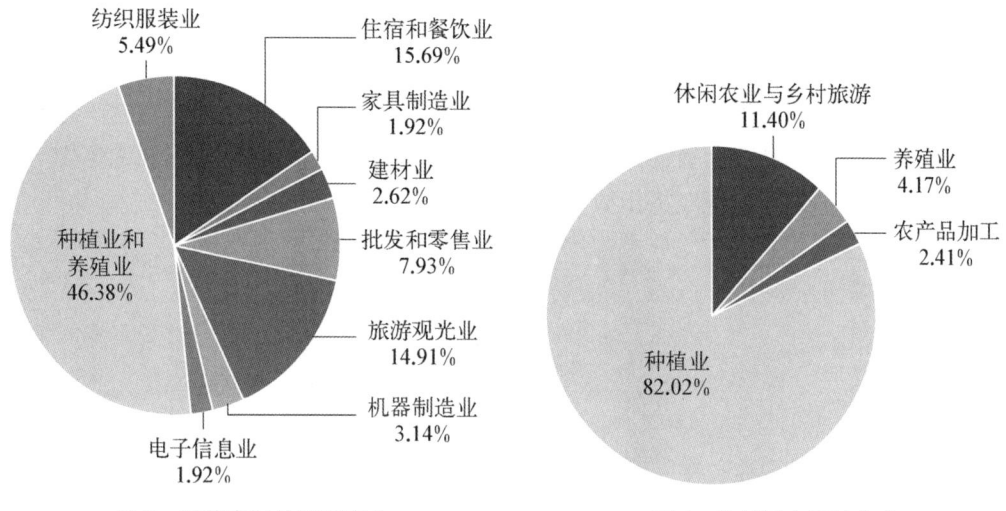

图 3　目前农村的重要产业

图 4　农村最主要的产业

1. 农业

（1）概述

从全国范围看，目前农村最主要的农业经营行业是种植业。但是受地理环境、自然资源和传统观念的限制，各地的其他农业经营行业存在差异（如图5所示）。

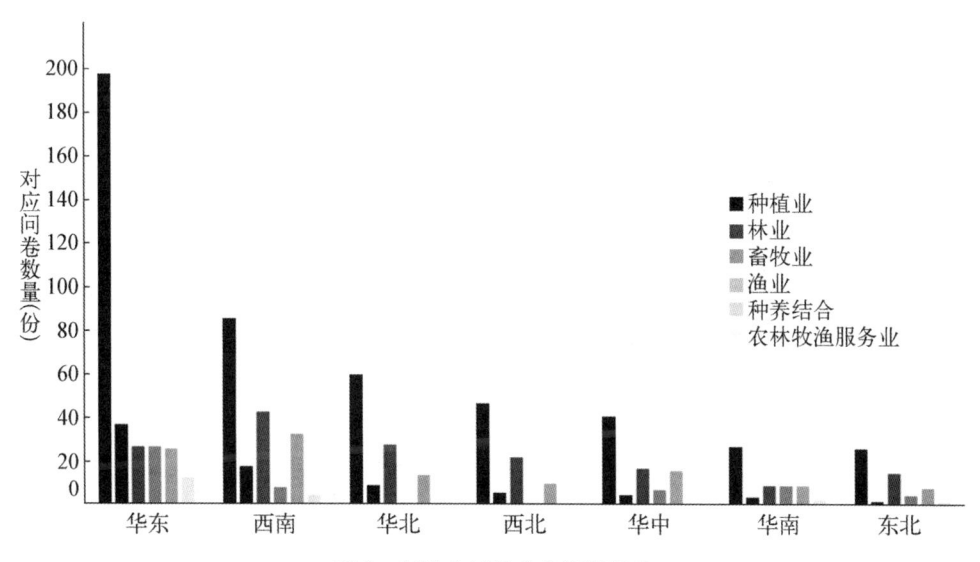

图 5　各地农村的农业经营行业

东北、华北、西北和西南地区畜牧业相较于其他地区占比更高，华中地区种养结合产业发展较好。华东地区不仅种植业占比大，而且森林资源丰富，木材需求量大，林业具有较好的发展前景。华南地区水资源丰富，水产养殖技术成熟，因而渔业发展优于其他地区。同时，发达的经济和科技也为华东、华南地区的农林牧渔服务业提供了支持，比其他地区更具优势。

由图6可知,我国的农业生产以粮食作物为主,农村生产粮食作物∶经济作物约为2∶1。优良的土地资源使得东北地区成为我国重要的商品粮基地,粮食作物的种植范围明显大于经济作物。华中地区也特别重视粮食作物的生产,其中,河南省的粮食产量一直排在全国前列。而西北和西南地区由于土地不够肥沃、耕地面积不够广等方面的原因,更多选择种植棉花、瓜果、药材等经济作物。

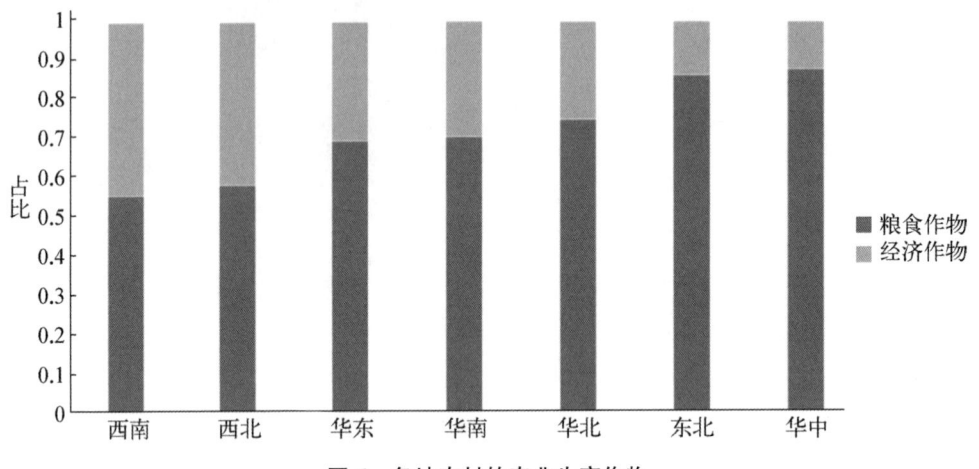

**图 6　各地农村的农业生产作物**

(2) 种植业的产业环境

由于多数农村地区的农业经营仍以种植业为主,因此这里着重分析种植业的产业环境。

人均耕地面积会限制中国种植业的规模化程度以及劳动生产率,还牵涉国家粮食安全问题,故这里首先介绍我国人均耕地面积的大体情况。

根据国家统计局的有关数据(如表2所示),我国人均耕地面积约为2.63亩,低于世界平均水平。东北地区的人均耕地面积明显高于我国其他地区,其次是华北地区和西北地区。华中和华东地区庞大的人口基数导致人均耕地面积较低。西南地区的特殊地貌限制了当地的人均耕地面积。华南地区人口多、山地多、工业发展快,这些都在一定程度上对人均耕地面积产生影响。

表 2　我国各地区人均耕地面积　　　　　　　　　　单位:亩

| 地　　区 | 人均耕地面积 |
| --- | --- |
| 全国 | 2.63 |
| 华北 | 3.37 |
| 东北 | 8.54 |
| 华东 | 1.13 |
| 华中 | 1.52 |

续 表

| 地　　区 | 人均耕地面积 |
| --- | --- |
| 华南 | 0.88 |
| 西南 | 1.42 |
| 西北 | 3.10 |

数据来源：国家统计局。

人均耕地面积还受相关补贴政策的影响。由图7可知,我国各地区的耕地补贴存在差异：华东和华北地区的耕地保护补贴相对较高,华中和西北地区的耕地保护补贴则较低。

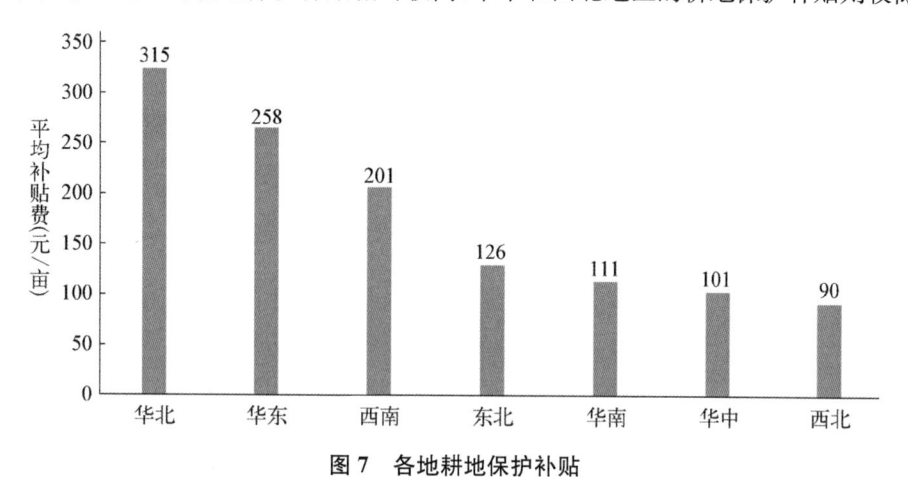

图7　各地耕地保护补贴

除此之外,基础设施建设以及环境问题也会影响种植业的发展。我国各地区的具体情况见图8[①]、图9以及图10。

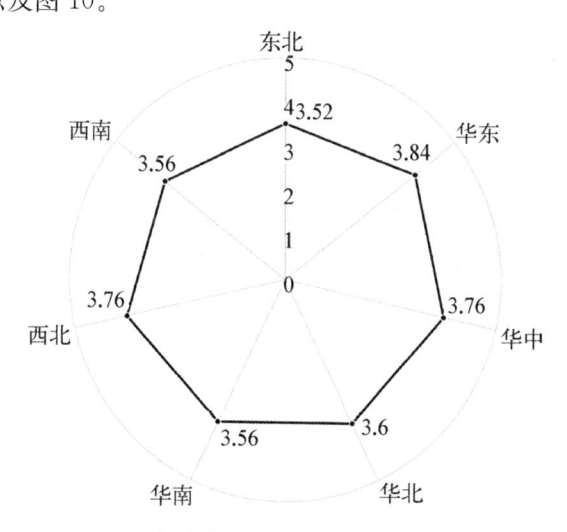

图8　各地农田水利设施运营情况评分

① 对问卷回答中的"非常差""差""一般""好""非常好"分别赋分1、2、3、4、5,各地区取平均值得出图8。

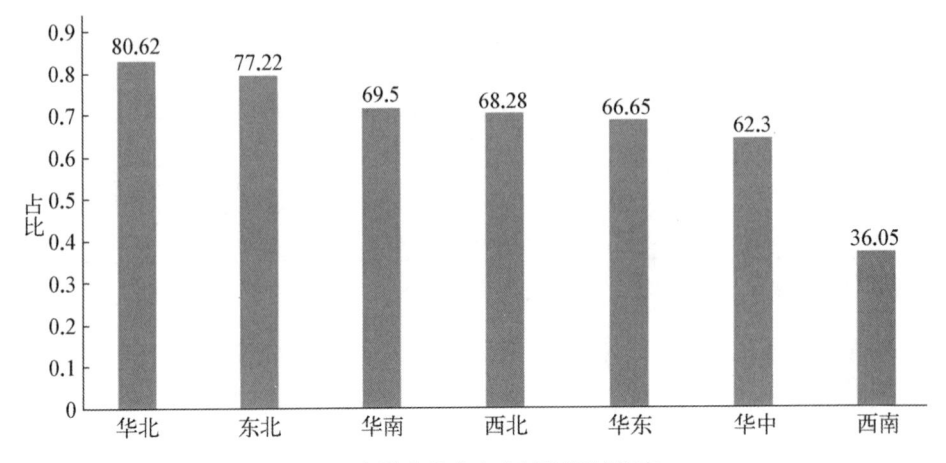

图 9 各地农业生产全过程机械化率

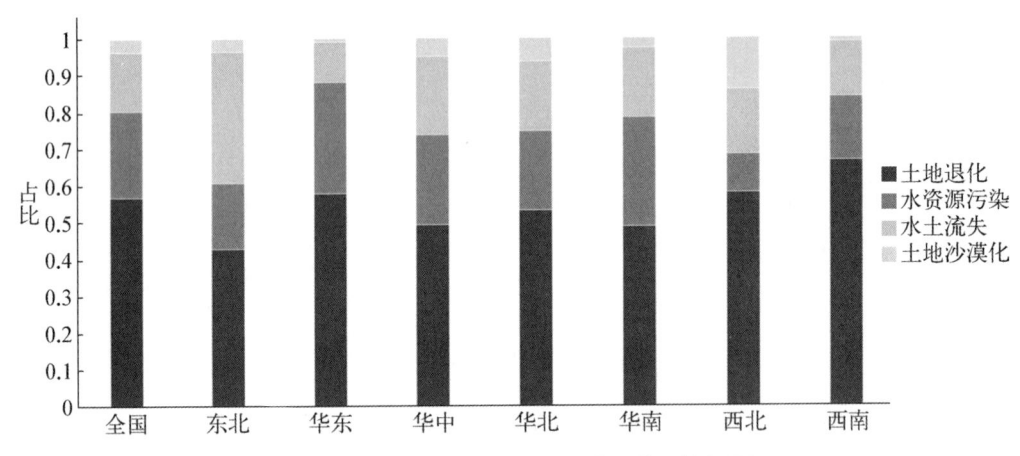

图 10 各地经营种植业过程中遭遇的环境问题

总体来看,我国农村的农田水利设施运行情况较好,基本满足灌溉需要,不同地区之间的差异不大,华东、华中、西北地区位于前三。从全国范围看,农村地区农作物生产过程机械化率约为 62.95%,主要受地形影响。东北和华北地区多平原,适合推广使用大型机械。而西南地区受到山区地形限制,难以大规模使用机械辅助生产,机械化率明显低于其他地区。主营种植业时面临的最大环境问题是土地退化,其次是水资源污染,各地区差异不大。

因此,用农业机械化率来衡量生产技术水平,对技术较高且产业环境较好的地区(如华东、华中、华南地区),应积极引入高技术人才,发展成高技术农业产区;对技术较为发达、平原面积广但自然环境恶劣的地区(如西北地区),应加强环境治理,同时提升农业机械化的普及程度,也可以尝试农民合作社形式,出售当地特色农产品,通过增加产品总量形成供应链;对农业基础雄厚的地区(如东北、华北地区),农业机械化率高且自然条件优越,可以尝试个体农业大户或者集体经营的形式,加强机械化、自动化,实现高效种植。

（3）农业合作与规模化生产

目前,我国农村地区仍以传统小农户作为主要生产经营方式。但是华东地区传统小农户和新型农业经营都得到了较好的发展(如图11所示)。一方面,华东地区各地政府注重新型农业经营的发展,并提出了一系列帮扶措施;另一方面,华东地区种植业发展基础较好,新型农业经营满足了当地的消费需求。

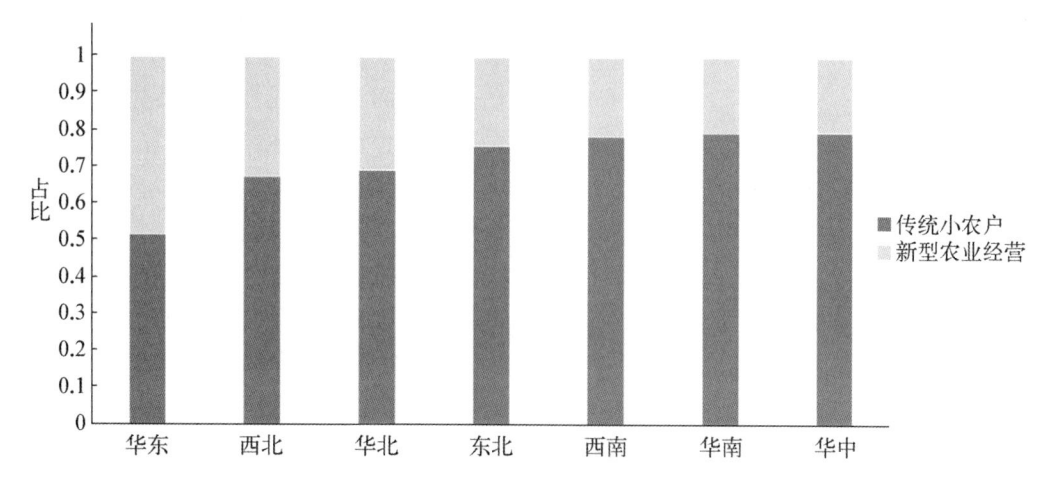

图11 各地农村从事农业生产经营的方式

要进行农业合作以及规模化生产,政策支持以及农业社会化服务是十分必要的。我国各地区的农业政策支持以及社会化服务情况如图12所示。

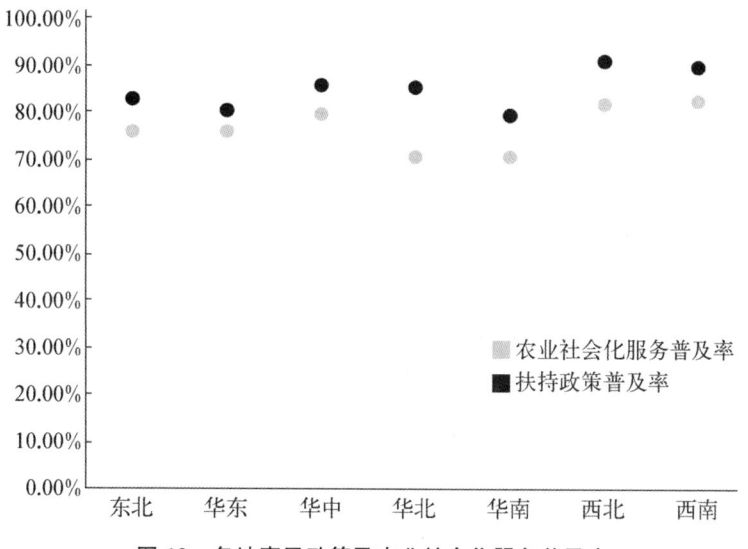

图12 各地惠民政策及农业社会化服务普及率

目前,我国针对农业发展提供的政策支持和社会化服务能够覆盖农村大部分地区,其中,政府扶持政策覆盖率在80%左右,农业社会化服务覆盖率在75%左右,满足程度在"比

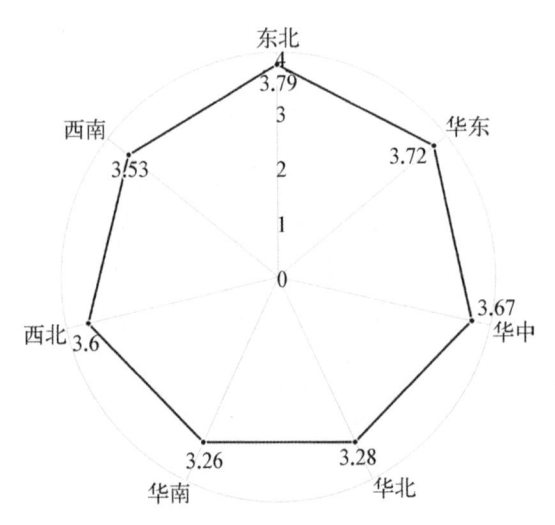

图 13① 各地农业社会化服务评分

较满足"和"一般满足"之间,各地区差异不大(如图13所示)。

2. 工业

(1) 概述

农业是当前我国农村最重要的产业,也是青年返乡创业需要重点考虑的一个发展方向。工业和服务业均属于非农产业,在分析这两大产业前,有必要先厘清我国农村目前的非农产业结构。

如图14所示,我国农村地区从事的最主要非农生产经营是农产品加工,全国平均占比超过一半。其次是餐饮旅游,它在各个地区都有较大的产业份额。其中,西南和西北地区凭借其独特的风土人情,餐饮旅游业占比略高于其他地区,具有较好的发展潜力。

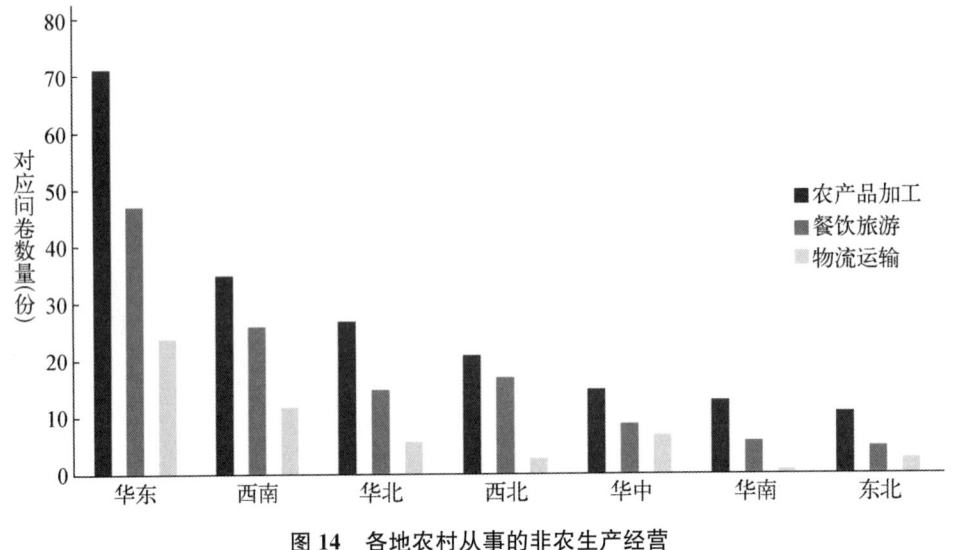

图 14 各地农村从事的非农生产经营

可以看出,我国农村产业发展仍与农业息息相关,最主要的非农生产经营方式是农产品加工,并且以粮食加工和蔬菜加工为主(如图15所示)。不同地区可以依托其自然资源发展特色农产品加工产业,比如华北和西北地区的畜禽加工产业,华南地区的水产品加工产业和制糖产业,西北地区的果品加工产业等都应该进一步挖掘其发展潜力。

---

① 对问卷回答中的"非常不满足""不太满足""一般满足""比较满足""非常满足"分别赋分1、2、3、4、5,各地区取平均值得出图13。

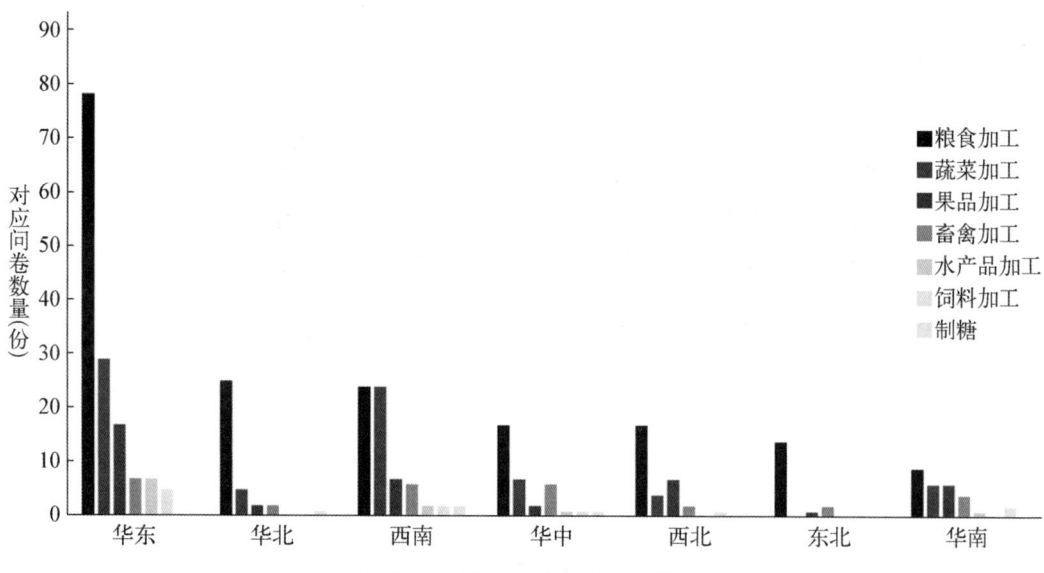

图 15　各地农村农产品加工类别

(2) 农产品加工的产业环境

农产品加工充分利用了农村地区的资源优势,并且在非农生产经营中占比较高,因此,此处着重分析农产品加工行业的产业环境。

根据图 16,各地农产品加工形式主要是初加工,这样创造出来的产品价值不高,不符合农村地区产业高质量发展的目标。农产品加工形式与各地的经济实力有一定联系,华北和华东地区相较其他地区更注重农产品的精深加工。西北地区农产品的精深加工也得到了一定的发展,优于其他地区。

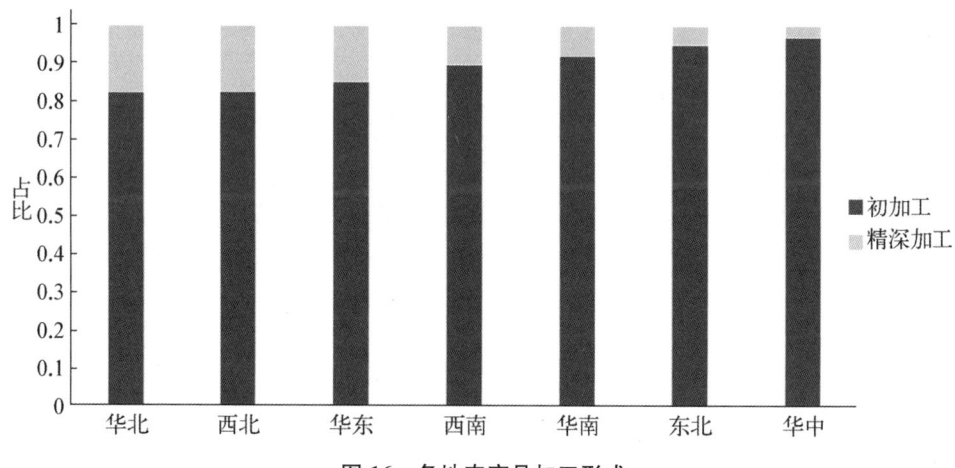

图 16　各地农产品加工形式

从全国范围看,互联网在农产品流通过程中的使用率约为 38.5%,这一数据有待提升。其中,西北地区对互联网的使用排在全国前列(如图 17 所示)。一方面,有关部门要积极推广互联网的使用,促进乡村产业发展;另一方面,厂商可以通过集体经营等模式,扩大生产规模,使订单业务的推广切实有效。

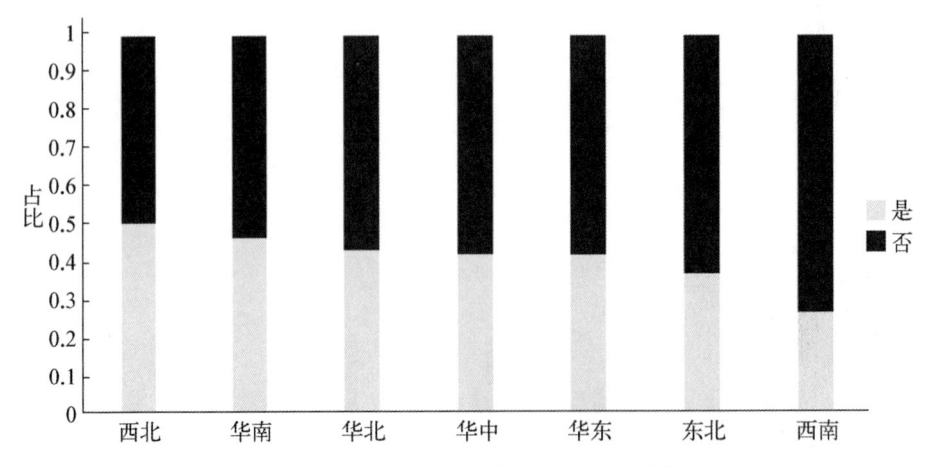

图 17　各地是否利用互联网平台开展订单业务

目前,农产品加工在生产过程中存在的问题较多,由图 18 可知,技术装备落后、资金不足、人才欠缺和营销意识弱都可能成为农产品加工产业发展过程中的阻碍。大多数地区技术装备落后、科技含量低的问题较严重。

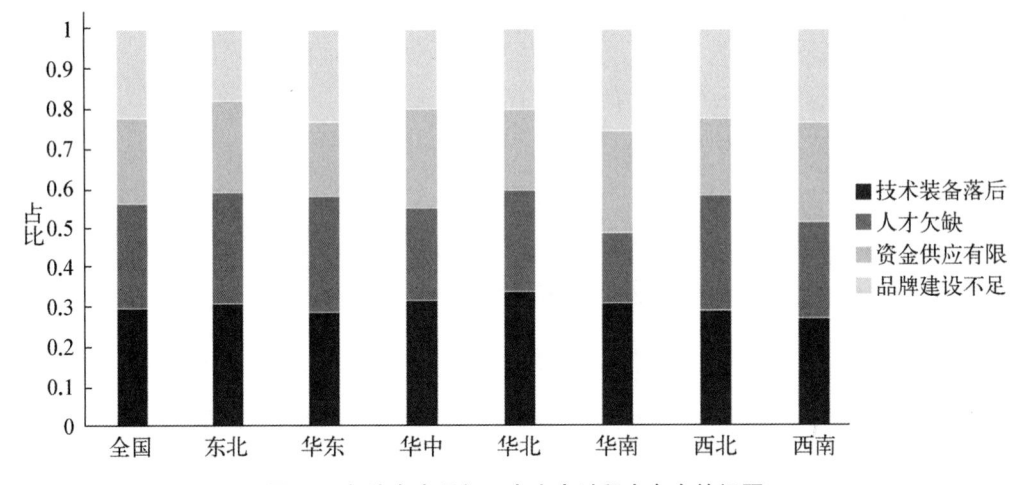

图 18　各地农产品加工在生产过程中存在的问题

综上,从事农产品加工行业不仅需要使其加工形式精细化、拓宽销售渠道,而且要注意解决生产过程中的难题,积极引进人才、发展技术、谋求资金支持。政府也应对有关诉求给予正面回应。

3. 服务业

(1) 概述

我国农村地区的服务业主要围绕乡村旅游展开。如图 19 所示,近年来,在经营乡村旅游活动过程中,更多村庄选择从事餐饮服务,其次是农家乐,性质与餐饮服务类似。近年来,民宿业务发展势头较好,但在农村地区还未得到全面推广。

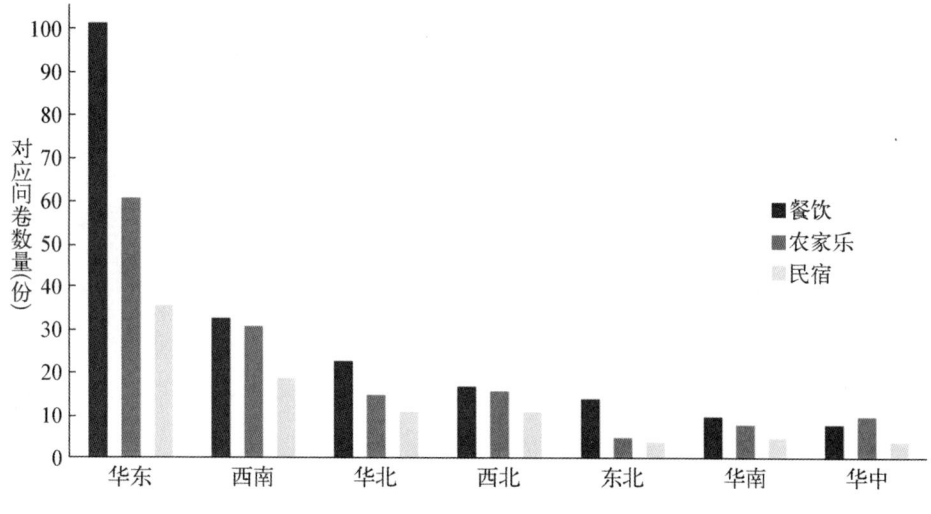

图 19　各地乡村旅游过程中所从事的服务业

(2) 乡村旅游的产业环境

从发展时间来看,各地经营乡村旅游活动的时间大致相同,基本在 2013 年左右兴起。西南地区乡村旅游开发略早于其他地区,存在一些优势。但是该地区经济条件比较落后,需要加强基础设施建设;同时,旅游方式单一,可能出现同质化现象。

从服务规模来看,各地差异较大。如图 20 所示,西南地区和西北地区接待游客量大于其他地区,优势明显。根据图 21,西南地区和西北地区的服务业纯收入较高,可见服务业有潜力成为这两个地区的优势产业。此外,华北、华南以及华东地区的旅游规模和旅游

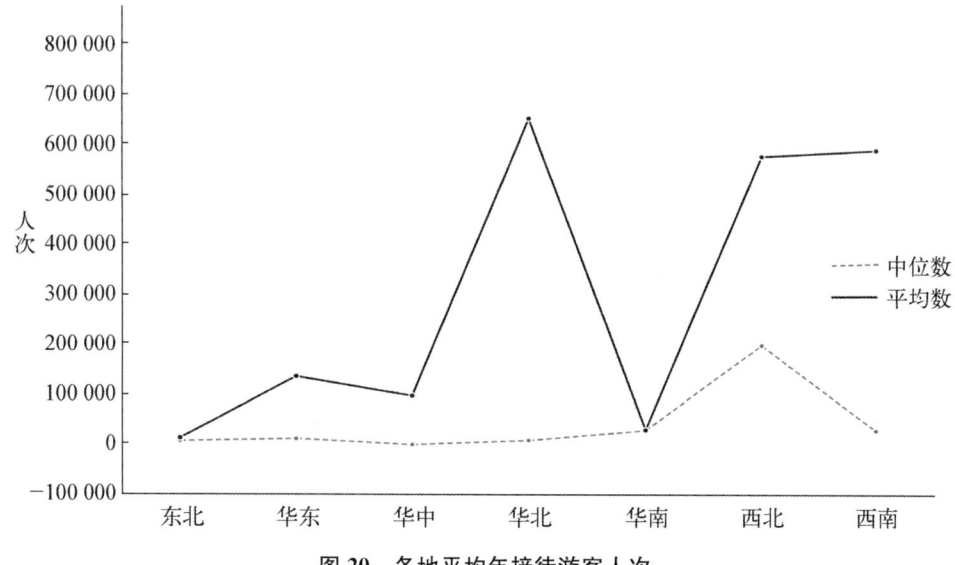

图 20　各地平均年接待游客人次

收入也相当不错,适合进行旅游业的开发,但是当地的产业结构必须改变,着重把控环境污染严重的重工业等。

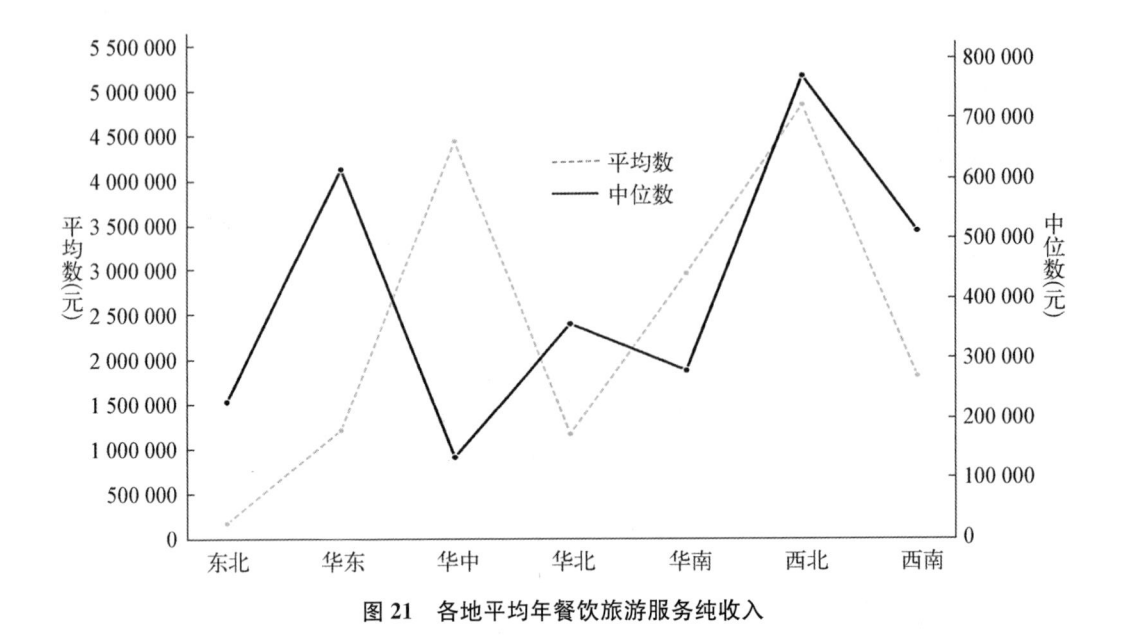

图 21 各地平均年餐饮旅游服务纯收入

在经营餐饮旅游活动过程中,最主要的问题是资源潜力挖掘不充分以及专业人才的欠缺,部分地区基础设施不完善问题也比较严重(如图 22 所示)。要追求服务业的高质量发展,这些都是亟待解决的问题。

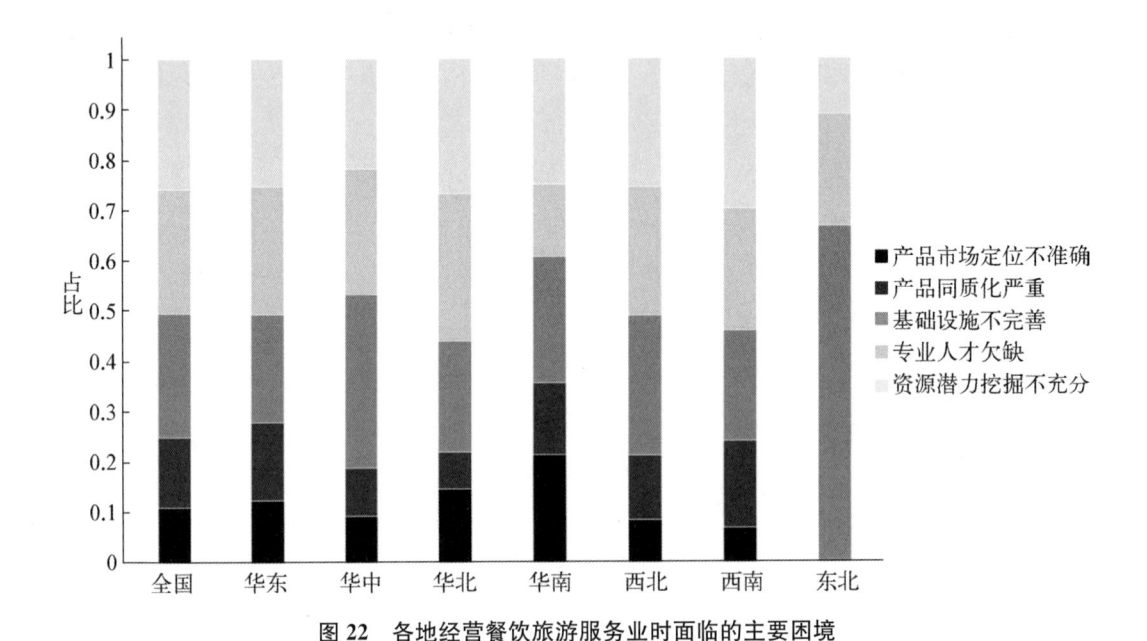

图 22 各地经营餐饮旅游服务业时面临的主要困境

## 四、调研分析

根据调研基本情况,我们运用SWOT分析法[①],针对不同地区的产业发展策略进行了分析,帮助返乡青年找准创业方向。

### (一)华东、华中、华南地区

华东、华中、华南地区拥有优越的自然条件,第一产业发展迅猛。然而,该地区人口基数庞大,人均耕地面积小,对农业规模化程度以及劳动生产率造成了影响。华东、华中、华南地区农业机械化率较高,生产技术水平较高,更容易引入高技术人才,发展成高技术农业产区。此外,该地区应进一步发展特色农产品加工产业,如华南地区的水产品加工产业和制糖产业。但是,该地区存在劳动力成本高、招工困难等问题,对第二产业造成了一定影响。在发展的同时,还应考虑负面效应的潜在威胁,如土地退化严重等环境问题。

华东、华中、华南地区第三产业发展较好,现代化水平较高。如果能够进一步优化旅游服务业,解决信息共享等有关问题,那么该地区的第三产业不仅有利于提高工农业生产的社会化和专业化水平,而且有利于优化生产结构,缓解就业压力。

表3　　　　　　　　　　华东、华中、华南地区的SWOT分析

| 优　势 | 劣　势 | 机　会 | 威　胁 |
| --- | --- | --- | --- |
| • 优越的自然条件<br>• 农田水利设施运行情况较好<br>• 新型农业经营发展较好 | • 人口基数庞大导致人均耕地面积较小 | • 农林牧渔服务业发展优势显著<br>• 易发展成高技术农业产区,形成企业 | • 土地退化问题严重<br>• 土地成本高,原材料紧缺 |
| • 经济和科技发达 | • 劳动力成本高<br>• 第二产业发展较慢 | • 进一步发展特色农产品加工业,尤其是精深加工 | • 人才欠缺<br>• 技术装备落后<br>• 品牌建设不足 |
| • 现代化水平高 | • 旅游规模不大,景点分布散,信息共享程度有待提升 | • 中心城市带动周边乡村旅游业的发展 | • 基础设施不完善<br>• 专业人才欠缺 |

### (二)东北、华北地区

平坦的地势促进了东北、华北地区大规模的农业机械运作,也为畜牧业的发展打下了基础。然而,该地区的农业经营方式过于传统,未能充分利用规模化生产粮食作物的机遇。如果能够在该地区推广新型农业合作化,并结合农业机械化程度高的优势,就能大幅提升生产效率。

在农业规模化的进程中也要注意自然环境恶化的威胁。该地区的土地退化和水土流

---

① SWOT分析法是将研究对象的优势(Strength)、劣势(Weakness)、机遇(Opportunity)和威胁(Threat)进行矩阵排列,综合考虑后得出最优策略的一种科学分析方法。

失问题较为严重。有关部门应积极采取有效措施。比如,东北地区就提出了"重大工程+技术配套"的治理模式。

由于大量生产粮食作物,因此东北、华北地区的农产品加工以粮食加工为主。但是,大多数农产品加工停留在初加工层面,这也是我国农产品加工行业的通病。不过,两地可以凭借重工业的发展优势,推动农产品加工产业精细化,为我国农产品加工行业打开新局面。畜牧业的兴旺也为禽畜加工产业的发展提供了可能,拓宽了农产品加工的类别。当地可以利用这一资源,增加对特色禽畜产品加工的投入。在此基础上,如果能利用好互联网平台,并通过人才培养、引进技术来弱化威胁,那么东北、华北地区的农产品加工业就会得到全面提升。

东北地区的冰雪资源以及华北地区的历史底蕴都是当地发展旅游业的优势。文旅融合借助文化提升了旅游体验度,可以将其视为一种旅游产业转型升级的思路。良好的服务体验能够有效化解该地区旅游收入不高的难题。但是在发展过程中要注意基础设施不完善和专业人才欠缺的威胁。

表4　　　　　　　　　　　东北、华北地区的SWOT分析

| 优　势 | 劣　势 | 机　会 | 威　胁 |
| --- | --- | --- | --- |
| • 地势平坦,适合进行规模化生产<br>• 畜牧业发展较好<br>• 农业机械化程度高<br>• 基础设施建设良好,社会化服务普及率高 | • 农业生产经营方式传统,新型农业经营发展不足 | • 人均耕地面积广,大规模种植粮食作物 | • 土地退化<br>• 水土流失 |
| • 大量生产粮食作物使得粮食加工占比高 | • 农产品精细化加工发展不足<br>• 农产品加工类别过于单一 | • 增加对禽畜加工产业的投入<br>• 扩大互联网平台的使用 | • 农产品加工过程中缺少先进技术与高端人才 |
| • 东北地区气候独特,农业旅游资源丰富<br>• 华北地区历史底蕴深厚,旅游规模可观 | • 东北地区旅游规模以及旅游收入不高,华北地区旅游收入有待提升 | • 文旅融合成为一种新的发展方向 | • 基础设施不完善<br>• 专业人才欠缺 |

(三)西北地区

西北地区地域辽阔,人均耕地面积较大。光照充足、昼夜温差大的气候条件使得该地区适合种植棉花、甜菜及各类瓜果。然而,西北地区生态环境脆弱,一旦破坏就难以恢复。土地退化问题成为当地农业发展的最大威胁,这不符合可持续发展的需求。有关部门针对耕地保护的投入力度不够,耕地补贴额低于其他地区。基于此,西北地区应当积极寻找高质量发展路径,借助提升农业机械化率、扶持新型农业等方法,改善农业生产的生态

环境。

西北地区特别重视互联网平台的运用。互联网平台打开了西北地区农产品的销路，对解决精细化加工不足的问题有一定帮助。高品质瓜果的盛产为果品加工业提供了资源支持。果品加工可以视为当地一大特色产业而重点培养。

西北地区的服务业发展前景良好，业务形式多样，接待游客人次及旅游纯收入都十分可观。结合西北地区生态环境脆弱的实情，部分地区已经开始退耕还林，将旅游业作为发展的重心。西北地区可以发展高质量旅游业，通过民宿经营等服务形式充分挖掘当地资源潜力。但是，需要精准解决发展过程中的劣势和威胁：加大资金投入，完善基础设施，引进专业人才；在专业人才的引导下找准自身优势和特点，弱化同质化问题的威胁；利用互联网开展线上展示活动，缓解疫情对旅游业的冲击。

表5　　　　　　　　　　　　　　西北地区的SWOT分析

| 优　势 | 劣　势 | 机　会 | 威　胁 |
| --- | --- | --- | --- |
| • 光照充足，昼夜温差大，适合某些特定作物以及瓜果的生长<br>• 畜牧业发展较好<br>• 基础设施建设良好，农业社会化服务普及率高 | • 对耕地保护的投入力度不够<br>• 生态环境恶劣，且破坏后难以恢复 | • 人均耕地面积较大<br>• 农业生产过程机械化率存在提升空间<br>• 新型农业经营发展势头较好 | • 土地退化问题严重 |
| • 积极利用互联网开展订单业务 | • 农产品精细化加工发展不足 | • 果品加工占比高，具有很好的发展潜力 | • 农产品加工过程中缺少先进技术与高端人才 |
| • 餐饮旅游在非农产业中占比高<br>• 服务业形式多样，均衡发展<br>• 接待游客人次及旅游纯收入高 | • 基础设施不完善<br>• 专业人才欠缺<br>• 资源潜力挖掘不充分 | • 风土人情独特，对外来游客极具吸引力<br>• 消费需求增加，旅游业发展势头较好 | • 产品存在同质化问题<br>• "新冠"疫情影响 |

（四）西南地区

西南地区的草地畜牧业及特色高原牲畜养殖业发展较好。同时，西南地区的药材品质优越，种植各类经济作物，与其他地区间的贸易往来稳定。如果能发展出特色品牌，将有利于西南地区形成自己的产品产业链。

由此，西南地区未来的发展主要集中于对优势产业的开发，并进行产业结构的优化与转型。随着技术的进步，西南地区逐步完善了对互联网的使用，电商与直播平台提供了大量创业新思路。由于散户的发展迅猛，该地区并没有形成很好的品牌，缺少知名度，因此，要想利用好当地产品资源优质的优势，形成品牌将是一个突破点。西南地区的农副产品一直受限于技术,多为初加工或原料出产。为了加强对资源的利用,提升技术水平十分必要。

西南地区的旅游业有向支柱产业变化的趋势。该地区的旅游业虽开发较早,但由于发展指导的缺失,因此长期止步于单一的经营模式。同时,西南地区的人文景观未得到充分开发,当地所具备的发展潜力也未被完全发掘,长此以往,西南地区的旅游业将无法真正崛起成为支柱产业,吸引来的人口将再度流失。

表6 西南地区的SWOT分析

| 优势 | 劣势 | 机遇 | 威胁 |
| --- | --- | --- | --- |
| • 自然条件适合畜牧业发展<br>• 气候条件易种植优质的经济作物 | • 地理环境制约<br>• 生产技术水平偏低<br>• 基础设施建设不完备<br>• 产量不高 | • 互联网普及应用提供良好的宣传媒介<br>• 优质的果品、牲畜提供发展品牌的机会 | • 营业者缺少指导,近似产业容易堆积发展导致供需失衡 |
| • 丰富的矿产资源 | • 对当地的产品以原料粗加工为主 | • 发展特色药材或果品加工业 | • 矿产资源易被过度开发,环境受损<br>• 工业规模扩大,自然环境易受损 |
| • 独特的自然风光、气候条件<br>• 具有特色的人文景观 | • 对所在地区的文化资源开发不充分 | • 旅游业资源丰富<br>• 国家政策大力支持地方第三产业发展 | • 旅游业经营形式单一,吸引力下降<br>• 人口流失严重,人文特色逐渐缺失 |

## 五、思考和建议

(一)返乡青年创业方向的选择

返乡青年应当综合考虑家乡的实际情况以及自身的专业能力,选择合适的创业方向。以下仅根据各地区的调研分析提出几点建议。

1. 华东、华中、华南地区

创业方向一:**家庭农场经营**

华东、华中、华南地区有良好的农业发展基础,而且经济和科技发达。但是该地区土地成本较高,过度开垦种植使得土地退化问题较严重。综合考虑,返乡青年可以选择家庭农场作为创业项目,并在经营过程中朝"智慧农业"方向发展。一方面,家庭农场经营要求整合农业生产中的先进技术以便于节约生产成本,华东、华中、华南的经济和科技实力可以很好地满足经营家庭农场的要求。另一方面,长三角经济区和珠三角经济区坐落于此,密集的城市群对有机农产品的需求量大,因而经营家庭农场有很好的市场需求。青年创业者需要充分发挥这种农业企业稳定性强、经济效益高的优势,大力发展"智慧农业",提升技术含量。

创业方向二：旅游信息咨询

华东、华中、华南地区的现代化水平较高，旅游资源极为丰富，且其平均质量较高，地域分布密度很大，加上其特有的区位优势和经济优势，促使其发展成旅游资源开发较成熟的区域。因此，返乡青年在进行创业选择时，可以考虑进一步优化旅游服务产业。虽然华东、华中、华南的旅游景点众多，民宿以及农家乐服务也较为齐全，但是缺乏相应的平台将它们联系在一起，推出更加优惠的旅游服务组合。借助电子商务的有关知识，返乡青年可以搭建旅游信息咨询平台，弥补该地区旅游行业存在的不足。这种经营方式也有助于扩大当地的旅游规模。

2. 东北、华北地区

创业方向一：粮食种植及加工

东北、华北地区发展种植业的机遇在于人均耕地面积广。人均耕地关系国家的粮食安全问题，今后也必定有相关政策出台以大力支持粮食作物种植业的发展。返乡青年可以通过土地流转的形式规模化、集约化生产粮食作物。在此基础上，借助粮食加工业，赋予大量产出的粮食作物更高的价值，实现农业工业一体化。同时，返乡青年对网络的使用相较其他厂商更加熟练，可以利用互联网平台，为加工后的产品拓宽销路。当然，在粮食作物加工过程中，要注意过程的精细化以及产品的多样化，借此与其竞争者拉开差距。除此之外，还可以聘请专家，学习先进技术，开发数字农业，利用信息技术使产业高效发展。

创业方向二：休闲农业

休闲农业对生态环境的破坏很小，能缓解东北、华北地区因土地退化、水土流失带来的环境压力。作为一种新型农业经营方式，休闲农业在该地区并未得到较好的推广，因而极具发展潜力。对返乡创业青年而言，他们可以利用畜牧业的发展优势，建立养殖型休闲农场或种养结合型休闲农场。通过健全的基础设施以及沉浸式的农业劳动体验来吸引游客。在发展休闲农业的过程中，青年创业者也可以融入当地的特色文化或资源，打造与众不同的休闲体验。

3. 西北地区

创业方向一：果品种植及加工

西北地区种植的瓜果品质高，受到消费者的青睐。因此，果品加工是一个不错的创业方向。青年创业者可以利用互联网平台，在打开瓜果产品销路的同时了解消费者的真正需求。在此基础上，青年创业者需要对自己的产品进行价值升级，即果品精加工。在生产以及加工的过程中，通过培训学习以及引进先进技术提升农业机械化率，并采用新型农业的方式，将瓜果采摘体验与果品生产加工融合。当然，也可以选定一种瓜果种植，挖掘其存在的价值，例如利用葡萄发展葡萄酒制造业。当产业形成一定规模时，注重产品的品牌建设，借助互联网进行宣传。

创业方向二：民宿经营

西北地区生态环境脆弱，还存在土地退化等环境威胁。因此，相较大规模发展第一产业或者第二产业，大力发展旅游业更符合当地实情。近年来，独特的风土人情为西北地区赢得了较高的旅游人次和旅游收入。返乡青年选择民宿经营，不仅充分利用了当地的旅游资源优势，而且形式新颖，能够较好地避开服务产品的同质化问题。返乡青年对都市人群的生活习惯有更深刻的理解，通过完善基础设施建设，可以与同类服务拉开差距。在经营民宿时还需要考虑疫情对当地旅游业的影响，做好线上宣传，并利用调整期打造民宿升级服务，提供更多附加体验产品。

4. 西南地区

创业方向一：专业合作社经营

西南地区的药材、牧草、茶叶、甘蔗、橡胶等农产品有较高的质量，但是这些农产品产量不高，存在有销量收益却较低的现象。同时，西南地区的农产品在销售过程中存在品牌建设和宣传欠缺的问题。因此，青年创业者可以选择成立发展团体，尝试专业合作社这种集体化农业发展模式，既避免了同一区域产生大量类似品牌，又能提高市场占有率。返乡青年还要注重品牌打造，并通过互联网将农产品推广出去。举例来说，西南地区的牧草产业有良好的发展前景，现在西南地区虽然有较高的牧草产量，但缺少大的牧草品牌，如果能够打造出牧草品牌，就能占有更大的牧草市场。

创业方向二：打造文旅融合式旅游体验

虽然西南地区矿产资源丰富，但是这种资源是有限的，对环境也有一定的破坏，因此不适合作为返乡创业的一个发展项目。基于西南地区丰富的自然资源，选择旅游业作为创业方向更适合。关于热门的旅游业发展，返乡青年在创业时应尽量选择与当地传统旅游业不同的卖点，更多地着眼于当地的文化特色而非相似的自然风景，着力打造文旅融合式旅游新体验。在开发过程中，返乡青年还要注意提高从业人员的素质，加大人员培训方面的投入，规范运营秩序；也可以选择集体创业模式，开发自然、民俗与历史相互贯通的旅游项目群，加深旅游中游客的体验感与参与度。

(二) 返乡青年格局与能力的提升

1. 返乡青年应增加对文化发展的考量

返乡青年本就是从农村中走出来的，又经历了城市文明的熏陶，对本土文化，他们有着更深刻的理解。青年创业者要注意发现和挖掘家乡的文化内涵，并将其融入创业过程中。一方面可以为产品提供附加价值，另一方面对家乡人民有一定的美育作用。文化融合主要针对第三产业，可以通过非遗工坊、非遗文化体验馆等将非物质文化遗产融入乡村旅游的各个环节。

2. 返乡青年应注重对科技含量的提升

科技可以增加产品的竞争力，也促进了返乡青年的自学与提高。但更为重要的是，科技背后所代表的创新为农村注入了活力。对返乡青年而言，他们不必研发新技术，但可以使用新品种或者前沿的生产加工方法。科技给乡村带来的冲击将远远超出它赋予产品额外价值的效用。

对第一产业，可以增加对小农机械的使用，破解山地农业机械化程度低的困局；或者尝试采用传感器检测农作物生长的气象数据等，实现合理浇灌和施肥。对第二产业，可以开发溯源体系,满足消费者对食品安全的需求;也可以利用网络调查了解市场需求,通过发现产品的其他效用来开辟新市场。对第三产业,则可以将传统文化与数字科技相结合,提供更为现代化的旅游体验。

3. 返乡青年应培养对家乡的情怀

一个优秀的创业者应以情怀和担当作为精神支柱。青年回归家乡不应仅仅为了潜在的发展机遇,创业成功后也要学会反哺家乡,通过积极参与公益活动、健全家乡基础设施等回报这片土地。

4. 返乡青年应培养一些独特的创业素质

创业素质包括乐观、冷静、自立、自强、创新、进取等。要充分认识到风险与创业过程相随相伴,对可预见的风险要提前准备防范措施,对不可预见的风险要预先确定处理原则。在选择创业前,返乡青年还应做好承受挫折与失败、挑战自我的心理准备,只有拥有良好的创业心态才能增加创业成功的机会。

(三)政府激励政策的优化

在青年返乡创业的过程中,政府需要从以下三个方面实施激励,为返乡青年提供创业支持:

1. 吸引人才返乡

由于家乡的产业发展和创业环境是青年返乡创业的最大阻力,因此地方政府要增加对公共基础设施建设的投入,凭借完善的基础设施建设吸引青年返乡。

对返乡创业企业应提供相应的补贴,同时适当降低产品生产过程中产生的税收。可以进一步削减这一类型的企业生产时所需的土地费用。

简化青年在创业时政策上的审批流程,减少青年在创业上因行政审批而产生的阻碍。

2. 落实扶持政策

针对返乡创业青年提供补贴和降税政策时,加大对返乡青年创业资格的审核力度,并定期监管,确保扶持政策落到实处。

加大当地优势产业发展上的资金投入,对新企业实施帮扶,同时加大对数字化设备的应用,提高工作效率,促进信息流通。为创业青年提供的资金应落到实处,为优秀的创业青年提供一些与政府合办的产业项目,提供其更多发展机会。

3. 解决发展痛点

针对科技发展的难题,政府应当为返乡创业青年提供比较合适的创业路径参考,并对创业青年进行相关的技能培训,增加返乡青年创业的成功率。

针对文化融合的难题,政府应当注重保护少数民族特色文化,加强对当地人文旅游方式的发掘;同时,加大对当地优势产业的宣传力度,增加当地对返乡青年创业的优待,吸引更多人才返乡。

**参考文献**

[1] 陈笑天,谢振忠,李杨. 以粤港澳大湾区建设破解香港去工业化魔咒[J]. 中国经济报告,2017

(9)：105-107.

[2] 邓芳玉.青年创业工作如何有效推行[J].人民论坛,2013(8)：154-155.

[3] 何慧丽,苏志豪.返乡青年何以返乡？——基于主体性视角的考察[J].贵州社会科学,2019(10)：72-78.

[4] 姜佳函.乡村振兴视域下大学生返乡创业的若干思考[J].农村·农业·农民(B版),2022(5)：51-52.

[5] 李君甫.农村人口过疏化对农村社会建设的挑战[J].新疆社会科学,2014(1)：135-139.

[6] 李雪萍,吕明月.青年返乡服务型精英：乡村治理权威结构的新变化[J].湖北民族大学学报(哲学社会科学版),2020,38(1)：24-30.

[7] 李玉雄,何惠虹.民族地区农村"空心化"问题及治理路径研究——基于广西平果市壮族村落布尧村的个案调查与思考[J].广西民族研究,2021(1)：57-64.

[8] 刘菁华.乡村振兴下的农村"空心化"治理分析[J].中国集体经济,2021(34)：8-9.

[9] 刘守英,王一鸽.从乡土中国到城乡中国——中国转型的乡村变迁视角[J].管理世界,2018,34(10)：128-146+232.

[10] 刘唐宇.农民工回乡创业的影响因素分析——基于江西赣州地区的调查[J].农业经济问题,2010,31(9)：81-88+112.

[11] 刘腾龙.内外有别：新土地精英规模化农业经营的社会基础——基于乡村创业青年的视角[J].中国青年研究,2021(7)：46-54+45.

[12] 刘彦随,刘玉.中国农村空心化问题研究的进展与展望[J].地理研究,2010,29(1)：35-42.

[13] 毛一敬.乡村振兴背景下青年返乡创业的基础、类型与功能[J].农林经济管理学报,2021,20(1)：122-130.

[14] 田毅鹏.乡村"过疏化"背景下城乡一体化的两难[J].浙江学刊,2011(5)：31-35.

[15] 王伟勤.农村空心化治理问题研究——基于韩国的经验[J].西安财经学院学报,2014,27(5)：85-89.

[16] 王玉玲,施琪.县域视野下青年返乡创业研究[J].中国青年研究,2021(7)：23-28.

[17] 卫龙宝,史新杰.浙江特色小镇建设的若干思考与建议[J].浙江社会科学,2016(3)：28-32.

[18] 席婷婷.农村空心化现象：一个文献综述[J].重庆社会科学,2016(10)：75-80.

[19] 杨春华,姚逸苇.何谓"农村空心化"？——一个结构化的概念分析视角[J].农村经济,2021(7)：79-86.

[20] 张红娟,尚国珟,胡永翔,任健,李玉曼,杨延焜.乡村振兴战略背景下青年返乡创业影响因素调查及创业模式研究[J].农村经济与科技,2021,32(22)：193-195.

[21] 朱楚芝.乡村振兴背景下新型青年职业农民返乡创业影响机制和路径优化研究[J].商展经济,2022(11)：150-152.

# 对东北乡村直播电商的发展潜力评估与发展路径分析

## ——以乡村文化为导向发展

袁思祺[①]　田　唱[②]　田　媛[③]

指导老师：王淞昕[④]

**摘　要**：本文基于2017年"千村调查"数据分析东北地区发展直播电商经济的可行性与必要性。在此基础上，为解决当前直播电商产业发展效率与资源利用率低下的问题，本文选取40个东北典型村，运用因子分析法探究影响其直播电商发展潜力的三大主因子，并构建BP神经网络模型，结合公共因子，构建综合评分模型以量化其发展潜力，从而让乡村以模型评估结果为依据，明晰自我认知，做出长远规划。最后，结合模型评估结果与当前发展状况，以乡村文化为导向，对东北乡村直播电商经济的未来发展路径提出可行的建议。

**关键词**：直播电商　乡村振兴　乡村文化　BP神经网络　因子分析法

## 一、研究背景和意义

"新冠"疫情的蔓延打击了线下经济模式，发展乡村电商以带动经济复苏逐渐成为乡村振兴的主流道路。发展乡村电商可以打破线下销售的地域性限制，使消费者群体更为广泛，极大地增强了购买力，从而减少积货带来的经济损失。充分利用互联网经济助力东北乡村振兴，有利于提高农民收入水平，实现东北区域城乡一体化，维护国家粮食安全（黄建波和周琦，2021）。

然而，从2017年至今，东北乡村的直播电商发展仍然滞后。同时，"新冠"疫情防控时期公共资源紧缺，乡村在发展电商经济的过程中试错成本高、发展空间小，对公共资源的利用率亟待提高。若仅局限于现有模式，则直播带货对东北乡村经济复苏的推进效果会大幅减弱。因此，东北乡村应寻求一条发展直播电商的新路径。

要改变现有不利局面，首先，需要找准自身定位。其次，需要明确影响当地直播电商

---

[①]　袁思祺，上海财经大学信息管理与工程学院计算机科学与技术专业2021级本科生。
[②]　田唱，上海财经大学信息管理与工程学院计算机科学与技术专业2021级本科生。
[③]　田媛，上海财经大学信息管理与工程学院计算机科学与技术专业2021级本科生。
[④]　王淞昕，上海财经大学信息管理与工程学院。

产业发展的主要因素，从而有针对性地采用措施，有效推动产业发展。最后，在进行直播电商经济的长远发展规划时，应将地区文化有机融入直播电商，使两者互利共赢。不仅使流量电商依托文化建立品牌效应，而且使文化借助电商进一步传承并延续，从而走向可持续发展的文化-电商之路。

本文以 2017 年"千村调查"样本地区中的 40 个东北典型村为例，选取 8 项主要影响其直播电商发展潜力的相关数据，运用因子分析法提取出三大公共因子，并构建 BP 神经网络模型，结合公共因子，构建综合评分模型以评估其发展潜力，从而让乡村以模型评估结果为依据，从教育、经济、人口这三个方面评估自身发展直播电商经济的潜力，进一步完善其直播电商的发展规划，扬长避短、裨补阙漏，使资源利用率最大化，将试错成本最小化。该综合评分也能让政府、企业等有针对性地提供外力援助，帮助乡村最大化地利用好公共资源，早日实现电商带动经济发展的目标。最后，结合模型评估结果与发展现状，以乡村文化为导向，对东北乡村直播电商经济的未来发展路径提出可行的建议。

评估东北乡村直播电商的发展潜力并分析其发展路径极具现实意义。鉴于本文构建的量化模型适用于所有东北乡村地区，故本文提出的评估模型与发展建议对广大东北乡村地区有较强的参考价值与实用意义。

## 二、文献综述

联合国《中国落实 2030 年可持续发展议程进展报告(2019)》认为，"互联网＋脱贫"是中国重要的脱贫模式之一，其中"短视频＋直播"互联网式扶贫表现较为抢眼（于蓉，2021）。本文立足实际，梳理并总结了学术界对乡村发展直播电商这一话题的广泛讨论。

从本质上讲，网络直播电商行业指的是从业者依靠网络平台，用直播或录播的方式与观众进行线上互动，在拥有一定影响力与购买力的基础上进行产品的介绍和推广，引起观众的购买欲望从而使其转化为消费者的一种经济行为（崔帅和吴昊，2021）。学者们普遍认同乡村电商有利于促成双赢局面，如张司月和王玉珠（2022）基于乡村电商发展现状和艾媒咨询（iMedia Research）的"2021 年中国助农直播用户对助农直播效果感知"指出，直播内容和形式已成为影响直播效果和产品销量的重要因素。

然而，当前乡村直播电商已经陷入"单一性"困境。造成这一问题的原因也被深入挖掘：农村直播电商行业的人才不足（尹铭策等，2022）、市场挖掘不足导致产品维度单一（张司月和王玉珠，2022）、物流配送等售后环节困难多（韩喜红，2020）等。

对乡村电商的深层发展路径，熊洁芬（2021）提出建立农村 IP，以传播农村文化的方式来促进乡村电商发展，结合现在新农村建设中的特色产业进行资源整合升级，从而形成差异化的清晰定位。与此同时，薛芮（2022）提出构建特色村镇文化品牌，涵盖互联网农产品 IP、农业服务体验 IP、IP 衍生品等系列典型 IP，进而形成农村电商 IP 一体化，提升农产品、特色文化、农村场景等的口碑与知名度，打造创新的农村电商模式。而要将以上观点应用到乡村直播电商的现实发展中，则需要乡村对自我定位有清晰的认知，并对乡村文化进行深入发掘和充分利用。

纵观本领域的代表性文献,学者们针对直播电商行业的基础方式、运营模式、发展现状,以及更深层次的优化路径进行了较为深入而全面的研究,并进一步肯定了乡村文化这一路径的可行性和必要性。但由于中国各地的资源配置差异大,因此全国范围内的调查无法针对性指导东北乡村的发展。东北乡村需进一步找准自身定位,结合乡村文化,发掘直播电商的新策略。本文以因子分析法、BP神经网络模型为基础,评估东北乡村的直播电商发展潜力;以乡村文化为依托,得出兼具普适性和针对性的评估结果,为赋能东北乡村发展提出可行的建议。

## 三、调研对象情况概述

东三省总面积78.73万平方千米,由黑龙江省、吉林省和辽宁省组成,冬长夏短,降水充沛,地形以平原和山地为主,大体上为温带季风气候(闫梦川等,2020)。东北是国家粮食安全的重要基地,不仅产粮位居全国首位,而且供给世界各地多种多样的农副产品,是保障我国粮食安全的坚实后盾。

东北乡村是东北重要的农业区域,但因为自然因素不可控、运输售卖过程不易、东北整体经济发展较为落后等原因,东北地区亟待尝试新的突破路径。而在互联网发展迅猛、直播电商成为主流销售方式的今天,部分东北村在当地政府和企业的支持下,尝试发展直播带货行业,一定程度上解决了疫情防控期间的农产品销售困境。然而,东北乡村直播电商经济要想行稳致远、实现高质量可持续发展,还需找准自身定位、制定长远策略。

本文选取了40个东北典型村作为样本,以预估东北整体的经济产业构成。

由表1、图1和图2可见,贡献率第一的行业的产值和贡献率第二的行业的产值差异较大,呈现经济发展贡献行业单一的态势,形成了主要依靠生产和输出工业原料或农产品来维持当地经济的片面性经济结构。同时本文注意到,两者的变异系数(CV)均远大于0.15,从表现较为突出的指标(高方差、高峰值)进行分析,可见东北三省乡村经济发展存在差异大、不均衡的情况。

表1　　　　　　　　　　　　　　总体描述结果

| 变量名 | 样本量 | 最大值 | 最小值 | 平均值 | 标准差 | 中位数 | 方差 | 峰度 | 偏度 | 变异系数 |
|---|---|---|---|---|---|---|---|---|---|---|
| 对本村经济发展贡献率第一的行业产值(万元) | 30 | 70 000 | 10 | 5 871.2 | 15 426.20 | 755.1 | 237 967 774.72 | 12.22 | 3.51 | 2.63 |
| 对本村经济发展贡献率第二的行业产值(万元) | 30 | 10 000 | 1 | 747.1 | 1 987.79 | 125 | 3 951 305.96 | 17.48 | 4.06 | 2.66 |

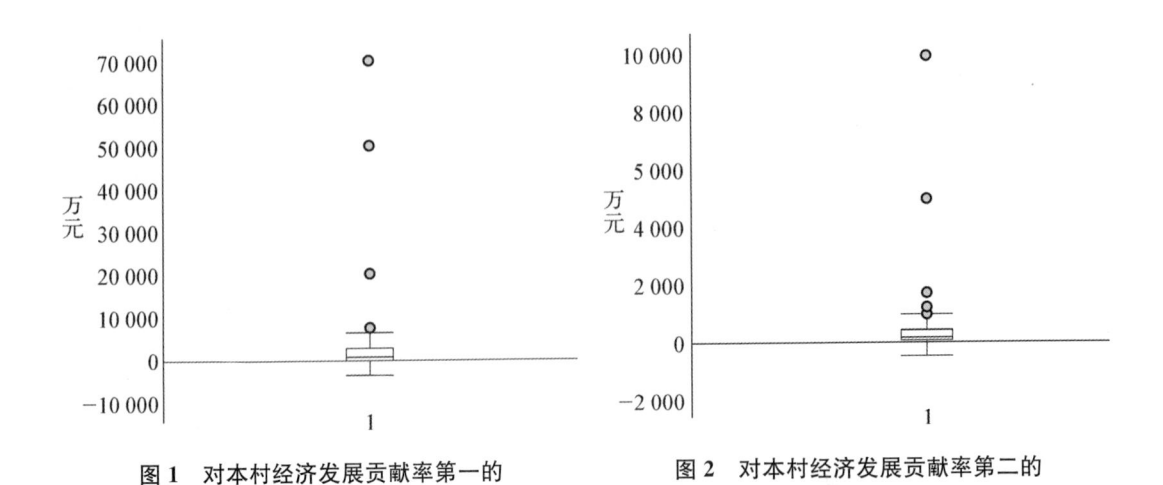

图1 对本村经济发展贡献率第一的行业产值箱型图

图2 对本村经济发展贡献率第二的行业产值箱型图

发展缓慢且不均衡、经济结构片面是东北乡村发展存在的突出问题。为探究电商行业的发展能否对上述问题有所改善,本文进一步从当地群众视角出发,调查当地村民对本地发展直播电商的看法,详情(人数)见图3。

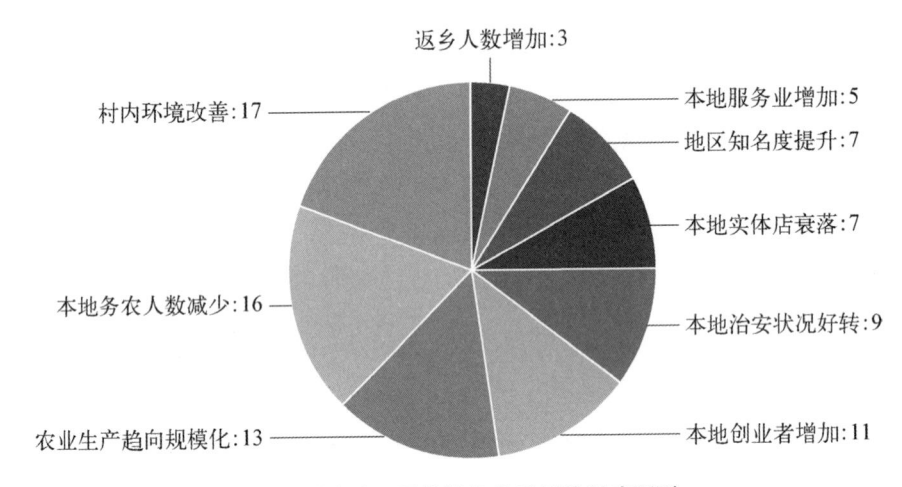

图3 样本地区网络销售发展后的影响预测

（返乡人数增加:3；本地服务业增加:5；地区知名度提升:7；本地实体店衰落:7；本地治安状况好转:9；本地创业者增加:11；农业生产趋向规模化:13；本地务农人数减少:16；村内环境改善:17）

总体来看,73.86%的村民认为网络销售将给样本地区带来积极或潜在积极的影响。就地方经济而言,创业者与返乡人数的增加可为本地经济注入活力,而本地服务业的增加又将提供大量工作岗位和创业机遇;经济水平的提升能对地方治安的维护产生积极影响,良好的治安也为经济市场的活跃提供安全稳定的客观环境;地区知名度的提升和趋向规模化的农业生产将推进地方农业的现代化、品牌化,从而形成良性循环。

不可忽视的是,直播电商销售的发展也将造成一些负面或潜在负面的影响,如实体店衰落、务农人数减少等。新技术和新行业逐渐取代旧技术和旧行业,而在其引发社会变革和资源再分配的过程中,需要让社会财富流向大众而非少数群体。当地推进的农业机械化、助农政策及对个体工商户的扶持政策也旨在尽可能减弱电商经济的发展对当地农业和实体经济的冲击,寻求经济效益和社会效益的平衡与统一。

但无论如何,73.86%的认同占比有力地说明了,无论是从经济还是从民生的角度,大力发展电商经济对振兴东北乡村有不可替代的重要意义。

表2综合整理了样本地区的教育、经济、性别比例等信息[①],以进一步探究发展东北乡村直播电商的可行性。

表2 样本基本信息统计

| 内容 | 类别 | 人数 | 所占比例(%) |
| --- | --- | --- | --- |
| 性别 | 女 | 18 449 | 49.18 |
| | 男 | 19 066 | 50.82 |
| 家庭年收入水平 | 3万元以下 | 17 011 | 45.52 |
| | 3万~5万元 | 12 488 | 33.28 |
| | 5万元以上 | 8 016 | 21.20 |
| 受教育程度 | 小学及以下 | 21 920 | 58.43 |
| | 初中 | 12 916 | 34.43 |
| | 高中/中专及以上 | 2 679 | 7.14 |
| 在政府的扶持政策下继续接受教育或参加直播带货相关培训的意愿 | 愿意 | 26 001 | 69.32 |
| | 不愿意 | 11 514 | 30.68 |

注:户籍所在人口基本信息依照2017年"千村调查"数据整理得到。由于部分数据缺损,本文部分结论通过缺失值处理、数据加权等手段得到。

本文统计了40份调研问卷中的基本人口数据情况,得出样本区域群众构成的以下三个特点:

一是人口基数较大且趋于稳定。直播电商行业环节多、任务重,无论是直播带货、网络宣传、账号运营,还是渠道拓宽、分拣发货、物流运输等环节,都需要大量的人力资源。样本区域人口基数大,男女性别比例较均衡,对人口的稳定起到保障作用,奠定了良好的群众基础。

二是整体受教育程度较低,但上升潜力大。调研对象的受教育程度以小学、初中为主,高中或中专及以上的学历占比仅为7.14%。但过半调研对象愿意继续接受教育或参

---

① 本调查仅反映受访者现阶段的受教育水平而非最终学历。由于在调查过程中了解到受访者中的中老年群体占绝对数量,因此调查数据在一定程度上能反映群众受教育水平。

加直播带货相关培训,是潜在的人才来源,保障了直播电商生态在东北乡县的发展。

三是整体经济水平较低,对较高收入的岗位需求大。样本地区家庭年收入在5万元以上的仅占21.37%,而年收入为3万元以下的家庭占到了45.52%。乡村收入水平低意味着推广乡村电商需要政府和企业的大力扶持。直播电商行业的发展将提供一定数量的就业岗位,对改善当地整体经济状况产生积极影响。

上文从样本地区的经济产业结构、网络销售行业发展影响、社会群众构成三个不同角度,对推动乡村直播电商发展的可行性和必要性进行了有力说明。

### 四、量化模型的构建与分析

本文首先运用因子分析法,选取8项相关调查数据,分析得出影响直播电商发展潜力的三大主因子。再选取15个最具代表性的东北乡村作为BP神经网络的学习样本,结合三大主因子以构建适合所有东北乡村的评估打分模型,从而帮助乡村明晰其现阶段是否适合发展直播电商经济,采取有效措施推动产业发展;同时,便于区域专家提出针对性发展建议,帮助政府、企业等有侧重地提供外力援助,助力乡村最大化地利用好外界资源,以赋能东北乡村的直播电商经济生态。

(一)因子分析模型的建立

1. 方法介绍

英国心理学家斯皮尔曼(C. Spearman)在20世纪初率先提出用于综合评价的因子分析模型,即从变量群中提取共性因子的统计技术。因子分析是基于降维的思想,在尽可能不损失或少损失原始数据的情况下,将错综复杂的众多变量聚合成少数几个独立的公共因子,反映原来众多变量的主要信息,在减少变量个数的同时,反映变量之间的内在联系。本文所用主成分分析法原理如下:

$$\begin{cases} X_1 = \sqrt{\lambda_1}e_{11}F_1 + \sqrt{\lambda_2}e_{12}F_2 + \cdots + \sqrt{\lambda_m}e_{1m}F_m + \varepsilon_1 \\ X_2 = \sqrt{\lambda_1}e_{21}F_1 + \sqrt{\lambda_2}e_{22}F_2 + \cdots + \sqrt{\lambda_m}e_{2m}F_m + \varepsilon_2 \\ \vdots \\ X_p = \sqrt{\lambda_1}e_{p1}F_1 + \sqrt{\lambda_2}e_{p2}F_2 + \cdots + \sqrt{\lambda_m}e_{pm}F_m + \varepsilon_p \end{cases}, m \leqslant p$$

其中:$X = (X_1, X_2, \cdots, X_p)^T$,$F = (F_1, F_2, \cdots, F_q)^T$ 表示公共因子,$\varepsilon = (\varepsilon_1, \varepsilon_2, \cdots, \varepsilon_q)^T$ 表示特殊因子。

$$a_{ij} = \sqrt{\lambda_i}e_{ij}(i, j = 1, 2, \cdots, p)$$

$$A = (\sqrt{\lambda_1}e_1, \sqrt{\lambda_2}e_2, \cdots, \sqrt{\lambda_m}e_m)\begin{pmatrix} \sqrt{\lambda_1}e_1^T \\ \sqrt{\lambda_2}e_2^T \\ \vdots \\ \sqrt{\lambda_m}e_m^T \end{pmatrix}$$

这里的 $A$ 称为因子载荷矩阵，$a_{ij}$ 是第 $i$ 个变量在第 $j$ 个因子上的负荷。如果把变量 $X_i$ 看成 $n$ 维空间上的一点，则 $a_{ij}$ 表示它在坐标轴 $F$ 上的投影。

2. 分析过程

因子分析的前提条件是原始指标体系中各变量间的相关度较强。首先进行 KMO 和 Bartlett 检验，判断所选样本数据是否适合因子分析。对 KMO 值，越接近 1 越适合因子分析；Bartlett 检验可判断显著性是否较好。SPSS 因子分析结果如表 3 所示。

表 3　　KMO 检验和 Bartlett 的检验

| KMO 值 |  | 0.666 |
|---|---|---|
| Bartlett 球形度检验 | 近似卡方 | 104.077 |
|  | d$f$ | 28.000 |
|  | $p$ | 0.000*** |

注：***、**、* 分别代表 1%、5%、10% 的显著性水平。

KMO 的值为 0.666（>0.6），同时，数据通过 Bartlett 球形度检验（$p<0.05$），水平呈现显著性，拒绝原假设，各变量间具有相关性，因子分析有效。

本文一共提取出三个因子，表 4 为根据载荷系数等信息所做的主成分权重分析，其计算公式为方差解释率÷旋转后累积方差解释率。

表 4　　因子权重结果

| 名　　称 | 旋转后方差解释率 | 旋转后累计方差解释率 | 权　　重 |
|---|---|---|---|
| 因子 1 | 33.597 | 33.597 | 37.867 |
| 因子 2 | 30.375 | 63.972 | 34.236 |
| 因子 3 | 24.758 | 88.722 | 27.897 |

因子分析的权重计算结果显示，因子 1 的权重为 37.867%、因子 2 的权重为 34.236%、因子 3 的权重为 27.897%，其中，指标权重最大值为因子 1（37.867%），最小值为因子 3（27.897%）。

从表 5 可以看出，上一年本村农民人均年纯收入（万元）（A1）、图书馆（个）（A4）、对本村经济发展贡献率第一的行业产值（万元）（A7）和上一年本村有关互联网教育/学习方面的培训次数（A8）这四项全部对应因子 1 时，因子载荷系数均高于 0.4，说明此四项处于一个维度。类似地，将各数据与三个因子分别对应，并根据表 4 的因子权重以及方差贡献率进行排序。

表 5　　　　　　　　　　　　　旋转后因子载荷系数

| 项　目 | 旋转后因子载荷系数 ||| 共同度（公因子方差） |
|---|---|---|---|---|
| | 因子 1 | 因子 2 | 因子 3 | |
| A1 上一年本村农民人均年纯收入（万元） | 0.622 | 0.414 | 0.623 | 0.947 |
| A2 使用电脑的用户数百分比 | 0.271 | 0.685 | 0.433 | 0.730 |
| A3 村里的网店大致个数 | 0.386 | 0.040 | 0.874 | 0.915 |
| A4 图书馆（个） | 0.919 | 0.274 | 0.172 | 0.949 |
| A5 现有户籍人口中大专学历以上（人） | 0.079 | 0.914 | 0.061 | 0.846 |
| A6 户籍人口中高中学历（人） | 0.087 | 0.908 | −0.014 | 0.832 |
| A7 对本村经济发展贡献率第一的行业产值（万元） | 0.780 | 0.084 | 0.573 | 0.944 |
| A8 上一年本村有关互联网教育/学习方面的培训次数 | 0.909 | 0.018 | 0.349 | 0.948 |

3. 分析结论

第一主因子由上一年本村农民人均年纯收入（万元）（A1）、图书馆（个）（A4）、对本村经济发展贡献率第一的行业产值（万元）（A7）和上一年本村有关互联网教育/学习方面的培训次数（A8）决定，主要涵盖了教育基础设施建设和经济投入比的相关数据，代表样本地区对教育的重视程度，故将其命名为"教育重视程度因子"。

第二主因子由上一年本村农民人均年纯收入（万元）（A1）、使用电脑的用户数百分比（A2）、现有户籍人口中大专学历以上（人）（A5）和户籍人口中高中学历（人）（A6）决定，描述了该地区拥有一定知识和技术水平的人才资源的绝对与相对数量，可将其命名为"人才资源因子"。

第三主因子由上一年本村农民人均年纯收入（万元）（A1）、使用电脑的用户数百分比（A2）、村里的网店大致个数（A3）、对本村经济发展贡献率第一的行业产值（万元）（A7）决定，大体体现了该地区在大数据时代下的经济发展现状，可将其命名为"经济发展因子"。

最后，通过计算所包含的因子的得分系数（主成分载荷），得出主成分公式：

$$F1 = 0.101 \times A1 + 0.176 \times A2 + 0.004 \times A3 + 0.232 \times A4 + 0.235 \times A5 + 0.068 \times A6 - 0.006 \times A7 + 0.162 \times A8$$

$$F2 = 0.317 \times A1 + 0.132 \times A2 + 0.169 \times A3 + 0.054 \times A4 + 0.031 \times A5 + 0.538 \times A6 + 0.572 \times A7 + 0.047 \times A8$$

$$F3 = 1.085 \times A1 + 0.694 \times A2 + 1.424 \times A3 + 0.14 \times A4 + 0.003 \times A5 + 0.468 \times A6 + 0.374 \times A7 + 1.115 \times A8$$

通过计算可得到各因子所占权重,即各自方差贡献率占累计方差贡献率的比重,并由此得到样本区县直播电商发展潜力的综合得分:

$$F=(0.336/0.887)\times F1+(0.304/0.887)\times F2+(0.248/0.887)\times F3$$

(二)BP 神经网络回归模型

1. 方法介绍

BP 神经网络是一种按误差逆传播算法训练的多层前馈网络,是目前应用最广泛的神经网络模型之一。其学习规则是使用最速下降法,通过多次迭代学习,按照误差信号满足精度要求的标准对神经元间的权值、阈值进行优化,当整个输出信号最大限度地接近期望结果时,停止学习(如图 4 所示)。

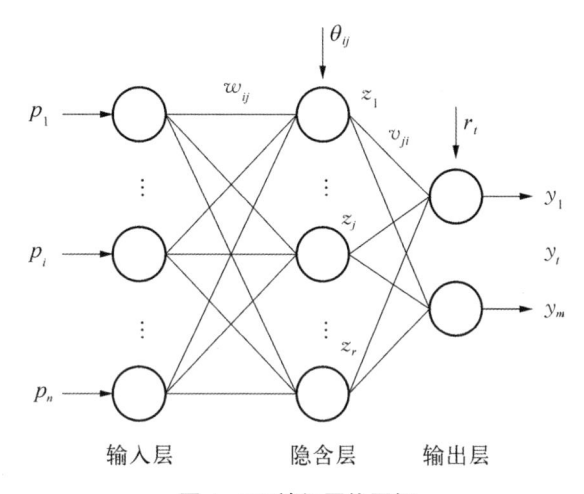

图 4 BP 神经网络图解

2. 模型调试与测试

为保证模型的预测精度和泛化能力,本次研究利用 15 个东北典型村(合计 37 515 户籍人口总数),以有关人口组成、经济结构、互联网发展的共 8 项数据为学习样本,并进一步校验模型的预测能力。

表 6 展示了模型的各项参数配置以及训练时长。0.199 s 的训练用时保证了运行效率,通过激活函数 identity,节点的输入等于输出。此处假设潜在行为是线性(与线性回归相似)的任务,后面的输出结果将验证 identity 函数与此任务的匹配度。

表 6 模型参数

| 参 数 名 | 参 数 值 |
| --- | --- |
| 训练用时 | 0.199 s |
| 数据切分 | 0.7 |

续 表

| 参　数　名 | 参　数　值 |
| --- | --- |
| 数据洗牌 | 否 |
| 交叉验证 | 否 |
| 激活函数 | identity |
| 求解器 | lbfgs |
| 学习率 | 0.1 |
| L2 正则项 | 1 |
| 迭代次数 | 1 000 |
| 隐藏第一层神经元数量 | 100 |

表 7 中展示了训练集和测试集的预测评价指标,通过量化指标来衡量 BP 神经网络回归的预测效果。其中,通过交叉验证集的评价指标可以不断调整超参数,以得到可靠且稳定的模型。可以看出,训练集和测试集的各项指标相差不大,就平均绝对百分比误差来看,误差率在 11% 左右,模型评估结果良好,具有一定的参考性。

表 7　　　　　　　　　　　　　　模型评估

| 类　别 | MSE | RMSE | MAE | MAPE | $R^2$ |
| --- | --- | --- | --- | --- | --- |
| 训练集 | 0.005 | 0.071 | 0.06 | 12.464 | 0.997 |
| 测试集 | 0.004 | 0.132 | 0.097 | 10.638 | 0.936 |

3. 部分测试数据预测结果

本文所使用的专利价值评估指标体系一共有 8 个指标,均可进行数值转化(见表 8)。此处选取综合得分位于 6~10 的五个东北行政县作为典型案例进行分析。数据测试结果如表 9 所示。

表 8　　　　　　　　　　　　　　因子得分及排名

| 行　政　县 | | 农安县 | 金州区 | 海城市 | 昌图县 | 千山区 |
| --- | --- | --- | --- | --- | --- | --- |
| 因子得分及排名 | F1 | −0.610 5 | −0.755 5 | −0.707 6 | −0.768 2 | −0.958 3 |
| | 排名 | 6 | 8 | 7 | 9 | 10 |

续　表

| 行　政　县 | | 农安县 | 金州区 | 海城市 | 昌图县 | 千山区 |
|---|---|---|---|---|---|---|
| 因子得分及排名 | F2 | 0.030 6 | −0.177 5 | −0.181 7 | −0.150 1 | −0.726 2 |
| | 排名 | 5 | 7 | 8 | 6 | 14 |
| | F3 | 0.145 5 | 0.118 2 | −0.257 8 | −0.273 4 | −0.727 1 |
| | 排名 | 3 | 4 | 7 | 8 | 10 |
| 因子总得分 | | −0.868 6 | −1.369 9 | −1.563 3 | −1.587 6 | −2.372 5 |
| 排名 | | 6 | 7 | 8 | 9 | 10 |

表9　　　　　　　　　　　　　　　　　数据测试

| 预测结果 | 综合得分 | 上一年本村农民人均年纯收入（万元） | 村里的网店大致个数 | 上一年本村有关互联网教育/学习方面的培训次数 | 图书馆（个） | 使用电脑的用户数百分比 | 现有户籍人口中大专学历以上（人） | 户籍人口中高中学历（人） | 对本村经济发展贡献率第一的行业产值（万元） |
|---|---|---|---|---|---|---|---|---|---|
| （1 农安县）−1.072 379 | −0.868 587 | 0.77 | 2 | 2 | 0 | 55 | 100 | 86 | 80 |
| （2 金州区）−1.592 723 | −1.369 931 | 0.6 | 0 | 1 | 0 | 19 | 73 | 62 | 76 |
| （3 海城市）−2.012 617 | −1.563 228 | 0.5 | 1 | 0 | 0 | 20 | 86 | 85 | 54 |
| （4 昌图县）−2.455 065 | −1.587 644 | 0.8 | 0 | 0 | 0 | 19 | 67 | 65 | 79 |
| （5 千山区）−3.062 813 | −2.372 464 | 0.376 | 0 | 0 | 0 | 13 | 6 | 11 | 34 |

4. 准确度验证

图5展示了BP神经网络对测试数据的预测情况。由图可知，网络训练目标对样本区域综合得分的数据预测有可接受范围内的误差，且排序结果相对准确，符合预测模型的构建目的。

图 5　BP 神经网络准确度验证

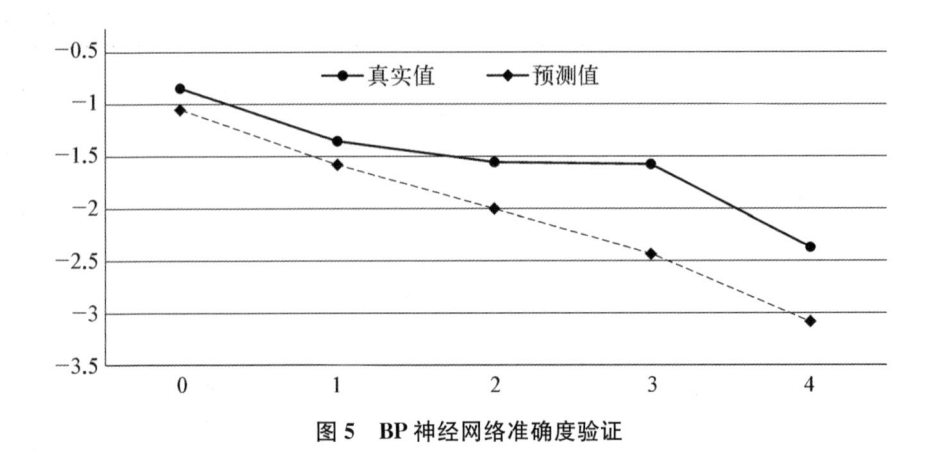

综上所述,用 BP 神经网络进行区域电商经济发展潜力度量具有一定的可行性和有效性。

(三) 结果分析

从因子分析结果来看,三大公共因子之间的方差贡献率差距较小,表明这些因子对各村庄直播电商的发展潜力均有较大影响,未出现向某一因子高度倾斜的情况。这说明本文构建的评估模型具有良好的均衡性与科学性,对某乡村直播电商经济发展潜力的评估结果具有一定的参考性。

从教育重视程度因子 F1 来看,其方差贡献率最大,对区域电商经济发展潜力的评估起重要作用。在因子载荷较大、有代表性的主要指标数据中,上一年本村农民人均年纯收入(A1)和上一年村中有关互联网教育/学习方面的培训次数(A8)产生了主要影响。例如:农安县和金州区上一年本村农民的人均年纯收入分别为 7 700 元和 6 000 元,明显高于昌图县(5 400 元)和千山区(3 760 元),为当地居民教育投资奠定了经济基础;并且,农安县和金州区上一年村中有关互联网教育/学习方面的培训的次数(分别为 2 次和 1 次)也显著高于其他地区,反映了当地政府对教育尤其是互联网相关的知识的科普宣传较为重视。

从人才资源因子 F2 来看,现有户籍人口中高中学历人数(A6)和大专学历以上人数(A5)这两个指标的解释能力最强。仍以农安县为例,分析比较其现有户籍人口中高中学历人数和大专学历以上人数,分别高于 5 个行政县的平均值。充足的人才储备为当地直播电商经济的发展提供了巨大助力。

另一个值得注意的是金州区与海城市,尽管样本数据显示海城市的人才储备显著高于金州区,如海城市户籍人口中高中学历人数比金州区多 17.8%,但无论是实际结果还是预测结果,其综合得分都显著低于金州区。这里起到主要解释作用的是经济发展因子 F3,有效指标主要包括上一年本村农民人均年纯收入(A1)和村里的网店个数(A3)。就这两个指标而言,金州区都略优于海城市,对最后相差约 0.4 的综合得分做出了解释。

基于已有文献和样本分析,我们将研究主题聚焦于"以文化赋能乡村直播电商生态的可持续发展",探究其可持续发展的路径与方法。本文构建 BP 神经网络模型,旨在帮助东北乡村从教育、经济、人口这三个方面评估自身发展直播电商经济的潜力,从而发扬优势、裨补阙漏,使试错成本最小化。同时,该综合评分也能让政府、企业等有针对性地提供外力援助,帮助乡村最大化地利用好外界资源,真正实现直播电商带动经济发展。

### 五、发展现状及未来路径分析

从调研对象分析来看,东北地区兼具优越的自然环境与文化背景,是我国最大的商品粮基地和重工业基地,因此实现东北乡村振兴意义重大。上文从样本地区的经济产业结构、网络销售行业发展影响、社会群众构成三个角度论证推动东北乡村直播电商发展的可行性和重要性。

从模型分析结果来看,本文运用因子分析法探究影响直播电商经济发展潜力的三大主因子。然后使用 BP 神经网络模型,结合公共因子,构建综合评分模型以量化其发展潜力。[①] 样本地区整体呈现对教育重视程度不足、人才资源匮乏、经济发展落后的情况。在东北乡村,以现代科技参与度低的传统农业为主导的经济模式广泛存在,导致经济增长动力严重不足。低水平收入进一步导致人口严重流失、人才资源匮乏。

依托互联网平台发展直播电商是东北地区实现乡村振兴的重要途径。然而,东北乡村直播电商产业目前仍处于摸索阶段,面临重重亟待解决的问题。

#### (一)发展现状

从东北直播带货本身来看,主要呈现三方面不足:一是直播内容单一,对用户吸引力不足。当前东北乡村直播带货的内容缺乏特色,行业竞争力不足,故获客留客难度高。二是产品维度单一,缺乏深度挖掘。市场需求的挖掘不足导致产品难以触及观众的深层精神需求。三是直播形式单一,观众参与度不足。未受专业培训的主播很难有效引导观众互动与消费并根据反馈调整后续直播内容,导致直播间观众迅速流失、后期热度不佳(罗千峰,2022)。

但东北乡村的直播电商经济仍有极大的发展潜力。一方面,从主观能动性上看,东北地区的广大村民对依靠电商带动经济发展的意愿强烈;同时,由于科技兴农政策的不断推进,东北农民务农时间大大缩短。村民们有热情、有时间接受相关的知识技能培训,并且可以通过培训出一批掌握专业知识的村民来带动其他村民。例如黑河市北三家子村的"80 后"乡村网红"东北老肥"俞良峰,其通过直播带货脱贫致富的同时,带动当地村民充分利用"互联网+"的新模式拓宽农产品销路。此外,政府的政策倾斜和企业的加盟援助能帮助东北乡村电商的发展更上一层楼。另一方面,从软实力的角度看,随着乡村直播带货的发展,消费者在"新冠"疫情初期多渠道购买产品的基础上,增加了新形式的精神文化需求,观众们对主播的带货诉求逐渐转变为文化期许。东北直播电商背靠辉煌灿烂、对全国各地都影响深远的东北乡村文化,如二人转、东北小品等艺术形式深受全国人民欢迎,剪

---

① 本文使用 2017 年中国农村互联网应用状况调查数据训练 BP 神经网络,由于神经网络在使用数据集训练过程中能够通过梯度反向传播自我更新参数,因此该模型在通过测试后,可被用于基于其他年份的数据,从而结合时代发展量化东北乡村的直播电商发展潜力。

纸、冰雕等独特艺术形式更是闻名中外。利用好东北乡村文化,发掘并激活东北直播电商经济中的文化基因,不仅是环境推动,而且是人心所向。

综上所述,尽管目前东北乡村电商经济发展滞后且面临重重问题,但仍有很光明的发展前景。接下来本文将针对东北乡村如何探索出一条高质量、可持续的直播电商发展之路提出可行的建议。

(二)未来路径

1. 明晰自我认知,量身定制特色化发展之路

(1)明确自身发展潜力,加大教育投资力度

东北地区地广人多、地形多样,且各个乡村资源配置差异大,不适合套用模式化的发展规划。各个地区应找准自身定位,明确自身发展直播电商经济的优势与不足,从而量身定制特色化发展之路。

根据前文分析结果,对互联网相关教育的重视程度及投资不足是东北地区普遍存在的问题。当地政府应加大教育投资力度,优化教育资源,如增设或优化图书馆、增加互联网相关培训等措施,孵化本土直播人才,培养本土特色直播团队。各个乡村的差异化也会在模型的分析结果中反映出来,以帮助他们量身定制特色化发展之路。

除构建模型进行量化分析外,各地区还可以通过横向与纵向的比较和交流,如与资源配置相似的地区定期举行研讨会、与同地区往年各项数据纵向对比、与不同地区当年各项数据横向对比等,明确自身发展电商直播产业的优势与不足。

(2)运用动态发展观点,顺应时势寻求破局

在明晰自我认知的过程中,需注意顺应时代潮流,运用动态发展的观点,善于比较某一要素未来的发展潜力。要看该优势是否能随时势而变化,适时适度地推动直播电商产业结构转化。

随着乡村直播带货的发展,消费者在"新冠"疫情初期多渠道购买产品的基础上增加了新形式精神文化需求,观众们对主播的带货诉求逐渐转变为文化期许(宋名舰和田云刚,2021)。以吉林省高家岗村为例,只依托产品本身吸引消费者是远远不够的,要着眼于更高级的内在精神需求。依托乡村文化不仅能带给直播电商一时的销量和流量,而且能带动直播电商的产业升级,形成高质量、可持续的长远收益链。

因此,在对自身发展潜力与优劣势有清晰认知的基础上,利用乡村文化赋能直播电商经济发展,是当下东北乡村的破局之路。

2. 充分利用文化资源,破除当前困境

(1)认识文化资源优势,将文化自信融入乡村教育

东北文化多种多样,是与人们生活息息相关的宝贵遗产。但由于对东北乡村文化缺乏自信,当今东北村在发展中未能充分利用这个宝贵的"文化资源库",因此,让东北乡村人民意识到自己的文化资源优势刻不容缓。

根据 2017 年"千村调查"数据,每个乡村都有一定比例的高知识水平人群,但实际上东北乡村村民对本村优秀特色文化的认识和保护是严重不足的,这从侧面说明了教育中

乡村文化基因的缺失。应将文化自信融入乡村教育,孵化本土直播人才,培养本土特色直播团队(楼小明,2020)。

(2)着眼地域文化特色,因地制宜定向开发

如果说文化自信是发展乡村直播电商的基本骨架,那么明晰并发展区域特色文化就是乡村直播电商能持续发展的血肉。所谓定向开发,就是在明晰本地区资源优势的条件下,对有一定质量的文化事项进行深层次发掘,同时将文化与当地农副产品、手工艺品结合起来,形成在带货中宣扬文化、在传播文化中发展电商的良性循环。

吉林省公主岭市八屋乡就是定向开发的典型代表。当地的剪纸艺术有着深厚的历史传承和文化底蕴,村民们通过网络直播售卖剪纸作品、宣传当地剪纸文化,在带动乡村经济发展的同时,传承和发展了本村的剪纸文化。

因此,着眼地域文化特色,由特色文化决定区域电商带货发展方向,是东北乡村电商经济发展的制胜法宝。

(3)关注文化续航能力,利用IP带动可持续发展

为了让乡村电商这架马车持续奔跑,文化续航能力至关重要,乡村主题IP应运而生。它不局限于售卖产品,而是要跟当地的特色文化结合起来,如特有的农作物、气候、土壤条件等,甚至可以追溯过去的农民形象或是依据现在的民风民情来塑造新农民人设。

设计乡村主题IP不仅能开拓乡村电商带货的"多样化"道路,而且能解决受众群体单一、直播内容单一的问题,扩大目标用户群,让乡村电商发展更加长久、稳定。同时,当地政府可响应国家号召,利用国家政策倾斜和乡村主题IP的发展吸引人才扎根乡村,以形成特色化本土直播团队,打造特色经济文化内核,利用当今流量红利,走可持续的IP带动文化与电商结合发展之路。

综上,文化自信、文化特色、主题IP这三辆拉动乡村电商经济发展的马车缺一不可,三者相辅相成,共同构成东北乡村电商生态的原动力。

**参考文献**

[1] 崔帅,吴昊.网络直播电商促进乡村创业的发展现状与对策——以黑龙江为例[J].创新创业理论研究与实践,2021,4(13):196-198.

[2] 韩喜红.从县长直播风来看疫情后贫困地区农产品直播营销新发展[J].江苏农业科学,2020,48(13):17-22.

[3] 黄建波,周琦.乡村振兴背景下黄石市农村电商发展政策路径研究[J].中国集体经济,2021(29):31-32.

[4] 楼小明.区域农产品电商中的文化营销研究[J].商场现代化,2020(18):53-55.

[5] 罗千峰.农村电商的增收效应及其机制——来自中国乡村振兴调查的经验证据[J].中国流通经济,2022,36(9):47-59.

[6] 宋名舰,田云刚.电商助力乡村文化振兴路径探究[J].文化学刊,2021(11):39-42.

[7] 熊洁芬.探讨新农村发展与动漫产业结合之路——"圣地巡礼"和"动漫小镇"带来的IP价值转化新思路[J].科技传播,2021,13(5):106-108.

[8] 薛芮.基于地方品牌建构的乡村文化旅游活化路径[J].经济地理,2022,42(6):198-205.

[9] 闫梦川,魏东岚,吴云霞.东北三省主要粮食作物种植结构时空演变分析[J].北方农业学报,2020,48(6):114-118.

[10] 尹铭策,周俊威,李华.农村电商直播助力乡村振兴发展初探[J].产业创新研究,2022(12):90-92.

[11] 于蓉.乡村振兴背景下"短视频+直播"扶贫模式的现状、动因及优化路径[J].商业经济,2021(9):125-127.

[12] 张司月,王玉珠.依托乡土文化驱动直播带货——乡村直播带货存在的问题与发展思考[J].新媒体研究,2022,8(7):52-55.

# 电商经济对中国乡村收入和产业结构变化的影响

## ——基于上海财经大学"千村调查"数据

肖荇灵[①]　施嘉谊[②]　闫　馨[③]

指导老师：陈　焱[④]

**摘　要**：近年来，中国乡村地区电商经济持续向好，电商经济成为推动乡村发展的重要驱动力之一。基于上海财经大学"千村调查"数据的研究表明：电商经济对乡村地区的收入提升和产业结构优化有显著的正向作用。在此基础上，研究认为，地方政府应进一步推动乡村电商的发展，通过引导高素质人才参与乡村电商建设，完善相关基础设施和物流体系，使得电商经济及相关产业更好地为乡村振兴与发展赋能。

**关键词**：乡村电商　农民收入　产业结构　乡村振兴

## 一、研究背景和意义

中央政府近年来鼓励乡村电商经济的发展，财政部《关于开展2021年电子商务进农村综合示范工作的通知》指出，要"扩大电子商务进农村覆盖面，健全农村商贸流通体系，促进农村消费，培育一批各具特色、经验可复制推广的示范县"。

近年来，基于移动端的电商经济逐步走入乡村，许多地区通过直播带货等网络销售形式实现脱贫致富，电商经济对乡村振兴有着不可忽略的影响。电商经济在部分地区带动了农民的收入、改变了乡村的产业结构。本研究希望通过探究电商经济对乡村地区收入和产业结构变化的影响，揭示电商经济对乡村振兴的意义。具体地，本研究通过分析农民收入和乡村产业结构两个方面的变化，揭示电商经济对乡村振兴的作用，为未来乡村振兴之路提供一些参考。

在2017年国务院印发的《"十三五"促进就业规划》中强调，以县为主体，因地制宜培育产业集群、发展农村电商、促进转型脱困、带动扶贫增收。各级地方政府也对电商经济

---

[①]　肖荇灵，上海财经大学会计学院财务管理专业2021级本科生。
[②]　施嘉谊，上海财经大学会计学院财务管理专业2021级本科生。
[③]　闫馨，上海财经大学会计学院财务管理专业2021级本科生。
[④]　陈焱，上海财经大学人文学院。

覆盖农村给予各项政策优惠和经济补贴,促进各大电商加速将业务延伸至农村,为农民提供学习培训和接触外界的机会,解决了信息闭塞问题,扩展了产品销路,也反过来促进农民提升产品品质、优化服务,形成了经济流动的良性循环,明显提升了农村居民的各项收入。

## 二、农村电商经济发展现状

（一）电子商务发展历程以及农村电商发展阶段

我国农村电子商务是电子商务中的一个领域,其发展与我国电子商务发展历史紧密相连,历经了三个阶段(如图1所示):第一阶段是涉农电子商务阶段(1994—2004年),第二阶段是农产品电子商务阶段(2005—2012年),第三阶段是农村电子商务阶段(2013至今)。

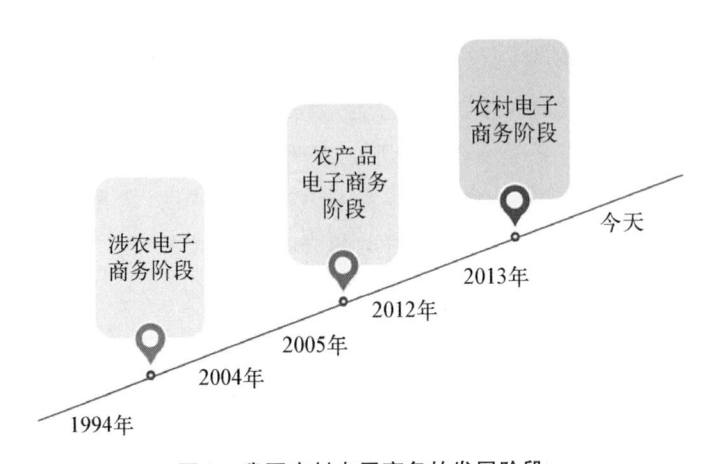

**图1 我国农村电子商务的发展阶段**

我国农村电子商务的发展基本上与我国电子商务的发展同步,在硬件(通信基础设施)和软件(政策与观念)上都没有代差。当前农村电子商务发展到第三阶段——农村电子商务阶段。

（二）农村电商规模

对农村电商规模的研究,主要从网民规模、"淘宝村"数量和每年农村电商达到的交易额三个维度进行分析。

1. 农村网民规模

农村电商的蓬勃发展必然离不开中国农村网民规模的扩大,图2展示的是2012—2020年中国农村网民规模及其增速。

农村电商发展重要的时间节点是宽带普及时间(2000—2009年),宽带的普及拉平了城乡之间在硬件上的信息差距。2017年9月,从"京东"平台开始,出现了新的销售模式——直播带货;同年,乡村振兴战略提出并且国家在相应领域颁布了众多政策,引领了农村电商的发展壮大。

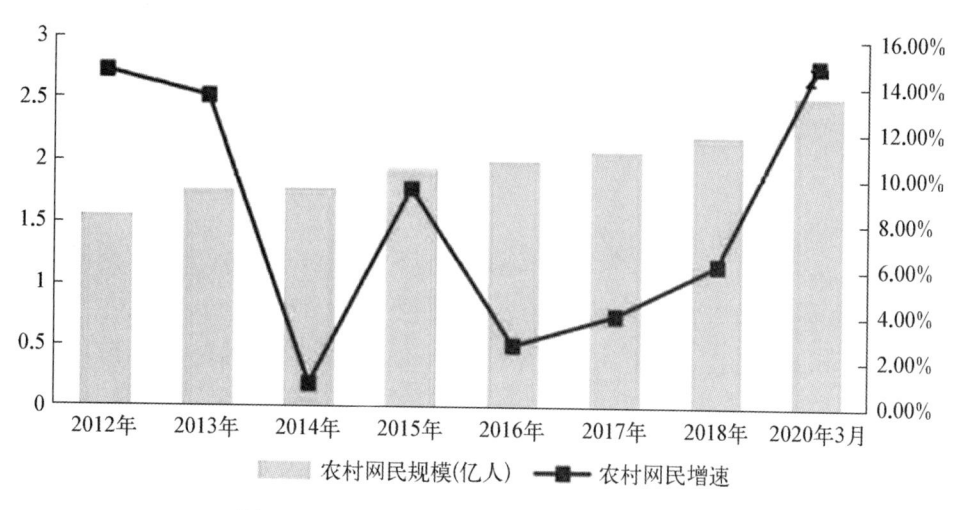

图 2 2012—2020 年中国农村网民规模及其增速

从图2可以看出,近几年,我国农村地区网民规模增速很快,规模逐年扩大,为农村电商的蓬勃发展奠定了坚实的基础。但其中也存在一些问题,以2020年为例,当时我国农村互联网普及率仅为55.9%,同时段下的城镇互联网普及率是79.8%,两者之间仍存在不小差距。

2."淘宝村"数量

图3显示的是2014—2021年"淘宝村"的数量,实线代表的是实际的"淘宝村"数量,虚线代表的是线性计算下的理论值数据。

图 3 2014—2021 年"淘宝村"数量

从图3可以观察到,"淘宝村"在2020年和2021年由于受到"新冠"疫情的影响,出现了远超之前的发展态势,这说明当前农村电商的潜力仍有待进一步开发,即便在疫情防控期间,其依然展现出强大的市场活力。

3.农村电商销售额

随着互联网时代的深入发展,农村电商也蓬勃发展。国家大力支持农村电商产业发展,农村电商规模稳步提升,农村网络零售额同农产品网络零售额的差距越拉越大,农村电商发展基础增强。图4是2014—2020年农村网络零售额。

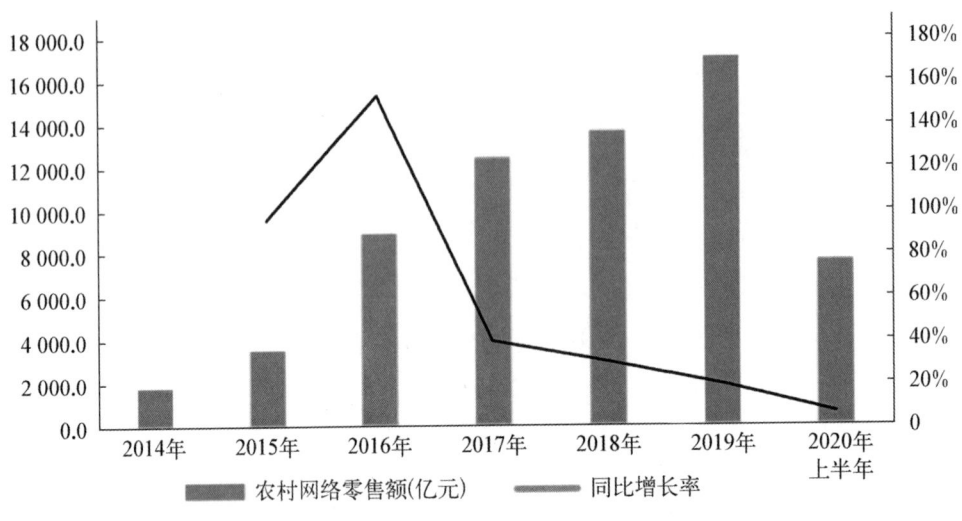

图 4　2014—2020 年农村网络零售额

(三)农村电商的集中度

华东地区农村电商发展迅速,销售额位居全国前列,东北、华中、华北、西北等地消费潜力较大,农村电商的发展水平还有进一步提升的空间。以2020年网络零售额为判断依据,全国零售额达35 303.2亿元,华东地区为21 486.3亿元,占据60.9%的比重,东北、西北地区则相对滞后。我国农村电商呈现东强西弱的局面,东部的电商规模显著高于西部。

(四)农村电商的盈利模式

农村电商的发展扩大了商品信息的传播范围,加快了信息的传播速度,改善了农村过去自产自销、销路不畅、销售难从而限制产量的情况(唐文杰和朗佳佳,2021)。当前,农村电商的盈利模式大致为以下几种:

一是商品自营收益。农民个人或者农村合作社与电商平台达成协议,销售自家具有特色的农产品或者相关服务,打造具有高辨识度和高回购率的店铺。

二是平台沉淀资金运作。一方面,平台所有产品的收益都归运营方,以每月固定时间分阶段的方式沉淀;另一方面,入驻的商家需要缴纳足够的保证金等。通过这两个方面留存一定的资金,企业进行合理的投资理财等以获取收益。

三是农村电商小程序与手机软件广告收入。当电商平台规模发展到一定程度,且平台内商品丰富时,许多商家会投放广告来获取更多流量,建设的农村电商小程序与手机软件无论是首页广告还是直通车、搜索竞价,都是平台重要的盈利点(成丽娜,2020)。

四是消费贷。减轻单笔消费可能给消费者带来的压力,进一步促进消费。

五是农村旅游平台创业。通过对当地历史文化、人文特色的研究,制定一系列针对当地的旅游特色项目,充分利用本地的旅游资源,打造一系列具有代表性的旅游体验项目。

(五) 农村电商产业现状以及未来模式

农产品市场将是农村电商市场的重要增长点之一。在重点农产品市场,农村电商-休闲食品市场的集中度较高,市场龙头品牌竞争优势突出,其中有几家代表性企业。以"拼多多"为例,其起家较晚,但能在农村电商杀出重围,在很大程度上依赖其对自身经营方式的精准定位和独特的经营理念。

农村电商是电子商务的最后一片"蓝海",其起步相对较晚,尚没有成熟模式可以借鉴,只有不断摸索、调整经营模式,使模式和企业逐渐匹配才能有效控制经营风险。当然,经营模式快速变化或者演化(迭代)本身就是电子商务最重要的特征(高超民等,2018)。直播电商、社区团购、众筹农业等新业态、新模式蓬勃发展,为拉动农产品上行、促进乡村消费升级、扩大农民就业、带动农业数字化转型、促进电商脱贫长效机制建设等提供了坚实保障。

相比传统的线下商业宣传营销,线上平台的电子商务直播带货模式更加便捷化、高效率与信息化,在一定程度上降低了营销成本,同时实现了对潜在客户市场的全面拓展。对一些不具有区位优势和市场优势的商业体来说,直播带货的宣传作用更为显著。在乡村振兴的大背景下,我国农村产业发展虽然得到了政策资源倾斜,但长期面临市场发展的困境。电商直播的出现为农村产业经济的市场拓宽和持续深耕注入了新的活力(王菁婧,2022)。同时,农村电商的发展模式不限于之前存在的电商经营模式,我们仍然需要对可能出现的新情况做出相应的调整。

## 三、电商经济对农村地区收入的影响

(一) 农村电商对农村家庭收入的影响

从既有的研究来看,熊雅芬(2021)选择了山东省曹县、江苏省沭阳县和浙江省临安区三地的农民收入作为研究对象,使用 Logit 模型研究农民参与电商与否是否影响其总体收入。计算结果表明,参与电商使得农村家庭收入增加了 57.46% 至 62.4%,显然对收入有极大的提升。林海英等(2020)利用处理效应模型(TEM)估计贫困户参与电商的扶贫效果。结论表明,农村电商对贫困户增收有明显作用,在其他水平不变的情况下,参与网络销售使贫困户家庭收入增加 27.22%,且贫困户参与网络购买能够降低 47.52% 的支出。冯莎(2022)研究指出,"淘宝村"的数量每增加一个,就能使农村居民收入上涨 11.9 元,且该效应在农村电商聚集程度增加时表现得更为明显。从图 5 可见,近年来全国农村电商发展带来的经济效益正带动农村人民收入不断增长。秦芳等(2022)经过统计发现,有电商的村庄的农户收入比无电商的村庄的农户收入高(如图 6 和图 7 所示)。

(二) 农村电商赋能乡村地区增收原理

1. 农村电商提升农民创收能力

(1) 农村电商助力农民发现新商机

电商平台带来的信息是实时且丰富的,市场上的需求种类和需求量都可以被清楚地

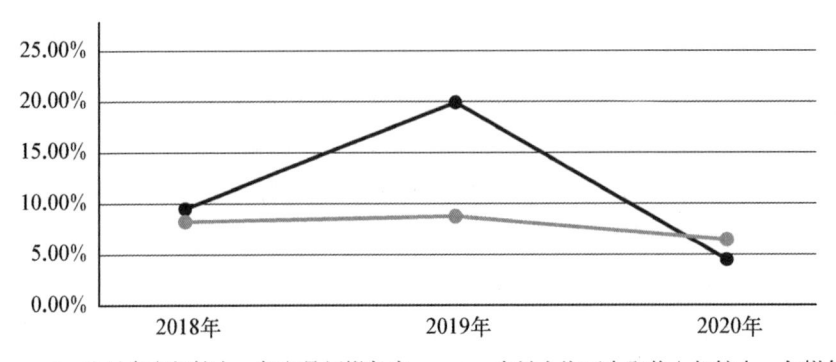

图 5　全国农村电商交易额与人均可支配收入相较上一年增长率变化

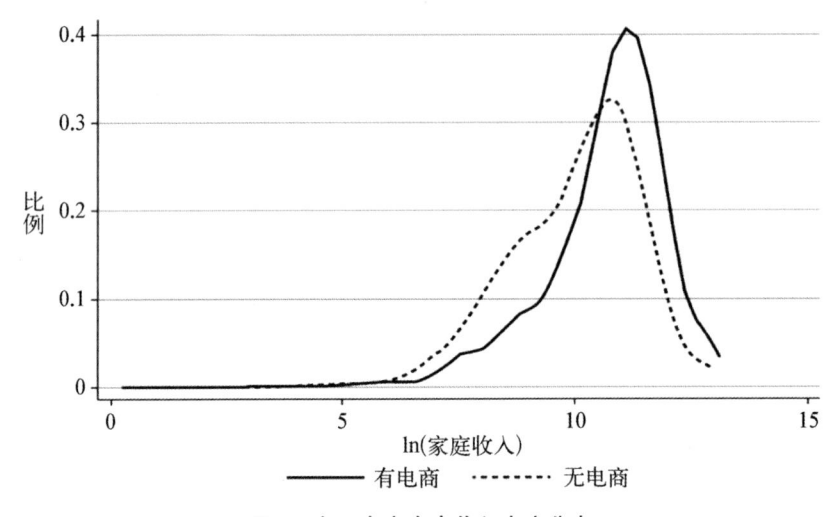

图 6　有无电商农户收入密度分布

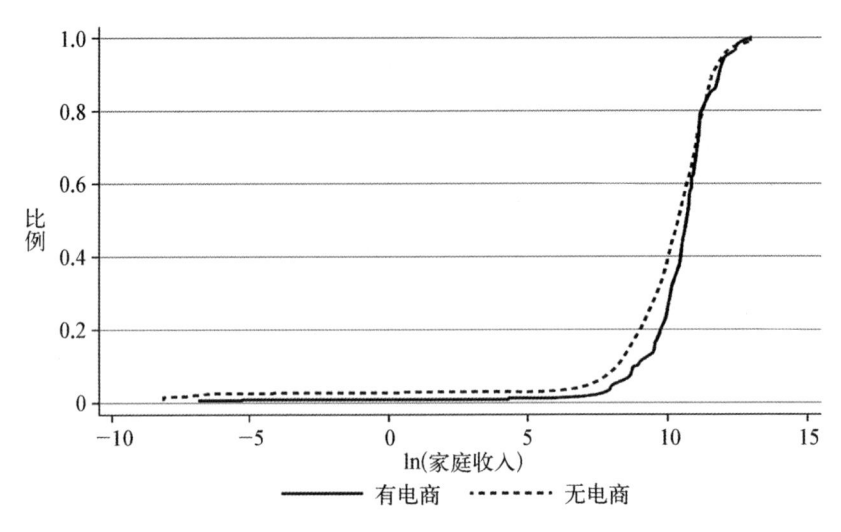

图 7　有无电商农户收入积累分布

收集到,部分地区所需要和缺少的产品往往在另一个地方普遍存在但不被重视。如在南方地区贱卖的甘蔗和荔枝等可以通过电商卖到难以种植的北方地区甚至国外,依靠C2C的商务模式跳过中间商销售。

同时,基于电商平台,有些农户积极参与创新创业,从传统农业种植中走出来,积极面向市场,将生产力投入更高回报的产业中。

(2) 农村电商助力农民优化生产销售过程

电商作为双向信息平台,能向农民提供更好的生产方面的建议,促进农业现代化。同时,一些专业技术人员组成的电商团队也能深入农村协助各地农民提升经营能力。在销售方面,电商平台提供更多样的运输条件,从传统陆运到加急空运甚至装载量大的海运,在保质保量的同时无疑增加了卖方向更多客户提供商品的可能性,间接稳固了客源并增加了收入。

2. 农村电商拓展农民销售对象

通过电商平台,依托发达的物流体系,供求双方不再受限于地理阻隔,积极进行线上交易。在相对平衡的供求中,农民作为卖方,相对于线下销售大大扩展了客源,还能将当地特产卖到国外。

农业农村部发布全国农村创新创业带头人典型案例曾提到,西安周至的王驰看到乡下农民种出来的优质农作物滞销,为了解决长久问题,他加入县电商联盟帮助销售农产品。仅 2018 年一年,其团队就帮助 5 户农户销售黑布林 40 吨左右,帮助三十多位农户销售猕猴桃 325 吨左右,为富余农村劳动力创造了超过 6 000 小时的劳动机会,产品品质得到了全国客户的认可。

3. 农村电商巩固农村品牌效应

农村电商帮当地农产品走出去,使各地消费者体验了产品的高质量,口口相传,长此以往便会产生良好的当地品牌效应,增加品牌附加值,吸引更多来自全国乃至全世界的顾客为商品买单。类似地,旅游和制造业也能吸引众多游客和投资者前来,进一步推动当地农民就业和产业转型升级。良好名声的建立就是为特色产品的销售打下坚实的基础。

4. 农村电商帮助农民减少支出

农村居民的生产性消费是其主要支出之一。农村电商提供了丰富的此类货物的供货渠道,使农民能买到更加平价、质量更高且到货速度有保障的一系列产品,节省了原本线下交易中的中间商成本,显著提升了农户卖出商品后的所得利润(赵影,2021)。一部分商家还会在农村投资建厂以完善产业链,向周边农民提供更具竞争力、价格更低的农业原材料,或者直接上门收购农产品以集中网上销售,在加快产品流通速度的同时增加农民的可支配收入。

(三) 案例分析

1. 政策支持

万州区商务局、财政局于 2018 年发布《关于印发重庆市万州区电商发展及电商扶贫专项资金管理使用办法的通知》,并在2019年使用该笔款项奖励参与扶贫项目、售卖贫困户农产品的5个电商相关企业和个人共19.81万元。2020年9月,区商务委组织举办电商扶贫带头人专项培训班,进一步激发贫困群众脱贫致富的内生动力。2021年5月25日,区商务委组织全区农产品企业代表超过70家,与美团优选重庆区域采购部负责人进行现场对接,讨论通过美团电商平台帮助特色农产品走向全国,真正助力乡村振兴。

2. 发展现状

2018年初,万州区电子商务协会成立,目的是广泛开展电子商务学术交流,积极开展电子商务知识的普及教育和技能培训等。仅2018年上半年,万州区农村电商网上农产品销售额就达到了1.6亿元。截至2018年,区级电子商务公共服务中心及256个村级电商服务点已经建成并投入使用,与阿里巴巴合作建设了农村"淘宝"服务站39个,在为村民提供服务的同时,带动农村就业超过290人,最高月收入可达万元。

同时,依靠越来越发达的电商配套服务,越来越多的青年因为能够通过电子商务将家乡的农产品卖出去而选择回乡创业。在农村电商的推动作用下,六年来万州区农村居民平均可支配收入年增速保持在10%左右,因此,相关地区的贫困发生率从2014年的10.95%降低至2019年的0.21%。

(四)问题与思考

1. 推动农民思想观念转变

在农村电商飞速发展的同时,依然存在一些亟待解决的问题。对此,政府应当在经济和政策上引导农民尝试网络销售,可以组织农户参加电商培训、吸引电商企业来当地辅助农民开展销售等。将现有案例、看得见的好处展现给农民,讲解相关法律法规要求,积极供应配套设施,完善风险承担制度,农民自然愿意尝试电商这一新方法。

2. 吸引相关人才

农村电商的开展需要高技能性创新人才建立农村电商孵化器(汪燚,2021),其可持续发展既需要相关信息技术人员的长期支持与维护,也不可缺少物流、加工和组织领导方面的配套人才。地方政府应倡导人才回乡建设的理念,用真金白银和优惠政策吸引人、留住人,让年轻人有足够的时间和机会尝试适合当地发展的电商之路,稳步提升当地经济,从而使更多年轻人愿意"回家赚钱",形成良性循环。

3. 完善配套设施及产业

配套设施和产业作为完成整个电商循环流程必不可少的一部分,必须受到重视。例如最常提到的快递行业,其成本影响农户参与电商经济的基本收益,应当合理安排快递寄送资源,在避免过度竞争浪费资源的同时保证不出现垄断或产品来不及送出的情况。类似地,冷链物流体系建设也需要加紧完善,实现物流资源和基础设施合理共用、互利互惠(黄韬,2021)。加工企业在将初级产品进一步加工处理,保证品质的同时提升附加值;信息服务企业第一时间将存货信息公开,以广告、直播等各种方式争取订单,将产品切实转化为收益。

## 四、电商经济对乡村产业结构的影响

（一）基于"千村调查"数据的实证分析

1. 数据采集与处理：基于 python 的问卷数据挖掘

（1）问卷数据的初步筛选和计算

处理"千村调查"数据的第一步是对数据进行初步筛选和计算。针对大量问卷数据，本研究使用 python 中的 pandas 模块进行快速批量处理，并且使用 python 自定义公式对数据进行计算，代码如下：

```
import pandas as pd
file = '……'
df_sheet1 = pd.read_excel(file,'Sheet1')
regions = list(df_sheet1['省'])
answers = list(df_sheet1['问题答案'])
dict_sheet1 = dict(zip(df_sheet1['省'].df_sheet1['问题答案']))
dict_result = {}
for key in dict_sheet1.keys：
    a = 0
    b = 0
    answer_sum = 0
    for region in regions：
        if region = = key：
            answer_sum + = answers[a]
            b + = 1
        a + = 1
    dict_result[key] = answer_sum/b
for key in dict_result.keys()：
    dict_result[key] = 100—dict_result[key]
result = {'地区':list(dict_result.keys()),'非农经济占比':list(dict_result.values())}
df_result = pd.DataFrame(result)
with pd.ExcelWriter(file,mode = 'a',engine = 'openpyxl') as writer：
    df_result.to_excel(writer,'Sheet2')
```

（2）半结构化数据的处理

针对问卷中的半结构化数据，主要通过分类讨论的方式进行处理。结构化数据是按照特定形式组织、有明确规律和格式的数据，通常更容易处理；非结构化数据则反之，如文本、网页等就是非结构化数据；半结构化数据则介于两者之间。以"千村调查"问卷中的

以 E047 问题[①]为例,程序可以区分数值数据和文本数据,使排序可量化,从而得出产业的重要性排序,代码如下:

```
import pandas as pd
file = '……'
df_industry = pd.read_excel(file,'三大产业')
regions = list(df_industry['省'])
answers = list(df_industry['问题答案'])
dict_industry = dict(zip(df_industry['省'],df_industry['问题答案']))
a = 0
inds3 = { }
for answer in answers:
    conditions1 = [answer = = 6,answer = = 7,answer = = 8]
    if any(conditions1) and not all(conditions1):
        inds3[a] = 10
    elif type(answer) = = str:
        conditions2 = [answer[0] = ='6',answer[0] = ='7',answer[0] = ='8']
        conditions3 = [answer[2] = ='6',answer[2] = ='7',answer[2] = ='8']
        if len(answer) = = 3:
            if any(conditions2) and not all(conditions2).
                inds3[a] = 6
                if any(conditions3) and not all(conditions3):
                    inds3[a] + = 4
            elif any(conditions3) and not all(conditions3):
                inds3[a] = 4
            else:
                inds3[a] = 0
        else:
            conditions4 = [answer[4] = ='6',answer[4] = ='7',answer[4] = ='8']
            if any(conditions2) and not all(conditions2):
                inds3[a] = 5
                if any(conditions3) and not all(conditions3):
                    inds3[a] + = 3
                    if any(conditions4) and not all(conditions4):
```

---

[①] E047 您认为村庄目前有什么重要的产业?(请按照重要程度排序):
1.纺织服装产业;2.建材产业;3.家具制造业;4.电子信息产业;5.机器制造产业;6.批发和零售业;7.住宿和餐饮业;8.旅游观光产业;9.种植业、养殖业。

```
                inds3[a] + = 2
        elif any(conditions3) and not all(conditions3):
            inds3[a] = 3
            if any(conditions4) and not all(conditions4):
                inds3[a] + = 2
        elif any(conditions4) and not all(conditions4):
            inds3[a] = 2
        else:
            inds3[a] = 2
    else:
        inds3[a] = 0
    a + = 1


b = 0
inds2 = {}
for answer in answers:
    conditions5 = [answer = = 1,answer = = 2,answer = = 3,answer = = 4,answer = = 5]
    if any(conditions5) and not all(conditions5):
        inds2[b] = 10
    elif type(answer) = = str:

conditions6 = [answer[0] = ='1',answer[0] = ='2',answer[0] = ='3',answer[0] = =
'4',answer[0] = ='5']

conditions7 = [answer[2] = ='1',answer[2] = ='2',answer[2] = ='3',answer[2] = =
'4',answer[2] = ='5']
            if len(answer) = = 3:
                if any(conditions6) and not all(conditions6):
                    inds2[b] = 6
                    if any(conditions7) and not all(conditions7):
                        inds2[b] + = 4
                elif any(conditions7) and not all(conditions7):
                    inds2[b] = 4
                else:
                    inds2[b] = 0
            else:
```

```
conditions8 = [answer[4] = ='1',answer[4] = ='2',answer[4] = ='3',answer[4] = =
'4',answer[4] = ='5']
                if any(conditions6) and not all(conditions6):
                    inds2[b] = 5
                    if any(conditions7) and not all(conditions7):
                        inds2[b] + = 3
                        if any(conditions8) and not all(conditions8):
                            inds2[b] + = 2
                    elif any(conditions7) and not all(conditions7):
                        inds2[b] = 3
                        if any(conditions8) and not all(conditions8):
                            inds2[b] + = 2
                    elif any(conditions8) and not all(conditions8):
                        inds2[b] = 2
                    else:
                        inds2[b] = 0
        else:
            inds2[b] = 0
        b + = 1

inds2_result = {}
inds3_result = {}
for key in dict_industry.keys():
    c = 0
    inds2_sum = 0
    inds3_sum = 0
    for region in regions:
        if region = = key:
            inds2_sum + = inds2[c]
            inds3_sum + = inds3[c]
        c + = 1
    inds2_result[key] = inds2_sum/(623 * 10)
    inds3_result[key] = inds3_sum/(623 * 10)
```

（3）批量完成比例的计算——函数的设计

由于各省份的农业经营模式、农产品加工模式、旅游经营模式的比例计算思路大体一致，因此需要的代码高度相似。为避免重复计算，可通过设计函数来解决所有类似问题，

代码如下:

```
def prop_cal(file,sheet,column1,column2):
    import pandas as pd
    df_sheet = pd.read_excel(file,sheet)
    regions = list(df_sheet['地区'])
    mode1 = list(df_sheet[column1])
    mode2 = list(df_sheet[column2])
    mode_sum = list(df_sheet['总计'])
    prop_mode1 = []
    prop_mode2 = []
    for i in range(0,len(mode_sum)):
        prop_mode1.sppend(str((mode1[i]/mode_sum[i]) * 100) +'%')
        prop_mode2.sppend(str((mode2[i]/mode_sum[i]) * 100) +'%')
    result = {'地区':regions,f'{column1}占比':prop_mode1,f'{column2}占比':prop_mode2}
    df_result = pd.DataFrame(result)
    with pd.ExcelWriter(file,mode = 'a',engine = 'openpyxl') as writer:
        df_result.to_excel(writer,'Proportion')
```

### 2. 乡村产业结构现状分析

(1) 乡村三大产业的产业结构分析

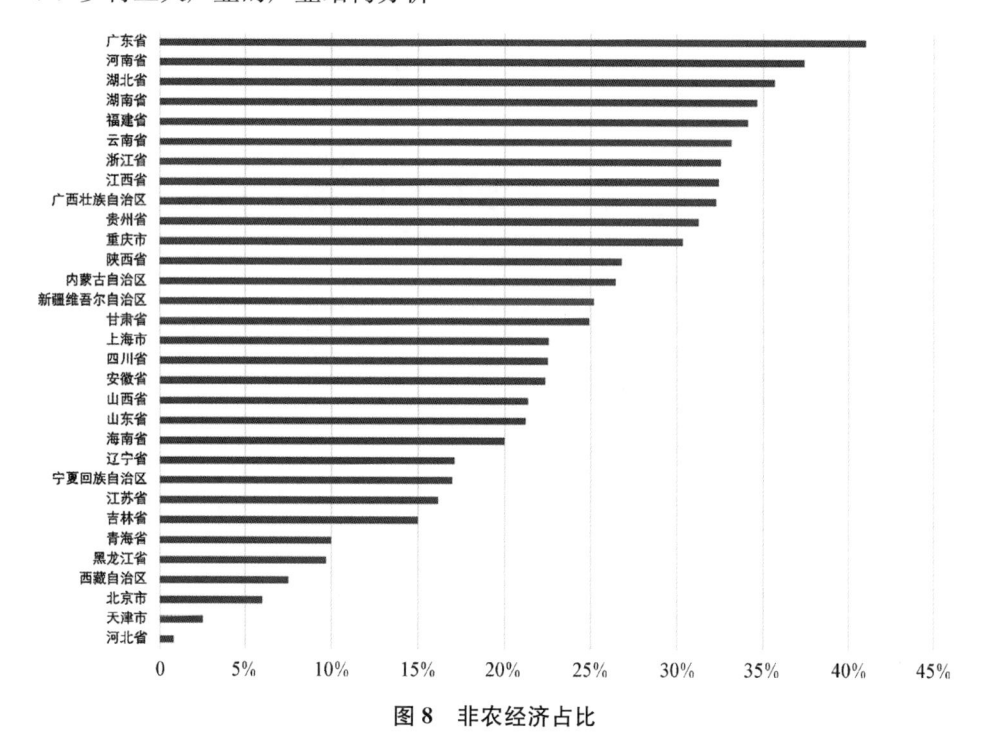

图8 非农经济占比

非农经济占比可以在一定程度上说明产业结构优化水平。由图8可见,各省份乡村非农经济的平均占比不超过50%,说明大部分乡村是以农业为主导产业的。其中,东南沿海各省非农经济占比普遍较高,第二、第三产业较其他地区比例更高;东北、西南地区由于经济比较落后,技术和设施比较匮乏,因此非农经济占比较低。总体而言,东西部、南北部的产业结构水平差距较大,东南部目前处于较高发展水平。

（2）乡村产业经营模式分析

根据问卷统计,传统小农户占比为64.85%,新型农业经营占比为35.15%（如图9所示）。总体上,我国的农业经营模式以传统小农户为主。

我国的传统小农户占比在逐步下降,新型农业经营模式占比在逐渐上升,可见我国目前正在从传统小农户向新型农业经营方式转变(如图10所示)。

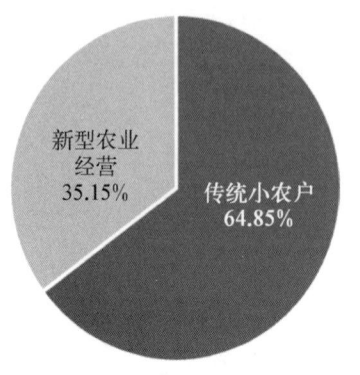

**图9 农业经营模式总体情况**

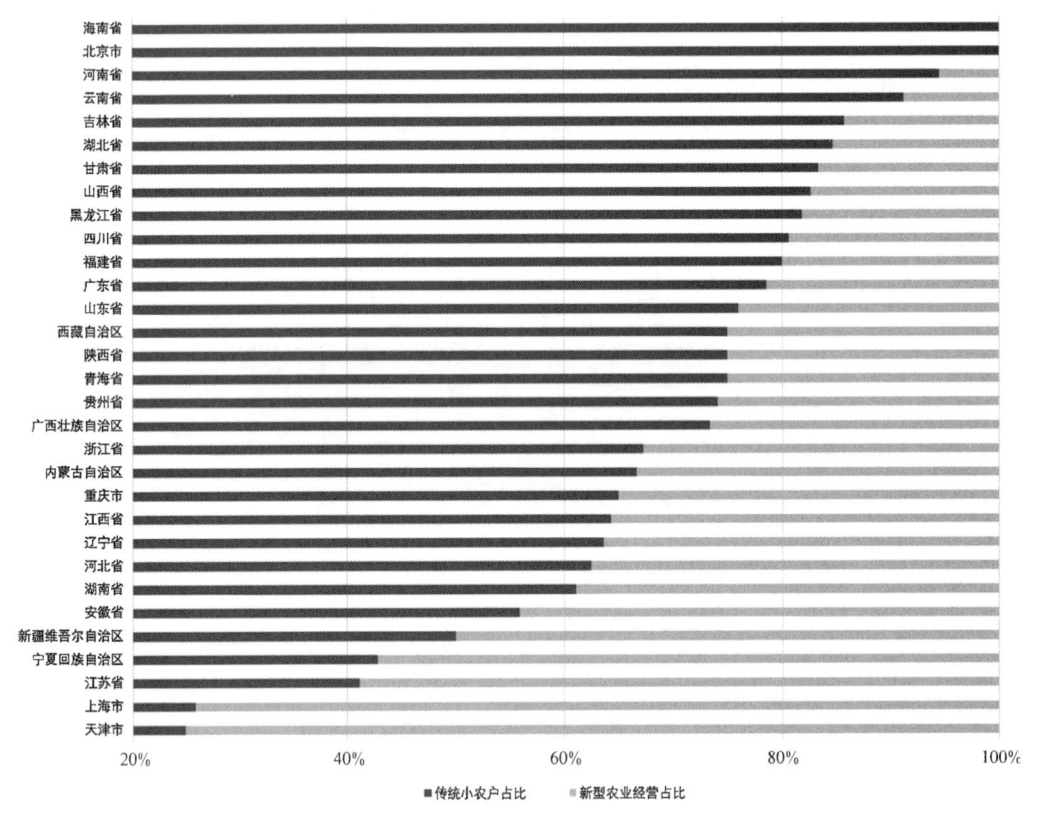

**图10 各省份农业经营模式**

3. 电商经济对乡村产业结构的影响分析

（1）变量描述

我们研究的是电商经济对乡村产业结构的影响。研究的自变量是经济的发展程度;

因变量有两个,分别是产业结构和产业经营模式。其中,产业经营模式相当于对第一层次的产业结构进一步细分。

自变量:电商发展程度。电商发展程度是指目前乡村地区电商经济发展的阶段和规模。

因变量1:产业结构。产业结构主要是指乡村地区产业优化转型的程度、产业升级的水平,反映乡村地区不同产业比例的合理性和均衡性。

因变量2:产业经营模式。产业经营模式是指乡村地区发展产业采取的生产模式、商业模式的优化程度,相当于对因变量1的产业结构进一步细分。

(2)模型选择

这一部分是要探究一个自变量对两个因变量的影响,研究决定采用两个简单线性回归模型。线性回归模型主要是用于确定变量之间的相关关系,适用于对变量之间影响的研究。具体模型如下:

$$\begin{cases} structure = a_1 + b_1 Ec \\ model = a_2 + b_2 Ec \end{cases}$$

该模型中:$structure$ 代表产业结构;$model$ 代表产业经营模式;$Ec$ 代表电商发展程度;$a_1$ 和 $a_2$ 是截距项;$b_1$ 表示电商发展程度和产业结构之间的相关性,若该参数显著为正,则说明电商发展程度越高,乡村产业结构优化水平越高;$b_2$ 表示电商发展程度和产业经营模式之间的相关性,若该参数显著为正,则说明电商发展程度越高,乡村产业经营模式优化水平越高。

(3)回归结果及分析

回归结果如表1和表2所示。

表1 回归结果(1) 系数[a]

| 模型 | | 未标准化系数 | | 标准化系数 Beta | t | 显著性 | B 的 95.0%置信区间 | |
|---|---|---|---|---|---|---|---|---|
| | | B | 标准错误 | | | | 下限 | 上限 |
| 1 | (常量) | 10.119 | 2.218 | | 4.562 | 0.000 | 5.439 | 14.798 |
| | 电商发展程度 | 80.124 | 11.408 | 0.862 | 7.024 | 0.000 | 56.056 | 104.192 |

a. 因变量:产业结构。

表2 回归结果(2) 系数[a]

| 模型 | | 未标准化系数 | | 标准化系数 Beta | t | 显著性 | B 的 95.0%置信区间 | |
|---|---|---|---|---|---|---|---|---|
| | | B | 标准错误 | | | | 下限 | 上限 |
| 1 | (常量) | 9.000 | 2.437 | | 3.693 | 0.002 | 3.773 | 14.226 |
| | 电商发展程度 | 35.810 | 12.825 | 0.542 | 2.415 | 0.030 | 4.013 | 67.607 |

a. 因变量:产业经营模式。

根据回归结果,可以得出回归方程如下:

$$\begin{cases} structure = 10.12 + 80.12Ec \\ model = 9 + 35.8Ec \end{cases}$$

回归结果的散点图如图11所示。

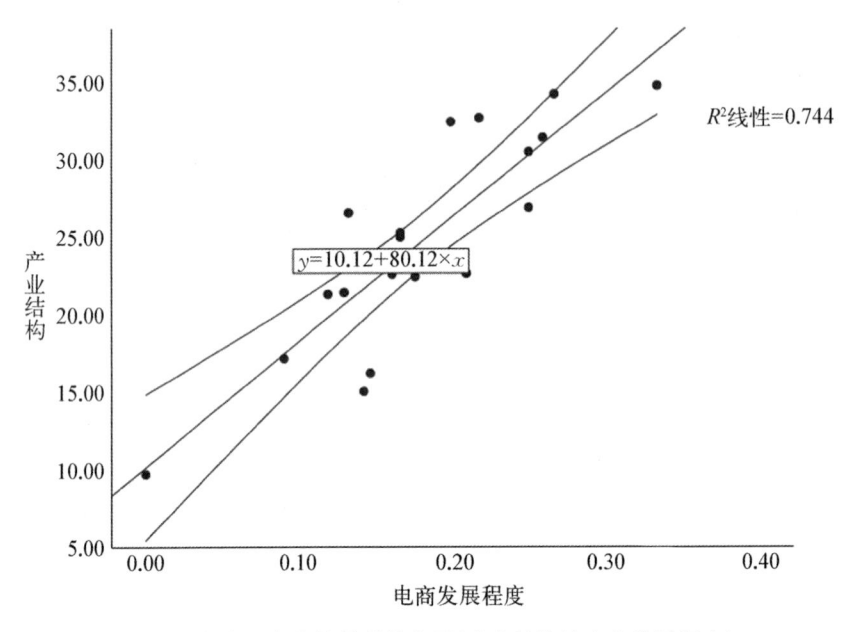

**图11 包含拟合线的简单散点图(产业结构按电商发展程度)**

回归结果显示,在乡村地区,电商发展程度越高,产业结构优化程度越高,产业经营模式优化程度越高。斜率的 $p$ 值小于0.001,说明电商发展程度与产业结构存在线性关系,回归结果具有统计学意义。这与假设相符,即电商经济的发展有利于乡村产业结构优化升级。其中,电商经济对乡村产业结构的影响更显著,电商发展程度每上升1个单位,产业结构水平就增加80.12个单位;而电商经济对乡村产业经营模式的影响相对较弱,电商发展程度每上升1个单位,产业经营模式水平就增加35.81个单位。

回归结果说明电商经济对乡村地区产业结构优化有积极的影响,电商经济对产业结构水平影响显著,而对更细分的产业经营模式影响较弱,可能是因为目前电商经济还未能全面渗透乡村地区,大部分乡村还在采用传统的经营模式。

(二)乡村产业转型案例分析

1. 万州区基本情况

(1)乡村电商发展相关举措

根据相关政策分析,万州区电子商务进农村综合示范政策主要围绕表3所示的六个方面。可见,万州区对乡村电商发展非常重视,也取得了一定的成果。

表3　　　　　　　　万州区乡村电商经济项目及其具体内容

| 乡村电商经济项目 | | 具 体 内 容 |
|---|---|---|
| 乡村电商基础设施 | | ① 升级改造区级电商公共服务中心<br>② 在重要支点、特色农产品乡镇打造2~3个站点 |
| 乡村物流配送体系 | 区级公共物流配送中心 | ① 完善仓储物流、快递分拣、物流大数据等功能<br>② 购置运输货车、皮带机、自动分拣机等设备 |
| | 建立共同配送联盟 | 物流配送企业签订协议,自愿加入配送联盟,同意以市场化方式合作 |
| | 末端配送网络提升 | 在2~3个产业发达的乡镇新建仓储物流配送站点,衔接村级站点 |
| | 农产品基地"一键发货" | 支持在特色产业村建设"一键发货" |
| 乡村商贸数字化转型 | 线上线下消费体系融合 | 为农村中小企业和零售网点提供集中采购、统一配送、库存管理等服务 |
| | 传统企业互联网化 | ① 支持建设标准化网货生产线或购买生产设备<br>② 鼓励企业在淘宝、拼多多、美团等第三方平台开设店铺 |
| 乡村电商人才培养 | | ① 农产品电商骨干培训<br>② 农村电商服务站点负责人培训<br>③ 返乡农民工、大学生、网商创新创业技能培训 |
| 农产品网销基地建设 | 网货基地建设 | 重点围绕柠檬、玫瑰香橙、榨菜、生态高山茶、特色林果、中药材等建设网货基地 |
| | 特色农产品直播基地 | 引进乡村直播、短视频、MCN机构,打造乡村电商直播基地 |
| 打造农产品品牌 | 区域公共品牌培育推广 | ① 持续推广"三峡好礼""三峡天丛""万州烤鱼"等区域公共品牌<br>② 利用报刊、新媒体等宣传方式提升品牌知名度 |
| | 农产品推介促销活动 | ① 组织举办电商节<br>② 组织电商直播带货技能比赛<br>③ 组织本地优势农产品到市内外参加展销活动 |

(2) 产业结构现状

根据万州区生产总值统计数据(如表4所示),在2013年至2020年,万州区以第一产业的农林牧渔业为主导产业,同时在积极发展第二、第三产业,并在第三产业的发展上卓有成效。虽然第一产业的产值始终是最高的,但是第二产业的产值在持续稳定增长中,第三产业的产值在这一期间则有显著增长。整体而言,第二、第三产业的占比在不断上升,产业结构在转型升级的路上。

表4　　　　　　　　　万州生产总值(2013—2020年)　　　　　　　单位:万元,元

| 年份 | 生产总值 | 第一产业 | 第二产业 | 工业 | 建筑业 | 第三产业 | 人均生产总值 |
| --- | --- | --- | --- | --- | --- | --- | --- |
| 2013 | 5 628 851 | 450 989 | 2 105 217 | 1 291 408 | 813 809 | 3 072 645 | 35 618 |
| 2014 | 6 208 721 | 481 287 | 2 295 451 | 1 364 874 | 930 577 | 3 431 983 | 39 280 |
| 2015 | 6 822 832 | 519 294 | 2 456 251 | 1 372 818 | 1 083 433 | 3 847 287 | 43 215 |
| 2016 | 7 831 078 | 643 582 | 2 696 901 | 1 380 613 | 1 316 288 | 4 490 595 | 49 696 |
| 2017 | 8 577 121 | 686 108 | 3 005 308 | 1 389 259 | 1 616 049 | 4 885 705 | 54 590 |
| 2018 | 8 606 657 | 744 221 | 2 649 355 | 957 174 | 1 692 181 | 5 213 081 | 54 949 |
| 2019 | 9 209 134 | 833 134 | 2 639 272 | 1 064 757 | 1 574 515 | 5 736 728 | 58 893 |
| 2020 | 9 706 843 | 959 741 | 2 679 983 | 1 088 735 | 1 591 248 | 6 067 119 | 61 989 |

注:本表按当年价格计算。本章相关数据为第四次全国经济普查修订数据。

2. 万州区乡村产业转型路径分析

根据万州区电子商务进农村综合示范相关政策举措的归纳提炼,万州区电商经济优化产业结构的路径主要有四条,分别是促进农产品流通、优化乡村资源配置、提高乡村人口素质和强化优势产业。

路径一:促进农产品流通

农产品流通率的提升主要是通过完善基础设施实现的。为了发展农村电商,首先需要完善乡村电商基础设施和物流配送体系。一个完整的物流体系是电商繁荣发展的前提,基础设施和物流的完善进一步降低了农产品运输成本,提高了物流运输效率,使得农产品的配送、流通更加方便,由此促进了生产要素在乡村的流通和城乡间的商品交流(如图12所示)。

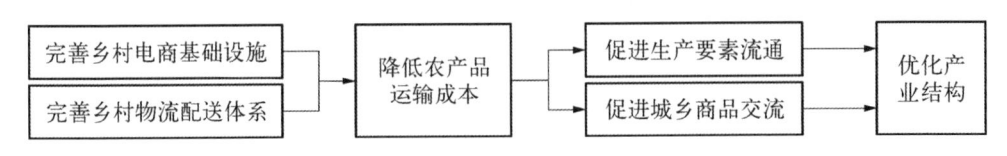

图12　促进农产品流通

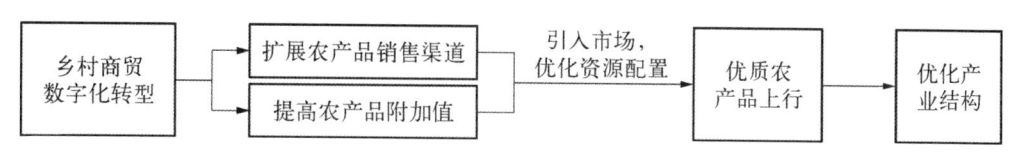

**路径二：优化乡村资源配置**

优化乡村资源配置是通过乡村商贸数字化转型实现的。万州区政府积极带动当地传统商贸企业与互联网相结合，开展网上销售业务，在第三方平台上开设网店。这一过程引入了市场来优化资源配置，农产品的质量成为市场筛选的重要标准，其结果是优质农产品上行，农户和商贸企业也就自然而然地选择提升农产品品质，进而优化产业结构（如图13所示）。

图13 优化乡村资源配置

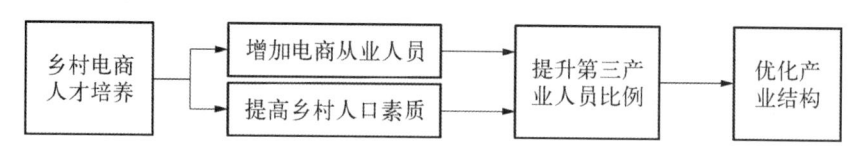

**路径三：提高乡村人口素质**

提高乡村人口素质是通过乡村电商人才培养实现的。发展乡村电商的一大难题在于缺少具备相关技术的人才，因此培养高素质的电商人才是乡村发展电商的必经之路。电商人才的涌现既增加了电商从业人员，也提高了乡村人口的整体素质，提供了大量服务业岗位（如图14所示）。

图14 提高乡村人口素质

**路径四：强化优势产业**

强化优势产业是由农产品网销基地的建设带动的。建设农产品网销基地的实质是通过政府集结不同领域的企业、机构来发展当地特色产业。依托万州区的柠檬、中药材等优势资源，以电商为传播渠道，将相关特色产业打造成诸如"三峡好礼"这样的区域品牌，放大了当地的比较优势；同时，借助政府的力量整合资源形成产业集群，利用集聚效应进一步推动优势产业发展（如图15所示）。

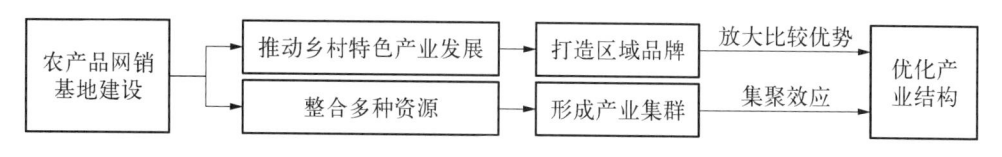

图15 强化优势产业

## 五、结论与建议

在收入方面，农村电商对农村居民收入的提升有明显的正向作用。除直接增加农民农产品销售收入和降低成本外，还通过强化农村品牌效应增加了未来持续性的经济收益。

电商发展迅猛,农村居民也普遍看好其未来可能带来的效益。

在产业结构方面,电商经济对乡村产业结构优化有积极的影响。根据回归结果,在乡村地区,电商经济发展程度越高,产业结构优化程度越高,产业经营模式优化程度就越高。其中,电商经济对乡村产业结构的影响更显著。

要想将电商这类快捷的交易方式应用到农村中,需要转变农户的传统交易观念,还需要政府的政策支持、人才与技术支撑、配套设施和产业完善全都到位,才能使农民觉得电商值得尝试、切实可行。为了进一步优化乡村产业结构,应该完善乡村物流配送体系,鼓励乡贸企业在第三方平台开设网点,培养返乡农民工和大学生的电商技能以及建设农产品网销基地来优化乡村产业结构。

**参考文献**

[1] 成丽娜. 疫情下农村电商行业的发展形势及盈利模式分析[J]. 青春岁月,2020(26):480.

[2] 冯莎. 农村电商对我国农民收入的影响研究[D]. 商务部国际贸易经济合作研究院,2022.

[3] 高超民,陆增辉,钟琳. 基于流通视角的农村电商成长路径研究[J]. 商业经济研究,2018(11):134-136.

[4] 黄韬. 济源市农村电商赋能农民增收促进乡村振兴问题研究[D]. 河南科技大学,2021.

[5] 林海英,侯淑霞,赵元凤,李文龙,郭红东. 农村电子商务能够促进贫困户稳定脱贫吗——来自内蒙古的调查[J]. 农业技术经济,2020(12):81-93.

[6] 秦芳,王剑程,胥芹. 数字经济如何促进农户增收?——来自农村电商发展的证据[J]. 经济学(季刊),2022,22(2):591-612.

[7] 唐文杰,朗佳佳. 乡村振兴背景下农村电商盈利模式的发展研究[J]. 企业科技与发展,2021(10):123-125.

[8] 汪燚. 农村电商发展对农民收入增长的影响研究[D]. 长江大学,2021.

[9] 王菁婧. 乡村振兴背景下农村电商直播助力产业发展策略研究[J]. 投资与创业,2022,33(13):32-34.

[10] 熊雅芬. 农村电商发展对农民家庭收入增长的影响机制——基于农户调研数据的实证[J]. 商业经济研究,2021(18):144-148.

[11] 赵影. 我国农村电商发展的扶贫效应研究[D]. 山西财经大学,2021.

# 农村宅基地利用现状、判决思路与路径优化

周 晟[①] 余辉杰[②]
指导老师：陈志峰[③]

**摘 要**：随着乡村振兴战略的实施和城镇化的推进，我国农村土地的利用需求持续高涨。中央目前虽然已经注意到农村宅基地流转与利用的现实需求，开始尝试突破长期以来对农地过于严格的管制，就农村宅基地利用与流转开展试点，但是法院依然对宅基地买卖普遍持契约无效的立场。唯有通过制度创新，尤其是创新物权的层级构造以突破目前宅基地利用的限制瓶颈乃促进土地利用的长远之策。同时，法院亦可在公序良俗条款与不当得利制度中寻求司法判决的妥当依据，以避免诱发道德风险。

**关键词**：宅基地买卖 乡村振兴 退出-出让 效力认定 不法原因而为给付

## 一、介绍与背景

自2017年习近平总书记在中国共产党第十九次全国代表大会开幕式上提出乡村振兴战略以来，中共中央、国务院连续发布中央一号文件，为乡村振兴保驾护航。在现有的用益物权制度中，土地承包经营权与宅基地使用权分别为农业农村的生产经营和居住稳定提供了坚实依靠。当前的乡村战略政策，正如十九大报告中所强调的，既要坚持农业农村的优先发展，也要在农村基本经济制度的完善过程中保持土地承包关系稳定并长久不变，保证农民的"粮食饭碗"与国家"粮食安全"控制在我们手中。此外，《中共中央关于制定国民经济和社会发展第十四个五年规划和二〇三五年远景目标的建议》提出了"探索宅基地所有权、资格权、使用权分置实现形式"的目标，如何在保持现有宅基地使用权归属不变的前提下保障农民住有所居、安居乐业，同时通过宅基地使用权制度的完善为农村经济改革与发展效率提升助力，系属乡村振兴战略的题中应有之义。

宅基地使用权在中国司法中衍生出了大量权益归属纠纷，其中又以宅基地买卖为其

---

[①] 周晟，上海财经大学法学院法律硕士（非法学）专业2020级硕士生。
[②] 余辉杰，上海财经大学法学院法律硕士（非法学）专业2020级硕士生。
[③] 陈志峰，上海财经大学法学院。

早期各地法院多以"违反法律、行政法规效力性规定"认定宅基地买卖契约无效并要求买受人返还已经取得的宅基地的占有。从买卖契约效力纠纷中可以窥见,我国宅基地使用权流转问题不仅与严格的土地控制政策息息相关,而且关系到农民在本集体经济组织内的成员资格问题。本研究通过对江苏、浙江、上海的 176 个村的访谈说明农村集体经济组织成员对宅基地使用权流转的看法与态度,同时展示被调研乡村的宅基地流转现状,以说明法律对宅基地使用权的严格控制与农村集体经济组织成员希望通过流转促进当地经济发展之间的矛盾。特别的,我们收集了自 2004 年以来各地法院对宅基地买卖纠纷的判决,尤其揭示了各地法院如何在中央、国务院政策和最高法院的案例指导和评析下平衡宅基地利用的现实需求、保障农民不失去住所、遏制恶意利用法律谋利三个问题。

### 二、现有文献梳理

在新中国成立以后相当长的历史时期内,宅基地使用权两分为农村宅基地使用权和城镇宅基地使用权,后者随着 1982 年《宪法》将城市土地所有权收归国有而转变为国有土地使用权,在《物权法》生效后更名为建设用地使用权。农村宅基地使用权的主体自 1982 年《城镇建房管理条例》伊始即保持了以农村集体经济组织成员为原则、城镇非农业户口居民为例外的格局。该做法被之后作为取代《城镇建房管理条例》的《土地管理法》和《村庄和镇集规划管理条例》所延续。直至 1998 年《土地管理法》修订时删去城镇居民可申请宅基地的情形,宅基地使用权人仅可为农村集体经济组织成员方成为法学界与实务的通行看法。基于前述立法沿革,宅基地使用权的流转与用途长期受到严格管制。尔后随着《中共中央关于全面深化改革若干重大问题的决定》中提出的通过试点改革宅基地制度以及慎重推进农村房屋流转以增加农民收入渠道的基本精神的出台,中国学界开始思考如何在不改变宅基地使用权主体身份性的前提下变革物权的构造从而为土地流转寻求合法依据。

从理论上讲,地上权概念的出现源于土地供给与住房需求矛盾,基于房地一体主义,房屋所有权必须附着于土地所有权之上,如此刚性的规定难免使大量城市新居民难以负担高昂的地价,地上权的出现目的正在于改变这个局面。我国的土地承包经营权、建设用地使用权和宅基地使用权即仿照前述立法例。但在中国是否允许宅基地使用权流转还涉及社会层面和政府管理上的问题。即使文献中诸多学者达成现有规范下允许宅基地使用权流转的共识,需要维护宅基地使用权主体为农村集体经济组织成员和宅基地使用权仅可用于建造居住房屋及其附属设施的两个立法目的,也需要在保持"农村土地的地上权由本集体经济组织成员享有"这一命题下探索于宅基地使用权上创设新的地上权或债权以促进宅基地的利用与流转。就文献梳理来看,对宅基地使用权的变革大致形成了三种主要观点:一是法定租赁权说。通过特别法的规定,由宅基地使用权派生出非农村集体成员的宅基地的租赁权,这一租赁权可在市场上流转或抵押。这一学说受到较多学者的支持。二是次级用益物权设定说。这一学说认为,基于"宅基地三权分置"的政策背景,应当同土地承包经营权一般,在宅基地使用权上为第三人创设一种次级用益物权。这一讨论涉及较多观点,包括地役权说、地上权说等。三是国有/集体建设用地使用权说。当受让宅基地使用权(房屋所有权)的当事人为非农村集体成员时,该宅基地使用权经由一定的形式,转变为国有/集体建设用地使用权。

除了对宅基地使用权流转政策的分析外,另一种研究路径是关于宅基地买卖契约效力及其衍生的法效果分析,该分析本质上仍为对法律规则适用的探讨。首先,近年来伴随中共中央促进农村土地流转利用的基本精神,以及最高法院强调在司法判决时要避免出卖人故意利用无效制度谋取土地价格上涨所带来的利益,部分法院逐渐改变了过去对宅基地买卖契约一律按照无效处理的做法,尝试在交易无效的情形下保持宅基地交易完成后的归属状态。法学界对前述现象的研究包括对中国法院宅基地买卖司法判决的实证调查,通过对裁判的搜集和分析提出衡平公序良俗与诚实信用以及契约无效与返还的对策。其次,在《九民纪要》出台后对各级法院在判案中运用请求权基础技术的要求,买卖契约何以无效本身为法律适用技术上一个重要的命题,学者通过现有法教义学的理论可以讨论的是买卖契约是否无效以及依据什么条款无效,旨在为有关裁判提供更充分的论证依据。

综上所述,现有文献对宅基地使用权在法律逻辑上的权利拆分与创新以及司法判决的论证构造进行了充分的分析,但是对宅基地使用权之上的权利构造尚未达成共识;同时,对宅基地买卖契约何以无效以及无效后如何处理的法律依据及其证明仍未有深入分析。本调研报告将基于江苏、浙江、上海的176个村的田野调查数据和近年来国家对宅基地利用与流转的政策变化,对各地法院的司法判决进行分析,从而探索我国农地流转可行的纠纷处理模式以及权利构建。

在接下来的内容中,我们首先描述了宅基地的利用现状及其在流转过程中所引起的关注。在介绍了对调研样本的研究方法后,我们介绍了对农户就宅基地流转有关问题的访谈结果,以及法院在司法判决中的多种态度。我们展示了宅基地使用权所涉及的土地制度如何具有多层含义和多种功能,而这超出了"宅基地使用权"这一名称本身所暗示的和法律规范中的表面意义,我们将揭示我国司法与从访谈中发现的实际需求间的矛盾。最后,我们将讨论在这些发现下,如何依靠对现有法律的解释为法院的判决提供可靠的论证依据。

### 三、宅基地流转的现状与裁判规则

我们调研了江浙沪的176个村中宅基地的流转与利用情况,并且对农户对宅基地流转利用的态度进行了调查。我们也从"法信暨中国法律应用数字网络服务平台"调取了自2004年以来全国各地法院对宅基地买卖纠纷的判决。我们的调查旨在了解中国农村宅基地利用需求的实际情况,同时展示法院在执行严格的土地控制政策下做出的判决因欠缺统一的判决思路从而引发的问题。

(一)调研地区宅基地流转现状

1. 数据基本情况介绍

本次调查报告的数据来源于2021年"千村调查"访谈数据。在数据变量上,我们选取了2021年入村问卷中"土地类型与流转"的相关问题进行分析。我们想要了解的情况是,在中国相对发达的地区,农村居民土地流转的基本情况及农民对此现象的态度。为此,我们从全国的样本中摘取了江浙沪的数据,共涉及176个村落。由于每个样本的调研对象都包含了村支书、村委会主任等多个主体,并且每个样本的所属村落都不一样,因此我们认为我们的数据基本上能够代表各个村的基本情况。

从调查样本来看,我们的样本覆盖了江苏、浙江的大部分地级市以及上海的大部分市辖区。其中,江苏省的样本占比为19.9%,上海市的样本占比为48.3%,浙江省的样本占比为31.8%。样本具有一定的代表性(如表1所示)。

表1　　　　　　　　　　　　　样本分布情况

| 地 区 | 频 率 | 百分比(%) | 累积百分比(%) |
| --- | --- | --- | --- |
| 常州 | 1 | 0.6 | 0.6 |
| 杭州 | 4 | 2.3 | 2.8 |
| 湖州 | 1 | 0.6 | 3.4 |
| 淮安 | 1 | 0.6 | 4.0 |
| 金华 | 8 | 4.5 | 8.5 |
| 丽水 | 1 | 0.6 | 9.1 |
| 南京 | 2 | 1.1 | 10.2 |
| 南通 | 9 | 5.1 | 15.3 |
| 宁波 | 14 | 8.0 | 23.3 |
| 衢州 | 4 | 2.3 | 25.6 |
| 绍兴 | 8 | 4.5 | 30.1 |
| 上海 | 85 | 48.3 | 78.4 |
| 苏州 | 10 | 5.7 | 84.1 |
| 台州 | 12 | 6.8 | 90.9 |
| 泰州 | 2 | 1.1 | 92.0 |
| 温州 | 4 | 2.3 | 94.3 |
| 无锡 | 3 | 1.7 | 96.0 |
| 徐州 | 1 | 0.6 | 96.6 |

续　表

| 地　　区 | 频　　率 | 百分比(%) | 累积百分比(%) |
|---|---|---|---|
| 盐城 | 2 | 1.1 | 97.7 |
| 扬州 | 2 | 1.1 | 98.9 |
| 镇江 | 2 | 1.1 | 100.0 |
| 总计 | 176 | 100.0 | |

在问题的选择上,我们选取了"土地类型与流转"中涉及农村居民土地流转的基本情况及他们的态度的问题。具体来说,涉及农村居民土地流转的基本情况的问题有"全村农户宅基地是否存在""一户多宅问题""2018 年以来全村是否有房屋出租或买卖现象""如有房屋出租或买卖,出租(买卖)对象为本村集体内部成员还是非本村集体内部成员""房屋出租或买卖后,主要用于:餐饮、民宿;冷链、初加工、仓储等厂房;办公;其他""本村的农户房屋建筑能否抵押"。通过对这些问题的咨询,我们能够对被调研地区的农村中是否存在宅基地流转的事实以及流转后的用途得出答案。另外,涉及农村居民对土地流转的态度的问题有"全村是否有农户愿意退出宅基地""他们愿意选择何种方式退出:旧房换新房、一次性货币补偿、分期补偿、按股份补偿、城市户籍、社保补偿"。通过对这两个问题的询问可以了解农村居民对土地流转的真实意愿。

2. 结果分析

以下系对上述提到的问题进行描述性统计分析。首先我们对农村居民宅基地流转的基本情况进行总体性分析,接着分析农村居民对土地流转的意愿,最后分析结果背后可能存在的原因。

(1) 土地流转的情况(出租、买卖与抵押)

如表 2 所示,我们摘取了三个有关宅基地流转的问题,反映了宅基地及地上建筑物是否能够出租、买卖以及相应的对象。由表可知,在全部 176 个村庄中,至少有 109 个村庄出现了房屋出租和买卖的现象,占比超过 61.9%;农村的农房建筑物可以抵押的村庄有 48 个,占比超过 27.3%。这反映了在经济较为发达的江浙沪地区,农村土地的出租、买卖、抵押等交易非常活跃,这与文献中提到的结论一致,即事实上农村宅基地及地上建筑物已经产生了大量的交易。此外,在全部 109 个已出现房屋出租、买卖的村庄中,有 25 个村的交易对象为本村集体内部成员,有 84 个村的交易对象为非村集体内部成员,占比超过 77.1%。这说明,在调查样本中,宅基地使用权的交易(房屋出租、买卖)主要是为了满足非本村集体内部成员的需要。

据此,我们可以得到一个初步的结论:即使现有法律规范严格限制了宅基地使用权的流转,我们仍然看到了大量宅基地使用权的交易(房屋出租、买卖)现象,这表明目前农村地区对宅基地使用权的交易存在较为强烈的需求。

表 2　　　　　　　　　　　　　　土地流转基本情况

| 问　题 | 频　数 | 占比(%) |
|---|---|---|
| ① 2018 年以来全村是否有房屋出租或买卖现象 | | |
| 是 | 109 | 61.9 |
| 否 | 61 | 34.7 |
| 缺失数据 | 6 | 3.4 |
| 总计 | 176 | 100.0 |
| ② 如有房屋出租或买卖,出租(买卖)对象 | | |
| 本村集体内部成员 | 25 | 22.9 |
| 非本村集体内部成员 | 84 | 77.1 |
| 总计 | 109 | 100.0 |
| ③ 本村的农户房屋建筑能否抵押 | | |
| 能 | 48 | 27.3 |
| 否 | 122 | 69.3 |
| 缺失数据 | 6 | 3.4 |
| 总计 | 176 | 100.0 |

(2) 房屋的用途

如表 3 所示,通过询问房屋出租或买卖后的用途,可以了解宅基地(地上房屋)的使用情况。

表 3　　　　　　　　　　　　　　房屋出租、买卖用途

| 问　题 | 频　数 | 占比(%) | 累计占比(%) |
|---|---|---|---|
| ④ 房屋主要用于(可多选):1. 餐饮、民宿;2. 冷链、初加工、仓储等厂房;3. 办公;4. 其他 | | | |
| 缺失 | 6 | 3.4 | 3.4 |
| 1 | 45 | 25.6 | 29.0 |
| 1\|2 | 4 | 2.3 | 31.3 |
| 1\|2\|3 | 2 | 1.1 | 32.4 |

续表

| 问　题 | 频　数 | 占比(%) | 累计占比(%) |
| --- | --- | --- | --- |
| 1\|2\|4 | 1 | 0.6 | 33.0 |
| 1\|3 | 2 | 1.1 | 34.1 |
| 1\|4 | 7 | 4.0 | 38.1 |
| 2 | 10 | 5.7 | 43.8 |
| 2\|3 | 3 | 1.7 | 45.5 |
| 3 | 3 | 1.7 | 47.2 |
| 3\|4 | 1 | 0.6 | 47.7 |
| 4 | 92 | 52.3 | 100.0 |
| 总计 | 176 | 100.0 | |

首先，房屋仅用于餐饮、民宿的情形占所有频数的25.6%，如果加上其他用途，包含餐饮、民宿用途的样本占到了38.1%，是所有样本中出现频次最高的。这与当前中央文件的政策精神一致，如2017年12月国土资源部、国家发展改革委《关于深入推进农业供给侧结构性改革做好农村产业融合发展用地保障工作的通知》提出"对农村集体建设用地，在促进节约集约用地、保障农民权益的前提下，可以复合民宿民俗、创意休闲等功能"。显然，在当前背景下，流转房屋事实上已经成为餐饮、旅游的重要来源。

其次，房屋主要用途为冷链、初加工、仓储等厂房的样本为10个，办公的样本为3个，共计13个，占到所有样本的7.4%。所有包含办公用途的样本占4%。所有用于冷链、初加工、仓储等厂房以及办公的样本为17个，占总样本的9.7%。这说明，目前在江浙沪地区，接近10%的农村里至少有一栋房屋被用于经营性活动。这与我们文献中的初步结论一致，即使在当前法律、政策规定农村宅基地上的房屋只能用于农民"户有所居"的背景下，也存在一定的商业性用途。

综上，如果将餐饮、民宿、冷链、初加工、仓储等厂房与办公等用途的频数全部相加，则有78个村庄出现房屋流转用于商业性用途的情况，占总样本的比例超过44.3%。这一比例说明，在当下，农村房屋（宅基地）不仅体现保障农村居民的居住属性，而且体现农村房屋（宅基地）的财产属性。

（3）退出宅基地的意愿及可能的方式

如表4所示，通过询问退出宅基地的意愿及可能的方式，可以了解农户对宅基地流转的真实态度。

**表 4** 退出宅基地的意愿及方式

| 问　　题 | 频　　数 | 占比(％) | 累计占比(％) |
|---|---|---|---|
| ⑤ 全村是否有农户愿意退出宅基地 | | | |
| 缺失 | 6 | 3.4 | 3.4 |
| 否 | 128 | 72.7 | 76.1 |
| 是 | 42 | 23.9 | 100.0 |
| 总计 | 176 | 100.0 | |
| ⑥ 他们愿意选择何种方式退出：1. 旧房换新房；2. 一次性货币补偿；3. 分期补偿；4. 按股份补偿；5. 城市户籍；6. 社保补偿 | | | |
| 缺失 | 6 | 3.4 | 3.4 |
| 1 | 100 | 56.8 | 60.2 |
| 2 | 52 | 29.5 | 89.8 |
| 3 | 4 | 2.3 | 92.0 |
| 4 | 2 | 1.1 | 93.2 |
| 5 | 7 | 4.0 | 97.2 |
| 6 | 5 | 2.8 | 100.0 |
| 总计 | 176 | 100.0 | |

首先，在所有受访的176个村庄中，有42个村庄存在愿意退出宅基地的农户，占比为23.9％，说明有相当一部分农村居民愿意放弃宅基地。这与我们的文献梳理结果一致。作为农民的主要资产之一，农民实际上希望利用与盘活这份资产，让宅基地具有一定的财产属性，为他们脱贫、增收或进城提供"原始积累"。

其次，在退出宅基地的方式上，选择旧房换新房的方式占比为56.8％，选择通过一次性货币补偿、分期补偿、按股份补偿、城市户籍、社保补偿的方式占比分别为29.5％、2.3％、1.1％、4.0％、2.8％，累计36.4％。这说明，有相当一部分农户希望通过退出宅基地的方式获得经济上或其他类似形式的补偿而非直接换房。通过这一方式，农户以让与"宅基地"这一资产的形式获得了相当的经济支持，无论是货币、股份还是城市户籍等，都可以让农户获得一定的"原始积累"。

以上问题整体上反映了目前江浙沪地区农村宅基地（地上房屋）流转的基本情况及农户对宅基地退出的意愿和方式。通过对数据的分析，我们可以得出一般性结论：农村及农户对宅基地(地上房屋)的流转有较强烈的需求,而且事实上已经形成了一定量的流转交易。

(二) 宅基地流转的裁判规则调研

与上述农村产生的宅基地利用需求相比,法院的判决则完全走向了另一个方向。在"法信暨中国法律应用数字网络服务平台"以"宅基地买卖"为关键词检索出3 288件涉及宅基地买卖纠纷的民事一审案件。案情特征主要表现为请求返还财产(2 214件)、请求赔偿损失(2 073件)、合同无效(2 030件)、请求确认合同无效(1 818件)、违反法律和行政法规的强制性规定(1 255件)。由此可见,宅基地买卖的争议焦点几乎围绕宅基地买卖契约的效力,以及契约无效后已经履行的财产如何处理。

1. 宅基地买卖契约效力

在2022年国家法官学院对916份向城镇居民出售宅基地的判决分析中,法院认定买卖契约无效案件为819件,占总数的89.4%。可见,在判决结果中,无效说依旧是主流观点,并且在国家明确对宅基地交易予以支持前,此种无效说立场依然会在相当长的一段时间内成为主流。根据我们的调研,法院认定无效的依据主要包括原《合同法》第52条第5项(现《民法典》第153条第1款),原《物权法》第153条(现《民法典》第363条),《土地管理法》第2条、第9条和第10条。

上述数据反映了以下两个问题:

第一,同案不同判现象突出。原《物权法》出台前,其草案经历了7次修改,在此过程中,立法者对宅基地使用权是否可以转让的态度曾多次变更,最终在2007年正式出台的法律中删去了曾在前几稿中沿袭《土地管理法》中严格管制农村土地的表述。原《物权法》第151条和第153条"按照土地管理法处理"的规定更多表现为承认彼时土地流转问题仍待解决,并为今后的土地流转制度安排预留立法空间。此一格局亦被《民法典》所继承。而从原《物权法》颁布到《民法典》出台的13年间,随着中央带头推动的土地制度重大改革,浙江、天津、广东、安徽等多地政府出台有关政策促进农村土地流转,并且强调交易有利于农民实惠则不宜轻易认定买卖契约无效。

根据已有判例数据,从法院早期一律按照无效处理至近年在政策影响下开始出现认定买卖契约有效的判决可见,国家对农村土地政策出现了"松绑"迹象。但是多数法院依然严守宅基地买卖契约无效立场,并基于"房地一体主义"认定房屋买卖契约亦无效,要求当事人返还房屋和价金。此种以无效为主流的立场所体现的是国家从立法、行政到司法对私人间契约自由的层层控制。在严格控制宅基地流转的政策松动的背景下,未来法院认定有效的判决占比可能会进一步提高。如果在结论上形成无效说与有效说截然相反的对立局面,则恐怕会对法院的公信力产生极大的挑战。

第二,无效的依据不一。这一问题目前相较于同案不同判恐怕更为突出。虽然无效说作为目前法院系统对待宅基地买卖的主流态度,但是为何无效的依据不一。面对宅基地买卖,在得出截然相反的答案后,甚至连统一的无效理由都无法达成。

根据我们在"法信暨中国法律应用数字网络服务平台"中检索的3 288件涉宅基地买

卖纠纷中(如表5所示),"违反法律、行政法规的强制性规定"(《民法典》第153条第1款/原《合同法》第52条第5项)成为法院认定无效的主要依据,很多判决会同时引用《土地管理法》与《民法典》第363条(原《物权法》第153条)。但是依然有少量案件会单独以《土地管理法》或《民法典》第363条(原《物权法》第153条)作为无效依据。根据国家法官学院对916份向城镇居民出售宅基地的判决分析,无效援引的法条多达11项,并且这些法律依据是单独导致无效还是共同导致无效,法院未能达成统一意见,由此导致的后果只能是法律适用的逻辑混乱,产生的判决结果难以具有说服力。

表5　　　　　　　　　　　　　　法院判决引用条款

| 引用法条 | 数　量 | 占　比 |
| --- | --- | --- |
| 《合同法》第52条 | 1 605 | 48.81% |
| 《物权法》第153条 | 98 | 2.98% |
| 《土地管理法》 | 129 | 3.92% |
| 其他 | 1 456 | 44.26% |
| 总计 | 3 288 | 100.00% |

2. 矛盾纠纷的起因及其对买卖契约无效法律效果的影响

我们检索的3 288件民事一审案件中,最早出现的审判年份为2004年,并且在2010年以前,每年宅基地买卖纠纷案件数量均以个位数的方式呈现。然而自2013年以来,宅基地买卖纠纷逐渐呈现高发趋势,近5年来法院受理纠纷总计为2 112件,占总量的65.4%。

虽然最高人民法院自2013年以后才推进裁判文书"上网"工作,这对早期宅基地买卖纠纷数量较少有一定影响,但是正如这两份对中国法院宅基地房屋买卖纠纷裁判规则的实证调研所展示的,随着城镇化进程的加速,尤其自2012年中央提出"通过新型城镇化拉动内需"以来,我国的城市化运动取得了瞩目的成就,城镇化人口在10年间上涨15.04%,达到64.72%,同时,随着我国征收政策的不断规范化,公民财产被征收也能够得到合理补偿,甚至出现了"拆迁致富"现象,由此出现了大量农户在征收拆迁补偿利益的驱使下,通过诉请法院买卖契约无效,以毁约方式收回宅基地以获得征收补偿利益。宅基地使用权纠纷尤其在北京(284件)、江苏(171件)、浙江(343件)、山东(262件)这些城镇化较高的地区频繁发生。

虽然多数法院认为宅基地买卖无效,但是考虑到上述实践中的大量纠纷源自农民面对征收利益补偿诱惑而实施的背信行为,如果法院支持出卖人的主张从而使其获益,此种判决就极易诱发道德风险。正如在轰动一时的宋庄"画家村"案中,虽然农民表面上以"10年前我们不懂法,那些买房的画家钻了法律空子。现在我们懂法了,知道还可以往回要"

为自己的起诉行为寻求正当依据,但是其背后所反映的仍是当地经济发展后地价上涨,农民期望通过背信行为"双重获益"。虽然彼时一审、二审法院以及北京市高院的会议纪要均认为买卖契约无效,但是认为诉讼纠纷的背后原因系"土地市场价格的持续上扬、房屋拆迁补偿等利益驱动",所以法院又隐晦提示当事人可以通过向通州法院另行起诉以要求对方在返还购房款后赔偿信赖利益损失,使得本应处于中立地位的法官实则承担了律师的角色。近年来,随着中央对农地利用政策改革以及最高法院就包括宅基地在内的交易中不断强调的"法院要依据诚实信用原则妥善处理案件"精神,在无效返还并予以赔偿的处理模式之外出现了"无效却不相互返还",其理由是"诚实信用原则""拟制当事人意思""尊重已经形成的居住关系"等不一而足。

从法院对无效的宅基地买卖的处理模式可以看到,法院的观点随着国家对农村土地政策的变化而改变,尤其是纠纷原因多源自征收补偿驱动下的农户背信行为。但是法院对如何处理此类行为并未达成一致意见。即使法院想要居中衡平,其所采取的办法也多以"公平""诚实信用"为原则,属于解释者滥用"诚实信用原则",此种逃避一般条款的行为应予禁止。

## 四、对策与建议

基于上述对江浙沪村落宅基地利用现状的调查,以及法院对宅基地买卖所呈现的判决结果差异,我们的结论包含以下两个方面的内容:一是从宏观角度为中国宅基地的利用和流转进行制度构建,二是就法学方法论本身探讨目前法院的判决无效依据及妥善的处理手段。

### (一)宅基地流转利用的制度构建

宅基地"三权分置"的提出给当前宅基地使用权的流转留下一定的政策空间,文献中已有对宅基地流转的政策及制度构想的探讨为我们提供了丰富的可参考的方案。我们认为,就目前来看,比较适合的方案仍是采取"退出-出让"模式,这一模式区别于设定次级用益物权以及法定租赁权,可以避免这两种模式的弊端。

首先,关于宅基地的用途和农民权益保障。"退出-出让"模式的基本含义是将宅基地使用权转变成集体建设用地使用权,同时保留退出宅基地农户的宅基地使用权资格,农户在出让期限届满后仍可取得原宅基地的使用权。宅基地使用权的功能是对村民的居住保障,如果村民无意退出宅基地,而只是将房屋出租给农村集体成员/非农村集体成员,从实证法上来说,并不违背现有立法目的。现有法律并没有直接限制宅基地租赁的规定,由于私法奉行"法无禁止即可为",因此宅基地使用权的租赁仍应属合法,只是这种租赁仅限于居住的功能,无法转为其他经营性用途,承租人无法通过在宅基地上改建其他设施用于实现生产经营目的。而通过"退出-出让模式",可以实现设定次级用益物权以及法定租赁权均不具有的用于生产经营的功能;同时,因为农户保留了宅基地申请资格,所以可以防止宅基地使用权对农村社会保障的目的落空。

其次,在物权法定原则下设定新的用益物权恐怕仍需寄托于《民法典》的修订。相比设定次级用益物权这一新的权利,集体建设用地使用权转让是目前规范允许的方案。我国《土地管理法》第 63 条规定了"集体建设用地使用权的出让及其最高年限、转让、互换、出资、赠与、抵押等,参照同类用途的国有建设用地执行",也就是说,无须创设新的权利(次级用益物权)即可将宅基地使用权转化为经营性用途。

综上而言,这一模式是照顾到三方利益的较为合理的方案。无论是在土地既有权利上创设物权性的权利还是创设债权性的权利,都是在仿照德国《地上权条例》的做法。在德国,土地通常为国家所有,房屋无法脱离土地所有权而存在,因此,通过地上权租赁方式可以保障有住房需求但无法支付高昂土地出让金的人有房屋,而地上权到期后,土地所有权人必须购买地上附着物(房屋),否则视为自动续期。即使如此,由于所有权人仍保有土地,因此其仍可享受地价上涨所带来的收益。在我国,土地所有权归国家或集体,建设用地使用权、宅基地使用权起到了国外的土地所有权的作用,因此,在此权利上再设定次级用益物权看似符合逻辑。但是《德国地上权条例》的立法目的是从在经济上处于强势地位的国家或其他土地所有权人手中取得土地权利,从而为弱势群体取得住房提供可能性。在《德国基本法》的社会福利国家目标下,即使国家不愿意支付地上附着物的对价从而导致地上权自动续期,相较于经济上处于弱势地位的群体,国家做出必要牺牲也有其正当性。而我国则是从农民手中受让土地上的权利,在建设用地使用权上采用类似的物权性或债权性构造,如果导致权利到期后农民因无法支付地上附着物价款从而无法使宅基地使用权上的负担消灭,则无异于事实上架空农民户有所居的立法政策。

不过可以预想的是,采用"退出-出让"模式取得的集体建设用地使用权可能面临与国有建设用地使用权一样的如何续期的问题。如果采取"退出-出让"模式取得的集体建设用地使用权的续期不采取出让金方式而代之以"使用费"或"土地租金",那么最后使用人的期限可能变成无限期。如果出现这种情况,这种"退出-出让"模式将不复适用。

(二)宅基地买卖司法判决的路径优化

面对宅基地买卖案件的契约效力问题和无效时的返还,法院在尝试避免出卖人通过违背诚实信用的行为而得利,然而遏制此种现象是否真的需要从抽象的法律原则出发?或许不当得利制度中"因不法原因而为给付"对不当得利请求权的排除可以给我们提供一个全新的角度。

1. "因不法原因而为给付"时不当得利的排除

"因不法原因而为给付"排除不当得利请求权的出发点是负担行为与处分行为的两分。作为处分行为的原因行为,负担行为的目的不一而足,因此在《德国民法典》创设的债、物两分格局下,处分行为的目的并不在其自身,而在其目的的行为——负担行为上,公序良俗条款并不会影响处分行为的效力。换言之,即使宅基地买卖契约违反行政规章,可能被宣告因违背公序良俗而无效,移转宅基地使用权的处分行为效力仍然不会受到"违背公序良俗的法律行为无效"条款的影响。同时,在物权行为无因性的视角下,处分行为的效力独立于负担行为而存在,即宅基地买卖契约自身的效力瑕疵并不会导致移转宅基地使用权行为无效。由此,负担行为虽然可能无效,但所有权仍得以转移,此时看似当事人通过履行无效负担行为而丧失所有权欠缺正当性,但是通过不当得利制度完全可以弥补规范裂痕。也就是说,买受人取得宅基地使用权时由于不存在法律上的原因,出卖人得向买受人主张所有权与占有不当得利的返还。

通过物权行为无因性理论的构造引出不当得利返还请求权的目的在于,主张不当得利返还一方须证明不当得利特殊的构成要件,此时排除不当得利请求权的情形在法律逻辑上也需要进行同步检验。《德国民法典》开创了"因不法原因而为给付"排除不当得利请求权的先河,此后效仿《德国民法典》的《日本民法典》第 708 条与中国台湾省"民法"第 180 条第 4 项亦采用此种立法例。我国《民法典》第 985 条虽未明文规定"因不法原因而为给付"作为排除不当得利返还请求权的情形,但学界就不当得利返还在解释上采取《德国民法典》第 817 条的同一构造已然达成共识,将不法原因给付的财产作为不当得利的排外情况予以处理。

因不法原因给付排除返还请求权的成立要件包含在客观上基于不法原因而为给付,在主观上对不法原因有所认识。至于给付内容何谓具有"不法性",学说上多认为给付违反法律规范或公序良俗。在我国法院的判例与判决中,多以"违反法律、行政法规的效力性规定"而宣告宅基地买卖契约无效,在法律适用上有所不妥,可考虑"违背公序良俗而无效",前已论及。违背公序良俗的宅基地买卖契约在无效的同时,给付具有不法原因也属当然。至于对不法原因有无认知,公序良俗作为社会一般观念,违反者原则上具有过失。宅基地买卖契约所涉公序良俗具体是指对行政规章有无认识,此种情形在德国被称为禁止性错误,在刑法上或许可通过可避免性的审查阻却犯罪的成立,但是通说认为民法中会以不法认识为前提从而予以排除,但至少可认定违反者有过失。由此,买卖宅基地并履行完毕后,双方因不法原因为给付并对不法原因在主观上至少有过失时,不当得利请求权得以排除,不得请求返还。即使此时造成的境况与《民法典》第 153 条的规范目的不符,也能维持交换关系。

2. 有因性下物权请求权的类推适用规制

前述在宅基地买卖契约中引入不当得利请求权,进而用以不法原因为给付作为除外要件,系建立在物权行为独立与无因的立场上。然而学界依然存在有力的观点认为我国的物权变动采取了多元混合模式,除债权契约外,交付和登记分别作为动产和不动产物权变动的构成要件,但是除此之外并不存在独立的物权行为,此即所谓的债权形式主义。如地役权、宅基地使用权、土地承包经营使用权等不动产物权的登记更是仅产生对抗效力,债权契约本身即可使物权发生变动,即所谓债权意思主义。此学说深刻影响了中国法院对物权行为的理解,除少数法院明确承认物权行为的独立性外,更多法院认为原《物权法》仅在第 15 条(现《民法典》物权编第 215 条)承认了区分原则,确立了以债权形式主义为主的物权变动模式,并未采纳德国民法物权行为独立性和无因性理论。即使在判决中提到存在物权行为,也明显系对物权行为概念的误用,实则仍是在前述否定物权行为独立性的理解上描述《民法典》第 215 条所谓的"区分原则"。

在这种观点下,由于不存在独立的物权行为,因此出卖人应以《民法典》第 235 条为请求权基础,向买受人主张原物返还请求权,如此以不法原因为给付排除不当得利请求权的理论似乎无适用的余地。然而仍然可以思考的是,以不法原因而为给付对不当得利请求权的排除是否可以依其规范目的而一般化于其他请求权。在请求权竞合的情形中,如果一个生活事实产生两个法律关系进而导致两项请求权,相互影响说认为两者并非相互独立,相反须互相受到另一请求权构成要件的限制,以避免当事人通过选择请求权基础而规避另一法律规范。依照物权行为无因性理论,在德国若负担行为与处分行为同时无效,当事人可主张不当得利请求权与物权请求权。此时,以不法原因而为给付时的排除返还得同时类推适用物权请求权。同样,当事人因故意违背法律或公序良俗而将自身置于法律规范外时,并无保护的必要,德国、日本、中国台湾等国家和地区采用立法例方式用以不法原因而给付排除不当得利请求权,此所谓"不洁净手"的抗辩原则。我国《民法典》虽未提及,但学说对此亦予以承认,前已提及。因此在当事人主张侵权请求权或者物权请求权时,如出现"不洁净手"的同一理由,根据我国《民法典》的目的,给付人不得因自己的不法原因而恢复自身损失的规则应当为不当得利制度所涵盖,此规则亦可整体类推至其他请求权,只有通过法学方法论上的"类推适用"排除当事人故意悖于诚信的主张,方能实现法秩序的统一。

由此可见,无论是否采用物权行为无因性理论,在解释上都要防止请求权人因不法行为而主张自己的权利。诚实信用与公平虽对民事交往具有消极控制功能,但是其本身并不可直接被援引为规范依据。"任何人不得从自己的不当行为中获益"作为一条古老的原则,其在实践中已经不断被具体化,如在宅基地价格大涨之际,宅基地使用权人故意利用自己将实施的无效法律行为而最终获利,则不当得利制度的介入并加以同类情形的类推,即可通过现有法律规则的续造实现妥当的处理。

### 五、结语

本文基于上海财经大学 2021 年"千村调查"中江浙沪的 176 个村庄调研数据,探究了乡村振兴下农村宅基地的流转现状以及农民对此的态度;同时,调取了近年来法院对宅基地买卖纠纷的判决思路及其可能产生的影响。本文提出以下促进宅基地利用效率的建议:一是不断进行制度探索,未来在保障一户农民拥有一处宅基地的政策下,通过地上权"退出-出让"模式提高土地的利用效率。二是统一裁判思路,通过《民法典》第 153 条第 2 款和第 985 条的解释,既为法院目前以无效为主流立场提供了统一合理的法律依据,也可通过不当得利制度遏制部分农民通过自己的不法行为获取利益的可能。四十余年来的土地改革是一个循序渐进的过程,在改革大潮下,只有真正实现对目前严格管控制度的突破,方能彻底改变法院的裁判态度,从而在立法、行政、司法上共同助力乡村振兴。

**参考文献**

[1]〔德〕鲍尔·施蒂尔纳.德国物权法[M].张双根,译.北京:法律出版社,2004.

[2]陈小君.宅基地使用权的制度困局与破解之维[J].法学研究,2019(3):48-72.

[3]陈自强.不当得利法体系之再构成——围绕《民法典》展开[J].北方法学,2020,14(5):5-18.

[4]崔建远.物权法[M].北京:中国人民大学出版社,2021.

[5]〔德〕迪尔克·罗歇尔德斯.德国债法总论[M].沈小军,张金海,译.北京:中国人民大学出版

社,2014.

[6] 〔德〕迪特尔·梅迪库斯.德国民法总论[M].邵建东,译.北京:法律出版社,2013.

[7] 刁其怀.宅基地使用权分层设立与宅基地使用权流转[J].西南民族大学学报(人文社科版),2020,41(9):96-99.

[8] 冯张美.地役权于农村房屋买卖之可行性研究[J].法治研究,2011(1):56-60.

[9] 高海.农村宅基地上房屋买卖司法实证研究[J].法律科学(西北政法大学学报),2017,35(4):180-189.

[10] 高圣平.宅基地制度改革试点的法律逻辑[J].烟台大学学报(哲学社会科学版),2015(3):23-36.

[11] 高圣平.宅基地制度改革政策的演进与走向[J].中国人民大学学报,2019,33(1):23-33.

[12] 胡云红.三权分置改革背景下宅基地上房屋买卖纠纷的裁判现状与优化路径研究[J].中国应用法学,2022(2):143-157.

[13] 〔德〕卡尔·拉伦茨.法学方法论[M].黄家镇,译.北京:商务印书馆,2020.

[14] 李凤章.宅基地使用权流转应采用"退出-出让"模式[J].政治与法律,2020(9).

[15] 梁慧星.诚实信用原则与漏洞补充[J].法学研究,1994(2):110-123.

[16] 梁慧星.民法总论[M].北京:法律出版社,2017.

[17] 梁慧星.审理合同纠纷案件的若干问题[J].法律适用,2012(12):22-26.

[18] 刘家安.物权法论[M].北京:中国政法大学,2016.

[19] 刘守英.直面中国土地问题[M].北京:中国发展出版社,2014.

[20] 马俊驹,余延满.民法原论[M].北京:法律出版社,2010.

[21] 〔日〕山本敬三.民法讲义 I.总则[M].谢亘,译.北京:北京大学出版社,2012.

[22] 汤文平.宅基地上私权处分的路径设计[J].北方法学,2010(6):146-153.

[23] 王卫国,朱庆育.宅基地如何进入市场?——以画家村房屋买卖案为切入点[J].政法论坛,2014(3):92-99.

[24] 王泽鉴.不当得利[M].北京:北京大学出版社,2015.

[25] 王泽鉴.民法物权[M].北京:北京大学出版社,2010.

[26] 杨代雄.法律行为论[M].北京:北京大学出版社,2021.

[27] 易军."法不禁止皆自由"的私法精义[J].中国社会科学,2014(4):121-142+207.

[28] 应秀良.农村房屋买卖合同效力辨析[J].法律适用,2009(7):51-55.

[29] 张淞纶.房地分离:宅基地流转之钥——以宅基地使用权继承之困局为切入点[J].浙江大学学报(人文社会科学版),2022,52(1):82-93.

[30] 周其仁.城乡中国(下)[M].北京:中信出版社,2014.

[31] 周清林.理性的困惑:请求权竞合理论解构——兼评我国《合同法》第122条[J].现代法学,2003(1):40-47.

[32] 朱庆育.民法总论[M].北京:法律出版社,2016.

[33] 朱庆育.农村不动产交易中的契约自由与国家管制——以画家村房屋买卖案为分析样本[D].土地制度改革国际研讨会论文集,2013(6):181-187.

[34] 祝卫东,师高康,彭力.破解农村产权改革困局的温江探索[J].农村工作通讯,2016(19):10-12.

# "互联网＋"背景下电商经济助力乡村振兴的研究

## ——基于义乌、崇明、淮安 2021 年"千村调查"数据

叶欢欣[①]　刘逸睿[②]　康佳乐[③]

指导老师：黄子彬[④]

**摘　要**：当下，"乡村振兴"已经成为一个社会热点问题。随着科技的迅猛发展，"互联网＋"时代成型，电商也逐渐拥有了自己完整的体系，走进了中国的乡村地区，与乡村振兴产生了紧密的联系。我们借本次"数字千村"的机会，对"互联网＋"背景下电商经济助力乡村振兴的情况进行研究。我们首先简要介绍乡村电商发展现状，然后以义乌市、崇明区、淮安市为样本进行调查分析，再用 SWOT 分析法得出三个地区经济发展模式的差异与优势，利用回归模型分析影响农户电商使用程度的因素，然后结合产业数据分析电商对三个地区产业的影响，最后得出结论并针对性地提出可供参考的优化建议。

**关键词**：乡村振兴　电商经济　脱贫

## 一、研究背景

### （一）国内乡村以及电商行业的发展现状

据新华社报道，2021 年我国互联网上网人数为 10.32 亿人，其中手机上网人数为 10.29 亿人。公报显示，2021 年我国互联网普及率为 73.0％，其中，农村地区互联网普及率为 57.6％。全国农村网络零售额为 2.05 万亿元，比上一年增长 11.3％，增速加快 2.4 个百分点。全国农产品网络零售额为 4 221 亿元，同比增长 2.8％。电子商务平台的广泛应用加速了农业产业化、数字化的发展，为乡村带来了切实的经济效益。以"淘宝村"为例，截至 2021 年底，"淘宝村"数量已达到 7 023 个，较上一年增加 1 598 个，连续第四年增量保持在 1 000 个以上。与此同时，从区域分布上看，东部沿海地区在"淘宝村"数量上保持较大优势，达到 6 538 个，占全国"淘宝村"总数的 93.1％，其中，生产基础雄厚、社会经济

---

[①] 叶欢欣，上海财经大学会计学院会计学专业 2021 级本科生。
[②] 刘逸睿，上海财经大学公共经济与管理学院财政学专业 2021 级本科生。
[③] 康佳乐，上海财经大学公共经济与管理学院财政学专业 2021 级本科生。
[④] 黄子彬，上海财经大学商学院。

发达的长三角地区成为"淘宝村"的集聚区,占据长三角发展龙头的江浙沪地区"淘宝村"2021年增速分别为11%、20%、73%,这些都展现了江浙沪地区乡村电商广阔的发展空间和发展优势(如图1所示)。

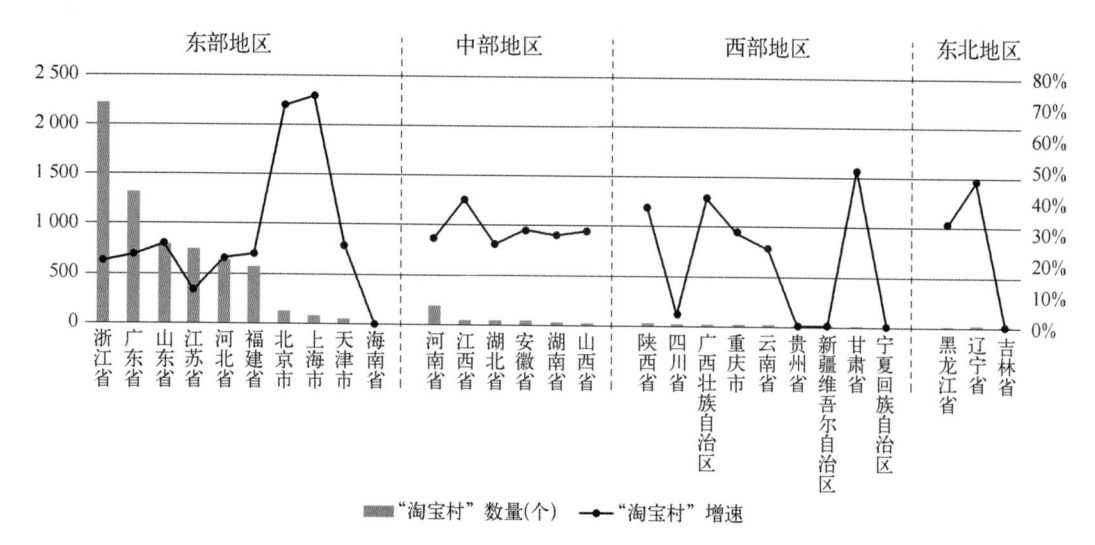

图1 2021年分地域各省(自治区)"淘宝村"数量与增速

数据来源:阿里研究院,南京大学空间规划研究中心分析。

综上所述,对电商村落集中,农业、零售业基础雄厚,社会经济发达的江浙沪地区,通过乡村电商打开全国农副产品销售市场,提高村庄知名度从而带动乡村振兴建设将是一条理想且可行的道路。从国家政策与市场需求来看,长三角地区乡村电商建设具有良好的发展前景。

此次结合"千村调查"数据选取的三个样本均位于江浙沪地区,其中,义乌市凭借多年的发展经验以及强大的集聚效应入选"2020年电子商务进农村综合示范县"。2020年,义乌共有169个村分别获评电商镇、电商专业村,位列浙江省第一。上海市崇明区则依托优惠的政策与优越的地理位置积极展开与大型互联网企业、网红名人的合作,打造乡村电商品牌效应,助力郊区产业升级。江苏省淮安区供销合作社谋划构建农产品供应链体系,积极联系区域内特色农产品,依托电商持续实施"数商兴农",构建基于互联网的供应链管理模式,形成协同高效、利益共享的优质特色农产品供应链体系。

(二)乡村对接电商现状

基于对我国农业与电商发展现状的分析,目前电商细分为"平台+自营"模式、"平台+商家店铺"模式、"平台+品牌营销驱动"模式、电子商务扶贫模式、"平台体系+基地"模式、淘宝店模式等十种小模式。此外,随着乡村电商的发展,乡村对接电商时已逐步形成乡村地区集群。同时,乡村对接电商行业也面临缺乏市场信任、无法与现有电商供应链实现衔接、生产结构难以满足当前消费结构的需要、缺少电商相关人才等亟待解决的问题。

鉴于以上背景反映的种种现象和存在的问题,我们以"'互联网+'背景下电商经济助力乡村振兴"为研究主题展开本次"数字千村"的调查研究项目。

## 二、研究目的、意义和思路

本次研究的目的是了解互联网时代背景下电商经济对乡村发展的多方面影响,并基于现实情况提出合理可行的建议。

我们想借本次"数字千村"的机会,对"互联网+"背景下电商经济助力乡村振兴的情况进行研究。"互联网+"体系尚未发展成熟,还有很多问题亟待解决。我们希望利用自身的知识对存在的问题加以分析与解决,这就是本次研究的意义。

我们的主要研究思路是将研究内容分为乡村电商发展现状调研、电商助力乡村脱贫可行性的机理分析与实证分析、电商助力乡村振兴对乡村社会经济的影响、乡村电商发展中的问题、优化建议及方案这五个方面,利用文献调查法、数据分析法(包括图表法、回归分析等方法)、SWOT分析法进行研究。

基于上述内容,我们选择了三个较有代表性的地区——浙江的义乌、上海的崇明以及江苏的淮安开展调查。

## 三、文献综述

### (一) 互联网应用对农户经济影响研究综述

国外关于互联网助力农产品销售的研究较少,主要将目光放在了互联网与农户经济的对接情况和原因分析上,下文列举了一些较有代表性的研究。Smith(2004)以美国大平原地区的两千多个农户为调查对象,研究互联网对农村经济的影响力度,调查结果显示,超过50%的农户认为互联网对农场的商业经营没有带来任何帮助。Chang和Just(2009)使用半参数模型,以台湾一万多个农户的数据为样本,着重探讨了互联网的使用对农户收益的影响,结果证明互联网的使用与农户收益正相关。Khanal和Mishra(2016)对Chang和Just(2009)等的研究进行补充论证,他们调查了农户具体使用了互联网的哪些功能,并得出互联网显著提高农户收入的结论。总之,国外大部分研究表明互联网对农户经济起促进作用。

相较国外,国内关于互联网应用影响农户经济的研究起步较晚,相关文献也较少。冷崇总(2002)认为信息技术的发展能够促进产业链升级优化,促进产业结构调整,提高农户收入,提高农民素质等。高梦滔等(2008)以农村电子产品拥有率为变量,研究发现中国农村信息化有利于缓解贫困。张莉(2011)、王彦(2011)等则以农户对互联网应用的主观评价为信息化程度测量标准,研究表明,互联网的应用促使农村经济发展、资本积累,进而提高农户的生活水平。

### (二) 电子商务在农村的形成及其经济效益研究综述

电子商务在农村的形成与产生的经济效益在学术界是一个比较新的研究领域,研究大多是中外合作。有学者表示,电子商务能够有效降低市场门槛,鼓励更多新兴企业加入市场。还有学者利用浙江省和江苏省统计数据库中的县级数据分析得出农村电子商务广泛发展的先决条件,他们发现一个村落的平均受教育水平深刻影响了该村落的电商行业发展情况。Luo 和 Niu(2019)重点研究了农村电商发展对农户收入的影响,研究表明电商发展与农户收入水平正相关。

国内许多研究旨在了解农村电商的形成及模式。国内最早的大规模研究是由阿里研究院等联合发布的《中国淘宝村研究报告(2009—2019)》,该研究从广泛的下乡调查中系统性、多维度地研究了"淘宝村"的形成及演变模式。研究表明,大部分沿海地区农村电商的形成是自发的,由当地知识分子、乡村精英带动,内陆地区的农村电商发展则更多依靠政府支持。2015 年以后,国内对农村电子商务的研究接连涌现,并有多篇文章登上核心期刊。曾亿武等(2015)把以电子商务闻名的两个村——江苏东风村和广东军铺村作为研究样本,构建了"两阶段、五环节"的演变模式。此外,他们强调,选定一个有发展前景的电子商务领域和良好的基础建设是形成农村电子商务的重要先决条件。

总之,目前国内外关于农村电商发展所带来的经济效益的文献并不多,其中一些研究由于方法的局限,因此所得成果并不准确。本文希望通过对"千村调查"所得数据的进一步分析来弥补电商对农村经济发展影响这一研究领域的不足。

### 四、调查问卷综述

基于"千村调查"数据库,我们通过信息筛选,共取得 328 份与我们的调查地区和调查主题相关的有效回答,并得到了如下数据:

关于农村的基本经济情况:在农林牧渔总产值方面,崇明为 521 847 万元,义乌为 354 624 万元,淮安为 7 003 000 万元;在全体居民的可支配收入方面,崇明乡村为 29 457 元/人,义乌乡村为 42 158 元/人,淮安乡村为 19 730 元/人;在全体居民的生活消费支出方面,崇明乡村为 24 164 元/人,义乌乡村为 22 209 元/人,淮安乡村为 11 570 元/人。

关于电商经营,崇明村庄的农产品主要是通过商家上门采购实现销售,义乌村庄的农产品主要是通过农贸或批发市场销售。展望未来,在希望本地电商以怎样的特色打入市场方面,崇明大部分地区希望以农产品、特色旅游的方式,小部分地区则提到了农家乐的形式;义乌希望是特色旅游、农家乐以及其他方面;淮安则更加倾向于农产品的方式。在政府对农村电商的作用方面,崇明乡村希望改善市场散乱情况、扶持农业类企业、招商引资,以及大力扶持农产品销售;义乌地区希望改善市场散乱情况、招商引资;淮安乡村希望改善市场散乱情况、扶持农业类企业以及组织科技下乡或技术培训。

关于各村庄的主要物流运输对象,崇明地区的回答是粮食、蔬菜,义乌地区主要运输的是其他类型的小商品,淮安地区则没有做出明确的回答。在农产品运输方式方面,崇明选择的主要物流储运手段是常温链物流或自然物流以及其他,义乌选择的主要是保险链物流。对物流过程中遇到的困难,崇明表示主要面临的是农产品跨区交易障碍大、流通成本高以及许多其他原因,义乌遇到的主要困难是仓储、保险、物流设施落后,淮安方面则缺失相关数据。总结下来,由于多种原因,物流产业在农村的发展存在较大缺口,发展尚未完全。

### 五、影响农户使用电商的因素探究

为了更好地研究受教育水平、性别、村庄经济发展水平、农户收入水平与支出水平对农户电商使用情况的影响,我们对"千村调查"数据库中的问卷调查结果进行量化处理:受教育水平按照小学及以下到研究生及以上依次分为6档,电商使用频率由低到高分为3档,村庄整体经济发展水平由低到高分为5挡,农户收入水平与支出水平为准确数字。统计结果表明:农户受教育水平的平均值为3.151,其中,初中学历与高中学历占比最大,其次是小学学历和本科学历,研究生及以上学历占比小于1%。性别平均值为1.642,受访者中女性数量略少于男性。农村经济发展水平主要根据村民主观感受进行评判,平均值为2.962,村民中认为自己所在村落处于中下等和下等水平的最多,占比分别高达42.3%和37.8%,而认为处于中等和中上等水平的比例平分秋色,所调查的村中没有村民认为自己村落的经济处于上等水平。调查所选取的三个村落的平均收入水平为306.415万元,平均支出水平为144.797万元,收入大于支出1倍左右(如表1所示)。

表1　　　　　　　　　　　　变量说明及描述性统计

| 指标 | 变量说明 | 赋值/单位 | 平均值 | 标准差 |
|---|---|---|---|---|
| 受教育水平 | 小学及以下 | 1 | 3.151 | 1.499 |
| | 初中 | 2 | | |
| | 高中 | 3 | | |
| | 大专 | 4 | | |
| | 本科 | 5 | | |
| | 研究生及以上 | 6 | | |
| 性别 | 男 | 1 | 1.642 | 0.484 |
| | 女 | 2 | | |
| 电商使用情况 | 经常会 | 1 | 1.717 | 0.601 |
| | 偶尔会 | 2 | | |
| | 基本不 | 3 | | |
| 村庄经济发展水平 | 下等 | 1 | 2.962 | 0.706 |
| | 中下等 | 2 | | |
| | 中等 | 3 | | |

续 表

| 指 标 | 变量说明 | 赋值/单位 | 平均值 | 标准差 |
|---|---|---|---|---|
| 村庄经济发展水平 | 中上等 | 4 | 2.962 | 0.706 |
|  | 上等 | 5 |  |  |
| 收入水平 | 村庄年各项收入 | 万元 | 306.415 | 469.953 |
| 支出水平 | 村庄年各项支出 | 万元 | 144.797 | 124.43 |

表2的回归结果表明,性别($p>0.05$)对电商使用频率的影响不大,标准化系数为$-0.382$,表明男性的电商使用频率较高,然而由于农村生育观念问题,男性总体数量要大于女性,调查问卷所采集的样本中受访者也是男性多于女性,故而该结论具有不准确性。受教育水平在5%的水平上显著,标准化系数为0.410,表明在其他条件不变的情况下,农村居民的受教育水平越高,农户的电商使用频率越高。村庄支出水平($p=0.156<0.05$)在5%的水平上显著,与电商使用频率关联度较高,标准化系数为0.156,表明村庄支出水平与村庄电商使用频率正相关。村庄收入水平($p=0.003<0.01$)在1%的水平上显著,可见村庄收入水平与农村电商使用频率的关联度位列诸因素之首,标准化系数为0.447,表明农户收入水平越高,他们的电商使用频率越高。村庄的经济发展水平的显著性水平$p=0.00742$,在1%的水平上显著,且标准化系数为0.049,可见村庄经济发展水平对农村电商使用频率有决定性影响,这符合我们的实验假设,因为经济发展水平较高的村庄更容易承担起电子产品的价格。

表2  回归结果

| 变 量 | 非标准化系数 B | 标准误 | 标准化系数 Beta | $t$ | $p$ | VIF | $R^2$ | 调整$R^2$ | $F$ |
|---|---|---|---|---|---|---|---|---|---|
| 常数 | 2.385 | 0.414 | — | 5.755 | 0.000*** | — | 0.347 | 0.277 | $F=4.987$ $p=0.001$*** |
| 性别 | −0.474 | 0.243 | −0.382 | −1.949 | 0.057* | 2.765 |  |  |  |
| 受教育水平 | 0.164 | 0.079 | 0.410 | 2.070 | 0.044** | 2.814 |  |  |  |
| 村庄支出水平 | 0.001 | 0.001 | 0.156 | 1.080 | 0.285** | 1.496 |  |  |  |
| 村庄收入水平 | 0.001 | 0.000 | 0.447 | 3.187 | 0.003*** | 1.416 |  |  |  |
| 村庄经济发展水平 | 0.041 | 0.125 | 0.049 | 0.331 | 0.00742*** | 1.55 |  |  |  |

因变量:电商使用情况

注:***、**、*分别代表1%、5%、10%的显著性水平。

## 六、三地农村电商发展模式及典型案例探析

**（一）义乌**

1. 模式类型

地方政府服务＋特色产业资源模式。

2. 模式内涵

特色产业资源指的是该区域内具有成熟完整的产业链，地方政府服务指的是当地政府给予该地产业发展的支持。以义乌为代表的地区拥有专业完整的产业链，构成电商企业及其配套产业集聚的农村电商格局，产生集聚效应和规模效应。该模式充分利用了当地的产业资源，利用积淀已久的线下市场、畅通的物流渠道和资金流渠道，水到渠成地开展电商业务。实体店与电商相辅相成，既保证了稳定的货源，又拓宽了销售渠道与范围，有效提高了存货流转和资金流转效益。

3. 运作方式

（1）聚集电商，形成规模

线上运营平台与实体企业相结合可以最大化利用资源。网络运营平台的主要压力在产品仓储、货源短缺与货源质量方面，优势在于拥有专业的电商运营管理技能与基础。企业的优势主要在仓储、货源等方面，两者相结合就能完美解决问题，实现双赢。

形成完整的配套产业链是产业得以发展壮大的重要因素。在农村电商大规模发展并形成聚集后，在该地区衍生出相关产业，可以有效共享资源，形成集聚效应，降低租赁成本，争取政府补贴等。这种"一条龙"服务可以有效降低成本，催生"电商村"，取得更强的竞争优势。

（2）培养人才，技术创新

电子商务的进一步发展离不开专业人员的专业能力。引入和培养人才的主要方式是各大电商企业通过提高薪资、福利等吸引专业人才入驻。以及通过商会或政府牵头与专业高校、人才培训等机构合作，共同完成人才培育工作。比如2020年，义乌成立了国内第一个直播电子商务职业教育集团和直播商务学校，并授予直播电子商务特殊职业技术认证书。

（3）全面优化，政府支持

电商的发展有别于传统商业，其更加依赖物流、互联网、电商服务组织等配套设施，这些设施需要紧跟时代潮流，及时更新。政府支持是电商及其配套产业蓬勃发展的必要条件。比如，义乌政府出台多项鼓励电子商务发展的条例，帮助建设电商人才培训体系、城乡物流体系，并给予资金支持，累计投入资金超过10亿元，该支持力度位于全国前列。

4. SWOT分析

采用SWOT分析法对义乌的电商经营模式进行分析，如表3所示。

**表 3** 义乌电商经营模式的 SWOT 分析

| 指　标 | 内　　容 |
| --- | --- |
| 优势(S) | 由于产业集聚程度高,因此成本相对较低,主要成本集中于网络平台网店的建设、营运与推广。店铺无须大量库存及招募过多员工<br>电商产业是建立在已经成熟的产业链上的,农村电商的发展可以最大化利用资源,增加产品和信息的流通性<br>电商企业创立门槛低,在原有实体产业的基础上,不需要考虑产品供应和物流运输的问题,只需要专心增加网络营销和平台操作运营的知识 |
| 劣势(W) | 农村电商集群中两极分化严重,渐渐出现垄断<br>产品附加值低,在高新科技层出不穷的今天,低附加值产品的流水线生产和仿造渐渐落后于时代,需要变革和创新 |
| 机遇(O) | 义乌在百年未有之大变局中寻求新的机遇,在政府的支持下推行数字化改革,对销售、仓储、物流等各个环节进行数字化改造,抓住数字化改革机遇,充分发挥市场机制作用,更好服务中小微主体自由便利参与贸易 |
| 风险(T) | 产品同质化情况严重,大量同类产品涌入市场,竞争激烈<br>在"新冠"疫情席卷全球、不确定性日益增加的今天,逐渐出现逆全球化趋势,义乌倚靠世界市场,外循环的衰败会对义乌传统小商品市场带来不小的打击 |

## （二）淮安

### 1. 模式类型

产区与基层相融合的政府服务＋全产业链运营模式。

### 2. 模式内涵

全产业链运营模式的内涵也就是农产品生产加工企业自己建设电子商务平台,农产品的生产、加工、品控、仓储、营销、物流配送等农产品生产、加工、流通、销售全产业链自行负责、自主经营。在政府服务政策的支持下,全产业链运营模式的单位由单家企业的规模扩大到了整个园区,该模式以分工精细化与专业化著称,企业、农户在产、供、销三个环节中各司其职,并且能够达到最大化整合与利用社会资源的目的。政府服务的介入除了为本地电商发展提供物质上和政策上的保障外,亦发挥了监督产品质量的职能,对塑造高质量本土品牌起到积极的作用。

### 3. 运作方式

（1）探索物流运输体系新模式,力保供应链正常运转

淮安市设立"区级核心仓＋镇级中转仓＋村级前置仓"共建共享的三级农产品仓储供应链体系,周转周期较短,能够缓解仓储压力,也能够方便商品的运输和存放。与此同时,在物流运输方面,淮安市加强与大型快递企业的合作,确保大规模运送的正常进行,也为淮安市的优质农产品走向全国提供了可能性。

（2）打造 $n$ 合一园区,为产品推广插上翅膀

为促进电商品牌集聚效应,淮安市积极建设大型综合电商园区,打造集"互联网＋"农

产品生产基地、农产品加工基地、物流仓储基地、线上营销基地于一体的巨型经营航母,以降低经营和管理的成本。

(3)发展"电商服务点+农户+电商+客户"模式,扩大电商网点覆盖面

近年来,淮安市着手建造"电商服务点+农户+电商+客户"模式,以乡镇电商服务中心为核心,辐射带动村级服务站开展购买与销售服务,使未能进入企业园区的散户能够分享乡村电商经营所带来的收益,通过培训指导农户并积极与其展开合作,能极大地提高农产品进城的速度。在销售方面,平台商品与线下服务站商品同品同价的"线上订线下取,今日订明日取"互联网新零售经营模式有利于缓解物流压力,方便了市民提货。

(4)政府把控产品质量,打造本土高品质农产品

以淮安市洪泽区"洪泽湖螃蟹+洪泽大米"为例,其生产、初加工企业纳入"江苏省农产品质量追溯平台",协助相关部门督促生产经营者坚持生态绿色农业,加强对重点品牌的质量安全检测和监督管理,实现信息可追溯、责任可追查,确保农产品质量安全。高品质的农产品不仅提升了淮安市商品的口碑,而且响应了国家绿色消费理念,让消费者买得安心,吃得放心。

4. SWOT 分析

采用 SWOT 分析法对淮安的电商经营模式进行分析如表 4 所示。

表 4 淮安电商经营模式的 SWOT 分析

| 指 标 | 内 容 |
| --- | --- |
| 优势(S) | 产业整合能力强,易于形成产业、资金、人才的集聚效应,促进当地电商的发展与升级<br>产品供应和产品质量的保障程度较高<br>产业园区与营业网点相结合,覆盖面广,惠及农户多,为不同规模的电商农户提供了致富机会<br>政府政策与财政预算提供支持,在一定程度上改变了全产业链运营模式风险大的特征 |
| 劣势(W) | 运营成本较高<br>政府服务与政策在一定情况下决定了该模式的发展前景,可持续性有待商榷 |
| 机遇(O) | 近年来,在国家"乡村振兴"和"互联网+"的背景下,乡村电子商务迅速发展,对乡村电商的扶持政策也逐渐增多,种种利好有利于淮安市的乡村电商建设<br>投资热点的转移为淮安乡村电商发展模式提供了机遇<br>随着一、二线城市市场的日趋饱和以及高昂的土地成本和劳动力成本,一些主要的电子商务服务商,如淘宝、苏宁等会趋向于投资区位条件、物流条件和环境政策有优势的三、四线城市,这为淮安特色电商模式提供了发展平台 |
| 风险(T) | 全产业链电商模式自身抗风险能力较弱,产、供、销、运输中的任一方面出问题都会影响整个链条<br>"电商服务点+农户+电商+客户"模式下的乡村致富可能会出现由覆盖面不均而导致的乡村经济发展不平衡现象 |

## (三)崇明

### 1. 模式类型

"农旅+科技"借助大型平台打造崇明特色模式。

### 2. 模式内涵

崇明模式由两种不同的经营模式复合而成。第一种是"农旅融合+平台"模式。该模式将当地的农业和旅游资源与农村电商相结合发展,先用该地丰富的旅游资源吸引游客进行游览与消费,促进农村电商的发展,后期用农村电商对当地风景以及农产品进行宣传,两者相互交融,共同提升。第二种是"平台+科技"模式。在该模式中,政府与企业开展合作,利用大型电商与MCN平台的科技、资金、规模和客源,打造一系列"互联网+"电商运营模式,将农产品市场拓宽至市区,推动乡村农业发展。

### 3. 运作方式

(1) 传统网络平台与新媒体联动,助力当地农旅发展

崇明拥有独特的自然与人文景观,是众多长三角市民短程旅游的目的地之一。随着互联网的普及,当地的旅游公司与农户借助互联网对旅游线路进行推广。当地旅游线路的推广,除了通过传统旅游网站,更少不了新媒体平台的协助,使线下景点的商家或自销,或直接与农户对接,或通过网络平台与当地农户开展合作以实现当地农产品的销售,提高农户收入。

(2) 迎合消费者群体,打造专属旅游线路

乡村旅游作为一种人们追求"诗和远方"的消费新方式,往往具有路程短、日程短等以"小而美"为主打的特征。在此基础上,针对游客的旅游方式与旅游心理,可以根据村落文化与资源,结合当地受欢迎的旅行方式,如野营、采摘、自驾等打造不一样的旅游线路,比如生态田园休闲游、采摘野营体验游、城郊养老度假游,让游客亲身体验乡村生活方式,涉及吃、住、娱、游、购等各个环节,以绿色、生态、轻松的主题提升游客的满意度。

(3) 政企联手,升级"互联网+"电商模式

为助力乡村振兴,加速"科技助农,科技兴农",崇明在产、供、销、运输、管理五个方面与企业、科研机构积极开展合作。2016年崇明政府与上海市农科院、苏宁易购签订战略合作协议,在生产和销售两个方面紧密合作,上海市农科院将加强与崇明农业产业对接,依托科技创新和科技服务人才队伍,助力新型农业发展。2020年,崇明联手拼多多打造"沪农优品馆",为上海绿色有机农产品、老字号产品、上海特产等提供专属销售渠道,并将其推广至全国各地,相比苏宁易购的区内销售,市场进一步得到拓展。2021年,崇明携手菜鸟物流科技将自身积累的产业经济信息通过数字技术进行产品化,与阿里云联手实现了"全区电商产业一张图",直观展现崇明产业发展情况,让政策扶持更加精准。

### 4. SWOT 分析

采用SWOT分析法对崇明的电商经营模式进行分析,如表5所示。

表 5　　　　　　　　　　崇明电商经营模式的 SWOT 分析

| 指　标 | 内　　容 |
| --- | --- |
| 优势(S) | "线上+线下"农旅融合的电商形式能够带给消费者真实的消费体验,不仅拓宽了崇明当地土特产以及农产品的销售渠道,带动第一产业发展,而且带动了以田园风旅行、农家乐住宿为代表的属于第三产业的休闲旅行的发展<br>政府引导、企业主导、多方协作的管理模式,让科技、资金平台能够惠及广大商户<br>电商平台的品牌效应使农产品得到更好的推广 |
| 劣势(W) | 农旅融合的电商形式受到旅游淡旺季、"新冠"疫情等不确定性因素影响较大,收入不稳定 |
| 机遇(O) | 相比具有更大不确定性的长途旅行,人们更偏爱短途旅游,崇明地区可以借助其背靠上海市区的优势发展农家特色旅游业务,并利用直播带货在 MCN 平台上为产品吸引客户群,通过线上与线下相结合的方式进行特产的售卖 |
| 风险(T) | 疫情反复对餐饮业和观光业造成打击<br>MCN 平台的管理疏忽可能会使恶意竞争以及过度包装的现象更容易出现 |

## 七、三地产业结构统计

在了解了各地区的发展模式以及不同变量之间的关联后,我们将目光转向更为宏观、更具概括性的产业方面。

（一）义乌地区

从 2015 年到 2021 年,义乌的总产值持续上升,除去受"新冠"疫情影响较大的 2020 年,2018 年后产值增幅均显著上升。义乌第一产业产值基本无波动;第二产业产值在 2020 年到 2021 年显著上升,其余年份均较为稳定;第三产业产值持续上升,且变化趋势与总产值相近(如图 2 所示)。

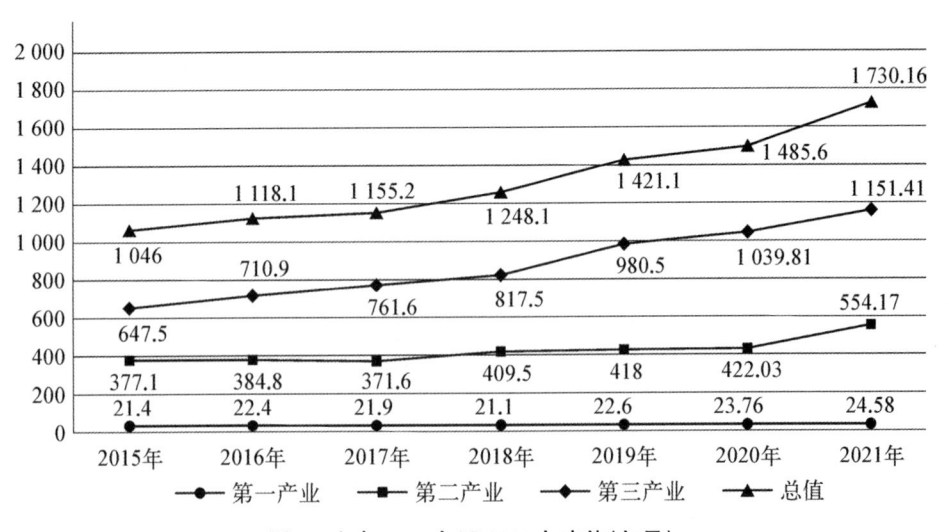

图 2　义乌 2015 年至 2021 年产值(亿元)

从产业比例关系来看,第三产业占总产值的比例逐年上升,但变化幅度较小,2015 年到 2021 年共上升 4.7%;第二产业产值从 2015 年到 2020 年持续下降,共下降 7.7%,但在 2021 年又有所回升,上升至 2018 年的水平;第一产业的占比逐年小幅度下降(如图 3 所示)。

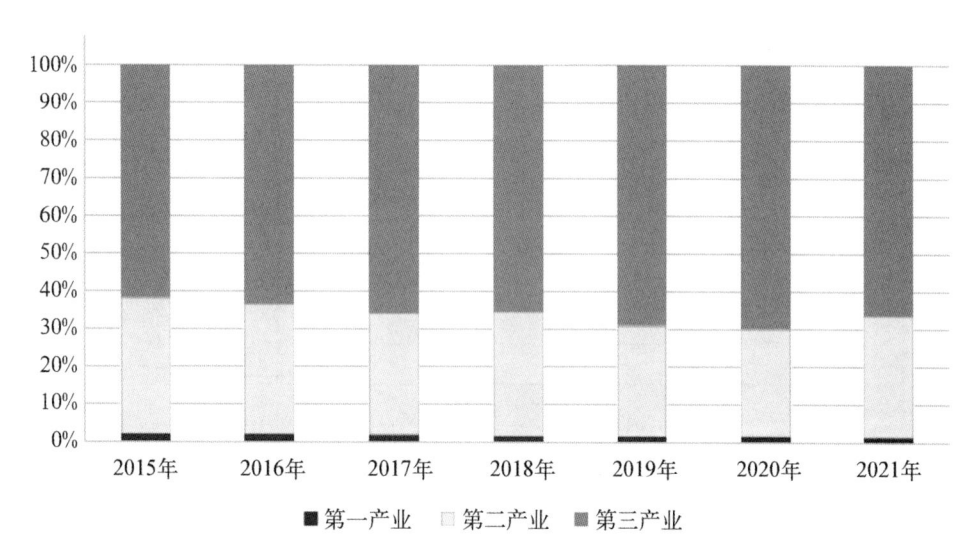

**图 3　义乌 2015 年至 2021 年产业比例关系**

在当下义乌的众多行业中,支柱行业为小商品市场与电子商务,其次为进出口贸易、规模以上工业以及批发零售业。对比以往年份数据可知,在"新冠"疫情冲击下,电子商务所占份额大幅上升,旅游业所占份额则略微下降。

义乌 GDP 总值的上升主要归功于第三产业产值的增加,而第三产业产值的增加在很大程度上是由电商行业及其衍生行业提供和创造的。第二产业在 2020 年到 2021 年的增加主要是由于义乌市政府大力发展规模以上数字经济核心产业制造业、高新技术产业、装备制造业、战略性新兴产业等。第一产业产值总体稳定且呈现略微上升趋势,这是因为农业技术在不断更新换代(如表 6 所示)。

**表 6　义乌产值增加的主要成果**

| 成 果 名 称 | 规　　模 | 面积(万亩) |
| --- | --- | --- |
| 高品质绿色科技示范基地 | 2 家 | / |
| 省级美丽牧场和渔业健康养殖示范场 | 3 家 | / |
| "两品一标"农产品 | 9 个 | 1.81 |
| 省首批数字农业工厂 | 4 家 | / |

结合文献资料,电子商务的发展对农业的影响主要有带动农产品消费升级、提高产品

质量和生态园建设,对交通运输业的影响主要有促进物流行业扩大和升级,对商业的主要影响为拓宽销售方式与增加销售份额。除此之外,电子商务还在一定程度上增加了当地人民的就业机会,缓解了就业压力,减少了人口外流。

(二) 崇明地区

由图4可知,随着社会经济的发展和产业结构的升级与转型,崇明第三产业总产值稳步增加,并于2018—2021年四年间实现迅猛增长,由原来的第二、第三产业齐头并进变成第三产业独占龙头;第二产业总产值由原来的逐年增长变为逐年下降,在2020年"新冠"疫情影响减弱后出现小幅上升;第一产业一直较为稳定。崇明的GDP总值稳中有进。

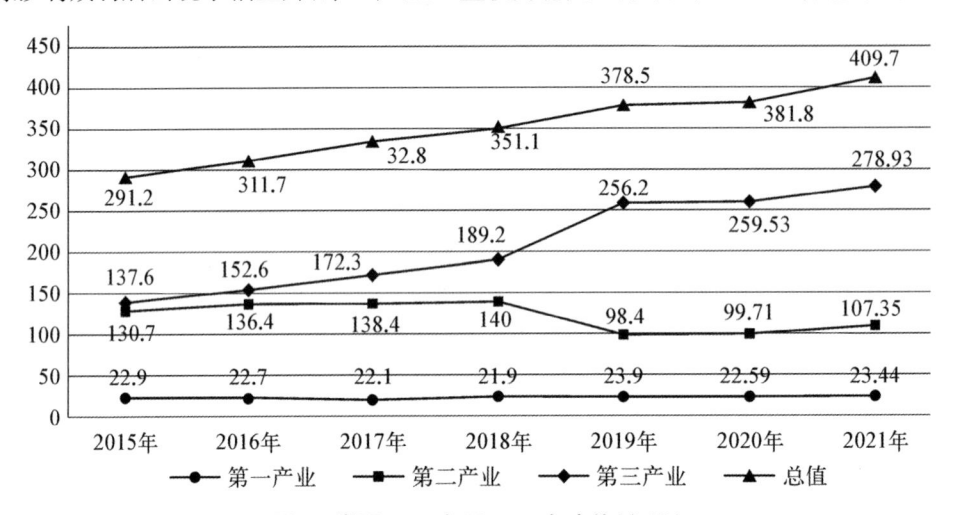

**图4 崇明2015年至2021年产值(亿元)**

由图5可知,崇明的第一产业占比稳定在10%以内,第二产业占比逐渐减少,第三产业占比则处于大幅上升阶段。崇明大力发展包括电子商务在内的第三产业对当地农业农村发展起到了良好的促进作用。

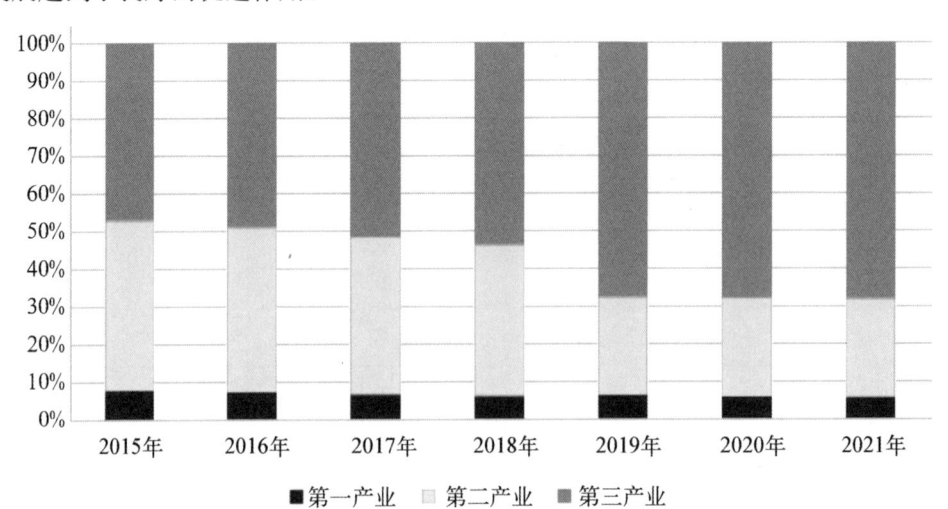

**图5 崇明2015年至2021年产业比例关系**

崇明大力发展绿色农业,为农村经济发展打下了扎实基础。2018年崇明电商园区的建成为崇明区的优质农产品提供了更加广阔的销售渠道,流量主播与当地政府、农户一起打造崇明口碑农产品品牌(如表7所示)。第三产业的迅猛发展象征着崇明的产业结构正在转型。第三产业比重的增加与农业的发展并不冲突,随着物流化水平与互联网普及率的增加,应该大力结合第三产业与第一产业的优势,发展"互联网+"农业,实现农村经济的可持续发展。

表7　　　　　　　　　　　　　　绿色高科技农业成果(2020年)

| 成　果　名　称 | 规　　　模 | 面积(万亩) |
| --- | --- | --- |
| 种植业绿色食品认证企业 | 267家/460个产品 | / |
| 农业绿色发展指数 | 89.59/位列全国第一 | / |
| 全区(含光明集团崇明农场)规模化畜禽场粪污收集处置利用设施配套率 | 100% | / |
| 畜禽粪便资源化利用率 | 100% | / |
| 应用生物炭菌肥改良土壤 | / | 0.38 |
| 水肥一体化改造 | / | 0.528 |
| 绿色防控 | / | 2.6 |
| "两无化"水稻生产基地 | 8个 | / |
| "两无化"柑橘生产模式试验点 | 3个 | / |
| 蔬菜"两无化"创建基地 | 2个 | / |

(三)淮安地区

由图6可知,淮安无论是第一、第二还是第三产业,其总产值都在稳步上升,其中,第三产业增长迅猛,逐渐从总量上超过第二产业。

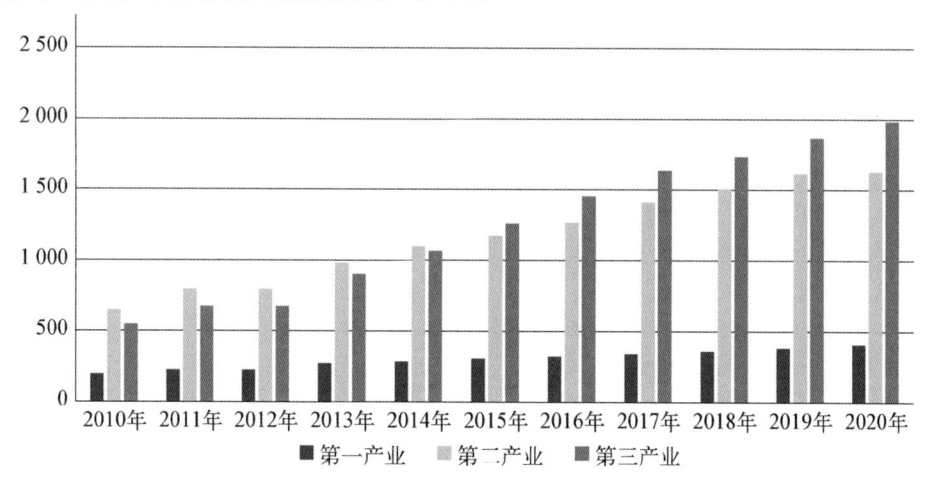

图6　淮安产业变化(亿元)

由图 7 可知,淮安第三产业的占比处于稳步上升阶段。对应我们研究的主题——电商经济与农业发展之间的关联性,电商经济与互联网行业的发展息息相关,属于第三产业。

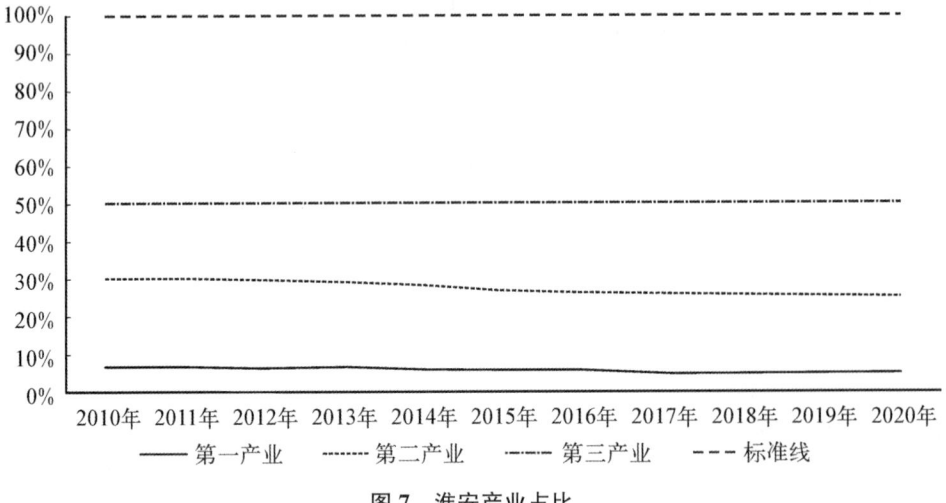

图 7　淮安产业占比

近几年农业的发展不仅要归功于经济发展、科技进步,农业设施得以实现更新换代从而达成产能上升,而且受到了电商经济发展的进一步影响——无论是网络普及度、物流体系完整度还是村民的意识都得到了进一步提升。农业与第三产业能够相辅相成地可持续发展。

总体而言,淮安地区以第二、第三产业为主要产业。通过对产业结构的分析,可以了解到,电商经济的发展带动了淮安当地经济的发展,尤其是第三产业的增长迅猛,使其取代第二产业成为当地的主要产业(如图 8 所示)。

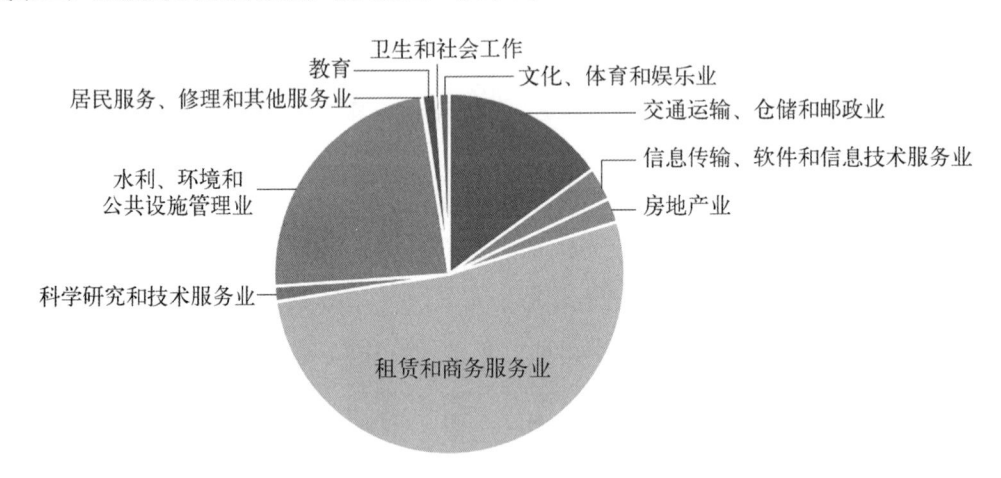

图 8　淮安第三产业资产分布

从图中可以看出,淮安地区的第三产业资产主要集中于租赁和商务服务业,居民服务、修理和其他服务业,交通运输、仓储和邮政业三大领域。在第一产业方面,电商经济的发展使得农民在实现自给自足的同时,能通过电商带货的方式获得额外收入,大大提升了农民的生产积极性,使得近年来农产品的产量持续上涨。在第二产业方面,近几年来国有企业的生产总额一直处于领先占比。电商经济的发展对有限责任公司、股份有限公司等类型的公司起到了较大的助推作用,这些公司近年来均取得了相对不错的发展成绩。在第三产业方面,一是电商经济流行的形式要求淮安拥有更加全面的系统来支持其正常运行,于是交通运输、仓储、公共设施等产业应势发展,打造了更加优质的物流环境,有力促进了电商经济在淮安地区的发展;二是电商经济为淮安地区带来了更多资金以发展第三产业,因而交通、居民服务、教育等民生产业得到较大发展。

## 八、主要结论及建议

### (一) 主要结论

我们利用回归模型进行分析,结果表明性别与农户电商使用情况的关联度很小,而受教育水平、农户个体收入水平以及农村整体经济状况在很大程度上影响了农户的电商使用情况。崇明区、淮安市、义乌市代表着三种不同的乡村电商发展模式。三个地区均以优质农产品或零售商品为基础,通过电商平台对产品进行推广。其中,义乌市与淮安市的电商发展模式较为相近,淮安模式比起义乌模式更适合"电商助农"向电商行业刚起步的经济水平中等的小城市推广。崇明模式可以向拥有乡村旅游风光、特色农产品丰富的地区推广。

义乌市近年来电商经济及其衍生行业发展迅速,有力地促进了第三产业的发展,而第三产业又有力地带动了GDP的增长。淮安市第一、第二和第三产业的总产值都在稳步上升,第三产业增长尤为迅猛,逐渐从总量上超过第二产业。崇明区以第二、第三产业为主要产业,2017年后以第三产业为支柱产业,第一产业占比较少。

通过调研可知,近年来大部分地区出现了第三产业成长迅速从而带动农业发展的现象。第三产业,尤其是互联网以及电商经济对农业发展贡献巨大,农业的发展也为第三产业的发展提供了经济基础,发挥了相辅相成的作用。

### (二) 主要建议

1. 加强专业人才培育

对此,我们提出以下建议:(1)以地方政府为主导,加强当地基础设施建设,改善人才居住环境,营造良好的电商创业氛围;同时,对引进的人才给予一定的住房、子女教育等补贴。(2)创造人才发展环境,改善从业人员的薪资福利,给予优秀人才广阔的晋升空间。(3)加强当地校企合作,注重培养农村电商能力。(4)建立健全县域农村电商人才培育体系,如建立电商直播的专业培训学校。

2. 优化物流运输网络

对此,我们提出以下建议:(1)政府出资修缮农村公路,选择合适的地点建设物流集散中心,进行统筹规划、资源整合,为物流提供基础。(2)优化末端收寄系统,完善冷链运输基础条件并结合信息技术设立冷藏品追踪系统。(3)加强物流运输监管系统和物流信息追踪,排查运输超时、目的地错误等问题,加强电商平台与物流公司的合作,通过平台维权政策来约束和管理物流公司的不当行为。

### 3. 充分发挥政府职能作用

对此,我们提出以下建议:(1)加大政策支持力度。政府可以设立一定的乡村电商发展基金,联合当地金融机构在涉及乡村电商推广领域降低村庄的贷款利率,进行一些税收优惠与费用减免。(2)强化政府统筹职能。对处于起步阶段或者正在发展的乡村电商,政府需要以政策引导和资源整合的方式发挥农村电商的集聚与规模效应;同时,政府需加大对当地乡村电商的宣传力度,积极组织农产品与电商平台的对接活动,并且借助线上自媒体与第三方平台,实现农产品、农户与当地电商的精准对接,打造高质量当地特色品牌,深入推动供需双方合作。

### 4. 加强区域市场主体培育

对此,我们提出以下建议:(1)加强农产品品牌建设。设定区域内部统一的评选机制,打造高质量品牌;同时,设立准入门槛与淘汰机制,确保农产品的附加值和竞争力。(2)深化农业供应链改革。采用大数据、人工智能等技术减少传统供应链中各个环节相互独立的情况与农产品中转时间过长的情形,跳过各级中间商和零售店,与消费者建立直接的联系,打破信息不对等、供需不一致的情况。

**参考文献**

[1] 陈雯,谈晶晶,毛学伟,尚芬芬,王海芹.江苏省"一村一品一店"农业农村电商发展模式及对策研究[J].安徽农业科学,2021(49).

[2] 高梦滔,姚洋.农户收入差距的微观基础:物质资本还是人力资本[J].经济研究,2006(12).

[3] 冷崇总.农业信息化与增加农民收入[J].中国经济问题,2002(4).

[4] 刘可.农村电子商务发展模式比较分析[J].农村经济,2020(1).

[5] 万玉龙,章艳华,许伯栋,庞进亮."互联网+"背景下淮安发展电子商务物流的SWOT分析与对策研究[J].电子商务,2017(12).

[6] 曾亿武,郭红东,邱东茂.产业集聚效应,要素拥挤与效率改善——基于浙江省农产品加工业集群的实证分析[J].农林经济管理学报,2015,14(3).

[7] 曾亿武.农产品淘宝村集群的形成及对农户收入的影响[D].浙江大学,2018.

[8] 张莉,张艳,刘福江,等.农村信息化对农民生计改善的影响分析[J].农业技术经济,2011(5).

[9] 郑坚.浙江省农村电商发展现状、模式和策略研究[D].浙江工商大学,2021.

[10] 周振兴,王睿郁,江安平.构建"线上+线下"联展联销体系 推进农旅结合的农业电商异业联盟[J].江苏农村经济,2019(11).

[11] Chang, H., & Just, D. R.. Internet access and farm household income: empirical evidence using a semi-parametric assessment in Taiwan[J]. Journal of Agricultural Economics, 2009, 60(2).

[12] Khanal, A. R, & Mishra, A. K.. Financial performance of small farm business households: the role of Internet[J]. China Agricultural Economic Review, 2016, 8(4).

[13] Smith, A., Goe, W. R., Kenney, M., & Paul, C. J. M.. Computer and Internet use by Great Plains farmers[J]. Journal of Agricultural and Resource Economics, 2004, 29(3).

[14] Xubei Luo, Chiyu Niu. E-commerce Participation and Household Income Growth in Taobao Villages[J]. Poverty and Equity Global Practice, 2019(4).

# 探索"数商兴农"工程促进新时代农村产业经济高质量发展的着力点与创新点

## ——以河北平乡县为例

李佳菁[①]　丁竹韵[②]　高　歌[③]

指导老师：周　杰[④]

**摘　要：** 本文立足"数商兴农"工程的政策大背景，分析地方独特性。通过对河北省邢台市平乡县的已有数据和问卷的分析，探究平乡县电商对当地产业发展的影响，通过对农业、手工业、文化产业的定性与定量分析，发掘平乡县电商发展的创新点和着力点，为电商推动农村产业的高质量发展提出政策建议。

**关键词：** 农村产业　电商　创新点　着力点

## 一、政策背景

（一）宏观背景及研究意义

近年来，党中央为实施乡村振兴战略相继推出加强农业农村信息化建设的一系列政策措施。《国家信息化发展战略纲要》《数字乡村发展战略纲要》《数字农业农村发展规划（2019—2025年）》等政策文件中多次提及"数字乡村"建设问题。数字乡村建设是当今信息化背景下缩小城乡"数字鸿沟"的有力措施，也是全面推进乡村振兴的重要突破口。2022年2月中央一号文件《中共中央 国务院关于做好2022年全面推进乡村振兴重点工作的意见》中具体指出了"数字乡村"建设要实施"数商兴农"工程，推进电子商务进乡村，大力推进数字乡村建设；推进智慧农业发展，促进信息技术与农机农艺融合应用。2022年5月中共中央办公厅、国务院办公厅印发了《乡村建设行动实施方案》，也针对"实施数字乡村建设发展工程"进行了具体的工作部署。通过农村电商大力推进农村"三产融合"是实现巩固拓展脱贫攻坚成果同乡村振兴有效衔接的着力点和创新点，是发展数字经济、乡村振兴和数字乡村建设最好的抓手。

---

① 李佳菁，上海财经大学公共经济与管理学院财政专业2021级本科生。
② 丁竹韵，上海财经大学公共经济与管理学院投资专业2021级本科生。
③ 高歌，上海财经大学公共经济与管理学院投资专业2021级本科生。
④ 周杰，上海财经大学马克思主义学院。

在"新冠"疫情的影响下，农村的线下销售渠道减少，产品供应链不通畅问题更加凸显。如何借助电商平台进行销售和生产的连接，打通产品线下线上的销售渠道，缩小城乡差距，促进乡村振兴，成为"数商兴农"工程面临的重要议题。

"数商兴农"工程强调市场经济的主导性要求，促进作用体现在遵循经济规律、缩小生产成本、减少中间商赚差价等方面。"数商兴农"建设就是通过电商减少中间商，让农民的商品直接和消费者对接，中间环节只剩下运输。这样的转变需要农民从传统销售方式转变到新的销售模式。

如何实现这样的总体性转变？我们以平乡县为研究对象，介绍平乡县发展现状，发掘平乡县产业扶贫过程中对农业现代化、自行车童车产业、文化产业的探索历程，并且研究平乡县如何逐步形成自身独特的自行车童车生产集散地，借助电商实现产业集中。通过对平乡县的地方独特性分析，总结出其着力点和创新点，助力国家"数商兴农"工程的发展。

（二）当地电商政策

2013年，河北省扶贫开发工作会议上提出将扶贫开发与家庭手工业相结合，与农业园区和股份合作制扶贫并列成为当地扶贫方向。2015年，国务院先后发布了《关于大力发展电子商务加快培育经济新动力的意见》和《关于促进农村电子商务加快发展的指导意见》，鼓励农村积极发展电子商务。同年，河北省邢台市平乡县人民政府确定了"电商进农村"和"电商＋扶贫"的扶贫思路，成立了全县电子商务产业领导小组和电商办，列支2 000万元用于培养示范户，打造"淘宝村"。2016年，县政府开动"九大建设"——涵盖电商中心、人才院士楼等的"十三五"智慧城建设。2017年，县政府提出"六个更加注重"，壮大实体经济，重点建设好现代智慧物流园区，持续发展"互联网＋"新行业，鼓励"双创综合体"等平台的建设。2019年，县政府实施"五个平台建设"，打造电商创业中心。纵向分析可以看出，县政府对电商政策的系统性、连续性较好，逐步深入达到政策效果。

对平乡县政府工作报告中关于电商的政策进行横向分析，其中，两年是关于对优化电商环境提供宏观政策指导的，六年是关于提供资金、人才、基础设施等的建设的，但缺少关于拉动市场消费、扩大国内外市场的相关政策，在电商政策方面存在结构性失衡。搜索平乡县网站"电商"，出现的137个结果中，43％是关于电商扶贫，3％是关于需求拉动政策，21％是关于环境优化政策，33％是关于资源供给政策，可见，政府对电商支持力度大，但存在结构性失衡。

## 二、平乡县基本情况

（一）人口状况

根据第七次邢台市人口普查，平乡县总人口为323 675人，占全市总人口的4.55％。其中，男性占比为50.57％，女性占比为49.43％。在人口年龄构成方面，0～14岁占比为25.63％，15～59岁占比为57.11％，60岁及以上占比为17.26％，其中，65岁及以上占比为12.39％。平乡县有常住人口32万人，可见平乡县户籍人口大于常住人口，存在人口外

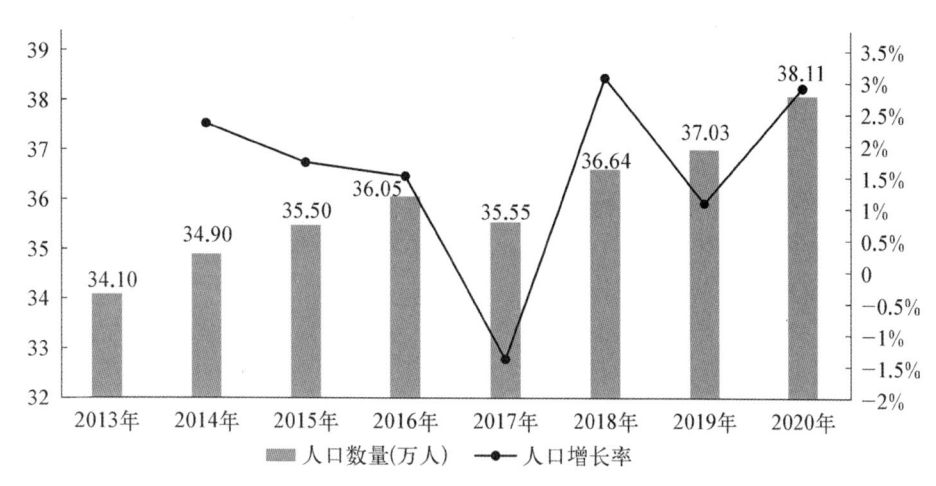

流现象。户籍人口增长率基本维持在1%以上(如图1所示)。

**图1　平乡县人口变化情况**

## (二)地理与交通

平乡县位于河北省邢台市中南部冀南低平原,总面积为406平方千米,辖3个镇、4个乡、253个行政村。其交通便利,邢临公路横穿东西,定魏公路纵贯南北。但根据电话采访、媒体平台可知,当地公交车近两年处于停运状态。

## (三)经济状况

根据政府工作报告,平乡县2021年地区生产总值全年完成101.4亿元,同比增长6%。固定资产投资同比增长-16.4%;规模以上工业增加值同比增长-2.6%;社会消费品零售总额完成46.1亿元,同比增长5.4%;规模以上高新技术产业增加值同比增长-8.5%;城镇居民人均可支配收入全年完成32 757元,同比增长7.8%;农村居民人均可支配收入全年完成13 776元,同比增长10.1%(如图2所示)。

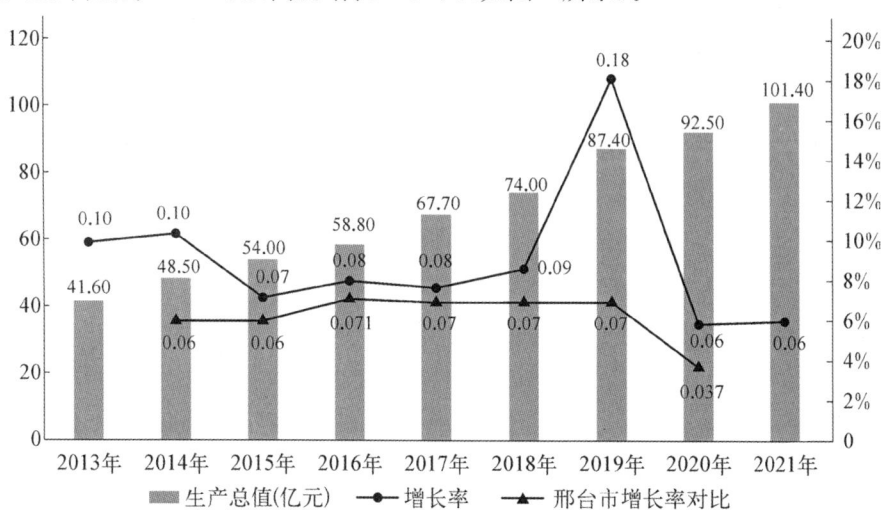

**图2　平乡县生产总值变化情况**

由图 2 可见，平乡县的经济发展水平总体处于增长状态，增长率保持在 5% 以上，2015 年到 2019 年处于稳步增长阶段，2019 年以后的增长率大幅下降，在 2020 年跌落至 6%，推测受到"新冠"疫情的大环境影响。对比平乡县的增长率和邢台市的增长率，平乡县的增长率稳定维持在邢台市之上，可见平乡县经济发展的潜力大。

根据《平乡县政府工作报告（2013—2020 年）》和《平乡年鉴（2013—2020 年）》，2013 年至 2020 年，平乡县社会消费品零售总额呈上升态势，其增长率在 2015 年后基本稳定，2019—2020 年受"新冠"疫情影响，增长速度有所下降，但总体上仍在增长（如图 3 所示）。

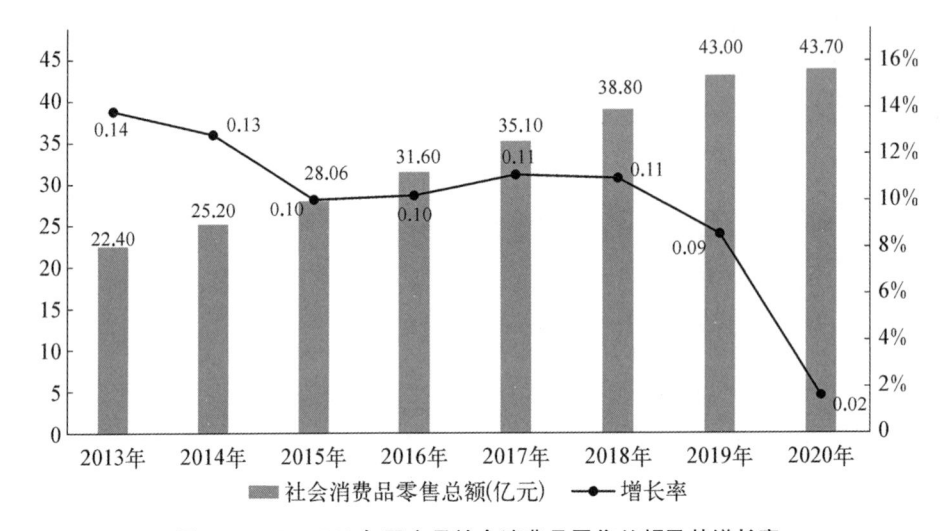

图 3　2013—2020 年平乡县社会消费品零售总额及其增长率

## 三、平乡县电商促进产业发展情况分析

（一）电商自身发展状况

1. 配套建设

在确定扶持电子商务行业发展后，平乡县人民政府加大了对相关行业的投资力度，做好了电商相关行业配套设施如电商服务站、物流点的建设：

2015 年投入 2 000 万元用于培养示范户，与此同时，建设慧聪网电子商务项目，完善相关配套设施。2016 年投资电子商务相关行业 1 090 万元，建成 241 个村电商服务站并投入运营。2017 年投入大量资金建设现代智慧物流园区，完善物流设施相关建设。2020 年全县建立"脱贫致富院子"1 129 个，其中，物流仓储、电商扶贫等方面的致富小院超过 360 个，帮助各类困难群众超过 6 000 人。2021 年，依托县内建设的电子商务培训机构，免费提供"电商+创业"培训，成功培训 251 人，其中 126 人选择自主创业。2022 年，投资开发 4 个产业振兴项目，其中建设的框架结构电商直播基地、电商服务中心为三层，建筑面积为 2 170 平方米。

在物流设施方面，顺丰、韵达、圆通等快递物流在平乡县设立多个直营分拨中心和联营分部，有年吞吐量 10 万吨以上的大型仓储企业 34 家（包括自行车物流园、南湘物流等），知名快递公司37家,自行车童车相关物流企业、站点超过300家,货运专线超过80条。全县乡镇、行政村聚集区已建成了近400家快递收发、物流配送和快件投递服务站点,实现了乡镇全覆盖和500人以上行政村基本覆盖。全县自行车童车网销派送量日均超过10 000件,2021年快递营收超过3 000万元。

可见,平乡县对基础设施的投入力度大、效果好,通过电话采访电商从业者得知,由于政策支持和相关配套服务健全,虽然受到"新冠"疫情影响,但是电商从业者仍呈现增长趋势,因此受访者大多对电商行业持乐观预期。

2. 发展规模扩大

2015年,平乡县从事电子商务的人员多达10万人,约占户籍总人口的27.8%,占户籍劳动人口的约54%。2016年,相关产业的从业人员近10万人,年交易额达到30亿元,新增6个"中国淘宝村",拥有了第一个"中国淘宝镇"——丰州镇,创立了56个手工业片区、38个电商创业片区,平乡县"手工业+电商"的思路和做法得到了国家乡村振兴局的肯定。2017年,平乡县新增"中国淘宝村"6个,总数排名全省第二;新增"中国淘宝镇"2个,总数达到全省第一。2018年,平乡县"中国淘宝村"增加到18个,新增1个"中国淘宝镇",被商务部命名为"国家外贸转型升级示范基地"。2019年,平乡县拥有电子商务网店上万家,年交易额突破80亿元,新增"中国淘宝村"3个,新增"中国淘宝镇"1个。2020年"双11"当天,平乡县电商的销售额排名全国第三、全省第一,入选"2020年淘宝村百强县",平乡县固定资产投资增速、农村电商发展、实际利用外资增速等24项指标全市排名第一。2021年,平乡县成为国内最大的县级电商创富基地(如图4所示)。

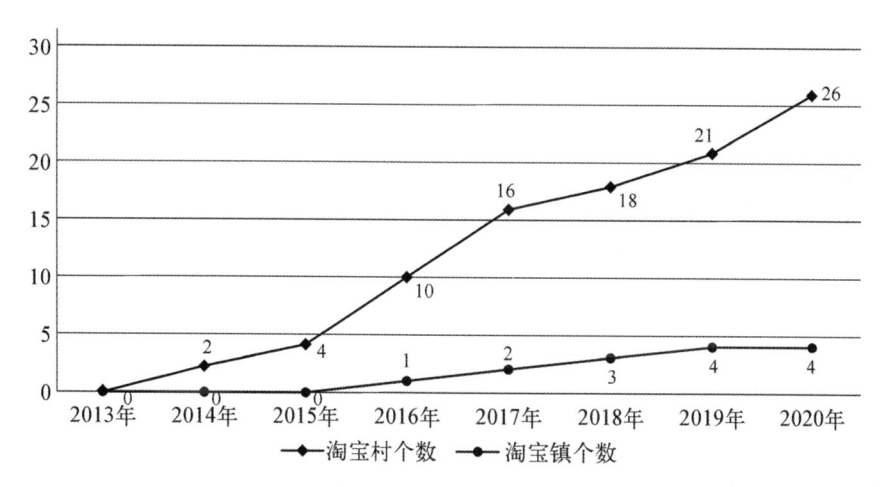

**图4 平乡县2013—2020年"中国淘宝村"和"中国淘宝镇"数量**

据统计,平乡县拥有直接电商创业人员超过2万人,带动网销供货、快递收发、设计培训等相关从业人员超过9万人,打造了4家创业孵化基地、4家市级以上众创空间,举办了超过120期电商创业培训班,培育超过1万家淘宝店铺。

可见,随着政策措施的深入和相关配套设施的完善,"淘宝村""淘宝镇"数量不断增多,电商成交量呈上升趋势,相关从业人口增多,电商产业规模不断扩大。

## （二）电商促进农业现代化

### 1. 农业发展现状

平乡县的农林牧渔业以蔬菜、果品种植业和畜牧业为支柱产业，2020年平乡县统计公报显示，这三大产业占农林牧渔业总产值的55.8%。平乡县主要种植油葵、油菜等油料作物和蜜桃、苹果、彩椒等经济作物，养殖肉牛、奶牛、肉羊、肉鸡、家禽、水产等。

农林牧渔业目前仍是影响平乡县经济发展的一大重要因素。2021年平乡县政府工作报告显示，平乡县第一产业在其三大产业中占比约为18.7%，产业贡献率为23.9%，拉动经济增长0.8个百分点。

平乡县农业正向着规模化、集约化、标准化的现代农业发展。以其特色油料产业和平乡桃这一特色农产品为例，平乡县通过采取"基地＋合作社＋农户"模式，推广优质油葵品种，使其种植面积常年在10万亩以上，促进乡村振兴；通过举行采摘文化节，建立蜜桃种植观光带桃产业基地等方式，使平乡桃种植面积达180公顷，年产量达4 045吨，推动其生产销售。

截至2020年底，平乡县已建成2个国家级农业专业合作社、2个省市级现代农业园区、37个省市级农业专业合作社，建设3万亩高标准农田，农业产业化经营率达71.5%，农业大规模高质量发展初见成效。

### 2. 电商推动农业现代化评估

《打通电商督脉 助推农业产业化发展》[①]中提到了四个关键点：规模是农业电商的基础，应当积极推动土地要素流转、培育产业规模大的农业龙头企业；品牌是提升农业电商的关键，做好农产品安全标准工作，打造品牌，加强监管；渠道是挖掘农业电商的优势，扩大农产品销售渠道，打造电商平台，培育电商主体；网络是壮大农村电商的保障，打造信息平台，完善网络设施和物流运输体系。故本文把规模、品牌、渠道、网络作为评估电商对平乡县农业产业化影响的四个标准。

平乡县政府工作报告显示，平乡县2013—2015年着重强调土地要素流转工作的展开，并开展了土地承包经营权抵押贷款，实现了农民和金融机构双赢。2014年，河北省平乡县被农业农村部确定为河北省唯一一个农村土地承包经营权确权登记颁证的整县，平乡县坚持"低成本确权、规范化流转、市场化担保"的思路，探索形成了"低成本确权""五个入手"等平乡模式，建立县农村土地承包经营权流转交易中心、乡镇土地流转站、村土地流转服务点，开展土地流转、信息发布、流转合同规范和签证等工作，通过金融机构改革和政策支持，农业规模化发展取得了一定成绩。

在品牌方面，"滏河贡白菜"品牌获得"国家地理标志"认证，被农业农村部评为"全国名特优农产品"。"平乡桃"也获得"国家地理标志"认证。同时，在抖音平台上，平乡融媒对油葵机械化丰收、采摘观光小麦机械化收割、粮画、优质贡白菜、平乡桃、红山果网红打卡地、土特产丰收节等进行宣传，其中，寻召乡直播带货为土特产代言获赞181.2万，粉丝6.6万。但宣传主要定位在线下参观和购买，缺少网购途径，阻碍了农产品扩大市场和品牌

---

[①] 吕江.打通电商督脉 助推农业产业化发展[J].江西农业，2016(10)：34－35.

影响力,故总体来说,平乡县的农产品品牌建设尚处于发展过渡阶段,并没有产生品牌红利。

在渠道方面,根据电话采访的18个当地电商从业者所说,主要的销售渠道包括线下实体店、电商线上销售、出口国外,其中,出口受到"新冠"疫情、"贸易冲突"等影响,物流受阻、成本上升,现在主要是通过电商平台进行内销。主要的电商销售渠道是淘宝、抖音、拼多多,其中有5个店家正在从淘宝向抖音转型。虽然销售渠道较丰富,但缺少自有平台,已有的平台如淘宝、天猫等对入驻企业的要求较高并且主要销售自行车童车等,农产品大多数采用线下实体店交易、展会交易、采摘园销售、通过抖音拍摄短视频宣传农产品线下交易,农产品销售渠道受到限制。

在网络基础设施方面,平乡县的网络基础设施完善,根据电话采访,基础设施方面无须企业投入,政府支持力度大,周边交通便利、物流点多。

综上所述,平乡县农业现代化虽然在宣传、政策方面已有相关建设,但是电商主要集中于自行车童车的销售,农产品电商销售少;媒体平台宣传方面很优秀,但交易方式主要停留在线下交易,这对平乡县农业的产业化、规模化造成了阻碍。这体现了平乡县电商发展的不足之处:电商产品单一化,集中于自行车童车产品,冷链技术等农产品基础设施建设不到位,农产品加工企业少,大多数是农民自产自销,缺少深加工环节,难以实现农业品牌走向广大市场。

3. 电商影响农业发展程度的定量分析

将政府工作报告中的农民收入变化、第一产业增加值变化情况和当地"淘宝村"数量进行线性回归分析,同时引入社会消费品零售总额、年GDP进行对比,探究当地电商发展与农业发展的相关性(如表1所示)。

表1　　　　　　　　　　　　　基本统计量和相关系数矩阵

基本统计量

| 指　标 | "淘宝村"数量 | 年GDP（亿元） | 社会消费品零售总额（亿元） | 农民收入（元） | 第一产业增加值（万元） |
| --- | --- | --- | --- | --- | --- |
| 均值 | 11.125 000 | 65.562 500 | 33.070 000 | 8 914.875 000 | 137 649.750 000 |
| 标准差 | 8.236 461 | 18.217 | 7.474 4 | 2 348.054 | 20 450.104 |

相关系数矩阵

| 指　标 | "淘宝村"数量 | 年GDP | 社会消费品零售总额 | 农民收入 | 第一产业增加值 |
| --- | --- | --- | --- | --- | --- |
| "淘宝村"数量 | 1 | 0.950 | 0.988 | 0.950 | 0.876 |
| 年GDP | 0.950 | 1 | 0.973 | 0.998 | 0.966 |
| 社会消费品零售总额 | 0.988 | 0.973 | 1 | 0.978 | 0.932 |

续　表

| 指　标 | "淘宝村"数量 | 年GDP | 社会消费品零售总额 | 农民收入 | 第一产业增加值 |
|---|---|---|---|---|---|
| 农民收入 | 0.950 | 0.998 | 0.978 | 1 | 0.974 |
| 第一产业增加值 | 0.876 | 0.966 | 0.932 | 0.974 | 1 |

利用偏最小二乘法回归(PLS回归)进行分析，基本统计量中计算了各个因素的平均值和标准差，相关系数矩阵中计算了各个因素两两之间的相关系数，表1中显示了"淘宝村"数量与农民收入、第一产业增加值的相关性分别是0.950、0.876，数值接近1，说明它们有较强的相关性，但是"淘宝村"数量与年GDP、社会消费品零售总额有0.950、0.988的相关性，更加接近1，这就需要进一步考察农民收入和第一产业增加值受哪个因素的影响更大。

从表2可以看出"淘宝村"数量、年GDP、社会消费品零售总额对农民收入、第一产业增加值的解释效果。年GDP变量在解释两个回归方程时起到了极为重要的作用；然而"淘宝村"数量对农民收入、第一产业增加值的解释能力低于年GDP，对农民收入的解释能力低于社会消费品零售总额，这说明农民收入和第一产业增加值的发展在更大程度上是当地居民收入水平的提高和购买能力的增强带动的，电商发展并没有起到明显有效的促进作用。

表2　　　　　　　　　　　　　　主成分权重分析

| 回归系数矩阵 | | |
|---|---|---|
| 0.792 616 | | 0 |
| 0 | | 1.462 377 |
| 主成分的权重 | | |
| 变　量 | 成分1 | 成分2 |
| "淘宝村"数量 | 0.554 928 | −0.726 384 |
| 年GDP | 0.596 621 | 0.703 666 |
| 社会消费品零售总额 | 0.580 571 | −0.028 818 |
| 权重矩阵(标准化后) | | |
| 变　量 | 农民收入 | 第一产业增加值 |
| "淘宝村"数量 | −0.128 842 | −0.510 104 |
| 年GDP | 0.863 550 | 1.268 810 |
| 社会消费品零售总额 | 0.226 105 | 0.123 380 |

通过对平乡县农业现代化的定性分析和电商对农业产业化作用程度的定量分析，我们认为平乡县产业数字化对平乡县农业的推动作用较小，政策导向相比自行车童车产业不明显，并非"数商兴农"工程促进当地产业发展的着力点。结合近年来平乡县政府工作报告的侧重方向，我们推测由于平乡县的常规农业发展不具有竞争力，为了实现错位竞争，增加竞争优势，因此平乡县最大化利用现有资源，转变思路，寻找另一条发展之路——发展特色产业，即自行车童车产业。

（三）电商促进自行车童车产业发展

1. 自行车童车产业发展现状

自行车童车产业是平乡县最有活力、最具特色的产业，也是电商扶持平乡县发展的主要着力点。平乡县自行车童车产业起始于20世纪70年代末，经过30年的发展，如今平乡县已成为继珠三角、长三角、天津之后全国自行车产业集聚的新板块，建成了属于平乡县自己的自行车百里产业带。

根据2020年平乡县统计公报可知，自行车童车产业2020年全年完成工业总产值43.67亿元，占全县规模以上工业企业工业总产值比重的56.4%，其利润总额为1.6亿元，占全县规模以上工业企业利润总额的64.5%。此外，该产业对GDP和财政的贡献率均超过30%，已成为平乡县经济发展中的主导产业。

过去几年间，平乡县自行车童车产业从业人数不断上升，截至2020年末已有83 063人从事有关生产工作，根据第七次全国人口普查统计，该人数大约占平乡县总劳动力的45%，相较2015年末自行车童车产业的从业人数上涨了5.3%（如图5所示）。

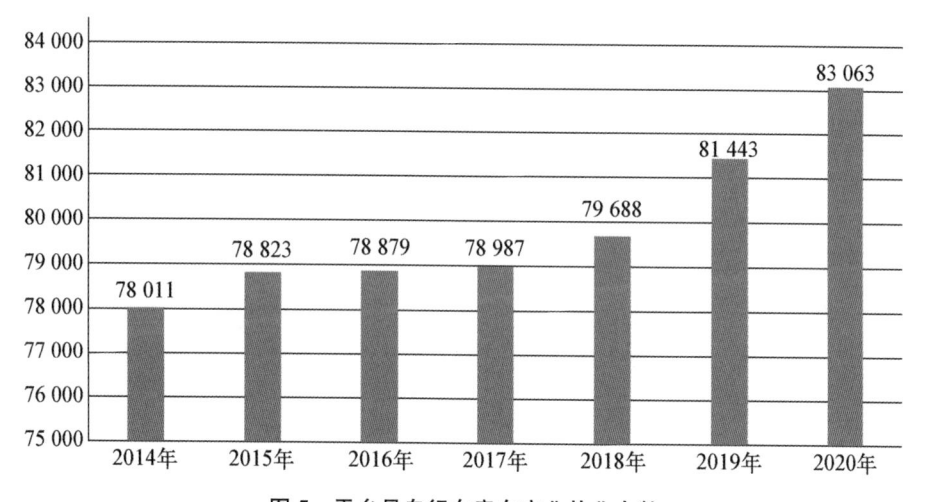

图 5　平乡县自行车童车产业从业人数

自2015年起，平乡县大力发展电商产业，并将其和自行车童车产业相结合，通过在淘宝、京东、拼多多等各类购物平台上开设网店，在抖音、快手等短视频平台上直播带货等方式，助力自行车童车产业发展，提高其知名度。

## 2. 电商推动平乡县第二产业发展的着力点

（1）定量分析电商发展和自行车童车产业之间的相关性

通过偏最小二乘法回归（PLS 回归）分析历年"淘宝村"数量、历年全网交易量和自行车童车产业从业人数、自行车童车产业增加值之间的关系。

PLS 回归是一种可以解决共线性问题、多个因变量同时分析，以及处理小样本时影响关系研究的一种多元统计方法。从原理上，PLS 回归集合三种研究方法，分别是多元线性回归、典型相关分析和主成分分析。

如表 3 和表 4 所示，基本统计量中计算了各个因素的平均值和标准差，相关系数矩阵中计算了各个因素两两之间的相关系数，一般来说，0.1～0.3 为弱相关，0.3～0.5 为中等相关，0.5～1.0 为强相关，数值的绝对值越接近 1，说明相关性越强。这说明了"淘宝村"数量、全网交易量与自行车童车产业人数、第二产业增加值都具有较强的正相关性。

表 3　　基本统计量

| 指标 | "淘宝村"数量 | 全网交易量（亿元） | 自行车童车产业从业人数 | 第二产业增加值（万元） |
| --- | --- | --- | --- | --- |
| 均值 | 12.714 286 | 50.700 000 | 79 842 | 235 064.285 714 |
| 标准差 | 7.454 625 | 33.532 522 | 1 780.031 554 | 56 476.138 766 |

表 4　　相关系数矩阵

| 变量 | "淘宝村"数量 | 全网交易量（亿元） | 自行车童车产业从业人数 | 第二产业增加值 |
| --- | --- | --- | --- | --- |
| "淘宝村"数量 | 1 | 0.967 640 | 0.786 756 | 0.927 893 |
| 全网交易量 | 0.967 640 | 1 | 0.904 723 | 0.984 712 |
| 自行车童车产业从业人数 | 0.786 756 | 0.904 723 | 1 | 0.953 374 |
| 第二产业增加值 | 0.927 893 | 0.984 712 | 0.953 374 | 1 |

从表 5 和图 6 可以观察到，全网交易量对自行车童车产业从业人数的解释起到了极为重要的作用，并且在对第二产业增加值的回归分析中解释能力也很好，"淘宝村"数量相比之下对自行车童车产业从业人数的解释力较好，但对第二产业增加值的解释力不太理想。

表 5　　主成分标准化后的权重矩阵

| 变量 | 自行车童车产业从业人数 | 第二产业增加值 |
| --- | --- | --- |
| "淘宝村"数量 | −1.452 550 | −0.407 053 |
| 全网交易量 | 2.144 919 | 1.299 758 |

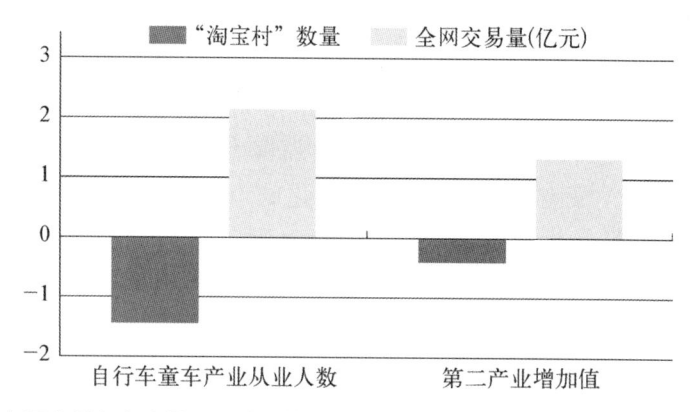

**图6　各因变量与自变量之间的计算表达式,并生成预测值和观测值之间的预测图**

考虑到"淘宝村"的建设需要一段时间的积累、基础设施的配套、政策的调整,故短时间内对产业从业人数和产业增加值的增长带动能力还没有释放。全网交易量的增加对就业和产业发展的带动作用是十分明显的。

(2)具体分析电商促进自行车童车产业转型升级的着力点

电商主要通过提高产业利润、降低产业准入门槛、推动产业升级转型三个方面推动平乡县自行车童车产业发展。

① 通过电商降低销货成本,缩短销售周期,拓宽销售市场

平乡县电商产业依托淘宝、京东、拼多多等线上购物平台,缩短了工业品产业链,打破了传统工业品层层分销的销售模式,形成"厂家+经销商+消费者"的超短供应链,由消费品生产厂家包揽从零配件生产、加工、组装到成品分级、包装的一系列环节,采用厂家直发的销售模式,不仅减少了中间商赚差价,确保了利润更多地留在生产厂家的手中,而且缩短了产品的销售周期,提高了销售效率。

相较传统的线下营销模式,平乡县的厂家通过在各式电商平台上以线上广告、直播带货等方式宣传产品,无须大量人员和场地,避免了过多人力、物力的投入,有效缩减了营销成本,进一步提高了产业利润。

除此之外,电商平台还为厂家和消费者提供了一个便利的交流渠道。消费者可通过平台了解产品的材质、型号、产地等各项详细信息,并通过询问线上客服的方式获得额外信息,极大地增加了购买产品的可能性。平乡县生产厂家通过平台得以充分展示产品,接触来自世界各地的消费者,并利用大数据收集消费者的个人偏好、年龄、性别、地域等信息,有针对性地进行推荐,拓宽了产品销售市场,增加了销量,从而获得了更多利润。目前,平乡县自行车童车产业利润总额达1.6亿元。

② 通过电商减少对实物基础设施的依赖,降低产业准入门槛

平乡县传统的自行车童车产业采取单一化、大批量的生产模式,且依赖储存仓库、产品展厅等实物基础设施。但是随着电商产业的发展,大量产品依托网络平台进行销售,生产厂家在原产地设置的产品展厅和零售店铺可大量缩减,减少了对实物基础设施的依赖。

利用互联网大数据，厂家可实时追踪产品销量和库存情况，并依据月销量、年销量等指标，合理规划产品产量，避免不必要的库存堆积，使得产品储存仓库的面积适当缩小。随着消费者的增加和大数据收集技术的完善，消费者的个人偏好和购买倾向被分割得更加细致，每种产品的目标市场更加精确，对同类产品的样式、规格、品种的需求也愈发多元化、精确化，以紧跟快速变化的市场潮流。因此，传统生产模式正在被"多品种、小批量"的生产模式代替。这一改变降低了产业的准入门槛，鼓励众多生产规模较小的企业进入该产业。根据《平乡县政府工作报告（2014—2021年）》中的数据计算，规模以上自行车童车产业增加值在总自行车童车产业增加值的占比自2015年后波动下降，尤其是2017年后，该占比显著下降（如图7所示），这一发展趋势验证了本文的观点。

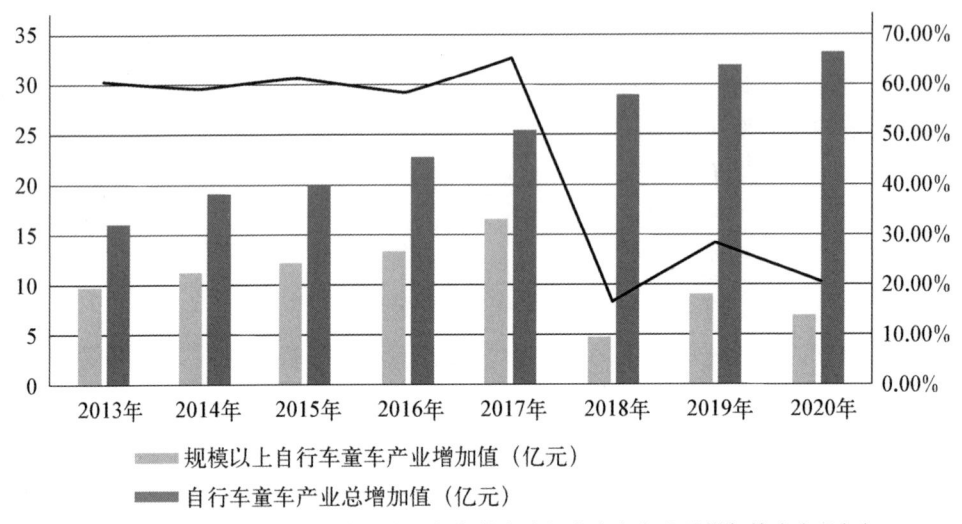

图7 平乡县近年自行车童车产业增加值

③ 通过电商促进产业转型，与新兴技术结合，为智能制造打基础

电商促进平乡县自行车童车产业从注重生产规模转向注重产品研发，结合新兴技术，从"制造"转化为"智造"。电商产业所提供的互联网大数据和大平台不仅促进产品个性化精确销售，而且助力产品研发。生产厂家利用电商平台收集整合的信息，针对产品现存的缺陷和漏洞，探索新技术进行产品全方面优化。通过研究客户需求预测市场动向，研发新产品，推动本产业内的高新技术发展。《平乡县政府工作报告（2014—2021年）》显示，2015年至2020年，平乡县自行车童车产业内科技型中小企业个数波动上升。尽管2019年，受中美贸易冲突影响，企业数量相比上一年有所回落，但是2020年企业数量再次上涨并超过2018年，达到422家。截至2020年底，平乡县自行车童车产业内有20家高新技术企业、1 545件注册商标、4 561件专利，它们正在逐渐打造自己的本土品牌，并向着技术型产业转型（如图8所示）。

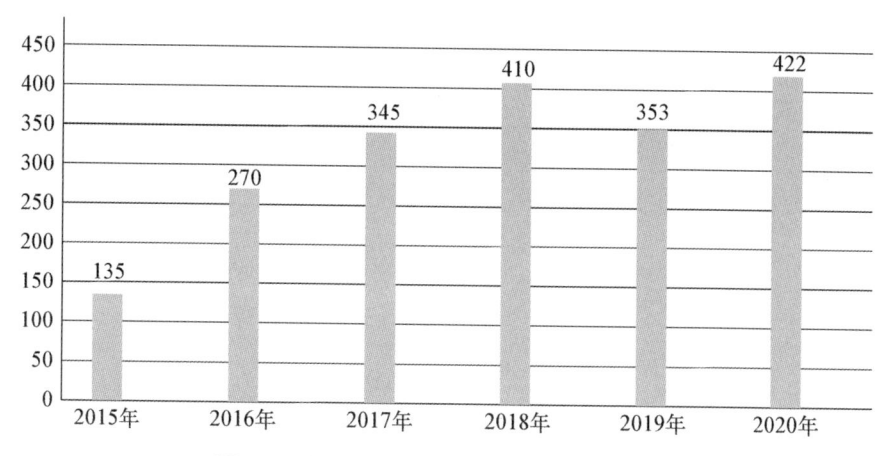

图8 平乡县近年来科技型中小企业数量(个)

**(四)文化产业**

**1. 平乡县文化资源**

平乡县历史悠久,文化底蕴深厚,2016年被评为"河北省文化产业十强县"。该县拥有梅花拳、南路丝弦、乱弹等众多非物质文化遗产,为其文化产业发展奠定了坚实的基础。

梅花拳是中国传统的武术流派之一。1997年平乡县被称为"中国梅花拳文化之乡",每年正月十六,平乡县都会举行"中国·平乡梅花拳联谊会",国内爱好者在此地祭祖拜师、切磋技艺。2006年,梅花拳被国务院评为国家非物质文化遗产。2015年上万名海内外梅花拳弟子及从事梅花拳研究的专家、学者齐聚河北省平乡县后马庄,参加"梅拳圣地"始祖殿落成典礼。梅花拳弟子遍布三十多个国家和地区,据不完全统计,世界各地习练梅花拳的有1.1亿人。

平乡县梅花拳文化资源的开发现在停留在文化交流和节日展会上,对产业的开发尚未出现,网络宣传以对梅花拳文化的保护为主要目的,并未发展出相应的文化ID或者相关的培训行业,但抖音、小红书等媒体的宣传逐年增加,梅花拳的知名度逐渐扩大。

南路丝弦在平乡县的历史已有一百七十多年。据记载,清道光十七年(1837),平乡县就有了丝弦班。1956年,平乡县丝弦剧团正式成立,南路丝弦由平乡县丝弦剧团继承并发扬开来。改革开放后,平乡县丝弦剧团不断推陈出新,于1980年出演的剧目《汉宫泪》获邢台地区戏剧会演一等奖。1982年和1986年,平乡县丝弦剧团演出的剧目《糟糠情》《皇嫡恨》分获河北省第三届、第四届戏曲节一等奖。

然而随着市场经济的发展,戏曲市场普遍萎缩,曾繁荣在各地的丝弦剧团逐渐退出了演出市场,平乡县丝弦剧团于1991年解散。目前,民间的私营丝弦班仍活跃在农村的戏曲舞台。

与梅花拳不同的是,南路丝弦面临的是生存问题,受众群体日益减少,传承保护任务艰巨。当前,对南路丝弦以文化保护为主。对南路丝弦的宣传以政府资助演出、民间艺术团下乡巡演为主,直播、社交平台也产生了一定的影响。例如,平乡县南路丝弦团长栗艳峰在抖音上拥有6 186粉丝、12.9万点赞,定期在社交软件上进行南路丝弦表演的直播,对南路丝弦扩大受众群体、提高影响力有积极作用。

2. 平乡县旅游资源

作为一座拥有千年历史的古城,平乡县是文庙大成殿、巨鹿遗址、北齐造像碑和大观圣作碑等众多国家重点文物保护单位和省级文物保护单位的所在地(如表6所示)。

表6　　　　按照《旅游资源分类、调查与评价》收录的平乡县旅游景点

| 主　类 | 亚　类 | 基　本　类 | 个数 | 组　　成 |
|---|---|---|---|---|
| B 水域风光 | BA 河段 | BAA 观光游憩河段 | 1 | 王河清圣地 |
|  | BB 天然湖泊与池沼 | BBA 观光游憩湖区 | 1 | 西马廷湖 |
| E 遗址遗迹 | EB 社会经济文化活动遗址遗迹 | EBF 废城与聚落遗迹 | 1 | 罗成点将台遗址 |
| F 建筑与设施 | FA 综合人文旅游地 | FAC 宗教与祭祀活动 | 20 | 白佛寺、北方真武大帝、碧霞宫、法王寺、福兴禅寺、关帝庙、观音禅寺、河古庙汽车钥匙、基督教蒙恩堂(大里村)、基督教沐恩堂、老母庙、平乡县洪福寺、平乡县聚福寺、三教堂、圣母阁、天王殿、兴固寺、兴教禅寺、永兴寺、玉皇宫 |
|  |  | FAD 园林游憩区域 | 2 | 平安公园、人口文化苑健康主题公园 |
|  | FB 单体活动场馆 | FBF 儿童游乐场 | 1 | 平乡挑战者蹦床公园 |
|  | FC 景观建筑与附属型建筑 | FCI 广场 | 2 | 平乡文化广场、平乡县广场 |
|  | FD 居住地与社区 | FDD 名人故居与历史 | 1 | 郑氏宗祠 |
|  | FE 归葬地 | FEB 墓(群) | 1 | 王河清墓 |
| G 旅游商品 | GA 地方旅游商品 | GAA 菜品饮食 | 4 | 大锅菜、平乡十香菜、平乡酥鱼、平乡芝麻糖 |
|  |  | GAB 农林畜产品与制品 | 4 | 彩椒、蓬河贡白菜、平乡冬小麦、平乡欢丛 |
| H 人文活动 | HC 民间习俗 | HCC 民间演艺 | 1 | 平乡乱弹 |
| 其他未分类 | 其他未分类 | AA 其他未分类 | 1 | 梅拳圣地 |

根据《旅游资源分类、调查与评价》，按"观赏游憩使用价值""历史文化科学艺术价值""珍稀奇特程度""规模、丰度与概率""完整性"5个评价因子对旅游资源进行定量评价，结果如表7所示。

表7　　　　　　　　　　　　　　平乡县旅游资源评级

| 分　级 | 组　成 |
| --- | --- |
| 5级资源 | 平乡县聚福寺、三教堂 |
| 4级资源 | 平乡县广场、玉皇宫 |
| 3级资源 | 梅拳圣地、滏河贡白菜、平乡乱弹 |
| 2级资源 | 兴国寺 |
| 1级资源 | 平安公园 |

由此可见，平乡县历史悠久、旅游文化资源较丰富，但景点主要集中于人文资源且规模较小、吸引力较弱。近年来，在抖音、快手平台上，关于平乡县文化资源、人文景点、采摘活动、展会活动等的文化宣传越来越多，平乡融媒体抖音号作为平乡官方的宣传平台，如今仅在抖音上就获得181.6万点赞、6.7万关注，可见政府对平乡县的文化宣传政策力度较大，"数商兴农"的着力点可从单一的自行车童车向平乡县的文化资源、旅游景点的保护和宣传渗透。

## 四、"数商兴农"工程的不足之处

（一）电商助力平乡县自行车童车的不足之处

1. 电商企业零散分布，规模较小

根据电话采访内容以及工业发展趋势、增长率等数据分析，平乡县电商以零散的小规模企业为主，集中在抖音、小红书等短视频平台，能够在淘宝、京东等大型网购平台建立大规模网店的电商企业数量较少，缺乏能起示范引领作用的龙头企业，不利于平乡县电商的长远发展。

2. 电商人才种类较少，人才素质有待提高

虽然目前平乡县已组织培训了大量电商人才，但主要针对电商创业方面的人才培养，对电商客服、产业宣传方面的人才关注度不高，这就导致电商客服服务态度较差、对产业了解度不高等问题出现。同时，在电话采访中，一名受访者表示，直播带货的流行给从业者带来了更大的挑战，他们不仅需要掌握运营、销售的知识，而且需要解决供应链的问题，对经营者的能力提出了更高的要求。

（二）电商产业对平乡文化产业扶持的不足之处

平乡县电商产业主要聚焦制造工业，通过线上直播带货、发展网店等方式带动产业振

兴，而对其文化产业的关注度不高。目前，平乡县文化产业主要依托举办线下活动、比赛、新闻报道宣传等方式发展。虽然在宣传层面有所发展，但文化产业市场化程度不高，商业开发程度低，缺少商业开发和平台建设。当地众多全国、省级重点文物保护单位和非物质文化遗产知名度较低，文化传承对象主要聚焦当地百姓。平乡县文旅产业自身基础较为坚实，存在较大发展空间，需要电商产业的支持推进。

（三）电商产业对平乡农业产业扶持的不足之处

通过电话采访平乡油料作物的批发者、平乡桃的销售者，发现由于受到季节、运输距离等因素的影响，平乡的特色农业作物难以走到县外，物流运输成本高，很少有农业人员将电商作为销售渠道，这反映了平乡电商主要服务于自行车童车产业，相关冷链建设不足，农产品深加工环节缺失，农业品牌难以走向市场，阻碍了农业的规模化、产业化发展。

### 五、对电商发展的总结

本文通过电话采访、问卷分析、定量分析、浏览媒体的形式对平乡县的实际产业发展状况进行研究分析。通过对平乡县2013年到2021年的政府工作报告、统计公报的政策、数据进行对比提炼，了解平乡县近年来的发展导向。

本文研究发现，平乡县在2015年前试图通过发展规模农业、现代农业的方式进行产业扶贫，2015年后搭上了"数商兴农"工程的快车，大力推进电商发展，走电商扶贫的道路。短时间内，自行车童车产业的从业者就占据了当地接近一半的劳动人口。由于当地在20世纪具有自行车童车产业发展的历史基础，且通过"家庭作坊"的发展方式，成本较低、技术门槛低，以及当地优越的交通条件，很快成为著名的国内自行车童车电商供货地，并在此基础上招商引资从而吸引了更多龙头企业开始转型升级。在文化宣传上，平乡县政府重视媒体建设，建立平乡县融媒体中心，并拥有一定的粉丝基础。但是其文化资源的开发程度低，停留在宣传层面，缺少文创产品，旅游产业开发程度低，电商在其文化产业的渗透上任重道远。

### 六、关于电商发展的建议

（一）农产品的电商化

平乡县的特色农产品丰富，土地流转制度发展健全，具备发展特色品牌农产品的基础条件。建议大力推进冷链基础设施建设，发展当地食品加工企业，借助当地的特色农产品品牌、国家地理标志产品，以及社交媒体宣传推广，搭乘互联网快车，打通电商销售渠道。

平乡县不乏农产品采摘园、展览中心，建议通过社交媒体进一步推动相关农业体验活动的宣传推广，打造农业体验打卡地，提高平乡县农产品知名度，吸引当地以及周边居民节假日消费。

（二）文化资源的电商化

平乡县文化资源丰富，梅花拳作为一种武术流派，有着深厚的发掘潜力。虽然现在已有梅花拳文武学校、中国梅花拳网等相关的学校、平台建设，但是政府支持力度不足。学校是梅花拳爱好者自费建设的,相关网站数量少、内容不足,这使得梅花拳的影响力较小。建议上级政府加大财政支持,发展相关梅花拳体验馆、云游馆,助力梅花拳学校建设,通过网络平台、直播的形式宣传梅花拳文化,打造当地文化符号。

南路丝弦作为戏剧文化遗产,保护任务更为艰巨。政府官网上对南路丝弦的保护措施着重于进校园、创排节目、发展相关机构,建议在此基础上对南路丝弦文化进行创新发展,保留文化内核,以现在年轻一代喜爱的形式进行文化宣传,与现代文化相结合,扩大受众群体,发展戏剧文化展、戏剧服饰销售、相关文创发掘,与服装产业、设计产业等相结合,通过电商推广新时代戏剧产品。

建议利用电商平台整合文化产业链,联结旅游、影视、会展等行业,以在景区举行戏曲表演、在博览会上宣传当地历史文化遗迹的方式,推动行业联合发展;同时,将梅花拳文化遗产与南路丝弦文化遗产、自行车童车产业相结合,以此作为创新点打造新文化,将已经发展得较为成熟的电商与媒体文创相结合,作为新的着力点、创新点,交叉性发展产业,筑牢当地文化底蕴。

**参考文献**

[1] 发挥集群的力量——河北省平乡县自行车童车特色产业情况介绍[J]. 中国自行车,2022(2):22-27.

[2] 罗伊. 电子商务发展对制造业转型升级的影响[D]. 上海外国语大学,2021.

[3] 孟朋文. 邢台年鉴[M]. 北京:九州出版社,2017:405-406.

[4] 孟朋文. 邢台年鉴[M]. 北京:九州出版社,2020:464-466.

[5] 孟朋文. 邢台年鉴[M]. 北京:团结出版社,2016:344-345.

[6] 千家万户搞电商 精准脱贫奔小康——河北省平乡县打造电商扶贫新样本[J]. 中国扶贫,2018(17):51-53.

[7] "三个院子"开启小康致富路[J]. 共产党员(河北),2020(17):35-36.

[8] 汤兵勇. 电子商务对工业企业的影响[J]. 工业技术进步,2001(4):21-22.

[9] 王珊珊. 安徽工业电子商务发展现状分析[J]. 北京印刷学院学报,2021,29(S1):7-9.

[10] 张轶慧. 河北省平乡县发展电商脱贫致富的启示[J]. 领导之友,2017,(12):58-60.

# 资金支持视角下我国农村互助养老发展路径的分析

陈 凯[①] 刘夏函[②] 马振博[③]

指导老师:朱 枫[④]

**摘 要**:近年来,随着我国人口老龄化进程的加快,社会养老服务体系的建设已经提上日程,向来薄弱的农村养老服务的有效供给与覆盖成为社会关注的焦点。在各地政府的积极探索中,"干部领导型"公办互助养老与"能人领导型"民办互助养老两种主流模式在许多地区得以实践。然而,我们发现各地的农村互助养老模式多为前者,财政依赖严重并缺乏内生动力,从资金支持的角度来看并不利于其未来的可持续发展。因此,本文首先构建了财政补贴下农村地区公办养老机构与民办养老机构服务供给的 Cournot 模型,通过讨论不同的财政补贴力度对供给量的影响以及算例分析,得出农村互助养老的最优策略为两种主流模式的结合——民办公助(PPP 模式)。接着通过 AHP 层次分析法构建 SWOT 四边形来判断并提出社会组织参与 PPP 模式的战略定位,对农村互助养老的宏观规划有着重要意义。最后选择湖北省咸宁市的"二合一模式"作为案例,分析当下农村互助养老可实施的具体操作。

**关键词**:农村互助养老 Cournot 模型 SWOT 分析 AHP 层次分析法 财政补贴 社会资本

## 一、引 言

国家统计局数据显示,2019 年末,全国 60 岁以上的老年人口超 2.5 亿人,其中农村老年人口为 1.3 亿人,老龄化程度高达 22.5%。全国老龄办预测,到 2035 年农村老年人口占农村人口的 37.7%,比城镇老年人口高出十几个百分点(杨康和李放,2022),呈现"老龄程度更深""未富先老更快""困难老人更多""养老需求更迫切"等特殊性。究其根本,自改

---

[①] 陈凯,上海财经大学会计学院工商管理(ACCA)专业 2021 级本科生。
[②] 刘夏函,上海财经大学金融学院金融学专业 2020 级本科生。
[③] 马振博,上海财经大学信息管理与工程学院电子商务专业 2019 级本科生。
[④] 朱枫,上海财经大学会计学院。

革开放以来,城乡二元体制下的工农业"剪刀差"以牺牲农业为代价向城镇化与工业化提供源源不断的动力,越来越多的农村劳动人口转进城镇,农村的经济水平长期处在相对低位。与此同时,子女为老年父母提供物质、精神和照顾支持的农村传统养老模式随着 4—2—1 家庭结构的少子化调整和当代社会思潮对"孝道"的冲击,维护固有的养老模式已是心有余而力不足(张岭泉,2021)。

总结以往研究,"人力"和"财力"是制约我国农村社会养老服务发展的两大核心问题(刘妮娜,2017)。因此,各地基层主动投身于探索新型农村养老模式,其中,2008 年河北省邯郸市肥乡区前屯村首创的农村互助幸福院的影响力最大。在村支部的主导下,前屯村将闲置的校舍进行翻修与改造,配备了必要的生活用品,将村内的独居老人集中安置并提供免费餐食。老人们一起完成烧饭、洗衣服等日常活动,平时的具体工作安排自行组织,由村集体承担用水、用电、暖气等日常运营开支(马昕,2014)。河北省将肥乡模式在全省推广后,民政部前来考察,认为幸福院所代表的互助养老模式属于符合当前农村形势的低成本特色养老路径。于是,2022 年初国务院印发的《"十四五"国家老龄事业发展和养老服务体系规划》提出"构建农村互助式养老服务网络",旨在有效解决农村"空心化"、家庭"空巢化"引发的一系列问题。

在中央"政府主导,社会参与,全民关怀"的政策引导下(董红亚,2010),各地政府在推广实践中逐渐细化出不同形式的农村互助养老,诸多农村互助养老的实践以河北省肥乡区互助幸福院为代表的"干部领导型"为主,以上海市堰泾村幸福老人村为代表的"能人带动型"为辅。由此可见,目前我国农村互助养老发展的主流是政府的大包大揽,除了每年大量的政府补贴外,很少有其他渠道的社会资本注入,从资金支持的角度来看,其发展面临对财政依赖严重和缺乏内生动力的制约。对此,学界的研究较少,多是聚焦对各种农村互助养老模式的介绍与评价(周娟和张玲玲,2016)。有人认为财权上缴中央、事权下沉地方的分税制改革使得各地的互助养老院承担了巨大经济压力,如果中央财政能将这一项目纳入范畴并注入大量资金,就能提高各级政府推行农村互助养老模式的积极性(赵志强和杨青,2013)。也有人提出我国养老经济供需缺口极大,单靠政府财政难以构建完善的养老服务体系,有必要引入社会资本积极发展养老产业(穆怀中等,2016)。以政府财政为主和以社会资本为主哪种更胜一筹尚无定论。

自"新冠"疫情暴发以来,我国经济面临下行压力,各级政府的财政压力陡然增加,民间的富余流动资金也逐渐收紧。农村互助养老机构的建设主体——村集体的经济普遍羸弱,再加上每年不菲的运营成本,在此之前一些集体经济薄弱的地方就已经出现了幸福院开办时间不长却因资金匮乏而被迫关门的现象(赵志强,2015),剩下的是否能撑过疫情带来的"寒冬"并不清楚。2014 年上海财经大学"千村调查"数据显示,有关社会福利和保障资金拨付的问题共收到 118 207 份回答,其中只有 72 002 份回答表示所在村庄有相应拨款,这意味着将近四成的农村地区已经无法为本地区包括养老服务在内的社会保障提供资金支持,或者说当地村民没有感受到自己的身边有资金注入社会保障。所以,应着重强调农村组织的自力更生与发展壮大,使农村集体经济完成大部分资金的自给自足,较独立地完成农村互助养老的覆盖。

鉴于此,我们从数理模型的角度入手,构建财政补贴下农村地区公办养老机构与民办养老机构服务供给的 Cournot 模型,通过讨论不同的财政补贴力度对供给量的影响以及算例分析,研究农村互助养老的最优模式。接着,根据上海财经大学 2014 年"千村调查"的数据,通过 AHP 层次分析法构建 SWOT 四边形来判断上述最优模式在宏观执行方面应采用的战略。最后选择湖北省咸宁市的"二合一模式"作为典型案例,分析当下农村互助养老可实施的具体操作。

## 二、数理模型分析

### (一)建模前的假设

对构建"干部领导型"公办养老服务和"能人领导型"民办养老服务在财政补贴下的养老服务供给模型,我们提出以下假设:

第一,农村互助养老模式尽管有所不同,但服务的供给都是围绕养老服务机构展开,因此在某农村地区养老服务供给市场上假设两个机构:"能人领导型"民办养老机构 A 和"干部领导型"公办养老机构 B。一般而言,机构在进行最优供给决策时往往考虑到替代品的影响,但是在农村互助养老模式中,村内老人互助的特点使得机构减少了许多额外养老服务人员和技术需求,养老机构主要提供各种文娱活动的场所和引入各种活动,因此假设两个养老机构的替代程度为 1。

第二,两个养老机构分别对自身服务供给进行决策,追求自身利益最大化。由于农村地区的天然隔绝性及人口的分散性,每一地区的农村互助养老服务市场规模不大,需求也不复杂,因此,民办养老机构 A 和公办养老机构 B 完全有可能提前进行科学的风险评估和市场分析,准确地了解养老服务市场的需求曲线,而且知晓对方供给量对自身的影响。

第三,由于农村互助养老服务业的供给主体只有 A 和 B,财政补贴的变化会对整个市场供给量产生影响,两个养老机构的供给量也会互相影响,因此,本文使用寡头垄断市场下的 Cournot 模型来研究在政府财政补贴下由"能人领导型"民办养老机构和"干部领导型"公办养老机构组成的养老服务市场。

第四,两个养老机构的养老服务供给量用养老服务床位数 $q$ 表示。根据 2014 年上海财经大学"千村调查"数据,关于当地敬老院入住率的问题共收到有效回答 72 266 份,其中,2 558 份回答"100% 入住",43 799 份回答"未完全入住",将近 25 909 份回答"无人入住"。因此,假设两个养老机构的入住率分别是 $\varepsilon_A$ 和 $\varepsilon_B$,成本函数 $C_i(i=A,B)$ 表示建设及运营床位数 $q_i$ 的函数。

第五,在 Cournot 模型下,农村互助养老市场的需求函数表达式如下:

$$P_i = \alpha_i - \beta_i q_i - q_j \quad (i=A, B, j=B, A)$$

其中:$\alpha_i$ 是养老服务的最大给定价格,当养老服务价格高于 $\alpha_i$ 时,市场对养老服务的需求量为 0；$\beta_i$ 为养老服务需求量变化对服务价格变化的敏感程度,用服务需求变化量与价格变化量的比值表示。

第六,本模型更注重函数输出的排序性而非数值本身的大小,函数形式本身对结论没有影响。为了计算便捷,本文采用的养老机构的成本函数为养老服务供给量 $q_i$ 的二次函数：

$$C_i = m_i q_i^2 + n_i \quad (i=A,B,\ m_i>0,\ n_i>0)$$

其中：$m_i$ 是养老服务供给量的成本系数,$n_i$ 是养老服务机构的固定成本。

第七,结合之前的假设,养老机构的收益函数如下：

$$U_i = P_i q_i - \varepsilon_i C_i = (\alpha_i - q_j) q_i - (\beta_i + \varepsilon_i m_i) q_i^2 - \varepsilon_i n_i \quad (i=A,B,\ j=B,A)$$

## （二）建模及一般条件下的均衡求解

本文的重点在于比较财政补贴下公办养老机构与民办养老机构的有效供给量,为了使研究变量之间的关系更为显著,我们对部分参数进行了简化。假设 $\alpha_i = \beta_i = 1$，$i = A, B$，对 $U_i$ 求一阶偏导数并使之等于 0,得：

$$\begin{cases} \dfrac{\partial U_A}{\partial q_A} = 0 \to 1 - q_B - (2 + 2\varepsilon_A m_A) q_A = 0 \\ \dfrac{\partial U_B}{\partial q_B} = 0 \to 1 - q_A - (2 + 2\varepsilon_B m_B) q_B = 0 \end{cases}$$

进一步计算,可以得出民办养老机构 A 和公办养老机构 B 在 Cournot 模型下的反应方程：

$$\begin{cases} q_A = \dfrac{1 - q_B}{2 + 2\varepsilon_A m_A} \\ q_B = \dfrac{1 - q_A}{2 + 2\varepsilon_B m_B} \end{cases} \quad (1)$$

式(1)得出的是市场信息完全对称状态下的静态博弈均衡。实际上,在市场竞争中的养老机构会根据上一期的经营表现对当期的决策进行调整,形成动态序贯博弈,由此得出民办养老机构 A 和公办养老机构 B 在 Cournot 模型下的动态反应方程(其中：$t$ 表示第 $t$ 阶段,$t-1$ 表示前一个阶段)：

$$\begin{cases} q_A(t) = \dfrac{1 - q_B(t-1)}{2 + 2\varepsilon_A m_A} \\ q_B(t) = \dfrac{1 - q_A(t-1)}{2 + 2\varepsilon_B m_B} \end{cases} \quad (2)$$

为方便后续分析,将式(2)整理为矩阵形式的表达式：

$$Q(t) = MQ(t-1) + N \quad (3)$$

其中：

$$Q(t) = \begin{bmatrix} q_A(t-1) \\ q_B(t-1) \end{bmatrix}$$

$$M = \begin{pmatrix} 0 & \dfrac{-1}{2+2\varepsilon_A m_A} \\ \dfrac{-1}{2+2\varepsilon_B m_B} & 0 \end{pmatrix}$$

$$N = \begin{pmatrix} \dfrac{1}{2+2\varepsilon_A m_A} \\ \dfrac{1}{2+2\varepsilon_B m_B} \end{pmatrix}$$

式(3)表示市场竞争中民办养老机构 A 和公办养老机构 B 的有效供给量之间的关系，但它是基于简化参数 $\alpha_i = \beta_i = 1, i = A, B$ 的假设。为了保证该模型的均衡解能适用于其他各种参数，我们希望该模型是临界稳定的，即使系统的参数有一些变化也能被抑制。根据自动控制理论，要求矩阵所有的特征根均落在复平面的单位圆内。

引用该定理，矩阵 $M$ 的所有特征根都应落在复平面的单位圆内，即 $|M - \lambda E| = 0$。先求出所有特征根：

$$\begin{vmatrix} -\lambda & \dfrac{-1}{2+2\varepsilon_A m_A} \\ \dfrac{-1}{2+2\varepsilon_B m_B} & -\lambda \end{vmatrix} \rightarrow \lambda^2 = \dfrac{1}{(2+2\varepsilon_A m_A)(2+2\varepsilon_B m_B)}$$

再根据定理，可得 $|\lambda| < 1$，临界稳定成立的充要条件如下：

$$4(1+\varepsilon_A m_A)(1+\varepsilon_B m_B) > 1 \tag{4}$$

基于之前的假设，易得 $m_i > 0, 0 < \varepsilon_i < 1$，代入式(4)，发现该不等式恒成立，证明矩阵 $M$ 是临界稳定的，同时说明前文所建立的模型是合理的。

于是，我们可以用逆矩阵法求出民办养老机构 A 和公办养老机构 B 在 Cournot 模型下的完全信息动态博弈均衡解：

$$Q^*(t) = \begin{bmatrix} \dfrac{1+2\varepsilon_B m_B}{(2+2\varepsilon_A m_A)(2+2\varepsilon_B m_B)-1} \\ \dfrac{1+2\varepsilon_A m_A}{(2+2\varepsilon_A m_A)(2+2\varepsilon_B m_B)-1} \end{bmatrix} \tag{5}$$

（三）财政补贴下的均衡求解

求出一般条件下民办养老机构 A 和公办养老机构 B 的均衡供给量后，我们将引入财政补贴并观察其与各养老机构均衡服务供给量之间的关系。假设政府对民办养老机构 A

所提供的每一项服务的补贴力度为 $S(0 \leqslant S \leqslant 1)$,而公办养老机构 B 的资金 100% 来自财政,不存在补贴。因此,我们先对式(2)进行修改,得到式(6):

$$\begin{cases} q_A(t) = \dfrac{1+S-q_B(t-1)}{2+2\varepsilon_A m_A} \\ q_B(t) = \dfrac{1-q_A(t-1)}{2+2\varepsilon_B m_B} \end{cases} \quad (6)$$

综合前文所述临界稳定性的充要条件,容易验证式(6)同样满足临界稳定性的充要条件,说明该模型也比较合理。类似地,我们求出了财政补贴下民办养老机构 A 和公办养老机构 B 在 Cournot 模型下的完全信息动态博弈均衡解:

$$Q^*(t) = \begin{bmatrix} \dfrac{(1+S)(2+2\varepsilon_B m_B)-1}{(2+2\varepsilon_A m_A)(2+2\varepsilon_B m_B)-1} \\ \dfrac{1+2\varepsilon_A m_A - S}{(2+2\varepsilon_A m_A)(2+2\varepsilon_B m_B)-1} \end{bmatrix} \quad (7)$$

(四)财政补贴与政府监管下的均衡求解

进一步分析,政府除了财政补贴外还会对民办养老机构进行监管,根据服务质量判断是否要进行约束。为了将政府监管的变量引入模型,先设政府的战略空间如下:

$$G_s = \{PS, NS\}$$

其中:PS 代表政府积极监管,一旦民办养老机构 A 没有按照要求提供相应质量的服务,就会被实施惩罚,罚没金额为 $F$;NS 代表政府消极监管,换句话说,任何养老机构都不会因为提供低质量服务而受到惩罚,但政府将受到更高当局的公开约束和处罚,用 $G$ 来表示。

此外,若民办养老机构在积极监管下提供低质量服务,则政府将承担损失 $L$。

再设民办养老机构的战略空间如下:

$$I_s = \{H, L\}$$

其中:$H$ 表示提供高质量的护理服务,成本为 $C_H$;$L$ 表示降低服务质量来获取更多利润,成本为 $C_L(C_H > C_L)$。

通过降低服务质量控制成本可以猜测 $C_H$ 与 $C_L$ 的差值 $\Delta C$ 应满足 $\gamma q_A (\gamma > 0)$。$Sq_A$ 代表政府对民办养老机构 A 的财政补贴,$P_A q_A$ 是指通过养老服务获得的收入。

最后,假定 $x$ 是政府积极监管的概率,$1-x$ 是政府消极监管的概率。同理,$y$ 代表 $H$ 假设空间,$1-y$ 代表 $L$ 假设空间。$RA_{ij}$ 表示民办养老机构 A 的预期回报,$RG_{ij}$ 表示政府的预期回报。

根据上述假设,政府和民办养老机构 A 的预期回报矩阵如表 1 所示。

**表 1                    政府和民办养老机构 A 的预期回报矩阵**

| 政府＼民办养老机构 | 优质服务（概率 $y$） | 劣质服务（概率 $1-y$） |
|---|---|---|
| 积极监管（概率 $x$） | $RA_{11}=(P_A-C_H+S)q_A$ | $RA_{12}=(P_A-C_L+S)q_A-F$ |
|  | $RG_{11}=-Sq_A$ | $RG_{12}=F-Sq_A-L$ |
| 消极监管（概率 $1-x$） | $RA_{21}=(P_A-C_H+S)q_A$ | $RA_{22}=(P_A-C_L+S)q_A$ |
|  | $RG_{21}=-Sq_A$ | $RG_{22}=-Sq_A-G$ |

上述预期回报矩阵是一个完全信息静态混合策略博弈。显然，只有当博弈中每个玩家的纯策略所收获的预期回报都相等时，才会有混合策略博弈的可能性。因此，先得出民办养老机构提供优质服务或劣质服务的概率如下：

$$yRG_{11}+(1-y)RG_{12}=yRG_{21}+(1-y)RG_{22}$$

经过计算，当且仅当 $G=L-F$ 时，$y$ 可取任何概率；在其他情况下，$y$ 的概率为 1。由于更高当局对政府监管不力的惩罚恰好等于政府因低质量养老服务蒙受的损失减去罚款所得的可能性极小，因此在此博弈中，民办养老机构 A 选择优质服务的策略。

接着得出政府积极监管或消极监管的概率如下：

$$xRA_{11}+(1-x)RA_{21}=xRA_{12}+(1-x)RA_{22}$$

经过计算，$x=\dfrac{\gamma q_A}{F}$。当政府的监管能力到位时，罚款数 $F$ 越接近民办养老机构降低的成本数 $\gamma q_A$，政府选择积极监管的可能性越高；否则，罚款数过高或过低都会对市场有较大的副作用，政府会更倾向于消极监管。此外，当民办养老机构不断缩小高质量服务与低质量服务之间的成本差时，政府选择积极监管的可能性更小，反向推动市场上整体的养老服务质量趋于高位稳定。

当我们将政府监管的结论引入财政补贴下的完全信息动态博弈中时，假设上述求得的静态博弈均衡解为动态博弈中第 $t$ 期的状态。由于在预期回报矩阵中，民办养老机构 A 选择优质服务的纯策略，因此其并不会改变自身的决策。政府观察发现民办养老机构坚持优质服务，在成本方面偷工减料的情况较为少见，于是，我们可以将 $\gamma q_A$ 视作动态趋向于 0，则政府选择积极监管的概率也会动态趋向于 0。在这种情况下，民办养老机构 A 和公办养老机构 B 的均衡养老服务供给量依旧如式(7)所示。

（五）算例分析

由前文可知，该博弈模型的均衡解中含有多个外生参数，接下来会给各参数设置具体数值，通过可视化的方法进行算例分析。在当前养老服务市场中，民办养老机构 A 的建设成本和运营成本高于公办养老机构 B，即养老服务机构成本系数 $m_A>m_B$，不妨设 $m_A=$

$0.7$、$m_B=0.3$。当农村的老年人选择互助养老机构时,出于对国家集体的信任会更偏向于选择公办养老机构。因此,两类机构的床位占有率会有区别。假设 $\varepsilon_A=0.4$,$\varepsilon_B=0.6$。

政府对民办养老机构 A 提供的每一单位服务进行力度为 $S(0\leqslant S\leqslant1)$ 的补贴,公办养老机构的运营完全以财政拨款为基础,财政补贴对其无影响。经程序模拟后,财政补贴对当地养老服务总供给量的影响及对民办养老机构 A 和公办养老机构 B 各自的均衡养老服务供给量的影响如图 1 和图 2 所示。

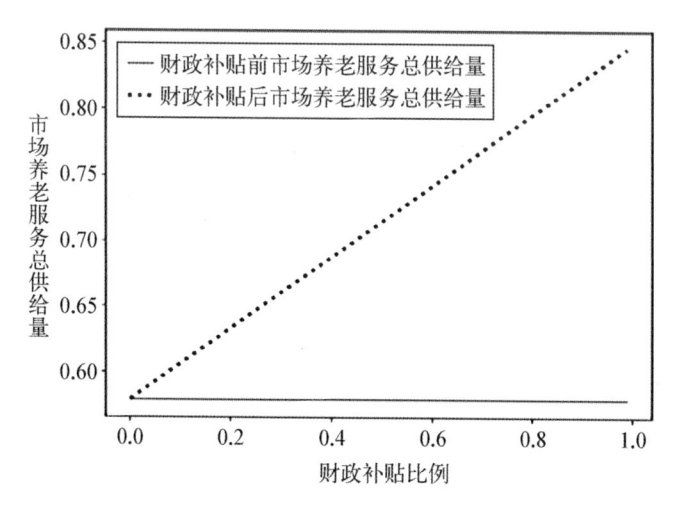

**图 1 财政补贴前后对市场养老服务总供给量的影响**

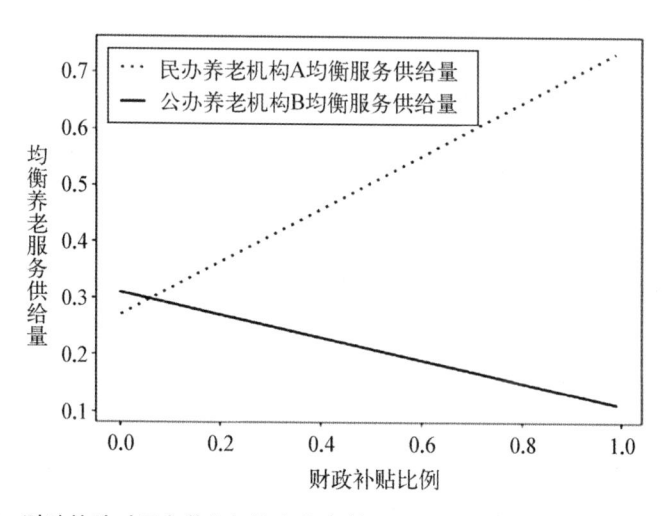

**图 2 财政补贴对民办养老机构和公办养老机构均衡养老服务供给量的影响**

由图 1 可知,经财政补贴后,当地市场上养老服务总供给量迅速上升,体现了财政补贴对民办养老机构有很强的政策带动性。由图 2 可知,没有财政补贴的时候,公办养老机构的服务供给大于民办养老机构,特别是在经济欠发达、基础设施落后的农村地区,对社会资本而言,民办养老机构建设成本大且周期长,所能提供的服务自然弱于依靠农村基层组织或村集体所建设的公办养老机构。但随着财政补贴力度的加强,民办养老机构的服务供给不断增加,公办养老机构的服务供给持续减少,并且从两条直线的斜率来看,前者上升的幅度大于后者下滑的幅度,这不仅对应了图1市场养老服务总供给量的上升,而且体现了PPP模式下"民办公助"养老机构服务供给效率之高。特别是在各地政府预算吃紧的情况下,将社会资本有效引入农村互助养老市场,不仅可以将投资建设公办养老机构的风险部分转移给社会资本,而且能以更少的投入完成更多的养老服务供给,做到农村养老全覆盖,使全产业更有朝气与活力。

### 三、SWOT-AHP模型分析

SWOT模型是一种常用的企业竞争分析方法,在各种领域得以广泛应用。该模型的不足之处在于缺乏定量分析的过程。因此,我们决定在SWOT模型中引入层次分析法(AHP),构成SWOT-AHP模型。在该模型中,SWOT分析提供了完整全面的决策因素,AHP则可对这些因素进行定量比较,得出更为精准的结论,是定性分析与定量分析的结合(韩晓静,2006)。

根据上文数理模型的分析,我们已知在财政补贴下"能人带动型"民办养老服务比"干部领导型"公办养老服务的供给效率高,因此,我们引入SWOT-AHP模型分析在现有背景下如何让民营养老机构更好地参与农村互助养老。

(一)列出与目标决策相关的各种因素

1. 优势因素(Strengths)

(1)整合社会资源($S_1$)

在"民办公助"的背景下,民办养老机构的天然优势是在政府与市场之间架起协调沟通的桥梁,在企业社会责任和利益最大化的驱动下优化整合不同部门、不同渠道的资金、人才等社会资源以提高农村互助养老的供给效率。单纯以财政为主或完全的社会资本都无法做到这一点。

(2)增强需求表达($S_2$)

早在1998年,有学者经实地考察后提出"压力型体制"这一概念,指的是目前农村地区各项目的推进高度依赖上级下达的指标,基层干部大搞数字游戏和纸面规模应付考核,不符合农村居民切身的需求(荣敬本等,1998)。在该体制下,民办养老机构反而具有天然的"草根性",更容易与基层群众沟通,汇集民意,改变了农民个人"原子化"状态下的利益诉求困境,保障了农民养老需求的有效传递。

(3)满足个性需求($S_3$)

普通养老院提供的大多是流程化养老娱乐服务,如棋牌、歌舞、钓鱼、养花等,而农村地区大多有自己的传统习俗和特色娱乐活动,部分老人掌握了一些本地的特色手艺活。相较于体制化的管理模式,民办养老机构更为灵活,在满足农村老人个性化需求的前提下提升了农村老人的幸福感。

2. 劣势因素(Weaknesses)

(1)地区发展不均($W_1$)

互助养老模式的特征之一就是以地域划分,在此模式下,地区发展不平衡的问题也随之产生。坐落于较为偏远落后地区的农村,其老年人享受到的互助式养老服务的水平较低,互助的效果也差强人意。对民办养老机构而言,选址的不同会对未来服务的开展有极大的影响。

(2) 缺乏专业人才($W_2$)

由于农村的生活条件和提供的待遇水平相对较低,因此具备养老服务技能的专业人才不愿意到农村工作;非专业人士可以满足老年人衣、食、住、行方面的基础物质需求,但极大地制约了互助养老模式的进一步普及和发展。更为匮乏的是财务会计类的专业人才,原有农村养老机构的成本控制与资金管理问题极大,从资金支持的角度而言有不利影响。

(3) 服务志愿失灵($W_3$)

互助养老机构想要长久稳定发展,终究离不开系统有序的管理。大部分互助养老机构目前依旧由社区或居委会组织,遵循低龄照顾高龄、健康照顾体弱的原则,这样的互助式养老可以解决一时之需,长期发展却会受限。进一步来讲,多数人愿意享受低成本服务而不愿意付出无偿服务,存在"志愿失灵"问题。

3. 机会因素(Opportunities)

(1) 政府政策支持($O_1$)

国家为了应对日趋严重的老龄化问题,愈加重视老年群体的养老保障。政府积极提供人力、物力、财力上的支持,未来互助养老模式在农村有极大的发展空间。同时,政府也在从原本的大包大揽向服务型政府过渡,这为民办养老机构扩大了权力范围。

(2) 鼓励学生返乡($O_2$)

近年来,国家推出了许多政策积极鼓励大学生返乡,如青壮年返乡创业、大学生深入基层当"村官"等举措。人才返乡所带来的专业管理模式和新的发展思路,对民办养老机构推进互助养老在农村的发展起到了极大的作用。

(3) 养老需求迫切($O_3$)

在我国的老龄人口中,农村老龄人口占了一半以上,大多数青壮年选择离家外出务工,导致留守在农村的老人越来越多。农村养老与城市养老相比,发展滞后、供需矛盾突出,如何保证农村老年人老有所养是解决国家养老问题的一个核心,如此强烈的农村养老需求也为民办养老机构提供了巨大的发挥空间。

4. 威胁因素(Threats)

(1) 政府监督缺位($T_1$)

目前,农村的互助养老机构资金大多来源于政府的财政支持以及民间的公益性筹资活动,易导致效率低下的情况。想要解决这一问题,既要依靠政府的依法监督,也需要整个社会和养老行业对养老机构的资质、诚信进行审慎评估。然而,目前我国对农村互助养老机构的监督和评估处于缺位状态,监督和评估机制尚未建立,这对民办养老机构的推广带来了挑战。

(2) 资金来源不稳定($T_2$)

目前,农村养老服务的资金来源单一,没有形成长远的支撑,缺乏稳定的财政供给渠道,这将成为制约农村互助养老模式发展的一大隐患。特别是需要自己寻找资金渠道的民办养老机构,社会资本的稳定性大体上不如体制内的财政拨款,如何解决筹措资金的问题目前尚无对策。

(3) 法律尚不健全($T_3$)

由于互助式养老模式是一个创新型养老模式,因此国家对农村互助式养老模式停留在政策鼓励上,缺乏明确的法律法规保障。适用于城市养老机构的法律法规未必适用于农村互助养老机构,这样导致了农村互助养老机构以及老人无法得到有效的法律保障,也对民办养老机构日后服务的开展带来一系列问题。

(二) 构造判断矩阵

我们分别构造目标决策与优势、劣势、机遇和威胁四个因素的判断矩阵。该矩阵描述了上述四个因素之间的相对重要性或优越性。为了量化各因素的先后排序,将用到如表2所示的标度定义。

表2　　　　　　　　　　　　　标度及其含义

| 标度 | 含义 |
| --- | --- |
| 1 | 两个要素相比,重要性相同 |
| 3 | 两个要素相比,前者比后者稍微重要或有优势 |
| 5 | 两个要素相比,前者比后者比较重要或有优势 |
| 7 | 两个要素相比,前者比后者十分重要或有优势 |
| 9 | 两个要素相比,前者比后者绝对重要或有优势 |
| 2,4,6,8 | 为上述标度之间的中间值 |

我们将决策的问题称为目标层,高一级的优势、劣势、机遇和威胁四个因素称为准则层,低一级的具体各因素称为方案层,判断矩阵如表3至表7所示。

表3　　　　　　　　　　　　　准则层的判断矩阵

|   | S | W | O | T |
| --- | --- | --- | --- | --- |
| S | 1 | 3 | 5 | 7 |
| W | 1/3 | 1 | 6 | 5 |
| O | 1/5 | 1/6 | 1 | 2 |
| T | 1/7 | 1/5 | 1/2 | 1 |

表 4　优势因素(S)的判断矩阵

|  | S₁ | S₂ | S₃ |
| --- | --- | --- | --- |
| S₁ | 1 | 1/2 | 3 |
| S₂ | 2 | 1 | 5 |
| S₃ | 1/3 | 1/5 | 1 |

表 5　劣势因素(W)的判断矩阵

|  | W₁ | W₂ | W₃ |
| --- | --- | --- | --- |
| W₁ | 1 | 1/4 | 3 |
| W₂ | 4 | 1 | 7 |
| W₃ | 1/3 | 1/7 | 1 |

表 6　机遇因素(O)的判断矩阵

|  | O₁ | O₂ | O₃ |
| --- | --- | --- | --- |
| O₁ | 1 | 1 | 3 |
| O₂ | 1 | 1 | 2 |
| O₃ | 1/3 | 1/2 | 1 |

表 7　威胁因素(T)的判断矩阵

|  | T₁ | T₂ | T₃ |
| --- | --- | --- | --- |
| T₁ | 1 | 1/2 | 1/5 |
| T₂ | 2 | 1 | 1/2 |
| T₃ | 5 | 2 | 1 |

为了保证判断矩阵的数据无误,还需要对其进行一致性检验。$\lambda_{max}$ 是判断矩阵最大的特征值,$n$ 为矩阵的阶数,由此求出一致性指标 $CI = \dfrac{\lambda_{max} - n}{n - 1}$,再根据矩阵的阶数查询平均随机一致性指标 $RI$,可得 $n=3$ 时,$RI=0.52$;$n=4$ 时,$RI=0.89$。综上求出经修正的一致性比率 $CR = \dfrac{CI}{RI}$,若比率小于 0.1,则证明通过一致性检验。经程序计算,可得表 3

至表 7 判断矩阵对应的一致性比率分别为 0.074 6、0.003 6、0.031 2、0.017 6、0.005 3，均小于 0.1，通过一致性检验。

通过检验后，求出各判断矩阵的最大特征值 $\lambda_{max}$ 对应的特征向量，其分量即同一层次内各要素的重要性权重排序。上述计算过程已经一并求出特征向量，经归一化处理后整理得到表 8。

表 8　　　　　　　　　　　　　　方案层对决策目标的权重表

| 准则层 | 各组优先级 | SWOT 要素 | 各组内要素权重 | 要素总权重 |
| --- | --- | --- | --- | --- |
| 优势(S) | 0.548 7 | 整合社会资源($S_1$) | 0.309 0 | 0.169 5 |
| | | 增强需求表达($S_2$) | 0.581 5 | 0.319 1 |
| | | 满足个性需求($S_3$) | 0.109 5 | 0.060 1 |
| 劣势(W) | 0.308 1 | 地区发展不均($W_1$) | 0.210 9 | 0.065 0 |
| | | 缺乏专业人才($W_2$) | 0.704 9 | 0.217 2 |
| | | 服务志愿失灵($W_3$) | 0.084 2 | 0.025 9 |
| 机遇(O) | 0.086 0 | 政府政策支持($O_1$) | 0.446 5 | 0.038 4 |
| | | 鼓励学生返乡($O_2$) | 0.385 2 | 0.033 1 |
| | | 养老需求迫切($O_3$) | 0.168 3 | 0.014 5 |
| 威胁(T) | 0.057 2 | 政府监督缺位($T_1$) | 0.128 3 | 0.007 3 |
| | | 资金来源不稳($T_2$) | 0.276 4 | 0.015 8 |
| | | 法律尚不健全($T_3$) | 0.595 3 | 0.034 1 |

确定各组战略决策要素总权重的排序后，在直角坐标系中依次找到对应的点，构成一个四边形，即 SWOT 四边形（如图 3 所示）。

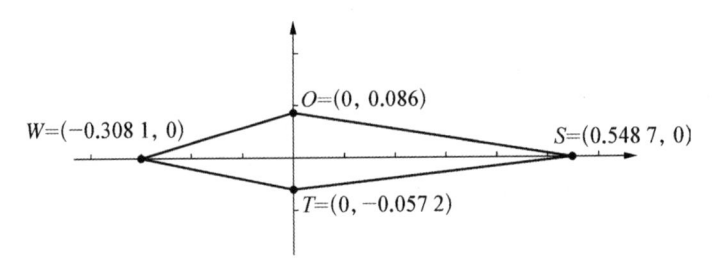

图 3　SWOT 战略四边形

计算各象限三角形的面积如下：

$$\Delta S-O = 0.548\,7 \times 0.086\,0 \times \frac{1}{2} = 0.023\,6$$

$$\Delta O-W = 0.086\,0 \times 0.308\,1 \times \frac{1}{2} = 0.013\,2$$

$$\Delta W-T = 0.308\,1 \times 0.057\,2 \times \frac{1}{2} = 0.008\,8$$

$$\Delta T-S = 0.057\,2 \times 0.548\,7 \times \frac{1}{2} = 0.015\,7$$

由三角形面积的大小可知，在"民办公助"的背景下，民营养老机构参与农村互助养老的战略优先级分别是 SO 战略、ST 战略、WO 战略和 WT 战略。由于 SO 战略的要素权重远高于其他三者，因此其应为最优战略。

（三）结论

我们为民办养老机构提出了 SO 战略为最优战略，ST 战略、WO 战略位居其次的建议，并根据其组内的权重排序，得出以下结论：

1. $S_3$ 与 $O_1$ 的决策——打造具有农村特色的互助养老模式

民办机构在农村互助养老中的一大优势是可以满足老年人的个性化需求（$S_3$），政府养老政策支持（$O_1$）则可以此为着力点，立足于传统村落文化，出台将互助养老模式与农村地域特色相结合发展的相关政策，完善老年人日常活动设施，充实农村文化娱乐活动，为民办养老机构在农村互助养老模式的发展创造良好的政策环境。

2. $S_2$ 与 $T_2$ 的决策——为农村互助养老模式提供足够的资金支持

在农村互助养老模式下，民办养老机构的需求表达能力比公办养老机构更强（$S_2$），符合农村现状。要为农村老年人提供长久稳定的养老服务，资金来源不稳定（$T_2$）的问题亟须解决。政府应充分调动市场资源和社会资源，在大力支持农村互助养老的基础上，吸引农村劳动力回流，创造新的财富和价值，以此形成良性循环，让来自社会各地捐赠的资金用在实处，用实打实的成果回报社会善意的同时吸引更多人和组织的捐赠，形成可持续的资金来源。

3. $W_2$ 与 $O_2$ 的决策——鼓励专业对口大学生返乡

缺乏专业人才（$W_2$）为农村老人提供除基础物质之外的服务在一定程度上制约了农村互助养老模式的高质量发展，而在国家鼓励大学生返乡（$O_2$）的政策下，可以通过出台有针对性的政策引导心理学或医护专业的大学生毕业后返乡，进入民办互助养老机构；同时，可以将其专业知识在实践中分享给其他未受过专业培训的服务人员，既可以让大学生学以致用，又可以在一定程度上缓解农村地区专业人才不足的问题。

## 四、案例分析

本文研究的典型案例——湖北咸宁模式——来源于 2022 年民政部办公厅、财政部办公厅公布的居家和社区养老服务改革试点工作优秀案例名单。这些案例在完善体制机制、创新发展模式、服务保障民生、带动社会投资等方面取得了丰富经验和积极成效,不仅对养老服务业的发展实践具有示范、诊断和推动作用,而且评判与来源更有权威性、真实性和可靠性,适宜作为本文的分析对象。

湖北省咸宁市地处长江中游南岸,是武汉城市群和长江中游城市群的重要组成部分,"七山一水两分田"的实情决定了第一产业在咸宁市占有较大的比重。随着城镇化进程的加快,大量年轻人往城市群的中心城市如武汉等涌入,农村留守老人增多,农村人口老龄化程度逐年加深。为破解农村养老难题,几年来咸宁市围绕农村闲置土地与房屋做文章,探索田园养老综合体和乡村养老合作社"二合一模式",整合、盘活农村可利用的剩余资源。该模式不仅解决了大量农村人口的照护问题,而且有效解决了农村资金匮乏的问题,契合本文资金支持角度下对农村互助养老路径的探索这一宗旨。

(一)打造田园养老综合体——资源基础与战略规划

咸宁市为打造田园养老综合体,积极制定激励政策,鼓励有社会责任的企业下沉到农村,通过土地流转、房屋租赁等方式整合农村闲置资源,建设集生态观光、健康农产品消费、果蔬采摘为一体的特色农业等,将农村剩余的老年人口作为现成的劳动力投入产业发展中,而提供的相应的养老服务与保障即产业老年人口的"报酬"。而且,政府明确要求进入田园养老综合体的企业必须具有稳定的收入来源,无不良诚信记录,具有2年以上养老服务经营经历。典型案例是咸宁桃花岛田园康养综合体,该康养中心依托咸安区横沟桥镇近6 000亩从村民手中租赁的房屋进行改扩建,投入600张床位用于康养,并接收户主老年人优先入住。该项目已成功申报全国城企联动普惠养老项目,获中央财政补助资金1 200万元,目前累计已完成投资近3 500万元。

田园养老综合体与以往"政府-市场"的二元博弈不同,该模式着重强调了第三方,即农村集体本身。农村集体将闲置的流转土地与房屋租赁给企业建设康养中心,获得相对稳定的资金收入,并以此建设相关第三产业为集体经济创收。在农村集体经济本身的产业发展完善后,就能独立地进行养老服务的供给与覆盖,不再对政府财政资金有过多依赖。此外,农村地区引入了社会资本发展的康养产业。老年人独居情况普遍,身体状况不佳,疾病频发,对医疗康养需求非常大,而集体经济与社会资本相辅相成的投入则比以前的单方面支持更有效率。

(二)打造乡村养老合作社——实践路径与服务供给

田园养老综合体需要连续大片的闲置土地与房屋资源。如果农村地区是隔离且破碎的,那该怎么办?对此,咸宁市民政部门以奖代补,镇村两级协调扶持,积极引导"能人"领头兴办农业生产与养老服务相结合的乡村养老合作社,既盘活了小范围内的农村闲置土地和老年劳动力,又解决了农村养老服务人员的不足和农村老年人口养老资金匮乏的问题。

这种模式的典型案例是赤壁市曙光种植专业合作社。它征集合作社周边闲置的库房,投资二十余万元购置相关用品,开办了"幸福之家"互助养老中心,采取流转和托管附近村庄闲置土地的方式抵付老年人的养老费用,并返聘在此养老的老年人做些力所能及的工作,如田园耕作、打扫卫生、洗菜做饭等,用他们赚取的劳动报酬抵付入住费用;对特殊困难老人,用流转土地的租赁费抵交入住费用后,差额部分由曙光种植专业合作社兜底。

这种模式类似于自给自足的小农经济,同时引入社会资本并将其嵌入农村互助养老体系的核心,通过农作物的规模种植与产品深加工获取稳定的资金流。由于农村老年人口多为农民,因此在合作社内进行相关劳动并不困难;同时,为老年人创造新的人生价值和实现再社会化提供条件,提供独有的精神慰藉,是一种适合中低收入老年人且覆盖面极广的养老模式。

(三)研究结论

从湖北省咸宁市的"二合一模式"来看,由于地区资源禀赋的差异,农村养老模式的宏观规划宜多元化,而落到实践中,为了尽可能丰富农村养老服务的供给覆盖范围,应提倡以家庭为单位的互助养老为基础,政府购买服务的代养、巡访养老为支撑,社会资本引导的机构养老为补充的多元化养老模式(高凯和胡秋明,2022)。从长远来看,农村互助养老模式的发展路径最需要关注的是其可持续性,尤其是在资金支持方面。养老模式相互促进、多元并存的背后,实际上是政府机制、市场机制和社会机制的平衡与协调(赵强社,2016)。养老不应仅靠政府大包大揽的"干部领导型",抑或是全面引入社会资本大力发展"能人领导型",针对当下中国农村的特殊情况,我们应将两者进行有机结合,打造适合各地自身特色的农村养老与经济发展模式。为此,各地需要结合自身实际,从可持续运营的大前提出发,有针对性地从农村养老需求、专业人才培养、建设公共平台、当地产业延伸等方面予以改进,促使农村养老更好地发展。

**参考文献**

[1] 董红亚.中国政府养老服务发展历程及经验启示[J].人口与发展,2010,16(5):83-87.

[2] 高凯,胡秋明.中国农村养老运营模式如何实现可持续——基于2017年全国养老服务业典型案例的分析[J].农业经济问题,2022(3):44-59.

[3] 韩晓静.层次分析法在SWOT分析中的应用[J].情报探索,2006(5):119-122.

[4] 刘妮娜.互助与合作:中国农村互助型社会养老模式研究[J].人口研究,2017,41(4):72-81.

[5] 马昕.农村互助养老模式研究:以河北肥乡互助幸福院为例[D].河北大学社会系,2014:16.

[6] 穆怀中,张文晓,沈毅.基于财政支付适度水平的养老保险全国统筹路径选择[J].城市发展研究,2016,23(12):100-107+117.

[7] 荣敬本,等.从压力型体制向民主合作体制的转变[M].北京:中央编译出版社,1998:28.

[8] 杨康,李放.社会资本视角下农村互助养老发展的现实路径[J].长白学刊,2022(3):130-139.

[9] 张岭泉.农村互助养老模式研究[M].北京:人民出版社,2021:11-12.

[10] 赵强社.农村养老:困境分析、模式选择与策略构想[J].农业经济问题,2016,37(10):70-82+111.

[11] 赵志强,杨青.制度嵌入性视角下的农村互助养老模式[J].农村经济,2013(1):89-93.

[12] 赵志强.农村互助养老模式的发展困境与策略[J].河北大学学报(哲学社会科学版),2015,40(1):72-75.

[13] 周娟,张玲玲.幸福院是中国农村养老模式好的选择吗?——基于陕西省榆林市R区实地调查的分析[J].中国农村观察,2016(5):51-64+95-96.